Bettina Tegtmeier

Der große Schlüssel zum Orakel

Bettina Tegtmeier

Der große Schlüssel zum Orakel

Fünfzig Techniken der Schicksalsbefragung

Ansata-Verlag
Paul A. Zemp
Rosenstraße 24
CH-3800 Interlaken
Schweiz
1985

Wien im März 1988

Erstveröffentlichung 1985

Umschlagbild: Robert Wicki
Gesamtherstellung: Zobrist & Hof AG, CH-Liestal

ISBN 3-7157-0078-5

Inhalt

TEIL I
GESCHICHTE DER ORAKEL

Historisches Vorwort
von Ralph Tegtmeier, M. A.

Die Geschichte der Orakelkunst reicht weit zurück, und entsprechend groß, geradezu unüberschaubar ist die Vielfalt der bekannten Orakelsysteme und -techniken. Seit der Mensch über ein Zeitgefühl verfügt und das Konzept «Zukunft» kennt, versucht er auch, einen Blick in dieses unbekannte, zeitlich vor ihm liegende Reich mit all seinen Verheißungen und Gefahren zu werfen. Letztlich stellt der Wunsch, die Zukunft vorherzusagen, sie gewissermaßen «gegenwärtig» zu machen, nur die Spiegelseite des Verlangens dar, die eigenen Ursprünge zu erkennen, was meist durch die Vergangenheitsforschung (Geschichtswissenschaft) bewältigt werden soll. Auf der linearen Achse VERGANGENHEIT – GEGENWART – ZUKUNFT steht der Mensch in der Mitte, was eine mögliche Erklärung für die Entstehung dieses Erkenntnismodells sein mag, stellt es den Fragenden doch ins Zentrum seines eigenen Kosmos.

Orakel sind sicherlich fast so alt wie die Menschheit selbst, und sie sind uns aus allen Früh- und Hochkulturen bekannt. Ob wir die Chaldäer betrachten, die bereits um 5000 vor Christus eine differenzierte Astrologie und Chiromantie entwickelt hatten, die alten Ägypter mit den Traumorakeln des Isis-Kults und ihrer Tagesmantik, die an sich doch sehr skeptischen Griechen, die uns mit dem Orakel von Delphi das vielleicht berühmteste Orakel der Welt bescherten, oder die Römer mit ihrer staatlich gelenkten Augurenschau – stets finden wir die Kunst der Orakelbefragung in hohem Ansehen, oft hat sie sogar staatstragende Funktion und nimmt entscheidenden Einfluß auf Politik und Zeitgeschehen. Das war in Indien und China, in Mexiko ebenso wie in Germanien oder bei den Indianern Nordamerikas nicht anders.

Doch nie war die Orakelkunst, die früher oft integraler Bestandteil der Magie war, eine in sich geschlossene Wissenschaft, ein starres System. Gerade ihr Alltagsbezug, ihr «Kontakt zur Basis» sozusagen –

nämlich zur Basis der menschlichen Wünsche und Hoffnungen, Ängste und Traumata –, machte sie in ihrer Gesamtheit pragmatisch. Und so bediente sich der Mensch – und tut es heute noch – aller möglichen und unmöglichen, hehren wie lächerlichen Mittel der Zukunftsbefragung: Vogelflugdeutung, Eingeweideschau, das Deuten des Sternenlaufs, von Finsternissen, Kometenerscheinungen, Unwettern, die Befragung von Wolken, Quellen oder Winden – die Liste ließe sich schier endlos fortsetzen. Kristallkugeln und Wasserschalen, Baumzweige und Edelsteine, Würfel und Spielkarten, Offenbarungsbücher und Zahlensysteme, Kaffeesatz und Blitzzucken, Tierverhalten und Tierspuren – beinahe alles wurde für die Befragung herangezogen. Schon die Chaldäer verfügten über eine Unzahl verschiedenster Orakelsysteme und -techniken, und oft hat es den Anschein, als habe die gesamte Menschheit den größten Teil ihrer Zeit darauf verwendet, immer neue, komplizierte wie einfache, Orakelmethoden zu entwickeln und zu erfinden.

So zählt die Orakelkunst denn auch zu den zugleich größten und am meisten mißverstandenen Kulturgütern der menschlichen Geschichte überhaupt. Wer die Zukunft beherrscht, so glaubte man gern, besitzt auch Macht über die Gegenwart. Obschon zu Anfang in den meisten der oben erwähnten Kulturen nur Staatsorakel von Bedeutung waren und man mit der Vorhersage von Naturereignissen begann und sich beim Menschen zunächst allenfalls auf Herrscherhäuser und Staatsgebilde beschränkte, so brach doch schon sehr früh dieses starre Kompetenz- und Privilegiensystem dergestalt zusammen, daß eine wahre Flut von Hellsehern und Wahrsagern den Gesetzen des Markts gehorchte und auch dem einfachen Menschen einen Einblick in sein ganz persönliches Schicksalsgefüge zu vermitteln suchte. Nur die Tatsache, daß die Geschichte des «gemeinen Volkes», des «kleinen Mannes» sozusagen, jahrtausendelang so gut wie nie Gegenstand der Geschichtsschreiber war, hat darüber hinwegtäuschen lassen und zur irrigen Auffassung geführt, individuelle, also auf den einzelnen zugeschnittene Orakeldeutungen hätten vergleichsweise erst spät eingesetzt.

Das genaue Gegenteil war der Fall: die Isis-Tempel Ägyptens, die griechischen Orakelstätten wie Delphi und Dodona – sie alle waren von damaligen Durchschnittsmenschen sicherlich ebenso überlaufen, wie es die Jahrmarktsbuden der Kartenschläger oder die Praxen der Astrologen unserer Zeit sind. Daran änderten auch die mannigfachen Verbote und Verfolgungen nichts, denen die Orakeldeuter immer wieder ausgesetzt und unter denen sie und ihre Klientel so häufig – nicht selten auch sehr blutig – zu leiden hatten.

Autoritäre Staatssysteme und Religionen, eifersüchtig um ihr Wissen und ihre Herrschaft über die Volksmassen besorgte Priester- und

Politikerkasten erkannten schon früh, welch weltanschaulicher Sprengstoff im System der Orakelbefragung enthalten ist: Wer sich, über etablierte Hierarchien hinweg, direkt ans Schicksal selbst wendet, wer «hinter die Kulissen» zu schauen trachtet, der läßt sich eben nicht so leicht gängeln, beherrschen und lenken, wie es sich mancher Vertreter klar umrissener Herrschaftsverhältnisse wünscht. Dementsprechend enthält die Orakelkunst auch stets ein gewisses anarchisches (nicht anarchistisches!) Element, weil sie im Idealfall den Menschen in unmittelbaren Kontakt mit den Mächten des Schicksals stellt und ihm direkten Zugang zu seiner persönlichen Wahrheit und Lebensbestimmung bietet, und entsprechend heftig waren denn auch oft die Versuche, das Orakelnehmen gänzlich zu verbieten und zu unterbinden. Schon im alten Testament (5 Mose, 13, 6) wird den Propheten und Traumwahrsagern die Todesstrafe angedroht, ein Schicksal, das im Rom des Kaisers Konstantin (ca. 285–337) vor allem auch die Astrologen ereilte. Während die Wahrsager in Dantes *Göttlicher Komödie* in die Hölle verbannt wurden – ein Dokument weitverbreiteter Auffassungen der damaligen Zeit –, ist die Geschichte des Mittelalters reich an Verfolgungen nicht nur «satanischer» Hexen, sondern auch der Mantiker und Magier aller Art. Mehr als einmal versuchten Kirchenführer, Disziplinen wie die Astrologie und das Kartenschlagen zu unterdrücken, jegliche Wahrsagerei als «Blendwerk des Teufels» zu diffamieren – und nicht selten halfen sie ihren «Argumenten» auf handgreifliche bis tödliche Weise nach.

Im neunzehnten Jahrhundert glaubte man, durch die sich explosionsartig entwickelnden rationalistischen Wissenschaften jeglichem «Aberglauben» (einschließlich der Religionen!) den endgültigen Todesstoß versetzt zu haben – doch interessanterweise blieb die Gesetzgebung davon noch lange Zeit unberührt. So wurden etwa der deutsche «Gaukeleiparagraph» mit seinen empfindlichen Bußen für Wahrsager aller Art, aber auch der englische «Witchcraft Act», der – zumindest theoretisch – jegliches berufsmäßiges Orakeldeuten und Hellsehen unter Todesstrafe stellte, erst nach dem Ende des Zweiten Weltkriegs abgeschafft.

Auch das Dritte Reich steuerte zur Geschichte der Orakelverfolgung bei, indem kurz nach der Gleichschaltung jegliche mantische Aktivität unter strenges Verbot gestellt wurde. Nach der unglücklichen Heß-Affäre im Jahre 1941 hatte dann auch für die reichsdeutschen Astrologen die letzte Stunde geschlagen: Sie wanderten zu Hunderten in «Schutzhaft» und in Gestapo-Gefängnisse, und nicht wenige von ihnen endeten im KZ – ganz zu schweigen von den bei solchen Staatsaktionen damals üblichen Bücherverbrennungen der einschlägigen Literatur ...

Doch unterdrückte Ideen, Glaubensvorstellungen und Weltanschauungen haben die Eigenart, immer wieder aufzutauchen, und sei es auch in einem neuen Gewand. So spricht man heute lieber von «Trendanalyse» und «Prognose», und es wetteifern «Chartisten» an der Börse, «Wirtschaftsprognostiker», «Demoskopen», «Zukunftsforscher» und andere «Mantiker im weißen Kittel» um die Anerkennung als «seriöse» Wissenschaftler oder, vielleicht genauer, als «Zukunftsingenieure». Wenngleich wir sie oft belächeln und ihre hohen Fehlerquoten bespötteln, auf unsere Meteorologen (= «Wetterpropheten») möchten wir doch nicht verzichten – ebensowenig wie der seßhaft werdende Mensch der Frühgeschichte. C. G. Jung und seine Tiefenpsychologie haben Orakelsysteme wie die Astrologie oder das I Ging im zwanzigsten Jahrhundert wieder salonfähig gemacht, und auch die moderne Transpersonale Psychologie nimmt sich ihrer inzwischen verstärkt an. Mit seinem Modell von der «Synchronizität» hat C. G. Jung uns einen Begriff in die Hand gegeben, der die so häufig zutreffenden, präzisen Orakeldeutungen zwar nicht erklärt, sie für uns aber zumindest einleuchtend macht.

All dies ist mehr als bloße Mode. Dahinter steht tatsächlich eine einerseits uralte, andererseits aber auch hochmoderne, aktuelle Erkenntnis: daß nämlich der Schlüssel zur Zukunft in der Gegenwart liegt, daß die Fähigkeit, Trends der Gegenwart wirklich und eindeutig zu erkennen, einen ernst zu nehmenden Blick in die Zukunft erlaubt – und vor allem, daß die Befragung des Orakels selbst oft wichtiger ist als das objektivierbare «Ergebnis» dieser Befragung. «Erkenne dich selbst» stand als Motto über dem Tempel zu Delphi. Jede Epoche, jede Zivilisation hat, worauf schon Oswald Spengler hinwies, eine «Umwertung aller Werte» im Sinne Nietzsches vorgenommen, hat früheres Wissen, überlieferte Erkenntnisse neu gewichtet, hat sie uminterpretiert. Und so interessiert den intelligenten Orakelnehmer von heute in der Regel die durch das Orakelnehmen ermöglichte *Selbsterkenntnis* viel mehr als die vergleichsweise sekundäre Schau in die Zukunft. Oft beschweren sich Anfänger der Orakelkunst darüber, daß Orakel ihnen häufig eher den Spiegel der Gegenwart vorzuhalten scheinen, als einen «echten» Blick hinter den Schleier der Zukunft zu gewähren. Aber ist es nicht, wie wir gesehen haben, gerade diese Gegenwart, in der die Zukunft keimt, aus der sie geboren wird? Erst wenn der Orakelnehmer sich selbst erkennt, seine eigenen Ängste und Bedingtheiten ebenso wie seine Fähigkeiten und Chancen, kann ihm das Orakel als *Entscheidungshilfe* dienen, und nimmt er sein Schicksal wirklich in die Hand, wird das alte Sprichwort wahr: «Jeder ist seines Glückes Schmied.»

Das psychologische Modell vom Unbewußten, das viel eher durch das Orakel befragt wird als irgendwelche Schicksalsmächte oder Gottheiten, ist allerdings nicht ganz so rational und wissenschaftlich, wie es seine Vertreter gerne meinen. Oft wird es sogar in dem Sinne geradezu mißbraucht, als man dadurch die schillernde, bunte Welt der Orakel auf den tristen schwarzen Kasten des Behaviorismus reduziert. So wird der Mensch, wird seine Psyche (griechisch für «Seele»!) zum Computer degradiert, bei dem es lediglich gilt, die in der *Hardware* (= «Gehirn») gespeicherten Daten (= «Wissen um Dasein und Zukunft») mittels geeigneter *Software* (= «Orakelmethode») abzurufen. Hier läßt das mechanistische Menschenbild des neunzehnten Jahrhunderts grüßen, und wenn dieser Erklärungsversuch als Veranschaulichung auch durchaus seinen Wert haben mag, so hat er andererseits auch seinen Preis. Denn das Orakel will eben mehr als nur objektivierbare Daten und Fakten liefern. Sein Ziel ist vielmehr, es wurde bereits angedeutet, den Menschen zu seinen Wurzeln in Vergangenheit und Zukunft finden zu lassen, damit ihm die Sinngebung in der Gegenwart, die Lebensmeisterung im Hier und Jetzt gelingen möge. Nur hier, wo er lebt und erlebt, leidet und genießt, kann der Mensch die Herrschaft über sein Schicksal erringen und zu echter Selbstfindung gelangen. Doch ist dies keine neue Erkenntnis – wir finden ihre Spiegelung bereits in grauer Urzeit in der Tatsache, daß die meisten Orakel den Mythologien zufolge göttlichen Ursprungs sein sollen.

So führt das Orakel – und führte schon immer – über den bloßen Alltag (der eben *nicht* dasselbe ist wie *Gegenwart*!) hinaus, in eine «Zukunft», die man wohl korrekter als «gesteigerte Gegenwartstiefe» bezeichnen sollte. Dort, wo sich im Orakel die Transzendenz offenbart, nimmt der Mensch teil am kosmischen Geschehen, erfährt er seine Gegenwart als ewig, überwindet er schließlich die künstlichen Grenzen zwischen Vergangenheit, Gegenwart und Zukunft, um das zu schauen, was die Mystiker das «Ewige Jetzt» genannt haben.

Die verwirrende Vielfalt der Orakelsysteme und -techniken hat jahrtausendelang den Blick auf die ihnen zugrundeliegenden Ur-Strukturen versperrt. Zwar hatte bereits Agrippa von Nettesheim (1486–1535) den Versuch gemacht, die Orakel den vier Elementen Feuer, Wasser, Erde und Luft zuzuordnen, eine Systematisierung, die auch heute noch ihre Geltung hat, doch sind erst jetzt ähnliche Betrachtungsweisen auf solidere Grundlagen gestellt worden. Dennoch werden immer wieder Werke dem Leser angeboten, welche die Orakeltechniken kommentarlos aneinanderreihen, ohne auf die ihnen gemeinsamen oder aber unterschiedlichen Grundstrukturen einzugehen. So wird dem Laien oft suggeriert, Techniken wie beispielsweise das Kaffeesatzlesen und das Bleigießen seien grundverschieden voneinander und hätten ebensowenig gemein wie etwa Pendeln und Losen oder Kartenlegen und Geomantie. Wer sich in bloßen «Orakel-Katalogen» verliert und eine Technik nach der anderen ausprobiert, ohne deren Grundstruktur zu begreifen, wird es mit der Orakelkunst sehr schwer haben. Tatsächlich fördert dergleichen Einäugigkeit nur das allgemeine Mißverständnis, unter dem die Orakelkunde noch heute oft zu leiden hat. Gelegentlich entstehen aus solchen Irrtümern sogar fanatische Fehden oder gar Verfolgungen. Auch hierfür kennen wir ein historisches Beispiel: Kein Geringerer als der römische Politiker und Gelehrte Cicero (106–43 v. Chr.) – obschon offizieller Augur des römischen Staats – war ein erbitterter Feind der mantischen Astrologie. Und auch heute noch finden wir Orakeldeuter und Hellseher, Wahrsager und Mantiker, die auf ihre eigene Methode als alleinseligmachende schwören und an anderen Techniken (wie auch meist an ihrer gesamten Konkurrenz) kein gutes Haar lassen. Auch hier kann vor allem die praktische, angewandte Orakelkunst helfen, solche fruchtlosen Auseinandersetzungen zu verhindern, indem sie einmal mehr auf den eigentlichen Entscheidungsfaktor bei jeder Orakeldeutung hinweist, nämlich auf den Menschen selbst. Denn keine Orakelmethode besitzt aus sich heraus einen Eigenwert oder auch nur die Fähigkeit zur sinnvollen Aussage. Erst durch den Menschen erfährt das Orakel seine Bestimmung, ihm dient es, ihn berät es – und ihn erhöht es schließlich, wenn er es richtig zu nehmen weiß. Nicht so sehr die oft altüberlieferten, häufig freilich sehr widersprüchlichen Techniken und die festgelegten Bedeutungen bestimmter Omen, Konstellationen usw. sind bei der Orakelbefragung entscheidend, sondern der Geist, die Einstellung, mit der sie durchgeführt wird.

TEIL II
ORAKEL HEUTE

Nachdem die Orakelkunst lange Zeit als «gefährlicher Aberglaube» verteufelt wurde, stehen wir heute an einem Punkt, wo das Interesse für die verschiedenen mantischen Disziplinen wieder aufblüht. Dies hängt sicherlich auch eng mit dem Wandel des Welt- bzw. Menschenbildes zusammen, der sich im letzten Jahrzehnt ankündigte. Wir können davon ausgehen, daß das naturwissenschaftliche, materialistische Paradigma nach wie vor das Denken der meisten Menschen prägt, doch finden sich auch vielversprechende neue Ansätze zu einem eher spirituell orientierten Weltbild. Dies verdanken wir unter anderem auch den Erkenntnissen der modernen Psychologie – insbesondere natürlich der Arbeit C. G. Jungs. Jung gehört zu den wenigen Wissenschaftlern, die sich mit Phänomenen wie Hellsichtigkeit, Telepathie etc. beschäftigten. Er prägte auch den Begriff «Synchronizität». In einem Vortrag zu diesem Thema definiert Jung folgende Ereignisse als synchronistisch:

> 1. Koinzidenz eines psychischen Zustandes mit einem entsprechenden (mehr oder weniger gleichzeitigen) äußeren Ereignis, welches aber außerhalb des Wahrnehmungsbereiches des Beobachters, also räumlich distant, stattfindet und erst nachträglich verifiziert werden kann …
> 2. Koinzidenz eines psychischen Zustandes mit einem entsprechenden, noch nicht vorhandenen, zukünftigen, also zeitlich distanten Ereignis, das ebenfalls erst nachträglich verifiziert werden kann.[1]

Jung belegt sein Modell der Synchronizität mit verschiedenen Beispielen wie Prognosen bekannter Hellseher, aber auch mit Auswertungen von ESP (Extrasensory Perception)-Experimenten (dt.: ASW – außersinnliche Wahrnehmung), die von J. B. Rhine durchgeführt wurden. Aufgrund dieser Auswertungen postulierte

Jung, «... daß die Psyche den Raumfaktor in einem gewissen Maße ausschalten kann ...» und «... daß der Zeitfaktor (wenigstens in der Dimension der Zukunft) psychisch relativiert werden kann».[2]

Bei der Anwendung divinatorischer Techniken machen wir uns das Prinzip der Relativierung von Zeit und Raum zunutze. Dies ermöglicht es uns, Dinge zu sehen, die in der Zukunft liegen oder an einem anderen Ort stattfinden. Die psychische Fähigkeit, Raum und Zeit zu relativieren, nennen wir gewöhnlich «Hellsichtigkeit» oder «seherische Gabe». Diese wiederum beruht auf der Fähigkeit, den normalen, alltäglichen Bewußtseinszustand verändern zu können. Zu diesem Zweck verwendet der Seher bestimmte Hilfsmittel wie beispielsweise eine Kristallkugel oder einen Spiegel.

Nun basiert allerdings nicht jede Orakelmethode auf der Relativierung von Zeit und Raum. Bei der Anwendung kombinatorischer Orakeltechniken arbeiten wir weitgehend mit dem Prinzip der Analogie. Wir gehen also beispielsweise bei der Kartendeutung davon aus, daß sich das Kartenbild analog zum Fragenden, zur Situation des Fragenden oder zum Gegenstand der Frage verhält. Wir postulieren, daß zwischen dem Fragenden bzw. dem Gegenstand der Frage und dem Kartenbild eine sinngemäße Gleichheit besteht. Bei der *Deutung* eines Orakels ist eine hellseherische Begabung nicht vonnöten. Die Technik der Orakeldeutung basiert auf kausalen Schlußfolgerungen unter der Berücksichtigung des Analogieprinzips. Dabei werden allerdings die intuitiven Eindrücke des Deuters mit berücksichtigt und in die Deutung integriert.

Nun stellt sich die Frage, wie sich der Unterschied zwischen der *seherischen* und der *deuterischen* Methode in der Orakelpraxis auswirkt. Dazu wollen wir zunächst einmal die Möglichkeiten und die Grenzen beider Methoden betrachten. Die *seherische Methode* bietet die Möglichkeit der konkreten Ereignisprognose. Dies läßt sie in den Augen der meisten Menschen als die überlegenere Methode erscheinen. Dabei wird allerdings selten berücksichtigt, daß die Arbeit mit einer seherischen Methode eine gewisse Schicksalsgläubigkeit voraussetzt. Eine konkrete Ereignisprognose läßt sich nur dann erstellen, wenn man davon ausgeht, daß das Schicksal des Menschen vorgezeichnet ist.

Die *deuterische Methode* erlaubt keine konkrete Ereignisprognose, sondern nur eine *Trendanalyse*. Der Deuter betrachtet also die gegenwärtige Situation des Ratsuchenden und studiert die momentan vorherrschenden Einflüsse. Dies gibt ihm die Möglichkeit, die *voraussichtliche* Entwicklung des Fragenden bestimmen zu können. Dabei bleibt dem Ratsuchenden aber immer die Möglichkeit, durch Änderungen in seinem Leben letztendlich einen anderen Weg einzuschlagen. Die Deutung basiert ja auf der gegenwärtigen Situation des

Ratsuchenden; wenn der Ratsuchende die Grundsituation verändert, ergibt sich daraus auch eine andere Zukunftsperspektive.

Wir haben es also nicht nur mit zwei verschiedenen Techniken zu tun, sondern auch mit zwei grundsätzlich verschiedenen Welt- bzw. Menschenbildern. Beide Paradigmen sind in gewisser Weise «wahr», d. h., es ist bisher nicht bewiesen worden, daß eines von ihnen definitiv «falsch» ist. Es geht also hier nicht darum, das eine Paradigma zugunsten des anderen auszuschließen. Es sprechen genausoviele Aspekte für das Paradigma des vorgezeichneten Schicksals wie für das der freien Willensentscheidung. Wichtig ist allerdings, daß wir uns der Gefahren beider Paradigmen für die Orakelpraxis bewußt werden.

Bei der *deuterischen Methode* besteht immer die Gefahr, daß die Aussagen zu verallgemeinernd und zu wenig konkret ausfallen. Pauschalaussagen wie «Sie suchen das Glück im Leben», «Ihren Anlagen nach sind Sie ein guter Mensch, wenn Sie auch gewisse Fehler haben» oder «In Ihrem Leben gab es Phasen, in denen Sie glücklich waren, und andere, in denen Sie unglücklich waren» sind vollkommen wertlos, da sie auf jeden Menschen mehr oder weniger zutreffen. Andererseits darf man auch nicht in den Fehler verfallen, mittels der *deuterischen Methode* konkrete Ereignisse vorhersagen zu wollen, denn damit begibt man sich wieder in den Bereich der vollkommen unzuverlässigen «Jahrmarktswahrsagerei». Aussagen wie «Ein dunkelhaariger Mann wird Ihnen eine wichtige Botschaft überbringen» oder «Eine blonde Frau wird Ihnen in einer gefährlichen Situation helfen» können und dürfen von einem *Orakeldeuter* nicht gestellt werden. Der *Orakeldeuter* muß die Aussagegrenze respektieren: Er beschäftigt sich nur mit Trends, nicht aber mit konkreten Ereignissen.

Bei der *seherischen Methode* liegt das Problem eher im Umgang mit den erstellten Prognosen. Ein erfahrener, gut ausgebildeter Seher ist in der Lage, konkrete Ereignisse vorherzusehen. Wenn er Ereignisse vorhersieht, erfährt er allerdings auch Dinge, die man besser vorher nicht weiß. Mit dem Bewußtsein zu leben, daß man bald einen großen finanziellen Verlust erleiden oder schwer erkranken wird, ist eine große psychische Belastung. Schwierig ist auch bei der Klientenberatung, daß man nie sicher weiß, wieviel man dem Ratsuchenden zumuten kann, ohne daß er sein psychisches Gleichgewicht verliert. Aus diesem Grund verschweigen viele Seher ihren Klienten die negativen Aspekte, was dem Klienten wiederum die Möglichkeit nimmt, sich auf einen Schicksalsschlag vorbereiten zu können.

Die *deuterische Methode* bietet allerdings auch Möglichkeiten, die oft gar nicht wahrgenommen werden. Im allgemeinen beharren die meisten Menschen auf der konkreten Ereignisprognose und sind enttäuscht, wenn ein Orakel nicht mehr bietet als eine Trendanalyse. Dabei spielt natürlich auch das Bedürfnis, die Verantwortung für sein eigenes Leben abgeben zu wollen, eine nicht unbedeutende Rolle. Die meisten Menschen suchen einen Orakelberater auf, um zu erfahren, «wie es wird». Verständlicherweise sind sie dann meist recht ungehalten, wenn ihnen der Orakelberater «nur» aufzeigt, wie sich ihre Situation entwickeln wird, wenn sie sich genauso verhalten wie bisher, und welche Möglichkeiten es gibt, die eigene Situation zu verändern. Er macht ihnen damit wiederum nur klar, daß die Verantwortung für ihr Leben letztendlich bei ihnen selbst liegt, und zeigt ihnen Möglichkeiten zur Entscheidungsfindung auf. Das ist natürlich sehr enttäuschend, wenn man vorher darauf gehofft hat, daß einem die Entscheidungen endlich einmal abgenommen werden. Aber gerade aus diesem Grund sollte man die *deuterische Methode* nicht unterschätzen, denn sie bietet oft wesentlich differenziertere Möglichkeiten zur Selbstanalyse, Selbsterkenntnis und Sinnfindung als die *seherische Methode*.

Wenn auch in Psychologenkreisen das Wort «Orakel» immer noch eine eher negative Konnotation besitzt, haben doch einige Psychologen ihren Wert für die Auseinandersetzung mit dem eigenen Selbst erkannt. Ein hervorragendes Beispiel dafür ist die Arbeit der Amerikanerin Sally Nichols, die Psychologie am C. G. Jung-Institut in Zürich studierte, zu einer Zeit, als Jung dort selbst noch lehrte. Sie hielt im C. G. Jung-Institut in Los Angeles Seminare über den «Tarot-Weg zur Psychologie C. G. Jungs» und schrieb ein Buch zu diesem Thema mit dem Titel: *Die Psychologie des Tarot. Tarot als Weg zur Selbsterkenntnis nach der Archetypenlehre C. G. Jungs.*[2]

Teilweise werden verschiedene Orakelmethoden – insbesondere das Tarot und das I Ging – auch in Selbsterfahrungsgruppen angewandt, um den Teilnehmern die innere Struktur ihres Selbst zu verdeutlichen und ihnen zu ermöglichen, über die Auseinandersetzung mit Bildern und Symbolen zu ihrer inneren Mitte zu finden. Man sollte sich also nicht nur auf die konkrete Ereignisprognose fixieren, sondern auch die Möglichkeiten wahrnehmen, die zur Selbsterkenntnis und Sinnfindung führen können. Die Zeiten der mechanisch-fatalistischen Orakeldeutung sind vorbei. Heute haben wir die besten Voraussetzungen, um durch die Auseinandersetzung mit der Orakelkunst zu unserer inneren Mitte und zu einer neuen Selbstverantwortlichkeit zu finden.

TEIL III

DER PRAKTISCHE ZUGANG ZUM ORAKEL

Bevor Sie mit der Orakelbefragung beginnen, sollten Sie einige Minuten entspannen und Ihren Geist zur Ruhe kommen lassen. Dies soll Ihnen helfen, Distanz zum Problem, der Entscheidung oder der Angelegenheit zu schaffen. Befragt man das Orakel in einem Zustand emotionaler Aufgewühltheit, ist man in der Regel nicht dazu fähig, sich ernsthaft mit der Antwort auseinanderzusetzen. Entweder greift man die Aussagen heraus, die einem besonders positiv erscheinen, um die eigenen Hoffnungen zu bestätigen, oder man nimmt nur das Negative wahr und verleiht seinen Ängsten und Befürchtungen mehr Gewicht, als ihnen zusteht. Starke Erregungszustände wie Wut, Angst und Schrecken, aber auch Glückseligkeit und heftige Freude machen blind und verhindern eine vernünftige, sachliche Betrachtung der Situation, in der man sich gerade befindet, oder der Angelegenheit, die einen im Augenblick beschäftigt. Sie sollten das Orakel nie als Spiegel Ihrer Stimmungen mißbrauchen. Dies können Sie vermeiden, indem Sie immer darauf achten, daß Sie Ihren Geist durch eine kurze Meditation beruhigen und sich von den alltäglichen Gedanken und Sorgen lösen. Wenn Ihr Leben gerade durch ein tiefgreifendes Ereignis beeinflußt wurde, empfiehlt es sich auch, einen oder zwei Tage verstreichen zu lassen, bis Sie sich in einem etwas ausgeglicheneren Zustand befinden.

Nach der Meditation konzentrieren Sie sich ruhig und sachlich auf das Problem, die Angelegenheit oder die Entscheidung. Horchen Sie in sich hinein, und versuchen Sie den Kern dessen, was Sie bewegt, in Form einer Frage herauszukristallisieren. Die Sorgfalt bei der Auswahl der Frage ist von entscheidender Wichtigkeit für die spätere Deutung. Die Frage sollte klar und deutlich formuliert ausgesprochen oder aufgeschrieben werden.

Danach beginnen Sie sich auf das Orakel einzustimmen. Hierbei ist notwendig, daß Sie Ihre Frage bzw. den Gegenstand der Frage wieder «vergessen» und sich dem Orakel frei von Erwartungen, Ängsten oder Hoffnungen das Ergebnis betreffend nähern, indem Sie eine Gedankenstille in sich erzeugen und sich voll und ganz auf die entsprechenden Vorbereitungen, wie z. B. Kartenmischen, Stäbchenzählen, Imagination etc., konzentrieren. Sie erweisen dem Orakel Ihre Achtung, indem Sie diese Vorbereitungen sorgfältig und ohne Hast ausführen.

Nachdem Sie die Orakelaussage empfangen haben, beginnt der Prozeß der Deutung, der je nach Orakelmethode recht unterschiedlich gehandhabt wird. An dieser Stelle soll nur darauf verwiesen werden, daß auch bei diesem Vorgang die emotionale Beteiligung möglichst gering gehalten werden sollte. Das Orakel weist uns oft auf Faktoren hin, die uns unangenehm sind und die wir nicht erkennen wollen. Voreingenommenheit bei der Deutung verhindert jedoch die Erkenntnis und führt dazu, daß wir nur jene Dinge sehen, die wir sehen wollen. Unter dieser Voraussetzung kann man ebensogut darauf verzichten, ein Orakel zu befragen.

Der letzte Schritt besteht darin, daß Sie über die Konsequenzen, die sich aus der Befragung ergeben haben, nachdenken und nach Möglichkeiten suchen, die gewonnenen Erkenntnisse zu realisieren, indem Sie bestimmte Entscheidungen treffen, Ihre Lebensgewohnheiten verändern, sich neue Aktions- und Reaktionsräume schaffen etc. Der Rat des Orakels sollte immer befolgt werden, und Entscheidungen sollten unter Berücksichtigung der Antwort getroffen werden. Wenn man das Orakel nicht ernst nimmt, wird es den Fragenden ebenso nicht ernst nehmen und unsinnige oder unklare Antworten geben. Das gleiche gilt auch, wenn man einem Orakel mehrmals hintereinander dieselbe Frage stellt, weil man die erste Antwort nicht akzeptiert und sich ein anderes Ergebnis wünscht. Es ist gewiß nicht einfach, sich mit einer Orakelantwort auseinanderzusetzen, die genau das Gegenteil dessen darstellt, was man sich erhoffte. Es ist jedoch keine Lösung, wenn man die erwünschte Antwort durch ständig wiederholtes Befragen zu erzwingen sucht. Diese Gefahr ist besonders bei stark gefühlsbetonten Angelegenheiten gegeben. Einer meiner Bekannten stellte z. B. dem Tarot an fünf aufeinanderfolgenden Tagen achtmal die gleiche Frage. Es handelte sich dabei um die Entwicklung einer sehr problematischen Liebesbeziehung. Das Tarot zeigte auf, daß die Beziehung zerbrechen wird, wenn die Lebenseinstellung der beiden Partner nicht grundlegend geändert werde. Der Mann, der sich darüber im klaren war, daß solch grundsätzliche Änderungen undurchführbar waren, wollte nun unter allen Umständen eine positivere Antwort erreichen. Er war sehr verliebt in die betreffende Frau, und er beschrieb, wie er jeden Morgen hoffnungsvoll aufstand, die Karten hervorholte und die Befragung begann.

Nach der fünften Befragung wußte er, wie man die Karten manipulieren kann, und beim achten Mal erhielt er dann die erwünschte positive Antwort. Die Beziehung hingegen wurde immer gespannter und fand wenige Wochen später ihr Ende. Der Mann war ehrlich genug, sich selbst die Manipulation der Karten einzugestehen, und lernte aus seinem Fehler. Kurze Zeit später befragte er das Tarot, wie er mit den Schmerzen, die ihm der Verlust seiner Freundin bereitete, besser umgehen könne. Er hielt sich präzise an die Anweisungen der Orakelantwort und lernte langsam den Karten zu vertrauen und sich auf ihre Hinweise zu verlassen.

Wir müssen dem Orakel Vertrauen entgegenbringen und seinen Rat annehmen. Wenn wir diese Bereitschaft nicht mitbringen, wird es uns im Stich lassen oder uns auch in die Irre führen. Wir müssen lernen, konstruktiv und bewußt mit scheinbar negativen, uns unbequemen Orakelaussagen umzugehen, denn wir werden nicht zur Selbsterkenntnis finden, wenn wir ständig nur unseren Wünschen folgen und die Konfrontation mit den «negativen» Faktoren in uns und um uns herum vermeiden. Das Orakel reflektiert uns selbst und unsere Situation, die Gegenwart und die Zukunftstendenzen, und es tut dies völlig neutral, genau wie ein Spiegel. Die Befragung eines Orakels ist ein Blick in diesen Spiegel, und wenn uns das, was wir sehen, nicht gefällt, müssen wir uns selbst ändern und nicht am Spiegelbild vorbeischauen oder das Bild mit unserer Phantasie zu übermalen versuchen.

1. Die Kunst der richtigen Fragestellung

Dieses Thema, die Wahl einer sinnvollen Frage, wird in der Orakeltheorie und -praxis gern vernachlässigt oder sogar unterschlagen. Gerade bei Anfängern kann man häufig beobachten, daß sie es sehr eilig haben, zum Prozeß der Deutung zu gelangen. Das Herausarbeiten des Problems und die Formulierung der Frage wird nur sehr beiläufig behandelt. Das Problem oder die Angelegenheit, die sich dann in Gestalt einer Frage manifestieren, bilden jedoch den Ausgangspunkt für die Deutung und müssen deshalb sorgfältig umgrenzt werden.

Ein Orakel wird gedeutet, indem man Bilder, Symbole, Symbolkombinationen, Texte etc. auf das Problem oder die Angelegenheit, also auf die *Frage* bezieht. Ist diese unklar formuliert oder verfehlt sie den Kern des Problems, wird die Deutung, also die *Antwort*, genauso unklar und nicht problemorientiert ausfallen. Die korrekteste Deutung ist unbrauchbar, wenn sie auf eine falsche Frage bezogen wird und somit an dem eigenen Problem oder dem des Klienten vorbeigeht. Als Anfänger neigt man natürlich dazu, über den Deutungsschwierigkeiten den Ausgangspunkt, die Frage, zu vergessen. Gibt man sich jedoch mit der Auswahl der Frage genausoviel Mühe wie mit der Interpretation der Orakelaussage, wird man feststellen können, daß viele Schwierigkeiten gar nicht erst entstehen, wenn man sich ständig an der Frage orientiert. Die Frage ist der Bezugspunkt der Deutung, ihr kommt also eine nicht zu unterschätzende Wichtigkeit zu. Dies sollten Sie besonders berücksichtigen, wenn Sie ein Orakel für einen anderen Menschen befragen. Sie werden häufig Fragen hören wie: «Ich wollte mal wissen, hm, über die Zukunft und so – Sie wissen schon, was ich meine.» Machen Sie Ihrem Klienten immer klar, daß Sie keinesfalls wissen, was er meint, und fordern Sie ihn auf, seine Frage zu konkretisieren. Sie können ihm auch ruhig dabei helfen, eine Frage zu formulieren, jedoch möglichst ohne ihn dabei zu beeinflussen oder ihm irgend etwas zu suggerieren. Versuchen Sie nur, Ihren Klienten an sich selbst heranzuführen, damit er erkennen kann, warum er Sie eigentlich aufgesucht hat und was ihn im Moment bewegt.

Bevor Sie beginnen, sich auf das Orakel einzustimmen, sollten Sie die Frage, die Sie stellen möchten, klar und deutlich aussprechen oder aufschreiben. Es genügt nicht, eine vage Vorstellung einer Problematik, einer bestimmten Angelegenheit oder Situation in sich zu fühlen. Sie sollten sich so nahe wie möglich an den Kern des Problems oder einer Angelegenheit herantasten und diesen in einer Frage zusammenfassen. Oft ist es so, daß man sich über seine wahren Probleme, Wünsche und Hoffnungen nicht im klaren ist. Dieses Nicht-Wissen kann dazu führen, daß man Sekundärfragen stellt, die zwar mit dem eigentlichen Problem oder Wunsch in enger Verbindung stehen, jedoch nicht den wirklichen Angelpunkt bilden. Ein Beispiel: Ein ehrgeiziger Mensch, der zur Zeit in einer untergeordneten, schlecht bezahlten Position arbeitet, ist nervös und hat Magenbeschwerden. Er stellt folgende Frage: «Wie wird es mir im nächsten Jahr gesundheitlich gehen?» Die Frage an sich ist zwar korrekt formuliert, geht aber am eigentlichen Problem vorbei. Wenn dem Fragenden bewußt ist, daß er seine gesundheitlichen Beschwerden seinem unbefriedigten Ehrgeiz verdankt, stellt er die Fragen richtiger: «Was kann ich tun, um mit meiner beruflichen Situation sinnvoller umgehen zu können?» oder: «Welche Möglichkeiten gibt es, meine berufliche Situation zu verändern?» oder: «Wie kann ich meinen Ehrgeiz sinnvoller einsetzen?» Ist dem Fragenden der Zusammenhang zwischen beruflicher und gesundheitlicher Situation nicht bewußt, fragt er besser zunächst nach der Ursache seiner gesundheitlichen Probleme: «Was ist die Ursache für meine gesundheitlichen Probleme?» Dieses Beispiel zeigt, daß die Auseinandersetzung mit den eigenen Problemen, die sich durch die Suche nach der richtigen Frage ergibt, eine der wichtigsten Voraussetzungen für die Orakeldeutung ist.

In dieser Auseinandersetzung findet man oft heraus, daß man eigentlich viel mehr weiß, als man vermutet hätte. Durch das Nachdenken erkennt man möglicherweise Zusammenhänge, die einem vorher nie richtig bewußt geworden sind. Dies ist sicherlich auch einer der Gründe, weshalb so viele komplizierte oder auch langwierige Orakelmethoden erfunden wurden. Wenn man vorher weiß, daß eine Orakelbefragung mehrere Stunden dauern wird, ist man mehr oder weniger dazu gezwungen, die Frage sorgfältig auszuwählen, und man kommt auch nicht in Versuchung, wegen jeder Kleinigkeit ein Orakel zu befragen. Das Ziel liegt nicht darin, von Orakelsprüchen abhängig zu werden, sondern vielmehr, die selbständige Denk- und Handlungsfähigkeit in bestimmten Situationen zu unterstützen.

Ein Orakel beschreibt die inneren und äußeren Kräfteverhältnisse innerhalb einer Situation, eines Menschen, einer Angelegenheit etc. (ausgenommen sind hier die binären Orakeltechniken). Um eine realistische, sinnvolle Aussage über diese Kräfteverhältnisse gewinnen zu können, müssen bestimmte Frageformen vermieden werden:

1. *Fragen, auf die das Orakel nur mit einem «Ja» oder einem «Nein» antworten kann* (ausgenommen sind die binären Orakeltechniken). Die komplexen Abbilder einer psychischen oder physischen Situation können nur unter bestimmten Umständen in der Ja/Nein-Form dargestellt werden (s. IV.9. «Binäre Orakel»). Fragen wie: «Werde ich im nächsten Jahr verreisen?» oder: «Werde ich meine Prüfung bestehen?» können nur von einem binären Orakel beantwortet werden. Für alle anderen Orakelmethoden müssen diese Fragen umformuliert werden. Schon durch den Zwang zum Umformulieren bekommt die Angelegenheit einen tieferen Sinn, als man dies vielleicht zulassen möchte. So müßte man sich z. B. zunächst mit der Frage auseinandersetzen, ob man überhaupt verreisen will, wieviel man für die Prüfung zu leisten bereit ist und ob es überhaupt dem eigenen wahren Willen entspricht, an der Prüfung teilzunehmen.

2. *Suggestivfragen,* wie z. B.: «Wann werde ich im Lotto gewinnen?» oder: «Wann werde ich heiraten?». Da der Lottogewinn oder die Heirat ja keine gesicherten zukünftigen Ereignisse sind, ist es unsinnig, nach dem Zeitpunkt zu fragen. Auch Fragen wie: «Wen werde ich heiraten?» oder: «Wieviel werde ich im Lotto gewinnen?» sind Suggestivfragen. Möglicherweise gibt es weder eine Heirat noch einen Lottogewinn, und vorzugeben, daß ein bestimmter Zustand oder ein Ereignis eintreten wird, hieße, sich selbst und das Orakel belügen. Man kann das Orakel nach der finanziellen Situation in einem bestimmten Zeitraum befragen, aber man sollte weder sich noch dem Orakel einen möglichen Tatbestand suggerieren.

3. *Überspezifische Fragen,* wie z. B.: «Wer ist mein Feind?» oder: «Wie werde ich mich am 15. 6. um 10.30 Uhr fühlen?». Man ist immer wieder versucht, auf diesem Weg zu sehr konkreten Ergebnissen zu gelangen – meist mit wenig Erfolg.

4. *Zu vage Fragestellungen,* wie z. B.: «Wie kann ich erreichen, daß ich glücklich werde?». Glück ist ein sehr vieldeutiger Begriff, und jeder Mensch kann sein Glück woanders suchen und finden. Der Fragende sollte hier zunächst herausfinden, was der Begriff Glück für ihn bedeutet, um dann seine Frage zu konkretisieren. Wenn man ernsthaft mit einem Orakel arbeiten und zu neuen Erkenntnissen über

sich selbst und seine Umwelt gelangen will, sollte man sich von Schlagwort- und Klischeedenken freimachen. Arbeiten Sie niemals mit Begriffen oder Formulierungen, deren Sinn Ihnen nicht wirklich klar ist. Wenn Sie Begriffe wie z. B. «Glück», «Freude», «Liebe», «Trauer» oder «Unglück» verwenden, sollten Sie immer wissen, was diese für Sie bedeuten, und in der Lage sein, sie sofort definieren zu können. Drücken Sie sich immer möglichst genau und konkret aus. Unter professionellen Orakeldeutern kommt es häufig vor, daß eine Beratung nur mit schlagzeilenartigen Formulierungen bestritten wird. Der Klient weiß hinterher meistens gar nicht mehr, was der Deuter ihm prognostiziert hat, denn die Aussagen waren zu verallgemeinernd und nichtssagend. Er erinnert sich meist nur noch daran, ob die Prognose im Durchschnitt «gut» oder «schlecht» war.

5. Fragen, die einen sehr langen Zeitraum abdecken, z. B.: «Wie wird sich meine Ehe in den nächsten zwanzig Jahren entwickeln?» oder: «Wie wird meine Situation in den nächsten zehn Jahren aussehen?». Das Orakel wird diese Frage zwar beantworten, aber nur als sehr vage, durchschnittliche Aussage. In einem sehr langen Zeitraum ergeben sich zwangsläufig Veränderungen, die das Orakel unmöglich alle berücksichtigen kann. Es wird deshalb entweder ein sehr tiefgreifendes Ereignis auswählen oder (und das geschieht wesentlich häufiger) eine ungenaue, allgemeine Antwort geben. Wenn man also zu einem gewissen Zeitpunkt eine Entscheidung treffen muß, die möglicherweise einen längeren Zeitraum beeinflussen wird, sollte man das Orakel nach den Entwicklungstendenzen der einzelnen Alternativen befragen.

Das gleiche gilt auch für zu groß gewählte Raumeinheiten, wie z. B.: «Wie wird sich die politische Weltsituation entwickeln?». Auch hier wird die Aussage sehr ungenau ausfallen. Sinnvoll ist, den Raum zu begrenzen, indem man z. B. nach der politischen Lage eines einzelnen Landes fragt oder bestimmte Interessengebiete herausgreift, z. B.: «Wie wird sich die politische Situation Englands entwickeln?» oder: «Wie wird sich das Ost-West-Verhältnis entwickeln?» oder: «Wie wird sich die wirtschaftliche Situation Japans entwickeln?».

Es folgen nun einige Beispiele, nach deren Schema die meisten Fragen günstig formuliert werden können:

- Was wird geschehen, wenn ich mich ... verhalte?
- Was ist die Ursache meines Problems ...?
- In welcher Beziehung stehe ich zu ...?
- Wie sieht meine Situation ... im nächsten Jahr aus?

- Wie werde ich mich fühlen, wenn ich ... tue?
- Was hat dazu geführt, daß ...?
- Warum verhalte ich mich in dieser Situation immer ...?
- Was kann ich tun, um ...?
- Welche Möglichkeiten gibt es ...?

2. Die Deutung eines Orakels

Zunächst müssen wir zwei verschiedene Formen des Umgangs mit einem Orakel unterscheiden: das «Sehen» und das «Deuten». Der *Seher* benutzt die Orakelgegenstände nur als Konzentrationshilfe. Er legt beispielsweise die Tarotkarten auf die gleiche Weise aus, wie es ein Orakeldeuter tun würde, doch er betrachtet nicht die Bilder und Symbole, kombiniert deren Bedeutungen und setzt diese in Beziehung zur Frage oder zum Fragenden. Oft erkennt man den Seher daran, daß er nur einen kurzen Blick auf die Orakelgegenstände wirft und sie dabei bewußt zu erfassen scheint. Danach wirkt er meist abwesend, fixiert seinen Blick auf einen bestimmten Punkt, reagiert nicht mehr auf Sinnesreize und horcht in sich hinein. Er zieht sich in sich selbst zurück und empfängt dort das Wissen, das er an den Fragenden weitergibt. Die Fähigkeit des Sehens beruht entweder auf natürlicher Begabung oder wird durch jahrelanges konsequentes Training erlernt.

Der *Orakeldeuter* bezieht die Information direkt aus den Orakelgegenständen. Er arbeitet meist mit mehr oder weniger festgelegten Bedeutungen, die er dann mit kombinatorischem Geschick und psychologischem Einfühlungsvermögen verbindet und auf den Fragenden, bzw. auf die Frage, bezieht. Die Intuition spielt bei den meisten Orakeldeutern auch eine Rolle, doch im Unterschied zum Seher, der das Wissen direkt und unmittelbar empfängt, bleibt es beim Deuter meist bei einem erahnenden Erfassen, das auch in der Regel nicht während einer ganzen Sitzung aufrechterhalten werden kann. Während der Deuter damit beschäftigt ist, die verschlüsselte Information zu enträtseln und zu strukturieren, taucht plötzlich in ihm das sichere Gefühl auf, daß er den richtigen Ansatzpunkt gefunden hat, daß eine bestimmte Information, die er bisher nicht berücksichtigt hat, der eigentliche Schlüssel zur Lösung ist; oder eine Idee, ein Gedanke drängt sich auf, der seine Deutung in die richtige Richtung lenkt. Die plötzlichen Eingebungen sind für den Orakeldeuter sehr wichtig, im Prinzip kann ein erfahrener Deuter aber auch ohne diese intuitiven Momente zu «richtigen» Schlüssen gelangen.

In diesem Kapitel wollen wir uns mit der Deutung eines Orakels beschäftigen. Meiner Erfahrung nach «lügt» ein Orakel nie, außer man hat es auf irgendeine Art und Weise «beleidigt», indem man z. B. mehrmals hintereinander die gleiche Frage stellt, weil man seine Antwort nicht akzeptieren will, oder indem man die Orakelgegenstände einfach in eine Ecke wirft, wenn man eine als negativ erscheinende Antwort erhalten hat. Durch die Arbeit mit einem Orakel stellen wir eine gewisse geistige Verbindung zu ihm und auch zu einem bestimmten Teil unserer selbst her. Jedes Orakel hat seinen eigenen Geist, seine eigene Seele. Besonders deutlich kann man dies bemerken, wenn man das I Ging befragt.

Jener Teil von uns, der wissen möchte und bereit ist, Hilfe anzunehmen, beginnt die Kommunikation mit dem Orakel, indem er eine Frage stellt. Das Orakel gibt nun seine Antwort, und da wir diese meist nicht sofort vollständig verstehen, beginnen wir im übertragenen Sinne ein Gespräch.

Wir schauen uns bestimmte Karten noch einmal an, lesen einige Sätze mehrmals und fragen dadurch, ohne es auszusprechen, noch einmal nach der Bedeutung oder dem Sinn. Das Orakel lenkt dann unseren Blick auf weitere Karten oder Sätze, um uns das Verständnis zu erleichtern und die Strukturen bestimmter Kraftfelder aufzuzeigen. Jener Teil in uns, der fähig und willens ist, ein Gespräch dieser Art zu führen, Wahrheit zu erkennen und zu akzeptieren, auch wenn sie unangenehm sein sollte, ist sehr empfindlich. Der andere Teil in uns, der wütend wird, wenn er sieht, daß seine Wünsche sich nicht erfüllen werden, neigt dann dazu, das Orakel zu beleidigen. Damit vergrault er jedoch in erster Linie den Teil seiner Persönlichkeit, der gerne lernen und wissen möchte; das Orakel selbst ist weise und frei von persönlichem Interesse an uns. Dem Orakel ist es völlig gleich, ob wir es befragen oder nicht, und wenn wir ärgerlich werden, weil es uns die Wahrheit gesagt hat, schaden wir hauptsächlich uns selbst! Gehen wir ohne Achtung im Herzen an eine Orakelbefragung heran, kann es nicht zu einer wirklichen Kommunikation kommen, und so erhalten wir den Eindruck, daß das Orakel lügt oder uns nichts sagen will. In den meisten Fällen handelt es sich jedoch um eine innere Blockierung. Wir müssen lernen, darauf zu vertrauen, daß die Antwort des Orakels sinnvoll und wahr ist, denn wenn wir zweifeln, können wir nicht deuten. Die Bemühungen des Deuters zielen darauf ab, diesen Sinn und diese Wahrheit zu erkennen.

Die Antwort des Orakels ist immer vieldeutig und kann sich auf verschiedene Seins- bzw. Erfahrungsebenen beziehen. Den einzig sicher überprüfbaren Anhaltspunkt können wir nur in der Gegenwart finden. Bearbeiten wir ein Problem, liegt die Ursache immer in der Vergangenheit und die Lösung in der Zukunft. Um uns Klarheit über die Ursache zu verschaffen und Lösungsmöglichkeiten zu entwerfen, müssen wir zunächst einmal unsere gegenwärtige Situation möglichst umfassend erkennen. Erst danach kann man sich bemühen, in die Vergangenheit oder die Zukunft vorzustoßen.

a) Die Gegenwartsanalyse

In der Regel glaubt jeder, der das Orakel befragt, seine gegenwärtige Situation genauestens zu kennen. Dies ist aber meist ein Trugschluß, denn fast immer steht man unter psychischem oder physischem Streß, bevor man das Orakel befragt. Warum sollte man auch das Orakel bemühen, wenn man bereits sicher weiß, welche Entscheidung man treffen wird, welche Veränderungen man in die Wege leiten muß, welche Möglichkeiten sich anbieten und welche man ergreifen wird? Unter Belastung neigen wir jedoch dazu, unsere Situation oder die äußeren Umstände sehr einseitig zu betrachten, und je einseitiger unsere Betrachtungsweise ist, desto schwieriger ist es für uns, Entscheidungen zu treffen oder Probleme zu lösen. Unsere Gedanken drehen sich ständig im Kreis, und daraus erwächst die Angst oder das Gefühl der Unsicherheit gegenüber der Zukunft. Wir hoffen, daß sich alles bessert, und befürchten, daß alles beim alten bleibt oder sich gar noch verschlechtert. In banger Erwartung stellt man dann dem Orakel die Frage nach der Zukunft – und ist dann meist sehr enttäuscht, daß das Orakel einen zunächst auf die Gegenwart aufmerksam macht! Viele Menschen wenden sich dann unzufrieden ab und sagen, daß sie dies ja alles schon längst gewußt hätten. Doch meist haben sie das Orakelbild ebenso unaufmerksam betrachtet wie ihre gegenwärtige Situation. Fast ausnahmslos wird die Frage nach der Zukunft genau dann gestellt, wenn in der Gegenwart Probleme bestehen. Diese mögen dem Fragenden nicht einmal bewußt sein und ihn einfach nur antreiben, etwas zu verändern, ohne daß er jedoch weiß, warum und wie er dies tun soll. Die Frage nach der Zukunft kann durchaus korrekt gestellt sein – meiner Erfahrung nach handelt es sich dabei aber in den allermeisten Fällen nur um eine Sekundärfrage.

Wird uns vom Orakel die Gegenwart vor Augen gehalten, muß uns bewußt werden, daß wir eine Sekundärfrage gestellt haben, und dies muß bei der Deutung berücksichtigt werden.

In vielen Fällen ist es sinnvoll, als erstes eine Gegenwartsanalyse durchzuführen, damit der Fragende deutlich die Faktoren erkennen kann, die er bei seiner momentanen einseitigen Betrachtungsweise der Gegenwart übersehen hat. Wird die Gegenwartsanalyse sorgfältig durchgeführt, sieht der Fragende seine Situation und die äußeren Umstände in einem ganz anderen Licht, und er hat die Möglichkeit, seine Entscheidungsfähigkeit wiederzugewinnen, Lösungsmöglichkeiten zu entdecken, sich Klarheit über seine Anlagen und Fähigkeiten zu verschaffen, was die Frage nach der Zukunft oft aufhebt oder als unwichtig erscheinen läßt. Das Bestreben, Vorausschau zu erlangen, ist in der Regel nur durch unsere Angst und Unsicherheit motiviert. Jeder Mensch weiß, daß er irgendwann einmal sterben wird, aber es macht ihm Angst, daß er nicht weiß, zu welchem Zeitpunkt und unter welchen Umständen das geschehen wird, was danach kommt etc. Er glaubt, sich leichter damit abfinden zu können, wenn er über diese Dinge Bescheid wüßte. Gleichzeitig fürchtet er aber auch, daß dieses Wissen ihm ständig auf der Seele liegen wird. So verhält es sich nicht nur mit dem Tod, sondern auch mit Liebe und Haß, Gesundheit und Krankheit, Reichtum und Armut. Wir möchten so gerne an das Schicksal glauben, denn das würde alles vereinfachen und uns eine Menge unnützer Aufregung ersparen, doch gleichzeitig haben wir große Angst davor, daß uns das Schicksal hart anfaßt, so daß wir auf eine vollständige und umfassende Vorausschau lieber verzichten. Schicksalsgläubigkeit hat den Vorteil, daß wir die Verantwortung für uns und unser Leben in hohem Maße abgeben können, und den Nachteil, daß wir uns ausgeliefert fühlen. Erst wenn wir erkannt haben, daß jeder sein Leben verantwortungsvoll selbst in die Hand nehmen muß, entdecken wir auch, daß uns ein Orakel weit mehr zu bieten hat als den Blick in die Zukunft.

b) Die Trendanalyse

Zunächst müssen wir uns von der Vorstellung befreien, daß die exakte Vorhersage bestimmter Ereignisse das Ziel einer Orakelbefragung sein sollte. Die Ereignisprognose kann einem Menschen oft mehr schaden als nützen. Dazu ein Beispiel aus der Praxis: Einem meiner Freunde wurde von einer Kartenlegerin prognostiziert, daß er im nächsten Jahr drei Autounfälle – jeweils mit Totalschaden – haben werde. Der Fragende stand dieser Vorhersage recht skeptisch gegenüber, da er einen Autounfall zwar für möglich hielt, sich jedoch nicht vorstellen konnte, die finanziellen Mittel aufbringen zu können, um gleich zwei weitere Autos zu kaufen. Doch so unwahrscheinlich die Prognose auch erschien – sie grub sich im Gedächtnis des Fragenden ein. Er dachte natürlich nicht ständig daran, doch mit schöner Regelmäßigkeit erinnerte er sich an diese Prophezeiung. Solche Gedanken sind natürlich belastend, und als das Jahr ohne einen einzigen Autounfall verstrichen war, empfand der Fragende doch eine gewisse Erleichterung. Was war nun geschehen – hatten die Karten gelogen, hatte die Kartenlegerin sich geirrt, oder hatte der Fragende etwas unternommen, um die Prognose nicht eintreffen zu lassen? Die beiden ersten Erklärungen wären die einfachsten und werden auch in ähnlichen Fällen, von denen es übrigens sehr viele gibt, gern verwendet. Hinzugefügt werden muß noch, daß es sich um eine erfahrene Kartenlegerin handelte, die allgemein als recht erfolgreich gilt, das Kartenlegen allerdings professionell betreibt und einmal sagte, daß ihre Kunden die konkrete Ereignisvorhersage verlangten.

Damit sind wir meiner Meinung nach auch schon beim entscheidenden Punkt angelangt: Der Fragende geht zum Orakeldeuter mit der gleichen Einstellung, mit der er auch einen Arzt aufsucht. Er möchte die Verantwortung für sein Leiden in die Hände eines anderen legen und will von der verantwortlichen Person eigentlich nur hören, wann es endlich besser wird, ohne dabei die Bereitschaft mitzubringen, an sich selbst zu arbeiten. So wie der Arzt bei seinem Patienten beispielsweise eine Neigung zu Diabetes feststellen kann, bleibt auch dem Orakeldeuter eine Neigung seines Klienten, sich selbst oder sein Eigentum zu zerstören, nicht verborgen. Diese Neigung kann sich realisieren, doch ob der Patient nun Diabetes bekommt oder der Klient einen Autounfall erleidet, ist noch keine gesicherte Tatsache. Der Arzt würde seinem Patienten nur Ratschläge erteilen, wie er die Krankheit vermeiden kann, vom Orakeldeuter wird jedoch erwartet, daß er eine eindeutige Aussage macht. Die Neigung zur Selbstzerstörung kann auf vielen verschiedenen Ebenen Wirklichkeit werden: auf der physischen, z. B. durch einen Autounfall; auf der psychischen, z. B. durch Depressionen; auf der geistigen, z. B. durch Konzentrationsstörungen. Auf diesen Ebenen gibt es wiederum Hunderte von Möglichkeiten der Realisierung. Vielleicht hat man keinen Autounfall, sondern schneidet sich ständig in den Finger, konsumiert übermäßig Alkohol oder überarbeitet sich derart, daß man andauernd krank wird. Auf welcher Ebene der Fragende seine inneren Spannungen auslebt und welche konkreten Möglichkeiten dieser Ebene genutzt werden, liegt in der Charakterstruktur und dem Umfeld des Fragenden. Der Selbstzerstörungstrieb kann auf der psychischen Ebene z. B. nach innen gerichtet und durch eine Depression ausgelebt werden. Es besteht aber auch die Möglichkeit, daß man ihn nach außen projiziert, selbst äußerst aggressiv auftritt und damit eine Schlägerei provoziert, wodurch man dann scheinbar von außen zerstört wird, oder eine Opferhaltung annimmt und sich zur Zielscheibe der Zerstörungswut anderer macht.

Der Jahrmarktswahrsager greift nun eine von diesen unendlich vielen Möglichkeiten heraus und präsentiert sie dem Fragenden als zukünftige Realität. Angesichts der Vielfalt dieser Möglichkeiten ist die Wahrscheinlichkeit, daß das Ereignis tatsächlich eintritt, relativ gering, was sicherlich auch einen Teil des schlechten Rufs der Wahrsagekünste ausmacht. Man darf hierbei auch nicht den Faktor der Konditionierung vergessen. Ein Mensch, der durch seine Probleme ohnehin belastet ist und den Orakeldeuter als letzte Hilfe in seiner Not aufsucht, macht sich natürlich offen für das, was ihm der Deuter vermittelt. Nehmen wir einmal an, daß der Orakeldeuter die innere Spannung des Fragenden richtig erkannt und auch auf die richtige Ebene der Realisierung geschlossen hat und dem Fragenden nun eine konkrete Realisierungsmöglichkeit in Aussicht stellt, nämlich einen Autounfall. Der Fragende saugt dies in sich auf; er akzeptiert, daß es so kommen wird. Er hat aber auch Angst vor dem Unfall, und das wird ihn dazu bewegen, obwohl er immer ein sicherer Fahrer gewesen ist, ein übervorsichtiges, nervöses Fahrverhalten anzunehmen. Durch seine Unsicherheit provoziert er möglicherweise einen Unfall, der sonst niemals zustande gekommen wäre. Es kann in diesem Fall auch zu Kurzschlußreaktionen kommen: Der Fragende steigert sich derart in seine Angst hinein, daß er, unbewußt oder halbbewußt, gegen einen Baum fährt, um endlich die ständige Bedrohung nicht mehr spüren zu müssen. Um dieser Konditionierung zu entgehen, glaubt man entweder der Prognose nicht, indem man sie mit rationalen Argumenten beiseite schiebt (in unserem Beispiel: «Keine ausreichenden finanziellen Mittel, um zwei weitere Autos kaufen zu können»), oder man verdrängt sie, was sehr gefährlich ist, da hier die meisten sich selbst erfüllenden Prophezeiungen entstehen.

Manche Orakeldeuter haben daraus den Schluß gezogen, niemandem etwas Negatives zu sagen, was ich persönlich für völlig falsch halte. Wenn ein Mensch unter großen inneren Spannungen leidet, müssen diese in irgendeiner Form verwirklicht werden, und es hilft nichts, sie einfach zu ignorieren. Ich sehe die Aufgabe des Orakeldeuters in erster Linie darin, daß er sich selbst oder anderen die Spannungen bewußt macht und konstruktive Verwirklichungsmöglichkeiten findet. Auch eine «positive» Interpretation einer Orakelaussage kann zu einem Bumerang werden. Nehmen wir einmal an, der Orakeldeuter prophezeit dem Fragenden großen Reichtum, worauf sich dieser zum Kauf eines größeren Objekts verpflichtet. Nun stellt sich heraus, daß die Prognose zwar völlig richtig war – der Fragende befindet sich gerade in einer positiven Strömung, die sich auf der materiellen Ebene realisieren wird, also «Reichwerden» bedeutet – die Summe aber nicht ein Zehntel von dem beträgt, was erwartet wurde. Solche Dinge geschehen leider häufiger, als man es für möglich hält. Die angeführten Gründe sollten jedem klarmachen, daß es besser ist, wenn der Orakeldeuter auf die exakte Prognose von Ereignissen verzichtet und sich statt dessen der Trendanalyse zuwendet. Das gilt gleichermaßen für die eigene Befragung des Orakels wie für die Beratung anderer Menschen.

Bei der Trendanalyse macht sich der Orakeldeuter die Ergebnisse der Gegenwartsanalyse zunutze. Durch die Bearbeitung der Gegenwart erfährt er die vorherrschenden Kräfteverhältnisse in der Angelegenheit oder im Fragenden selbst. Die eigentliche Problematik wird herauskristallisiert und die Thematik der Befragung festgelegt, was besonders bei Sekundärfragen von Bedeutung ist. Es zeigt sich, wie der Fragende seine Situation und sein Umfeld betrachtet, und mögliche Widersprüche zwischen seiner realen Situation und seiner Einschätzung derselben werden deutlich. Dies greift immer mehr oder weniger auch in den Bereich der Charakteranalyse über. Anhand der vorherrschenden gegenwärtigen Strömung kann man herausarbeiten, welche Kräfte in der nächsten Zeit auf den Fragenden einwirken werden, in welchen Bereichen seines Lebens er zu kämpfen haben und in welchen er Glück und Freude erleben wird. Auf welchen Ebenen sich diese Strömung realisiert, kann man mit relativer Wahrscheinlichkeit aus der Kenntnis der allgemeinen Thematik, des Charakters des Fragenden und seiner Verhaltensmuster herauslesen. Über konkrete Realisierungsmöglichkeiten sollte man keine Angaben machen, sondern sich statt dessen darauf konzentrieren, Vorschläge zu machen, wie der Fragende diese Tendenzen ausleben könnte. Was letztendlich konkret geschieht, liegt in der Hand des Fragenden, und darauf muß man ihn immer wieder aufmerksam machen. Der Orakeldeuter zeigt die Zukunftstendenzen auf, arbeitet mit dem Fragenden zusammen Lösungsmöglichkeiten aus und überläßt die letzte Verantwortung für die Entscheidung dem Fragenden selbst.

3. Orakel als Entscheidungshilfe

Bei der Gegenwartsanalyse erhält der Fragende ein Abbild seiner momentanen Situation oder der Kräfteverhältnisse innerhalb der Angelegenheit, nach der er gefragt hat. Bei der Trendanalyse erfährt er, wie sich die Situation oder die Kräfteverhältnisse entwickeln werden und wie sie sich anspannen und verschieben, sofern bestimmte Veränderungen vorgenommen werden. Betrachten wir ein Beispiel:

Der Fragende möchte wissen, wie sich seine berufliche Situation in den nächsten drei Monaten entwickeln wird. Bei der Gegenwartsanalyse erfährt er, wie er momentan zu seinem Beruf steht, wie er ihn ausübt, mit welchen Problemen er konfrontiert ist, ob er mit seiner Position zufrieden ist oder ob er eine Veränderung anstrebt etc. Bei der Trendanalyse beschäftigt man sich nun mit den Möglichkeiten, die sich aus dieser Grundsituation heraus ergeben können. Eine Möglichkeit könnte lauten, daß sich keinerlei Veränderungen abzeichnen und der Fragende die Grundsituation in die Zukunft hinein bestehen läßt. Diese Möglichkeit beschreibt jedoch nur die natürliche Entwicklung der Situation; konkret könnte dies bedeuten, daß dem Fragenden keine Veränderungsmöglichkeiten von außen angeboten werden, es ist aber nicht von vornherein festgelegt, daß es keine Veränderungen geben darf. Sollte der Fragende eine solche wünschen, könnte er an das Orakel eine weitere Frage richten, z. B.: «Welche Möglichkeiten gibt es, meine berufliche Grundsituation zu verändern?» oder: «Was geschieht, wenn ich meine Einstellung zu meinem Beruf insofern verändere, als ich ...?». Da die natürliche Entwicklung der Grundsituation voraussichtlich keine Veränderung mit sich bringen würde, muß an der Grundsituation gearbeitet werden, um eine eventuell gewünschte Veränderung herbeizuführen.

Eine weitere Möglichkeit, die sich bei der Trendanalyse hätte ergeben können, besteht darin, daß eine Entscheidungssituation auf den Fragenden zukommt. Ist aus der ersten Orakelantwort noch nicht zu erkennen, wie die Grundstrukturen dieser Entscheidungssituation aussehen werden, kann der Fragende eine weitere Frage an das Orakel richten. Auf diese Weise erfährt er etwas über die einzelnen Alternativen, die sich ihm anbieten.

Stellt sich bereits bei der Gegenwartsanalyse heraus, daß der Fragende in einer Entscheidungssituation steckt, kann er fragen, was geschehen wird, wenn er Möglichkeit A wählt, und muß mit einer weiteren Frage klären, was die Wahl von Möglichkeit B bringen wird.

An diesem Beispiel können wir erkennen, daß sich aus der Gegenwarts- und Trendanalyse oft ganz neue Gesichtspunkte ergeben, die wiederum neue Fragen aufwerfen. Mit jeder Frage, die über die Gegenwart hinausgeht, betritt man das Reich der unendlichen Möglichkeiten, wovon viele zwar für den Fragenden aufgrund seiner Interessen, seiner Persönlichkeitsstruktur, Umwelt und Gegenwartssituation irrelevant sind, aber auch ohne diese bleiben noch viele Wege offen. Bei der Trendanalyse werden nun die naheliegenden Möglichkeiten aufgegriffen und weiterverfolgt. Man beschneidet seine Entwicklungsfreiheit, wenn man sich von einem Orakel sein Leben und seine Entscheidungen diktieren läßt. Das Orakel selbst ist keine autoritäre Instanz, die uns vorschreibt, was wir zu tun und zu lassen haben. Ganz im Gegenteil: Das Orakel soll uns helfen, zu unserer eigenen Entscheidungsfähigkeit zurückzufinden, die wir durch den gegenwärtigen Problemdruck verloren haben. Man sollte nie von einem Orakel abhängig werden. Menschen, die sich nicht mehr aus dem Haus trauen, bevor sie ihr Orakel befragt haben, haben meiner Meinung nach einen falschen Zugang gewählt. Wenn uns das Orakel nicht hilft, unsere Entscheidungsfähigkeit zu stärken, hat es seinen Zweck verfehlt. In Krisen- oder Problemsituationen ist unsere Entscheidungsfähigkeit geschwächt, da wir das Material, auf dessen Grundlage die Entscheidung getroffen wird, unklar, einseitig oder verzerrt betrachten. Das Ziel der Orakelbefragung sollte sein, unser Problem und die möglichen Lösungen gerade in Krisen klarer zu erkennen; betrachten wir aber seine Aussage als Schicksalsspruch, berauben wir uns selbst der Hilfe, die es uns zu geben vermag. Hilfe annehmen heißt nicht, sich selbst aufgeben und an jene Instanz ausliefern, von der man sich Hilfe erhofft. Wir bleiben immer freie und eigenverantwortliche Menschen und müssen unsere Welt und unser Leben selbst in die Hand nehmen.

Die regelmäßige Arbeit mit Orakeln kann uns nicht nur sensibilisieren: Durch ein gewisses Maß «konstruktiver Routine», das wir uns dadurch erwerben, werden wir auch für Krisen- und Paniksituationen gestählt. Mit anderen Worten: Das Orakel wird zum gewichtigen, aber nicht dominierenden Entscheidungspartner und

-lehrer. Mit seiner Hilfe verlieren wir auch unter Streß nicht mehr die Nerven, behalten einen klaren Kopf und fällen die besten Entscheidungen. Wie ein Verbündeter steht uns das Orakel dabei zur Seite und arbeitet mit daran, daß wir den Lebenskampf möglichst unbeschadet überstehen – sofern wir seine ihm innewohnenden Gesetzmäßigkeiten respektieren.

4. Ein Weg zur Selbsterkenntnis

Neben ihrer Funktion als Entscheidungs- und Problemlösungshilfe haben uns die Orakel noch weitaus mehr zu bieten; denn durch die Befragung gelangen wir in Berührung mit unserem inneren Zentrum, das uns bewußt oft nicht so leicht zugänglich ist. Der Fragende betrachtet seine Probleme als bedrückend oder auch lästig und möchte sie so schnell wie möglich loswerden. Der Lösungsprozeß zwingt den Fragenden jedoch, sich mit sich selbst und seiner Umwelt auseinanderzusetzen. Geschieht dies auf eine konstruktive Weise, lernt der Fragende nicht nur sein momentanes Problem zu bewältigen, sondern er erhält die Möglichkeit, tiefgreifende Erkenntnisse über sich selbst zu gewinnen.

C. G. Jung schreibt in *Der Mensch und seine Symbole*: «Der eigentliche Individuationsprozeß – die *bewußte* Auseinandersetzung mit dem größeren inneren Menschen oder dem eigenen Seelenzentrum – beginnt meistens mit einer Verwundung oder einem Leidenszustand, der eine Art von Berufung darstellt, aber oft nicht als solche erkannt wird.»[1] Durch den Problem- bzw. Leidensdruck kann also ein Lernprozeß ausgelöst werden, der uns in Berührung mit unserer eigenen Mitte bringt, sofern der Fragende bereit ist, sich dem zu stellen. Das Orakel ist ein Spiegel unserer Seele, der Bewußtes und Unbewußtes gleichermaßen reflektiert. Gerade wenn wir uns mit der Entstehung und Bewältigung von Problemen beschäftigen, müssen wir uns besonders ausgiebig mit der unbewußten Seite unserer Persönlichkeit auseinandersetzen, und wir werden dabei mit Dingen konfrontiert, die wir nicht wahrhaben und die wir schnellstens wieder in ihre Verbannung zurückschicken wollen. Hierbei dürfen wir nicht vergessen, daß manche Dinge nicht ohne schwerwiegenden Grund verdrängt wurden und daß es auch manchmal gefährlich sein kann, verdrängtes Material ins Bewußtsein zu rufen – besonders wenn man ohne die notwendige

Behutsamkeit vorgeht. Bewußtmachung um jeden Preis sollten Sie vermeiden.

In der Regel hat jeder Mensch ein Bild von sich selbst. Dieses Bild setzt sich aus den Faktoren und Eigenschaften zusammen, die der Mensch bewußt an sich wahrnimmt. Hierzu kommen gelegentlich noch die Phantasiebilder, mit denen sich der Mensch gern identifizieren möchte. Die bewußt wahrgenommenen Faktoren sind oft durch positive oder negative Idealbilder überlagert. Dies erkennt man sehr deutlich z. B. bei Heirats- oder Bekanntschaftsanzeigen; da heißt es: «Junger Mann, 26 J., 182 cm, gutaussehend, gutsituiert, sucht ... Bin treu und zärtlich, ehrlich, stark, doch auch anlehnungsbedürftig ...» Als dieser junge Mann den Anzeigentext aufsetzte, war er wahrscheinlich fest davon überzeugt, sich gerecht und objektiv dargestellt zu haben. Vielleicht würde er zugeben, daß er einige kleinere negative Eigenschaften verschwiegen hat, doch grundsätzlich hält er die Beschreibung seiner selbst für richtig. Es geht auch anders: «Armes Mädchen vom Lande, schuldlos ins Unglück geraten, sucht ... Bin geschieden und sehr einsam. Doch wenn Du nun erfährst, daß ich schon ein Kind habe, wirst Du mir sicher nicht schreiben wollen ...» Auch dieses Mädchen wird die Beschreibung seiner selbst für richtig halten, bei beiden sind jedoch die realen Fakten durch Idealbilder überlagert. Der junge Mann zeichnet ein positives Bild und verschweigt seine negativen Eigenschaften, während das Mädchen einen bemitleidenswerten Eindruck vermittelt. Diese Selbstdarstellungen wurden zu einem bestimmten Zweck geschrieben und sind auf ihre Wirkung berechnet verfaßt worden. Zwischen der Anzeige und dem wirklichen Menschen besteht ein großer Unterschied, worüber wir uns meistens auch im klaren sind, wenn wir solche Annoncen lesen. An dieser Stelle müssen wir uns jedoch fragen, inwieweit sich unser Verhalten von dem der beiden Menschen aus unserem Beispiel unterscheidet: Haben wir nicht ein genauso nichtssagendes idealisiertes Selbstbild, das wir anderen Menschen immer wieder präsentieren? Dieses Selbstbild muß nicht positiv aussehen, wir können uns auch durch negative Selbstbilder, die wir verwirklichen, Vorteile verschaffen. Je starrer unser Selbstbild ist – egal, ob positiv oder negativ geprägt –, desto stärker werden wir bei einer Orakelbefragung mit uns unbekannten, oft auch unangenehmen Aspekten unserer Persönlichkeit konfrontiert werden. Unser Selbstbild, das wir für wahr und objektiv halten, wird möglicherweise zusammenbrechen. So kann ein Mensch, der sich bislang in seiner Schwäche und Schutzbedürftigkeit wohlgefühlt hat, völlig aus der Bahn geworfen werden, wenn er plötzlich seine Stärke erkennen muß. Ihm wird bewußt, daß er nun sein ganzes Leben ändern müßte, und dies ist unangenehm, weil es einer gewissen Anstrengung bedarf.

Wird der Fragende während einer Orakelsitzung mit verdrängten Persönlichkeitsaspekten konfrontiert, gerät sein Selbstbild ins Wanken. Er steht vor einer völlig neuen Situation und soll sich plötzlich als einen anderen Menschen begreifen. Einerseits möchte er vielleicht den Zugang zu seiner inneren Mitte gewinnen, doch andererseits ist er nicht fähig, die Konfrontation konstruktiv zu bewältigen. So kann es geschehen, daß er sich den neuen Informationen verschließt und sein Problem lieber weiter mit sich herumträgt. Gehen Sie also immer ernsthaft an eine Orakelbefragung heran, und stellen Sie sich auf eine mögliche Konfrontation ein. Wenn Ihnen verdrängte Persönlichkeitsaspekte aufgezeigt werden, mit denen Sie nicht zurechtkommen, befragen Sie am besten anschließend das Orakel, wie Sie diese am sinnvollsten realisieren können.

In der Praxis erkennt man verdrängte Persönlichkeitsaspekte vielfach an den Sekundärfragen. So kann beispielsweise jemand eine Frage nach seiner beruflichen Entwicklung stellen, und das Orakel zeigt aber Bilder und Symbole aus dem Bereich Gefühl, Liebe, Ehe und Familie. Eine mögliche Erklärung ist, daß der Orakelnehmer im Grunde eine ganz andere Frage stellen wollte, an die er sich dann aber doch nicht herantraute, eine weitere, daß es Zusammenhänge zwischen beruflichen Dingen und Liebes- bzw. Familienangelegenheiten gibt, die dem Fragenden nicht bewußt sind. Sollten also bei einer Orakelbefragung auffällige Häufungen von Bildern und Symbolen aus anderen Bereichen, nach denen nicht gefragt wurde, auftreten, kann man daraus ersehen, mit welchen Bereichen des Lebens sich der Fragende nicht auseinandersetzen möchte und auf welche Art er sich von seiner inneren Mitte entfernt hat.

Gehen wir einmal davon aus, daß jeder Mensch im Leben bestimmte Aufgaben zu bewältigen hat und einem Lehrplan folgt, den er sich selbst ausgesucht hat. Durch die Verwirklichung seiner Anlagen und Fähigkeiten ist er in der Lage, diesen Lehrplan auch zu erfüllen. An dieser Stelle drängt es sich auf, den Begriff «Schicksal» neu zu fassen. Thorwald Dethlefsen gibt in seinem Buch *Schicksal als Chance* folgende Definition: «Die Instanz, die dafür sorgt, daß der Mensch nie aufhört zu lernen, und ihn deshalb immer wieder mit neuen Problemen konfrontiert, nennt der Mensch Schicksal.»[2] Man könnte nun lange darüber diskutieren, ob es sich dabei um eine übergeordnete Instanz handelt, die unser Lernziel bestimmt, oder ob diese Instanz in uns selbst zu finden ist, doch würde das den Rahmen dieses Buches sprengen.

Wir erkennen nun auch den Zusammenhang zwischen der von Jung postulierten Auslösung des Individuationsprozesses durch Leiden und dem individuellen Lernprogramm des einzelnen Menschen. Solange sich der Mensch in Einklang mit seiner inneren Mitte befindet, weiß er, welche Aufgaben er zu erledigen hat und welche Prüfungen als nächstes auf dem Lehrplan stehen werden. So kann er sich darauf einstellen und sich bemühen, sie optimal zu bewältigen. Wenn sich ein Mensch jedoch nicht in Einklang mit seiner inneren Mitte befindet, betrachtet er Probleme, Schwierigkeiten und Auseinandersetzungen als eine von außen kommende Belästigung, mit der er eigentlich nicht viel zu tun hat. Er neigt dazu, das Problem als ein von ihm losgelöstes Phänomen zu betrachten. Der nächste Schritt wäre nun für ihn, zu erkennen, daß er durch das Problem, den Leidensdruck, an seine Aufgaben erinnert wird, und er müßte sich jetzt an dieser Stelle fragen, was er aus seinem Problem lernen soll. Er muß den Weg zu seiner inneren Mitte zurückfinden und sich Klarheit über sein Lernprogramm verschaffen. Da dies mit Anstrengungen verbunden ist, ist man geneigt, dem auszuweichen, und fordert statt dessen die Umwelt auf, die eigenen Probleme zu lösen. Dadurch kommt kein Lerneffekt zustande und somit auch keine wirkliche Lösung.

Ein Orakel kann dem Fragenden nicht nur aufzeigen, welche konkreten Lösungsmöglichkeiten er ergreifen kann, sondern auch den Lehrplan und die momentanen Lernziele des Fragenden herausstellen. Dies setzt wie gesagt voraus, daß der Mensch die bewußte Auseinandersetzung mit seiner inneren Mitte sucht. Man kann durchaus in Einklang mit seiner inneren Mitte leben, ohne sich dessen bewußt zu sein: Man weiß mit innerer Sicherheit, welche Aufgaben zu erfüllen sind und wie man sie am besten bewältigen kann. Ein lernwilliger Mensch, der mit sich selbst im Einklang ist, kann vielfach auch ohne Leiden sein Lernziel erreichen, doch dies ist sehr selten. Eine bewußte Auseinandersetzung wird fast nur durch Leidensdruck ausgelöst, und man kann ihr dann meist nicht mehr ausweichen, weil das Problem der Widerstand in uns selbst ist – die Weigerung, unsere Aufgaben zu erkennen und unseren Platz in dieser Welt anzunehmen. Entscheidend bei der Orakelbefragung ist also nicht, daß man eine Antwort erhält, sondern daß man bereit ist, Fragen zu stellen.

Oft scheitern wir schon daran, daß wir unsere Anlagen und Fähigkeiten gar nicht kennen – von unseren Aufgaben ganz zu schweigen. Das Orakel kann uns zeigen, wer wir sind, wie wir uns verhalten, wie wir uns selbst betrachten, wie wir unsere Umwelt sehen, was wir verdrängen oder nicht wahrhaben wollen etc. So entsteht vor unseren Augen langsam ein Bild unserer Persönlichkeit, das unser gewöhnliches, eingeschränktes Selbstbild weit übertrifft – im Positiven wie auch im Negativen. Wir werden mit Eigenschaften konfrontiert, die wir nie an uns bemerkt haben, jedoch unser ganzes Sein und Handeln prägen. Wir können Stärken entdecken, von denen wir nie etwas geahnt haben. Was wir letztendlich mit diesem Informationsmaterial anfangen werden, bleibt unserer Entscheidung überlassen. Es mag sein, daß entdeckte Talente weiterhin brachliegen, es besteht aber auch die Möglichkeit, daß wir zu einer neuen Form der Kreativität und des Selbstausdrucks finden. Die unangenehmste Konfrontation besteht in der Auseinandersetzung mit verdrängten Faktoren, gegen die wir uns wehren. Wir müssen zulassen, daß unser Selbstbild, das wir so liebevoll ausgeschmückt haben, zusammenbricht, und akzeptieren, daß darunter eine Menge häßlicher Dinge zutage treten werden. Erst nachdem man sich mit diesen auseinandergesetzt hat, kann eine neue umfassendere Selbsteinschätzung wachsen. Wir müssen uns vom starren festbetonierten Selbstbild trennen und beginnen, unsere gesamte Persönlichkeit zu entdecken. Das Orakel ist ein ausgezeichneter Führer auf dieser Reise in unsere eigene Welt. Durch gezielte – nicht zu häufige – Orakelbefragungen können wir uns einige Jahre Psychoanalyse ersparen. Wenn wir bereit sind, mit der Hilfe des Orakels ernsthaft an uns selbst zu arbeiten, werden wir zu einer neuen seelischen Ganzheit finden und zu einem individuierten eigenverantwortlichen Menschen heranwachsen.

5. Meditation, Trance und Hellsichtigkeit

Wie bereits erwähnt, sollte der Orakelbefragung immer eine kurze Meditation vorausgehen. Sie dient dazu, unseren ständigen inneren Monolog zu unterbrechen und uns für die Welt der Bilder und Symbole zu öffnen. Sie sollten versuchen, sich so gut wie möglich von den Eindrücken und Reizen der Alltagswelt abzugrenzen. In diesem Moment der Ruhe und Entspannung distanzieren wir uns auch von unseren persönlichen Sorgen und Nöten, Hoffnungen und Befürchtungen. Die innere Sammlung ist außerordentlich wichtig, denn sie entscheidet über Erfolg und Mißerfolg der Orakelbefragung. In einem angespannten, erregten Zustand sind wir nicht fähig, die Botschaft des Orakels zu erkennen und aufzunehmen.

Es ist nicht zwangsläufig notwendig, während der Orakelbefragung in einen veränderten Bewußtseinszustand einzutreten; dies ist ganz von der Orakelmethode abhängig, die man verwenden will. Für alle Orakelmethoden gilt grundsätzlich, daß man sich für intuitive Eindrücke offenhält und diese auch bei der Deutung berücksichtigt. Einige Orakelmethoden, wie z. B. Visions-, Geistreisen- und Geistwesenorakel, sind jedoch im alltäglichen Bewußtseinszustand nicht durchführbar, hier ist es notwendig, in den nichtalltäglichen Bewußtseinszustand, auch schamanische oder gnostische Trance genannt, einzutreten. Es handelt sich dabei nicht um die Volltrance, bei der man das Bewußtsein völlig ausschaltet und nicht weiß, was man tut oder sagt. Die schamanische oder gnostische Trance ist durchaus kontrollierbar: Das Bewußtsein wird komprimiert und in den hintersten Winkel des Gehirns gedrängt; so verhält es sich ruhig, stört das «Sehen» nicht, wahrt gleichzeitig das Erinnerungsvermögen und befähigt den Menschen, die Kontrolle über seine Aktionen zu behalten.

Die Technik des Sehens unterscheidet sich grundlegend von der interpretativen Orakeldeutung. Als *Orakeldeuter* versucht man, die symbolische oder allegorische Sprache des Orakels mit mehr oder weniger flexiblen Deutungsschemata in die Sprache der Alltagswelt zu übersetzen. Der *Seher* begibt sich in Trance und tritt durch das Tor, das die alltägliche von der nichtalltäglichen Realität trennt. Er betrachtet nicht die Bilder und Symbole, sondern bewegt sich in ihnen und spricht ihre Sprache. In der Trance kann der Seher in seine innere Welt, sein Unbewußtes und seine Bilderwelt eintreten, die Welt anderer Menschen erforschen und sich geistig blitzschnell an weit entfernte Orte begeben. Auf diesen Reisen in verborgene Welten sieht er Landschaften, Tiere, Menschen und Situationen, er begegnet Geistwesen, Helfern oder Widersachern.

Die Schwierigkeit der seherischen Methode liegt nicht in der Entwicklung der Fähigkeit des Sehens, sondern im Verständnis dieser uns fremdartigen inneren und äußeren Realitätsebenen. Die Technik des Sehens ist mit Geduld und Disziplin durch die Anwendung bestimmter Trainingsmethoden relativ leicht zu erlernen. Selbst begabte Seher machen häufig den Fehler, daß sie versuchen, die Bilder, Begegnungen mit Geistwesen etc. zu *interpretieren.* Die nichtalltäglichen Realitätsebenen lassen sich jedoch nicht mit unserem rationalen Verstand erfassen. Der Versuch, diesen Bildern eine rationale Bedeutung aufzuzwingen, führt uns meilenweit an der Erkenntnis vorbei und ist deshalb sinnlos. Zunächst muß der Seher lernen, sein nichtalltägliches Bewußtsein zu entwickeln. Durch die Herbeiführung des Trancezustandes wird unser stark entwickeltes alltägliches Bewußtsein zur Ruhe gebracht. Gelangen wir nun in die nichtalltägliche Realität, müssen wir dort mit unserem nichtalltäglichen Bewußtsein agieren und reagieren. Dieses Bewußtsein ist jedoch recht unterentwickelt, so daß wir wie ein Kind staunend und neugierig auf diese Welt zugehen. Wir kennen ihre Gesetze noch nicht und wissen nicht, wie wir uns verhalten sollen. Wir werden vorerst vieles nicht verstehen und uns oft in die Irre führen lassen. Unser nichtalltägliches Bewußtsein, das Verständnis dieser fremden Realität und die Fähigkeit, in ihr handeln zu können, müssen langsam wachsen, und erst dann werden wir beliebig in den Zustand des wirklichen, echten Sehens eintreten können, denn die Fähigkeit, eine Trance herbeizuführen und irgendwelche Bilder vor seinem geistigen Auge entstehen zu lassen, reicht allein nicht aus.

Eine der Grundvoraussetzungen für das Sehen ist wie gesagt die Fähigkeit, die gnostische oder schamanische Trance herbeiführen zu können. Diese Trance ist ein verlängerter Zustand der Gedankenstille und kann durch Konzentration auf Gegenstände, Klänge, Bilder etc. (z. B. auf eine Kerzenflamme, einen Apfel, eine Tasse, ein einfaches imaginiertes Symbol oder ein Mantra) erreicht werden. Die Gedankentätigkeit wird dabei vollständig unterbrochen. Diese Übung sollte immer wieder durchgeführt werden, bis man fähig ist, diese Gedankenstille jederzeit zu erreichen. Aus diesem Bewußtseinszustand heraus müssen wir dann durch das Tor gehen, das die alltägliche von der nichtalltäglichen Welt trennt und in unser nichtalltägliches Bewußtsein eintreten. Das Tor wird bei der Orakelbefragung durch den entsprechenden Gegenstand gebildet, wie z. B. eine Kristallkugel, ein Spiegel oder ein Stein. Auf die speziellen Hilfstechniken wird bei der Beschreibung der einzelnen Orakelmethoden eingegangen werden.

Persönlich halte ich es für sehr lohnenswert, die Methode des Sehens zu erlernen, denn so begeben wir uns direkt in das Zentrum der Welt der Möglichkeiten und können lernen, uns als Schöpfer unseres eigenen Kosmos zu begreifen und die unzähligen Welten um uns zu erkennen. Unsere kleine Welt und all die anderen, die uns umgeben und mit denen wir verbunden sind, sind Teil eines riesigen Universums, in dem jeder seinen Platz zu finden sucht.

6. Erfolgskontrolle

Will man intensiv mit Orakeln arbeiten, ist eine Überprüfung der Deutungsergebnisse unerläßlich. Durch die Erfolgskontrolle kann eine Selbsttäuschung weitgehend vermieden werden, denn hier zeigt sich, wie sehr man die Kunst der Deutung bzw. des Sehens wirklich beherrscht.

Man sollte also nach jeder Orakelbefragung die Frage, die Antwort des Orakels (Bilder, Symbole, Textstellen, die Lage bestimmter Orakelgegenstände etc.) und die persönliche Stellungnahme dazu gewissenhaft notieren. Bei der interpretativen Methode muß aufgeschrieben werden, wie man die Orakelaussage gedeutet hat, während es bei der seherischen Methode genügt, das aufzuzeichnen, was man gesehen hat. Diese Notizen können stichwortartig sein. Bei beiden Methoden muß jedoch ausführlicher darauf eingegangen werden, welche Konsequenzen man aus dieser Orakelsitzung gezogen hat, was man daraus gelernt hat oder welche Ratschläge man seinem Klienten geben konnte, welche Lösungsmöglichkeiten man mit ihm gemeinsam erarbeitet hat.

Die Überprüfung einer konkreten Ereignisvorhersage ist wesentlich einfacher als die einer Gegenwarts- bzw. Trendanalyse. Aus diesem Grund muß der Deuter oder Seher sich selbst gegenüber absolut ehrlich sein und das Befragungsbuch mit peinlichster Genauigkeit führen. Der Versuch, eine fehlerhafte Erstdeutung hinterher an die Realität anpassen zu wollen, führt zu nichts – im Gegenteil: Auf diese Weise verbaut sich der Deuter bzw. Seher jede Möglichkeit, etwas hinzuzulernen, sein Wissen zu erweitern und seine Fähigkeiten zu entwickeln. Hat man einen Fehler gemacht, sollte man nicht zu stolz sein, ihn sich einzugestehen, nur auf diese Weise kann man sein Wissen und seine Fähigkeiten überprüfen und vervollkommnen. Die Auseinandersetzung mit gemachten Fehlern ist also schon aus rein praktischen Gründen anzuraten, sofern dies auf eine konstruktive

Weise geschieht, die zu neuen Erkenntnissen führt und dem Deuter oder Seher hilft, in Zukunft weniger Fehler zu machen. Es geht keineswegs darum, das Selbstvertrauen zu erschüttern. Wir dürfen nicht unsicher werden, wenn wir entdecken, daß wir Fehler machen. In der «Lehrzeit» stellt fast jeder eine ganze Reihe falscher Deutungen auf, doch darf man sich davon nicht entmutigen lassen und glauben, daß man die erforderlichen Fähigkeiten nicht besitze und es ohnehin niemals schaffen werde. Negative Einstellungen dieser Art behindern uns nur. Sie müssen überwunden werden – aber nicht, indem man sich selbst etwas vormacht und über seine Schwächen hinwegtäuscht, sondern durch ständiges Lernen und Überprüfen.

Stellt man nun fest, daß eine Trendanalyse nicht zutreffend war, muß man zunächst die Gegenwartsanalyse überprüfen. Man versetzt sich noch einmal in die Situation der Erstbefragung zurück, nimmt seine Notizen zur Hand und versenkt sich wieder in die Orakelantwort, indem man z. B. den Text noch einmal liest, die Karten auslegt oder die Bilder einer Vision erneut an seinem geistigen Auge vorbeiziehen läßt. Da man nachträglich einen größeren Überblick hat und die Angelegenheit besser beurteilen kann, findet man meist leicht die Deutungsschwächen heraus, erkennt, welche Aspekte man überhaupt nicht oder zuwenig berücksichtigt hat, Fehler in der Kombinatorik werden deutlich etc. Ist die Grundlage der Trendanalyse, also die Gegenwartsanalyse, richtiggestellt, ergeben sich folgerichtig auch andere Aspekte, die man nun genauer verfolgen und herausarbeiten muß.

War die Gegenwartsanalyse richtig, soweit man dies beurteilen kann, müssen die Trendprognosen überprüft werden. Dabei spielt natürlich auch das Verhalten des Fragenden nach der Orakelbefragung eine Rolle. Hat er in seinem Leben Veränderungen eingeleitet, die in der Orakelberatung nicht mit einbezogen wurden, kann durch diese Verschiebung der Kräfteverhältnisse die Trendanalyse in Frage gestellt werden. Dies gilt auch dann, wenn ein bestimmter Trend nur aufgrund einer entsprechenden Veränderung oder Entscheidung hätte wirksam werden können, die der Fragende aber nicht in die Wege geleitet hat.

Ein Beispiel: Der Fragende hat seinen Arbeitsplatz verloren und fragt nun, was er tun kann, um wieder Arbeit zu finden. Nach der Gegenwarts- und Trendanalyse hat er Aufschlüsse darüber gewonnen, wie er sein Verhalten beim persönlichen Vorstellungsgespräch ändern und auf welche Weise er seinen zukünftigen Arbeitgeber ansprechen soll. Nun zieht der Fragende in eine andere Stadt, in der möglicherweise auch ganz andere Gepflogenheiten herrschen. Dies wurde natürlich bei der Befragung nicht berücksichtigt, denn sonst wäre man vielleicht zu ganz anderen Schlüssen gelangt. Ist man aufgrund der Orakelbefragung zum Ergebnis gelangt, daß der Fragende durch einen Wohnortswechsel bessere Chancen hat, nimmt er aber den Umzug nicht in Angriff, wird die gesamte Trendanalyse ebenfalls hinfällig, da sie auf der Voraussetzung beruhte, daß der Fragende den Wohnort wechselt.

Daraus können wir ersehen, daß die Trendanalyse nicht immer falsch sein muß, wenn sich die Dinge völlig anders entwickeln, als man es erwartet hat. Es muß also immer beides überprüft werden: die Trendanalyse selbst und das Verhalten des Fragenden. Befragt man das Orakel für sich persönlich, beispielsweise um die Ursache der eigenen Depressionen herauszufinden, ist alles davon abhängig, wie ehrlich man sich selbst gegenüber sein kann. Es ist durchaus möglich, daß man bei der Erstbefragung Fehler gemacht hat, weil man sich der unangenehmen Wahrheit nicht stellen wollte, und diesen Fehler bei der Überprüfung wiederholt. Auf diese Weise ist eine Kontrolle natürlich unmöglich. Zeigt das Orakel jedoch die Ursache für die Depressionen an und ist man bereit, in den Spiegel zu schauen und die vom Orakel angezeigten Veränderungsmöglichkeiten zu nutzen, läßt sich auch herausfinden, ob man das Problem dadurch erfolgreich überwinden kann. Verändert man sich gemäß den angezeigten Möglichkeiten und verschwinden die Depressionen trotzdem nicht, kann man sich mit den Interpretationsfehlern auseinandersetzen und zu neuen Erkenntnissen gelangen. Setzt man sich dagegen der Selbsttäuschung aus, lernt man weder etwas über sich selbst noch ein Orakel zuverlässiger zu deuten.

Es folgt nun eine Aufzählung der häufigsten Fehlerquellen:

1. *Die Aussagegrenze wurde nicht respektiert*: Die Orakelantwort wird durch Ausschmückungen oder zu starke Konkretisierung verfälscht.

2. *Mangelnde kombinatorische Fähigkeiten*: Dies kommt besonders häufig bei Anfängern vor und kann nur durch intensives Training behoben werden.

3. *Allzu begrenzte Interpretationsmöglichkeiten*: Arbeitet man mit festen Deutungsschemata, muß man trotzdem so flexibel bleiben, daß die individuellen Aspekte des Fragenden oder des speziellen Problems berücksichtigt werden können. Ein Deutungsschema soll nur als Anregung und grobe Struktur verstanden werden, andernfalls bewegt man sich wieder hart an der Grenze der mechanisch-fatalistischen Orakeldeutung.

4. *Sehen wurde durch Phantasie ersetzt*: Es kann geschehen, daß ein Seher an bestimmten Tagen einfach nichts sieht. Oft ersetzt er dann,

ohne es bewußt zu bemerken, die Vision durch Phantasien. Jeder Seher muß sich diesbezüglich genau beobachten. Wichtig ist vielleicht dabei auch, die Mondphasen zu berücksichtigen; hat man so z. B. herausgefunden, daß man bei Neumond schlecht sieht, kann man an diesen Tagen eine Befragung vermeiden.

5. *Projektion*: Dies ist nur für die Beratung anderer Menschen ein entscheidender Aspekt. Die Gefahr, unsere eigenen Probleme auf den Klienten zu projizieren, ist immer gegeben. Die einzige Möglichkeit, sich einigermaßen davor zu schützen, liegt in der Selbsterkenntnis.

6. *Müdigkeit und Erschöpfung*: Manche Seher sind im Zustand der Müdigkeit besonders erfolgreich, doch ist dies eher die Ausnahme. In der Regel sollte man ein Orakel nicht bei großer Müdigkeit oder Erschöpfung befragen. Viele Deuter und Seher meiden außerdem den Vormittag und beginnen frühestens mittags.

7. *Übersteigerte Erwartungshaltung*: Diese Gefahr ist besonders gegeben, wenn man sich inmitten einer heftigen Krise befindet. Wir dürfen nie vergessen, daß das Orakel nur eine Hilfe ist und kein Lösungsersatz.

8. *Unehrlichkeit sich selbst gegenüber*: Da das Orakel oft schonungslos die Wahrheit offenbart, die wir jedoch nicht immer wahrhaben wollen, ist die Gefahr groß, daß man unangenehme Dinge übersieht und so zu falschen Schlüssen gelangt.

9. *Erregungszustände*: Im Zustand emotionaler oder geistiger Erregung neigt man dazu, wichtige Aspekte zu übersehen und den Überblick zu verlieren. Am besten ist, etwas zuzuwarten, bis man sich wieder beruhigt hat, und dann erst die Befragung in Angriff zu nehmen.

10. *Eine Orakelantwort erzwingen wollen*: Eine Orakelbefragung sollte nie erzwungen werden; es besteht immer die Möglichkeit, daß das Orakel eine Frage nicht beantworten kann oder will. Hier empfiehlt sich, vor einer Befragung mit dem Orakel ein Zeichen zu «vereinbaren», welches anzeigt, daß die Frage nicht beantwortet werden wird. Solche Signale können sein: Beim Kartenmischen fallen einige Karten auf den Boden; beim Münzenwerfen liegen zwei Münzen übereinander; bei einer Vision oder Geistreise steht am Anfang ein bestimmtes Symbol etc. Die Signale müssen unbedingt *vorher* festgelegt und konsequent beachtet werden.

11. *Vertauschung der Verwirklichungsebene*: Es kann geschehen, daß die Kräfteverhältnisse richtig erkannt, dabei aber auf eine falsche Verwirklichungsebene übertragen werden. Dies läßt sich nur durch häufiges Üben und Überprüfen vermeiden.

12. *Krankheit*: Für Krankheit gilt dasselbe wie für Müdigkeit und Erschöpfung: In der Regel ist davon abzuraten, ein Orakel zu befragen, während man krank ist. Doch auch hier gilt die Ausnahme für manche Seher, die gerade dann sehr erfolgreich arbeiten.

Diese Aufzählung umfaßt nur einen Teil der möglichen Fehlerquellen. Im Teil IV werden einige fehlerhafte praktische Beispiele mit den entsprechenden Korrekturanweisungen angeführt. Die Kunst der Orakelbefragung ist nicht an einem einzigen Tag erlernbar, sondern erfordert jahrelange praktische Erfahrung.

Das spielerische Element darf dabei aber nicht vergessen werden. Auch Orakel haben ihren eigenen, oft recht trockenen Humor; Textorakel, wie das I Ging, können bisweilen geradezu ironisch wirken, und je verbissener wir die Orakelbefragung angehen, um so eher sehen wir vor lauter Fingerzeigen die Grundrichtung nicht mehr. Es sind also keineswegs todernste, «fromme» Mienen erforderlich, im Gegenteil: Da unser Unbewußtes oft sehr verspielt ist, genießt es die Orakelbefragung mit ihrem Ritual, ihren bunten Durchführungsbedingungen etc. so sehr, daß es vor lauter Freude geradezu übersprudelt. Es ist ein großer Fehler, dies zu verkennen, indem man das Unbewußte drängt, nun doch endlich «zur Sache» zu kommen. Humorlosigkeit ist also auch eine, vielleicht sogar die entscheidenste Fehlerquelle.

7. Die Orakelberatung

Manche Orakeldeuter sind der Ansicht, ein Orakel dürfe nur zum Zweck der Meditation und der Selbsterkenntnis befragt werden; andere Stimmen behaupten, man könne ein Orakel nicht für eine andere Person befragen. So schreibt Hans-Dieter Leuenberger in *Schule des Tarot. Das Rad des Lebens*: «Benutze den Tarot zu Orakelzwecken nur selten, und nimm dir die erforderliche Zeit, um dich ganz in die erhaltene Antwort zu vertiefen und ihren Sinn erkennen zu können. Die zweite Regel lautet: Lege nie den Tarot für andere, sondern stets nur für dich selbst.»[3] Der Zusammenhang zwischen den Problemen der Alltagsrealität und ihrer möglichen Lösung durch Selbsterkenntnis auf der Grundlage der Gegenwarts- und Trendanalyse ist bereits herausgestellt worden. Leuenbergers zweite Regel sollte meiner Ansicht nach weder für das Tarot noch für andere Orakelmethoden verallgemeinert werden. Wir können mit Gewißheit sagen, daß es nicht jedem Menschen, der fähig ist, ein Orakel für sich selbst zu befragen, auch gegeben ist, andere Menschen zu beraten. Die Gründe dafür sind jedoch nicht im Orakel selbst zu suchen, sondern ergeben sich aus den Anlagen und Fähigkeiten des Orakeldeuters bzw. des Sehers. Das gleiche gilt auch umgekehrt: Nicht jeder Mensch, der fähig ist, andere zu beraten, ist auch gleichzeitig in der Lage, Hilfe bei seinen eigenen Problemen zu empfangen. Dieses Phänomen tritt besonders häufig auf, wenn ein Mensch psychologisch gut geschult ist und ein Orakel besonders gut kennt. Ohne dies bewußt zu wollen, manövriert sich der Fragende immer wieder in Situationen, in denen er sich selbst belügt und die Konfrontation geschickt umgeht. Auf diese Weise kommt es zu falschen Gegenwarts- und Trendanalysen, und meist findet sich der Orakeldeuter damit ab, daß die Befragungen, die er für sich selbst durchführt, sinnlos sind. Zum Teil kann hier Abhilfe geschaffen werden, indem der Deuter für sich selbst ein anderes Orakel verwendet als für die Klientenberatung.

Das Ziel der Orakelberatung besteht darin, dem Klienten auf dem Weg der Selbsterfahrung und Selbsterkenntnis zu helfen, ihm aufzuzeigen, in welcher Situation er sich momentan befindet, wie er seine Umwelt betrachtet und auf sie reagiert, wie er sich verhält und zu welchen Konsequenzen dieses Verhalten führt etc. Daraus ergeben sich dann die Tendenzen für die Zukunft, die dem Klienten dargestellt werden: Der Orakeldeuter bzw. Seher kann versuchen, dem Klienten neue Wege aufzuzeigen, Veränderungsmöglichkeiten anzubieten, konstruktive Lösungsmöglichkeiten herauszuarbeiten etc., die gemeinsam weiterentwickelt und konkretisiert werden.

Nun wird jeder Orakelberater mehr oder weniger häufig damit konfrontiert, daß der Klient eine Beratung dieser Art nicht wünscht. Man wird immer mit Menschen in Berührung kommen, die nichts über sich selbst wissen wollen und keinerlei Bedürfnis verspüren, zu lernen und sich zu entwickeln. Statt dessen fordern sie vom Deuter, daß er ihnen ihr «Schicksal» verkündet. Der Deuter hat nun die Möglichkeit, solche Klienten abzulehnen, sich ihrem Niveau anzupassen – oder sie davon zu überzeugen, daß ein Orakel tiefgreifendere Erkenntnisse zu vermitteln hat als die konkrete Ereignisprognose. Die Entscheidung trifft der Deuter am besten situativ und entsprechend seiner eigenen Anlagen und Fähigkeiten. Mit der Zeit entwickelt man auch eine Art Erkennungsschema, so daß man schon bei einer telefonischen Terminabsprache weiß, um welchen Kliententypus es sich handelt, und sich dementsprechend darauf einstellen oder früh genug ablehnen kann.

Ein professioneller Orakeldeuter oder Seher kann es sich natürlich nur selten leisten, einen Klienten abzuweisen, und muß deshalb eine erhebliche Kompromißbereitschaft mitbringen, was die Verwirklichung seiner eigenen Ideale angeht. Jeder muß selbst entscheiden, ob er das Orakeldeuten oder das Sehen zu seinem Beruf machen will. Die Orakelberatung gegen Bezahlung wird häufig sehr negativ konnotiert, was zum Teil daran liegen mag, daß man damit sofort die «Jahrmarktswahrsagerei» assoziiert. Der Deuter oder Seher, der den Menschen an Selbsterkenntnis und Sinnfindung heranzuführen versucht, leistet jedoch ebenso wertvolle Arbeit wie ein Psychologe oder Psychotherapeut, und es sollte selbstverständlich sein, daß diese Arbeit angemessen entlohnt wird – schließlich kommt auch niemand auf den Gedanken, daß ein Psychotherapeut unrecht tut, wenn er sich für seine Leistung bezahlen läßt. Auch wenn der Orakeldeuter kein Diplom vorzuweisen hat – er hat ein «Studium» absolviert, sich in der Praxis geübt, dazugelernt und seine Fähigkeiten erweitert und vervollkommnet. Sofern man die erforderlichen Fähigkeiten und das Wissen erworben hat und sich zutraut, die psychische und auch physische Belastung durchzustehen, gibt es keinen Grund, seiner Berufung nicht zu folgen. Hinzu kommt, daß man für eine psychologische Beratung auf der Grundlage der Orakelbefragung durchschnittlich ca. zwei bis drei Stunden Zeit aufwenden muß. Sobald es sich herumgesprochen hat, daß man bereit ist, Menschen bei der Lösung ihrer Probleme zu beraten, wird der Zulauf nach einiger Zeit immer größer, und man bringt dann oft, wenn man berufstätig ist, die notwendige Zeit und Kraft nicht auf, allen Ratsuchenden zu helfen. Aus dieser Situation heraus entschließen sich viele Orakelberater dazu, ihren bisherigen Beruf aufzugeben und sich ganz der Orakeldeutung zu verschreiben, was eine angemessene Entlohnung bedingt.

Um seiner helfenden Funktion gerecht zu werden, muß der Orakelberater bestimmte Voraussetzungen erfüllen:

1. Die *persönliche Distanz* dem Klienten gegenüber ist von entscheidender Bedeutung. Man darf nie dem Klienten seine eigene Meinung oder Anschauung suggerieren oder gar aufdrängen. Die Gefahr der Projektion eigener Probleme muß völlig ausgeschaltet werden. Der Berater sollte dem Klienten möglichst emotionsfrei begegnen. Spontane Sympathie oder Abneigung dürfen die Beratung nicht beeinflussen.

2. Der Orakelberater benötigt *psychologische Menschenkenntnis* und muß fähig sein, den Klienten zu durchschauen. Die persönliche Distanz wird dem Berater auch, sofern er über das nötige psychologische Wissen verfügt, dabei helfen, den Klienten auf Selbsttäuschungen und Fehleinschätzungen hinweisen zu können.

3. Befindet sich der Klient in einer Entscheidungssituation, muß der Berater fähig sein, die *Verantwortung* für die Entscheidung des Klienten *abzulehnen*. Der Klient muß die Entscheidung selbst treffen. Der Berater zeigt ihm die wahrscheinlichen Entwicklungsmöglichkeiten der einzelnen Alternativen auf, er darf sich aber nicht die Verantwortung für das Leben eines anderen Menschen aufdrängen lassen.

4. *Mitleidlosigkeit* ist eine ganz wesentliche Voraussetzung. Es hilft dem Klienten in keiner Weise, wenn man ihn bedauert. Viel wichtiger ist, daß man herausfindet, warum er sich in eine Situation hineinmanövriert hat, in der er leiden muß, und wie er sie bewältigen kann.

5. Der Berater benötigt *Einfühlungsvermögen*, um das Problem des Klienten einschätzen und die Ergebnisse oder Anregungen der Orakelbefragung vermitteln zu können.

6. Der Berater muß die *Ursachen* für bestimmte Verhaltensweisen, Denkstrukturen etc. *erkennen* können. Es muß ihm gelingen, mit Hilfe des Orakels bis an die Wurzel eines Problems vorzudringen.

7. Der Berater muß den Klienten zu seiner inneren Mitte hinführen können, ihm seine *Aufgaben und Lernziele deutlich machen*.

8. Da eine Angelegenheit oder ein Problem meist sehr komplex und vielschichtig ist, braucht der Berater *kombinatorische Fähigkeiten*, um den Überblick zu behalten.

Das Verhältnis Berater/Klient ist sehr empfindlich, und es sind meist vielerlei Hürden zu überwinden, bis es zu einer optimalen Zusammenarbeit kommen kann. Dies bietet auch dem Berater einige Lern- und Entwicklungsmöglichkeiten.

Sehr viel hängt davon ab, daß der Klient den Berater als Verbündeten begreift, als jemanden, der auf seiner Seite steht und ihm helfen will. In der Regel baut sich das Vertrauen erst langsam auf, was zum Teil auch daran liegt, daß der Klient einige Sperren in sich überwinden mußte, bevor er sich dazu entschließen konnte, einen Orakelberater aufzusuchen. Hinzu kommt, daß der Klient meist mit einer recht ausgeprägten Erwartungs- bzw. Konsumhaltung die Beratung antritt: Er betrachtet den Orakelberater als einen Fachmann, eine Autorität im Bereich der Schicksalsdeutung, und möchte ihm gern die Verantwortung für sein Leben vertrauensvoll in die Hände legen. Der Orakelberater steht nun vor der Aufgabe, als Autorität anerkannt zu werden, dem Klienten aber bewußt zu machen, daß er die Verantwortung für sein Leben niemals an eine andere Person abgeben darf, und ihm die Möglichkeiten zur Selbsterkenntnis und Sinnfindung darzulegen. Gewinnt der Klient den Eindruck, daß sich der Berater vor einer konkreten Prognose drücken will, fühlt er sich in seinem Vertrauen getäuscht und verschließt sich. Unter diesen ungünstigen Voraussetzungen kommt es nur selten zu einer sinngebenden, konstruktiven Auseinandersetzung. Meiner Erfahrung nach läßt sich diese Hürde leicht umgehen, wenn der Berater dem Klienten eine kurze, präzise Erstanalyse gibt und einige Möglichkeiten zur Lösung des Problems andeutet.

Konkret könnte dies folgendermaßen aussehen: Der Klient stellt seine Frage, der Berater konzentriert sich kurze Zeit und arbeitet dann mit den Orakelgegenständen. Nachdem die Orakelantwort vorliegt, konzentriert sich der Berater nochmals zwei bis drei Minuten, während er die hervorstechenden Faktoren blitzschnell kombiniert und ein Überblicksbild des Fragenden und seines Problems, der Angelegenheit oder des Gegenstands der Frage entwirft. Dann spricht er etwa zwei bis drei Minuten mit dem Klienten und teilt ihm dieses Überblicksbild mit. Bestimmte Formulierungen sind zu empfehlen, wie z. B.: «Da Sie sich momentan in einer Situation befinden, die ... aussieht, ist die Ursache für Ihr Problem ... zu suchen»; oder: «Durch Ihr ... Verhalten, haben Sie begünstigt, daß ...»; oder: «Da Sie sich selbst über Ihr Problem nicht im klaren sind, haben Sie eine Frage gestellt, die Ihnen eigentlich gar nicht so wichtig ist. Im Grunde genommen wollen Sie doch etwas über ... erfahren»; oder: «In Anbetracht Ihrer jetzigen Lage, die ... aussieht, wird in dieser Angelegenheit wahrscheinlich ... passieren. Sie können diese Konsequenzen vermeiden, wenn Sie z. B. ... tun und ... nicht zulassen.»

Der Berater muß diese Aussagen mit großer Treffsicherheit anbringen, denn bei dieser Methode hängt alles davon ab, daß der Erstabriß zumindest in den wesentlichen Punkten stimmt. Der Berater hat durch sein Können so den Boden bereitet, auf dem dann die wirkliche Beratung stattfinden kann. Der Klient, der von diesem Erstabriß unmöglich alle Fakten im Gedächtnis behalten kann, wird nun über einige der erwähnten Punkte ausführlicher reden wollen. Hier kann nun der Berater einhaken und eine ausführlichere Darstellung abgeben, wobei der Klient immer wieder mit einbezogen wird. Man muß zu einem wirklichen Gespräch finden und den Klienten dazu ermuntern, eigene Lösungsvorschläge und konstruktive Gedanken und Ideen einzubringen. Der Orakelberater sollte sich stets darüber bewußt sein, daß die Orakelberatung dazu dienen soll, den Klienten auf seinen eigenen Weg zu führen, und nicht als Reklameform für den Weitblick und die Weisheit des Orakelberaters und seine Selbstdarstellung mißbraucht werden darf! Der Klient ist in seiner Problematik oder seinem Leiden befangen, er hat sich von seiner inneren Mitte entfernt und erkennt seinen Weg nicht. Es ist durchaus möglich, daß der Orakelberater aufgrund seiner Fähigkeiten die innere Mitte und den Weg des Klienten klar erkennt, doch hilft es dem Klienten nicht, wenn er ihm diese Erkenntnis aufzudrängen versucht. Der Berater muß den Klienten durch gezielte Fragen dazu bewegen, seine Augen zu öffnen und in den Spiegel zu schauen. Dies ist dann besonders schwierig, wenn der Klient die Ursache für sein Leiden und seine Probleme nach außen projiziert hat: Hat der Klient beispielsweise gerade erhebliche finanzielle Verluste erlitten, weil er von einem Geschäftspartner betrogen wurde, wird er zunächst kaum dazu bereit sein, die Ursache für diese Situation in sich selbst zu suchen. Er muß nun behutsam auf die Möglichkeit hingewiesen werden, daß er den Betrug möglicherweise durch sein eigenes Verhalten oder durch seine innere Einstellung provoziert hat. Dann muß gemeinsam erforscht werden, auf welche Art und Weise dies vonstatten ging und wo die Ursachen für sein Verhalten liegen. Dann kann man darauf eingehen, welche Möglichkeiten es gibt, sein Verhalten oder seine Einstellung zu ändern, was er aus dieser ganzen Angelegenheit lernen und wie er zukünftig derartige Fehlschläge vermeiden kann.

Die Methode der kurzen, präzisen Erstanalyse dient nicht allein dem Zweck, den Klienten zu beeindrucken, damit er den Berater als Autorität akzeptiert. Die Autorität des Beraters ist nur deshalb so wichtig, weil dies den Klienten daran hindert, zu schummeln und sich selbst zu belügen. Dieses Vorgehen gibt der Orakelbefragung auch die nötige Gewichtigkeit und fördert die Ernsthaftigkeit des Klienten. Die Erstanalyse erspart zudem zeitraubende Diskussionen mit dem Klienten über die Nachteile der mechanisch-fatalistischen Orakeldeutung und ihre Folgen. Der Klient wird sofort in das Geschehen hineinkatapultiert und muß sich an der Orakelarbeit beteiligen, er muß Stellung beziehen, in sich hineinhorchen und eine konstruktive Mitarbeit leisten. Auch wenn diese Methode seinen Vorstellungen nicht entsprechen mag – die wenigsten erheben Einspruch oder verweigern ihre Mitarbeit. Einige werden nach der Beratung vielleicht darauf zurückkommen und andeuten, daß sie eigentlich etwas anderes erwartet hatten, doch in der Regel wird dieser Ablauf eher positiv aufgenommen, wenn man nachträglich mit wenigen Worten erklärt, wie sich dieses Vorgehen von der «Jahrmarktswahrsagerei» unterscheidet.

Die Methode an sich läßt sich nur durch ständiges, geduldiges Üben erlernen. Die wichtigste Voraussetzung bildet die Menschenkenntnis. Der Berater muß sich darin schulen, den Klienten anhand seines Aussehens, Verhaltens, seiner Fragestellung etc. einzuschätzen. Manche Berater lesen die hervorstechenden Charaktermerkmale ihres Klienten an seiner Gesichtsform, seinen Fingernägeln oder der Augenform und -farbe ab, andere konzentrieren sich eher darauf, wie der Klient sich bewegt, geht, sitzt oder steht. Jeder Berater verwendet eine andere Methode, die nicht übertragbar ist, da sie auf der Intuition und Erfahrung des einzelnen Beraters beruht. Manche Berater haben diese Charakteranalyse so weit entwickelt, daß sie schon beim Anblick des Klienten wissen, welche Frage er stellen wird. Dieser Ersteindruck wird dann durch die Frage des Klienten bestätigt oder widerlegt. So erhält der Berater einen zusätzlichen Hinweis. Sobald die Orakelantwort vorliegt, muß der Berater diese Bruchstücke richtig zusammenfügen. Er muß sich darauf konzentrieren, die groben Zusammenhänge zu erkennen. Die Einzelheiten werden später herausgearbeitet, zunächst ist nur entscheidend, daß der Berater die Grundproblematik erkennt und die wahrscheinlichen Trends einzuschätzen weiß. Durch die Erfahrung und ständige Überprüfung lernt der Berater immer mehr hinzu, so daß seine Erstanalysen mit der Zeit immer präziser werden und er selten Gefahr läuft, sich völlig zu verschätzen.

An dieser Stelle mag sich der eine oder andere fragen, ob ein solcher Aufwand denn nun wirklich notwendig sei. Meiner Meinung nach erfordert die seriöse Orakelberatung ein diszipliniertes, grundlegendes Studium. Es reicht nicht aus, ein Orakel zu kennen und mit seiner Funktionsweise vertraut zu sein; um einem anderen wirklich helfen zu können, müssen wir unsere Fähigkeit, einen fremden Menschen zu erkennen und behutsam zu leiten, so weit wie nur möglich ausbilden. Nur auf diese Weise können wir einem Hilfesuchenden optimale Unterstützung vermitteln, was meiner Meinung nach das Ziel eines jeden Beraters sein sollte.

TEIL IV
VERSCHIEDENE ORAKELMETHODEN

Der emotionale, geistige und auch praktische Zugang zu einem Orakel hängt von der Persönlichkeit des einzelnen Menschen ab. Verlassen Sie sich bei der Wahl eines Orakels ganz auf Ihre Intuition: Empfinden Sie eine besondere Faszination, wenn Sie die Tarotkarten betrachten, oder fühlen Sie sich von einer Kristallkugel magisch angezogen? Treten Sie in Ihre innere Welt ein, wenn Sie im Buch der Wandlungen lesen, oder fühlen Sie sich eher von der astrologischen Symbolik angesprochen? Wenn Sie ein bestimmtes Orakel besonders mögen, werden Sie sich leichter darauf einstimmen und die notwendige Nähe zu ihm herstellen können. Die Kenntnis der Grundregeln und Gesetzmäßigkeiten allein reicht meist nicht aus, die gefühlsmäßige Nähe ist besonders wichtig für die praktische Orakelarbeit – schließlich soll das Orakel ja ein Freund für Sie sein. Manche Orakel lassen sich eher spielerisch angehen, andere erfordern eine ernsthaftere Haltung und volle Konzentration. Möchten Sie sich selbst in einem kontemplativen Zustand betrachten und erfahren, oder suchen Sie lebhaftere, bildliche Wahrnehmungsmöglichkeiten Ihrer selbst?

Am besten treffen Sie zunächst eine grundlegende Entscheidung: Versuchen Sie herauszufinden, ob Sie Ihre seherischen Fähigkeiten entwickeln wollen oder ob Sie den Bereich der Orakeldeutung vorziehen. In der Regel hält man die Orakeldeutung für wesentlich einfacher als die seherische Methode und beginnt meist mit einer kombinatorischen Technik oder einem Textorakel. Selbst viele Seher haben zunächst die Orakeldeutung erlernt, bevor sie ihre Begabung entdeckten. Zum Teil mag dies auch daran liegen, daß die Technik des Sehens sehr schwer zu vermitteln ist und daß man während der Lehrzeit recht wenig Erfolgserlebnisse zu verbuchen hat, weshalb viele entmutigt aufgeben. Hat der Schüler jedoch erst einmal den Durchbruch geschafft, hat er einen ganz großen Schritt in seiner Entwicklung getan. Beim Erlernen der Orakeldeutung entwickelt sich der Schüler mit den Jahren allmählich immer weiter, bis er zur Perfektion gelangt. Beim Erlernen der seherischen Methode hingegen ist möglich, an einem Tag noch frustrierter Anfänger zu sein und am nächsten Tag schon ein Seher – man ist dann zwar noch nicht perfekt, besitzt aber bereits die Fähigkeit, eine korrekte Prognose zu erstellen. Auch wenn sich bei Ihnen noch keine seherische Begabung gezeigt hat – das Sehen ist erlernbar! Sie müssen nur sicher sein, daß dieser Bereich Sie genügend fasziniert, um die Mühsal des Lernens auf sich nehmen zu können. Meiner Meinung nach ist die Faszination oder die Begeisterung sehr wichtig, da ich immer wieder beobachtet habe, daß Willensanstrengung allein nicht ausreicht. Sie führt meist nach einiger Zeit zur Verbissenheit, und der Lernprozeß stagniert. Führen Sie die Übungen, die zu den einzelnen seherischen Methoden gehören, geduldig und beharrlich durch, aber lassen Sie es nie zur Verbissenheit kommen. Sollten Sie einmal vor lauter Ärger, daß Sie es immer noch nicht geschafft haben, Ihre Ruhe verlieren, legen Sie lieber eine kreative Pause von einem oder zwei Monaten ein, und fahren Sie dann mit den Übungen fort. Sind Sie jedoch sicher, daß Sie sich auf eine solche Lehrzeit nicht einlassen wollen, beginnen Sie besser zunächst mit der Orakeldeutung; vielleicht gelangen Sie dabei ganz plötzlich in den Zustand des Sehens und können dann auf dieser Erfahrung aufbauen. Damit keine Mißverständnisse entstehen: Ich halte die seherische Methode keineswegs für «besser» als die Orakeldeutung. Die interpretative Methode führt uns nicht in unsere wahrhaft tiefen Bewußtseinsräume, wie es die Anwendung der seherischen Techniken gestattet, aber nicht jeder will in diese Tiefen vordringen, und das müssen wir respektieren. Für die praktische Lebenshilfe eignet sich die Orakeldeutung oft besser, und ein jeder muß selbst entscheiden, welche Hilfe oder Information er durch das Orakel zu gewinnen sucht. Es geht mir in erster Linie darum, alte Vorurteile bezüglich der Unlernbarkeit des Sehens auszuräumen.

Zunächst werden die seherischen Methoden nach Schwierigkeitsgrad aufeinander aufbauend dargestellt. Wenn Sie keinerlei Vorkenntnisse besitzen, können Sie mit der eidetischen Orakelmethode beginnen, die als eine Vorstufe der Visionsorakel betrachtet werden kann. Sie lernen dabei, Ihr visuelles Wahrnehmungsvermögen zu erweitern und in die Welt der Bilder einzutreten. Die Intuition wird angeregt, und die Zusammenhänge zwischen der Bilderwelt und der Alltags-Realität werden herausgearbeitet.

Bei den Visionsorakeln gehen wir aus dem Bereich der Intuition und der Assoziation heraus, und Sie lernen, durch den Gebrauch verschiedenster Konzentrationshilfen Bilder vor Ihrem geistigen Auge entstehen zu lassen. Dabei bleiben Sie zunächst unbeteiligter Beobachter, während Sie bei der nächsten Stufe, der Beschäftigung mit den Geistreisenorakeln, direkt am Geschehen beteiligt sind: Bei der Arbeit mit den Visionsorakeln lassen Sie die Bilder wie einen Film an sich vorbeiziehen, in einer Geistreise treten Sie jedoch unmittelbar in die Welt der Bilder ein und erkunden geistige Welten sowie innere und äußere Realitätsebenen. Auf der nächsten Stufe wird Kontakt zu nichtmateriellen Wesenheiten aufgenommen. Diese Geistwesen können Führer, Helfer und Ratgeber sein, die die von uns gestellten Fragen beantworten. Die Fähigkeit des Sehens wird bei der Arbeit mit den Visionsorakeln erlernt. Die Geistreisen- und Geistwesenorakel stellen eine andere Form des Sehens dar, sind jedoch mit den Visionsorakeln verwandt. Beide Orakelmethoden bieten neben der Analyse eines Menschen oder einer Angelegenheit direkte Möglichkeiten zur Lösung des jeweiligen Problems, da Lösungsprozesse schon *während* der Befragung eingeleitet werden können.

Danach beschäftigen wir uns mit dem Bereich der Orakeldeutung. Es werden die kombinatorischen, numerologischen sowie die Textorakel abgehandelt. Hier soll vermittelt werden, wie eine Deutung aufgebaut wird, wie die kombinatorischen Fähigkeiten erworben werden etc. Und als letztes kommen wir dann zu den Sondergruppen der binären Orakel, Traumorakel, Omendeutung und Volksorakel.

Konzentrieren Sie sich besonders darauf, das *Prinzip* der jeweiligen Orakelmethode zu erkennen. Wenn Sie das Grundprinzip erst einmal verstanden haben und in der Lage sind, es anzuwenden, können Sie grundsätzlich mit jeder beliebigen Technik arbeiten. Benutzen Sie beispielsweise die eidetische Orakelmethode, können Sie sowohl aus der Kaffeetasse, aus Steinen wie aus Baumrinden lesen, d. h. Sie wählen jene Technik aus, die Ihnen am besten gefällt, im Prinzip könnten Sie aber ebenso einen andern beliebigen Gegenstand mit einer rauhen oder unregelmäßigen Oberfläche verwenden. Sollten Ihnen die hier dargestellten Techniken nicht zusagen, versuchen Sie, eine neue zu erfinden, werden Sie sich vorher aber darüber klar, welchem *Prinzip* Ihre neue Technik folgen soll. Das Erschaffen von eigenen Orakeltechniken kann für Ihre persönliche Entwicklung und Orakelpraxis sehr wertvoll sein. Ich werde darauf im Schlußwort näher eingehen und versuchen, Ihnen die Vor- und Nachteile einer eigenen, individuellen Orakeltechnik oder -methode darzustellen.

1. Kapitel

EIDETISCHE ORAKEL

Der Begriff «Eidetik» bezeichnet die Fähigkeit, sich einen Gegenstand (ein Symbol, ein Bild, eine Situation oder ein Lebewesen) so exakt und deutlich vorstellen zu können, als würde man ihn real wahrnehmen. Im Gegensatz zur Halluzination, die spontan aus dem Nichts auftaucht, benötigt die eidetische Wahrnehmung immer einen «Aufhänger». Ein bekanntes Beispiel dafür ist der in der Psychologie verwendete Schmetterlingstest, bei welchem dem Klienten ein Farbklecksbild gezeigt wird und er möglichst spontan sagen muß, was er in diesem ungegenständlichen Bild sieht. (Das Farbklecksbild entsteht, indem man auf ein feuchtes Papier unregelmäßig verschiedene Farben aufträgt, das Blatt zusammenfaltet, so daß die Farbhälften aufeinanderliegen, und dann wieder auseinanderzieht. Die eine Hälfte ist dann eine, wenn auch meist keine exakte, Spiegelung der anderen Hälfte.) Beinahe ein jeder hat schon einmal die Erfahrung gemacht, daß er geistesabwesend auf irgendeinen Gegenstand starrte und darin plötzlich irgendwelche Figuren, Gesichter oder Symbole erkannte. Am spontansten geschieht dies bei Gegenständen mit einer sehr unregelmäßigen Oberfläche, z. B. einem Stück Baumrinde, einem Felsbrocken, einer Holztür mit einer starken, ungleichmäßigen Maserung, einer grob verputzten Wand etc. Auch Schatten, die wir ganz zufällig entdecken, fesseln manchmal unsere Aufmerksamkeit, und plötzlich erkennen wir in dem unscharf umrissenen Flecken ein ganz bestimmtes Tier oder eine Person. Manche Künstler setzen die eidetische Wahrnehmung gezielt ein. So kann z. B. ein Bildhauer in einem Felsbrocken eine bestimmte Struktur, eine Form erkennen, die er dann durch Behauen deutlicher herausarbeitet. Dieser Künstler wird vielleicht auch sagen, daß die Gestalt, die er aus dem groben Fels geschaffen hat, schon in dem Stein vorhanden gewesen ist – er habe sie nur herausgeformt, sichtbar gemacht.

Die eidetische Wahrnehmung findet meist dann statt, wenn man einen Gegenstand betrachtet, ihn jedoch nicht bewußt wahrnimmt, d. h., der Geist ist mit anderen Dingen beschäftigt, und der Blick bewegt sich frei umher, ohne daß dies zu einer Reaktion des Bewußtseins führt. Sobald wir unser Bewußtsein wieder auf die visuelle Wahrnehmung richten, sehen wir den Gegenstand auch wieder ganz normal. Stellen Sie sich dazu folgende Situation vor: Sie sitzen allein in einem Restaurant und denken gerade über ein sehr kompliziertes Problem nach. Ohne es zu bemerken, schauen Sie auf die Wand gegenüber, die grob verputzt ist und auf der durch das künstliche Licht Schatten entstehen. Während Sie nun nachdenken, streift Ihr Blick über die auf der Wand entstandenen Formen und Strukturen. Bestimmte Linien treten deutlicher hervor als andere und ziehen Ihren Blick an. Sie folgen mit den Augen diesen Linien, und es entsteht ein Bild. Dies nehmen Sie möglicherweise nicht bewußt wahr, doch sobald Sie aus Ihren Gedanken auftauchen, schütteln Sie vielleicht automatisch den Kopf, um Ihren Blick zu lösen, und so geht dieser Eindruck an Ihnen vorbei und bleibt nicht in Ihrem Gedächtnis zurück. Vielleicht fesselt Sie die Figur auf der Wand aber derart, daß Sie Ihren Blick nicht lösen können. Dann richten Sie Ihr Bewußtsein auf Ihre visuelle Wahrnehmung und sehen vielleicht noch für einen Sekundenbruchteil die Figur. Greift Ihr Bewußtsein diesen Reiz nun auf, weil Sie z. B. das Gesicht eines Bekannten darin gesehen haben, werden Sie das Bild zu rekonstruieren versuchen, denn inzwischen sehen Sie nur noch die Wand mit den unscharfen Schattenflecken. Sie fahren also wieder mit dem Blick die Linien entlang, jetzt aber bewußt, weil Sie das Gesicht Ihres Bekannten suchen. Entspricht das Bild eher einer Karrikatur der Ihnen vertrauten Gesichtszüge, konzentrieren Sie sich wahrscheinlich für die Rekonstruktion auf ein hervorstechendes Merkmal wie beispielsweise eine ausgeprägte Nase, ein spitzes Kinn, eine widerspenstige Haarlocke oder ähnliches als Ansatzpunkt. Manchmal gelingt es trotz aller Anstrengungen nicht, das Bild zurückzuholen – es ist einfach nicht mehr aufzufinden. Vielleicht hat sich dieses Bild aber auch so stark in Ihrem Gedächtnis eingeprägt, daß Sie es bei jedem Blick auf die Wand sogleich wieder sehen.

Dem Bewußtsein widerstrebt dieser Vorgang, und so versucht der psychische Zensor, uns mit aller Macht an einer solchen Erfahrung zu hindern. Es handelt sich dabei um eine natürliche Schutzfunktion; wir wären lebensunfähig, wenn wir ständig in unserer alltäglichen Umgebung irgendwelche Gesichter und Figuren sehen würden. Wir haben aber die Möglichkeit, den psychischen Zensor zu überlisten, indem wir ihm klarmachen, daß es sich dabei um ein Spiel handelt – erinnern Sie sich nur an die Schattenspiele, die Sie sicher noch aus Ihrer Kindheit kennen.

Eidetik unterscheidet sich von der Imagination dadurch, daß es sich bei der Imagination um eine willentlich erzeugte Halluzination handelt, während die eidetische Wahrnehmung immer eine Grundsubstanz braucht, aus der das Bild geformt werden kann. Für die Orakelbefragung können wir alle möglichen Grundsubstanzen verwenden; eine der bekanntesten ist wohl der Kaffeesatz. Ganz gleich, ob man nun aus dem Kaffeesatz, aus Steinen oder Baumrinden liest – wichtig ist, daß man jedesmal einen neuen Gegenstand verwendet. Benutzen wir denselben Stein für mehrere Befragungen, erkennen wir möglicherweise nur die alten Bilder und Symbole wieder, weil unsere Wahrnehmung bereits zu fixiert ist oder der Stein vielleicht auch nur eine Antwort auf eine ganz bestimmte Frage für uns hat. Erinnern wir uns an den Bildhauer, der eine angelegte Form sichtbar macht: In jenem Felsblock liegt vielleicht eine abstrakte geometrische Form verborgen – nicht aber die Gestalt eines griechischen Gottes. So trägt auch der Stein, den wir suchen, während wir eine Frage stellen wollen, die Antwort auf genau diese Frage in sich. Auf eine andere Frage, die wir Monate später stellen, können wir durch denselben Stein keine Antwort erhalten, da sie nicht in ihm angelegt ist.

Wenn Sie sich nun auf die Suche nach einem Stein oder einem Stück Baumrinde machen, müssen Sie darauf vertrauen, daß Sie genau das «richtige» Objekt finden werden. Begeben Sie sich danach an einen Ort, wo Sie ungestört bleiben, und betrachten Sie den ausgewählten Gegenstand. Stellen Sie nun Ihre Frage, und versuchen Sie Formen, Strukturen, Symbole und Bilder aufzuspüren. Benutzen Sie Ihre Intuition, und erfühlen Sie die Bedeutung, die Botschaft dieser Bilder und Symbole. Schlagen Sie nicht in Symbol- oder Traumbüchern nach, um «objektive» Bedeutungen herauszufinden. Diese Bilder und Symbole existieren auf diesem Gegenstand ausschließlich für Sie und sind nicht objektivierbar. Sehen Sie beispielsweise ein Haus, so fragen Sie nicht, was das Symbol «Haus» wohl bedeuten mag, sondern horchen Sie in sich hinein, und fragen Sie sich, was das Symbol «Haus» für *Sie* selbst bedeutet. Es ist Ihr Symbol, und es hat keine allgemeingültige Bedeutung. Vielleicht bedeutet dieses Haus für Sie Geborgenheit, Schutz und Zuflucht – es kann jedoch genausogut ein Hinweis darauf sein, daß Sie ein geplantes Bauprojekt in Angriff nehmen sollten.

Es besteht durchaus die Möglichkeit, bei dieser Orakelmethode mit festgelegten Bedeutungen zu arbeiten, doch in der Regel werden Sie dies von selbst wieder aufgeben. In den Lehrbüchern über das Kaffeesatzlesen oder Bleigießen finden Sie meist ein Symbolverzeichnis mit stichwortartig aufgeführten Deutungen; wenn Sie jedoch einen erfahrenen Kaffeesatzleser bei der Arbeit beobachten, werden Sie feststellen, daß dieser sich selten an exakt festgelegte Deutungsschemata hält. Die Lehrbücher sollen den Leser nur an die Technik des Kaffeesatzlesens heranführen; der Autor vermittelt also seine eigenen Erfahrungen und sein eigenes Symbolgerüst, die vollkommen subjektiv sind, oder er gibt, sofern er diese Technik selbst gar nicht anwendet, die Erfahrungen anderer wieder, welche wiederum auf der Subjektivität des einzelnen beruhen. Wir dürfen nie vergessen, daß wir es hier mit einer Orakelmethode zu tun haben, die im Grunde genommen nicht vermittelbar ist. Alle Versuche, diesem Orakel eine feste Struktur aufzuzwingen, müssen letztendlich scheitern, was ein jeder feststellt, sobald er genügend praktische Erfahrungen mit dieser Orakelmethode gesammelt hat. Wir müssen uns hier ganz auf unsere Intuition verlassen und das wahrnehmen, was uns der jeweilige Orakelgegenstand zeigen will. Solange wir uns nicht von festgelegten Deutungsschemata lösen können, wird auch die Orakelantwort verallgemeinernd und schlagworthaft ausfallen. Ein Symbol hat selten nur eine einzige Bedeutung, und dieser Tatsache müssen wir Rechnung tragen. Sofern sich die Gelegenheit dazu ergibt, fragen Sie einmal einen erfahrenen Seher oder überdurchschnittlich intuitiven Orakeldeuter, wie er aus dem Kaffeesatz eine Botschaft herausliest. Vielleicht wird er zugeben, daß er seherisch veranlagt ist, in der Regel wird er Ihnen aber sagen, daß dieses Symbol jene Bedeutung hat und in Kombination mit den anderen Figuren nur dieses Ergebnis hervorbringen kann. Verfolgen Sie nun den Gedankengang des Sehers, werden Sie feststellen, daß Sie selbst zu ganz anderen Schlüssen hätten kommen können und Ihnen diese rationale kombinatorische Erklärung sehr an den Haaren herbeigezogen erscheint. Der Seher hat versucht, Ihnen etwas zu erklären, was nicht wirklich vermittelbar ist; seherische oder intuitive Eindrücke können aber nicht erklärt, sondern allenfalls beschrieben werden.

Kommen wir nun zur Technik des eidetischen Sehens. Erinnern wir uns an das frühere Beispiel des zufälligen, ungewollten, eidetischen Sehens im Restaurant. Die gesamte Aufmerksamkeit war auf das Problem gerichtet, und die Wand wurde gesehen, aber nicht bewußt wahrgenommen. Dies ist auch der Schlüssel zum eidetischen Sehen: *Der Blick ist auf einen bestimmten Gegenstand gerichtet, doch das Bewußtsein konzentriert sich nicht auf die optische Wahrnehmung.* Bei einer Orakelbefragung können wir natürlich nicht darauf vertrauen, daß wir zufällig in diesen Wahrnehmungszustand eintreten, wir müssen ihn bewußt und kontrolliert erzeugen können. Dazu gibt es nun zwei Möglichkeiten: 1. Wir beschäftigen unser Bewußtsein so intensiv, daß der optischen Wahrnehmung keine Aufmerksamkeit gewidmet werden kann, oder 2. Wir erzeugen eine Gedankenleere, schalten das Bewußtsein also aus, und richten unsere gesamte Aufmerksamkeit auf den Gegenstand. Die erste Möglichkeit hat den

Nachteil, daß sich der psychische Zensor schneller einschaltet und kaum kontrolliert werden kann. Auf diese Weise nimmt man möglicherweise vieles wahr, kann sich jedoch nicht daran erinnern, denn sobald sich das Bewußtsein auf die optische Wahrnehmung richtet, verschwindet das Bild oder Symbol. Dieser Vorgang ist mit dem Übergang vom Traum- in den Wachzustand vergleichbar: Die meisten Menschen, die ihre Träume nicht erinnern können, scheitern daran, daß die Übergangsphase zu kurz ist. Wir müssen also versuchen, die Übergangsphase zu verlängern, so daß wir noch einen Eindruck des eidetisch Wahrgenommenen bewahren können. Hierbei kann es hilfreich sein, das Bild oder das Symbol farbig nachzuziehen, und zwar in dem Moment, da man sich in der Übergangsphase befindet. Wenn Sie dies konsequent üben, verlängert sich die Übergangsphase, bis Sie dann auch darauf verzichten können, die Umrisse nachzuziehen. Die zweite Möglichkeit berührt dieses Problem weniger, doch ist sie für den Ungeübten nicht ganz einfach zu erlernen. Das Bewußtsein wird komprimiert und in den hintersten Winkel des Gehirns gedrängt. Gedanken, die auftauchen, werden einfach nicht beachtet; sie fließen vorbei, ohne daß dies eine Reaktion in uns auslöst. Die gesamte Konzentration richtet sich darauf, den Gegenstand zu betrachten und seine unregelmäßigen Strukturen abzutasten. Welche Möglichkeit sich für Sie besser eignet, müssen Sie selbst herausfinden.

Nachdem Sie die verschiedenen Zeichen, Symbole oder Bilder aufgeschrieben haben, versuchen Sie, sich ihrer Bedeutung bewußt zu werden. Gehen Sie in sich hinein, und fragen Sie Ihr inneres Zentrum, was dieses Symbol Ihnen aufzeigen will. Verlassen Sie sich auf Ihre Intuition, kein Symbolbuch kann Ihre Intuition ersetzen! Und zweifeln Sie nicht an Ihren spontanen Eindrücken und Erkenntnissen, denn nur Sie allein können wissen, was für Sie richtig ist.

KAFFEESATZ- UND TEEBLÄTTERLESEN

Die Herstellung des Kaffeesatzbildes

Die heute gebräuchlichen Filterkaffeesorten sind für das Kaffeesatzlesen leider völlig ungeeignet, da die Körnung viel zu grob ist. Besorgen Sie sich deshalb eine staubfein gemahlene Kaffeesorte, wie z.B. türkischen Mokka oder italienischen Espresso. Der Kaffee wird in die Tasse gegeben und überbrüht. Warten Sie so lange, bis sich der Satz auf dem Boden abgelagert hat, und trinken Sie dann die Flüssigkeit vorsichtig. Das Wichtigste bei der Herstellung des Kaffeesatzbildes ist, daß der Satz weder zu trocken noch zu feucht ist. In der Regel verbleibt meist zuviel Flüssigkeit in der Tasse. Dieses Problem läßt sich leicht lösen, indem man die Tasse auf ein Stövchen stellt und die überschüssige Flüssigkeit verdampfen läßt.

Fast jeder Kaffeesatzleser hat seine eigene Methode, die Tasse zu schwenken und zu drehen – häufig wird der Satz auch noch in eine andere Tasse umgegossen. Am gebräuchlichsten ist es, die Tasse umgekehrt auf die Untertasse zu setzen und die restliche Flüssigkeit abfließen zu lassen. Der Satz verteilt sich so an der Tassenwand, und auf der Untertasse bilden sich kleine Lachen. Ich empfehle Ihnen folgende Methode: Sie belassen den Satz relativ feucht, schwenken mehrmals die Tasse, drehen sie schnell um und setzen sie umgekehrt auf die Untertasse. Bevor der Satz eingetrocknet ist, nehmen Sie die Tasse weg und wiederholen den gleichen Schwenkvorgang mit der Untertasse, bis sich die Flüssigkeit mit dem Restsatz gut verteilt hat. Aus der Tasse können Sie nun die Gegenwarts- und aus der Untertasse die Trendanalyse herauslesen. Sollte sich Ihre Frage nur auf die Gegenwart beziehen, können Sie selbstverständlich darauf verzichten, aus der Untertasse zu lesen. Das Entscheidende ist, wie gesagt, die Konsistenz des Satzes; mit einiger Übung wird es Ihnen aber sicher gelingen, ein brauchbares Kaffeesatzbild herzustellen.

Die Herstellung des Teeblattbildes

Für das Teeblätterlesen verwenden Sie am besten eine flache, nicht zu kleine Teetasse. Meiner Erfahrung nach eignen sich feingeschnittene Teesorten am besten, wie z.B. Broken Orange Peakoe, da sich die Blätter leichter verteilen lassen. Trinken Sie die Flüssigkeit, und legen Sie eine Untertasse umgekehrt auf die Tasse. Schwenken Sie dann die Tasse gleichmäßig, und drehen Sie sie zusammen mit der daraufliegenden Untertasse schnell um. Die Tasse wird nun abgehoben, und die Flüssigkeit mit dem Restsatz verbleibt auf der Untertasse. Ansonsten verfahren Sie wie beim Kaffeesatzlesen.

Das Lesen

Lassen Sie sich nun ein oder zwei Minuten Zeit, um sich innerlich zu sammeln. Schauen Sie dann auf die Tasse, und schalten Sie dabei Ihr Bewußtsein aus oder beschäftigen Sie es mit irgendeinem Satz, den Sie ständig innerlich wiederholen. Lassen Sie Ihre Augen die Formen und Muster abtasten, und warten Sie einfach ab. Beim ersten Mal mag es vielleicht etwas länger dauern, bis sich ein Bild oder Symbol herauskristallisiert, doch mit der Zeit werden Sie immer geübter und erkennen in wenigen Augenblicken die relevanten Zeichen und Bilder. In dem Moment, da Sie ein Bild oder Symbol erkennen, meldet sich meist sofort Ihr Bewußtsein und äußert sich dazu – es definiert z.B. das Bild eines Baumes, löst zahlreiche Gedankengänge aus, angefangen bei: «Was das wohl zu bedeuten hat?», oder: «Hoffentlich bezieht sich das jetzt auf unser Ferienhaus!», oder: «Ein Haus kam bei der letzten Befragung auch vor» etc. Sobald Sie das Symbol oder Bild erkannt haben, sollten Sie Ihr Bewußtsein jedoch nur dazu benutzen, das Bild bewußt zu registrieren, damit Sie sich später daran erinnern können. Lassen Sie keine persönlichen Stellungnahmen oder Wertungen zu, sondern vertiefen Sie sich sofort wieder in die Betrachtung. Drehen Sie die Tasse ruhig hin und her. Wiederholen Sie diesen Vorgang so oft, bis Sie genügend Symbole haben und sicher sind, aufhören zu können. Die Qualität der Orakelaussage ist nicht davon abhängig, so viele Zeichen wie möglich zu entdecken. Wenn Sie das Gefühl haben, daß drei Zeichen für die Beantwortung Ihrer Frage ausreichen, suchen Sie nicht krampfhaft weiter. Oft verwirrt ein Zuviel an Information mehr, als daß es zur Verdeutlichung beiträgt. Der grobe Durchschnittswert liegt zwischen fünf und zehn Zeichen oder Symbolen pro Tasse.

Sie haben nun zwei verschiedene Möglichkeiten fortzufahren: 1. Sie führen zunächst die Gegenwartsanalyse durch und lesen danach aus der Untertasse, oder 2. Sie lesen zunächst aus der Untertasse und führen danach Gegenwarts- und Trendanalyse durch. Die erste Möglichkeit bietet den Vorteil, daß Sie sich, sofern Sie aus der Gegenwartsanalyse schon die gewünschte Klarheit erhalten haben, die Trendanalyse ersparen können. Nehmen wir dazu an, Sie stehen vor einer beruflichen Entscheidung. Bei der Gegenwartsanalyse stellt sich nun heraus, daß es aufgrund der jetzigen Voraussetzungen im Moment ungünstig wäre, eine Entscheidung zu treffen und Sie besser noch einige Zeit abwarten. Die Trendanalyse betreffend der beruflichen Entscheidung ist also zunächst unnötig. Diese Methode hat allerdings den Nachteil, daß das Risiko, bei der Trendanalyse zu projizieren, wesentlich größer ist. Erfährt man beispielsweise bei der Gegenwartsanalyse, daß die Voraussetzungen für ein geplantes Unternehmen sehr positiv zu beurteilen sind, läuft man Gefahr, bei der Trendanalyse negative oder hindernde Faktoren zu übersehen. Eine Angelegenheit ist nie ausschließlich positiv oder negativ zu bewerten; es besteht immer die Möglichkeit, daß unerwartet Probleme auftauchen oder auch Hilfen gegeben werden. So sollten Sie bei einer Orakelbefragung immer darauf achten, daß Sie mögliche Schwierigkeiten mit berücksichtigen. Auf diese Weise können Sie im voraus Lösungsmöglichkeiten entwickeln und sich diese einprägen; denn sobald Sie in der Situation stehen, verlieren Sie vielleicht die Klarsicht und reagieren unangemessen. Der Sinn einer Orakelbefragung besteht letzten Endes darin, daß Sie sich auf in der Zukunft liegende Situationen vorbereiten können und daß angemessene Aktions- und Reaktionsmöglichkeiten, die vorher entwickelt wurden, dann zum Einsatz gelangen können. Eine Angelegenheit, die zunächst sehr negativ erscheint, ist oft gar nicht so problematisch, wie wir es im ersten Moment glauben. Werden Sie mit einer Gegenwartsanalyse konfrontiert, die Sie für negativ halten, sollten Sie die Ihnen unangenehmen Faktoren nicht in die Zukunft projizieren. Übersehen Sie nicht die Veränderungs- und Lösungsmöglichkeiten, die sich Ihnen bieten könnten.

Sie sollten beide Methoden ausprobieren und versuchen herauszufinden, welche für Sie am besten geeignet ist. Sie können auch vor jeder einzelnen Orakelbefragung die Entscheidung erneut treffen, aber legen Sie Ihre Arbeitsmethode möglichst fest, *bevor* sie mit der Befragung beginnen, da Sie sich sonst eher von emotionalen Wertungen beeinflussen lassen werden.

Das Deuten

Auch hier besteht die Möglichkeit, mit festgelegten Deutungsschemata zu arbeiten. Gerade am Anfang neigt man dazu, seiner eigenen Intuition nicht zu vertrauen. Eine feste Struktur kann sinnvoll sein, solange sie die intuitive Wahrnehmung nicht verhindert. Sie können sich in der einschlägigen Literatur über die traditionelle Bedeutung der verschiedenen Symbole informieren oder sich selbst eine Deutungsliste zusammenstellen. Bedenken Sie dabei aber, daß feste Deutungsschemata nur eine Hilfe darstellen sollen. Sie können niemals die eigene individuelle Persönlichkeit vollständig umfassen und darstellen. Sollten Sie sich dazu entschließen, mit festgelegten Deutungsschemata zu arbeiten, versuchen Sie immer Ihre Intuition und Lebenserfahrung einzusetzen, damit Sie nicht in die Schlagworthaftigkeit der Jahrmarktswahrsagerei verfallen.

Die intuitive Methode

Nachdem Sie die entsprechenden Symbole und Zeichen aus der Tasse herausgelesen haben, entspannen Sie sich einen Augenblick, und versuchen Sie, einen Zustand der inneren Ruhe herzustellen. Befreien Sie Ihren Geist von Hoffnungen und Befürchtungen. Nehmen Sie sich nun das erste Zeichen oder Symbol vor, und horchen Sie in sich hinein. Nehmen wir einmal an, das erste Symbol sei eine Blume. Was bedeutet diese Blume für Sie? Welche Gefühle und Gedanken tauchen auf, wenn Sie diese Blume sehen? Vielleicht erinnert Sie die Blume an den Frühling oder Sommer, an Wärme und Natur, an Farben und an Schönheit, möglicherweise fällt Ihnen ein, daß man Blumen zu festlichen Anlässen verschenkt wie Geburtstage und Hochzeiten, aber auch zu Beerdigungen. Denken Sie an die Analogie des Wachsens, Blühens und Verblühens einer Blume und der Geburt, des Lebens und des Todes eines Menschen? Bedeutet die Blume für sie Lebensfreude, oder steht sie für das ewige Auf und Ab des Lebens? Vergessen Sie nicht, daß das Symbol «Blume» in diesem Moment und Zusammenhang nur für Sie allein existiert – suchen Sie also die Bedeutung in sich selbst.

Gehen Sie auf diese Weise alle Symbole und Zeichen durch, und versuchen Sie dann, sie in einen sinnvollen Zusammenhang zu bringen. Sie sollten sich dabei immer wieder Ihre Frage vergegenwärtigen und den Bezug zwischen den Symbolen und der Frage herstellen. In der gleichen Weise verfahren Sie dann auch bei der Deutung der Symbole aus der Untertasse. Es empfiehlt sich, zunächst die

Gegenwartsanalyse abzuschließen, bevor man sich an die Trendanalyse heranwagt.

Beispiel 1

Die Fragende ist 32 Jahre alt und wurde vor drei Jahren von ihrem Mann geschieden. Das Haus, in dem sie lebt, wurde ihr bei der Scheidung zugesprochen. Sie trägt sich mit dem Gedanken, den Wohnort zu wechseln, denn sie fühlt sich in dem Haus, in dem sie früher mit ihrem Mann lebte, zu sehr an die Vergangenheit erinnert. Eine Freundin, die ein Übersetzungsbüro eröffnen will, hat ihr das Angebot gemacht, Teilhaber dieser neuen Firma zu werden. Im Moment arbeitet die Fragende als Fremdsprachensekretärin in einem Büro, fühlt sich in ihrer jetzigen Position nicht wohl, scheut aber vor dem finanziellen Risiko einer Geschäftseröffnung zurück. Da die Firma in einer anderen Stadt eröffnet werden soll, sieht die Fragende jedoch auch die Chance, sich von ihrer Vergangenheit zu lösen.

Sie stellt folgende Frage: *«Was wird geschehen, wenn ich meinen Wohnort wechsle und das Angebot meiner Freundin annehme?»*

Beim Lesen ergeben sich folgende Symbole und Bilder:

Tasse	**Untertasse**
1. Münze	6. Maus
2. Axt	7. Mondsichel
3. Weg	8. Fisch
4. Vogel	9. Berg
5. Haus	10. Baum

Die Fragende vertieft sich zuerst in die Symbole, die sie aus der Tasse gelesen hat, und legt ihnen folgende Bedeutung bei (in Stichworten):

1. *Münze:* Geld, finanzieller Gewinn, Sicherheit.
2. *Axt:* Harte Arbeit, gewaltsame Veränderungen, Aggression.
3. *Weg:* Ein Ziel haben, die Notwendigkeit, alte Dinge hinter sich zu lassen.
4. *Vogel:* Freiheit, schnelle Bewegung, Oberflächlichkeit.
5. *Haus:* Ruhepunkt, Sicherheit, Geborgenheit, Schutz.

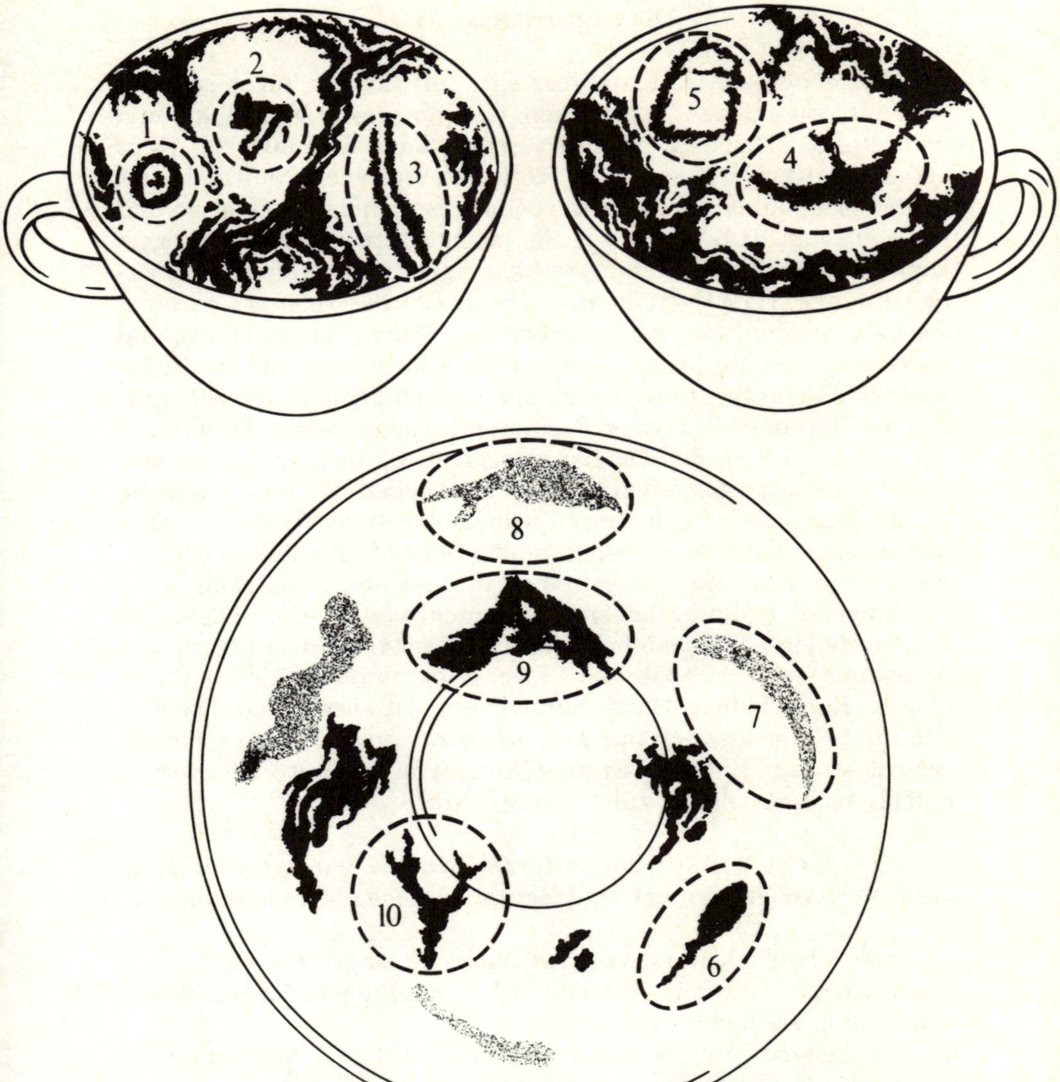

Abb. 1

Die Gegenwartsanalyse

Die Fragende stellt fest, daß sie sich im Moment nicht so ohne weiteres von äußeren Sicherheiten, wie ihrer festen Anstellung und dem eigenen Haus, zu trennen vermag, denn sie müßte das Haus verkaufen, wenn sie sich an der Firma beteiligen will (Münze, Haus). Andererseits fühlt sie ein starkes Bedürfnis, sich davon zu lösen und neue Ziele anzustreben (Weg). Sie möchte gern freier sein (Vogel), kann dies jedoch nicht mit ihrer Abhängigkeit von materieller Sicherheit (Münze, Haus) vereinbaren. Der Besitz des Hauses und einer festen Anstellung gibt ihr Sicherheit und Ruhe (Münze, Haus), und sie fürchtet, daß ihr Leben völlig oberflächlich wird, wenn sie die ihr auferlegte Verantwortung abwirft und selbständig ein Geschäft eröffnet. Sie wird in ihrer jetzigen Position nicht sonderlich gefordert und hat genügend Zeit, den Dingen nachzugehen, die sie interessieren. Wenn sie selbständig arbeitete, würde ihr Leben verflachen, weil sie nur noch an das Geschäft denken würde (Vogel). Sie ist sich bewußt, daß sie auch viel härter arbeiten müßte (Axt), doch sie sieht ebenso, daß sie viel mehr Handlungsfreiheit in ihrer neuen Tätigkeit hätte. Die Fragende erkennt, daß sie im Moment von zwei grundsätzlich verschiedenen Prinzipien beherrscht wird, nämlich dem Prinzip der Bewegung und der Flexibilität (Vogel, Weg) und dem der Stabilität und der Ruhe (Münze, Haus). Sie sieht ein, daß sie geglaubt hat, sich von ihrer Vergangenheit nur dann lösen zu können, wenn sie einen entschlossenen Schritt in Richtung Zukunft tut und mit alten Dingen, notfalls auch gewaltsam, bricht (Weg, Axt).

Die Fragende vertieft sich nun in die Zeichen und Symbole, die sie aus der Untertasse gelesen hat, und legt ihnen folgende Bedeutung bei:

6. Maus: Schnelligkeit, Gewitztheit, Vorsicht, Ängstlichkeit.
7. Mondsichel: Schwankende Gefühle, Veränderungen, das Weibliche, Anpassung, Nachgiebigkeit.
8. Fisch: Lebendigkeit, Bewegung, Oberflächlichkeit, Anpassung.
9. Berg: Ruhe, Kraft, Stabilität, Schwere.
10. Baum: Standfestigkeit, Beharrlichkeit, Ruhe, Weisheit.

Die Trendanalyse

Die Fragende erkennt, daß sie weiterhin unter dieser inneren Spannung der beiden gegensätzlichen Prinzipien leiden wird (Mondsichel, Fisch – Berg, Baum), die sie nicht auflösen kann, indem sie den Wohnort wechselt und das Angebot ihrer Freundin annimmt.

Solange sich die Fragende an ihre materielle Sicherheit und an vergangene Dinge klammert, ändert sich ihre innere Situation nicht. Sie wird weiterhin zwischen diesen beiden Prinzipien hin und her gerissen werden. Dies spricht natürlich nicht gegen den Ortswechsel, doch sie wird sich dabei bewußt, daß sie ihre persönlichen Probleme, wie z.B. die gescheiterte Ehe, nicht lösen kann, indem sie sich eine neue Wohnung sucht und ihren Beruf wechselt. Die Fragende kommt nun auf folgende Idee: Bisher hatte sie immer ihre ganze Energie auf ein bestimmtes Ziel gerichtet. Im Moment kann sie dies nicht tun, da die Spannung in ihrem Inneren ihre Energie in zwei verschiedene Richtungen lenkt. Sie identifiziert sich selbst stark mit dem Symbol «Maus», während die anderen Symbole für sie ihre verschiedenen Motivationen und Wünsche darstellen. Da diese jedoch gegeneinanderstehen, müßte sie nun eigentlich ihre Energie teilen und sie zu verschiedenen Zwecken einsetzen. Auf diese Weise würde sie sich auch nicht in dem Maße selbst behindern, wie sie es bisher getan hat. Die Fragende nimmt sich nun vor, das Angebot ihrer Freundin anzunehmen und den Wohnort zu wechseln. Die Energie, die für sie durch die Symbole «Berg» und «Baum» repräsentiert wird, möchte sie nun einsetzen, um das Geschäft aufzubauen und sich in ihrer neuen Lebenssituation zurechtzufinden. Die andere Energie, dargestellt durch die Symbole «Mondsichel» und «Fisch», will sie zur Verarbeitung ihrer Vergangenheit und zur Lösung ihrer persönlichen Probleme einsetzen. Die Fragende ist davon überzeugt, daß es ihr mit Ruhe, Kraft und Ausdauer gelingen wird, ihre berufliche Situation zu bewältigen. Sie erkennt, daß sie sich zu lange an alte Erinnerungen geklammert hat und sich nun davon lösen kann, indem sie die in ihr angelegte Flexibilität und Wandlungsfähigkeit konstruktiv einsetzt.

Beispiel 2

Der Fragende, ein siebzehnjähriger Gymnasiast, spielt mit dem Gedanken, von der Schule abzugehen und ein Handwerk zu erlernen. Er stammt aus einer Akademikerfamilie, die natürlich von ihm erwartet, daß er das Abitur macht und danach ein Studium beginnt. Da der Fragende überaus intelligent ist und ihm das Lernen keinerlei Mühe bereitet, verstehen und akzeptieren seine Eltern nicht, daß er die akademische Ausbildung ablehnt. Er hält jedoch ein Studium für sinnlos, da er fest davon überzeugt ist, daß er danach schlechtere Berufschancen haben wird als in einem handwerklichen Beruf. Dies sind zumindest die rationalen Beweggründe für seine Überlegungen. Der Fragende ist sich jedoch nicht wirklich sicher, ob der handwerkliche Beruf ihn ausfüllen wird. Möglicherweise erwägt er dies nur aus Opposition gegen seine Eltern, die hohe Erwartungen an ihn richten.

Er stellt folgende Frage: *«Was wird geschehen, wenn ich von der Schule abgehe und ein Handwerk erlerne?»*

Beim Lesen ergaben sich folgende Symbole und Bilder:

Tasse
1. Buch
2. Pyramide
3. Flamme
4. Strich

Untertasse
5. Schildkröte
6. Tal
7. Auto
8. Kerze (ohne Flamme)
9. Herz

Der Fragende vertieft sich nun in die Symbole und legt ihnen folgende Bedeutung bei:

1. Buch: Lernen, Wissen, Intellekt, Symbol für die Schule.
2. Pyramide: Ausgewogenheit, Ausgeglichenheit, Aufbau, etwas erreichen.
3. Flamme: Freude, Leben, Wärme, Ehrgeiz.
4. Strich: Eintönigkeit, Langeweile, Gleichförmigkeit.

Die Gegenwartsanalyse

Das Orakel zeigt dem Fragenden auf, daß er nicht befürchten muß, aus Opposition gegen seine Eltern möglicherweise eine falsche Berufswahl zu treffen. Es ist kein Symbol vorhanden, das darauf schließen läßt, daß seine Eltern bei dieser Entscheidung eine Rolle spielen. Der Fragende erkennt, daß seine Eltern ihn weder zu einem Studium zwingen noch ihn daran hindern werden, sollte er sich zu dem Handwerksberuf entscheiden. Sie werden ihn allerdings auch nicht unterstützen, die Entscheidung ist ganz allein von ihm abhängig.

Der Fragende wird sich darüber bewußt, daß sein Hauptgrund, die Schulausbildung abbrechen zu wollen, eigentlich die Langeweile ist (Buch, Strich). Er verbindet die beiden Symbole «Buch» und «Strich» sehr stark miteinander und setzt die anderen beiden Symbole, «Pyramide» und «Flamme», dagegen. Sie repräsentieren seiner Meinung nach die Hoffnungen und Wünsche, die er mit dem Handwerksberuf verbindet. Er stellt fest, daß er eigentlich weniger das Studium an sich ablehnt. Die Abneigung richtet sich mehr gegen die älteren Schüler

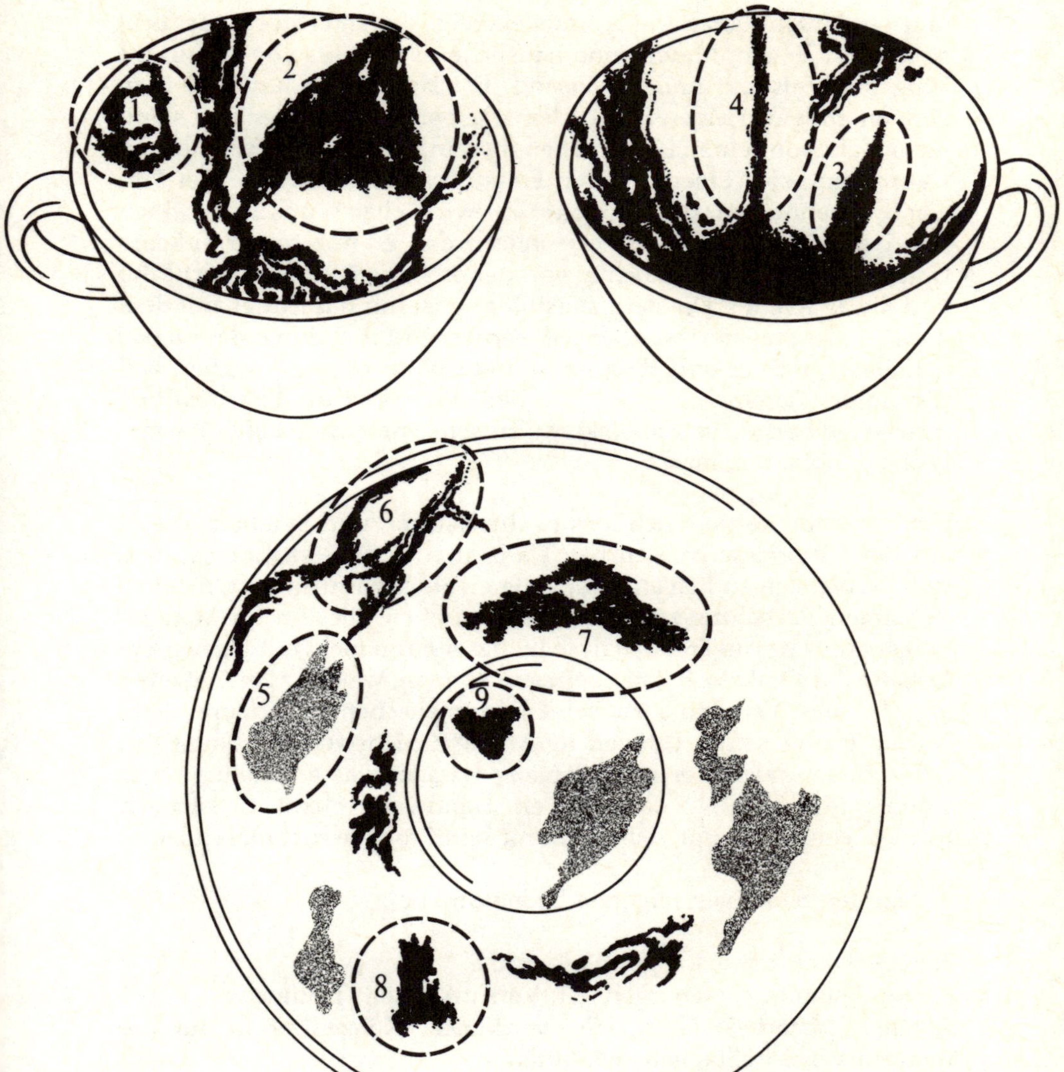

Abb. 2

und Studenten, deren kühle, intellektuelle Verhaltensweise er nicht akzeptiert. Er empfindet seine häusliche wie auch seine schulische Umgebung als kalt und abweisend. Er glaubt dieser entfliehen zu können, indem er einen Beruf erlernt, selbst Geld verdient und somit nicht mehr von seinen Eltern abhängig sein wird und die Möglichkeit wahrnimmt, sich einen anderen Freundeskreis zu suchen. Der Fragende erkennt nun, daß es nicht sein wirklicher Wunsch ist, einen Handwerksberuf zu erlernen, sondern daß er nur seiner äußeren Umgebung entfliehen möchte, von der er sich nicht akzeptiert fühlt und die er ablehnt. Die Berufsausbildung ist nur das Mittel, mit dem diese Flucht realisiert werden soll. Ferner wird ihm durch das Orakel aufgezeigt, daß er ehrgeizig ist und etwas im Leben erreichen will (Pyramide, Flamme). Es wird ihm bewußt, daß er die Entscheidung über seine berufliche Entwicklung zu sehr von emotionalen Beweggründen abhängig macht.

Der Fragende vertieft sich nun in die Zeichen und Symbole, die er aus der Untertasse gelesen hat. Da er inzwischen erkannt hat, daß sein Problem eigentlich an einer anderen Stelle zu suchen ist, nämlich in seinem Verhältnis zu seinen Mitmenschen, die ihn im Moment umgeben, wäre die Trendanalyse in dieser Form nicht nötig gewesen. Er hätte das Orakel z.B. jetzt befragen können, welche Möglichkeiten es gibt, das Verhältnis zu seinen Mitmenschen zu ändern, oder warum er mit seiner Umwelt im Moment nicht zurechtkommt etc. Doch zuerst möchte er noch genauer wissen, was geschehen wird, wenn er die Schule verläßt und ein Handwerk erlernt. Er ist noch nicht davon überzeugt, daß der Beruf sein Problem nicht lösen kann.

Er legt den Symbolen folgende Bedeutung bei:

5. *Schildkröte:* Alter, Langsamkeit, Ruhe.
6. *Tal:* Sammlung, Geborgenheit, Versunkenheit, Träume.
7. *Auto:* Materielle Güter, Geldverdienen, Konzentration auf die Bedürfnisse der alltäglichen Realität.
8. *Kerze (ohne Flamme):* Symbol, das in Beziehung zum Symbol «Flamme» steht, das aus der Tasse gelesen wurde.
9. *Herz:* Gefühle, Sehnsucht, Wünsche.

Die Trendanalyse

Am meisten beschäftigt den Fragenden das Symbol der Kerze. Er glaubt, daß die Flamme (Symbol 3) erlöschen wird, wenn er jetzt die Schule verläßt und einen Beruf erlernt. Seine Hoffnungen, die ja eher emotionaler Art sind (Herz), werden sich wahrscheinlich nicht erfüllen (Kerze). Er erkennt, daß er sich plötzlich den harten Realitäten des Arbeitslebens stellen müßte und seine Aufmerksamkeit sich hauptsächlich auf den Erwerb von materiellen Gütern richten würde (Auto). Dies wäre eine totale Veränderung seiner jetzigen Lebenssituation. Bisher brauchte er sich keine Sorgen um seinen Lebensunterhalt zu machen und lebte ohne große Verantwortung – ein wenig verträumt – in dem Bewußtsein, daß ihm ja noch alle Möglichkeiten offenstehen (Tal). Das Symbol «Schildkröte» erinnert ihn an einen Ausspruch seiner Eltern: «Kannst du dir vorstellen, daß du, bis zu deiner Pensionierung, immer das gleiche tun wirst? Immer die gleichen Maschinen bedienst, die gleichen Handgriffe ausführst?» Durch das Symbol «Schildkröte» wird der Fragende wieder an sein Alter erinnert. Er muß sich selbst eingestehen, daß er sich kaum vorstellen kann, vierzig oder fünfzig Jahre lang die gleiche Tätigkeit auszuüben.

Der Fragende entschließt sich nach der Orakelbefragung, zumindest bis zu seinem Abitur die Schule zu besuchen. Er nimmt sich vor, das Orakel nach dem Abitur noch einmal zu befragen, sofern er dann immer noch den Wunsch haben sollte, einen handwerklichen Beruf zu erlernen. Abgesehen davon will er das Orakel auch noch einmal wegen seiner Probleme mit seiner Umwelt befragen, die bei der Gegenwartsanalyse aufgezeigt wurden.

STEINSEHEN

Der Orakelstein

Bevor Sie sich auf die Suche nach dem Orakelstein machen, sollten Sie sich über Ihr Problem oder die entsprechende Angelegenheit Klarheit verschaffen und Ihre Frage exakt formulieren. Danach machen Sie einen kleinen Spaziergang in der Natur und halten Ausschau nach einem geeigneten Stein. Er sollte mindestens faustgroß sein und über eine rauhe bzw. lebhafte Oberflächenstruktur verfügen. Gehen Sie ruhig und entspannt, und folgen Sie Ihrer Intuition. Wenn Sie einen Stein entdecken, bei dem Sie das sichere Gefühl haben, daß dies der richtige ist, heben Sie ihn auf. Stellen Sie Ihr Bewußtsein ruhig, und seien Sie nur aufmerksam. Vielleicht haben Sie das Gefühl, daß der Stein Sie geradezu «ansieht», oder Sie spüren plötzlich, wie Ihr Herz schneller schlägt, oder fühlen eine ruhige Gewißheit in sich. Nehmen Sie den Stein mit, und begeben Sie sich an einen ruhigen Ort, an dem Sie die Befragung ungestört vornehmen können. Prägen Sie sich den Ort ein, an dem Sie den Stein gefunden haben, da Sie ihn später an dieselbe Stelle zurücklegen werden. Die Befragung kann entweder gleich draußen im Freien, aber auch zu Hause durchgeführt werden.

Das Lesen

Stellen Sie nun Ihre Frage direkt an den Stein; es kann hilfreich sein, sie laut auszusprechen. Konzentrieren Sie sich jetzt auf die Oberfläche des Steins. Tasten Sie sie mit Ihrem Blick ab, und suchen Sie nach Zeichen und Symbolen. Sobald Sie die obere Seite gelesen haben, können Sie die Zeichen und Symbole zueinander in Verbindung bringen und die Gegenwartsanalyse erstellen. Danach drehen Sie den

Stein um und suchen auf dieser Seite die Bilder und Symbole für die Trendanalyse. Sie haben auch die Möglichkeit, zunächst beide Seiten des Steins zu lesen und danach Gegenwarts- und Trendanalyse gemeinsam zu erstellen.

Das Deuten

Wie beim Kaffeesatz- oder Teeblätterlesen verzichten Sie auch hier besser auf die Anwendung festgelegter Deutungsschemata. Verlassen Sie sich auf Ihre Intuition, enthalten Sie sich aber jeglicher emotionaler Stellungnahme. Betrachten Sie zunächst jedes Zeichen oder Symbol einzeln, erforschen Sie die Bedeutung, die es für Sie hat, und setzen Sie dann die Bedeutungsinhalte zu einer sinnvollen Aussage zusammen. Nachdem Sie Gegenwarts- und Trendanalyse durchgeführt haben, danken Sie dem Stein und bringen ihn an den Ort zurück, an dem Sie ihn gefunden haben.

Beispiel 1

Der Fragende ist 49 Jahre alt und zur Zeit als Autoverkäufer angestellt. Er hat diesen Posten seit acht Jahren inne, fürchtet jedoch, ihn aufgrund von Sparmaßnahmen seitens der Firma zu verlieren. Da er im Begriff ist, ein Eigenheim zu bauen, kann er es sich nicht leisten, auch nur kurze Zeit arbeitslos zu sein. Weiterhin befürchtet er, daß er nicht so schnell eine neue Stellung finden würde, sollte er wirklich entlassen werden. Er leidet unter der Tatsache, daß sein Alter bei der Beurteilung für eine Neueinstellung eine gewichtige Rolle spielen wird.

Er stellt folgende Frage: *«Wie wird sich meine berufliche Situation im nächsten halben Jahr entwickeln?»*

Beim Lesen der ersten Steinseite ergeben sich folgende Bilder und Symbole:

1. Messer
2. Auge
3. Baumstumpf
4. Wolke
5. See

Der Fragende entschließt sich dazu, zuerst nur die Gegenwartsanalyse durchzuführen und danach gegebenenfalls auch die zweite Steinseite zu lesen.

Er vertieft sich nun in die Symbole und legt ihnen folgende Bedeutungen bei:

1. *Messer:* Kampf, Verteidigung, Schmerzen.
2. *Auge:* Wachsamkeit, Aufmerksamkeit, beobachtet werden, Mißtrauen.
3. *Baumstumpf:* Tod, Absterben, Müdigkeit, Resignation.
4. *Wolke:* Ideen, Gedanken, Pläne, Bewegung.
5. *See:* Gefühle, Trauer, Trägheit, Stillstand, Monotonie.

Die Gegenwartsanalyse

Der Fragende erkennt, daß er nicht nur befürchtet seine Arbeit zu verlieren, sondern daß seine eigentliche Angst tiefer liegt. Seine Pläne und Ideen (Wolke), die er realisieren möchte, sind vielleicht ein wenig zu hoch gegriffen. Er fühlt sich überfordert. Die Verpflichtungen, auf die er sich eingelassen hat, kann er möglicherweise nicht erfüllen. Er fühlt sich schwach und müde – nahe daran zu resignieren (Baumstumpf). Weiterhin wird sich der Fragende darüber klar, daß er sein Bauprojekt als seine letzte Chance ansieht, da er glaubt, in seinem Alter nichts Neues mehr anfangen zu können. Auf der einen Seite ist die Identifikation mit dem Hausbau sehr stark, und sollten die Bauarbeiten nicht weitergeführt werden können, würde auch ein Teil von ihm zum Stillstand kommen (See) und ihn noch weiter in die Resignation hineintreiben (Baumstumpf). Der Fragende glaubt kämpfen, bzw. sein Recht auf etwas Eigenes verteidigen zu müssen (Messer). Dazu fühlt er sich jedoch zu müde. Er neigt eher dazu, emotional auf die Angelegenheit zu reagieren und in Trauer und Selbstmitleid zu versinken (See). Aus dieser emotionalen Sicht heraus bringt er allem und jedem, was ihn in seinen Plänen behindern könnte, Mißtrauen entgegen (Auge). Da er befürchtet entlassen zu werden, richtet er seine ganze Aufmerksamkeit darauf, seinen Chef und seine Kollegen zu beobachten und ihr Verhalten ihm gegenüber zu analysieren. Er hat auch das Gefühl, von seinen Vorgesetzten scharf beobachtet zu werden (Auge).

Seite 1

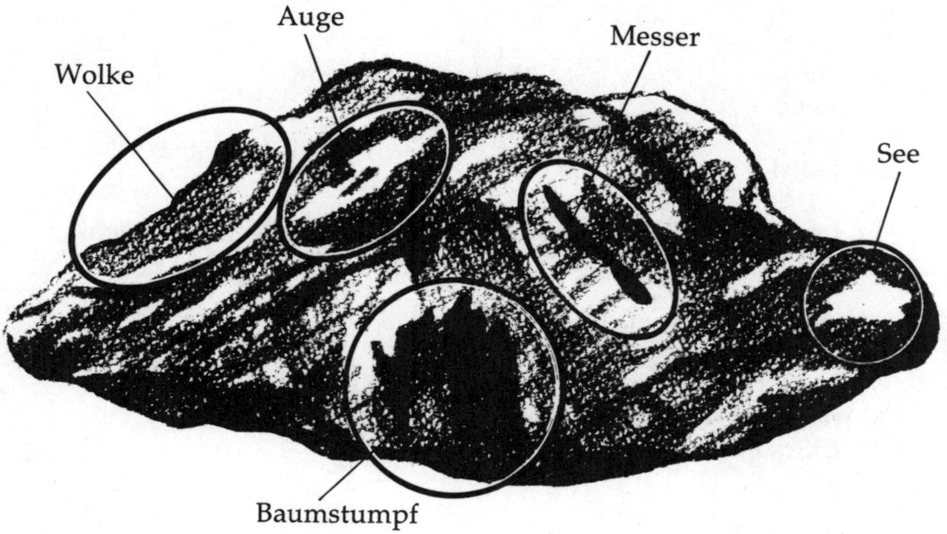

Seite 2

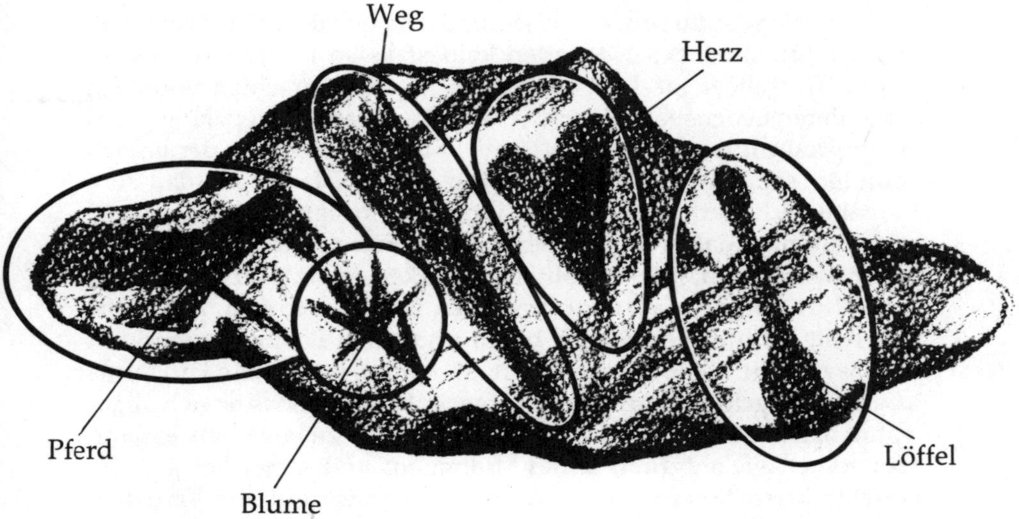

Abb. 3

Der Fragende liest nun die Zeichen und Symbole der zweiten Steinseite:

6. Pferd
7. Herz
8. Blume
9. Weg
10. Löffel

Er vertieft sich in die Symbole und legt ihnen folgende Bedeutung bei:

6. Pferd: Sanftmut, Geduld, Ruhe.
7. Herz: Vitalität, Lebenswille, Aktivität.
8. Blume: Natürlichkeit, Freude, Schönheit.
9. Weg: Reisen, Aufbruch, neue Informationen, Bewegung.
10. Löffel: Nahrung, Grundlagen, Sicherheit.

Die Trendanalyse

An dieser Stelle wird dem Fragenden klar, daß er sich aus eigener Kraft aus dieser verfahrenen Situation herausarbeiten muß. Er muß auf jeden Fall die Ruhe bewahren (Pferd) und sich nicht in seine Angst hineinsteigern. Bisher hat sich der Fragende immer mehr in sich selbst und sein Problem vergraben, so daß er nicht mehr fähig war, die Dinge so zu sehen, wie sie sind. Die Orakelantwort zeigt auf, daß die Situation des Fragenden keinesfalls so kritisch ist, wie er glaubt. Er sollte seine Lage etwas entspannter betrachten und auch die anderen Lebensbereiche nicht vernachlässigen (Weg, Blume). Das Hauptproblem des Fragenden ist nicht die Situation, in der er sich befindet, sondern die Angst, die ihn lähmt. Die Angst, daß sein Vorhaben scheitern könnte, treibt ihn in die Resignation. Das Orakel zeigt ihm nun, daß er sich besser darauf konzentrieren sollte, seinen Lebenswillen und seine Vitalität zu stärken (Herz), anstatt sich in seine Trauer hineinfallen zu lassen. Es ist anzunehmen, daß seine materielle Grundlage erhalten bleibt und seine Position zumindest für das nächste halbe Jahr gesichert ist (Löffel). Das größte Hindernis in dieser Angelegenheit ist sein eigenes Verhalten, das er sich angewöhnt hat. Die Situation an sich ist recht positiv zu bewerten, er kann aber seine Lage aufgrund seines Mißtrauens und seiner Resignation verschlechtern. Sofern er seine Angst überwindet und sein Verhalten ändert, braucht er sich keine Sorgen um seinen Arbeitsplatz zu machen.

Der Fragende nimmt sich nun vor, sich wieder mehr um seine Hobbys zu kümmern, die er in letzter Zeit sträflich vernachlässigt hat. Sein Leben, das die vergangenen Jahre sehr einseitig auf den Beruf ausgerichtet war, soll ein wenig farbiger werden. Er sieht ein, daß er die Konfrontation mit dem Prozeß des Alterns nicht umgehen kann, und er will versuchen, sich auf eine konstruktivere Weise mit dem Älterwerden auseinanderzusetzen. Ihm ist auch klargeworden, daß er die Kraft dazu besitzt, sich seinen Ängsten zu stellen und sie zumindest teilweise zu verarbeiten. Er ist auch nach der Orakelsitzung von den Symbolen «Blume» und «Weg» sehr beeindruckt, da diese ihn aus dem Kreislauf der Resignation und der Müdigkeit herausgeführt haben.

Beispiel 2

Eine junge Frau, die seit einigen Jahren mit ihrem Freund zusammenlebt, steht kurz vor dem Abschluß ihres Studiums. Ihr Freund hat sein Studium schon vor einem Jahr abgeschlossen, und er drängt sie seit einigen Monaten zur Heirat. Sie steht der Heirat zwar nicht direkt ablehnend gegenüber, meint jedoch, daß dies noch einige Jahre Zeit hätte. Sie hat in der letzten Zeit sehr intensiv für ihre Prüfungen gearbeitet und die Beziehung zu ihrem Freund aus Zeitmangel deshalb wenig gepflegt. Sie ist der Ansicht, daß sie sich in dieser Zeit etwas auseinandergelebt hätten. Bevor sie sich nun mit der Frage, ob sie ihn heiraten möchte, auseinandersetzen will, muß sie zunächst einmal klären, wie sie überhaupt zu ihrem Partner steht.

Sie stellt folgende Frage: *«Wie stehe ich im Moment zu meinem Partner?»*

Da ihre Frage nur die Gegenwart betrifft, wird nur eine Seite des Steins gelesen. Es ergeben sich folgende Zeichen und Symbole:

1. Schere
2. Pflanze
3. Krug
4. Mund
5. Nadel
6. Topf

Sie vertieft sich nun in die Symbole und legt ihnen folgende Bedeutungen bei:

1. *Schere:* Schnitt, Bruch, Trennung, Verletzung.
2. *Pflanze:* Wachstum, Freude, Sanftheit, Verständnis.
3. *Krug:* Aufnehmen, bewahren, an etwas festhalten, Träume.
4. *Mund:* Sinnlichkeit, Sexualität, Wärme, Vergnügen.
5. *Nadel:* Hausarbeit.
6. *Topf:* Kochen, Hausarbeit.

Die Gegenwartsanalyse

Die Fragende ist zunächst einmal sehr verwirrt über die beiden Symbole «Nadel» und «Topf». Zum einen stört es sie, daß sie die beiden Symbole nur mit Hausarbeit verbinden kann, zum anderen fühlt sie sich von ihnen emotional sehr betroffen – sie haßt nämlich jegliche Art von Hausarbeit. Ihr Freund hat nach Beendigung seines Studiums sofort eine Anstellung als Chemiker gefunden und ist in seinem Beruf sehr eingespannt. Im Gegensatz zu früher, als beide noch studierten, blieb die Hausarbeit hauptsächlich an ihr hängen. Es hat auch gelegentlich Auseinandersetzungen mit ihrem Partner gegeben, da sie sich in diesem Bereich nicht sehr viel Mühe gab. Als Ausrede gab sie immer ihre Prüfungsvorbereitungen an, die sie sehr in Anspruch nahmen. Der Fragenden wird bewußt, daß sie den banalen Problemen, die sich aus der Intimität des Zusammenlebens mit einem anderen Menschen ergeben, immer ausgewichen ist. Die Dinge, die sie mit ihrem Partner verbinden, sind ihrer Meinung nach anderer Art: In den vergangenen Jahren hat sich ein gegenseitiges Vertrauensverhältnis entwickelt, beide Partner bringen viel Verständnis für den anderen auf (Pflanze), sie haben gemeinsame Interessen und freuen sich über die gleichen Dinge (Pflanze), und sie haben eine ausgesprochen gute sexuelle Beziehung (Mund). Diese positiven Faktoren lassen die Fragende an der Beziehung festhalten, und sie möchte die Beziehung nicht daran scheitern lassen, daß sie mit Alltagsproblemen nicht zurechtkommt (Krug), befürchtet aber sehr, daß sie bei einer Einwilligung in die Heirat noch stärker damit konfrontiert wird. Sie erkennt, daß es durchaus zu einer Trennung kommen könnte, wenn sie sich mit diesem Problem nicht auseinandersetzt (Schere). Die Fragende entdeckt, daß es hier um eine grundsätzliche Frage in ihrem Leben geht. Sie würde eigentlich lieber allein leben, doch sie ist davon überzeugt, daß dann die Beziehung, die ihr sehr viel bedeutet, zerbrechen würde. Sie muß sich also zunächst die Frage stellen, ob sie überhaupt dazu bereit ist, mit den Nachteilen des

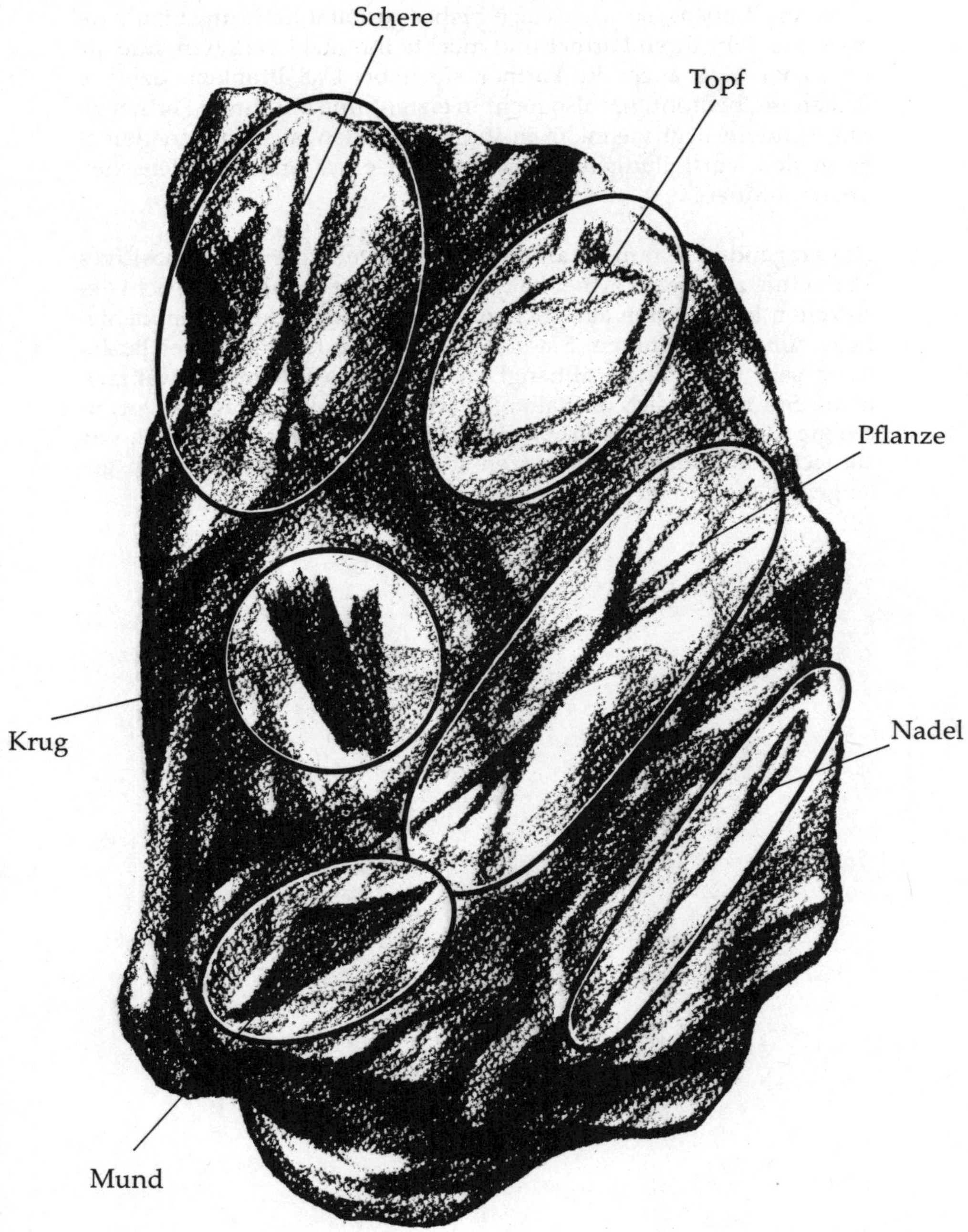

Abb. 4

Zusammenlebens, so wie es sich bisher gestaltet hat, zurechtzukommen. Sie liebt ihren Partner und möchte ihn nicht verlieren, und sie ist sicher, daß auch ihr Partner sie liebt. Das Problem, das die Beziehung bedroht, hat also nicht in erster Linie mit ihrem Partner zu tun, sondern liegt vielmehr an ihrem Unwillen, sich in irgendeiner Form den Vorstellungen und Wünschen eines anderen Menschen unterzuordnen.

Die Fragende hat nun erkannt, daß sie eigentlich ein sehr positives Verhältnis zu ihrem Partner hat, weiß nun aber auch, daß sie Schwierigkeiten hat, mit den alltäglichen Anforderungen des Zusammenlebens zurechtzukommen. Sie sieht, daß die Entwicklung der Beziehung sehr stark davon abhängt, ob sie dieses Problem bewältigen kann. Sie nimmt sich deshalb eine weitere Orakelbefragung vor, in der sie die Ursache des Problems klären und herausfinden will, wie sie sich damit auseinandersetzen soll, um zu einer Lösung zu gelangen.

BLEIGIESSEN

Das Bleigießen, eine im Mittelalter sehr beliebte Technik, wird auch heute noch gerne als Gesellschaftsspiel am Silvesterabend durchgeführt. Nach der Weihnachtszeit kann man in den entsprechenden Geschäften das benötigte Material erwerben. In einer kleinen Schachtel, meist betitelt mit «Bleigießen am Silvesterabend», findet man dann sechs oder manchmal auch acht Bleistücke in verschiedenen Formen, einen Schmelzlöffel und nicht zu vergessen: die Deutungsanleitung. Zwischen zwanzig und vierzig Symbole werden dort mit ihrer Bedeutung dargestellt: Das Symbol «Auto» bedeutet selbstverständlich eine Reise und das Symbol «Münze» Reichtum. Groß ist dann meist der Kummer, wenn man ein Symbol gegossen hat, das nicht auf der Liste steht. Auf einer Silvesterparty konnte ich einmal folgendes beobachten: Eine ältere Dame, die in ihrem gegossenen Stück Blei das Symbol «Stuhl» erkannt hatte, konnte dies nicht in der Deutungsliste finden. Zuerst war sie sehr enttäuscht und zog sich still in eine Ecke zurück. Sie betrachtete das Stück Blei längere Zeit. Dann kam ihr der rettende Gedanke: Sie erklärte den Anwesenden, die sie natürlich alle schon bedauert hatten, daß sie diese Form doch eigentlich mehr an einen Tisch erinnere. Das Symbol «Tisch» stand selbstverständlich in der Deutungsanleitung. Ihr Ehemann, dem offensichtlich das gleiche Unglück widerfuhr, löste die Situation auf andere Weise: Er erklärte seinen Versuch als «ungültig» und goß ein neues Symbol, das dann gottlob auch erwähnt wurde. Die Prognose für das kommende Jahr war also gerettet.

Diese Vorgehensweisen haben natürlich mit der Kunst der Orakelbefragung nicht viel gemeinsam. Wir wollen hier auch nicht weiter auf das traditionelle Silvesterbleigießen eingehen, sondern uns mit den Möglichkeiten beschäftigen, die uns diese Orakeltechnik heute zu bieten hat.

Im Gegensatz zu den anderen eidetischen Orakeltechniken, die bisher beschrieben wurden, wird hier die Grundsubstanz, also die Bleifigur, als ein Ganzes gelesen bzw. gedeutet. Beim Kaffeesatzlesen oder Steinsehen versuchen wir die Zeichen und Symbole aus der Oberfläche zu lesen; wir konzentrieren unseren Blick also auf Teilstücke der Grundsubstanz. Jeder, der es nun einmal mit Bleigießen versuchen möchte, wird merken, daß es sich hier um eine andere Form des eidetischen Sehens handelt, doch darauf werden wir später noch zurückkommen.

Das Gießen

Am besten legen Sie sich einen Jahresvorrat an Silvesterbleigießsets an, die es ja leider nur kurz nach Weihnachten zu kaufen gibt, und werfen die Deutungsanleitung weg. Dieses Blei läßt sich leicht über einer Kerzenflamme schmelzen. Ein Löffel ist den Packungen meist beigelegt, ansonsten können Sie auch einen normalen Eßlöffel verwenden (kein Tafelsilber), da diese aber etwas dicker sind, dauert das Schmelzen meist auch etwas länger. Das geschmolzene Blei wird dann schnell in eine mit kaltem Wasser gefüllte Schale gegossen. Sie müssen den Löffel sehr schnell umdrehen; wenn sie die geschmolzene Masse langsam vom Löffel tropfen lassen, erhalten Sie nur winzige kleine Nadeln und Stückchen. Es kommt ohnehin ganz selten vor, daß Sie eine einzige große Figur gießen, meist sind noch kleinere Stücke dabei und auch die nadelförmigen Gebilde, die sich eigentlich nie vermeiden lassen. Ich persönlich betrachte diese in der Regel als Abfallprodukt und bewerte sie nicht; ich weiche nur dann von dieser Regel ab, wenn das Blei trotz schnellen Gießens in viele kleine Nadeln oder Stückchen zerstiebt. Zerfällt das Blei in zwei oder drei etwa gleich große Gebilde, berücksichtige ich diese als gleichwertig innerhalb der Deutung. Ist ein Gebilde sehr groß und hebt sich ein zweites von seiner Größe her deutlich von den Abfallprodukten ab, bewerte ich dieses als zusätzliche Information. Entscheiden Sie aber selbst, wie Sie sich in solchen Zweifelsfällen verhalten wollen.

Das Lesen

Wie eingangs schon erwähnt, haben wir es hier mit einer anderen Form des eidetischen Sehens zu tun. Sie müssen sich nun darauf konzentrieren, aus dem ganzen Gebilde ein Zeichen oder Symbol zu lesen. Stellen Sie zunächst wieder Ihr Bewußtsein ruhig. Drehen Sie nun das Gebilde langsam hin und her, und betrachten Sie es von allen Seiten. Denken Sie nicht darüber nach, was diese Form darstellen *könnte*. Entspannen Sie sich vollkommen, und versuchen Sie, nur zu schauen. Irgendwann – es kann zwei Sekunden oder auch zehn Minuten dauern – haben Sie dann eine Art Gedankenblitz. Ein Begriff, ein Wort, ein Bild drängt sich vehement in Ihr Bewußtsein. Diesen ersten Eindruck müssen Sie festhalten. Nehmen wir einmal an, daß nach etwa zwei Minuten ruhigen Schauens das Wort «Fisch» in ihr Bewußtsein dringt. Zweifeln Sie nicht, und denken Sie nicht daran, daß das Stück Blei ja eigentlich auch eine liegende Katze darstellen könnte. Es gibt keine objektiven Maßstäbe, ein anderer Mensch erkennt in dem Gebilde vielleicht einen Baumstamm oder eine Wurst. Zügeln Sie Ihr Alltags-Bewußtsein, das Ihnen suggerieren will, daß ein Fisch in Wirklichkeit ganz andere Flossen hat und vorne niemals so dick wäre etc. Lassen Sie sich nicht irritieren, der erste Eindruck ist für Sie der einzige und der richtige. Sollte noch ein zweites oder gar drittes relevantes Objekt entstanden sein, verfahren Sie mit diesen in der gleichen Weise.

Das Deuten

Der Deutungsprozeß verläuft hier auch ein wenig anders, da Sie mit wesentlich weniger Symbolen arbeiten werden als bisher. Einige Leser mögen nun denken, daß dies dann eigentlich viel einfacher sein müßte, da das Inbeziehungsetzen der einzelnen Zeichen und Symbole wegfällt. Doch wie überall zeigt sich auch hier in der Beschränkung der Meister, denn es ist sehr viel schwieriger, nur mit einem oder zwei Symbolen zu arbeiten. Beim Kaffeesatzlesen oder Steinsehen können Sie durch die verschiedenen Möglichkeiten der Kombinatorik einige Zusatzinformationen gewinnen, auf die Sie hier verzichten müssen.

Es ist relativ schwierig, die verschiedenen Orakeltechniken in ein System einzugliedern, da sie manchmal zwei grundlegende Methoden in sich vereinen. Beim Kaffeesatzlesen wie auch beim Steinsehen arbeiten Sie mit der eidetischen Wahrnehmung – doch es kommt noch etwas hinzu: die Kombinatorik. Man könnte diese beiden prinzipiell auch in die Kategorie «Kombinatorische Orakel» einordnen. Die kombinatorischen Orakeltechniken beruhen aber nicht auf der Grundlage der veränderten sinnlichen Wahrnehmung, wie beispielsweise dem eidetischen Sehen, sondern auf Auszähltechniken, dem Errechnen bestimmter Werte, dem Auslegen verschiedener Orakelgegenstände etc. Bei der Befragung eines kombinatorischen Orakels ist es also keineswegs notwendig, den Bewußtseinszustand oder die Sinneswahrnehmung zu verändern.

Beim Bleigießen setzen Sie nun zuerst die eidetische Wahrnehmung ein, im Gegensatz zum Kaffeesatzlesen oder Steinsehen können Sie aber kaum mit der kombinatorischen Methode arbeiten, außer Sie haben mehrere gleichwertige Figuren gegossen, die gleich stark bewertet werden müssen. Haben Sie aber nur ein Symbol zur Verfügung, können Sie in Ihrem alltäglichen Bewußtseinszustand keine umfassende Deutung ausarbeiten, Sie müssen also Ihre Intuition in weitaus stärkerem Maße einsetzen, als Sie es bisher getan haben. Aus diesem Grund betrachte ich die eidetische Orakelmethode als eine Vorstufe der Visionsorakel. Sie lernen zunächst, Ihre optische Wahrnehmung zu verändern, denn das eidetische Sehen ist ja keine natürliche Wahrnehmungsform. Dies ist eine gute Grundlage für alle Orakelmethoden, die mit der Fähigkeit des Sehens arbeiten. Beim Bleigießen müssen Sie nun noch Ihre gesamten intuitiven Fähigkeiten entwickeln und einsetzen. Von dort aus ist es dann meist nur noch ein kleiner Schritt bis zur echten Fähigkeit des Sehens.

Wie schon erwähnt, kann man nicht mit letzter Sicherheit erklären, worauf bestimmte Phänomene, wie z.B. das Hellsehen oder die Telepathie, beruhen. Es gibt verschiedene Theorien, die, mit pseudowissenschaftlichen «Beweisen» untermauert, die letzten Geheimnisse enthüllen – daß davon nicht viel zu halten ist, wird jedem klar sein. In Wirklichkeit wissen wir einfach nicht, wie Phänomene dieser Art zustande kommen. Wir können nur mit Gewißheit feststellen, daß es sie gibt und daß einige wenige Menschen über angeborene hellseherische oder telepathische Fähigkeiten verfügen. Diese entdecken ihre Kraft meist völlig unvorbereitet und schrecken sogar häufig davor zurück, sie einzusetzen. Doch zwischen dem natürlichen Seher und einem vollkommen rationalen, in der Materie verwurzelten Menschen finden wir intuitiv veranlagte Personen, deren Fähigkeit in sehr unterschiedlicher Form und Ausprägung zutage tritt. Nehmen wir einmal den Ausspruch «Ich habe kein gutes Gefühl bei dieser Sache» als Beispiel: Die Person, die dieses sagt, empfindet einfach ein ungutes Gefühl, kann jedoch keine rationalen Gründe vorbringen, warum sie die Angelegenheit nicht nur positiv bewertet. In der Regel werden diese Art von Gefühlen bzw. Ahnungen nicht sehr ernst genommen. Ist das negative Gefühl sehr stark, sucht man nach vernünftigen, sachlichen Argumenten, um sich von der Angelegenheit distanzieren zu können. Ist das Gefühl eher schwach, wird man versuchen, es durch rationale Argumente, die für die Angelegenheit sprechen, zu verdrängen. Geht die Sache dann wirklich schief, erinnert man sich vielleicht noch an das ungute Gefühl und denkt im stillen, daß man es ja eigentlich vorher gewußt hat. Dies führt jedoch nur selten zu der Konsequenz, daß man mehr auf seine spontanen, intuitiven Eindrücke achtet. Wir haben einfach nicht gelernt, unserer Intuition zu vertrauen.

Beim Bleigießen werden Sie sich nun sehr stark auf Ihre Intuition verlassen müssen. Stellen Sie sich einmal vor, daß Sie unter Schlaflosigkeit leiden und das Orakel nach der Ursache dieses Problems befragen. Sie lesen aus der Form des gegossenen Bleis das Bild einer menschlichen Gestalt mit einem weiten Umhang heraus. Nun lehnen Sie sich entspannt zurück und vertiefen sich in dieses Bild. Schließen Sie die Augen und stellen Sie sich die Gestalt mit dem Umhang vor. Wenn sich das Bild verändern sollte, lassen Sie dies zu – aber setzen Sie bitte nicht Ihre Phantasie ein, um eine Veränderung zu erzwingen. Nähern Sie sich der Gestalt mit dem Umhang; versuchen Sie, Kontakt zu ihr herzustellen. Achten Sie auch dabei auf Ihre Gefühle: Empfinden Sie Furcht, Abneigung oder Ekel? Ist Ihnen die Gestalt gleichgültig, oder erweckt Sie in Ihnen Freude, Zuversicht oder Hoffnung? Lassen Sie Ihre Gefühle zu – aber steigern Sie sich nicht in sie hinein. Beobachten Sie sie, ohne Stellung zu beziehen oder sie zu werten. Achten Sie auch auf spontane Einfälle oder Ideen. Es könnte z.B. sein, daß Ihnen die Gestalt bekannt vorkommt – möglicherweise haben Sie sie schon einmal in einem Traum gesehen. Vielleicht haben Sie eher den Eindruck, daß die Gestalt etwas darstellt, was Ihnen völlig fremd ist. Könnte es ein Teil Ihrer Persönlichkeit sein, den Sie bisher verdrängt haben? Eine Eigenschaft, die Sie an sich selbst nicht mögen? Erinnert Sie die Gestalt an eine Person Ihrer Umgebung, oder steht sie in irgendeinem Bezug zu Ihrem alltäglichen Leben? Handelt es sich um eine archetypische Gestalt?

Sie müssen versuchen, Ihr Bewußtsein möglichst ruhig zu halten, so daß es sich nicht in diesen Vorgang einmischt. Konzentrieren Sie sich auf Ihre Wahrnehmung, und versuchen Sie nicht über das nachzudenken, was Sie da gerade tun. Lassen Sie die spontanen Äußerungen Ihres Unbewußten zu. Gestatten Sie dem Bild lebendig zu werden, doch halten Sie Ihre Phantasie unter Kontrolle; schmükken Sie das Bild nicht aus. Geben Sie einfach nach, und überlassen Sie die Führung Ihrem inneren Zentrum.

Vielleicht spricht die Gestalt zu Ihnen, oder sie zeigt Ihnen etwas. Möglicherweise sehen Sie einen Film vor Ihrem geistigen Auge ablaufen, oder es entsteht plötzlich eine Art innerer Sicherheit in Ihnen, ein Gefühl der Klarheit und des Wissens. Jeder Mensch erlebt die Vertiefung in ein Symbol anders, und es ist unmöglich, vorher zu bestimmen, wie ein solcher Prozeß ablaufen soll. Dementsprechend unterschiedlich sind auch die Vorgehensweisen. Wenn die Gestalt beispielsweise zu Ihnen spricht, können Sie Ihre Frage direkt an sie richten. Sehen Sie einen Film vor Ihrem geistigen Auge ablaufen, müssen Sie die Bilder im Hinblick auf Ihre Frage anschauen und sie als Antwort auf die Frage verstehen und akzeptieren. Treten Sie in einen Zustand der Klarsicht ein, werden Sie in dem Moment die Ursache für Ihr Problem erkennen – versuchen Sie dann, diese Erkenntnis in Ihre Alltags-Realität zu übertragen und zu realisieren. Dies ist nicht immer ganz einfach, da die Erkenntnisse, die wir im Zustand der Klarsicht gewinnen, mit dem rationalen Bewußtsein oft nicht so leicht nachzuvollziehen sind.

Sie unternehmen damit eine Reise in Ihre innere Welt, und kein anderer Mensch kann Ihnen besser sagen, wie Sie sich dort verhalten sollen, als Sie selbst. Die nachfolgenden Beispiele dienen dazu, die Technik als solche zu illustrieren und verständlich zu machen.

Beispiel 1

Der Fragende, ein fünfundzwanzigjähriger Bankangestellter, lebt mit seinem Vater allein in einem großen Haus. Seine Mutter ist vor einigen Jahren gestorben. Der Vater hat nun den Wunsch, sich wieder zu verheiraten. Seine zukünftige Frau soll ihre Wohnung aufgeben und in das Haus einziehen. Der Fragende, der kein gutes Verhältnis zu der Freundin seines Vaters hat, trägt sich mit dem Gedanken, sich eine eigene Wohnung zu suchen. Ein Zusammenleben zu dritt kann er sich unter diesen Umständen nicht vorstellen. Er hängt jedoch sehr an seinem Vater und auch an dem Haus, das er seit seiner Kindheit bewohnt. Er möchte nun, daß ihm das Orakel die beiden Alternativen und ihre Konsequenzen verdeutlicht.

Seine erste Frage lautet: *«Was wird geschehen, wenn ich zu Hause wohnen bleibe und die Freundin meines Vaters zu uns zieht?»*

Der Fragende gießt das Blei und erhält eine Figur, aus der er das Gesicht einer sehr alten Frau liest. Außer dieser einen großen Figur sind noch einige kleinere Stückchen beim Gießen entstanden; der Fragende entschließt sich jedoch, diese aufgrund ihrer Winzigkeit nicht zu berücksichtigen.

Die Vertiefung in das Symbol

Der Fragende schließt die Augen und imaginiert das Bild des Gesichts der alten Frau. Zu Anfang hat er damit Schwierigkeiten, denn das Bild verschwindet immer wieder, sobald seine Konzentration ein wenig nachläßt. Er erinnert sich jedoch an seine früheren Imaginationsübungen, die er damals meist mit einfachen Haushaltsgegenständen durchführte. Er starrte diese so lange an, bis sich das Abbild auf der Retina eingeprägt hatte, so daß er es mit geschlossenen Augen deutlich wahrnehmen konnte. Der Fragende weiß, daß der Schlüssel zur Imagination in der Konzentration liegt. Er entspannt sich einige Minuten und beruhigt seinen Geist. Danach hat er keine Schwierigkeiten mehr, das Gesicht der alten Frau zu sehen. Als dieses Bild deutlich vor ihm steht, wartet er einfach ruhig ab und versucht, nicht zu denken. Das Gesicht wird langsam größer, bis es den Umfang eines normalen menschlichen Kopfes erreicht hat. Der Fragende versucht nun dem Bild mehr Tiefe zu geben, indem er sich darauf konzentriert, etwas hinter dem Kopf der Frau zu erkennen. Zuerst sieht er, außer dem Gesicht, alles in einer undefinierbaren, dunklen Farbe. Er konzentriert sich nun auf einen Fleck links vom Gesicht; dieser Fleck ist ihm aufgefallen, da er noch ein wenig dunkler als der Rest der Umgebung ist. Langsam verändert sich die dunkle Farbe und wird immer heller. Der Fragende erkennt nun im Hintergrund einen schwachbeleuchteten hohen Raum. Der Fleck nimmt die Gestalt eines Ölgemäldes in einem schweren Rahmen an. Das Bild stellt eine sehr kitschige Jagdszene dar, und der Fragende fühlt sich von ihm abgestoßen. Er wendet sich wieder dem Gesicht der alten Frau zu, das plötzlich in Bewegung gerät. Es nähert sich ihm, bewegt sich dann sehr schnell nach rechts und gerät aus seinem Blickfeld. Dann taucht es links von ihm wieder auf. Gefühlsmäßig befindet sich das Gesicht genau in Höhe seines eigenen Kopfes, doch der Fragende ist sich dessen nicht ganz sicher. Es bereitet ihm Schwierigkeiten, auf den Bereich unterhalb des Gesichtes zu schauen. Er empfindet einen Widerstand, der ihn daran hindern will, nach unten zu blicken. Dieses Gefühl ist ihm sehr unangenehm, und er versucht gegen den Widerstand anzukämpfen. Doch je mehr er sich bemüht, desto dunkler wird die Szenerie. Kurz bevor alles, was er gesehen hat, wieder in dem dunklen Nebel verschwindet, entspannt sich der Fragende und hört auf, gegen den Widerstand anzukämpfen. Er ist entmutigt und möchte die ganze Sache am liebsten aufgeben. Genau in dem Moment öffnet sich irgend etwas in ihm, und er sieht plötzlich ganz deutlich den großen Raum, in dem das Ölgemälde hängt, und eine uralte Frau, die vor ihm steht. Sie schaut ihn an. Er fragt sie nach ihrem Namen. Sie antwortet: «Die Menschen nennen mich meist ‹Großmutter›. Mein richtiger Name ist Anna.» Der Fragende sagt seinen Namen und erklärt sein Anliegen. Er stellt ihr seine Frage. Anstatt ihm zu antworten, geht die alte Frau zu einem Schreibtisch am anderen Ende des Raumes und bedeutet ihm, ihr zu folgen. Sie nimmt einige beschriebene Blätter vom Sekretär und zeigt auf eine bestimmte Textstelle. Der Fragende kann die altmodische Handschrift kaum entziffern. Plötzlich reißt sie ihm das Blatt aus der

Hand und sagt: «Das reicht jetzt. Deine Frage ist beantwortet. Du kannst jetzt gehen.» Er setzt zu einer Erwiderung an, doch sie packt seinen Arm und schiebt ihn durch eine Tür, die er vorher gar nicht bemerkt hatte. Nun steht er völlig im Dunklen – er kann in seiner Umgebung nichts erkennen. Er beschließt die Reise zu beenden und öffnet die Augen.

Der Fragende notiert nun gleich die beiden Sätze, die er entziffert hatte. Sie lauten: «Ärger und Streit sind die Vorboten eines größeren Unglücks. Sei bereit, alles aufzugeben, was Dir lieb und teuer ist – dem Unglück auszuweichen, sei Dein erstes Ziel.»

Die Antwort des Orakels stellt für den Fragenden einen eindeutigen Hinweis dar. Es hat gelegentlich schon Auseinandersetzungen zwischen ihm und der Freundin seines Vaters gegeben. Er kann sich zwar nicht vorstellen, welcher Art das größere Unglück, von dem die Rede war, sein könnte, doch ihm ist nun klar, daß sich sein Verhältnis zu der Freundin seines Vaters auf keinen Fall bessern wird. Er hatte ja vorher darauf gehofft, daß sich vielleicht eine andere Lösung finden lassen würde, da er eigentlich nicht dazu bereit war, die Beziehung zu seinem Vater und die Bindung an sein Elternhaus aufzugeben. Plötzlich fällt ihm auf, daß die Umgebung, in der er der alten Frau begegnete, etwas Altes und Verstaubtes an sich hatte. Die alten Möbel, das Ölgemälde – alles wirkte sehr antiquiert. Er hatte dies zunächst gar nicht registriert, da sein Elternhaus auch sehr alt und voller Antiquitäten ist – und auch in diesem Haus gibt es kitschige Ölgemälde. Er beginnt nun sein Heim mit anderen Augen zu betrachten und fragt sich, ob diese Umgebung wirklich seinem Geschmack entspricht. Der Fragende hat sich noch nie Gedanken darüber gemacht, wie er seine Wohnung oder sein Haus gestalten würde, wenn er über die entsprechenden Mittel verfügte. Langsam kommt er zu dem Schluß, daß er eigentlich einen anderen Stil vorziehen würde: keine alten Möbel, Vasen und Bilder, die schon seit Jahrzehnten zum Familienbesitz gehören, sondern eher spärlich möblierte helle Räume, gerade und eckige Formen, helle Stoffe etc.

Dem Fragenden wird bewußt, daß er mit zu vielen alten Dingen verhaftet ist. Die Kollegen in seiner Bank sind alle wesentlich älter als er, seine Freunde sind eigentlich die Freunde seines Vaters, selbst seine Freundin ist einige Jahre älter als er. Da er dies bisher nie als unnatürlich empfunden hat und zudem eher zurückgezogen lebte, hat er nie näheren Kontakt zu Menschen seiner Altersgruppe gesucht. Seine Freizeit hat er meist mit Lesen verbracht, besonders mit dem Studium esoterischer bzw. okkulter Literatur. Äußere Dinge, wie Kleidung, Autos, Fernsehen und Diskotheken, haben ihn nie sonderlich interessiert. Der Streit mit der Freundin seines Vaters und sein Unbehagen, das Haus mit ihr teilen zu müssen, haben ihn aus seinem «Dornröschenschlaf» geweckt. Diese Erfahrung wird er natürlich nicht so schnell verarbeiten können, aber er weiß, daß er einiges in seinem Leben und seiner unmittelbaren Umgebung ändern muß, und das erfordert einen Lernprozeß, den er nicht in wenigen Tagen durchlaufen kann. Er beschließt, seine zweite Frage, die lauten sollte: «Was wird geschehen, wenn ich mir eine eigene Wohnung nehme?», vorerst nicht zu stellen.

Dieses Beispiel weist mehrere typische Faktoren auf:

1. Der Fragende begegnet bei der Symbolvertiefung einer menschlichen Gestalt. Diese Gestalt trägt die Züge einer weisen alten Frau. Bei Symbolvertiefungen tritt oft die Gestalt eines weisen Mannes auf, in der Regel häufiger als die Gestalt der weisen Frau. Diese archetypischen Figuren haben einige gemeinsame Merkmale: Auffällig ist meist, daß ihr physischer Körper greisenhaft erscheint, andererseits aber sehr lebendig ist. Vielfach erkennt man dies an den Augen, die eine unglaubliche Leuchtkraft besitzen, oder an sehr schnellen, kraftvollen Bewegungen, die ein Greisenkörper gar nicht vollbringen könnte. Ferner verhalten sie sich dem Fragenden gegenüber häufig sehr grob, unwirsch, scheinbar launenhaft oder geheimnisvoll. Die Antworten dieser weisen Gestalt sind häufig kurz und präzise, manchmal auch recht kryptisch formuliert oder in Form einer Parabel erzählt.

2. Dem Fragenden wird etwas gezeigt. In diesem Falle handelt es sich um ein Schriftstück; der Fragende liest nun eine bestimmte Textstelle, die die Antwort auf seine Frage darstellt. Es geschieht häufig, daß die weise Person nicht direkt antwortet, sondern irgendwelche Hilfsmittel verwendet, um dem Fragenden etwas aufzuzeigen. Sie hätte ihm auch einen bestimmten Gegenstand zeigen oder eine andere Gestalt herbeirufen können, die dann dem Fragenden etwas erzählt oder etwas zeigt.

3. Typisch ist auch, daß die weise Frau andeutet, über verschiedene Namen zu verfügen. Diese Gestalten haben oft sehr viele verschiedene Namen, von denen sie dem Fragenden meist einen, oft aber auch mehrere mitteilen. Der Fragende hat sich hier instinktiv richtig verhalten, als er zuerst nach ihrem Namen fragte und sich dann selbst vorstellte. Es ist sehr wichtig zu wissen, mit wem man es zu tun hat und auf wessen Rat hin man bestimmten Vorschlägen folgt. Dazu kommen wir später noch bei der Behandlung der Geistreisenorakel.

4. Das Lebendigwerden des Symbols folgt in diesem Beispiel einem sehr typischen Muster: Der Fragende muß zuerst seine Konzentrationsschwierigkeiten überwinden und dann versuchen, das Bild zu stabilisieren. Wir müssen uns immer darüber bewußt sein, daß in der nichtalltäglichen Realität andere Gesetzmäßigkeiten gelten. Eine dieser Gesetzmäßigkeiten besteht darin, daß ihre Formen und Struktu-

ren nicht so fest und starr sind, wie wir es von der alltäglichen Realität her gewöhnt sind; die nichtalltägliche Realität ist – in gewissen Grenzen – formbar. Jeder, der in diese Welt eindringt, ist fähig, sie zu gestalten. Vielleicht ist einer der Gründe, warum man die nichtalltägliche Realität nicht ernst nimmt, gerade in dieser Formbarkeit zu suchen. So könnten wir zum Beispiel glauben, daß die gesamte Erfahrung des Fragenden auf seiner eigenen Phantasie aufbaut. Auf einer Wahrnehmungsebene stimmt dies auch. Er formt die nichtalltägliche Welt insofern, als er sie in einer bestimmten Symbolik wahrnimmt. Dies dient dazu, ihm die Erlebnisse und Erfahrungen verständlich zu machen. Jeder Mensch verfügt über ein bestimmtes Symbolbewußtsein, das sich von dem eines anderen Menschen mehr oder weniger stark unterscheidet. Wenn sich der Fragende in die nichtalltägliche Wirklichkeit begibt, tritt verstärkt sein Unbewußtes in Kraft, und dieses äußert sich in bestimmten Symbolen. In der nichtalltäglichen Wirklichkeit haben die Dinge einen bestimmten Charakter, der sich aber auf sehr verschiedene Weise manifestieren kann. Das Unbewußte des Fragenden nimmt nun diesen Charakter der Dinge wahr und setzt dies in eine bestimmte Symbolik um, damit der Fragende auf das Geschehen reagieren und sich in dieser Realität bewegen kann. Das Unbewußte des Fragenden formt die nichtalltägliche Realität, damit sie später vom Bewußtsein aufgenommen werden kann, das selbst nicht in Aktion tritt, sondern nur dazu dient, das Geschehen zu verfolgen und zu erinnern. Zeigte sich die nichtalltägliche Realität in Bildern und Symbolen, die der Fragende nicht versteht, wäre die Erfahrung wertlos. Es werden dem Fragenden immer noch viele Dinge unklar bleiben, aber dies liegt dann daran, daß ihm fremde Dinge offenbart werden, Dinge, die er verdrängt hat oder nicht wahrhaben will. Für diese muß das Unbewußte des Fragenden Symbole und Bilder auswählen, und zwar solche, von denen es annimmt, daß der Fragende etwas mit ihnen anfangen kann.

Wir können also davon ausgehen, daß sich die Phantasie des Fragenden nur in der Gestaltwerdung der nichtalltäglichen Realität zeigt. Der Sinngehalt oder die Botschaft, die vermittelt, entdeckt oder erfahren werden soll, bleibt jedoch die gleiche. So sollte man also immer versuchen, die Botschaft hinter der gestalteten Welt zu erfassen. Der Fragende kann mit den Symbolen und Bildern, die ihm gezeigt wurden, arbeiten, doch stellen diese nicht die Botschaft selbst dar.

Wenn sich der Fragende also nun in die nichtalltägliche Realität begibt, muß sich sein Unbewußtes erst einmal orientieren und das Geschehen in die passende Gestalt und Form bringen. Hat das Unbewußte dann die richtige Symbolwelt gefunden, stabilisiert sich diese langsam. Vielleicht testet das Unbewußte erst einmal ein oder zwei Möglichkeiten, um zu erkunden, wie der Fragende darauf reagiert; wir dürfen ja nie vergessen, daß das nichtalltägliche Bewußtsein bei weitem nicht so gut ausgebildet ist wie das rationale alltägliche Bewußtsein. Reagiert das nichtalltägliche Bewußtsein des Fragenden auf diese Tests nicht, sucht das Unbewußte so lange nach bestimmten Symbolen, die die Charaktereigenschaften der Dinge der nichtalltäglichen Realität versinnbildlichen sollen, bis das nichtalltägliche Bewußtsein des Fragenden reagiert.

Ein Beispiel: In der nichtalltäglichen Realität soll das Prinzip der Aggression, des Kampfes ausgedrückt werden. Das Unbewußte des Fragenden kann dies nun in einen Schwertkampf zwischen zwei altertümlich gekleideten Rittern oder auch in eine Schlägerei in einer bürgerlichen Kneipe umsetzen. Da das Unbewußte oft recht verspielt ist und romantische Darstellungen liebt, wird es sich vielleicht eher für die kämpfenden Ritter entscheiden. Wenn es aber glaubt, daß der Fragende dieses Symbol ablehnt, orientiert es sich eher an der alltäglichen Realität und stellt die Botschaft in Form einer Kneipenschlägerei dar. Dies läßt natürlich auch Rückschlüsse auf die Charakterzüge des Fragenden zu: Der phantasievolle, etwas verträumte Menschentypus zieht eher eine unrealistische Darstellungsweise vor, der mehr realistisch veranlagte Mensch hingegen die alltägliche, wirklichkeitsorientierte Darstellungsweise. Natürlich spielt hier auch die Beziehung des einzelnen zur Bilderwelt eine entscheidende Rolle: Der Realist hat es meist wesentlich leichter als der phantasiebegabte Mensch, da seine Bilder klarer und weniger detailreich sind, während der Phantasiebegabte oft aus einem Wust an Bildinformationen das wirklich wichtige Material heraussuchen muß.

BAUMRINDENSEHEN

Die Technik des Baumrindensehens ist mit der des Steinsehens und des Bleigießens verwandt. Die Beschaffung einer geeigneten Baumrinde geht auf die gleiche Weise vor sich wie beim Steinsehen: Der Fragende begibt sich nach draußen in die Natur, um mittels seiner Intuition ein passendes Stück Baumrinde zu finden. Die Rinde sollte etwa handtellergroß sein. Je unregelmäßiger die Oberfläche und die Ränder sind, desto leichter fällt dem Fragenden hinterher das Lesen. Anstelle von Baumrinde können auch unregelmäßige, faustgroße Wurzelstücke verwendet werden. Nehmen Sie bitte nur Rinde, die bereits vom Baum abgefallen ist.

Beim Lesen der Baumrinde oder einer Wurzel verfährt man gleich wie beim Lesen von gegossenem Blei. Der Fragende wird also die Rinde oder Wurzel hin und her drehen, sie von allen Seiten betrachten und sich bemühen, aus ihr ein bestimmtes Symbol herauszulesen. Beim Baumrindenlesen betrachtet man hauptsächlich die rauhe Oberfläche, das Symbol wird dementsprechend auch flächig wahrgenommen – im Gegensatz zum Wurzellesen, bei dem man das Symbol räumlich wahrnimmt.

Da man beim Wurzel- oder Baumrindensehen nur mit einem Symbol arbeitet, kann man auch hier nicht die kombinatorische Methode einsetzen. Der Fragende verwendet also die gleiche Technik wie beim Bleigießen: Er wird sich in das Symbol vertiefen und es zum Leben erwecken. Möglicherweise verändert es seine Gestalt, beginnt mit dem Fragenden zu sprechen, führt ihn in eine andere Wirklichkeit oder zeigt ihm etwas, was für ihn oder die Angelegenheit von entscheidender Bedeutung ist.

Beispiel

Wir erinnern uns noch einmal an unser letztes Beispiel (S. 92): Der Fragende hatte mit Hilfe des Orakels herausgefunden, daß es für ihn ungünstig wäre, weiterhin im Haus seines Vaters zu verbleiben. Er erfuhr auch, daß er einige Veränderungen in seinen Lebensgewohnheiten vornehmen sollte. Die Orakelsitzung hatte den Fragenden tief bewegt, und er hatte sich entschieden, seine zweite Frage noch etwas zurückzustellen.

Nachdem er sich nun einige Tage mit der Orakelantwort auseinandergesetzt und verschiedene Lösungsmöglichkeiten erwogen hat, fühlt er, daß er durch bloßes Nachdenken allein nicht weiterkommen werde. Er nimmt sich also vor, das Orakel erneut zu befragen, wobei er jedoch die ursprüngliche Fragestellung etwas modifizieren will. Am selben Tag, an dem er diesen Entschluß faßt, unternimmt er am späten Nachmittag einen Spaziergang mit seiner Freundin. Während sie sich unterhalten, schweifen seine Gedanken immer wieder ab, denn er hat noch nicht die richtige Fragestellung für die geplante Orakelsitzung gefunden. Seine Freundin, die bemerkt, daß ihn etwas bedrückt, schlägt eine kurze Rast vor. Sie lassen sich auf einem umgestürzten Baumstamm nieder, und er erklärt ihr sein Problem. Seine Freundin hilft ihm, seine Gedanken zu ordnen, und gemeinsam erarbeiten sie folgende Fragestellung: «Wie soll ich mich verhalten, wenn ich das Haus meines Vaters verlasse und mir eine eigene Wohnung suche?» Während des Gesprächs hat der Fragende, ohne es bewußt zu bemerken, mit einem Zweig auf dem Waldboden Figuren gezeichnet. Dabei kommen ihm Holzstücke und Baumrinden in die Quere, die er mit dem Zweig einfach beiseite schiebt. Sein Unbewußtes muß nun die außergewöhnliche Form einer Baumrinde bemerkt haben, denn der Fragende steckt sie, ohne daß sein Bewußtsein dies registriert hat, in seine Jackentasche. Zu Hause angekommen, geht er in sein Zimmer, leert seine Taschen und findet darunter auch das Stück Baumrinde. Da er sich nicht erinnern kann, es eingesteckt zu haben, ist er ein wenig verwirrt. Er dreht es hin und her, betrachtet es ausgiebig, doch ist er mit seinen Gedanken schon wieder mit seiner Zukunft beschäftigt und tritt, ohne es zu wollen, in den Zustand des eidetischen Sehens ein. Plötzlich sieht er in der Rinde deutlich die Gestalt einer Raubkatze.

Als ihm bewußt wird, was eben geschehen ist, ist er sehr verunsichert. Soll er dieses Symbol nun als Antwort auf seine Frage verstehen? Er ist davon überzeugt, daß er diese Baumrinde nicht zufällig mitgenommen hat; andererseits glaubt er jedoch, daß eine Orakelsitzung der Planung und Vorbereitung bedürfe und nicht spontan stattfinden könne. Der Fragende fühlt sich zunächst verwirrt, entschließt sich dann aber, das Symbol «Raubkatze» als Antwort auf seine Frage zu akzeptieren.

Die Vertiefung in das Symbol

Der Fragende schließt nun die Augen und imaginiert die Gestalt der Raubkatze. Nach kurzer Zeit sieht er die Raubkatze sehr deutlich in einer trockenen, kaum bewachsenen Landschaft. Das Tier steht völlig regungslos vor ihm und starrt ihn an. Dann wendet es sich ab und läuft davon. Der Fragende versucht der Raubkatze zu folgen, doch er kann sich nicht von der Stelle rühren. Im Gegensatz zu seiner ersten Orakelbefragung ist er nicht wirklich am Geschehen beteiligt. Er sieht die Landschaft wie in einem Film; er bemerkt, daß er sich nicht in ihr bewegen und am Geschehen teilhaben kann. Der Fragende entschließt sich, abzuwarten. Nachdem er die Landschaft eine ganze Zeitlang betrachtet hat, wird er langsam ungeduldig. Die Raubkatze taucht nicht wieder auf. Er bemerkt nur einige Vögel, die in großer Entfernung am Himmel kreisen. Nichts geschieht. Der Fragende wartet noch einige Minuten und gibt dann auf. Er kehrt in den alltäglichen Bewußtseinszustand zurück.

Er ist nun natürlich enttäuscht und zweifelt an der Richtigkeit seiner Entscheidung, das Symbol «Raubkatze» als Antwort auf seine Frage zu akzeptieren. Der Fragende überlegt, ob es nicht günstiger wäre, die ganze Angelegenheit als ein «zufälliges» Mißverständnis abzutun und zu vergessen. Eigentlich hatte er ja beabsichtigt, mit Hilfe des Bleigießens zu einer Lösung zu gelangen. Sollte er vielleicht

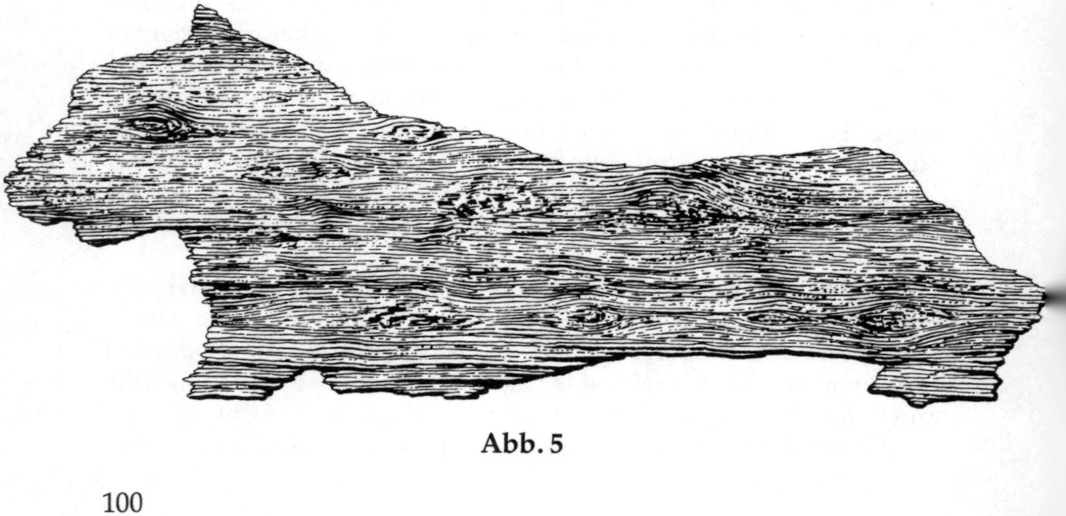

Abb. 5

jenes Orakel nun doch noch befragen? Irgend etwas in ihm sträubt sich jedoch dagegen, und er gibt diesen Gedanken schnell wieder auf. Ihm bleibt für diesen Abend nichts anderes übrig, als die ganze Angelegenheit auf sich beruhen zu lassen.

Als er am nächsten Morgen aufwacht, erinnert er sich, die Raubkatze im Traum gesehen zu haben. Der Traum war nur sehr kurz und stellte eine Wiederholung seiner gestrigen Symbolvertiefung dar: Er hatte das Tier wieder in der gleichen Landschaft gesehen. Es starrte ihn an, wandte sich dann ab und lief davon. Der Fragende findet dies alles sehr merkwürdig, doch er ist auch gleichermaßen fasziniert von der magischen Prägung dieser Ereignisse.

Am gleichen Abend versucht er noch einmal die Symbolvertiefung durchzuführen, doch es geschieht wiederum dasselbe, und auch sein Traum wiederholt sich. Inzwischen ist er nahezu besessen vom Gedanken, unbedingt herausfinden zu müssen, was es mit diesem Symbol auf sich hat. Je mehr er sich jedoch bemüht, bei der Symbolvertiefung weiterzukommen, desto schneller verschwindet das Bild der Raubkatze.

Nach einigen weiteren erfolglosen Versuchen, gelingt dem Fragenden dann endlich der Durchbruch. Die Raubkatze beginnt zu ihm zu sprechen. Der Dialog, der sich nun zwischen dem Fragenden und der Raubkatze entwickelt, entbehrt nicht einer gewissen Komik. Ihre ersten Worte lauten: «Du bist aber auch besonders dämlich!» Der Fragende will natürlich den Grund für diese Behauptung wissen und fragt: «Warum?» – und er erkennt im selben Moment, daß er einen Fehler gemacht hat, denn er weiß schon, was die Raubkatze darauf antworten wird. Sie enttäuscht ihn auch nicht und sagt: «Tja – warum du dämlich bist, kann ich dir natürlich auch nicht sagen.» Der Fragende verbessert: «Nein, so habe ich das gar nicht gemeint. Ich will nur wissen, wie du dazu kommst, solche Behauptungen aufzustellen?» Die Raubkatze stöhnt: «So, das möchtest du also wissen? Warum muß ausgerechnet ich mich immer um solche Idioten kümmern? Das ist wirklich ungerecht! Aber lassen wir besser die Diskussionen.» Sie bedeutet ihm, ihr zu folgen. Nach einer Weile sieht der Fragende einen See vor sich liegen. Die Raubkatze befiehlt ihm stehenzubleiben und in den See zu schauen. Sie spricht: «Dein Problem ist, daß du zuviel nachdenkst, deshalb weißt du auch nie, wie du dich verhalten sollst. So wie jetzt zum Beispiel. Die einfachsten Dinge in deinem Alltag sind für dich ein Mysterium. Wenn du dir angewöhnen könntest, auf deine innere Stimme zu hören, anstatt auf deine Gedanken, dann würdest du mich nie mehr belästigen müssen.» Der Fragende schweigt. Die Raubkatze fährt fort: «Wie wäre es, wenn du dir mal ein bißchen Mühe gäbest? Schau einfach in den See. Gib deine Gedanken auf. Höre auf deine innere Stimme –

und du wirst wissen, wie du dich in der bewußten Angelegenheit verhalten sollst.» Der Fragende schweigt immer noch. Die Raubkatze läßt ihn nun einfach stehen und schlägt sich in die Büsche, die den See halb umrunden. Der Fragende befolgt ihre Anweisung und starrt auf die Wasseroberfläche. Nach einigen Minuten kommt ein riesiger Vogel auf ihn zugeflogen, doch in der Mitte des Sees ändert er seine Richtung und fliegt rechts am Fragenden vorbei. Dieser schaut ihm nach. Plötzlich erklingt in der Ferne ein hämisches Lachen. Der Fragende weiß nun, daß die Raubkatze ihn beobachtet. Er konzentriert sich wieder auf den See; er versucht tiefer hineinzublicken. Langsam wird er innerlich ganz leer, und eine strahlende Klarheit entsteht in seinem Innersten. Er erfährt nun, auf welche Weise er immer wieder in diesen Zustand der Klarheit gelangen kann. Der Fragende begreift, daß er sich von seiner inneren Mitte weit entfernt hat. Statt dessen hat er sich hinter rationalen Regeln und Gesetzen verschanzt, die ihm scheinbar Sicherheit gewährleisteten. Sobald er in den Zustand der Klarheit eintritt, benötigt er diese Form von Sicherheit nicht, da es gar keinen Zweifel daran geben kann, was für ihn gut und richtig ist. Alles, was er tun muß, ist, immer wieder diesen Zustand zu suchen, um seine Probleme oder Entscheidungsunfähigkeit mittels dieser Klarheit zu überwinden.

Das letzte Beispiel mag einigen Lesern sehr ungewöhnlich erscheinen. In unserer alltäglichen Realität, in der es keinen Platz für magische oder sogenannte übernatürliche Phänomene gibt, wirkt das Verhalten des Fragenden sehr merkwürdig. Doch wir müssen bedenken, daß in der nichtalltäglichen Realität andere Regeln und Gesetze gelten. Der Fragende war sich dieser ja zum größten Teil auch nicht bewußt, aber irgendeine Instanz in ihm bewegte ihn dazu, dieser Kette von scheinbaren Zufällen nachzugehen. Die meisten Menschen hätten die Baumrinde wahrscheinlich weggeworfen und sich keinerlei Gedanken mehr darüber gemacht. Der Fragende war hingegen davon überzeugt, daß es kein Zufall war, daß er sie unbemerkt eingesteckt hatte, und so bewertete er dieses Ereignis auf eine ganz andere Art. Er betrachtete es als ein Omen, das in direktem Bezug zu seiner Situation stand.

Jeder Mensch wird in seinem Leben mit derartigen scheinbaren Zufällen konfrontiert. In der Regel ist unser Wahrnehmungsapparat jedoch darauf ausgerichtet, nur jene Dinge wahrzunehmen, die in direktem kausalem Zusammenhang stehen. Geraten wir in eine Situation, in der wir mit nichtalltäglichen Phänomenen in Berührung kommen, versuchen wir diese meist als nichtig zu erklären, oder wir nehmen sie erst gar nicht wahr. Der Fragende war in seiner momentanen Situation wesentlich empfänglicher für außergewöhnliche

Wahrnehmungen. Zu einem anderen Zeitpunkt hätte er die Baumrinde vielleicht auch weggeworfen und sich keine weiteren Gedanken darüber gemacht. Er wurde ja auch anfänglich von Zweifeln geplagt, ob er sich richtig verhalten hat.

Der Verlauf der Symbolvertiefung hat auch magischen Charakter. Die Schwierigkeiten, die der Fragende überwinden mußte, waren Bestandteil eines Erkenntnisprozesses. Hätte der Fragende aufgegeben oder den Traum nicht erinnert, wäre er nie zu der Erkenntnis gelangt, die weitaus wichtiger für ihn ist als allein die Antwort auf die Frage, die ihn momentan beschäftigt. Der Fragende hat nun künftig die Möglichkeit, in den Zustand der Klarheit einzutreten und eine Lösung für eventuelle Probleme zu finden. Seine Erfahrung geht weit über das hinaus, was man normalerweise unter einer Orakelbefragung versteht. Aus diesem Grund waren auch die Anforderungen, die an ihn gestellt wurden, wesentlich größer. Er mußte seine Ausdauer beweisen, das Verhalten der Raubkatze akzeptieren etc. Nachdem er all diese «Prüfungen» bestanden hatte, war er bereit zur Erkenntnis, auf welche Weise er in Zukunft zu einer Lösungs- und Sinnfindung gelangen kann.

Nicht jeder wird mit Erfahrungen dieser Art konfrontiert. Sie müssen sich jedoch darüber bewußt werden, daß solche Phänomene in der nichtalltäglichen Wirklichkeit vollkommen natürlich sind. Entscheidend ist allein, wie Sie mit Ihren Wahrnehmungsmöglichkeiten umgehen. Wenn Sie sich nicht für die nichtalltägliche Realität sensibilisieren, können Sie von dort auch keine Hilfe bekommen; haben Sie sich aber erst einmal für diese Realität geöffnet, können Sie dort alles Wissen und jede Hilfe erlangen. Sie brauchen nur ein wenig Geduld und genügend Aufmerksamkeit mitzubringen.

DAS BAUMORAKEL

Um das Baumorakel durchzuführen, benötigen Sie etwa zehn bis zwanzig kleine Zweige. Dann suchen Sie sich einen Ort, an dem der Boden relativ eben und unbewachsen ist. Markieren Sie ein Feld von etwa zwei mal zwei Metern. Treten Sie nun ein Stück von dem Feld zurück, und schließen Sie Ihre Augen. Werfen Sie jetzt langsam einen Zweig nach dem anderen in das markierte Feld. Da Sie dieses nicht sehen können, ist es möglich, daß einige Zweige danebenfallen. Nachdem Sie alle Zweige geworfen haben, öffnen Sie die Augen und entfernen alle Zweige, die außerhalb oder auf der Grenze des Feldes liegen. Nun schauen Sie auf die verbliebenen Zweige in dem Feld. Beruhigen Sie Ihr Bewußtsein, und treten Sie in den Zustand des eidetischen Sehens ein. Lassen Sie Ihre Wahrnehmung ein Bild oder ein Symbol aus dem Muster der Zweige bilden. Wenn sich eine Form herauskristallisiert hat, führen Sie anschließend die Symbolvertiefung durch.

Sollten Sie es einmal besonders eilig haben, können Sie das Orakel auch zu Hause durchführen. Anstelle der Zweige können Sie Streichhölzer verwenden, die Sie einfach auf ein großes Blatt Papier oder direkt auf den Boden werfen.

Der Unterschied zwischen dem Baumorakel und dem Stein- oder Baumrindensehen besteht darin, daß Sie die Grundsubstanz, wie beim Kaffeesatzlesen oder Bleigießen, mit eigener Hand formen. Es folgen nun zunächst einige Abbildungen, damit Sie sich besser vorstellen können, wie ein solches Bild aus Zweigen aussehen kann. Ich habe die Zeichnungen verschiedenen Personen vorgelegt und sie gebeten, aus dem Muster der Zweige ein Symbol herauszulesen. Die Ergebnisse sind unter den einzelnen Abbildungen vermerkt, um Ihnen zu zeigen, wie viele verschiedene Symbole aus ein und derselben Grundsubstanz herausgelesen werden können.

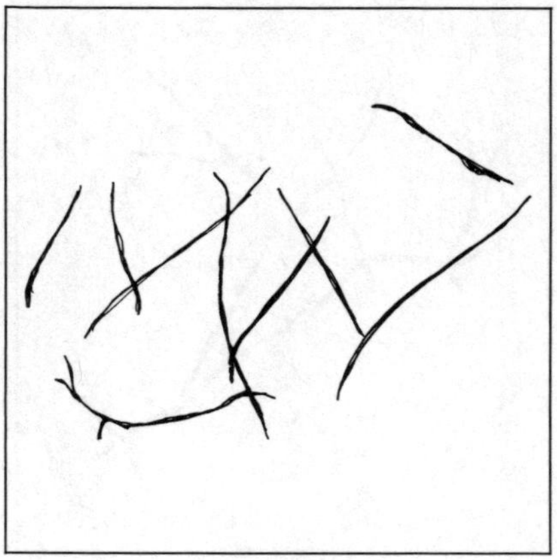

Abb. 6

1. Zaun
2. Zelte
3. Berglandschaft
4. Häuser
5. Heuhaufen
6. Speere
7. Garten mit Bohnenstangen
8. 3 Weingläser
9. Gefängnis
10. Vergittertes Fenster

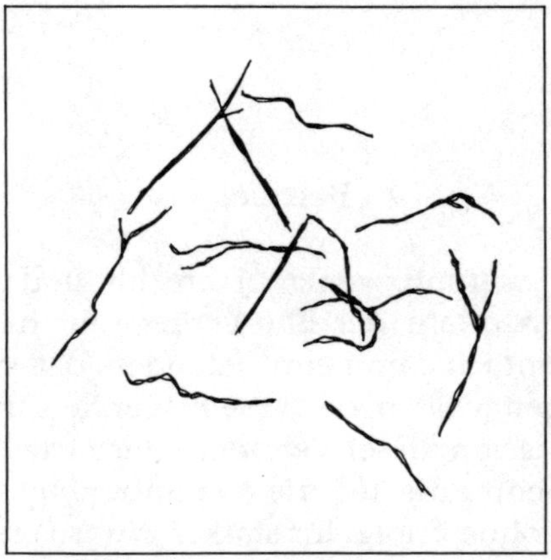

Abb. 7

1. Spinne mit ihrer Beute
2. Katzenkopf
3. Hut
4. Gesicht
5. Aufgeschlagenes Buch
6. Tisch
7. Zerknittertes Blatt Papier
8. Geldschein
9. Krug

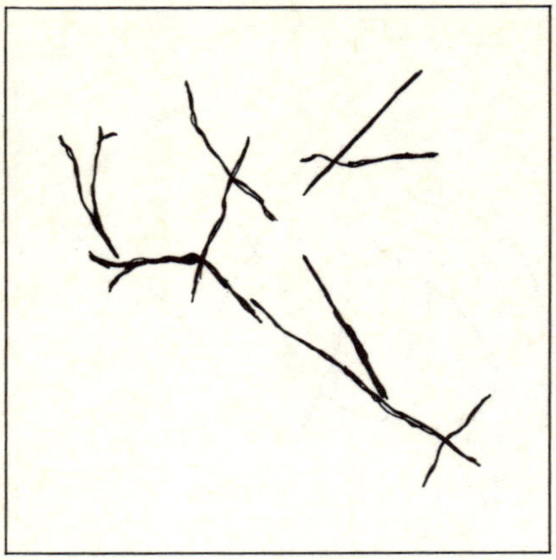

Abb. 8

1. Fisch
2. Zweig mit Blüte
3. Schwert
4. Berg
5. Bogen mit Pfeilen
6. Hühnerbein
7. Halskette mit zwei Kreuzen
8. Pflanze
9. Fuß

Beispiel

Die Fragende ist vierundzwanzig Jahre alt und seit drei Jahren verheiratet. Das erste Jahr der Ehe verlief sehr harmonisch. Beide Partner waren eigentlich damit einverstanden, daß sie erst in einigen Jahren Kinder haben wollten, doch die Fragende wurde immer unzufriedener. Sie wollte von dieser Vereinbarung zurücktreten. Ihr Mann zählte die Argumente, die für die Vereinbarung sprachen, immer wieder auf – doch ohne Erfolg. Ihr starker Wunsch nach Kindern war zwar nicht rational zu begründen, doch für sie deshalb nicht weniger wichtig. Die beiden Partner stritten sich in den nächsten beiden Jahren immer häufiger und leben seit einigen Monaten nur noch nebeneinander her. Der eigentliche Streitpunkt ist inzwischen gar nicht mehr so wichtig – was nun noch zählt ist die Frage, wer den Kampf gewinnen wird. Die Fragende hält diesen Zustand für unerträglich und möchte noch ein letztes Mal versuchen, den Streit zu beenden.

Sie formuliert ihre Frage folgendermaßen: «*Was kann ich persönlich tun, um die Beziehung zu meinem Mann zu verbessern?*»

Die Fragende wirft nun die Zweige in das markierte Feld und liest das Symbol «Fisch» aus dem Muster heraus.

Die Symbolvertiefung

Die Fragende schließt die Augen und imaginiert das Symbol «Fisch». Nach wenigen Sekunden nimmt der Hintergrund des Symbols Gestalt an. Der Fisch schwimmt in der Tiefe des Meeres gerade an einem Felsen vorbei. Im Dämmerlicht kann die Fragende die Konturen anderer Meerestiere und Pflanzen kaum erkennen. Sie bleibt nahe bei dem Fisch und folgt ihm auf seinem Weg, der zwischen den mit allerlei fremdartigen Pflanzen bewachsenen Felsen hindurch führt. Der Fisch scheint einem bestimmten Ziel zuzuschwimmen. Nach einer Weile gelangen sie an einen Eingang, der offenbar in einen Felsen hineinführt. Der Fisch signalisiert ihr, daß sie nun in diesen Gang hineinschwimmen werden und daß sie sich davor nicht zu fürchten braucht. Der Gang erscheint ihr endlos lang. Schließlich gelangen sie in eine fast kreisförmige, große Höhle. Der Fisch bedeutet ihr, hier zu warten, und entfernt sich auf dem gleichen Weg, auf dem sie gekommen sind. Nach kurzer Zeit beginnt die Höhle zu beben, und die Fragende hört plötzlich eine sich ständig wiederholende Folge ihr sehr merkwürdig erscheinender Klänge, die mit einem dumpfen dröhnenden Laut beginnt, auf den mehrere helle, schrille Töne folgen. Danach hört sie zwei sehr angenehme Stimmen, die einige Takte eines ihr unbekannten Liedes singen – doch der Gesang bricht abrupt ab, und es folgt wieder der dumpfe, dröhnende Laut. Obwohl diese Klänge fremdartig und eigentlich nicht sehr angenehm sind, haben sie doch eine beruhigende Wirkung auf die Fragende. Ganz unvermittelt hallt plötzlich eine tiefe dröhnende Stimme in der Höhle. Die Fragende erschrickt und zuckt zusammen. Die Stimme sagt: «Ein weiser Mensch ist nachgiebig und anpassungsfähig, doch er verliert nie sein eigentliches Ziel aus den Augen. Du verhältst dich kämpferisch und arrogant, und du kennst dein Ziel nicht. Kehre dieses Verhältnis um. Verwechsle nicht vordergründige Wünsche und Triebe mit wirklichen Zielen und wahrem Willen. Kämpfe nicht, solange du nicht weißt, für welches Ziel du dich einsetzt – denn auf diese Weise würde dir auch dein Sieg nichts bedeuten. Finde zunächst deinen wahren Willen und überlasse die Leitung während dieser Zeit denjenigen, die ihren wahren Willen schon entdeckt haben. Bewege dich auf dein inneres Zentrum zu, erkenne dich selbst und deine Berufung. Wenn du so weit gelangt bist, wirst du dich von allem lösen können, was dich in der Realisierung deines wahren Willens behindert. Sollte dich dann die Beziehung zu deinem Mann behindern, brich sie ab. Doch solange du dich selbst und dein Ziel nicht erkannt hast, verhalte dich nachgiebig und bestehe nicht auf der Erfüllung vordergründiger Wünsche. Passe dich an; suche die Erfüllung in dir selbst und nicht in deiner Umgebung. Vermeide es, deinen Mann dafür verantwortlich zu machen, daß du unglücklich bist. Du bist für dein Leben selbst verantwortlich. Wenn du entdeckst, daß es dein wahrer Wille ist, ein Kind zu haben, dann entscheide dich dazu, diesem Willen zu folgen, und laß dich nicht von den möglichen Konsequenzen abhalten. Doch erlange erst Gewißheit über deine wirklichen Ziele und brich während dieser Zeit keine Verträge, die du einst aus freiem Willen unterzeichnet hast.»

Es entsteht eine kurze Pause. Plötzlich ertönt ein Gongschlag, der so laut ist, daß die Fragende in die alltägliche Realität zurückkatapultiert wird.

Sie notiert die Anweisungen, die sie erhalten hat, und überlegt, wie sie diese in der Alltagswelt konkretisieren kann. Die Fragende beschließt, keine erneute Auseinandersetzung mit ihrem Mann herbeizuführen. Sie will versuchen, zunächst einfach ihr Verhalten ihm gegenüber zu ändern, da die Voraussetzungen für eine ruhige Aussprache im Moment ohnehin nicht gegeben sind. Schwierigkeiten bereitet ihr die Auseinandersetzung mit ihrem Kinderwunsch, den sie immer als völlig berechtigt betrachtet hat. Sie will nun versuchen herauszufinden, ob es sich hierbei wirklich um ihren wahren Willen handelt oder ausschließlich um einen vordergründigen Wunsch. Es kostet sie viel Selbstüberwindung, diesen Wunsch überhaupt anzuzweifeln, doch andererseits ist sie sich darüber im klaren, daß sie ihren Lebenssinn immer im Außen gesucht hat. Glück oder Erfüllung stellten für sie Dinge dar, die ihr von anderen Menschen gegeben wurden. Im Moment überlegt sie, ob sie das Orakel noch einmal befragen soll, um sich Klarheit darüber zu verschaffen, wie sie die Erfüllung in sich selbst finden kann.

In diesem Beispiel erhält die Fragende sehr konkrete Hinweise darauf, wie sie sich in Zukunft verhalten soll, an welchen Bereichen ihrer Persönlichkeit sie arbeiten muß etc. Wie wir schon im vorangegangenen Beispiel gesehen haben, läuft eine Symbolvertiefung nicht immer so glatt ab. Dies hängt im wesentlichen davon ab, inwieweit der Orakelnehmer bereit ist, mit den tieferen Schichten seiner Persönlichkeit zu arbeiten. Je weiter sich der Fragende bei einer Symbolvertiefung vorwagt, desto größer sind auch die Schwierigkeiten, die ihm begegnen. Viele Informationen, die uns bei einer Lösungsfindung nützlich sein könnten, sind blockiert. In diesem Falle muß der Fragende zunächst einmal die Blockierung lösen, was sehr viel Geduld und Beharrlichkeit erfordert. Hinzu kommt, daß solche Blockierungen nicht grundlos entstanden sind, und sie dürfen deshalb auch niemals gewaltsam gelöst werden, da sonst der Fragende Gefahr läuft, mit psychischem Material konfrontiert zu werden, das er hinterher nicht verarbeiten kann. Es sollte also entschlossen und beharrlich, jedoch niemals mit roher Gewalt vorgegangen werden.

Mit den letzten Beispielen sind wir schon weit in den Bereich des Sehens vorgedrungen. In den folgenden Kapiteln soll dieses Wissen weiter vertieft werden. Sie werden dann auch bemerken, daß die Grenzen zwischen Intuition und Sehen fließend sind; es ist kaum festzulegen, wann wir den Bereich der Intuition verlassen und in den Zustand des Sehens eintreten. In den letzten Beispielen sind Elemente vorhanden, die sich in nichts von der Technik des Geistreisens unterscheiden, außer daß die Fragenden einen anderen Ausgangspunkt hatten.

Lassen Sie sich nicht von der strengen Einteilung der Methoden und Techniken verwirren. In der Praxis verschwimmen viele Grenzen oder werden überschritten. Die vielleicht sehr starr anmutende Struktur dieses Buches dient einzig und allein dazu, Ihnen den Zugang zu den verschiedenen Methoden zu erleichtern. Wie schon gesagt, wird es sehr wichtig für Sie sein, daß Sie sich zunächst einmal mit dem Prinzip, dem Konzept der verschiedenen Orakelmethoden vertraut machen. Nachdem dies geschehen ist, können Sie ohne weiteres die Strukturen vergessen und Grenzen überschreiten.

2. Kapitel

VISIONSORAKEL

Die auf der Fähigkeit des Sehens beruhenden Orakeltechniken spielten schon immer eine besondere Rolle in der Orakelkunst. Natürlich gab es früher die verschiedensten Volksorakel, die jeder selbst durchführen konnte; wenn es sich jedoch um eine wirklich wichtige Angelegenheit handelte, holte man lieber den Rat eines Sehers ein. Der Seher galt als Experte im Bereich der Zukunftsvorhersage, weil man das Sehen als seltene Begabung wertete, und so schätzte man den Rat eines Sehers selbstverständlich wesentlich höher ein als die Ergebnisse der eigenen Orakelkunst.

Tatsächlich ist die Technik des Sehens neben der binären Orakelmethode die einzige Möglichkeit, um eine konkrete Ereignisprognose zu erstellen. Trotzdem versuchen viele Orakeldeuter mit ihrer Methode zu gleichen Ergebnissen zu gelangen – meist jedoch mit wenig Erfolg, weil die deuterische Methode einfach nicht ausreicht, um eine zutreffende Ereignisvorhersage zu erarbeiten. Eine Ausnahme bilden jene Orakeldeuter, die sich nicht darüber bewußt sind, daß sie seherische Fähigkeiten besitzen und diese anwenden; das Sehen selbst ist nicht abhängig von der angewandten Orakeltechnik. So kann z. B. ein Astrologe das Horoskop als Konzentrationshilfe verwenden – auf die gleiche Weise, wie ein Seher mit seiner Kristallkugel arbeitet – und alle kombinatorischen Regeln außer acht lassen. Dies findet man besonders häufig bei «Naturtalenten», die irgendwann einmal ein bestimmtes Orakel kennenlernten und sofort ihre seherischen Fähigkeiten einsetzten. Sofern ihre Prognosen zutreffend waren und sie über längere Zeiträume hinweg erfolgreich arbeiteten, gab es für sie keine Veranlassung, die Orakelmethode zu wechseln – auch wenn sie vielleicht erst später entdeckten, daß sie als Seher mit einer deuterischen Methode arbeiteten. All jene aber, die ihre seherische Begabung nicht durch Zufall entdecken, werden zunächst versuchen, sich mit einem der Visionsorakel die Technik des Sehens anzueignen.

Meist sind die Anweisungen zum Erlernen des Sehens recht dürftig. Viele Menschen haben deshalb auch keinerlei Vorstellungen davon, was eine Vision ist und wie sie entsteht – was selbst die meisten Seher nicht einmal wissen. Alle wissenschaftlichen Versuche, eine Vision zu erklären, sind bisher fehlgeschlagen, und so ist es auch nicht weiter verwunderlich, daß die Fähigkeit des Sehens als alter Aberglaube angesehen wird. Die Informationen, die uns über Presse, Funk und Fernsehen erreichen, tragen auch nicht gerade dazu bei, diesen Bereich zu erhellen. Allerdings darf man dafür nicht allein die Moderatoren und Redakteure verantwortlich machen: Bei vielen Sehern, die auf diese Weise an die Öffentlichkeit treten, handelt es sich um bloße Scharlatane. Wir brauchen nur die wirtschaftlichen oder politischen Jahresprognosen in Zeitungen und Zeitschriften zu verfolgen, um den Beweis für den Mißbrauch der Berufsbezeichnung «Seher» zu erbringen: Die meisten Prognosen erweisen sich später als unrichtig. So verwundert es auch nicht, daß der Beruf des Sehers in der Öffentlichkeit keinen guten Ruf genießt. Die «echten» Seher sind in der Regel sehr zurückhaltend und scheuen jegliche Art von Publicity.

Der erste Schritt bei der Arbeit mit Visionsorakeln besteht darin, daß der Fragende lernt, in die gnostische oder schamanische Trance einzutreten, also jenen Bewußtseinszustand, in dem der rationale Verstand zwar ruhiggestellt, jedoch nicht wie bei der sogenannten Volltrance völlig ausgeschaltet wird. Es gibt verschiedene Techniken, die einerseits die Trance und andererseits das Sehen im veränderten Bewußtseinszustand fördern sollen. Zwei dieser Übungen haben wir schon kennengelernt und angewandt: das eidetische Sehen und die Imagination. Es folgen nun weitere Übungen, die Sie aus dem Bereich Ihrer alltäglichen optischen Wahrnehmung herausführen können und Ihnen erleichtern werden, in einem veränderten Bewußtseinszustand zu sehen.

1. Das Starren: Sie konzentrieren sich auf einen beliebigen, unbewegten Gegenstand und starren ihn an. Vermeiden sie dabei möglichst zu blinzeln, auch wenn dies zu Anfang recht unangenehm ist und die Augen zu tränen beginnen. Der Reiz läßt meist nach einiger Zeit von selbst nach. Führen Sie die Übung mit voller Konzentration durch, und schalten Sie Ihr Denken aus. Beginnen Sie mit kurzen Übungszeiten von ca. 2 Minuten, und dehnen Sie diese dann allmählich aus, bis Sie 15 Minuten ohne Anstrengung auf den Gegenstand starren können. Sollten Ihre Augen danach brennen, legen Sie sich eine Viertelstunde auf den Rücken, und bedecken Sie Ihre Augen mit einem dunklen Tuch. Entspannen Sie die Augenmuskeln, und lassen Sie die warme und beruhigende Dunkelheit einwirken.

2. *Das erweiterte Blickfeld:* Diese Sehtechnik, auch 180°-Blick genannt, ist besonders wirkungsvoll in Verbindung mit der vorgenannten Übung, dem Starren. Während Sie beim Starren den Blick fest auf den Gegenstand richten, versuchen Sie beim 180°-Blick, so weit wie möglich beidseits am Gegenstand vorbeizuschauen. Versuchen Sie Ihre Augen weit zu öffnen und die Augäpfel leicht vorzupressen. Drehen Sie Ihre Augen nun so weit wie möglich nach außen. Dabei wird natürlich der Blick unscharf. Diese Übung ist sehr stark trancefördernd und wird Ihnen helfen, sich in Ihrer Mitte zu sammeln, was das spätere Sehen erleichtert. Die erste und die zweite Übung sollten abwechselnd durchgeführt werden.

3. *Der vorgelagerte Blick:* Bei dieser Übung versuchen Sie, einen Gegenstand anzuschauen, den Blick jedoch kurz vor dem Objekt zu bremsen. Sie fixieren also einen bestimmten Punkt in der Luft, der sich in einer beliebigen Entfernung *vor* dem Objekt befindet. Arbeiten Sie zunächst mit einer eher geringen Distanz von ca. 30–50 cm, experimentieren Sie aber auch mit größeren Entfernungen. Um den Punkt zu bestimmen, an dem Sie später den Blick abbremsen wollen, halten Sie zunächst als Hilfe einen Zeigefinger hoch, so daß sich seine Spitze genau zwischen Ihren Augen und dem Gegenstand befindet und Ihre Blickbahn in der Mitte schneidet. Nun lassen Sie Ihren Blick relativ schnell wechselweise von Ihrer Zeigefingerspitze zum Gegenstand gleiten. Nachdem Sie dies eine Weile geübt haben, nehmen Sie den Finger weg. Wiederholen Sie jetzt die Übung, und bremsen Sie Ihren Blick an dem Punkt ab, an dem sich vorher Ihr Finger befand.

4. *Zwischenräume sehen:* Hier haben wir es mit einer Technik zu tun, die häufig eingesetzt wird, um das Aurasehen zu trainieren. Sie halten Ihre beiden Hände in ca. 10–20 cm Abstand, Handfläche gegen Handfläche, über ein weißes Blatt Papier. Schauen Sie nun auf den Leerraum zwischen Ihren Händen, und nach einiger Zeit und mit etwas Übung werden Sie dort Lichtfäden oder -umrisse erkennen können. Die Beleuchtung des Raumes spielt dabei eine gewisse Rolle und muß von jedem einzelnen erprobt werden: Manche Menschen sehen in etwas dämmerigem Licht besser, andere ziehen sehr hartes, grelles Licht vor. Wenn Sie die Übung mit Ihren Händen erfolgreich durchgeführt haben, können Sie auch mit Gegenständen arbeiten, die Sie in der gleichen Entfernung nebeneinander aufstellen.[1]

Diese vier Übungen – regelmäßig und konzentriert durchgeführt – werden Ihnen eine große Hilfe beim Erlernen des Sehens sein. Sie bilden selbstverständlich keine Garantie für Ihren Erfolg als Seher, doch werden sie Ihnen vieles erleichtern und Ihre Entwicklung zum Seher beschleunigen.

Die Technik des Sehens

In der einschlägigen Literatur wird das Empfangen von Visionen oft sehr mißverständlich dargestellt. So wird z. B. nur selten erwähnt, daß eine Vision verschiedene Erscheinungsformen haben kann. Die meisten Menschen gehen deshalb davon aus, daß die Vision *optisch wahrnehmbar in dem entsprechenden Gegenstand,* der als Konzentrationshilfe verwendet wird, erscheinen muß. Dies ist aber nur eine mögliche Erscheinungsform. Bei einer Diskussion mit anderen Sehern zu diesem Thema stellte sich heraus, daß es mindestens zwei weitere Möglichkeiten gibt, eine Vision zu empfangen: 1. Der Seher sieht die Vision vor seinem geistigen Auge, die physischen Augen sind dabei halb oder auch ganz geschlossen; 2. Der Seher sieht überhaupt keine Bilder, weder mit seinen physischen Augen noch mit seinem geistigen Auge.

Normalerweise gehen wir davon aus, daß eine Vision immer bildhaft sei, dem ist aber nicht so. Ein Seher beschreibt seine Arbeit folgendermaßen:

> *«Ich konzentriere mich zunächst auf meine Kristallkugel und bemühe mich, mein Denken auszuschalten. Wenn dies geschehen ist, erweitere ich mein Blickfeld und öffne mich. Ich werde dann von einer klaren Aufmerksamkeit ergriffen, und mein Geist kann sehr feine Schwingungen wahrnehmen. In diesem Zustand warte ich einfach ab. Irgendwann überfällt mich dann ein Redezwang. Ich habe das Gefühl, sterben zu müssen, wenn ich nicht sofort zu sprechen beginne. Während ich rede, sehe ich keine Bilder. Ich habe auch keine Gefühle oder Gedanken. In diesem Zustand beschreibe ich Situationen, Angelegenheiten oder Personen, die bezüglich der Frage meines Klienten von Wichtigkeit sind.*
>
> *Es kann sich dabei um Dinge aus der Gegenwart, der Zukunft oder der Vergangenheit handeln, doch meistens weiß ich sofort, in welchen dieser drei Zeitabschnitte die Vision eingeordnet werden muß. Ich kann mich hinterher an alles, was ich gesagt habe, erinnern.»*

Ein anderer Seher geht folgendermaßen vor:

> *«Sobald ich die Tarotkarten ausgelegt habe, lasse ich mich in eine tiefe Trance fallen. Mein Bewußtsein ist allerdings immer noch im Hintergrund vorhanden. Ich lasse meinen Blick kreisförmig über die*

Karten schweifen. Eine Karte zieht dann meinen Blick besonders an. Ich konzentriere mich auf diese Karte, ohne sie jedoch direkt anzuschauen. Ich halte den Blick auf die Karte gerichtet, versuche aber, sie mit meinem geistigen Auge zu sehen. Die Karte beginnt dann zu ‹sprechen›; ich höre keine Worte, doch sie spricht zu mir. Sie wird lebendig – es ist sehr schwierig, dies mit Worten auszudrücken. Ist der Kontakt zu einer Karte erst einmal hergestellt, dann ***weiß*** *ich einfach, was mit einem bestimmten Menschen oder einer Angelegenheit geschieht oder geschehen wird. Dieser Moment der Klarheit ist meist nur sehr kurz, und ich müßte etwa dreißigmal schneller reden können, um jemandem sofort mitteilen zu können, was in diesen Sekunden oder Minuten geschieht. Wenn ich also eine Minute in diesem Zustand der Klarheit war, benötige ich etwa dreißig Minuten, um meinem Klienten die Erkenntnisse, die ich gewonnen habe, zu vermitteln. Danach folgt meist noch ein ca. einstündiges Gespräch, in dem ich gemeinsam mit meinem Klienten Lösungsmöglichkeiten für sein Problem erarbeite. Ich kann die Fähigkeit des Sehens nur für andere Menschen einsetzen. Zur Lösung eigener Probleme suche ich eine Kollegin auf.»*

Diese beiden Beispiele zeigen, daß das Sehen auch ganz anders funktionieren kann, als wir uns das gewöhnlich vorstellen, und es gibt sicher noch sehr viele andere Formen, die uns noch nicht bekannt sind. Viele Menschen, die das Sehen erlernen wollten, scheiterten daran, daß die Vision nicht optisch wahrnehmbar in dem entsprechenden Gegenstand erschien. Da sie darauf fixiert waren, daß eine Vision nur auf diese Art und Weise erscheinen kann, haben sie auch nicht auf andere Phänomene geachtet, z. B. nicht gewagt, die Augen zu schließen und nach innen zu schauen, obwohl sie dort etwas spürten. Sie fühlten zwar die Nähe der Vision, konnten sie jedoch nicht wahrnehmen, da sie sich zu stark auf den Gegenstand konzentrierten.

Lassen Sie sich also nicht beunruhigen, wenn Sie nach langer Übungszeit immer noch keine Bilder sehen. Sobald Sie etwas wahrnehmen, erfühlen, hören oder erahnen können, was als Antwort auf die Frage gewertet werden kann, besitzen Sie bereits die Fähigkeit des Sehens. Diese muß natürlich noch geschult und vervollkommnet werden. Versteifen Sie sich also nicht darauf, unbedingt optisch wahrnehmbare Visionen empfangen zu wollen, denn es ist vollkommen unwichtig, ob Sie Ihre Situation oder eine bestimmte Angelegenheit in Bildern beschrieben sehen oder ob Sie einfach erkennen, wissen, wie die Situation oder Angelegenheit beschaffen ist. Entscheidend ist nicht, welchen Weg Sie bei der Lösungsfindung gehen, sondern daß es Ihnen oder einem anderen Menschen hilft.

Den meisten fällt es leichter, eine Vision mit ihrem geistigen Auge als mit ihren physischen Augen zu sehen. Sie benutzen den entsprechenden Gegenstand nur als Konzentrationshilfe, starren ihn eine Zeitlang an und richten dann ihre Aufmerksamkeit nach innen. Manche schließen dabei die Augen, andere lassen sie geöffnet. Entscheiden Sie selbst, welche Technik sich für Sie besser eignet.

Das Allerwichtigste beim Erlernen des Sehens ist die Geduld. Sie müssen sich darauf einstellen, daß Sie Monate oder vielleicht auch Jahre dazu brauchen werden, bis Sie den Durchbruch geschafft haben – es sei denn, Sie sind ein Naturtalent und haben es bislang noch nicht bemerkt. Aber darauf sollten Sie besser nicht spekulieren. Sie werden regelmäßig üben müssen, möglichst jeden Tag, wobei eine Übungsdauer von einer Viertelstunde täglich meistens ausreicht. Sie können selbstverständlich auch drei Stunden täglich üben, was aber nicht heißt, daß deswegen ein Erfolg schneller eintritt.

Einige Visionsorakeltechniken sind für den Anfang ungeeignet, da sie zu aufwendig oder zu stark von Wetterverhältnissen abhängig sind, wie zum Beispiel das Feuersehen, die Wolkenschau und das Wassersehen an Flüssen oder Seen. In der Regel beginnt man mit der Kristallkugel- oder Spiegelschau oder dem Kristallsehen. Auch die Leerflächenprojektion und das Kartensehen eignen sich in der Regel nicht für den Anfänger, da sie noch mit zusätzlichen Elementen arbeiten. Das Kartensehen ist nur dann zu empfehlen, wenn man noch keinerlei Erfahrung mit dem Tarot als kombinatorisches Orakel besitzt oder fähig ist, sich vom üblichen Gebrauch des Tarot zu lösen. In der Regel behindern den Seher die deuterischen Vorkenntnisse, die er mit dem Tarot erworben hat, eher, als daß sie ihm nützlich sind.

DIE KRISTALLKUGELSCHAU

Sie benötigen eine Kristallkugel mit einem Durchmesser von mindestens 7 cm; die Kugel darf auch größer sein – am gebräuchlichsten sind Kugeln von 10 und 12 cm im Durchmesser –, aber keinesfalls kleiner. Kugeln aus echtem Bergkristall sind sehr selten und dementsprechend teuer und in dieser Größe meist weder lupen- noch augenrein. Da sich Einschlüsse oder Risse jedoch störend auf das Sehen auswirken können, empfiehlt sich, eine Glaskugel zu verwenden; die einfachen gegossenen Glaskugeln reichen in der Regel aus. Sie können allerdings auch, gegen einen erheblichen Preisaufschlag, eine optisch rein geschliffene Glaskugel erstehen. Schauen Sie sich die unterschiedlichen Modelle einmal an, und entscheiden Sie dann selbst, welche Kugel sich für Sie am besten eignet. Der Einfachheit halber werden wir im folgenden den Begriff «Kristallkugel» beibehalten.

Weiter brauchen Sie einen Rahmen bzw. Ständer aus Holz oder Metall, auf den die Kristallkugel gelegt wird. Ich persönlich bevorzuge es, den Rahmen mit einem schwarzen Samttuch zu bedecken, da er mich sonst beim Sehen irritiert. Sie können die Kugel aber auch auf ein schwarzes Samttuch auf den Tisch legen. Manche Seher ziehen es vor, die Kugel in der Hand zu halten; dabei sollte man die Kugel jedoch nie direkt berühren, sondern durch schwarzen Samt schützen, mit dem man seine Hand bedeckt.

Es gehört zu den Regeln der Kristallkugelschau, daß nur der Seher die Kugel berühren oder in sie hineinschauen darf. Die einzige Ausnahme gilt für die Klientenberatung, bei der der Ratsuchende die Kugel zwar anschauen, jedoch nicht berühren darf. Die Kristallkugel sollte immer bedeckt sein, wenn man nicht gerade mit ihr arbeitet.

In früheren Zeiten wurden verschiedene magische Handlungen vollzogen, bevor man mit der Kristallkugelschau begann. Diese oft sehr komplizierten und aufwendigen Rituale dienten dazu, den Seher einzustimmen und die Trance zu fördern. Diese vorbereitenden Rituale finden Sie in jedem älteren Zauber- oder Wahrsagebuch, falls Sie sich dafür interessieren.

Bevor Sie mit dem Sehen beginnen, sollten Sie die Kristallkugel leicht anwärmen, indem Sie sie eine Weile in den Händen halten. Vergessen Sie dabei bitte nicht das Tuch – die Kugel darf ja nicht direkt berührt werden. Dann legen Sie die Kugel auf den Ständer oder den Tisch. Der Zimmerhintergrund sollte dunkel sein, und alle Gegenstände, die Sie aufgrund von Lichtreflexionen oder besonders greller Farbe ablenken, müssen entfernt werden. Manche Seher stellen hinter ihrem Rücken eine Lichtquelle auf, so daß der Lichtstrahl über ihre Schulter hinweg auf die Kugel fällt. Andere setzen sich mit dem Rücken zum Fenster, so daß das Sonnen- oder Mondlicht die Kugel bestrahlt; dies schränkt natürlich die Zeiten, in denen Sie mit der Kristallkugel arbeiten können, erheblich ein. Einige Seher vermeiden jeden direkten Lichteinfall und sorgen für eine indirekte Beleuchtung des Raumes.

Nachdem alle Vorbereitungen getroffen sind, entspannen Sie sich einige Minuten und konzentrieren sich auf Ihre Atmung. Versuchen Sie möglichst langsam und gleichmäßig zu atmen. Schauen Sie nun in die Kugel. Vermeiden Sie es, die Kugel zu betrachten – Sie müssen hineinstarren. Fixieren Sie mit Ihrem Blick einen Punkt in der Kugel. Manche Seher konzentrieren sich genau auf die Mitte, andere auf die obere resp. untere Hälfte, und wieder andere geben der linken resp. rechten Hälfte den Vorzug. Verlassen Sie sich bei der Wahl des Punktes ganz auf Ihr Gefühl. Eine andere, etwas unüblichere Technik, besteht darin, einen Punkt ganz knapp *neben* der Kugel zu fixieren. So nimmt man die Kugel zwar wahr, konzentriert sich jedoch nicht direkt auf sie. Diese letzte Technik sagt mir persönlich besser zu, doch ist dies, wie gesagt, nicht eine der traditionellen, bekannten Sehtechniken.

Wenn sich eine Vision ankündigt, wird die Kugel trüb bzw. milchig. Dieser Prozeß, der auch «Bewölkung» genannt wird, kann aber auch andere Gestalt annehmen: Manche Seher nehmen bestimmte Farben wahr, andere wiederum sehen eine Art schwarzes Licht in der Kugel. Diese Zeichen sind bei jeder Sitzung gleich und zeigen eine kommende Vision an. Die Bewölkung dauert meist nur kurze Zeit; danach wird die Kugel wieder klar, und die Vision erscheint. An diesem Punkt bleiben die meisten Anfänger stecken, sei es, daß die Bewölkung nicht verschwindet oder die Bewölkung zwar gewichen ist, doch in der klaren Kugel keine Vision erscheint. Häufig ist die Ursache dafür in der Nervosität oder Anspannung des angehenden Sehers zu suchen. Er hat noch keine Vision erlebt, ist unruhig und unsicher, hält oft unbewußt den Atem an, um die Vision nicht zu verscheuchen etc. Die Angst vor einem weiteren Mißerfolg setzt meist die Gedanken, das rationale Bewußtsein in Gang und der Trancezustand verflüchtigt sich. Diese Schwächen lassen sich nur durch eiserne Willensanstrengung und Disziplin überwinden. Oft tritt der Erfolg dann ein, wenn der angehende Seher bereits resigniert hat und kurz davor steht aufzugeben. Die Angst vor Mißerfolgen ist das größte Hindernis, und die wenigsten Menschen können sich leicht davon befreien. Eine sehr große Hilfe ist meiner Meinung nach die Atemkontrolle: In dem Moment, in dem die Kugel sich bewölkt, konzentrieren Sie sich voll und ganz auf Ihre Atmung. Atmen Sie langsam und gleichmäßig; schauen Sie weiterhin in die Kugel, doch halten Sie Gedanken und Emotionen zurück.

Sollte dies alles nichts nützen, schließen Sie die Augen, und horchen Sie in sich hinein. Möglicherweise sehen Sie die Vision nicht in der Kristallkugel, sondern vor Ihrem geistigen Auge. Probieren Sie einfach aus, was geschieht, wenn Sie die Augen schließen. Fühlen Sie etwas Bestimmtes? Sehen Sie die Kristallkugel vor Ihrem geistigen Auge? Fühlen Sie den Zwang zu sprechen oder zu schreiben? Hören Sie Stimmen, oder tauchen plötzlich bestimmte Symbole auf? Warten Sie gelassen ab, und seien Sie aufmerksam. Notieren Sie hinterher, was Sie gefühlt, gesehen oder gehört haben, und versuchen Sie, dies in Beziehung zu Ihrer Frage zu setzen. Eine Vision muß nicht immer besonders beeindruckend oder aufsehenerregend sein, achten Sie deshalb auch auf scheinbar unwichtige Details. Das Wichtigste ist, daß Sie mit sich selbst geduldig sind und die Sache nicht verkrampft angehen.

Es gibt keine festen Deutungsschemata bei den Visionsorakeln, da man davon ausgeht, daß sich die Bedeutung der Vision dem Beschauer von selbst offenbart, wohl aber einige Grundregeln, die sich mehr auf allgemeine Faktoren beziehen. So sagt man z. B., daß sich die Vision auf die Gegenwart bezieht, wenn die Bilder im Vordergrund der Kugel zu sehen sind, und daß sie sich auf die Vergangenheit oder Zukunft bezieht, wenn die Bilder im Hintergrund der Kugel erscheinen. Zukünftige Ereignisse, die schon in den nächsten Tagen eintreten werden, sind ebenfalls im Vordergrund der Kugel zu sehen. In der linken Hälfte der Kugel findet man die Geschehnisse in symbolischer Form ausgedrückt, während in der rechten Hälfte immer das Abbild der Wirklichkeit zu finden ist. Sind die Bilder unscharf, weist dies darauf hin, daß der Fragende nicht genau weiß, was er wirklich will, und so möglicherweise vom Willen anderer Menschen beeinflußt werden kann. Es kann aber auch bedeuten, daß in einer Angelegenheit Faktoren eine Rolle spielen, die der Fragende weder kennt noch beeinflussen kann.

Nach der Sitzung bedecken Sie die Kugel mit dem Samttuch. Sie können sie auch einwickeln und in ein Kästchen legen. Manche Seher waschen die Kugel nach jeder Sitzung unter fließendem Wasser, um sie von allen immateriellen Substanzen, die sich angesammelt haben könnten, zu reinigen. Andere wiederum behaupten, daß man gerade dies nie tun sollte, da die Kristallkugel durch häufige Benutzung magisch aufgeladen und so das Sehen wesentlich erleichtert werde. Meiner Meinung nach sollte man die Kugel nur waschen, wenn sie fleckig geworden ist – was bei häufigem Gebrauch keine Seltenheit ist –, weil Flecken oder Staub das Sehen beeinträchtigen. Sollte es also nötig sein, wasche man die Kugel in Essigwasser (1 Teil Essig auf 5 Teile Wasser) und poliere sie dann mit einem Wildledertuch.

Beispiel 1

Die Fragende ist dreiundvierzig Jahre alt. Sie war einige Zeit als Oberärztin in einer großen, hypermodernen Klinik beschäftigt. Aufgrund der Hektik, die ein großer Klinikbetrieb fast immer mit sich bringt, konnte sie sich kaum jedem einzelnen Patienten individuell zuwenden. Sie hatte das Gefühl, auf diese Weise den Menschen nicht wirklich helfen zu können, und beschloß, sich als praktische Ärztin in einer kleinen Stadt niederzulassen. In dieser Zeit begann sie sich für die sogenannten alternativen Heilmethoden zu interessieren und kam darüber hinaus auch mit anderen Bereichen der Esoterik in Berührung. Es gelang ihr jedoch nicht, dieses neuerworbene Wissen in ihrer Arztpraxis anzuwenden, obwohl sie persönlich vollkommen davon überzeugt war.

Sie stellt folgende Frage: *«Auf welche Weise kann ich die alternativen Heilmethoden, die auf einer ganzheitlichen Betrachtungs- und Behandlungsweise des Menschen beruhen, in meine schulmedizinische Praxis integrieren?»*

Die Fragende ist überaus intuitiv veranlagt, hat jedoch Schwierigkeiten, eine Botschaft in Bildern wahrzunehmen. Sie benutzt die Kristallkugel als Konzentrationshilfe und tritt dann in einen Trancezustand ein. In der Regel erahnt sie die Botschaft mehr, als daß sie sie sieht. Doch gelegentlich tauchen auch Bilder vor ihrem geistigen Auge auf.

Sie starrt nun in die Kugel, lehnt sich dann zurück und schließt die Augen. Plötzlich erscheint ein Bild vor ihrem geistigen Auge. Sie sieht sich selbst in ihrer Praxis, wie sie bei einem Patienten die

Irisdiagnose durchführt. Dieses Bild bleibt relativ lange vor ihrem geistigen Auge stehen. Dann verschwindet es plötzlich. Die Fragende sieht nur noch weiße Nebelschleier. Nach einer Weile formt sich aus diesen ein weiteres Bild. Sie sieht nun, wie sie dem gleichen Patienten drei kleine, braune Fläschchen übergibt. Das Bild verschwindet sehr schnell. Sie weiß jedoch, daß die drei Fläschchen homöopathische Mittel enthalten haben.

Daraufhin beschließt die Fragende, die Homöopathie und die Irisdiagnose als erstes in ihrer eigenen Praxis einzusetzen. Um ihr Wissen zu vertiefen, beginnt sie kurze Zeit später eine Heilpraktikerausbildung.

Beispiel 2

Der Fragende ist sechsundvierzig Jahre alt und seit achtzehn Jahren verheiratet. Seit einigen Jahren ist er fest davon überzeugt, daß seine Frau ihn mit einem anderen Mann betrügt. Seine Frau streitet dies jedoch ab. Bisher hat er noch nicht den kleinsten Beweis dafür erbringen können, daß er mit seiner Vermutung recht hat, doch sein Angstgefühl wird immer stärker. Als er sich nicht mehr zu helfen weiß, sucht er eine Seherin auf. Er hatte bisher noch nie ernsthaft an eine Scheidung gedacht, doch als er der Seherin gegenübersitzt, stellt er die Frage: «*Ich will mich scheiden lassen. Wie werde ich mich danach fühlen?*»

Die Seherin, die intuitiv weiß, daß es sich bei ihrem Klienten um einen krankhaft eifersüchtigen Menschen handelt, fragt nun zunächst einmal, warum er eine Scheidung einleiten will. Der Klient reagiert aggressiv und bedeutet ihr, daß sie dies schließlich nichts anginge und daß sie nur die Frage beantworten solle, die er ihr gestellt hat. Die Seherin entgegnet ihm, daß er keinen Grund habe, sie anzuschreien, und versucht ihm zu erklären, daß eine Prognose sehr unzuverlässig ausfallen kann, wenn der Klient kein Vertrauen zum Seher hat. Der Fragende entschuldigt sich, steht dann auf und geht ohne ein weiteres Wort hinaus.

Einige Tage später sucht er die Seherin, ohne sich vorher angemeldet zu haben, noch einmal auf. Da sie keinen Termin frei hat, muß er etwa zwei Stunden warten. Während dieser Zeit überlegt er sich noch einmal genau, was er eigentlich wissen möchte. Seine Gedanken drehen sich jedoch immer wieder im Kreis: Will er wirklich wissen, ob ihn seine Frau betrügt, oder soll er seine Entscheidungen unabhängig davon treffen? Als er zur Seherin hineingerufen wird, ist er so durcheinander, daß er nichts zu sagen weiß. Sie schaut ihn eine Weile an und fragt dann: «Sie glauben, daß Ihre Frau Sie betrügt, nicht wahr?» Er fragt sie, woher sie dies wisse. Sie sagt nur, daß es zu ihrem Beruf gehöre, solche Dinge zu wissen.

Der Fragende ist immer noch unsicher, entschließt sich aber dann, die entscheidende Frage doch zu stellen: *«Was tut meine Frau, wenn ich nicht zu Hause bin?»*

Die Seherin schaut nun in ihre Kristallkugel. Schon nach kurzer Zeit tauchen die ersten Bilder in der Kugel auf. Sie sieht eine blonde, etwa vierzigjährige Frau aus einem Einfamilienhaus kommen. Sie geht zu einer Bushaltestelle und wartet eine Weile. Dann steigt sie in den Bus und fährt zu einem großen Platz. Dort steigt sie aus und geht in ein Hochhaus. Sie betritt ein Büro und setzt sich an einen Schreibtisch. Während weitere Bilder in der Kugel erscheinen, beschreibt die Seherin die Gestalt der Frau und die Umgebung, in der sie sie gesehen hat. Der Klient bestätigt alle Aussagen. Die Seherin sieht nun, wie die Frau das Büro verläßt. Es scheint Mittagszeit zu sein. Sie fährt wieder mit dem Bus, geht dann in einen Supermarkt auf der anderen Straßenseite und kehrt schließlich in ihr Haus zurück. Sie erledigt verschiedene Hausarbeiten. Zwei Kinder betreten das Haus; es scheinen zwei Jungen zu sein. Beide sind sehr schmal und dunkelhaarig. Die Seherin beschreibt die beiden Kinder. Der Klient bestätigt auch diese Aussagen. Sie beobachtet weiterhin die Frau, wie sie andere Arbeiten in Haus und Garten erledigt, telefoniert, mit einer Nachbarin spricht etc. Die Seherin beschreibt auch dies. Der Klient bestätigt alle Aussagen, bis auf die Beschreibung der Nachbarin. Später stellt sich heraus, daß es sich bei der Frau, die die Seherin in der Kugel gesehen hatte, um eine Verwandte der Nachbarin gehandelt haben muß.

Die Seherin hat nur Bilder aus einem ganz alltäglichen Arbeitstag gesehen. Um ganz sicher zu gehen, fragt sie nun selbst, ob es vielleicht auch ungewöhnlichere Tage im Leben der Frau ihres Klienten gegeben hat. Sie sieht mehrere Szenen, z. B. den Streit mit dem Vorgesetzten im Büro, den Besuch einer Freundin, ein Unwetter, das den ganzen Garten verwüstete, den Besuch in einem sehr teuren Modesalon etc., aber keine einzige läßt darauf schließen, daß der Verdacht des Klienten zutrifft.

Als sie dies ihrem Klienten berichtet, reagiert er zwar erleichtert, scheint aber immer noch nicht völlig überzeugt zu sein. Sie empfiehlt ihm, einmal über seine Eifersucht nachzudenken und dagegen etwas zu unternehmen. Sie erinnert sich noch an seine erste Frage und versucht ihm deutlich zu machen, daß sich auch nach einer Scheidung sein Problem nicht von selbst lösen würde. Eine Frau könnte ein noch so vorbildliches Leben führen – er würde sie trotzdem immer verdächtigen, ihn zu betrügen. Die Ursache dafür sieht die Seherin im mangelnden Selbstbewußtsein des Klienten.

Der Klient verspricht, darüber nachzudenken und sich mit diesem Problem auseinanderzusetzen. Er erkennt, daß er mit seinen grundlosen Verdächtigungen zu weit gegangen ist, und er gibt zu, daß er sich wohl jeder Frau gegenüber so verhalten würde.

KRISTALLSEHEN

Im Gegensatz zur Kristallkugelschau wird beim Kristallsehen ein ungeschliffener Kristall verwendet. Alle durchsichtigen Kristalle eignen sich für das Sehen. Die meisten Seher arbeiten mit dem farblosen Bergkristall, einige verwenden aber auch Rauchquarz, farbigen Apatit oder Amethyst.

Die Ansichten der Seher gehen wieder einmal weit auseinander, was die Notwendigkeit der Reinheit bzw. Klarheit der Kristalle betrifft. Einige behaupten, daß Einschlüsse oder Wolken das Sehen störten und lassen nur glasklare Kristalle zu, die natürlich in der entsprechenden Größe nur selten zu finden sind. Andere wiederum glauben, daß die Einschlüsse und Wolken das Sehen besonders fördern. Ich persönlich verwende Bergkristalle, deren untere Hälfte wolkig und deren obere Hälfte glasklar ist. Einschlüsse halte ich im allgemeinen für hinderlich; allerdings kann eine Luftblase im oberen, klaren Teil das Sehen durchaus fördern. Ich konzentriere mich dann zunächst auf die Wolken und schalte den Gedankenfluß aus. Langsam lasse ich dann meinen Blick höher gleiten, und ich versuche, meinen geistigen Zustand der Klarheit des Kristalls anzupassen. Befindet sich im oberen Teil eine Luftblase, fixiere ich sie mit meinem Blick und erhalte somit eine zusätzliche Konzentrationshilfe. Dies ist jedoch nur meine persönliche Technik – ich möchte sie nicht als Grundregel für alle angehenden Kristallseher verstanden wissen.

Es kann durchaus sein, daß Sie nur mit vollkommen klaren oder sehr wolkigen Kristallen arbeiten können, viele Einschlüsse benötigen oder aber eine Luftblase störend finden. Im Bereich des Sehens können kaum allgemeingültige Regeln aufgestellt werden, weshalb es auch so schwer zu vermitteln ist. Finden Sie auch hier selbst heraus, mit welchen Kristallen Sie am besten zurechtkommen.

Beim Kristallsehen ist es in der Regel besser, den Kristall in der Hand zu halten, als ihn auf dem Tisch aufzustellen. Auch die unge-

Bergkristall

Abb. 9

Quarz-Druse (Geode)

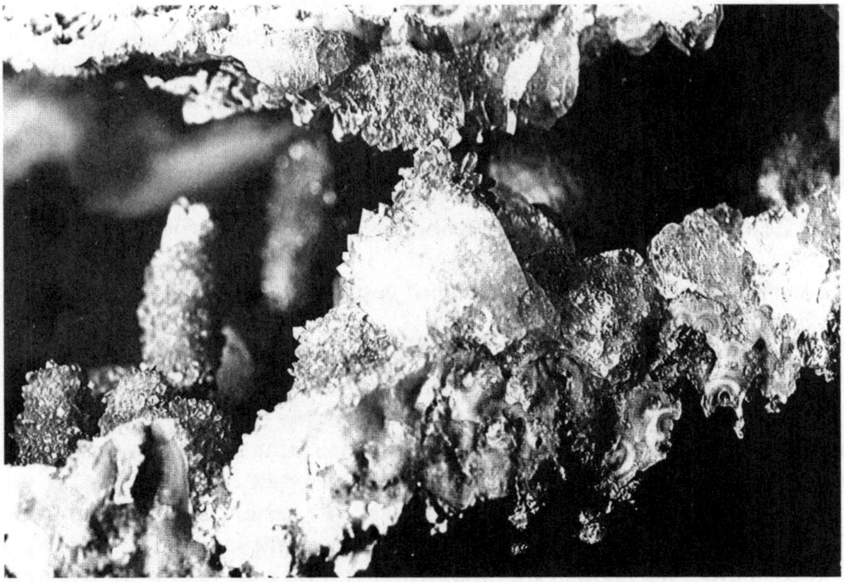

Abb. 10

schliffenen Kristalle sollte man nicht direkt berühren, sondern sie mit einem Tuch schützen, das man auf die Hand legt. Bei ungeschliffenen Kristallen spielt die richtige Zimmerbeleuchtung eine noch größere Rolle als bei der Kristallkugelschau. Fällt das Licht direkt auf den Kristall, kommt es meist zu Spiegelungen oder der Bildung von Regenbogenfarben im Kristall. Diese sind zwar schön anzuschauen, lenken jedoch vom eigentlichen Sehen ab. Wenn Sie den Kristall in der Hand halten, lassen sich solche Störfaktoren relativ leicht ausschließen. Drehen und wenden Sie den Kristall so lange, bis Sie nicht mehr von unerwünschten Reflexionen geblendet werden. Die weitere Verfahrensweise entspricht der Technik der Kristallkugelschau.

An dieser Stelle möchte ich noch auf eine etwas unbekanntere Technik des Kristallsehens eingehen. Hierbei werden keine großen, einzelnen Kristalle verwendet, sondern die Hälfte einer aufgeschnittenen Druse (Geode). Die Kristalle sollten eher klein und spitz sein. Die Druse wird beim Sehen in der Hand gehalten. Manche Seher stellen eine Kerze vor sich auf, so daß das Licht in die Druse fällt, und schauen über die Kerzenflamme hinweg in die Druse. Die Vision erscheint meist nicht in der Druse selbst, sondern vor dem geistigen Auge des Sehers.

Beispiel

Die Fragende ist fünfundzwanzig Jahre alt. Sie beschäftigt sich schon seit elf Jahren mit verschiedenen Bereichen des Okkultismus und der Esoterik. Sie weiß, daß sie medial veranlagt ist und hat sich auch gelegentlich bei Experimenten, die zur Erforschung parapsychologischer Phänomene dienten, als Medium zur Verfügung gestellt. Sie verfügt über außergewöhnliche telepathische Fähigkeiten. Seit einiger Zeit erwägt sie, als professionelles Medium zu arbeiten.

Sie stellt folgende Frage: *«Was wird geschehen, wenn ich als professionelles Medium arbeite?»*

Die Fragende verwendet einen glasklaren Kristall, der in der oberen Hälfte einen Einschluß aufweist. Die Sitzung findet nachmittags in einem hellen, von Sonnenlicht erfüllten Raum statt. Die Fragende sitzt mit dem Rücken zum Fenster und hält den Kristall vor sich, so daß das Licht nicht direkt hineinfällt. Sie gehört zu den wenigen Sehern, die leichter bei Tageslicht Visionen empfangen.

Sie sieht sich selbst in einem schweren, mit Leder bezogenen Lehnstuhl vor einem großen Tisch sitzen. Der Raum ist klein. Das

Sonnenlicht fällt auf die polierte hölzerne Tischplatte. Sie schaut auf die Tür, die sich ihrem Sitzplatz gegenüber befindet. Die Tür öffnet sich. Eine ältere Frau führt einen Mann in das Zimmer. Die Fragende kann die Gesichter der beiden Menschen nicht erkennen. Nachdem die beiden ins Zimmer getreten sind, blickt die Fragende durch die geöffnete Tür in ein großes Wartezimmer. An den Wänden stehen Stühle. Es befinden sich mehr als zehn Personen in dem Wartezimmer. Die Fragende erkennt niemanden, weiß jedoch, daß sie alle zu ihr wollen.

Die ältere Frau hat das Zimmer verlassen, und der Mann sitzt ihr gegenüber. Die Fragende sieht in dem Kristall, wie sie mit dem Mann spricht, hört jedoch nicht die einzelnen Worte. Sie erkennt nur, daß der Mann offensichtlich einer ihrer Klienten ist, der bei ihr Rat und Hilfe sucht. Ebenso scheint es sich mit den Menschen im Wartezimmer zu verhalten.

Die Szenerie wechselt. Es ist Abend geworden. Die Fragende sieht sich selbst aufstehen und aus dem Zimmer gehen. Sie durchquert das Wartezimmer und betritt einen Schlafraum. Nachdem sie sich eine Weile im Spiegel betrachtet hat, legt sie sich auf das Bett. Sie sieht sehr müde und abgespannt aus. Plötzlich dreht sie sich auf die linke Seite und preßt die Hände gegen ihren Leib, so als hätte sie starke Schmerzen. Mit der rechten Hand zieht sie die Schublade ihres Nachttischs auf und wühlt darin herum. Einige Schachteln fallen zu Boden. Dann scheint sie das Gesuchte gefunden zu haben. Sie zieht ein kleines braunes Medizinfläschchen hervor und schüttet daraus mehrere Tabletten auf ihre Hand. Hastig stopft sie sich ein paar in den Mund und schluckt sie mit sichtlicher Mühe herunter. Sie streckt sich nun wieder aus und scheint sich ein wenig zu entspannen.

Die Fragende sieht nun in schneller Folge verschiedene Bilder und Szenen im Kristall auftauchen: Sie sieht sich selbst in einer Bank eine große Summe Bargeld auf ihr Konto einzahlen. Ein anderes Bild zeigt, wie sie in ihrem Wohnzimmer mit einem Mann streitet, mit dem sie seit langem befreundet ist. Sie sieht sich selbst im Wartezimmer ihres Arztes, sieht, wie dieser ihre Röntgenaufnahmen betrachtet und ihr rät, sich einer Operation zu unterziehen. Sehr abrupt erscheinen dunkle Wolken im Kristall – die Fragende sieht nichts mehr.

Nach dieser Sitzung weiß die Fragende, daß sie mit erheblichen gesundheitlichen Belastungen rechnen müßte, wenn sie als professionelles Medium arbeitete. Andererseits wäre sie sehr erfolgreich, viele Menschen würden zu ihr kommen, um sie um Rat und Hilfe zu bitten, was auch einen finanziellen Gewinn für sie bedeutete. Die Entscheidung, als professionelles Medium zu arbeiten, schiene sich leider auch unangenehm auf ihre persönlichen Beziehungen auszuwirken; sie erkennt, daß sie dadurch einige ihrer langjährigen Freunde verlieren würde.

Die Fragende entscheidet sich gegen eine Tätigkeit als professionelles Medium, da sie ihre Gesundheit nicht aufs Spiel setzen will.

SPIEGELSCHAU

Zunächst wollen wir uns mit den verschiedenen Spiegelarten beschäftigen. In früheren Zeiten verwendete man häufig eine glänzende, polierte Metallscheibe; auch eine flache, mit schwarzer Tinte gefüllte Schale eignet sich als Spiegel. Sehr beliebt war damals auch die Lecanomantie, auch Beckendeutung genannt, bei der ein glänzendes Metallplättchen in ein mit Wasser gefülltes Becken geworfen wurde. Die Verbindung von Metallglanz und Wasserspiegelung wurde als äußerst förderlich für das Hellsehen betrachtet.[2] Tatsächlich hat auch das Wassersehen mit der Spiegelschau einiges gemeinsam, doch darauf werden wir später noch zurückkommen.

Heutzutage verwendet man meist Glas, das auf der Rückseite schwarz gestrichen und in einen Rahmen eingelassen wird (keine Glasmalfarbe verwenden, sondern Öl- oder Acrylfarbe; Glasmalfarbe deckt nicht ausreichend). Ein konvex oder konkav gewölbtes Glas soll das Sehen fördern. Die meisten Seher ziehen den konkaven Spiegel vor. Zu diesem Zweck kann man ein Uhrenglas, wie es für große Standuhren verwendet wird, auf der Rückseite schwarz anstreichen. Die meisten Seher empfinden es als angenehm, wenn das Glas in einen Rahmen gefaßt wird; man kann das Glas aber auch auf einen Ständer aus dickerem Draht stellen, den jeder selbst anfertigen kann. Inzwischen kann man jedoch in Geschäften oder Versandhäusern, die magisches Zubehör führen, auch fertig gerahmte Spiegel, sogenannte «magische Spiegel», kaufen. Wie der Begriff schon andeutet, werden diese Spiegel nicht nur zu seherischen Zwecken, sondern auch als Hilfsmittel bei magischen Operationen eingesetzt. Wir wollen hier jedoch nicht weiter auf den magischen Gebrauch des Spiegels eingehen, da dies den Rahmen dieses Werkes sprengen würde.

Sollte Ihnen die Herstellung des eben beschriebenen Spiegels zu aufwendig sein, können Sie auch auf die etwas älteren Hilfsmittel – eine mit schwarzer Tinte gefüllte Schale oder eine polierte Metallscheibe – zurückgreifen; die Wölbung, die im allgemeinen als sehr hilfreich angesehen wird, fällt dabei allerdings weg. Meiner Ansicht nach hat die Wölbung auf das Sehen aber eher geringfügigen Einfluß, sie scheint mir nur dann besonders wichtig, wenn man den Spiegel zu magischen Zwecken verwenden will. Persönlich sehe ich in dunklen Spiegeln nicht so gut und verwende deshalb einen ganz einfachen Kosmetikspiegel, wie er überall erhältlich ist. Dies ist jedoch meine persönliche Technik; die meisten Seher ziehen die dunklen Spiegel vor.

Der Spiegel kann zum Sehen sowohl flach auf den Tisch gelegt, wie auch leicht aufgestellt werden. Ich selbst ziehe es vor, den Spiegel in Augenhöhe fast senkrecht aufzustellen. Wenn man den Spiegel flach auf den Tisch legt, muß man sich über ihn beugen und hinunterschauen. Bei einem konkaven Spiegel neigt man dann dazu, in den Spiegel «hineinzufallen». So entsteht leicht eine hypnotische Wirkung, die bis zur Volltrance führen kann. Man könnte es auch folgendermaßen beschreiben: Viele Seher erleben das Phänomen, daß sich die Scheibe – sei es nun ein Spiegel, eine Metallplatte oder die Tintenoberfläche – zu drehen beginnt. Bei einem konkaven Spiegel führt die Drehbewegung spiralförmig nach unten. Es fühlt sich wie ein Sog an, von dem man in den Spiegel hineingezogen wird. Abgesehen davon, daß leichte Schwindelgefühle auftreten können, führt dies zu einem Verlust der Kontrolle, die vom passiven, ruhiggestellten Bewußtsein gesteuert wird, und häufig schaltet sich das Bewußtsein dabei ganz aus. Sehr tranceempfängliche Menschen sollten deshalb den Spiegel etwas aufrichten, um die nötige Distanz zu ihm zu gewinnen und das Geschehen leichter zu kontrollieren. All jene aber, die nur mit Mühe in Trance fallen, sollten eimal versuchen, den Spiegel flach auf den Tisch zu legen – möglicherweise ist dies für sie günstiger.

An der Frage der Beleuchtung scheiden sich wieder einmal die Geister. Gregor A. Gregorius empfahl seinen Schülern, drei Kerzen rund um den Spiegel aufzustellen. Die drei Kerzen müssen so zueinander stehen, daß die Lichtstrahlen der drei Kerzen zu einem einzigen Lichtpunkt werden.[3] Möglicherweise verfügte Gregorius über einen besonderen Spiegel, der so etwas ermöglichte. Ansonsten verriete diese Anweisung nur seine gravierende Unkenntnis der Materie, denn die drei Flammen treffen sich allenfalls dann im Spiegel, wenn man die Kerzen schräg hält. Auch wegen der häßlichen Wachsflecken, die dies hinterläßt, ist diese Technik nicht besonders zu empfehlen.

Sehr wirkungsvoll ist auch, das Mondlicht in den Spiegel fallen zu lassen, doch ist man damit bei seiner Arbeit zeitlich sehr eingeschränkt.

Meiner Meinung nach ist die indirekte Beleuchtung günstiger. Eine andere Möglichkeit besteht darin, eine Lichtquelle auf den Spiegel zu richten, so daß sich der Lichtfleck genau in der Mitte des Spiegels befindet. Finden Sie selbst heraus, welche Beleuchtung für Sie die geeignetere ist.

Wie bei der Kristallkugelschau sollte man auch hier darauf achten, daß keine andere Person in den Spiegel schaut. Eine Ausnahme kann gegebenenfalls für die Ratsuchenden gemacht werden. Der Spiegel sollte, wenn er nicht benutzt wird, immer zugedeckt werden.

Es ist üblich, sogenannte «Akkumulatoren» zu verwenden. Man unterscheidet drei verschiedene Akkumulatoren: flüssige, feste und gasförmige. Sie werden bei gerahmten Spiegeln durch ein kleines Loch in der Rückwand des Rahmens, das später dann mit Wachs versiegelt wird, eingefüllt. Meiner Meinung nach drängt sich der Gebrauch von Akkumulatoren nur dann wirklich auf, wenn man den Spiegel für magische Arbeiten verwenden will. Für die Elementmagie wird der Spiegel beispielsweise mit den Elementkräften aufgeladen. Man wählt also Pflanzen, Duftöle, Metalle oder Räucherungen, die in analoger Beziehung zu den Elementen stehen. Die Akkumulatoren gelten nun als Träger der Elementkräfte und sind durch die Aufladung aufs engste mit dem Spiegel verbunden. Dies soll dem Magier bei seinen Operationen helfen. Doch wir wollen diesen Bereich hier nicht weiter ausführen; sollten Sie Akkumulatoren verwenden wollen, können Sie sich darüber in der Fachliteratur informieren. Ich möchte nur noch einmal bemerken, daß der Gebrauch von Akkumulatoren für das Sehen nicht von entscheidender Bedeutung ist; man kann sehr gut darauf verzichten.

Achten Sie möglichst darauf, daß sich keine Gegenstände aus Ihrem Zimmer widerspiegeln. Wenn Sie nicht mit einem dunklen, sondern normalen Spiegel arbeiten, müssen Sie die Lichtquelle indirekt auf den Spiegel richten. Halten Sie den Spiegel so, daß Sie Ihr Gesicht darin nicht sehen, Sie können ihn seitlich oder etwas erhöht halten. Im Spiegel sollte nur eine einfarbige, glatte Fläche erscheinen, halten Sie den Spiegel so, daß sich darin die Zimmerdecke oder eine einfarbig gestrichene Wand spiegelt. Diese Technik hat den Nachteil, daß sie die Augen etwas anstrengt, weil Sie – um zu vermeiden, daß Ihr Gesicht im Spiegel erscheint – immer ein wenig nach oben oder zur Seite schielen müssen. Sie hat dafür den Vorteil, daß sie, durch das Schielen, trancefördernd ist.

Beispiel

Der Fragende ist zweiundzwanzig Jahre alt. Er ist mit einundzwanzig Jahren aus dem Elternhaus ausgezogen. Sein Vater starb, als er sieben Jahre alt war. Er ist Einzelkind und wurde von seiner Mutter, die sich nie wieder verheiratet hat, stark bevormundet. Sie überwachte jeden seiner Schritte, bis er es nicht mehr aushielt und sich ein eigenes Apartment mietete. Der Fragende hat eine feste Anstellung, besitzt genügend Geld, ist gesund und vital – nur eine Freundin hat er bisher noch nicht gefunden. Er hat mehrere sehr kurze, unerfreuliche Beziehungen hinter sich. Mit etwa sechsundzwanzig Jahren suchte er zum ersten Mal einen Psychoanalytiker auf. Die Analyse gab er nach einem halben Jahr auf, weil ihm der Entwicklungsprozeß nicht schnell genug ging. Er wandte sich nun den Geheimwissenschaften zu, in der Hoffnung, dort eine schnellere Lösung für sein Problem zu finden. Nach einigen Jahren eifrigen Studiums hat er Unmengen okkultes Wissen erworben – doch an seinem Problem hat dies nicht viel geändert, außer daß es ihn nicht mehr so stark belastet wie früher. Inzwischen hat er auch die Fähigkeit des Sehens erworben. An einem Abend, an dem ihn seine Einsamkeit wieder einmal sehr bedrückt, befragt er seinen Spiegel.

Er formuliert die Frage folgendermaßen: *«Was kann ich unternehmen, um eine Freundin zu finden?»*

Er konzentriert sich und schaut in den Spiegel. Lange Zeit geschieht nichts, doch der Fragende läßt sich nicht entmutigen. Endlich beginnt sich die Spiegelfläche zu drehen. Es formt sich ein weißer Nebel, der sich nach kurzer Zeit lichtet, und es erscheinen verschiedene Bilder in rasend schneller Abfolge im Spiegel. Die Bilder zeigen den Fragenden ausnahmslos in Situationen der Vergangenheit, sie spiegeln die bedrückendsten und peinlichsten Momente seines Lebens. Es erscheinen auch viele Bilder, die unangenehme Erlebnisse mit verschiedenen Frauen darstellen.

Der Fragende fühlt sich wie in einem Alptraum. Die meisten Situationen sind ihm vertraut; andere scheint er verdrängt zu haben, denn sie kommen ihm in keiner Weise bekannt vor. Aber vielleicht wird hier nicht nur sein bewußtes Leben gespiegelt, sondern auch sein unbewußtes, sein Traumleben.

Nachdem etwa fünfzig Bilder aus der Vergangenheit erschienen sind, verdunkelt sich der Spiegel plötzlich. Die Vision endet. Der Fragende notiert, was er erlebt hat, und versucht, die Bilder, an die er sich erinnert, kurz zu beschreiben. Er bemerkt, daß er nur wenige Bilder vergessen hat. Dazu gehören vor allen Dingen jene, die er schon bei der Vision nicht wiedererkannte.

Der Fragende versteht die Vision nicht. Die Bilder, die er gesehen hat, stellen eigentlich keine Antwort auf seine Frage dar, außer er würde die Vision so verstehen, daß er sich künftig gleich verhalten solle wie in der Vergangenheit. Da er damit aber keinen Erfolg gehabt hatte, verwirft er diese Möglichkeit wieder. Der Fragende beginnt die einzelnen Bilder zu interpretieren. Er überlegt hin und her, was die Vision wohl bedeuten mag, und kommt zu keinem Ergebnis. Je mehr er sich in Interpretationsmöglichkeiten verstrickt, desto weniger begreift er den Sinn der Vision.

Der Fragende gibt auf. Er sieht den Zusammenhang zwischen seiner Frage und der Vision nicht. Es vertreichen einige Monate, und der Fragende hat die Vision längst vergessen. Plötzlich, als er gerade allein in einem Restaurant sitzt, hat er einen Gedankenblitz: Ihm ist plötzlich klargeworden, daß er sich zunächst mit seinem Verhalten in der Vergangenheit auseinandersetzen muß. Die Vision sollte ihm zeigen, daß die Ursache für seine Mißerfolge erst einmal gefunden werden muß, bevor eine Veränderung möglich ist. Ihm wird bewußt, daß die Bilder ihm die Möglichkeit geben, sein Verhalten und die Ursachen dafür genauer zu betrachten und sich mit seinen grundlegenden Ängsten auseinanderzusetzen, so z. B. die Angst vor seiner Mutter. Er hat immer versucht, ihr alles recht zu machen, und er hat dieses Verhalten auch auf seine Freundinnen übertragen. Er sieht in den Bildern selbst, wie pflichtschuldig sein Verhalten war, und er kann sich vorstellen, wie dies auf eine Frau gewirkt haben mochte. Andererseits brach bei ihm manchmal auch der Jähzorn durch. Er erinnert sich an das Bild, auf dem er sich selbst gesehen hat, wie er ein Mädchen einmal anschrie, als sie zwanzig Minuten zu spät zu einer Verabredung kam. Er hatte sich sehr um sie bemüht und war ihr, wie es seine Art war, auf fast untertänige Weise begegnet. Er erschrak selbst zutiefst über seinen spontanen Ausbruch, besonders da es sich um eine solche Kleinigkeit handelte, und brach die Beziehung sofort ab. Dieses Erlebnis war ihm derart peinlich, daß er unter allen Umständen eine Wiederholung vermeiden wollte. Daraufhin versuchte er, sich so vollkommen zu beherrschen, daß er jedes Wort erst dreimal im Munde umdrehte, bis er es schließlich aussprach. Er bemerkte nicht, daß er immer verkrampfter auf andere Menschen wirkte. Er erhob Selbstbeherrschung zum obersten Gebot. Dies führte so weit, daß er angewidert den Mund verzog, wenn jemand seine Stimme ein klein wenig erhob. Mit der Zeit gefiel er sich in seiner Rolle als kultivierter, schweigsamer Mann und bemühte sich, diesem Idealbild immer näher zu kommen. Die Vision zeigte ihm, daß sein Auftreten nur den Eindruck eines schüchternen, gehemmten Mannes vermittelte.

Der Fragende erkennt, daß die Vision seinen Entwicklungsweg

beschreibt und ihm an verschiedenen Beispielen die Wirkung zeigt, die dies auf andere Menschen hatte. Er sieht, wie er sich selbst immer weiter in die Isolation gedrängt und seine Masken für die Wirklichkeit gehalten hat. Ihm wird klar, daß er durch die Analyse seiner Verhaltensentwicklung und die Verarbeitung der Erlebnisse, die diese maßgebend bestimmten, sein Leben vollkommen verändern und sein eigentliches Problem lösen kann. Er erinnert sich auch an die Psychoanalyse, die er abgebrochen hatte, und erwägt nun die Möglichkeit, diese wieder aufzunehmen.

An diesem Beispiel können wir sehen, wie wichtig die Fragestellung für das Verständnis der Orakelantwort ist. Der Fragende aus unserem Beispiel richtete sein Augenmerk nur auf die Zukunft. Er wollte ein bestimmtes Ziel erreichen und fragte, auf welchem Weg er dies bewerkstelligen könne. Da er aber nun schon längere Zeit unter dem Problem leidet, wäre die direkte Frage nach der Ursache des Problems angezeigter gewesen. Der Fragende war in einer bestimmten Erwartungshaltung bei der Befragung: Er glaubte, auf diese Weise eine schnelle Lösung für sein Problem zu finden. Die Frage an sich war korrekt gestellt. Doch die Antwort wurde nicht sofort verstanden, da der Fragende eine einseitige Haltung einnahm. Der Anfang der Frage «Was soll ich tun, um ...» impliziert den Wunsch nach Hinweisen auf eine zukünftige Handlung oder Verhaltensweise. Nun wird der Fragende jedoch mit Bildern seiner Vergangenheit konfrontiert, die er hinter sich gelassen zu haben glaubt. Er öffnet sich nicht für die Möglichkeit, daß die Ursachen seines Problems in der Vergangenheit zu suchen ist.

Wie schon erwähnt, ist der Versuch, die Antwort eines Visionsorakels zu interpretieren, sinnlos. Die Aussage, der Rat oder der Hinweis offenbart sich immer spontan, oft noch mitten in der Vision oder dann gleich anschließend. Wenn der Seher die Antwort nicht sofort versteht, bleibt ihm nur die Möglichkeit, abzuwarten; denn der Moment der Erkenntnis kommt oft erst, wenn der Seher entweder die Angelegenheit oder die Befragung selbst vergessen hat. Zu dem Zeitpunkt, an dem der Seher stark mit seinem Problem beschäftigt ist, neigt er dazu, sich selbst oder die Angelegenheit einseitig zu betrachten, und nimmt so – wie in unserem Beispiel – bestimmte Hinweise gar nicht erst auf, er sieht sie nicht einmal. Da er jedoch weiß, daß die Vision eine Bedeutung für ihn haben muß, versucht er zu interpretieren. Er denkt sich die unglaublichsten Möglichkeiten aus, um die Bilder in einen sinnvollen Zusammenhang zu bringen – nur das Offensichtliche möchte er nicht sehen. Dem Fragenden in unserem Beispiel hätte sofort klarwerden müssen, daß er sich mit seiner Vergangenheit auseinandersetzen muß, bevor er irgendwelche

Veränderungen in die Wege leitet – doch er richtete seinen Blick starr in die Zukunft.

Falls sich Ihnen die Bedeutung einer Vision einmal nicht sofort offenbaren sollte, verschwenden Sie Ihre Zeit nicht mit Interpretationsversuchen. Belassen Sie die Vision so, wie Sie Ihnen erschienen ist: Versuchen Sie nicht, die Bilder neu zusammenzustellen oder sie gar zu verändern. Wenn Sie sich der Bedeutung der Vision nicht nähern können, warten Sie ab, bis die Bedeutung zu Ihnen kommt. In kritischen Situationen neigen wir alle dazu, eine einfache und naheliegende Lösung nicht zu erkennen, unser Problem scheint uns so kompliziert und unlösbar – wäre dem nicht so, müßten wir ja kein Orakel befragen. Seien Sie auch offen für einfache oder gar banale Lösungsmöglichkeiten. Betrachten Sie die Vision als eine *direkte Botschaft* und nicht als eine verschlüsselte Mitteilung, die Sie enträtseln müssen.

FEUERSEHEN

Das Starren in ein Feuer oder die Glut ist wohl eine der ältesten Techniken, um eine Vision hervorzurufen. In unserem Kulturkreis gerät diese Technik jedoch mehr und mehr in Vergessenheit, was nicht weiter verwundert, da ein offenes Feuer bei uns schon lange nicht mehr zum alltäglichen Leben gehört.

Versetzen wir uns aber in jene Zeit zurück, in der ein Überleben ohne Feuer beinahe unmöglich war. In jenen Tagen bildete das Feuer einen Mittelpunkt im Leben und Denken der Menschen. Abends versammelte man sich um ein Lagerfeuer, später dann am Kamin. Die Wärme des Feuers war der Inbegriff der Behaglichkeit. Allerdings brachte man dem Feuer auch großen Respekt entgegen, denn jeder kannte auch die zerstörende Kraft, die ihm innewohnt. Heute haben wir kaum noch eine direkte Beziehung zum Feuer.

Mancher Leser mag sich nun fragen, was dies mit dem Feuersehen zu tun hat, da es doch unwichtig ist, welches Medium man benutzt, um eine Vision herbeizuführen. Im Prinzip ist das richtig, doch für unseren Zweck ist notwendig, daß wir eine innere Beziehung zu dem Material aufbauen können, mit dem wir arbeiten wollen. Die meisten Menschen verbinden das Sehen meist mit der Kristallkugel- oder Spiegelschau; kaum jemand kommt auf den Gedanken, daß der Seher ein Feuer anzündet, um in den Flammen oder der Glut zu sehen. Wäre bei uns noch üblich, abends ein Feuer zu entzünden, würde man das Feuersehen als vollkommen natürlich empfinden, so aber müssen meist erst einige Hemmschwellen überwunden werden. So kann man sich beispielsweise nicht wirklich auf das Sehen konzentrieren, wenn man zum ersten Mal ein kleines Feuer draußen im Wald anzündet und dabei ständig fürchtet, daß ein Waldbrand ausbrechen oder man vom Förster erwischt werden könnte. Möglicherweise fürchtet man sich auch davor, von irgendwelchen Bekannten dabei ertappt zu werden, wie man abends allein an einem Feuer hockt und in die Flammen starrt. Als Besitzer eines Grundstücks in einer ländlichen Gegend ist das Feuersehen leicht zu praktizieren, und ein offener Kamin erfüllt den gleichen Zweck – doch diese Möglichkeiten stehen nicht jedem offen, und so wird nicht jeder Leser in der Lage sein, sich im Feuersehen zu üben. Sollte sich Ihnen jedoch einmal Gelegenheit dazu bieten, versetzen Sie sich geistig in jene Zeit zurück, in der das Feuer noch als heilig galt. Es ist keinesfalls notwendig, das Feuer anzubeten oder es zu fürchten, man sollte ihm aber einen gewissen Respekt entgegenbringen und es achten.

Als Ausdruck der Hochachtung wird von vielen Feuersehern, noch bevor die eigentliche Befragung beginnt, eine Opfergabe in die Flammen gegeben. Eine besonders häufige Gabe ist Olivenöl, doch sind auch verschiedene Duftstoffe oder kleine Stückchen von duftenden, harzigen Hölzern sehr beliebt. Jeder Seher schichtet das Holz zu einer ganz bestimmten, individuellen Form, und manche Seher beachten für das Nachlegen von Feuerholz noch zusätzliche bestimmte Vorschriften. Wie auch bei der Kristallkugelschau und beim Spiegelsehen gab es auch hier schon immer verschiedene zeremonielle Handlungen, die vor der Befragung durchgeführt wurden. Diese dienten dazu, den Seher in die richtige Stimmung zu versetzen und einen unmittelbaren Kontakt zum Feuer herzustellen. Es ist nicht wichtig, ob dies durch eine rituelle Handlung oder eine Meditation geschieht. Sofern es Sie besser einstimmt, wenn Sie dreimal um das Feuer herumgehen, etwas Öl opfern oder Duftstoffe ins Feuer geben und einige Beschwörungsformeln murmeln, sollten Sie dies getrost tun. Wenn Sie jedoch keine rituellen Gesten vollziehen möchten, müssen Sie sich auf rein geistiger Ebene auf das Feuer einstellen.

Es ist wichtig, daß Sie sehr tiefen, engen Kontakt zum Feuer gewinnen. Kristallkugel und Spiegel sind künstlich geschaffene Hilfsmittel, deren Zweck darin besteht, Visionen empfangen zu können. Bei einer Kristallkugel assoziieren wir damit spontan Wahrsagerei, Visionen, Zukunftsvorhersage etc. Die natürlichen Hilfsmittel wie Feuer, Wasser, Wolken oder Schlamm hingegen rufen meist zunächst andere Assoziationen hervor, die eher die alltägliche Realitätsebene betreffen. Sobald der Seher also seine Kristallkugel aufdeckt, reagiert sein nichtalltägliches Bewußtsein auf diesen Reiz und beginnt zu arbeiten. Bei den natürlichen Hilfsmitteln, die ja auch auf der alltäglichen Ebene von Bedeutung sind, benötigt das nichtalltägliche Bewußtsein zusätzliche Reize, um in Aktion zu treten. So ist naheliegend, daß die Vorbereitung und Einstimmung beim Gebrauch eines natürlichen Hilfsmittels länger dauert und sorgfältiger durchgeführt werden muß.

Nachdem Sie das Feuer angezündet und genügend Feuerholz

zusätzlich bereitgelegt haben, konzentrieren Sie sich eine Zeitlang auf Ihre Frage. Ich schreibe die Frage jeweils auf einen Zettel, den ich anschließend ins Feuer werfe. Schauen Sie dann in die Flammen, und denken Sie nicht mehr weiter an Ihre Frage. Stellen Sie einen inneren Kontakt zum Feuer her. Lassen Sie Ihren Blick über die Flammen gleiten, bis Sie einen Punkt gefunden haben, den Sie fixieren wollen. Verlassen Sie sich dabei ganz auf Ihr Gefühl. Sie können auch versuchen, den 180°-Blick anzuwenden. Manche Seher schauen nicht direkt in die dichten Flammen, sondern konzentrieren sich auf die Flammenspitzen; sie schreiben dem schnellen Wechsel von hell und dunkel eine trancefördernde Wirkung zu. Prüfen Sie selbst, welche Stelle Ihnen geeigneter erscheint.

Wenn Sie in der Glut sehen wollen, halten Sie das Feuer klein und warten, bis es niedergebrannt ist. Die Glut eignet sich übrigens auch für das eidetische Sehen. Dabei verfährt man wie bei den anderen eidetischen Orakeltechniken: Man versucht, aus der Glut Zeichen und Symbole zu lesen, in die man sich dann vertieft und deren Bedeutung man festlegt; die Ergebnisse werden anschließend in Beziehung zur Frage gesetzt.

DAS WASSERSEHEN

In einigen Orakelbüchern heißt es, daß allein schon der Anblick des Wassers Hellsichtigkeit hervorrufe – ganz so einfach ist dies jedoch leider nicht. Der Anblick von Wasser kann zweifellos den Bewußtseins- oder Gemütszustand eines Menschen verändern. Je nach Art des Gewässers erfährt der Betrachter eine beruhigende oder eine belebende Wirkung; das Wasser kann die Gedankenstille fördern, es kann aber auch zum Träumen anregen. Sicher ist, daß Wasser ein ausgezeichnetes Hilfsmittel ist, um das Sehen zu erlernen – doch es bewirkt nicht zwangsläufig bei jedem Menschen Hellsichtigkeit.

Wie eben erwähnt, können verschiedene Gewässerarten eine unterschiedliche Wirkung auf den Betrachter haben; dementsprechend vielfältig sind auch die Möglichkeiten und Techniken des Wassersehens. So kann man das Sehen an einem friedlichen kleinen Teich, einem tiefen, vielleicht etwas unheimlichen See, einem breiten trägen Fluß, einem kleinen plätschernden Bach oder am Meer erlernen. Natürlich kann man auch in eine Schale oder ein Becken Wasser füllen und es so als Konzentrationshilfe verwenden.

Im folgenden werden einige der gebräuchlichsten Techniken des Wassersehens dargestellt.

Das Sehen an stehenden Gewässern

Das Sehen an einem Teich oder einem See hat vieles mit der Spiegelschau gemeinsam. Bei günstigem Lichteinfall bildet die Oberfläche eines Sees oder Teichs einen natürlichen Spiegel, der auf die gleiche Weise wie ein Glasspiegel verwendet werden kann. Achten Sie darauf, daß Sie nicht von reflektierendem Licht geblendet werden. Entspannen Sie sich einige Minuten und schließen Sie die Augen. Konzentrieren Sie sich noch einmal auf Ihre Frage, und sprechen Sie sie dann laut aus.

Öffnen Sie nun Ihre Augen, und starren Sie auf die Wasseroberfläche. Schalten Sie die Gedankentätigkeit ab. Fixieren Sie einen beliebigen Punkt auf der Wasseroberfläche, oder wenden Sie den 180°-Blick an. Achten Sie darauf, daß Ihr Blick in einem flachen Winkel auf das Wasser trifft; versuchen Sie nicht, in die Tiefe des Sees oder Teichs zu schauen, da so der trancefördernde Spiegeleffekt verschwindet. Das Schauen in die Tiefe eines Gewässers ist eine andere Technik des Wassersehens, auf die wir gleich noch eingehen werden. Vermischen Sie niemals diese beiden Techniken.

In der Regel wird die Vision mit dem geistigen Auge gesehen, sie kann jedoch auch bildhaft auf der Wasseroberfläche erscheinen. Sehr tiefe, dunkle Seen besitzen manchmal die Eigenschaft, Menschen «anzusaugen». Die betreffende Person verspürt dann den unwiderstehlichen Drang, sich dem Wasser zu nähern, es zu berühren und sich mit ihm zu verbinden. Dies kann sogar dazu führen, daß die Person dem Ruf folgt, ins Wasser geht und ertrinkt. Wenn Sie sich in einem Trancezustand befinden, sind Sie für den Ruf des Wassers wesentlich empfänglicher als im rationalen, alltäglichen Bewußtseinszustand. Achten Sie also darauf, daß Ihr rationales Bewußtsein die Kontrolle über Ihren Körper übernimmt und ihn gegebenenfalls dazu zwingt, ruhig sitzenzubleiben. Sollten Sie Schwierigkeiten haben, Ihre Trance zu kontrollieren, verwenden Sie lieber eine andere Technik des Wassersehens, oder vergewissern Sie sich vorher, daß der See keine anziehende Wirkung hat. In der Regel kann man zwar davon ausgehen, daß sich das rationale, alltägliche Bewußtsein sofort einschaltet, wenn dem Körper Gefahr droht, doch kann dieser Mechanismus auch einmal versagen. Gehen Sie hier kein Risiko ein!

Die eben beschriebene Problematik kann verstärkt hervortreten, wenn man jene Technik des Wassersehens anwendet, bei der man nicht die Wasseroberfläche anstarrt, sondern in die Tiefe des Sees blickt. Diese Technik sei deshalb nur erfahrenen Sehern empfohlen, die fähig sind, Ihren Trancezustand gut zu kontrollieren.

Wenn Sie in die Tiefe des Wassers blicken wollen, wählen Sie einen See mit möglichst klarem Wasser aus. Suchen Sie sich einen Platz am Ufer, an dem das Wasser schon möglichst tief ist. Häufig ist das Ufer gerade an jenen Stellen sehr steil, achten Sie also gut darauf, daß Sie einen sicheren Stand- oder Sitzplatz finden. Das Wasser sollte so tief sein, daß Sie den Grund des Sees nicht klar erkennen können. Wenn Sie nun ins Wasser schauen, versuchen Sie, mit Hilfe Ihres nichtalltäglichen Bewußtseins den Grund zu erkennen. Bohren Sie Ihren Blick durch das Wasser, bis Sie den Grund erreichen und ihn deutlich sehen können. Dies werden Sie mit Ihrem nichtalltäglichen Bewußtsein wahrnehmen. Es kann also geschehen, daß Sie den Grund mit Ihren physischen Augen sehen oder ihn mit Ihrem geistigen Auge wahrnehmen. Wenn Sie mit Ihrem Blick den Grund des Sees erreicht haben, warten Sie ab, bis die Vision zu Ihnen kommt. Bleiben Sie geduldig, und sorgen Sie dafür, daß sich Ihr rationales Bewußtsein nicht einschaltet, wenn es sich zu langweilen beginnt. Die Vision wird auf die gleiche Art wahrgenommen wie zuvor der Grund des Sees.

Das Sehen an fließenden Gewässern

Wie schon erwähnt, können Sie das Sehen an einem breiten, trägen Fluß ebensogut praktizieren wie an einem kleinen, plätschernden Bach. Die zweite Möglichkeit hat den Vorteil, daß Sie eine zusätzliche Konzentrationshilfe einsetzen können, denn auch das Geräusch von fließendem Wasser kann trancefördernde Wirkung haben.

Setzen Sie sich an das Ufer des Flusses oder des Baches, an dem Sie arbeiten wollen. Schließen Sie die Augen, und konzentrieren Sie sich noch einmal auf Ihre Frage. Öffnen Sie dann die Augen, und starren Sie auf die Wasseroberfläche. Lassen Sie Ihre Gedanken auf dem Wasser davontreiben, bis es ganz still in Ihnen geworden ist.

Bei der Arbeit mit fließendem Wasser geschieht es sehr häufig, daß der Seher in einen Zustand der Klarheit eintritt; dann erscheint die Vision nicht bildhaft, sondern der Seher erkennt plötzlich mit einer inneren Gewißheit die Ursache für sein Problem, wichtige Faktoren, die in der befragten Angelegenheit von Bedeutung sind, oder Situationen, die in der Zukunft liegen. Natürlich kann die Vision auch bildhaft vor dem geistigen Auge erscheinen oder mit den physischen Augen wahrgenommen werden.

Eine Schwierigkeit beim Sehen an fließenden Gewässern besteht darin, daß Ihre Phantasie möglicherweise sehr stark angeregt wird und Sie Bilder, die der Phantasie entstammen, für eine Vision halten. Um dies zu vermeiden, achten Sie verstärkt auf die speziellen, individuellen Anzeichen, die Ihre Vision gewöhnlicherweise begleiten. Bleiben diese Zeichen aus, stammen die auftretenden Bilder mit großer Wahrscheinlichkeit aus dem Reich der Phantasie. Warten Sie in diesem Fall einfach ab, bis die Bilder wieder verschwinden, beachten Sie sie nicht weiter, denn sie werden von selbst verflüchtigen. Bleiben Sie geduldig, und warten Sie ab, bis eine wirkliche Vision erscheint.

Wenn Sie sich beim Sehen stärker auf die Wassergeräusche konzentrieren, kann es geschehen, daß Sie eine auditive Vision empfangen. Dabei verwandelt sich das friedliche Geplätscher eines Baches häufig in ein lautes Brausen. Dies bricht oft sehr abrupt ab, und es entsteht eine große Stille. Aus dieser Stille heraus können Stimmen zu Ihnen sprechen, die Ihnen die Antwort auf Ihre Frage zu übermitteln versuchen.

Verschiedene Techniken des Wassersehens

Da der Anblick des Wassers allein oft nicht ausreicht, um Hellsichtigkeit hervorzurufen, kann der Seher durch Einsatz verschiedener Hilfsmittel seine Konzentration fördern. So kann er beispielsweise Wasser in eine Schale füllen und einen Tropfen Öl auf die Wasseroberfläche geben. Das Öl erzeugt einen zusätzlichen Glanzeffekt. Der Seher richtet seinen Blick auf den Öltropfen und verstärkt dadurch seine Konzentration.

Eine weitere Hilfstechnik besteht darin, ein glänzendes Metallstück auf den Boden eines mit Wasser gefüllten Gefäßes zu legen. Diese Technik nennt man Lecanomantie oder Beckendeutung. Der Glanz des Metalls soll in Verbindung mit der Spiegelwirkung des Wassers das Sehen fördern.

Bei der sogenannten Gastromantie wird das Wasser in ein bauchiges Gefäß, meist eine Flasche, gefüllt. Die Flasche wird nun an die Sonne gestellt, während sich der Seher im Schatten befindet. Der Seher starrt nun auf das Wasser in der Flasche und wartet, bis die Vision erscheint. Früher wurden bei gastromantischen Befragungen meist bestimmte Gebete gesprochen oder spezielle Vorbereitungen getroffen. Dies ist nicht notwendig, kann jedoch die Konzentration des Sehers fördern.

Beispiel 1

Die Fragende ist 19 Jahre alt. Sie steht kurz vor ihrem Abitur. Sie hat sich kaum auf die Prüfung vorbereitet und ist unsicher, ob sie sie bestehen wird.

Sie stellt folgende Frage: *«Wie wird die Abiturprüfung?»*

Die Fragende schaut in das Wasser eines Teiches. Sie konzentriert sich auf einen Punkt an der Wasseroberfläche. Nach einiger Zeit bilden sich an dieser Stelle stark leuchtende Nebelflecken. Die Fragende verspürt das unwiderstehliche Bedürfnis, die Augen zu schließen. Schließlich entsteht ein Bild vor ihrem geistigen Auge. Sie sieht sich selbst, wie sie mit einem Dokument in der Hand das Schulgebäude verläßt. Das Bild verschwindet sehr schnell. Die Fragende wartet ab, ob sich vielleicht noch andere Bilder zeigen, doch sie wartet vergeblich.

Nach der Sitzung ist die Fragende nicht ganz zufrieden. Das Bild das ihr gezeigt wurde, soll wohl bedeuten, daß sie die Prüfung bestehen wird, doch weiß sie immer noch nicht, wie die Prüfung allgemein verlaufen wird.

Sie überlegt, daß die Frage in dieser Form vielleicht zu vage war und sie für eine erneute Befragung eine bessere Formulierung wählen sollte, z. B.: «Wie wird der allgemeine Verlauf der Prüfung sein?»; oder: «Wie soll ich mich in der Prüfung verhalten?»; oder: «Was kann ich tun, damit ich die Prüfung bestehe?». Doch bei diesen Überlegungen wird ihr bewußt, daß es sie eigentlich gar nicht interessiert, wie die Prüfung verlaufen wird, was sie wissen wollte, war, ob sie die Prüfung bestehen wird oder noch ein weiteres Jahr zur Schule gehen muß.

Bei der Arbeit mit seherischen Methoden kommt es gelegentlich vor, daß das Orakel das Problem des Fragenden besser kennt als er selbst, und es gibt dann auch entsprechend Antwort auf das, was den Seher wirklich beschäftigt. Wenn der Fragende hinterher nicht erkennt, daß er eine Sekundärfrage gestellt hat, wird ihm die Antwort unverständlich sein. Anstatt nun zu interpretieren, sollte der Fragende zuerst darüber nachdenken, worin sein eigentliches Problem liegt. Möglicherweise wird ihm die Antwort des Orakels dann sogleich klar.

Beispiel 2

Der Fragende ist 34 Jahre alt. Seit einiger Zeit beschäftigt er sich mit Traumarbeit. In den letzten drei Nächten träumte er viermal den gleichen Traum. Er ist davon überzeugt, daß dieser Traum eine bestimmte Bedeutung haben muß, doch er kann diese nicht erkennen, da der Traum scheinbar in keiner Beziehung zu seiner momentanen Lebenssituation steht. Der Fragende hat das Gefühl, daß ihm der Traum etwas Wichtiges aufzeigen, ihn vor einer Gefahr warnen will.

Der Fragende hat den Traum in seinem Traumtagebuch notiert:

Verfolgung

Im Traum gehe ich langsam durch eine schlecht beleuchtete Straße. Ich kann die Häuser und das Straßenpflaster kaum erkennen. Nachdem ich eine Weile gegangen bin, sehe ich vor mir einen schmalen Fluß. Eine Brücke führt hinüber. Ich betrete die Brücke. Als ich etwa in der Mitte angelangt bin, höre ich hinter mir Schritte. Ich schaue mich um, doch es ist niemand zu sehen, und es sind keine Schritte mehr zu hören. Ich gehe weiter. Eine kurze Zeit höre ich nur meine eigenen Schritte, doch bevor ich das Ende der Brücke erkennen kann, höre ich plötzlich ein unterdrücktes Husten hinter mir. Ich drehe mich erneut um, doch wieder ist niemand zu sehen. Die Geräusche hinter mir beunruhigen mich, und ich beschleunige meinen Schritt. Am Ende der Brücke folgt eine Straße, ähnlich derjenigen, die ich vorher gegangen bin. Ich fühle ganz deutlich, daß mir jemand folgt, doch wenn ich mich umblicke, ist niemand zu sehen. Ich gehe immer schneller und beginne zu laufen, die Straße scheint kein Ende zu nehmen. Irgendwann bin ich dann so erschöpft, daß ich mich an eine Hauswand anlehnen muß. Sowie ich gerade ein wenig zu Atem gekommen bin, höre ich ganz deutlich, wie sich hinter mir jemand räuspert. Die Person scheint ganz dicht hinter mir zu stehen. Panik überfällt mich, und ich renne laut schreiend davon. Plötzlich stolpere ich über einen Stein und falle hin. Ich bin so erschöpft, daß ich nicht mehr aufstehen kann. Aus weiter Ferne höre ich wieder die Schritte, die sich mir langsam nähern. In mir steigt namenlose Angst auf; doch bevor mich die Schritte endgültig erreicht haben, wache ich auf.

Der Fragende hat versucht, den Traum zu einem Ende zu führen, indem er sich fest vornahm, sich im Traum der Bedrohung zu stellen. Er ist aber immer wieder an derselben Stelle des Traumes aufgewacht, wo er auf dem Boden liegt und die Schritte sich langsam nähern. Er konnte sein Traum-Ich nicht dazu bewegen, der Bedrohung ins Auge zu sehen.

Da der Fragende mit dieser Traumarbeitsmethode frühere Angstträume stets erfolgreich bearbeitet und einer Lösung zugeführt hatte, ist er nun natürlich sehr verunsichert. Er kann sich nicht erklären, warum diese Methode diesmal nicht funktioniert.

Er stellt folgende Frage: *«Worauf will mich dieser Traum aufmerksam machen?»*

Der Fragende hat Wasser in eine Schale gefüllt und einen Tropfen Öl auf die Wasseroberfläche gegeben. Er schließt die Augen und entspannt sich einige Minuten. In Gedanken wiederholt er noch einmal seine Frage. Dann öffnet er die Augen und starrt in das Wasser. Er fixiert seinen Blick auf den glänzenden Ölfleck. Nach einiger Zeit verschwimmt das Bild immer mehr; er kann den Ölfleck nicht mehr deutlich sehen. Es wird zunehmend dunkler vor seinen Augen, und als er in ein tiefes schwarzes Loch zu blicken glaubt, erscheinen die ersten Bilder der Vision. Sie zeigen ihm in schneller Abfolge noch einmal einzelne Szenen aus seinem Traum; dann folgt eine kurze Pause. Plötzlich erscheint ein weiteres Bild, ein Tisch, auf dem ein Blatt Papier liegt. Auf dem Papier steht nur ein Wort in Schreibmaschinenschrift: «Angst».

Kaum hat der Fragende das Wort gelesen, tritt er sogleich in den alltäglichen Bewußtseinszustand ein. Er versucht zwar, sich dagegen zu wehren, doch ohne Erfolg. Die Antwort des Orakels befriedigt ihn natürlich keineswegs. Am nächsten Tag führt er deshalb eine weitere Befragung durch, wobei er entscheidet, die Frage gleich zu belassen und nicht neu zu formulieren.

Die Bilder der Vision sind die gleichen wie am Vortag. Das letzte Bild bleibt diesmal aber so lange stehen, bis der Fragende die Sitzung selbst abbricht. Er findet sich damit ab, daß das Wort «Angst» die richtige Antwort auf seine Frage sein müsse, doch ist ihm noch nicht klar, was er damit anfangen soll. Er grübelt noch einige Tage darüber nach. Plötzlich fällt ihm auf, daß sich der Traum seither nicht wiederholt hat. Wollte ihm der Traum vielleicht zeigen, daß er sich anders mit seinen Ängsten auseinandersetzen soll, als er es bisher getan hat? Vielleicht war dies ein Hinweis darauf, daß er seine Ängste direkt und unmittelbar angehen muß und damit nicht abwarten darf, bis sie sich in Form eines Traumes offenbaren.

Die Antwort des Orakels verdeutlichte nur das Offensichtliche, nämlich daß der Fragende eine sehr tiefgehende Angst noch nicht verarbeitet und überwunden hatte. Da der Fragende selbst festgestellt hatte, daß er seine gewohnte Methode, Ängste zu überwinden, hier nicht erfolgreich einsetzen konnte, mußte er nun nach einer anderen Möglichkeit suchen, seine Angst zu verarbeiten.

In diesem Fall gab das Orakel eine Antwort, die genau auf die Fragestellung des Sehers einging. Die Antwort auf die Frage «Worauf will mich dieser Traum aufmerksam machen?» lautete: «Angst».

Wie wir im vorangegangenen Beispiel gesehen haben, berücksichtigt das Orakel gelegentlich auch das eigentliche Problem des Fragenden – auch wenn die Fragestellung nicht direkt darauf abzielte. In diesem Beispiel hingegen hielt sich das Orakel streng an die Fragestellung. Im Zweifelsfalle sollte man zunächst immer davon ausgehen, daß sich die Orakelantwort direkt auf die gestellte Frage bezieht. Kommt man mit der Antwort nicht zurecht, kann man versuchen, sich sein eigentliches Anliegen bewußt zu machen und die Antwort darauf zu beziehen.

DIE WOLKENSCHAU

Bei der Anwendung dieser Orakeltechnik ist man einleuchtenderweise sehr stark vom Wetter abhängig. Eine zu starke, gleichmäßige Bewölkung eignet sich genausowenig wie ein nur leicht bedeckter Himmel. Ideal ist, wenn die Bewölkung stark, jedoch unregelmäßig ist und ein kräftiger Wind weht, so daß die Wolken ständig in Bewegung sind. Da diese Voraussetzungen nicht häufig gegeben sind, hält man sich, wenn möglichst schnelle Hilfe benötigt wird, besser an eine weniger wetterabhängige Visionsorakeltechnik.

Ist Ihre Frage jedoch weniger dringend, können Sie abwarten, bis der Himmel die richtige Bewölkung aufweist. Die Wolkenschau kann im Freien durchgeführt werden, aber auch im Haus, wobei das Fenster möglichst groß sein muß, damit Sie bequem hinausschauen können. Setzen Sie sich nun auf einen Stuhl, eine Bank oder auf den Boden, und achten Sie darauf, daß Sie Ihren Rücken anlehnen können. Legen Sie nun den Kopf leicht in den Nacken, und entspannen Sie sich einen Moment mit geschlossenen Augen. Dann stellen Sie Ihre Frage, indem Sie sie laut aussprechen oder sich noch einmal bewußt ins Gedächtnis rufen. Öffnen Sie jetzt Ihre Augen, und betrachten Sie die Wolken. Achten Sie darauf, daß Sie den Kopf nicht zu weit in den Nacken legen, da Ihnen sonst leicht schwindlig wird. Verfolgen Sie nicht die Bewegung der Wolken, sondern fixieren Sie irgendeinen Punkt am Himmel. Lassen Sie die Wolken vorüberziehen; achten Sie nicht auf deren Form oder Farbe. Schalten Sie Ihr Denken aus, und entspannen Sie sich. Versuchen Sie, den 180°-Blick anzuwenden.

Bei der Wolkenschau erscheint die Vision selten am Himmel selbst, sondern wird mit dem dritten Auge gesehen. Wenn Sie also das Bedürfnis verspüren, die Augen zu schließen und sich auf Ihr Inneres zu konzentrieren, geben Sie dem nach. Sollte die Vision dennoch direkt am Himmel erscheinen, versuchen Sie nicht, die Bilder festzuhalten oder sie zu «verfestigen». Bei der Wolkenschau sind die Bilder in der Regel sehr feinstofflich – oft sogar fast transparent – und sehr flüchtig und können vielfach nur für den Bruchteil einer Sekunde wahrgenommen werden. Ein Versuch, ihnen eine festere Struktur aufzuzwingen, wird immer scheitern – allenfalls erreicht man, daß die Vision vollständig verschwindet.

Die Wolkenschau kann auch als eidetische Orakeltechnik angewandt werden, indem man in der Struktur der Wolken Bilder, Symbole oder Zeichen zu erkennen sucht. Die weitere Verfahrensweise ist die gleiche wie bei den anderen eidetischen Orakeltechniken.

DAS SPIRALENSEHEN

Zeichnen Sie auf ein großes Blatt Papier einen Kreis mit einem Durchmesser von ca. 60 cm und in diesen Kreis eine rechtsdrehende Spirale, die mindestens sieben Windungen aufweist. Befestigen Sie das Blatt Papier an der Wand, so daß sich der Mittelpunkt der Spirale in Augenhöhe befindet. Wenn Sie das Orakel draußen im Freien durchführen, zeichnen Sie die Spirale auf einem möglichst feuchten, schlammigen Erdboden. Dies hat allerdings den Nachteil, daß Sie sich beim Sehen über die Spirale beugen müssen. Dabei können Sie leicht in die Spirale «hineingezogen» werden und in eine Volltrance abgleiten. Sollten Sie allerdings Schwierigkeiten haben, einen Trancezustand zu erzeugen, empfiehlt sich vielleicht gerade diese Vorgehensweise um so mehr.

Konzentrieren Sie sich nun zunächst auf den Mittelpunkt der Spirale, und sprechen Sie Ihre Frage laut aus. Vom Mittelpunkt ausgehend folgen Sie dann den einzelnen Windungen der Spirale. Dabei können Sie Ihren Kopf ganz leicht mitdrehen. Wenn Sie beim äußeren Kreis angelangt sind, umrunden Sie diesen viermal mit Ihrem Blick. Dann bewegen Sie Ihren Blick gegen den Uhrzeigersinn auf den Windungen zurück zum Mittelpunkt der Spirale. Vermeiden Sie dabei, mit einem plötzlichen Ruck auf dem äußeren Kreis stehenzubleiben, um die Drehrichtung zu wechseln, sondern bremsen Sie den Blick sanft ab, und wechseln Sie mit einer schwingenden Bewegung die Drehrichtung. Auch im Mittelpunkt lassen Sie die Bewegung sanft ausschwingen, wechseln die Drehrichtung und bewegen sich erneut im Uhrzeigersinn auf den Windungen zum äußeren Kreis hin. Lassen Sie sich ganz von der kreisenden Bewegung gefangennehmen. Lassen Sie nicht zu, daß sich Ihr Denken einschaltet.

Ihr Blick gleitet nun so lange wechselweise über die Spiralenwindungen, bis die Vision erscheint. Es ist möglich, daß über dem Kreis mit der Spirale plötzlich nebelartige Gebilde entstehen; versuchen

Sie nicht, diese Nebel mit Ihrem Blick zu durchdringen. Lassen Sie zu, daß sie die gesamte Spirale bedecken. Aus dem Nebel können sich dann die Bilder der Vision formen. Vielleicht nehmen Sie aber auch die Spirale plötzlich als eine glänzende, schnell herumwirbelnde Scheibe wahr. Lassen Sie diese oder andere Veränderungen zu, und warten Sie einfach ab. Es handelt sich dabei immer um Signale, die anzeigen, daß eine Vision zu Ihnen durchdringen möchte. Erschrekken Sie nicht über die Veränderung Ihrer Wahrnehmung, sondern bleiben Sie ruhig und entspannt. Versuchen Sie nicht, das Geschehen zu beschleunigen. Warten Sie geduldig ab, und öffnen Sie sich für die Vision. Wenn es Sie drängt, die Augen zu schließen, geben Sie diesem Gefühl nach. Wie schon erwähnt, ist es vollkommen unwichtig, ob die Vision mit physischen Augen gesehen wird oder vor dem geistigen Auge erscheint. Vielleicht sehen Sie aber auch keine Bilder, und die Vision offenbart sich Ihnen auf andere Art und Weise.

Beispiel

Der Fragende ist 23 Jahre alt. Er hat sein Studium vor zwei Jahren begonnen. Im Moment lebt er noch zu Hause bei seinen Eltern. Er hat eine feste Freundin. Der Fragende befindet sich nicht in einer Problem- oder Entscheidungssituation. Seit einiger Zeit experimentiert er mit verschiedenen Orakeltechniken.

Er stellt folgende Frage: *«Wie wird die nächste Woche?»*

Der Fragende konzentriert sich auf den Mittelpunkt der Spirale und fährt dann mit seinem Blick wechselweise die Windungen entlang. Nachdem er sich das achte Mal vom äußeren Kreis zum Mittelpunkt vorgearbeitet hat, hört er in weiter Entfernung ein leises Klingeln. Das Geräusch kommt immer näher und wird zunehmend lauter. Plötzlich hört der Fragende eine Stimme, doch er kann die Worte nicht verstehen. Seine Hände beginnen zu zittern, und er fühlt sich sehr schwach. Er möchte sich gerne hinlegen, doch er fühlt sich wie gelähmt. Er schließt die Augen. Jetzt hört er die Stimme sehr viel klarer, doch sie scheint noch sehr weit entfernt zu sein, da er die Worte immer noch nicht zu verstehen vermag. Er konzentriert sich auf sein inneres Zentrum. Die Stimme kommt langsam näher. Nun kann er einige Satzbruchstücke verstehen: «Wichtiger Brief ... Freunde im Ausland ... Schwierigkeiten mit Arbeitsbewilligung. Freundin wird krank. Geld ... unerwarteter Gewinn.» Die Sätze werden nun vollständiger. «Es gibt Streit mit einem Kommilitonen. Dabei spielt ein Referat eine Rolle ... Bewertung fällt mittelmäßig aus. Mutter und Vater verreisen am Wochenende, auf dieser Reise geschieht etwas Unvorhergesehenes. Es ist weder gut noch schlecht. Im wesentlichen wird die Woche normal verlaufen. Keine besonders einschneidenden Erlebnisse. Etwas Ärger, jedoch nichts Ernstes.»

Der Fragende ist ein wenig enttäuscht, daß er anfangs die Worte nicht verstehen konnte, möglicherweise ist ihm dabei etwas Wichtiges entgangen. Die ersten Bruchstücke kann er mühelos zusammensetzen. Er erwartet schon seit längerer Zeit einen Brief von einem befreundeten Ehepaar, das sich momentan in Australien aufhält. Der Ehemann hat dort eine befristete Stellung als Ingenieur inne, dessen Frau will sich auch um eine Stellung bemühen, bekommt aber offensichtlich keine Arbeitsgenehmigung. Seine Freundin ist seit gestern erkältet und wird nun wohl eine Grippe bekommen. Mit den Bruchstücken «Geld» und «unerwarteter Gewinn» kann er vorerst nichts anfangen, später stellt sich dann heraus, daß er bei einer längst vergessenen Wette mit einem Freund eine kleine Summe gewonnen hat. Der Fragende ist unzufrieden, da er eine gute Bewertung seines Referats erwartet hat. Allerdings kann er sich nicht vorstellen, deswegen mit einem Kommilitonen in Streit zu geraten, und es handelt sich dann auch nicht um einen wirklichen Streit, sondern um eine sehr heftige Diskussion über das Thema seines Referats. Die Reise seiner Eltern ist schon lange geplant, und das unvorhergesehene Ereignis besteht darin, daß sie ihren Zug verpassen. Allerdings trifft sein Vater am Bahnhof einen Freund, den er schon längere Zeit nicht mehr gesehen hat, und so ist auch das Warten auf den nächsten Zug nicht weiter schlimm.

Die Prognose erweist sich am Ende der Woche als richtig. Bis auf eine Ungenauigkeit – betreffend den Streit mit seinem Kommilitonen – trafen alle Vorhersagen ein.

LEERFLÄCHENSEHEN UND LEERFLÄCHENPROJEKTION

Zum Leerflächensehen benötigen Sie nichts weiter als eine große, ebene, möglichst einfarbige Fläche. Weiß gestrichene Zimmerwände oder -decken sind besonders zu empfehlen, Sie können aber auch eine Filmleinwand in Ihrem Zimmer aufhängen.

Konzentrieren Sie sich nun zunächst einige Zeit auf Ihre Frage, und schließen Sie dabei die Augen. Achten Sie darauf, daß Sie bequem sitzen, und entspannen Sie sich. Sprechen Sie dann Ihre Frage laut aus. Versuchen Sie nun, all Ihre Gedanken auszuschalten und auch nicht mehr an Ihre Frage zu denken. Sobald Ihr alltägliches, rationales Bewußtsein ruhiggestellt ist, öffnen Sie die Augen. Starren Sie nun auf die Fläche. Wenn Sie auf eine helle Fläche starren, können Sie dort plötzlich einen schwarzen Punkt wahrnehmen, während auf dunklen Flächen der Punkt meist hell ist und oft so stark leuchtet, daß man sich geblendet fühlt. Schließen Sie die Augen dennoch nicht, sondern warten Sie ab, bis die blendende Wirkung nachläßt. Sollten Sie dann immer noch das Bedürfnis verspüren, die Augen zu schließen, tun sie das. Manchmal wird der Punkt aber auch langsam größer, bis er nach einiger Zeit Ihr ganzes Blickfeld ausfüllt, oder es entstehen plötzlich farbige Nebel oder Schatten auf der Fläche. Lassen Sie alle Veränderungen zu, beachten Sie sie aber nicht weiter: Sie kündigen die Vision zwar an, sind aber nicht Bestandteil der Vision selbst.

Die Vision kann auch hier sowohl direkt mit den physischen Augen wahrnehmbar auf der Fläche erscheinen, sie kann jedoch auch mit dem geistigen Auge gesehen werden.

Falls es Sie nicht befriedigt, eine Vision nur mit dem geistigen Auge wahrzunehmen, können Sie sich in der Leerflächenprojektion üben. Beginnen Sie zunächst damit, ein einfaches Symbol, wie beispielsweise einen Punkt, ein Dreieck oder ein Viereck, zu imaginieren. Führen Sie diese Übung zunächst mit geschlossenen Augen durch. Nach einiger Zeit wird es Ihnen gelingen, auf Befehl das entsprechende Symbol sofort vor Ihrem geistigen Auge zu sehen. Nun können Sie versuchen, das Symbol auf eine Leerfläche zu projizieren. Imaginieren Sie, wie das Symbol langsam aus Ihrem geistigen Auge austritt, auf die Fläche zuschwebt, und halten Sie es dann auf der Fläche mit Ihrer Imaginationskraft fest. Üben Sie so lange, bis Sie das Symbol eine beliebige Zeitspanne lang auf der Fläche sehen können. Haben Sie dies geschafft, können Sie mit den Visionen auf gleiche Art und Weise verfahren: Sobald die Bilder der Vision vor Ihrem geistigen Auge entstehen, befehlen Sie ihnen, aus Ihrem geistigen Auge herauszutreten und sich auf der Fläche zu zeigen. Imaginieren Sie, wie der Bilderstrom von Ihrem geistigen Auge zur Fläche fließt. In dem Moment, in dem der Bilderstrom auf die Fläche trifft, werden sich die Bilder der Vision auf der Fläche ausformen. Lassen Sie dann die Vision wie einen Film auf der Fläche ablaufen.

Seien Sie nicht entmutigt, wenn Sie nicht sofort Erfolge verzeichnen können. Vielleicht dauert es Jahre, bis es Ihnen gelingt, die Bilder aus Ihrem Inneren auf die Fläche zu projizieren. Vergessen Sie dabei nie, daß Ihre Visionen nicht dadurch «wahrer» werden, daß Sie sie außerhalb Ihrer selbst wahrnehmen können. Sie sehen die Vision dann zwar mit Ihren physischen Augen, die sehende Instanz ist und bleibt aber Ihr nichtalltägliches Bewußtsein, und dieses kümmert es nicht, ob Sie mit Ihren physischen Augen, Ihrem geistigen Auge oder Ihren Händen sehen. Im schamanischen Bewußtseinszustand z. B. können Sie mit jedem beliebigen Körperteil sehen – sofern Ihr nichtalltägliches Bewußtsein dies für richtig hält. Bedenken Sie, daß der Wunsch, eine Vision mit den physischen Augen zu sehen, dem alltäglichen, rationalen Bewußtsein entstammt. Dieses glaubt fest daran, daß alles, was nicht mit den physischen Augen wahrgenommen werden kann, nicht existent ist, und es wird immer wieder versuchen, Ihnen zu suggerieren, daß Ihre Visionen so lange auf Einbildung beruhen, wie Sie sie nicht mit Ihren physischen Augen sehen können. Wenn Sie diesen Einflüsterungen Ihres rationalen Bewußtseins nachgeben, bleibt Ihnen nichts anderes übrig, als das Sehen mit den physischen Augen zu erlernen. Überlegen Sie sich aber gut, bevor Sie mit den Übungen beginnen, ob es sich tatsächlich lohnt, jahrelang viel Arbeit und Mühe dafür zu investieren, daß Ihr rationales Bewußtsein Ihre seherischen Fähigkeiten anerkennt.

KARTENSEHEN

Zunächst einmal müssen wir unterscheiden zwischen dem herkömmlichen Kartenlegen – auch Kartenschlagen genannt – und dem Kartensehen.

Das Kartenlegen ist normalerweise eine interpretative Orakeltechnik. Die Karten, denen jeweils eine bestimmte Bedeutung zugeschrieben wird, werden nach einem feststehenden Muster ausgelegt. Die Bedeutung der Karte und die ihrer Lage müssen kombiniert werden. Nachdem man die einzelnen Karten auf ihren Positionen gedeutet hat, müssen diese noch in einen sinnvollen Gesamtzusammenhang gebracht und auf die Frage bezogen werden (s. a. Kapitel 5, *Kartenlegen*).

Beim Kartensehen beachtet der Seher die Bedeutung der einzelnen Karten und ihrer Position meist gar nicht. Er benutzt die Karten als Konzentrationshilfe und wartet, bis eine Vision erscheint. Allerdings muß man hinzufügen, daß die meisten Kartenseher zuvor mit dem Kartenlegen begonnen haben; nach und nach kristallisierte sich dann die Fähigkeit des Sehens heraus und verdrängte die gewohnte deuterische Vorgehensweise. In vielen Fällen geht dieser Prozeß sehr langsam vonstatten, so daß der Übergang vom Deuten zum Sehen vom Kartenleger selbst meist nicht bewußt wahrgenommen wird. So wird man als Schüler eines Kartensehers, der sich selbst für einen Kartenleger hält, oft mit sehr merkwürdigen, nicht nachvollziehbaren Schlußfolgerungen konfrontiert, und man grübelt dann stundenlang oder fragt nach, wie der Meister zu seinen Schlußfolgerungen gekommen ist – und erhält meist nur die lakonische Antwort, daß dies doch alles in den Karten zu lesen sei und man sich gefälligst etwas mehr anstrengen solle. Das Kartenlegen ist im Prinzip leicht zu erlernen, die eigentliche Arbeit besteht darin, die Bedeutungen der Karten und der Positionen auswendig zu lernen und kombinatorisches Feingefühl zu erwerben. Sobald jedoch die Intuition oder gar die Fähigkeit des Sehens bei der Deutung eingesetzt wird, gelten die logisch aufgebauten Deutungsregeln und -gesetze nicht mehr. So ist verständlich, daß der Schüler eines Kartensehers, der das Kartenlegen vermitteln will, nur scheitern kann. Das Grundproblem liegt wie gesagt darin, daß der Kartenleger häufig nicht erkennt, daß er eigentlich ein Seher ist. Er beginnt mit dem Kartenlegen und bemerkt im Laufe der Zeit möglicherweise nur, daß seine Prognosen immer zutreffender werden. Diese Veränderungen schiebt er in der Regel seiner wachsenden Erfahrung und nicht der Entwicklung seherischer Fähigkeiten zu. Wenn Sie also bei einem Kartenleger in die Schule gehen wollen, beobachten Sie ihn sehr sorgfältig bei seiner Arbeit. Sie können sich sehr viel Ärger und Enttäuschungen ersparen, wenn Sie schon zu Beginn wissen, ob es sich bei Ihrem Lehrer um einen Kartenseher oder um einen Kartenleger handelt.

Meiner Meinung nach sind Tarotkarten für das Kartensehen besonders geeignet, da ihre bildlichen Darstellungen die Intuition mehr anregen als die Symbolik eines gewöhnlichen französischen oder deutschen Blattes. Andere Seher sind allerdings davon überzeugt, daß die Bildhaftigkeit der Tarotkarten eher ablenkende Wirkung hat. Experimentieren Sie ruhig mit verschiedenen Kartenspielen, um herauszufinden, welches Ihnen angenehmer erscheint und sich für Sie am besten eignet.

Es gibt zwei verschiedene Möglichkeiten, an das Kartensehen heranzugehen. Die erste besteht darin, daß Sie zunächst das Kartenlegen erlernen, bis Sie die deuterische Methode möglichst vollkommen beherrschen. Mit zunehmender Erfahrung werden Sie nach einiger Zeit fähig sein, eine zutreffende Gegenwarts- und Trendanalyse zu erstellen. Sobald Sie eine Deutung schnell und ohne lange darüber nachzudenken erstellen können, versuchen Sie, Ihre Intuition in verstärktem Maße einzusetzen. Der Deutungsprozeß läuft nahezu automatisch ab, und Sie haben währenddessen genügend Zeit, Ihre intuitiven Eindrücke zu sammeln und in die Deutung zu integrieren. Wenn Sie erst einmal begonnen haben, Ihre Intuition in verstärktem Maße einzusetzen, ist meist nur noch ein kleiner Schritt notwendig, um in den Bereich des Sehens vorzudringen.

Die zweite Möglichkeit setzt voraus, daß Sie weder das verwendete Kartenspiel noch die deuterische Vorgehensweise besonders gut kennen. Wenn Sie auch nur wenig vom Kartenlegen verstehen, verfallen Sie doch leicht in den Fehler, über verschiedene Interpretationsmöglichkeiten nachzudenken, was das eigentliche Sehen nur behindert. Wenn Sie das Kartenspiel und die Bedeutungen der einzelnen Karten gut kennen, werden Sie unwillkürlich versuchen, beide miteinander zu kombinieren – und schon sind Sie wieder in der deuterischen Vorgehensweise befangen.

Die Technik des Kartensehens

Mischen Sie das Kartenspiel zunächst gut; bei einer Beratung können Sie auch Ihren Klienten mischen lassen. In der Regel wird zwischendurch oder nach dem Mischen dreimal abgehoben, und die einzelnen Kartenstapel werden in einer anderen Reihenfolge wieder zusammengelegt. Danach wird die benötigte Anzahl Karten aus dem gefächerten Stapel gezogen oder auch von oben genommen. Entscheiden Sie selbst, ob Sie bei einer Beratung mischen, abheben und ziehen lassen oder ob Sie dies selbst verrichten wollen. Es ist üblich, daß der Klient zumindest eine dieser Arbeiten selbst durchführt, weil es allgemein als notwendig erachtet wird, daß der Klient mit den Karten in Berührung gekommen ist. Ich teile diese Ansicht nicht und führe die Vorarbeiten selbst durch.

Als erfahrener Kartendeuter legen Sie die Karten nach einem Ihnen vertrauten Legesystem aus. Sollten Sie noch keine Erfahrung mit dem Kartenlegen besitzen, wählen Sie eine der bekannten Legetechniken, ohne jedoch die Bedeutung der einzelnen Legeorte zu berücksichtigen. Sie können sich auch eine eigene Anordnungsmöglichkeit für die Karten ausdenken. Beachten Sie dabei, daß sich lineare Anordnungen für das Sehen nicht so gut eignen. Verwenden Sie lieber die Kreisform oder eine andere geometrische Figur.

Nachdem Sie die Karten ausgelegt haben, lassen Sie Ihren Blick langsam über die Karten gleiten. Schalten Sie Ihr Denken ab, und vergessen Sie alles, was Sie jemals über die Bedeutung einzelner Karten gehört haben mögen. Nun kann es geschehen, daß Ihr Blick von einer bestimmten Karte magisch angezogen wird, daß einzelne Karten «lebendig» werden oder die Kartenbilder vor Ihren Augen verschwimmen. Was auch geschehen mag, warten Sie ruhig ab. Denken Sie nicht. Bei den Tarotkarten werden Sie vielleicht erleben, wie die dargestellten Personen «lebendig» werden und sich zu bewegen beginnen. Möglicherweise nimmt eine dieser Gestalten Ihr Gesicht oder das Ihres Klienten an, und Sie können sich selbst oder Ihren Klienten wie in einem Schauspiel in einer bestimmten Situation betrachten. Ihr Verhalten, Ihr Problem oder Ihre allgemeine Lage kann in dieser Form bildlich dargestellt werden. Vielleicht nehmen Sie auch keinerlei bildhafte Veränderungen wahr, sondern schließen plötzlich die Augen und lauschen auf das, was aus Ihrem Innersten emporsteigt. Niemand weiß, auf welche Weise die Vision zu Ihnen kommen wird. Bleiben Sie ruhig und entspannt, und lassen Sie zu, daß sich Ihr Bewußtseinszustand verändert.

Wie bei allen Visionsorakeln offenbart sich auch hier die Bedeutung der Vision von selbst. Versuchen Sie deshalb nicht, die Vision zu interpretieren, falls Sie diese nicht verstehen sollten. Warten Sie einfach ab, bis sich die Bedeutung offenbart: Dies kann schon nach einigen Tagen, vielleicht aber auch erst nach Wochen geschehen.

3. Kapitel

GEISTREISENORAKEL

Das Geistreisen ist eine uralte schamanische Technik, die der Mensch seit jeher benutzt hat, um seine innere und äußere Realität zu erforschen. Der Schamane holte in der Geistreise in die nichtalltägliche Realität Kraft, Hilfe oder Wissen für einen anderen Menschen oder die Stammesgemeinschaft. Wenn z. B. die Jagdtiere ausblieben, das Wasser verfaulte oder der Stamm vom Unglück verfolgt wurde, setzte der Schamane die Technik des Geistreisens ein, um die Ursachen und eventuelle Lösungsmöglichkeiten zu finden. Aber auch die persönlichen und spirituellen Probleme des einzelnen konnten auf diese Weise angegangen werden.

Diese uralte Methode geriet mehr und mehr in Vergessenheit, ist heute aber von der modernen Psychologie wieder aufgegriffen worden. Dort kennt man sie unter dem Begriff «katathymes Bilderleben», nennt sie aber auch «Phantasiereisen», eine Bezeichnung, die mehr oder weniger impliziert, daß die Realitätsebene, die bereist wird, unserer persönlichen Vorstellungskraft entspringt. Dies kann jedoch nicht als gesicherte Tatsache betrachtet werden. Die nichtalltägliche Wirklichkeit wird ja nicht allein durch unser Vorstellungsvermögen und unsere Phantasie erschaffen, sondern existiert auch außerhalb von uns und auch ohne unsere Mitwirkung. Für all jene, die die nichtalltägliche Realität erfahren haben, bedeutet der Begriff «Phantasiereise» eine Einschränkung. Aus diesem Grund spreche ich lieber von «Geistreisen», um eine neutralere Bezeichnung zu verwenden.

Ich will Ihnen hier nicht den Glauben an eine nichtalltägliche Realität aufzwingen. Wenn Ihnen deren Existenz unannehmbar erscheint, können Sie auch davon ausgehen, daß Sie sich beim Geistreisen in die Bilderwelt Ihres Unbewußten begeben. Der Erfolg dieser Orakelmethode hängt nicht davon ab, auf welche Weise wir das Geistreisen zu erklären versuchen; entscheidend ist allein, daß Sie dabei das Wissen und die Hilfe bekommen, die Sie benötigen. Sie können sich vorstellen, in die Welt Ihres Unbewußten zu reisen, oder Sie können sich vorstellen, in die nichtalltägliche Wirklichkeit zu reisen – mit den gleichen Ergebnissen und dem gleichen Erfolg.

Die Geistreisenorakel unterscheiden sich von den Visionsorakeln dadurch, daß der Seher direkt am Geschehen beteiligt ist. Er steuert zu einem gewissen Teil die Aktionen und Reaktionen, gibt dem Geschehen eine bestimmte Richtung und entscheidet, auf welche Art und Weise er dem Geschehen begegnen will. Dies alles wird wiederum nicht von seinem rationalen, alltäglichen Bewußtsein geleitet, sondern von seinem nichtalltäglichen Bewußtsein. Der Seher muß also lernen, sein nichtalltägliches Bewußtsein so weit zu entwickeln, daß er sich in dieser ihm fremden Welt frei bewegen kann. Wir können dies auch mit dem Verhalten im Traumzustand vergleichen: Die meisten Menschen sind normalerweise nicht fähig, ihr Verhalten und das gesamte Geschehen in der Traumwelt zu kontrollieren und zu steuern. Nach einer gewissen Schulungszeit ist jedoch jeder Mensch in der Lage, sein Traum-Ich zu kontrollieren, auf daß es bestimmte Dinge tun oder lassen kann, um dem Traumgeschehen eine andere Richtung zu geben. So verhält es sich auch mit dem nichtalltäglichen Bewußtsein. Eine Geistreise in die nichtalltägliche Wirklichkeit gleicht der Reise in ein fremdes Land. Wenn Sie beispielsweise zwei Wochen in Japan verbracht haben, werden Sie dieses Land kaum kennen. Sie waren als Tourist dort, haben die Sehenswürdigkeiten bestaunt, sich über die merkwürdigen Lebensgewohnheiten der Japaner gewundert und unter Sprachschwierigkeiten gelitten. Andererseits haben Sie aber auch aufregende Dinge erlebt, schöne Gegenden gesehen und vielleicht auch nette Menschen kennengelernt. Ähnlich kann es Ihnen bei einer Geistreise ergehen: Sie kommen zunächst als «Astraltourist» in dieses fremde Land, das wir «nichtalltägliche Realität» nennen, und werden einige Zeit brauchen, um sich dort zurechtzufinden, sich den dort herrschenden Gesetzen anzupassen und Freunde zu gewinnen. Wie als Tourist in der alltäglichen Wirklichkeit, sollte man auch in der nichtalltäglichen Wirklichkeit darauf achten, sich den Gesetzen des fremden Landes anzupassen, denn auch einem «Astraltouristen» wird man nicht freundlich begegnen, wenn er sich arrogant und selbstherrlich benimmt oder im Glauben verharrt, man hätte nur auf ihn gewartet.

Der Eingang in die nichtalltägliche Wirklichkeit erfolgt über ein Symbol, einen Gegenstand oder eine Pflanze. Bei einer Tattwareise konzentrieren Sie sich beispielsweise auf ein farbiges Symbol, das Sie so lange anstarren, bis sein Abbild in der Komplementärfarbe sichtbar wird, sobald Sie die Augen schließen. Dieses Symbol ist das Tor, durch das Sie nun geistig hindurchgehen, und Sie erblicken nun mit Ihrem dritten Auge eine Landschaft der nichtalltäglichen Realität.

Möglicherweise sehen Sie eine Vegetation, die der unseren gleicht, Tiere, die Sie zumindest auf Bildern schon einmal gesehen haben, und Wesen von menschenähnlicher Gestalt. Vielleicht finden Sie sich aber auch in einer Welt wieder, in der Ihnen nichts, aber auch gar nichts bekannt ist. Es ist auch möglich, daß Sie beim ersten Versuch nur einen unendlichen schwarzen Raum wahrnehmen, in dem Sie nichts erkennen können und den Sie dann so lange durchschreiten müssen, bis Sie an einen anderen Ort der nichtalltäglichen Realität gelangen. Sie werden nie im voraus wissen können, wie eine Geistreise verläuft, lernen mit der Zeit die nichtalltägliche Realität aber immer besser kennen, so daß Sie aus früheren Geistreisen bekannte Orte mühelos wieder aufsuchen können. Nähere Erläuterungen dazu folgen bei den Beschreibungen der einzelnen Techniken.

Während Sie bei der Arbeit mit den Visionsorakeln nur unbeteiligter Zuschauer sind, sind Sie bei einer Geistreise unmittelbarer Bestandteil des Geschehens. Dies gibt Ihnen die Möglichkeit, wesentlich spezifischere Informationen zu erhalten, aber auch die Chance, gewisse Probleme schon *während* der Geistreise zu lösen, was Sie über den Rahmen der Orakelkunst hinaus in den Bereich der Magie bzw. des Schamanismus führt. Ob Sie diese Möglichkeit der Problemlösung nutzen wollen, bleibt Ihrem Urteil überlassen.

TATTWAREISEN

Die ursprünglich aus Indien stammenden Tattwasymbole eignen sich hervorragend als Tor in die nichtalltägliche Wirklichkeit. Wir unterscheiden fünf verschiedene Tattwasymbole (s. a. Abb. 11 und Farbtafel I):

1. ein aufrechtstehendes rotes Dreieck
2. ein gelbes Quadrat
3. ein blauer Kreis
4. ein liegender silberner Halbmond
5. ein violettes, schwarzes oder auch weißes Ei

Das rote Dreieck wird dem Element Feuer zugeordnet, das gelbe Quadrat dem Element Erde, der blaue Kreis dem Element Luft, der silberne Halbmond dem Element Wasser und das violette, schwarze oder weiße Ei dem Element Geist oder Akasha. Bei Geist oder Akasha handelt es sich allerdings nicht um ein Element im eigentlichen Sinne, sondern es steht über den vier anderen Elementen und bildet deren Summe bzw. Quintessenz. Da dieses sogenannte 5. Element nur sehr schwer zu erfassen ist, wird es bei der Arbeit mit Geistreisen erst dann erforscht, nachdem die anderen vier Elemente bereist und erfahren wurden. Aus diesem Grund wollen wir uns hier zunächst mit den vier Grundelementen beschäftigen.

Die vier Elemente Feuer, Erde, Luft und Wasser bilden die Urkräfte, die Grundprinzipien, die in allen Existenzformen enthalten sind. In allem, was wir betrachten, werden wir mindestens eines, meist jedoch mehrere dieser Grundprinzipien wiederfinden.

Die Lehre von den vier Elementen ist schon sehr alt und wurde immer wieder herangezogen, um die Schöpfung, den Kosmos, das Leben und alle Phänomene unserer wahrnehmbaren Welt zu veranschaulichen oder gar zu erklären. In vielen traditionellen okkulten

Lehren bilden die vier Elemente die Grundlage des magischen Weltbildes. In der Astrologie sprechen wir beispielsweise von Feuer-, Erd-, Luft- oder Wasserzeichen, in der Kabbala unterscheiden wir die vier kabbalistischen Welten, und im Tarot werden die kleinen Arkana in vier verschiedene «Farben» (Schwerter, Stäbe, Münzen und Kelche) unterteilt. Alles, was in unserer Welt existiert, läßt sich durch das Zusammen- und Gegeneinanderwirken dieser vier Urkräfte beschreiben. Wenn wir also diese vier Grundqualitäten verstanden haben, sind wir fähig, die Elemente als Analogiesystem für jede Situation oder Angelegenheit unseres Lebens anzuwenden und so die grundlegenden Energiebewegungen in uns selbst und unserer Umwelt besser erfassen und handhaben zu können.

Das Element Feuer

Das Element Feuer stellt die vitalen oder auch triebhaften Kräfte in uns dar. Das Feuer treibt uns an, und es ist Kraft und Wille gleichzeitig. Die Kraft des Feuers ist schwer zu bezähmen. Sie macht uns ungeduldig und führt häufig zu unüberlegten Handlungen, denn das Feuer ist die Aktion, und die Aktion ist ihm oft wichtiger als das, was durch sie erreicht werden kann. Das Feuer ist expansiv und gibt uns Durchsetzungskraft. Es ist der Überlebenswille und die Überlebenskraft, die uns oft auch rücksichtslos gegenüber den Bedürfnissen anderer Menschen handeln läßt. Das Feuer bestimmt unsere Ich-Behauptung, die Sexualität, die Vitalenergie und die Lebensfreude, unser kämpferisches Potential, unsere Durchsetzungskraft und den Willen zur Freiheit, Unabhängigkeit und Selbständigkeit.

Das Element Wasser

Das Element Wasser bezeichnet die emotionalen und intuitiven Kräfte in uns. Es ist das Prinzip der Anpassung, der Hingabe und Auflösung. Es herrscht über unser Unbewußtes, über unsere Träume und über unsere intuitive Wahrnehmung. Wir bewegen uns in einer Welt, in der alles fließend ist, in einer bildhaften, noch ungeformten Realität. Das Element Wasser ist im Gegensatz zum Element Feuer passiv und empfangend. Es setzt sich nicht aktiv und aggressiv durch, sondern weicht aus, benützt Umwege und gelangt schließlich doch ans Ziel. Es bestimmt unser Gefühlsleben, die Empfindungsfähigkeit, die Sensibilität, die Intuition, die Anpassungsfähigkeit und unser Bedürfnis nach Verinnerlichung, nach Introspektion.

Das Element Erde

Das Element Erde stellt die bewahrende Kraft in uns dar. Wie das Element Wasser gehört auch das Element Erde zum passiven und empfangenden Prinzip; doch während das Wasser beweglich und anpassungsfähig ist, besitzt das Erdelement einen festen, harten und starren Charakter. Es ist ausdauernd und beharrlich. Das Element Erde herrscht über die Belange der Materie, der alltäglichen Realität. Es bestimmt unser Realitätsbewußtsein, unsere Vernunft, die Fähigkeit, konzentriert und ausdauernd – wenn auch meist langsam und bedacht – ein Ziel zu verfolgen, und die Fähigkeit, alltägliche Belange vernünftig und vorsichtig zu regeln.

Das Element Luft

Das Element Luft bezeichnet unsere geistigen und intellektuellen Kräfte. Es ist das Prinzip der Beweglichkeit, der Leichtigkeit und der Veränderung. Das Element Luft herrscht über die Bereiche des Denkens, der Sprache, der geistigen Wahrnehmung, über Reflexion und über das Spiel. Wir bewegen uns in der Welt der Gedanken und Ideen, der Realität des Geistes. Das Luftelement gehört, wie das Feuerelement, zum aktiven und expansiven Prinzip. Wir sprechen auch von den beiden weiblichen Elementen (Wasser und Erde) und von den beiden männlichen Elementen (Feuer und Luft).

Der Fragende ordnet zunächst sein Problem oder die Angelegenheit einem der vier Elemente zu. Handelt es sich beispielsweise um ein finanzielles Problem oder um eine berufliche Angelegenheit, ist das Element Erde zuständig. Sind die beruflichen Probleme aber entstanden, weil der Fragende zuwenig Durchsetzungsvermögen besitzt, unternimmt er die Geistreise besser ins Feuer-Tattwa. Für persönliche Beziehungen ist meist das Wasserelement zuständig, bei einer sehr engen Bindung, wie beispielsweise einer Ehe, kann jedoch auch das Erdelement zugeordnet werden, und sexuelle Probleme gehören zum Feuerelement. Bei Lern- oder Sprachproblemen ist eine Geistreise ins Luftelement angezeigt; sind die Probleme aber durch mangelnde Konzentrationsfähigkeit bedingt, ist eher eine Reise ins Erd-Tattwa angezeigt, da Konzentrationsfähigkeit traditionell dem Erdelement zugeordnet wird.

Es ist sicherlich nicht immer einfach, eine Angelegenheit einem bestimmten Element zuzuordnen, besonders dann nicht, wenn der Fragende sein Problem nicht klar erkennt. Verlassen Sie sich auf Ihre Intuition und versuchen Sie nicht, die Angelegenheit allzu analytisch anzugehen. Meist gibt es verschiedene Zuordnungsmöglichkeiten, die alle mehr oder weniger logisch begründet werden können. Es ist auch nicht weiter tragisch, wenn Sie einmal eine Geistreise in ein «falsches» Element unternehmen. Das Schlimmste, was dabei passieren kann, ist, daß Sie dort keine Antwort auf Ihre Frage erhalten, sondern angewiesen werden, ein anderes Element zu bereisen.

Die Technik des Geistreisens

Fertigen Sie sich zunächst einen kompletten Satz der sogenannten «Tattwakarten» an, indem Sie aus farbiger Pappe die fünf verschiedenen Symbole ausschneiden und sie auf fünf gleich große weiße oder schwarze Pappquadrate von mind. 20×20 cm kleben (s. Abb.). Anstelle der Pappquadrate können Sie auch weiß oder schwarz gestrichene Holzplatten verwenden.

Bevor Sie die Technik des Geistreisens zu Orakelzwecken einsetzen, sollten Sie jede Elementsphäre mindestens einmal bereist haben, ohne dabei ein bestimmtes Ziel zu verfolgen. Die erste Tattwareise dient nur dem Zweck des Kennenlernens – so wie Sie in der alltäglichen Realität ein fremdes Land, mit dem Sie Geschäftsbeziehungen pflegen wollen, auch zuerst einmal bereisen, um sich dort umzuschauen, alles genau zu beobachten und erste Kontakte zu knüpfen.

Bereisen Sie zunächst die vier Elementsphären Feuer, Wasser, Erde und Luft, bevor Sie sich mit dem Geist-Tattwa beschäftigen. Versuchen Sie das Charakteristische jeder Elementsphäre herauszufinden, und halten Sie all Ihre Erfahrungen schriftlich fest. Sie können während der Geistreise das gesamte Geschehen auch laut beschreiben und auf Tonband aufzeichnen und nachträglich auswerten.

Für die erste Tattwareise empfehle ich meist das Erdelement, da dies die kräftigsten und beständigsten Formen und Strukturen aufweist und sich deshalb für den Anfänger besonders gut eignet. Wie schon an anderer Stelle erwähnt, ist die nichtalltägliche Realität oder die Bilderwelt unseres Unbewußten nicht so stofflich und beständig gestaltet wie die alltägliche Realität. Es kann also durchaus geschehen, daß Sie während einer Tattwareise Bilder sehen, die sich sofort wieder auflösen und zu neuen Bildern formen. Es ist aber auch möglich, daß Sie in Sekundenschnelle von einer Landschaft zur andern überwechseln, und Sie werden feststellen, daß Sie sich blitzschnell von einem Ort zum anderen bewegen können. Sie müssen sich darauf einstellen, daß in der nichtalltäglichen Realität die gewohnten Gesetze von Zeit und Raum nicht gelten, was Ihnen besonders stark bei einer Geistreise in das Luft-Tattwa bewußt werden wird. Die endgültige Entscheidung, welches Tattwa Sie zuerst bereisen wollen, liegt bei Ihnen.

Tattwa-Karten
(siehe auch Farbtafel I im Anhang)

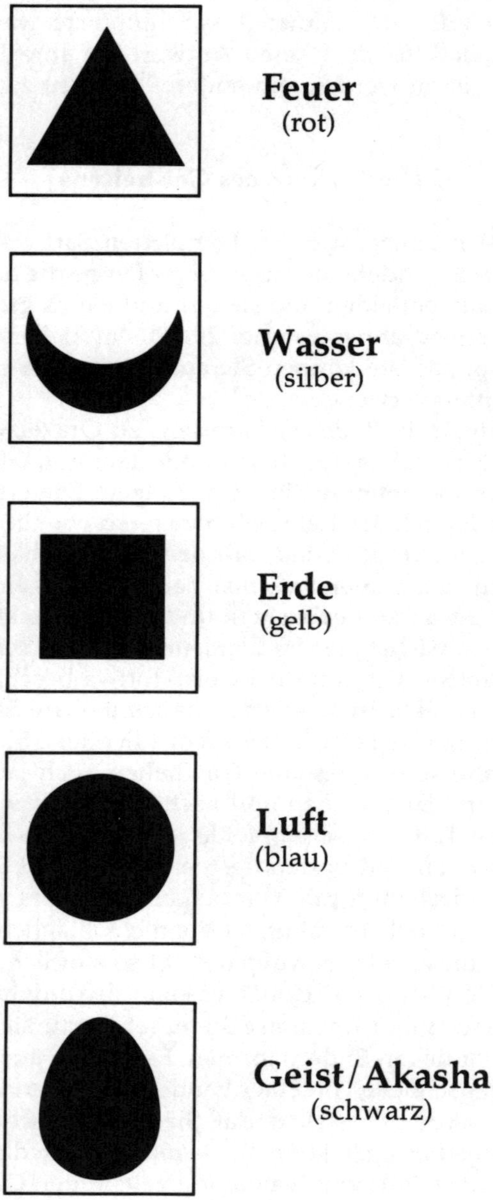

Abb. 11

Nachdem Sie sich für ein Tattwa entschieden haben, suchen Sie die entsprechende Tattwakarte heraus. Starren Sie eine Zeitlang auf das Symbol, möglichst ohne zu blinzeln. Wenn Sie danach die Augen schließen, werden Sie das Abbild des Symbols in seiner Komplementärfarbe wahrnehmen:

Tattwa	Farbe	Komplementärfarbe
Erde	gelb	violett
Feuer	rot	grün
Wasser	silber	grau
Luft	blau	orange
Akasha	schwarz	grau
	(violett)	(gelb-braun)
	(weiß)	(grau)

Das Abbild bleibt meist nur kurze Zeit auf der Netzhaut, es empfiehlt sich deshalb, das Abbild durch die eigene Imaginationskraft zu verstärken. Wenn Sie also in das Erd-Tattwa reisen wollen, sollten Sie das violette Quadrat mit ihrem dritten Auge deutlich wahrnehmen können, bei einer Reise ins Feuer-Tattwa das grüne Dreieck, beim Wasser-Tattwa den grauen Mond, beim Luft-Tattwa den orangefarbenen Kreis und beim Akasha-Tattwa das graue bzw. gelb-braune Ei.

Gehen Sie nun geistig durch dieses Symbol hindurch. Betrachten Sie das Symbol als Tor in die nichtalltägliche Wirklichkeit. Sie können langsam auf dieses Tor zugehen und hindurchschreiten, sie können aber auch schnell hindurchspringen. Die zweite Technik ist oft leichter für einen Anfänger, weil sich das ängstliche rationale Bewußtsein an diesem Punkt gern einmischt und ein Durchschreiten verhindern will. Mit einem schnellen Sprung nimmt man dem rationalen Bewußtsein die Gelegenheit, sich einzuschalten. Probieren Sie aus, welche Technik bei Ihnen besser funktioniert.

Nachdem Sie durch das Symbol hindurchgegangen oder -gesprungen sind, befinden Sie sich in der Welt des Elements, das Sie ausgewählt haben. Wenn Sie also beispielsweise durch das grüne Dreieck gegangen sind, befinden Sie sich nun in der Welt des Feuers.

Jede Elementwelt verfügt über ganz individuelle Merkmale, die sie von den anderen Welten abgrenzt. Die Atmosphäre in der Feuerwelt ist beispielsweise meist trocken und heiß, während die der Wasserwelt eher kühl und feucht ist. In der Feuerwelt herrschen die Farben Rot, Gelb und Gold vor, während wir in der Wasserwelt verschiedene Blauschattierungen, dunkle Grüntöne und Silber vorfinden. Die Erdwelt trägt vorherrschend die Farben Grün, Braun, Ocker und Schwarz, während wir in der Luftwelt selten kräftige Farbtöne vorfinden werden, sondern leichte Farbtönungen, hellblaue und weiße Farben. Niemand kann vorhersagen, wie die Landschaft, in die Sie geraten, aussehen wird. Aus diesem Grunde möchte ich mich hier auch mit weiteren Beschreibungen der Elementwelten zurückhalten, um keine Erwartungshaltung zu wecken. Es gibt zwar einige mehr oder weniger allgemeingültige Kennzeichen, wie z. B. vorherrschende Farben, Atmosphäre etc., doch die Details werden von jedem Menschen unterschiedlich wahrgenommen. Es gibt keine allgemeingültigen Strukturen in der nichtalltäglichen Realität; wir können allerdings erstaunliche Ähnlichkeiten in Berichten verschiedener Personen über Geistreisen vorfinden. Wenn beispielsweise fünf verschiedene Menschen eine Geistreise in das Wasser-Tattwa unternehmen, werden die Erfahrungen sehr unterschiedlich sein, doch es wird auch einige Übereinstimmungen geben. Wir sind (noch) nicht in der Lage, dieses Phänomen zu erklären, fest steht nur, daß es diese Synchronizitäten gibt. Die fünf Personen, die das Wasser-Tattwa bereist haben, werden die Wasserwelt aller Wahrscheinlichkeit nach übereinstimmend als «kühl und feucht» beschreiben. Erstaunlich daran ist, daß die Aussage einer reisenden Person, die über keinerlei Vorkenntnisse verfügt, übereinstimmend ausfällt. Wenn Sie wissen, daß dem Wasserelement Feuchtigkeit und Kühle zugeordnet werden, sind Sie mehr oder weniger darauf programmiert, das Wasserelement in dieser Form wahrzunehmen. Doch auch ein Mensch, der über die Symbolik der Elemente gar nichts weiß, wird in der Regel Feuchtigkeit und Kühle wahrnehmen. Gelegentlich kann es auch schon einmal vorkommen, daß sich Beschreibungen von Geistreisen auch in den Details ähneln, doch ist dies nicht die Regel. Wie schon gesagt, gibt es keine rationale logische Erklärung für diese Phänomene. Der Glaube an die Existenz einer nichtalltäglichen Realität ist möglicherweise aus dem Versuch heraus entstanden, derlei Phänomene in ein rationales, scheinbar vernünftiges System zu pressen. Es wurde der Begriff «nichtalltägliche Realität» geprägt, und es gab in den letzten Jahren zahlreiche Versuche, diese für uns fremde Welt zu beschreiben. Wir dürfen uns jedoch nicht darüber hinwegtäuschen, daß wir trotz allen wissenschaftlichen Fortschritts immer noch nicht erklären können, was diese nichtalltägliche Realität denn nun eigentlich ist und wie sie funktioniert. Wir können zunächst nur festhalten, daß wir die nichtalltägliche Realität geistig bereisen und dort Hilfe, Kraft oder Wissen finden können.

Beispiel 1

Hier handelt es sich um den Bericht einer Geistreise ins Erdelement. Die Geistreise wurde nicht zum Zweck der Orakelbefragung durchgeführt, sondern zum Kennenlernen der Elementwelt.

Nachdem ich durch das violette Quadrat hindurchgesprungen war, befand ich mich in einem dunklen Raum. Es war so dunkel, daß ich fast nichts erkennen konnte. Die Wände des Raumes waren aus grob behauenem Fels. Ich ging an den Wänden entlang und versuchte einen Ausgang zu finden – allerdings ohne Erfolg. Ich klopfte die Wände ab, denn ich war sicher, daß es einen Ausgang gab. Nach einer gewissen Zeitspanne, die mir nahezu endlos erschien, gab ich auf. Ich fühlte mich sehr erschöpft und voller Verzweiflung. Ich lehnte mich gegen die rauhe Felswand. Eine innere Stimme sagte mir dann plötzlich, daß ich mit aller Kraft gegen diese Wand drücken müßte. Ich folgte der Anweisung und war völlig überrascht, als die Wand tatsächlich nachgab. Vor mir lag nun ein dunkler Tunnel. Ich ging in den Tunnel hinein, kam jedoch nur sehr langsam vorwärts, da der Boden mit zähem Schlamm bedeckt war. Es kostete mich viel Mühe, mich zu bewegen, und mir war kalt. Endlich gelangte ich an ein großes schweres Tor, und wie ich gerade überlegte, wie es wohl zu öffnen sei, schwang das Tor auf. Ich sah mich zwei Wächtern gegenüber, die ihre Speere auf mich richteten. Sie sagten mir, daß ich gerade im Begriff sei, das Reich des Herrschers zu betreten, und daß es ihre Aufgabe sei, jeden zu prüfen, der Einlaß begehre. Sie fragten nach meinem Namen und nannten dann ihre eigenen. Ich konnte es nicht genau verstehen, aber es klang wie «Esa» und «Brugo». Sie tasteten mich am ganzen Körper ab und ließen mich dann eintreten. Ich gelangte in einen großen Hofgarten, in dem verschiedene Pflanzen und Bäume wuchsen, die mir sehr fremdartig erschienen. Ich durchquerte den Garten und stand plötzlich vor einem riesigen Ungeheuer. Ich schrak zurück, doch das Ungeheuer bedeutete mir, ich solle mich nicht fürchten. Sein Name sei Macoran, und seine Aufgabe sei, die «Neulinge» zum Herrscher zu führen. Gemeinsam betraten wir ein großes Haus, das aus gelblichen Steinen erbaut war. Wir gingen durch endlose Gänge. Es begegnete uns niemand. Dann gelangten wir in eine riesige Halle, die jedoch völlig schmucklos war. Hinter einem schweren, hölzernen Tisch saß eine alte Frau. Sie war in dunkles Leinen gekleidet, und ihr Haar wurde von einer Art Schleier bedeckt. Sie hielt sich sehr gerade, und sie machte einen sehr kraftvollen Eindruck, obwohl sie wirklich schon sehr, sehr alt sein mußte. Sie sprach mit rauher, heiserer Stimme: «Die Leute hier nennen mich ‹Den Herrscher›. Ich habe dich erwartet. Du kommst spät und ohne ein wirkliches Anliegen. Komm wieder, wenn du eine Frage hast, wenn du wirklich bereit bist, zu lernen.» Ich sagte: «Aber ich will doch lernen. Ich bin bereit.» Sie winkte ab und meinte: «Nein, nein – geh jetzt. Du bist noch nicht bereit.»

Das Ungeheuer schob mich vor sich her auf den Ausgang zu. Ich wollte eigentlich noch nicht gehen, wollte aber auch nicht aufdringlich erscheinen, und so ließ ich mich vom Ungeheuer zurückführen. Ich verabschiedete mich von den Wächtern und dem Ungeheuer und ging den gleichen Weg zurück durch den Tunnel. Als ich den Felsenraum betrat, sah ich auch schon gleich das violette Quadrat und sprang hindurch.

Dieser Bericht einer Geistreise ist relativ typisch. Gerade bei der ersten Geistreise stößt der Reisende häufig auf einen Widerstand; in diesem Fall war es der Raum, aus dem es keinen Ausgang gab. Diese Widerstände stellen meist eine Art Prüfung dar, oder anders ausgedrückt: Die Wesen der nichtalltäglichen Realität wollen zunächst herausfinden, wie ernsthaft das Interesse des Reisenden wirklich ist. Aus diesem Grund stellen sie ihn vor gewisse Probleme, die er lösen muß. Die Schwierigkeiten sind allerdings nie unüberwindbar, oft benötigt der Reisende nur genügend Beharrlichkeit, um eine Lösung zu finden. Bringt er diese jedoch nicht auf, zeigt er damit, daß sein Interesse nicht ernsthaft ist. Beharrlichkeit ist besonders im Erdelement notwendig. Im Feuerelement werden häufig auch die Willenskraft und das Durchsetzungsvermögen geprüft. Im Wasserelement geht es vielfach darum, unangenehme Dinge geschickt zu umgehen, während im Luftelement die Aufmerksamkeit und Intelligenz geprüft werden. Dabei ist nicht entscheidend, daß der Fragende die ihm gestellte Aufgabe perfekt löst – viel wichtiger ist, daß er sich anstrengt, daß er sein ernsthaftes Interesse bekundet.

In unserem Beispiel traf der Reisende gleich auf zwei Widerstände: 1. der Raum ohne Ausgang und 2. die zwei Wächter. Da der Reisende das erste Hindernis nach vielen Mühen erfolgreich überwunden hatte, war die zweite Prüfung eher eine Formalität. Es hätte jedoch auch geschehen können, daß der Reisende erst lange Diskussionen mit den Wächtern hätte führen müssen. In allen Elementsphären treten diese Wächter in Erscheinung, und fast jeder Reisende begegnet einem von ihnen früher oder später. Sie erscheinen meist in menschenähnlicher Gestalt, gelegentlich aber auch in Tierform oder in Gestalt eines mehr oder minder bösartigen Fabelwesens.

Damit wären wir auch schon zu einem weiteren wichtigen Punkt gelangt, nämlich zur Identifizierung der Wesenheiten, denen man bei der Reise begegnet. In unserem Beispiel nennen alle Wesenheiten ihren Namen unaufgefordert. Dies ist jedoch keineswegs die Regel.

Häufig muß der Reisende nach dem Namen der jeweiligen Wesenheit fragen. Gelegentlich trifft man in den Elementsphären auch auf Wesenheiten, die dort eigentlich nicht hingehören und deren hauptsächliches Vergnügen es ist, den Reisenden in die Irre zu führen. Deshalb ist es äußerst wichtig, daß der Reisende immer nach dem Namen des Wesens fragt, sofern es ihn nicht von selbst nennt. Der Reisende soll zunächst höflich nach dem Namen fragen. Wenn sich die Wesenheit weigert, ihren Namen zu nennen, oder versucht abzulenken, muß man die Frage in bestimmtem, befehlendem Ton wiederholen. Erhält der Reisende auch darauf keine Antwort, spricht er folgende Worte: «Ich befehle dir im Namen des(r) Feuers (Wassers, Erde, Luft) – sage mir deinen Namen!», wobei man den Namen des Elements wählt, in dem man sich gerade befindet. Daraufhin wird die Wesenheit entweder ihren Namen nennen, oder sie verschwindet.

Treten sie allen Wesenheiten, denen Sie begegnen, freundlich gegenüber, doch bleiben Sie immer wachsam. Wenn Sie zu vertrauensselig sind, können Sie gelegentlich eine böse Überraschung erleben. Sie befinden sich zwar auf fremdem Territorium, doch niemand hat das Recht dazu, sie zu zwingen, etwas gegen Ihren eigenen Willen zu tun. Versuchen Sie herauszufinden, welchen Wesenheiten Sie vertrauen können und bei welchen Vorsicht angezeigt ist. Bei Ihrer Beurteilung dürfen Sie sich nicht auf den äußeren Schein verlassen. Manche Wesenheiten – das gilt besonders für die des Erdelements – verhalten sich oft recht mürrisch, barsch und autoritär, wie z. B. die alte Frau, die «der Herrscher» genannt wurde. Diese unfreundliche Verhaltensweise ist nicht zwingend ein Anzeichen dafür, daß die Wesenheit dem Reisenden nicht wohlgesinnt ist. Zum einen kann von Wesenheiten des Erdelements keine Freundlichkeit erwartet werden, da dies nicht ihrer Natur entspricht, und zum anderen wird Unfreundlichkeit auch oft als didaktisches Mittel eingesetzt, um dem Reisenden klarzumachen, wie klein und unwissend er im Grunde genommen ist. Seine festgefahrenen Denkmuster sollen zumindest für einen Moment außer Kraft gesetzt werden, damit er wirklich in der Lage ist, die Hilfe, das Wissen oder die Kraft anzunehmen, um die er ja gebeten hat.

Sollte Ihnen je ein Wesen begegnen, das Ihnen ganz offensichtlich feindlich gesonnen ist, zögern Sie nicht, sich zu wehren. Mit Situationen des offenen Kampfes müssen Sie besonders bei einer Geistreise ins Feuerelement rechnen. Auch diese Kämpfe können eine Prüfung darstellen. Wenn Sie also einem Wesen begegnen, das Sie angreift, müssen Sie sich Ihrer Haut wehren.

Sie mögen nun vielleicht einwenden, daß das ganze Geschehen doch nur auf der geistigen Ebene stattfinde und Sie gar nicht wirklich verletzt werden können. Dazu ist folgendes zu sagen:

1. In dem Moment, in dem Sie der Bedrohung oder der Gefahr gewahr werden, ist diese für Sie völlig real. Sie befinden sich zwar in einer anderen Realität, doch dies beeinflußt nicht zwangsläufig Ihre Reaktionsweisen. Wenn Sie sich also einer Gefahr gegenüber sehen, wird Ihnen Ihr Instinkt befehlen, wegzulaufen, zu kämpfen etc. Sie empfinden die gleiche Angst, Wut oder Freude wie in der alltäglichen Realität. Der Unterschied liegt darin, daß Sie die *Möglichkeit* haben, auf andere Weise mit der Situation umgehen zu können. Wenn Sie sich in der nichtalltäglichen Realität befinden, ist diese für Sie in dem Moment die einzige Realität. Sie werden gar nicht auf den Gedanken kommen, daß es noch eine andere Realität gibt, der Sie eigentlich angehören, und daß Sie deshalb unverletzbar sind.

2. Da Menschen von verschiedenen Krankheiten geheilt werden konnten, indem sie sich bei einer Geistreise von Wesenheiten der nichtalltäglichen Realität behandeln ließen, ist es nur logisch, daß sie auf diese Weise auch geschädigt oder verletzt werden können. Doch hiermit bewegen wir uns schon wieder weit in den Bereich der Magie bzw. des Schamanismus hinein. Wer sich für das Thema Heilung mittels Geistreisen interessiert, sei auf die einschlägige Literatur über Schamanismus verwiesen.

Beispiel 2

Erinnern wir uns noch einmal an das erste Beispiel. Die alte Frau hat dem Reisenden nahegelegt, sie erst dann wieder aufzusuchen, wenn er eine Frage an sie habe, wenn er bereit sei, etwas zu lernen.

Einige Monate sind seither verstrichen, und der junge Mann gerät plötzlich in finanzielle Schwierigkeiten. Er arbeitet als freiberuflicher Graphiker und hat in der letzten Zeit nur wenige Aufträge erhalten. Er unternimmt eine zweite Geistreise, mit dem Ziel, die alte Frau aufzusuchen und sie zu fragen, welche Lösungsmöglichkeiten es für sein Problem gibt. Es folgt der Bericht seiner zweiten Geistreise:

> *Nachdem ich durch das violette Dreieck gesprungen war, gelangte ich wieder in den dunklen Felsenraum. Ich lehnte mich an die Wand, die diesmal sofort nachgab. Ich ging durch den Tunnel und wurde am Tor von den Wächtern Esa und Brugo empfangen. Sie ließen mich passieren. Als ich den Hofgarten durchquerte, erwartete ich eigentlich auf das Ungeheuer zu stoßen, doch es war nirgendwo zu sehen. Ich versuchte also den Weg allein wiederzufinden, was mir einige Schwierigkeiten bereitete. In den zahlreichen, verwinkelten Gängen verlor ich einige Male die Orientierung, doch ich begegnete niemandem, den ich hätte fragen können. Nachdem ich mich hoffungslos*

verlaufen hatte, fand ich mich völlig überraschend in der großen Halle wieder. Ich hatte den Verdacht, daß die Halle keinen festen Platz im Haus innehatte, sondern sich gerade dort manifestierte, wo es ihr Spaß machte.

Die alte Frau saß hinter dem Holztisch. Sie war damit beschäftigt, verschiedene Symbole auf metallene Plättchen zu zeichnen. Als ich sie ansprach, blickte sie kurz auf und bedeutete mir zu warten. Nach einer Weile richtete sie sich auf und musterte mich von Kopf bis Fuß. Sie sprach: «Da bist du ja wieder.» Nach einer Pause fuhr sie fort: «Ja. Diesmal ist es dir ernst.» Ich schilderte ihr mein Problem und fragte sie, was ich tun könnte, um neue Aufträge zu bekommen. Sie konzentrierte sich kurze Zeit und schloß dabei die Augen. Dann sagte sie: «Du sollst jeden Morgen die Zeitung lesen. Und – die nächsten zwanzig Tage sollst du an jedem Abend ein Stück Brot mit Salz essen und dich in Ehrfurcht vor der Erde verneigen. Das ist alles. Du kannst jetzt gehen.» Ich versuchte noch, mich bei ihr zu bedanken, doch es schien mir, als wollte sie mich möglichst schnell loswerden. Ich ging dann den gleichen Weg wieder zurück, durchquerte den Hofgarten, verabschiedete mich von den Wächtern etc.

Der Fragende führt sorgfältig auch über die nächsten zwanzig Tage Buch. Er schreibt:

Ich verstehe zwar nicht so recht, warum ich Zeitung lesen soll, aber irgendeinen Sinn wird es schon haben. Es wäre besser, wenn ich wenigstens wüßte, worauf ich achten muß. Meinte die alte Frau die Stellenangebote? Wenn ja, warum hat sie das dann nicht gesagt? Im Moment lese ich die ganze Zeitung von vorne bis hinten.

Am fünften Tag habe ich unter der Rubrik Stellenangebote eine Anzeige gefunden, die mich sehr merkwürdig berührte. In dem Augenblick, als ich sie las, wußte ich genau, daß es dies war, worauf ich die ganze Zeit gewartet hatte. Allerdings wurde in der Anzeige erwähnt, daß es sich um eine feste Anstellung (40-Stunden-Woche) handle. Da ich jedoch um keinen Preis festangestellt sein will, war ich zunächst sehr unsicher und überlegte, ob ich überhaupt auf die Anzeige reagieren solle. Ich entschloß mich dann jedoch, auf mein Gefühl zu vertrauen. Bei unserem Telefongespräch stellte sich dann heraus, daß der Firma ein Irrtum unterlaufen war. Gesucht wurde ein freiberuflicher Graphiker. Zwei Tage später fand ein Vorstellungsgespräch statt, das meiner Ansicht nach recht positiv verlief.

Genau am zwanzigsten Tag nach der Geistreise erhielt ich dann von dieser Firma einen Auftrag, der mich die nächsten Monate finanziell absichern wird.

Ich hatte jeden Abend, zwanzig Tage lang, ein Stück Brot mit Salz gegessen, und ich muß gestehen, daß mir dieses kleine Ritual anfangs etwas lächerlich erschien. Inzwischen glaube ich jedoch, daß diese kleine Geste nicht unwesentlich zum Erfolg beigetragen hat.

Es ist keinesfalls ungewöhnlich, daß dem Fragenden rituelle Handlungen oder Gesten empfohlen werden, die er über eine gewisse Zeit durchführen muß. An diesem Beispiel erkennen wir auch, daß die Orakelkunst nicht immer von der Magie zu trennen ist. Im folgenden Beispiel werden wir sehen, daß sogar durch einen magischen Akt, der *während* der Geistreise durchgeführt wird, Veränderungen in der alltäglichen Realität eintreten können.

Beispiel 3

Die Fragende ist 27 Jahre alt und leidet seit einiger Zeit unter Schlafstörungen. Sie liegt oft stundenlang wach, bis sie dann endlich in einen leichten, unruhigen Schlaf fällt. Sie führt Ihr Problem darauf zurück, daß sie momentan nur sehr schlecht «abschalten» kann, unfähig ist, sich zu entspannen und die Bewußtheit, die Kontrolle des alltäglichen Seins aufzugeben. Sie kann nicht loslassen, sich nicht fallen lassen. Die Fragende unternimmt eine Geistreise ins Wasser-Tattwa, mit dem Ziel, dort eine Lösung für ihr Problem zu finden. Hier ihr Bericht:

Ich schritt langsam durch den grauen Halbmond hindurch und gelangte in eine Landschaft. Es war Nacht, doch der Vollmond schien so hell, daß ich meine Umgebung recht gut erkennen konnte. Das Land war hügelig, und in der Ferne konnte ich die Umrisse einer Bergkette erkennen. Ich lief über grüne, taubedeckte Wiesen, bis ich an einen See gelangte. Der See schien nicht besonders tief zu sein. Ich stand am Ufer und überlegte, was ich nun tun sollte. Es war eine sehr einsame Gegend, und alles war ruhig. Plötzlich fühlte ich, wie das Wasser «lebendig» wurde. Ich war ganz sicher, daß es irgendeine Botschaft für mich hatte. Also setzte ich mich am Ufer nieder und wartete. Ich versuchte, eine telepathische Verbindung zum See herzustellen. Lange Zeit geschah nichts, dann hörte ich plötzlich ein leises Wispern. Ich konzentrierte mich darauf und versuchte, irgendwelche Worte herauszuhören, was mir aber nicht gelang. Ich fühlte, daß ich mich mehr auf mein Inneres konzentrieren mußte, um die Botschaft zu empfangen. Eine Weile später wurde mir bewußt, daß das Wasser versuchte, mich «anzuziehen». Ich gab dieser Kraft nach und ging langsam Schritt für Schritt in das Wasser hinein. Als mir das Wasser bis zum Hals reichte, sendete mir das Wasser die Bot-

schaft, daß ich mich auf den Rücken legen und treiben lassen sollte. Ich folgte dieser Anweisung. Ich trieb in die Mitte des Sees. Es war ein sehr angenehmes und entspanntes Gefühl. Ich dachte: «So müßte es auch beim Einschlafen sein.» Das Wasser antwortete mir, natürlich nicht mit Worten, ich fühlte seine Gedanken einfach in meinem Kopf: «Du hast zuviel Angst vor dem, was danach kommt.» Daraufhin sandte ich die Frage aus: «Was kommt denn danach?»

Kurz darauf fühlte ich, wie ich in einen Strudel geriet und in die Tiefe gerissen wurde. Ich wehrte mich verzweifelt, und es gelang mir auch, aus dem Strudel herauszuschwimmen. In meinem Kopf hörte ich nur ein lautes Gelächter und die Worte: «Ich sagte doch, daß du Angst hast. Also noch mal von vorne. Du mußt es üben.» Unter mir entstand plötzlich wieder ein Strudel, doch instinktiv begann ich mich zu wehren. Ich konnte es einfach nicht zulassen.

Dieser Vorgang wiederholte sich noch einige Male, bis es mir gelang, mich vollkommen zu entspannen und in die Tiefe ziehen zu lassen. Nachdem ich meine Angst überwunden hatte, empfand ich ein ganz wunderbares Gefühl. Ich sah, wie sich das Wasser über mir schloß und sich langsam beruhigte. Unter Wasser konnte ich ganz normal atmen. Ich wurde vollkommen ruhig und träge. Fast bedauerte ich es, als ich langsam wieder an die Oberfläche und auf das Ufer zugetrieben wurde.

Ich bedankte mich beim See und lief den gleichen Weg zurück, den ich gekommen war.

Die Fragende berichtet einige Tage später:

Der Erfolg stellte sich schon am gleichen Tag ein. Ich konnte wesentlich leichter einschlafen. Inzwischen hat sich die positive Wirkung noch weiter verstärkt, ich kann nicht nur schnell einschlafen, sondern der Schlaf ist auch tief und ruhig. Ich kann wirklich behaupten, daß ich von meinen Schlafstörungen kuriert bin.

Natürlich geht die «Heilung» eines physischen oder psychischen Leidens nicht immer so schnell vor sich wie in diesem Fall. Oft muß der Fragende mehrmals die gleiche Elementsphäre aufsuchen und die dort empfangenen Anweisungen genauesten befolgen. Der Erfolg tritt dann meist einige Zeit später ein, wie wir im vorangegangenen Beispiel gesehen haben. Dort waren es zwanzig Tage, für die der Fragende seine Anweisungen bekommen hatte, und nach Ablauf dieser Frist stellte sich der Erfolg ein. Gelegentlich wird der Fragende von den Wesenheiten einer Elementsphäre auch aufgefordert, zu einer bestimmten Zeit noch einmal wiederzukommen.

Im letzten Beispiel wurde deutlich, daß uns die Geistreisen, und insbesondere die Tattwareisen, ungeahnte Möglichkeiten der Selbsterfahrung, Selbsthilfe und Selbstheilung bieten. Im Rahmen dieses Buches können diese nur kurz gestreift werden; Sie werden aber viele dieser Möglichkeiten selbst entdecken, wenn Sie intensiv mit den Tattwas arbeiten, da die Methode des Geistreisens sehr individuell ist, wenn man von den grundlegenden Regeln einmal absieht. Die Wesenheiten der nichtalltäglichen Realität, denen Sie begegnen werden, können Ihnen den Weg genausogut, wenn nicht gar besser aufzeigen, als es ein Buch vermag.

Die Unterelemente

Nachdem Sie alle fünf Elemente kennengelernt und bearbeitet haben, können Sie auch mit den Unterelementen arbeiten. So wäre z. B. die reinste Form des Elements Erde *Erde von Erde,* der feurige, dynamische Aspekt des Elements Erde *Feuer von Erde* und der luftige, bewegliche Aspekt der Erde *Luft von Erde* etc. Die entsprechenden Symbole finden Sie auf nachstehender Abbildung.

Bei der Arbeit mit den speziellen Aspekten eines Elements verfahren Sie nach der gleichen Methode wie bei der Arbeit mit dem reinen Element. Sie starren zunächst auf das Symbol, visualisieren es dann in seiner Komplementärfarbe und gehen hindurch. Sie werden dann auch unmittelbar den Unterschied zwischen dem reinen Element und einem seiner speziellen Aspekte bemerken, weshalb es sich erübrigt, hier auf die einzelnen Unterelemente gesondert einzugehen. Wie wir schon eingangs bemerkt haben, ist jedes Symbol das Tor zu einer bestimmten Sphäre der nichtalltäglichen Realität. Verschiedene Experimente haben gezeigt, daß Sie, auch wenn Sie nicht mit der Elementensymbolik vertraut sind, in die «richtige» Sphäre gelangen. Wenn Sie also beispielsweise in die Sphäre *Feuer von Erde* reisen, wird Ihnen sofort auffallen, daß die Temperatur höher liegt, als Sie es vom reinen Erdtattwa her gewohnt sind etc. Bereisen Sie die verschiedenen Sphären eines Elements, und versuchen Sie die charakteristischen Merkmale jeder einzelnen Sphäre zu beschreiben. So wird sich Ihnen ganz spontan die wunderbare, vielfältige Welt der Tattwas offenbaren.

Die Unterelemente
(siehe auch Farbtafel II im Anhang)

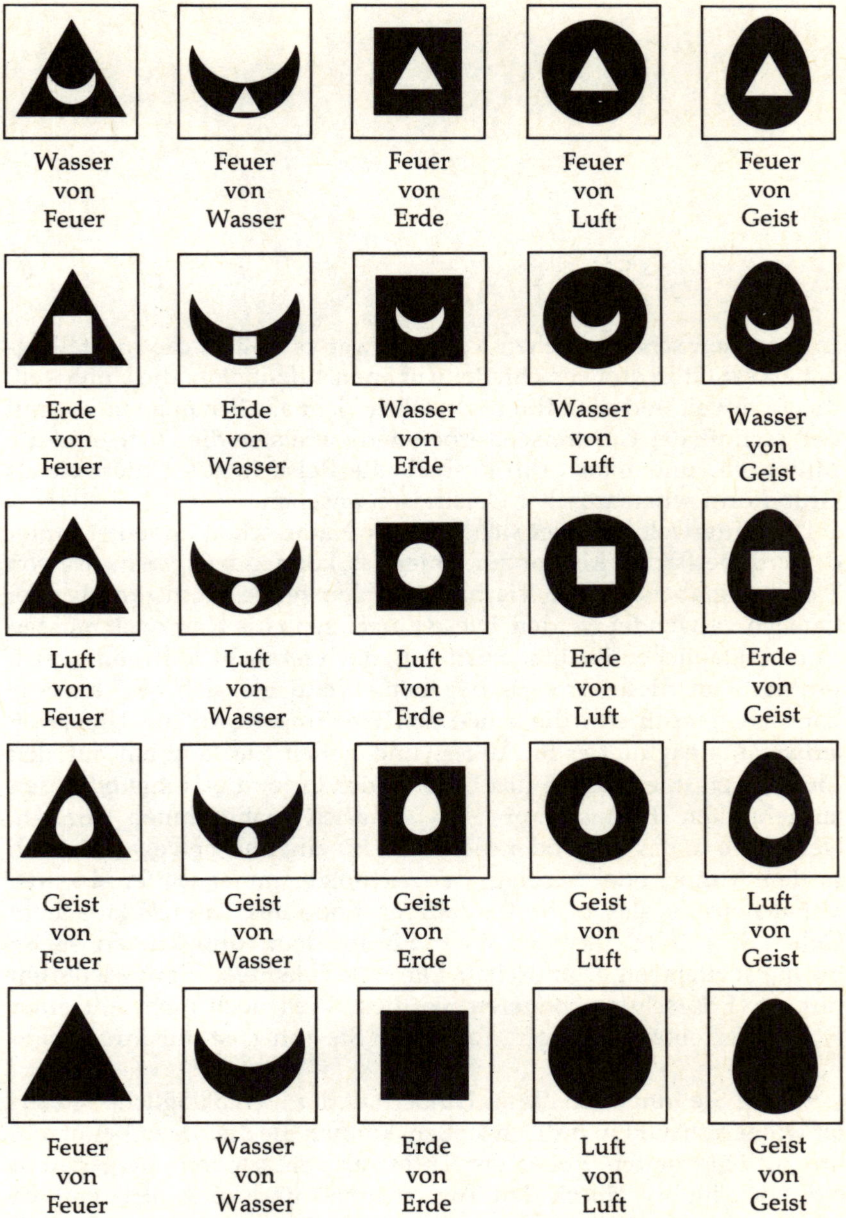

Abb. 12

DIE SCHAMANISCHE GEISTREISE

In manchen schamanischen Kulturen war es üblich, die nichtalltägliche Realität in drei verschiedene Ebenen aufzuteilen: die Unterwelt, die Oberwelt und die Mittelwelt. Doch nicht alle Schamanen, die mit der Technik des Geistreisens arbeiteten, bereisten die Ober- und die Mittelwelt, und man kann deshalb die Reise in die Unterwelt als Grundform schamanischer Geistreisen ansehen.

Die Unterwelt befindet sich, wie der Name schon andeutet, unter der Erdoberfläche. Als Tor zur Unterwelt können beispielsweise von Tieren gegrabene Gänge, Tierbaue, Höhlen, hohle Baumstümpfe oder Quellen verwendet werden. Diese Eingänge in die Unterwelt müssen in der alltäglichen Realität existieren, doch ist nicht notwendig, sich physisch an diese Orte zu begeben. Wenn Sie sich also an eine Landschaft erinnern, die einen solchen Eingang in die Unterwelt aufweist, imaginieren Sie diese, und gehen Sie langsam auf den Eingang zu. Sie müssen das Loch in der Erde, die Höhle oder den ausgehöhlten Baumstumpf ganz deutlich wahrnehmen können. Gehen Sie in das Loch oder die Höhle hinein, und bewegen Sie sich in dem Tunnel oder Schacht, der nachfolgt, immer weiter abwärts. Versuchen Sie, das Licht am anderen Ende des Tunnels zu sehen. Gehen Sie auf das Licht zu. Wenn Sie aus dem Tunnel treten, sehen Sie meist zuerst eine Landschaft. Die erste Geistreise dient wiederum nur der Erforschung; betreten Sie diese Welt noch nicht mit einer Frage oder einem Anliegen. Erkunden Sie zunächst nur Ihre Umgebung.

Sollten Sie innerhalb dieser Landschaft der nichtalltäglichen Realität wiederum auf ein Erdloch stoßen, können Sie dies dazu benutzen, um auf eine weitere Ebene der Unterwelt vorzustoßen: Sie gehen in das Loch hinein, durch den Tunnel hinab und konzentrieren sich wieder auf das Licht am anderen Ende des Tunnels. Prägen Sie sich nach Möglichkeit die Orte, die Sie bereist haben, gut ein, damit Sie

sie später leicht wiederfinden können. Notieren Sie alle Ihre Beobachtungen nach Ihrer Rückkehr von der Geistreise.

Die Unterwelt kann bereist werden, wenn es sich um Fragen oder Anliegen handelt, die das alltägliche Leben betreffen, so zum Beispiel emotionale Probleme, Geld- oder Berufsangelegenheiten, Partnerprobleme, Gesundheitsfragen etc. Die Unterwelt entspricht in etwa den Elementsphären Feuer, Wasser, Erde und Luft, während die Oberwelt analog zum Akasha- oder Geist-Tattwa gesehen werden kann. In der Unterwelt sind die vier Elemente nicht deutlich voneinander abgegrenzt, sondern vermischen sich leicht. Dennoch findet man auch dort eindeutig feuer-, wasser-, erd- oder luftbetonte Ebenen.

Die Oberwelt kann bereist werden, wenn man spirituellen Rat sucht. Dabei sollte man allerdings beachten, daß man Techniken der Zauberei und der Erfolgsmagie besser in der Unterwelt lernen kann. Die Oberwelt ist eher eine mystische als eine magische Welt.

In die Oberwelt gelangt man, indem man auf dem Rauch eines Feuers oder auf aufsteigendem Wasserdampf emporreist. Beim Aufsteigen schwebt oder fliegt man durch mehrere hauchdünne, schleierartige Decken, bis man an eine dickere Schicht gelangt, die durchbrochen werden muß. So gelangt man auf die erste Ebene der Oberwelt. Die Oberwelt ist wesentlich feinstofflicher als die Unterwelt, vieles besteht aus durchsichtigen oder nicht fest geformten Substanzen – oft auch nur aus Licht und Schatten. Auch hier können verschiedene Ebenen bereist werden, indem man die nächsthöhere Decke durchstößt. Manchmal trifft man auch auf ein geflügeltes Tier, von dem man sich auf die nächste Ebene tragen lassen kann.

Bei der Reise in die Mittelwelt sucht man sich wie bei der Reise in die Unterwelt einen Eingang in die Erde. Man steigt dann ein kleines Stück hinab und sucht sich einen Tunnel, der nur wenig unterhalb der Erdoberfläche entlangführt. An verschiedenen Stellen zweigen weitere Tunnel ab, die wieder an die Erdoberfläche führen. Man wählt einen von ihnen aus und steigt wieder empor. Auf diese Weise erfährt man, was an einem anderen Ort der Welt geschieht.

Bei einer Reise in die Mittelwelt werden Sie feststellen, daß nichtalltägliche Realität und alltägliche Realität nebeneinander, zur gleichen Zeit und am gleichen Ort, existieren. Wenn Sie mit einem Visionsorakel arbeiten, können Sie sehen, was an einem anderen Ort zur gleichen Zeit geschieht; ein Beispiel: Sie sitzen in Köln vor Ihrer Kristallkugel und sehen, was gerade am Frankfurter Bahnhof vor sich geht. Wenn Sie nun bei Köln in die Erde hinabsteigen, unter der Erdoberfläche reisen und am Frankfurter Bahnhof wieder an die Oberfläche kommen, dann *sind* sie an diesem Ort. Sie können sich dort vollkommen frei bewegen, und Sie nehmen im Idealfall alles so wahr, wie es in der alltäglichen Realität wahrgenommen werden würde.

Es erfordert allerdings einiges an Übung, bis man das Reisen in die Mittelwelt perfekt beherrscht. So ist es beispielsweise sehr schwierig, sich unter der Erdoberfläche zu orientieren. Selbst wenn man an einen nur zwanzig Kilometer weit entfernten Ort reisen will, den man sehr gut kennt, ist die Gefahr, in die Irre zu gehen, recht groß. Sie wissen, daß Sie sich in nördliche Richtung bewegen müssen, und wenn Sie Ihren Orientierungssinn etwas geschult haben, werden Sie gefühlsmäßig wissen, wo der Norden liegt, doch an welcher Stelle Sie nach oben gehen müssen, wissen Sie nicht. Sie können in Sekundenschnelle Tausende von Kilometern zurücklegen – leider gibt es im Tunnel jedoch keine Kilometersteine, an denen Sie die Entfernung ablesen können! Meist stellt sich der Erfolg erst nach einigen Jahren der Übung ein. Bis dahin werden Sie einiges von dieser Welt gesehen haben, selten jedoch am eigentlichen Bestimmungsort gelandet sein.

Beispiel für eine Reise in die Unterwelt

Die Fragende ist 25 Jahre alt. Seit der Geburt Ihrer Tochter vor zwei Jahren leidet sie unter Störungen des vegetativen Nervensystems. Dies äußert sich hauptsächlich in anfallartig auftretenden Zuständen von Nervosität und Unruhe, Appetitlosigkeit und Schlafstörungen. Seit drei Monaten nimmt sie regelmäßig an einer Gesprächstherapiegruppe teil, um die Ursache für ihr Problem herauszufinden, ist sich jedoch bewußt, daß der Prozeß der Selbsterkenntnis noch einige Jahre in Anspruch nehmen wird. Ihr ist klargeworden, daß sie ihre momentanen gesundheitlichen und psychischen Probleme nicht im Handumdrehen lösen kann, fragt sich allerdings, wie sie diese Zeit überbrücken soll, ohne ernsthaften körperlichen Schaden zu nehmen.

Die Fragende unternimmt eine Geistreise in die Unterwelt, um herauszufinden, welche Möglichkeiten es gibt, den Heilungsprozeß aktiv zu unterstützen. Hier der Bericht:

> *Ich benutzte meinen üblichen Eingang, nämlich den hohlen Baumstumpf auf der großen Wiese. Ich lief schnell durch den Tunnel und gelangte so auf die erste Ebene der Unterwelt. Als ich dort angekommen war, fühlte ich, daß ich auf dieser Ebene keine Antwort bekommen würde. Deshalb lief ich zum Felsen, in dessen unmittelbarer Nähe sich ein großes Loch in der Erde befindet. Durch dieses Loch gelangte ich auf die zweite Ebene. Es ist eine sehr trockene Gegend, und der sandige Boden ist nur spärlich bewachsen. Die Sonne stand hoch am Himmel, und es war sehr heiß. Ich wanderte*

eine Weile ziellos umher, bis ich auf ein ausgetrocknetes Flußbett stieß. Dort blieb ich stehen. Dann hörte ich in einiger Entfernung ein schrilles Wiehern. Ich wußte sofort, daß dies nur Mehar sein konnte. Der Boden bebte, als sie herangaloppierte. Sie begrüßte mich stürmisch und rieb ihren Kopf an meiner Schulter. Sie war es auch, die mir damals geraten hatte, an einer Gesprächstherapiegruppe teilzunehmen. Na ja – sie hatte es ein wenig anders ausgedrückt: «Du sitzt mit anderen zweibeinigen Wesen im Kreis, und einer von euch spricht. Dann spricht ein anderer. Dann sprechen alle gleichzeitig. Einige schreien, einige weinen, und einige sind ganz still. Dann wird wieder alles ruhig. Einer spricht ... das dauert lange Zeit. Dann geht ihr weg – manchmal fühlt ihr euch danach sehr gut, und manchmal seid ihr sehr traurig. Aber ihr lernt.»

An diese Worte erinnerte ich mich plötzlich wieder. Mehar hatte meine Gedanken gelesen und schnaubte zustimmend. Wir sprechen niemals laut miteinander, sondern verständigen uns durch Gedankenlesen.

Sie gab mir nun zu verstehen, daß sie wisse, warum ich gekommen sei, und daß sie mir etwas zeigen würde, was mir helfen könne. Wir gingen gemeinsam ein Stück zurück, bis wir zu einer Gruppe dürrer Bäume kamen, die noch ein bißchen Schatten spendeten. Ich setzte mich auf den Boden und lehnte mich an einen Baumstamm. Mehar begann mit ihrem rechten Vorderhuf etwas in den Sand zu zeichnen. Ich wurde plötzlich sehr, sehr schläfrig. Ich nickte kurz ein. Mehars schrilles Wiehern weckte mich. Sie schubste mich vorwärts, nachdem ich mich mühsam aufgerappelt hatte. Als wir vor der Zeichnung im Sand standen, befahl sie mir, dort stehenzubleiben und genau hinzusehen. Sie stellte sich mir gegenüber auf, so daß sich die Zeichnung zwischen uns befand. Ich wußte nicht genau, was die Zeichnung darstellen sollte. Ich sah nur einen großen Punkt in der Mitte und um ihn herum viele kleine Punkte. Zugegeben, ich war etwas enttäuscht und schaute Mehar fragend an. Sie schnaubte verärgert und bedeutete mir, wieder auf das Bild zu schauen. Plötzlich entstanden auf dem Boden Farben. Der Punkt in der Mitte glänzte schwarz, und die kleinen Punkte waren größtenteils rot, blau, violett und silber. Die Farben hatten eine sehr große Leuchtkraft. Plötzlich begannen sich die kleinen Punkte zu bewegen. Sie umkreisten den schwarzen Mittelpunkt in wirbelnder Bewegung. Ich starrte fasziniert auf den Mittelpunkt. Plötzlich stand Mehar neben mir und gab mir zu verstehen, daß ich in den Mittelpunkt hineintreten solle. Ich hatte Angst und weigerte mich. Sie versicherte mir, daß mir nichts geschehen werde. Ich wagte es nicht. Sie redete mir gut zu und fragte, ob ich kein Vertrauen zu ihr hätte. Daraufhin sprang ich in das Farbenmeer hinein. Ich verband mich mit dem ruhenden Zentrum inmitten der wirbelnden Kräfte und fühlte eine unglaubliche Ruhe.

Mit einem Mal hörte jedoch alles auf. Ich saß wieder unter dem Baum, und Mehar stand neben mir. Sie gab mir zu verstehen, daß ich mich immer an diese Erfahrung erinnern sollte, wenn ich unruhig und nervös wäre. Ich sollte immer wieder versuchen, «in den Mittelpunkt zu treten».

Ich bedankte mich bei ihr, und sie begleitete mich bis zum Ausgang.

Die Fragende versuchte sich nun stets an dieses Bild zu erinnern, wenn sie sich unruhig fühlte. Es gelang ihr nicht immer, sich mit dem Mittelpunkt zu verbinden, hatte sie jedoch Erfolg, fühlte sie sich um vieles besser. Durch das positive Zusammenwirken der Gesprächstherapie und der Geistreise war die Fragende in der Lage, zu einer neuen seelischen Ganzheit zu finden.

Beispiel für eine Geistreise in die Oberwelt

Der Fragende ist zweiunddreißig Jahre alt und beschäftigt sich schon seit längerer Zeit mit dem Gebiet der Mystik. Zurzeit hat er jedoch das Gefühl, daß seine geistige Entwicklung stagniert. Er unternimmt eine Geistreise in die Oberwelt, um herauszufinden, was er tun kann, um wieder zu seinem Weg zurückzufinden. Er berichtet folgendes:

Ich reiste auf dem Rauch eines kleinen Feuers empor. Ich flog durch mehrere schleierartige Gebilde, bis ich mit meinem Kopf gegen etwas Hartes stieß. Instinktiv riß ich beide Arme hoch, um meinen Kopf zu schützen, doch irgend etwas drückte mich von unten immer höher. Ich hörte, wie über mir etwas splitterte, und blickte nach oben. Durch ein gezacktes Loch in einer Art Eisschicht konnte ich blaue und silberne Lichter erkennen. Ich hielt mich am Rand fest und zog mich hinauf. Die Eisdecke war glatt, und ich mußte mich sehr vorsichtig bewegen. Da kam ein großer weißer Vogel zu mir und trug mich zu einem Tempel, der aus Glas zu sein schien. Der Vogel setzte mich am Eingang des Tempels ab, ich ging hinein. Ein alter Mann saß auf einem riesigen gläsernen Thron und bedeutete mir, näherzukommen. Er fragte mich, ob ich einen geistigen Führer suchte. Ich nickte zustimmend. Wir stellten uns gegenseitig vor, und ich schilderte ihm mein Problem. Er sprach mir einen Satz vor, über den ich meditieren solle. Ich sollte diesen Satz immer im Gedächtnis behalten, ihn jedoch niemals aufschreiben. Er sagte noch zu mir, daß ich jederzeit wiederkommen könne, frühestens aber in 123 Tagen. Dann war ich entlassen, und der Vogel brachte mich wieder zurück. Ich glitt durch das Loch im Eis und schwebte langsam nach unten, bis ich auf den Rauch traf, auf dem ich dann zum Boden zurückwanderte.

Der Fragende meditierte täglich über den Satz, den er von seinem geistigen Führer erhalten hatte. Nach etwa sechs Wochen bemerkte er, daß langsam eine Veränderung eintrat. Das Gefühl des Stillstands löste sich mit der Zeit vollständig auf, und nach einem halben Jahr hatte er die kritische Phase überwunden.

Nachdem das halbe Jahr verstrichen war, unternahm der Fragende eine weitere Reise in die Oberwelt, um seinem geistigen Führer Bericht zu erstatten. Diesmal erhielt er ein spezielles Mantra. Der Fragende hält den Kontakt zu seinem geistigen Führer bis heute aufrecht.

Beispiel für eine Reise in die Mittelwelt

Hier ein Beispiel aus meiner eigenen Praxis. Vor einigen Wochen besuchte ich Freunde im Ausland. Am Morgen des Abreisetages suchte ich den Zettel, auf dem ich die Abfahrtszeit des Zuges aufgeschrieben hatte. Ich erinnerte mich genau, daß ich ihn zusammen mit dem Flugticket in meine Brieftasche gesteckt hatte, doch er war und blieb verschwunden. Der Bahnhof war etwa eineinhalb Kilometer entfernt. Da ich weder Lust auf einen Fußmarsch noch auf eine umständliche Telefonaktion hatte, entschloß ich mich zu einer Reise in die Mittelwelt. An der Straße, direkt unter meinem Fenster, befand sich eine Baustelle. Die Arbeiter hatten den Bürgersteig aufgerissen und eine tiefe Grube ausgehoben. Diese benutzte ich als Eingang. Ich wußte, daß ich mich ziemlich genau nordwestlich halten mußte.

Ich setzte mich in einen Sessel und schloß die Augen. Es dauerte nur kurze Zeit, bis ich die Grube deutlich vor meinem dritten Auge sah. Ich stieg hinab und gelangte in einen dunklen, engen Tunnel. Er führte meinem Gefühl nach ziemlich genau nach Norden. Deshalb entschied ich mich dazu, an der ersten Tunnelkreuzung nach Westen abzubiegen. Als ich das Gefühl hatte, die entsprechende Entfernung zurückgelegt zu haben, wählte ich den nächsten Weg nach oben. Der Tunnel, der nach oben führte, wurde plötzlich immer enger, und ich mußte mich ganz klein machen. Nach einer scharfen Biegung sah ich dann einen Lichtschimmer, auf den ich mich zubewegte. Ich schlüpfte durch den Ausgang, der sich als Loch in einer Mauer entpuppte. Ich war in der Bahnhofshalle angekommen. Von meinem Platz aus konnte ich die Anzeigetafeln erkennen und las die Abfahrtszeiten durch. Ich suchte den entsprechenden Zug heraus und schlüpfte dann durch die Mauerritze. Auf dem Rückweg hätte ich mich beinahe verlaufen, fand dann aber doch noch den richtigen Weg nach oben.

Als ich wieder in den alltäglichen Bewußtseinszustand zurückgekehrt war, kamen mir doch einige Zweifel. Die Reise war zu glatt gegangen. Es war die erste Reise in die Mittelwelt, bei der ich sofort am richtigen Ort angekommen war. Ich traute der Sache zwar nicht ganz, beschloß jedoch, mich auf meine Wahrnehmung zu verlassen.

Zwei Stunden später fand ich den Zettel wieder, den ich am Morgen gesucht hatte. Dort war die Abfahrtszeit allerdings um 25 Minuten früher angegeben. Ich war nun doch recht enttäuscht und zweifelte, ob ich das Reisen in die Mittelwelt wohl jemals richtig beherrschen würde. Ich verließ mich jedenfalls lieber auf meine schriftliche Notiz. Als ich später pünktlich am Bahnhof eintraf und noch einmal auf die Anzeigetafel schaute, entdeckte ich jedoch, daß mir beim Abschreiben ein Fehler unterlaufen war und die Zeit, die ich auf meiner Mittelweltreise gesehen hatte, doch die richtige war.

Wenn Sie das Reisen in die Mittelwelt erlernen wollen, müssen Sie eine ganz genaue Erfolgskontrolle durchführen. Achten Sie also immer darauf, daß Sie das, was Sie auf Ihrer Reise gesehen haben, auch nachprüfen können. Es wird Ihnen nichts nützen, ständig Geistreisen in fremde Länder zu unternehmen, wenn Sie nicht genügend Zeit und Geld aufbringen können, um sich zu vergewissern, daß es dort wirklich so aussieht, wie Sie es auf Ihrer Geistreise gesehen haben.

Meiner Erfahrung nach ist es auch leichter, wenn man zunächst mit kürzeren Entfernungen arbeitet. Bevor Sie auf die Reise gehen, sollten Sie sich den Ort auch auf der Landkarte ansehen, damit Sie die genaue Richtung kennen, in die Sie gehen müssen. Es schadet auch nicht, sich zu merken, welche Städte oder Dörfer in der Umgebung liegen, da es nicht immer einfach ist, direkt an den richtigen Ort zu gelangen.

Wenn Sie diese Technik des Hellsehens beherrschen, öffnen sich Ihnen ungeahnte Möglichkeiten: Sie können sich jederzeit geistig an einen anderen Ort begeben und erfahren, was dort vor sich geht. Natürlich können Sie nicht den ganzen Tag Geistreisen unternehmen, da Ihre Konzentration nach einiger Zeit nachläßt und die Ergebnisse fehlerhaft werden. Es wird auch Zeiten geben – dabei kann es sich um Tage oder auch um Wochen handeln –, an denen Ihnen keine Geistreise gelingt, sei es, daß Sie Schwierigkeiten haben, den Eingang in die Erde zu imaginieren, oder daß Sie nur schwache oder unscharfe Bilder sehen oder sich die Bilder ständig verändern, mit Erinnerungen vermischen und neu zusammensetzen. Wenn Sie solche Phänomene bei Ihren Geistreisen in die Mittelwelt bemerken, unterbrechen Sie die Übungen – Sie werden nur fehlerhafte Ergebnisse erzielen. Lassen Sie einige Tage verstreichen, und beginnen Sie dann von neuem.

Selbstverständlich können Sie mit dieser Technik auch Ihre Freunde oder Feinde bespitzeln, sofern diese nicht magisch gegen derartige Eingriffe geschützt sind. Es braucht wohl nicht besonders hervorgehoben zu werden, daß Sie dann allerdings auch die Konsequenzen Ihrer Handlungsweise tragen müssen.

STEINREISEN

Das Steinreisen ist eine Weiterentwicklung der Technik des Steinsehens. Während der Fragende beim Steinsehen die Antwort auf seine Frage jedoch durch das Lesen der Steinoberfläche erhält, benutzt er bei der Steinreise den Stein als Tor zu einer Ebene der nichtalltäglichen Wirklichkeit.

Suchen Sie zunächst einen geeigneten Stein. Unternehmen Sie einen kleinen Spaziergang in der Natur, und lassen Sie Ihren Blick über all die Steine am Wegesrand schweifen. Warten Sie so lange, bis Sie sich von einem Stein magisch angezogen fühlen. Schalten Sie Ihr Denken ab, und verlassen Sie sich dabei ganz auf Ihr Gefühl (s. a. *1. Kapitel,* STEINSEHEN). Merken Sie sich die Stelle, an der Sie den Stein fortgenommen haben, da Sie ihn später an dieselbe Stelle zurücklegen müssen. Begeben Sie sich nun mit Ihrem Stein an einen ruhigen Ort.

Betrachten Sie den Stein von allen Seiten. Tasten Sie ihn mit dem Blick ab. Jeder Stein weist mindestens eine Stelle auf, an der sie in ihn eindringen können. Fühlen Sie, wie Ihr Blick von der harten Steinoberfläche immer wieder abprallt, bis Sie irgendwann zu einer Stelle gelangen, an der Ihr Blick in den Stein einsinkt. Merken Sie sich diesen Punkt genau. Schließen Sie nun Ihre Augen, und versuchen Sie, den Stein zu imaginieren, wobei Sie sich besonders auf diesen ausgewählten Punkt konzentrieren. Gehen Sie langsam auf ihn zu. Bei der Imagination können Sie den Stein bzw. den Eingang im Stein vergrößern, oder Sie können sich selbst verkleinern.

Gehen Sie nun durch das Tor. Wie die Welt aussehen wird, in die Sie nun gelangen, hängt ganz vom Stein ab, den Sie ausgewählt haben. Sicher ist, daß sie auf eine Ebene der nichtalltäglichen Realität versetzt werden, die für Ihr Problem oder die Angelegenheit die geeignete ist. Die Welten der Steine sind in etwa vergleichbar mit den Qualitäten der Unterwelt oder der Elemente Feuer, Wasser, Erde und

Luft. Für das weitere Vorgehen und Ihr Verhalten in der Steinwelt gilt all das, was in den vorangegangenen Kapiteln *Tattwareisen* und *Die schamanische Geistreise* gesagt wurde.

Wenn Ihre Frage bei der ersten Geistreise vollständig beantwortet worden ist, legen Sie den Stein an denselben Ort zurück, an dem Sie ihn fortgenommen haben. Sollten Sie jedoch bei der ersten Geistreise aufgefordert werden, noch einmal einen bestimmten Ort der Steinwelt aufzusuchen, behalten Sie den Stein so lange, bis das Problem gelöst oder die Frage vollständig beantwortet ist.

PFLANZENREISEN

Auch eine Pflanze kann als Tor zur nichtalltäglichen Wirklichkeit verwendet werden. Machen Sie einen kleinen Spaziergang in der Natur, und betrachten Sie die Pflanzen in Ihrer Umgebung. Verlassen Sie sich bei der Auswahl einer Pflanze wiederum ganz auf Ihr Gefühl, denken Sie nicht vorher darüber nach, ob Sie einen Baum oder eher eine Wiesenblume auswählen sollen. Machen Sie sich von allen Gedanken frei, und versuchen Sie, nur zu schauen. Irgendwann kommt der Moment, an dem Sie sich von einer bestimmten Pflanze angezogen fühlen. Gehen Sie auf sie zu, und betrachten Sie sie von allen Seiten. Falls es sich um einen Baum handelt, schauen Sie nach, ob Sie irgendwelche Vertiefungen finden, die sich als Eingang eignen, wie zum Beispiel Astlöcher oder Löcher zwischen den Wurzeln. Jeder Baum besitzt irgendeine solche Stelle – und sei es nur ein Fleck, an dem die Rinde aufgebrochen ist. Wenn es sich um eine Blume handelt, betrachten Sie die Blüte, der Eingang liegt zwischen den Blütenblättern verborgen.

Behalten Sie das Bild der Pflanze genau im Gedächtnis, und merken Sie sich vor allen Dingen den Eingang. Nehmen Sie die Pflanze nicht mit, sondern tragen Sie nur ihr Bild mit sich fort. Sofern es das Wetter zuläßt, können Sie die Geistreise natürlich auch draußen, in unmittelbarer Nähe der Pflanze, durchführen. Sollten Sie noch einen langen Nachhauseweg vor sich haben, imaginieren Sie das Bild der Pflanze ab und zu; Sie riskieren sonst, daß es Ihnen zu Hause plötzlich entfallen ist.

Schließen Sie nun die Augen, und imaginieren Sie den Eingang der Pflanze. Gehen Sie auf den Eingang zu, und schlüpfen Sie hindurch.

Seien Sie darauf vorbereitet, daß die Pflanzenwelt selten so grobstofflich ist wie die Welt eines Steins. Wenn Sie mit einem Wesen der Pflanzenwelt sprechen, müssen Sie sehr aufmerksam zuhören. Die Antworten, die Sie auf Ihre Fragen erhalten werden, scheinen oft unpräzise formuliert. Pflanzenwesen haben eine sehr subtile Ausdrucksweise, die Sie mit Ihrem Herzen verstehen müssen. Merken Sie sich aber auch die Worte genau, denn sicher werden Sie darüber noch vermehrt nachdenken müssen. Wenn Sie sich erst einmal an die «blumigen» Formulierungen gewöhnt haben, werden Sie feststellen, daß sich hinter der Antwort auf eine eher banale Frage Informationen verbergen können, die Ihnen Hilfe für Ihr ganzes Leben bieten werden.

Verhalten Sie sich in der Pflanzenwelt freundlich und zurückhaltend. Bescheidenheit steht in der Pflanzenwelt hoch im Kurs. Sprechen Sie leise, und wenden Sie niemals Gewalt an, außer Sie werden angegriffen, was dort aber äußerst selten vorkommt. Die Pflanzenwelt ist eine sehr friedliche Sphäre. Ausnahmen gibt es natürlich immer – aber man muß sich ja auch nicht gleich eine Venusfliegenfalle aussuchen!

4. Kapitel

GEISTWESENORAKEL

Das Befragen von sogenannten «Geistern» oder «Geistwesen» findet man als wesentlichen Bestandteil in vielen Kulturen; trotzdem ist diese Orakelmethode schon immer umstritten gewesen, und ihr wird häufig mit Angst oder Mißtrauen begegnet. Selbst in schamanischen Kulturen, in denen man der nichtalltäglichen Realität selbstverständlicher zu begegnen scheint, wird ein Schamane, der mächtige Geister rufen kann, auch meist mit furchtsamem Respekt behandelt. Dies ist durchaus verständlich, wenn man die Begleitphänomene einer rituellen Geisterbefragung betrachtet. Ein Beispiel eines solchen Rituals ist die sogenannte «Schüttelzelt-Zeremonie», die bei vielen Stämmen der nordamerikanischen Indianer nachgewiesen werden konnte, wobei die Details natürlich von Stamm zu Stamm variieren. Die Zeremonie wird in der Regel in einem Zelt durchgeführt, das oben offen ist. Durch dieses Loch können die Geister ins Zelt hinein- und auch wieder hinausgelangen. Die Zeremonie beginnt nach Einbruch der Dunkelheit. Der Schamane begibt sich in das Zelt. Bei einigen Stämmen, wie beispielsweise den Ojibwa, Dakota und Cheyenne, wird der Schamane mit Stricken gebunden, manchmal zusätzlich fest in Decken eingerollt und in das Zelt getragen. In manchen Fällen befindet sich der Schamane allein im Zelt, während die Ratsuchenden sich draußen versammeln; in anderen wiederum befinden sich auch die Ratsuchenden im Zelt. Die Zeremonie beginnt vielfach mit Gebeten und Gesängen des Schamanen, der Anwesenden oder ausgewählter Sänger. Es werden die Lieder der gerufenen Geister gesungen, aber auch Lieder, die sich auf Mythologisches, eigene Visionen oder Träume beziehen. Die Gebete und Gesänge werden oft von Trommeln oder Rasseln begleitet, häufig gibt der Schamane auch schrille Pfeiftöne von sich, krächzt, knurrt und schreit. Dies wird so lange fortgeführt, bis die Geister erscheinen. Ihre Ankunft ist von großem Lärm, Stimmen, Pfeiftönen, Trommel- oder Klopfgeräuschen begleitet. Gleichzeitig beginnt das Zelt zu beben, zu schwingen und sich zu schütteln. In Berichten von Beobachtern einer solchen Zeremonie wird gelegentlich darauf hingewiesen, daß die Zeltkonstruktion so stabil und fest im Boden verankert sei, daß derart heftige Bewegungen keinesfalls durch andere Einflüsse, wie Rütteln an den Stangen oder kräftigen Wind, hervorgerufen werden können. Weiter heißt es, daß in den meisten Fällen die Geister laut und für alle verständlich auf die Fragen des Schamanen bzw. der Anwesenden antworteten, wobei sich die Stimmen der einzelnen Geister deutlich voneinander unterschieden. Oft seien viele Geister gleichzeitig anwesend, die sich miteinander unterhielten, stritten oder Scherze machten. Während der ganzen Zeit bewege sich das Zelt heftig, besonders dann, wenn ein Geist durch das Loch ins Zelt komme oder wieder verschwinde.

Derartige Phänomene können einem unerfahrenen Beobachter Angst und Schrecken einjagen – besonders wenn er zu den Skeptikern gehört, die eine Existenz der Geister anzweifeln. Auch in unserem Kulturkreis ist schon mancher durch den Auftritt eines Geistes verunsichert oder verängstigt worden. Denken wir nur an die berüchtigten Poltergeister oder an die Begleitphänomene spiritistischer Sitzungen. Allgemeinen Beobachtungen zufolge machen sich Geister hauptsächlich dadurch bemerkbar, daß sie Geräusche erzeugen oder Gegenstände bewegen bzw. durch die Luft fliegen lassen. Man will herausgefunden haben, daß das Phänomen der Poltergeister hauptsächlich in Häusern auftaucht, in denen Kinder im Pubertätsalter leben. Da dies aber durchaus nicht immer der Fall ist, gehen meine Vermutungen dahin, daß Poltergeister die Nähe von Menschen suchen, die unter starken psychischen Spannungen leiden. Besonders lästig oder auch furchterregend sind die Poltergeister, weil sie oft auftauchen, ohne daß man sie gerufen hat. Solange dies im Rahmen eines Rituals oder einer Zeremonie passiert, hat man geeignete Methoden, um das Geschehen zu kontrollieren und den Geist wegzuschicken, wenn man ihn nicht mehr benötigt. Tritt ein Geist jedoch ungefragt in Erscheinung, hat man oft Mühe, ihn wieder loszuwerden.

Nach wie vor ist die Existenz von Geistern umstritten. Es gibt zwar Fälle, bei denen man keine «natürliche» Erklärung finden konnte für Klopfgeräusche oder Gegenstände, die sich bewegen. Andererseits sind aber viele Scharlatane entlarvt worden, die durch mechanische Manipulation bei Séancen diese Geräusche und Bewegungen selbst erzeugten, weshalb die meisten Menschen davon ausgehen, daß es sich bei Séancen generell um Schwindel und Betrug handeln muß. Ich teile diese Meinung nicht; mir selbst sind durch die Befragung von Geistwesen außerordentlich zuverlässige Prognosen gestellt worden, wobei die Kommunikation zwar über ein Medium lief und auch keine spektakulären Begleitphänomene auftraten.

Andererseits habe ich auch Pänomene erlebt, für die es keine rationale Erklärung gibt. Manche Geistwesen besitzen offenbar die Fähigkeit, in die alltägliche Realität einzugreifen, indem sie Geräusche produzieren, die für alle hörbar sind, oder Dinge bewegen, so daß es jeder sehen kann. Andere Geistwesen scheinen ein Medium zu benötigen, durch das sie sich verständlich machen können. Im Gegensatz zu den schamanischen Schüttelzelt-Zeremonien scheinen hier relativ selten alle Anwesenden die Stimmen der Geister hören zu können.

So ergeben sich im wesentlichen drei verschiedene Methoden der Geisterbefragung: 1. der Mediumismus, 2. die Kommunikation mittels Geräusch- oder Bewegungsentschlüsselung, und 3. die Befragung mittels telepathischer Kontaktaufnahme zur Geisterwelt.

DER MEDIUMISMUS

Da offenbar nicht jeder Mensch über die Fähigkeit verfügt, einen Kontakt zur Geisterwelt herzustellen, wird diese Aufgabe in solchen Fällen gerne einem Medium übertragen, das während einer Sitzung die Verbindung herstellt und dem Geistwesen die Möglichkeit gibt, sich verständlich zu machen. Alle Medien, die ich bisher kennengelernt habe, besaßen die natürliche Gabe, Geister anzuziehen. Meiner Meinung nach verfügt ein Medium nicht nur über eine erhöhte Sensibilität, die es dazu befähigt, immaterielle Dinge wahrzunehmen, sondern auch über eine spezielle Art von Energiefeld, in dem sich Geister gerne aufzuhalten scheinen. Dieses Energiefeld – man könnte auch «persönliche Ausstrahlung» sagen – wird meiner Ansicht nach von bestimmten psychischen Spannungen hervorgerufen, die vom Medium selbst oft als unlösbar bezeichnet werden. Um es anders auszudrücken: Ein Mensch, dessen psychische Grundstruktur ausgeglichen und harmonisch ist, besitzt normalerweise keine natürlichen medialen Fähigkeiten. Medien leiden oft unter ihnen selbst unerklärlichen Angstanfällen, Depressionen und einer allgemeinen psychischen Instabilität – wobei hier keinesfalls postuliert werden soll, daß zum Beispiel jeder depressiv veranlagte Mensch ein Medium ist. Eine gewisse psychische Instabilität scheint aber eine wesentliche Voraussetzung für den Mediumismus zu sein.

Hieraus kann man schon ersehen, daß der Mediumismus keineswegs ungefährlich ist. Häufig wird befürchtet, daß die ohnehin schon gefährdete psychische Gesundheit des Mediums durch derartige Praktiken noch zusätzlich geschädigt wird. Doch oft ist genau das Gegenteil der Fall. Der Mediumismus kann durchaus als Ventil für diese Spannungen dienen und zu einer größeren allgemeinen Stabilität führen, die oft noch zusätzlich durch eine stark strukturierte Lebensführung unterstützt wird, wie beispielsweise strenge moralische oder ethische Grundsätze oder auch rein äußerlich durch das genaue Einhalten eines Tagesplanes. Diese Strukturen sind für die meisten Medien unverzichtbare Stützen, die ihnen helfen, ihren Alltag zu regeln, und ein Gegengewicht zu den auflösenden Kräften bilden.

Da die Begriffe «Medium» und «Mediumismus» oft sehr willkürlich verwendet werden, müssen wir uns hier mit der Definitionsfrage beschäftigen. Wie wir schon gesagt haben, ist das Medium dafür verantwortlich, den Kontakt zu den Geistwesen herzustellen und ihnen die Möglichkeit zu geben, sich verständlich zu machen. Dies geschieht in der Regel dadurch, daß das Medium sich in eine sehr tiefe Trance begibt und dem Geist zeitweilig seinen Körper überläßt, damit er sprechen oder, was seltener geschieht, schreiben kann. Man kann also nicht von Mediumismus sprechen, wenn in einer Sitzung beispielsweise ein Klopftischchen oder ein Oui/Ja-Brett verwendet wird. Auch wenn der Leiter einer solchen Sitzung meist medial begabt ist – wir kommen noch darauf zu sprechen, warum dem so ist –, solange sich das Geistwesen dadurch verständlich macht, daß es Bewegungen oder Geräusche erzeugt, handelt es sich nicht um Mediumismus. Mediumismus bedingt, daß der Geist den Körper des Mediums benutzt, um auf die Fragen antworten zu können. Wenn also in Sitzungen, bei denen andere Hilfsmittel verwendet werden, eine medial veranlagte Person anwesend ist oder die Leitung übernimmt, dann nur, weil die Anwesenden sich ihrer natürlichen Fähigkeit, Geister anzuziehen, bedienen wollen. Da dabei aber keine mediumistische Arbeit im eigentlichen Sinne geleistet wird, fällt dies logischerweise auch nicht in die Kategorie Mediumismus. Ein medial veranlagter Mensch ist zunächst ein Mensch, der über starke innere Spannungen verfügt und entsprechend sensibel ist, so daß er Dinge wahrnehmen kann, die der «normale» Mensch nicht wahrnimmt. Das gleiche Phänomen finden wir auch bei begabten Sehern oder, auf einer anderen Ebene, auch bei Schriftstellern, Schauspielern, Malern etc. Ein medial veranlagter Mensch ist aber nicht zwangsläufig auch ein Medium. Die Veranlagung kann auf verschiedene Art und Weise eingesetzt werden, der eigentliche Mediumismus stellt nur eine dieser Möglichkeiten dar.

Mediumistische Arbeiten erfordern also, daß das Medium in eine sehr tiefe Trance bzw. Volltrance eintreten kann. Das alltägliche Bewußtsein muß ganz ausgeschaltet werden, damit es das Geistwesen nicht behindert. Somit handelt es sich beim Mediumismus um eine zeitlich begrenzte, freiwillig herbeigeführte Besessenheit. Je tiefer die Trance, desto vollständiger ist die Besessenheit. Es leuchtet ein, daß derart extreme Veränderungen des Bewußtseinszustands vielerlei Gefahren in sich bergen. Wir dürfen nie vergessen, daß die Trance kein «natürlicher» Bewußtseinszustand ist. Ein wiederholter

Verlust der Bewußtseinskontrolle kann unter unglücklichen Umständen dazu führen, daß das alltägliche Bewußtsein nicht mehr (vollständig) aktiviert werden kann und die Besessenheit bestehenbleibt. Viele Medien pflanzen deshalb bestimmte Signale in ihr Unbewußtes ein, die das Bewußtsein in Situationen akuter Besessenheitsgefahr warnen und es gegebenenfalls aktivieren. Das Einpflanzen solcher Kontrollmechanismen ist allerdings nicht ganz einfach und erfordert eine gute Kenntnis der eigenen bewußten und unbewußten (Re-) Aktionen und deren Zusammenwirken. Leider bestehen diese Gefahren nicht nur während den Sitzungen. Manche Medien klagen beispielsweise darüber, daß sie nicht mehr autofahren können, weil sie fürchten, plötzlich in Trance zu fallen. Auf die Frage, ob man solche «Anfälle» denn nicht unterdrücken könne, lautet die Antwort meist, daß dies schon möglich sei – allerdings werde dabei oft tagelang die mediumistische Fähigkeit blockiert, so daß sie während der regulären, vereinbarten Sitzungen versagen. Als professionelles Medium kann man sich das kaum leisten, und so nehmen viele derartige «Behinderungen» in Kauf. Hier stellt sich denn auch die Frage, ob es sinnvoll ist, Mediumismus professionell zu betreiben. Auch sehr gut trainierte Medien haben ihre schlechten Tage, und man erkennt ein gutes professionelles Medium unter anderem daran, daß es deswegen hin und wieder Sitzungen absagen oder verschieben muß. Dies muß man sich allerdings erst einmal leisten können, und ein längerfristiger Verlust seiner Fähigkeit hat schon manches Medium in die Schaustellerei, über die so gern hergezogen wird, getrieben. Aus diesem Grund empfehle ich allen, sich nicht auf den Mediumismus als einzige Einnahmequelle zu stützen.

Mediumismus ist nur innerhalb gewisser Grenzen erlernbar. Eine der Voraussetzungen ist die spezielle Art innerer Spannung, die ich eingangs erwähnt habe. Menschen, die diese Spannung nicht besitzen, eignen sich weniger und haben meist Mühe, Geister anzuziehen. Natürlich können sie es trotzdem versuchen, aber meist lohnt sich der Aufwand nicht angesichts der Resultate, die dann später tatsächlich erbracht werden können. Die zweite Voraussetzung ist der Mut zur zeitweiligen Selbstaufgabe. Dies setzt die Fähigkeit zur Hingabe voraus, die Fähigkeit, sein Ego stundenweise völlig aufzugeben und sich weit zu öffnen. Da man vorher nicht weiß, was auf einen zukommt, erfordert dies auch eine gewisse Risikobereitschaft. Neben der Fähigkeit zur Hingabe muß aber auch ein starker Wille vorhanden sein. Bei vielen Medien zeigt sich dieser Wille in einer gewissen Zähigkeit, die man anfangs meist übersieht. Medien machen häufig einen schwachen, weichen und nachgiebigen Eindruck. Doch unter dieser Oberfläche findet man in der Regel eine erstaunliche Härte und Willenskraft.

Ich halte es für sinnvoller, sich bei der Ausbildung von einem erfahrenen Medium trainieren oder zumindest am Anfang beaufsichtigen zu lassen; Mediumismus im Selbststudium ist nicht ungefährlich. Ein erfahrener Lehrer kennt meist verschiedene Tricks, durch die das Risiko einer anhaltenden Besessenheit vermieden werden kann. Die meisten dieser Tricks scheinen allerdings nur dann zu wirken, wenn sie persönlich vom Lehrer an den Schüler weitergegeben werden. Dies hängt wahrscheinlich damit zusammen, daß die meisten Medien sehr eigene Vorstellungen von der Geisterwelt besitzen. Da wir nicht genau wissen, was Geister eigentlich sind, wo sie herkommen, wo sie sich gewöhnlich aufhalten etc., imaginieren wir selbst gewisse Strukturen, die es uns erleichtern, die Geisterwelt zu begreifen. So sind manche Medien fest davon überzeugt, daß es sich bei Geistern um außerirdische Wesenheiten handelt. Spiritisten behaupten, daß sie nur Kontakt zu den Seelen Verstorbener aufnehmen. Im Schamanismus kann es sich um den Geist bestimmter Tiere, Pflanzen, Gegenstände, Orte etc. oder um die Seelen von Verstorbenen handeln. Je nach Geisterkosmos, in dem man arbeitet, fallen auch die Regeln unterschiedlich aus, nach denen das Medium sich selbst schützt. Wenn man also daran glaubt, daß ein Geist ein von Gott gesandter Engel ist, wird man sich anders verhalten, als wenn man glaubt, Kontakt zu einem Wesen der Uranussphäre herzustellen. All diese Systeme sind nicht objektiv und nicht allgemeingültig, und man kann auch nicht sagen, daß das eine besser sei als das andere. Wenn Sie mit einem Lehrer arbeiten, verlangt er meist, daß Sie sein Glaubenssystem übernehmen; achten Sie also darauf, einen Lehrer zu finden, dessen System sie akzeptieren können. Nach Ihrer Ausbildung können Sie immer noch entscheiden, ob Sie bei diesem System bleiben oder lieber ein anderes wählen wollen.

Über Mediumismus im Selbststudium läßt sich nicht viel sagen, da die Techniken, die angewandt werden, individuell sehr verschieden sind. Der wichtigste Punkt ist zunächst einmal, daß Sie lernen, in eine möglichst tiefe Trance einzutreten. Ich halte es für sehr wirkungsvoll, anfangs mit Hypnose zu arbeiten. Lassen Sie sich die ersten Male von einer anderen Person hypnotisieren, und gehen Sie dann zur Autohypnose über. Andere Trancetechniken sind: Konzentration auf Gegenstände, Töne, Bilder und Symbole; Entzug aller Sinnesreize, verbunden mit dem Herstellen der Gedankenleere; das Starren (s.a. 2. Kapitel, VISIONSORAKEL). Fasten, Schlafentzug, Tanzen, Schreien und der Gebrauch von Drogen sind auch durchaus wirkungsvolle Techniken, aber für den häufigen Gebrauch kaum geeignet. Führen Sie die Tranceübungen regelmäßig durch – sofern es sich einrichten läßt, täglich. Während dieser Übungen ist es sinnvoll, sich gegen das Eindringen von Wesenheiten zu schützen, bis Sie den

Prozeß des Eintretens in die Trance und des Austretens perfekt beherrschen. Zu diesem Zweck imaginieren Sie Schutzsymbole um sich herum, bevor Sie mit der Übung beginnen, wie beispielsweise eine Lichtkugel oder einen Lichtkreis, der Sie umgibt. Erstes Ziel ist, möglichst schnell zwischen dem alltäglichen Bewußtseinszustand und der Trance hin und her wechseln zu können. Sobald Ihnen das gelingt, können Sie damit beginnen, ein Geistwesen anzuziehen und in Sie eindringen zu lassen. Sie können auch hier mit entsprechenden Schutzsymbolen arbeiten, wobei der Schutz nicht vollkommen undurchlässig sein darf, da sonst kein Geistwesen mehr zu Ihnen vordringen kann. Manche Medien lösen das Problem so, indem sie sich vorstellen, daß der Kreis sie gegen alle bösen (besessen machenden) Geister schützt und alle guten hereinläßt. Ich komme mit dieser Methode nicht gut zurecht und lasse deshalb die Schutzsymbole weg. Anstelle dessen programmiere ich mich darauf, nach einer bestimmten Zeit, die ich vorher festlege, automatisch aus der Trance auszutreten. In der Praxis sieht das folgendermaßen aus: In dem Moment, da ich in die Trance eintrete, gebe ich meinem Unbewußten den Befehl, mich beispielsweise nach fünfzehn Minuten zu wecken. Wichtig ist, daß dies genau im Übergangsmoment stattfindet. Der Befehl muß kurz und präzise sein und wirkt besonders gut, wenn man ihn laut ausspricht. Üben Sie dies auch, bevor Sie das erste Mal einen Geist eindringen lassen. Es schützt Sie zwar nicht unbedingt davor, daß ein dominanter Geist in Sie eintritt, verhindert aber, daß Sie ihn nicht wieder loswerden – vorausgesetzt, Sie haben den Befehl richtig gegeben. Bitte bedenken Sie immer, daß Sie sich, besonders wenn Sie allein arbeiten, einer großen Gefahr aussetzen. Ganz gleich, welche Art von Schutzvorkehrungen Sie anwenden – gehen Sie niemals unachtsam oder unkonzentriert vor. Vergessen Sie nicht, daß niemand in der Nähe ist, der sofortige Hilfe leisten kann. Je länger sich ein Geist an den Körper des Mediums gewöhnen kann, desto weniger ist er dazu bereit, ihn wieder herzugeben. Glücklicherweise sind nicht alle Geister dominant, und manche haben keinerlei Interesse daran, sich den Körper des Mediums anzueignen. Meiner Erfahrung nach sind sogar die wenigsten Geister dominant, doch niemand garantiert Ihnen, daß Sie nicht gleich beim ersten Mal an einen geraten, der es sich bei Ihnen bequem machen will. Wenn Sie mit einem Lehrer arbeiten, wird dieser dafür sorgen, daß Sie zumindest anfangs nur mit harmlosen Geistern in Berührung kommen. Wie gesagt: Es spricht wirklich sehr viel dafür, die ersten Versuche unter Anleitung zu machen.

Wenn Sie allein arbeiten, benötigen Sie zwei Tonbandgeräte oder Kassettenrecorder. Auf das eine Band sprechen Sie Ihre Fragen. Lassen Sie zwischen den Fragen genügend Zeitabstand. Dieses Band spielen Sie während der Sitzung ab. Das andere Gerät benutzen Sie für die Aufnahme der gesamten Sitzung. Achten Sie darauf, daß Sie die ersten Minuten des Fragebandes leer lassen, damit Ihnen genügend Zeit bleibt, einen Geist in sich aufzunehmen. Vergessen Sie nicht, zuerst die Frage nach dem Namen des Geistes zu stellen, damit Sie hinterher wissen, mit wem Sie es zu tun gehabt haben. Dies ist auch für die Erfolgskontrolle wichtig, wie wir gleich noch sehen werden. Es empfiehlt sich, am Ende jedes Fragebands ein bestimmtes, gleiches Tonsignal aufzunehmen, das die Weckfunktion übernimmt. Bestimmen Sie selbst die optimale Länge Ihrer Sitzungen. Ich arbeite beispielsweise niemals länger als zwanzig Minuten durchgehend. Wenn ich also Fragen habe, deren Beantwortung etwa sechzig Minuten dauern wird, programmiere ich meinen inneren Wecker trotzdem auf zwanzig Minuten, mache dann eine Pause, programmiere wieder auf zwanzig Minuten etc. Wenn Sie nicht mit dem Weckbefehl arbeiten wollen, können Sie das gleiche Tonsignal, das Sie am Ende verwenden, auch als Pausensignal benutzen. Finden Sie selbst heraus, ob Sie besser lang andauernde Trancezustände oder aber häufige Bewußtseinswechsel verkraften können. Benutzen Sie für die Aufnahme der Sitzung ein gutes Mikrofon, da die Sprechweise während der Trance oft recht undeutlich oder leise ist. Erschrecken Sie nicht, wenn Sie das Band später abhören – Ihre Stimme wird wahrscheinlich sehr verändert klingen.

Kommen wir nun zum Thema Erfolgskontrolle. Nach der Sitzung hören Sie das Aufnahmeband ab, das also noch einmal die Fragen und die Antworten, die der Geist durch Sie gesprochen hat, wiedergibt. Im Idealfall wurden alle Antworten in einer verständlichen Sprache gegeben. (Es kann durchaus vorkommen, daß ein Geist in einer fremden Sprache antwortet oder nur vollkommen unverständliche Laute gesprochen wurden.) Möglich ist auch, daß nicht alle Fragen beantwortet wurden. Werten Sie die Aufnahmen aus, und schreiben Sie die Prognosen, Ratschläge etc. wenigstens in Stichworten nieder. Bei der Überprüfung ist es einfacher, wenn Sie nicht noch einmal verschiedene Tonbänder abhören müssen, bis Sie die entsprechende Stelle gefunden haben. Überprüfen Sie die Prognosen sehr sorgfältig. Legen Sie sich eine Liste der Namen der verschiedenen Geister an, zu denen Sie Kontakt hatten. Zeichnen Sie für jeden Namen zwei Spalten ein. In die erste Spalte schreiben Sie Datum, Zeit und Gegenstand (Thema) der Befragung. Die zweite Spalte wird mit einem «+» versehen, wenn die Antworten bzw. die Prognosen richtig, und mit einem «–», wenn sie falsch waren. Wenn Sie nach einiger Zeit die Liste kontrollieren, haben Sie einen guten Überblick über die Fähigkeiten Ihrer Geister. Sie werden feststellen, daß der eine oder andere Geist immer falsche Antworten gibt, während die eines anderen vielfach zutreffend sind. Meines Wissens gibt es keine Supergeister, die auf alle Fragen eine richtige Antwort geben oder immer richtig prognostizieren, aber gewisse Qualitätsunterschiede lassen sich durchaus erkennen. Mit der Zeit werden Sie dann auch die Stärken und Schwächen der Geister kennenlernen. Manche geben nur zuverlässige Auskünfte, wenn man sie zu einer bestimmten Tageszeit befragt; andere wiederum können zu bestimmten Themen sehr viel und zu anderen gar nichts sagen. So haben Sie später Spezialisten für Geldangelegenheiten, andere für Gesundheitsfragen und wiederum andere für Liebesangelegenheiten. Finden Sie heraus, welcher Geist Experte in spirituellen Fragen ist und welcher beispielsweise verlorene Gegenstände aufspüren kann. Sobald Sie sich über die Fähigkeiten Ihrer Geister klargeworden sind, können Sie viel wirkungsvoller arbeiten, indem Sie sich bei bestimmten Fragen gleich an den richtigen Geist wenden. Dies alles erfordert natürlich jahrelange Praxis.

KOMMUNIKATION MITTELS GERÄUSCH- ODER BEWEGUNGSENTSCHLÜSSELUNG

Die bei uns bekanntesten Methoden sind wahrscheinlich das Tischerücken und das Tischklopfen. Bei beiden wird ein runder Tisch verwendet, der oft von Generation zu Generation weitervererbt wird. Mit einem Tisch, der seit eh und je nur für diesen Zweck benutzt wurde, soll es wesentlich besser funktionieren. Alle Anwesenden setzen sich um den Tisch und legen beide Hände flach auf die Tischplatte. Die Meinungen gehen darüber auseinander, ob sich die Hände der Anwesenden dabei berühren sollen oder nicht. Der Leiter der Sitzung stellt dann den Kontakt zum Geistwesen her. Es werden Fragen nach dem Ja/Nein-Prinzip gestellt. Lautet die Antwort «ja», gibt ein Klopftisch Klopfgeräusche von sich; lautet die Antwort «nein», verhält er sich still. Beim Tischerücken schwebt der Tisch in die Höhe, wenn die Antwort «ja» lautet, und bleibt bei einem «Nein» ruhig stehen. Es handelt sich hierbei also auch in zweiter Linie um ein binäres Orakel.

Eine andere Methode besteht darin, die Buchstaben des Alphabets ungeordnet auf ein Holzbrett zu schreiben. Die Abstände sollten nicht zu klein sein. Das Holzbrett wird mit Lack überzogen, so daß die Oberfläche möglichst glatt ist. Dann setzt man ein Glas umgekehrt auf die Mitte des Bretts. Nachdem die Geister gerufen und die erste Frage gestellt wurde, bewegt sich das Glas auf dem Brett und rutscht hin und her. Die Buchstaben, die vom Glas berührt wurden, ergeben dann die Antwort. Manchmal erscheinen die Buchstaben in der richtigen Reihenfolge, so daß sich Wörter und Sätze ergeben; in anderen Fällen müssen die Buchstaben erst in die richtige Reihenfolge gebracht werden, damit sie einen Sinn ergeben. Wahrscheinlich wird auch häufig trotz intensiven Bemühens keine sinnvolle Aussage dabei herauskommen. Vielleicht liegt dies auch an der falschen Anordnung der Buchstaben, da diese kreisförmig, reihenförmig oder völlig wahllos auf dem Brett verteilt werden können. Man kann auf diesem Brett auch noch Felder für «JA», «NEIN», «NOCH NICHT ENTSCHIEDEN», «ZWEIFELHAFT», «KEINE ANTWORT» etc. anbringen.

An dieser Stelle muß darauf hingewiesen werden, daß alle diese Methoden, von denen es noch einige andere gibt, nur in den seltensten Fällen funktionieren. In der Regel ist es so, daß sich der Tisch weder hebt noch irgendwelche Geräusche von sich gibt und daß sich das Glas nicht um einen Millimeter vom Fleck rührt. Die Teilnehmer der Sitzungen, in denen ein Buchstaben-Brett verwendet wird, werden deshalb meist angewiesen, ihre Fingerspitzen auf das Glas zu legen, was in der Regel dazu führt, daß das Glas einfach von Buchstabe zu Buchstabe *geschoben* wird. Besonders lustig sind die Ergebnisse natürlich dann, wenn sich die Teilnehmer nicht einigen können und jeder einzelne versucht, das Glas in eine andere Richtung zu schieben. Das gleiche gilt auch für die Arbeit mit dem Oui/Ja-Brett oder der Planchette.

Es ist vorstellbar, auch mit diesen Techniken erfolgreich zu prognostizieren – allerdings setzt dies voraus, daß sich alle Teilnehmer im veränderten Bewußtseinszustand befinden und ihre Hände vom Geistwesen «führen» lassen, womit wir es mit einer Art Mediumismus zu tun hätten, bei der das Geistwesen nicht durch das Medium spricht, sondern bestimmte Buchstaben anzeigen läßt. Da bei einer solchen Sitzung aber vermutlich kaum nur erfahrene Medien zusammenkommen, sind die Ergebnisse doch eher anzuzweifeln.

TELEPATHISCHER KONTAKT ZUR GEISTERWELT

Diese Methode kann von jedem seherisch oder medial veranlagten Menschen durchgeführt werden. Der Befrager versetzt sich in eine Halbtrance und sendet eine telepathische Botschaft aus, durch die der Geist gerufen wird. Es handelt sich dabei meist um sehr einfach formulierte Sätze, die mit großer Intensität gedacht werden müssen. Der Befrager läßt den Geist nicht in sich eintreten, wie wir es vom Mediumismus her kennen, sondern stellt telepathischen Kontakt zu ihm her. Dabei kann es vorkommen, daß der Befrager den Geist sieht und/oder seine Stimme hört. Gestalt und Stimme des Geistes sind in diesem Fall jedoch nur für den Befrager wahrnehmbar und nicht für andere Anwesende, die sich im alltäglichen Bewußtseinszustand befinden.

Der Vorteil dieser Methode besteht darin, daß sie wenig Risiken birgt; ihr Nachteil zeigt sich darin, daß sie allgemein weitaus weniger zuverlässig ist als der Mediumismus. Die Ursache für die häufigen Fehlprognosen ist vermutlich in der mangelnden Ausschaltung des rationalen Bewußtseins beim Befrager zu suchen. Beim Mediumismus hat das alltägliche, rationale Bewußtsein keinerlei Gelegenheit, sich einzumischen, beim telepathischen Kontakt aber können sich Wünsche oder Befürchtungen des Befragers dazwischenschieben und das Ergebnis verfälschen. Die Gefahr der Selbsttäuschung ist daher recht groß. Unter diesem Gesichtspunkt betrachtet, wird der Befrager wahrscheinlich größere Erfolge erzielen, wenn er Prognosen für andere Menschen stellt, deren Schicksal ihn nicht unmittelbar betrifft. Sobald jedoch eine persönliche Betroffenheit vorliegt, wird der Erfolg in Frage gestellt.

Das Vorgehen ist sehr einfach. Sie versetzen sich in eine Halbtrance und versuchen den Kontakt zu einem Geistwesen aufzunehmen, indem Sie eine einfache telepathische Botschaft aussenden, wie etwa: «Ich rufe euch, ihr Geister. Kommt zu mir.» Manchmal ist es sinnvoller, die Geistwesen nicht direkt anzusprechen, sondern sich an höhere Instanzen zu wenden, zum Beispiel so: «Ihr Mächte des Universums, schickt mir einen Geist.» Falls Ihnen diese Form nicht ehrerbietig genug erscheint, können Sie auch in den letzten Satz ein «ich bitte euch» einfügen. Diese Botschaft senden Sie nun aus und konzentrieren sich vielleicht währenddessen als zusätzliche Hilfe auf Ihr drittes Auge. Vielleicht müssen Sie die Botschaft mehrmals wiederholen. Sobald der Kontakt zum Geistwesen hergestellt ist, beginnen Sie Ihre Fragen zu stellen, und vergessen Sie dabei nicht, sich nach dem Namen des Geistwesens zu erkundigen. Halten Sie kurze Sitzungen, damit Sie sich nachher ohne Mühe an alles Gesagte erinnern können. Schreiben Sie die Ergebnisse der Befragung in Stichworten auf. Es braucht wohl nicht besonders betont zu werden, daß gerade bei dieser Methode eine peinlichst genaue Erfolgskontrolle durchgeführt werden muß.

5. Kapitel

KOMBINATORISCHE ORAKEL

Im Rahmen der deuterischen Vorgehensweise gelten die kombinatorischen Orakeltechniken als die schwierigsten. Die Kunst und die Schwierigkeit der kombinatorischen Methode besteht darin, daß der Deuter fähig sein muß, Zusammenhänge blitzschnell zu erkennen, Wahrscheinliches von Unwahrscheinlichem zu trennen und aus den vielen kleinen Mosaiksteinchen in Sekundenschnelle ein stimmiges Bild zusammenzusetzen. Dies wiederum setzt voraus, daß der Deuter mit dem Analogiesystem (Elemente, Tarot, Runen etc.), das er anwendet, sehr gut vertraut ist. Es muß ihm zur Gewohnheit geworden sein, die Geschehnisse in der Welt in die Symbolik seines Analogiesystems zu übersetzen, um dann später vorliegende Symbolverbindungen zu entschlüsseln und in reales Geschehen zu übertragen. Wenn Sie also damit beginnen, sich mit einem Analogiesystem vertraut zu machen, sollten Sie zunächst versuchen, alltägliche Begebenheiten der Element-, Tarot- oder Runensymbolik zuzuordnen. Üben Sie sich darin, beispielsweise Ihre Gefühle, Stimmungen, Ihr Verhalten oder die Qualität eines Tages, einer Begegnung mit einem anderen Menschen etc. in die Symbolik Ihres Analogiesystems zu übertragen. Sollten Sie also mit dem Elementorakel arbeiten, übersetzen Sie alle Geschehnisse in die Elementsymbolik. Nehmen wir ein Beispiel: Sie fühlen sich gerade sehr vital, energiegeladen und kräftig. Nun sitzen Sie aber gerade in einer Betriebsversammlung. Die Gespräche sind trocken und zäh. Die Betriebsordnung wird diskutiert. Kreativen Ideen und Veränderungen wird nicht stattgegeben. Sie sind sehr ärgerlich, weil man in dieser Sache überhaupt nicht vorankommt. Obwohl Sie am liebsten losbrüllen möchten, nehmen Sie sich zusammen und unterdrücken Ihren Zorn. Versuchen Sie nun einmal, diese Situation in die Elementsymbolik zu übertragen. Wie ist Ihre eigentliche Stimmung? Womit werden Sie konfrontiert? Wie reagieren Sie? Ihre anfängliche Stimmung können wir «Feuer von Feuer» zuordnen.

Konfrontiert werden Sie dann mit einer Betriebsversammlung, die den Charakter «Erde von Erde» hat. Sie bezähmen jedoch Ihre Ungeduld und Aggression und verhalten sich also wie «Erde von Feuer».

Wenn Sie derartige Zuordnungsübungen häufig durchführen, werden Sie mit der Zeit immer sicherer im Umgang mit Ihrem Analogiesystem. Diese Übungen, so lästig sie auch am Anfang sein mögen, werden Ihnen für die Orakeldeutung eine unschätzbare Hilfe sein.

Bei der Anwendung der kombinatorischen Orakeltechniken arbeitet man mit mehr oder weniger festgelegten Bedeutungen. Wir müssen also a) die Bedeutungen der Orakelfigur (Tarotkarte, Runenkarte oder -stab, geomantisches Zeichen etc.) und b) die Bedeutungen des Ortes, auf den sie fällt oder gelegt wird, kennen. Beim Elementorakel beispielsweise müssen wir die Bedeutung des Elementsteins und die des Feldes, in das er gefallen ist, kennen. Beim Kartenlegen arbeiten wir mit der Bedeutung der Karte und der des Legeorts, während wir bei der Geomantie die geomantische Figur und das Haus, in dem sie steht, ausdeuten. Die Grundbedeutung der Figuren sowie die der Orte sind für jedes Analogiesystem festgelegt. Der Deuter hat aber die Möglichkeit, die Grundbedeutung einer Orakelfigur durch eigene Eindrücke und Erfahrungen zu variieren. Er kann also beispielsweise die Bedeutung einer bestimmten Tarotkarte abändern oder erweitern, doch wird er sie kaum – wegen ihrer festen Grundbedeutung – in ihr Gegenteil verkehren können. Die Grundbedeutung kann hier verstanden werden als Skelett, das der Deuter selbst mit Fleisch füllen muß. Im Rahmen dieses Buches können nur die wichtigsten Grundbedeutungen gegeben werden, die der Leser selbst ergänzen oder verändern muß. Für die Deutung ist von entscheidender Wichtigkeit, daß Sie sich in das Analogiesystem einfühlen; solange Sie nur die vorgegebenen Grundbedeutungen ablesen, werden Sie keine zuverlässige Analyse erstellen können.

ELEMENTORAKEL

Das Elementorakel stellt in dieser Form eine vollkommen neue Orakelmethode dar. Es wurde vor einigen Jahren von *Sujja Su'a'No-ta* erarbeitet und erstmals in dem Buch *Element-Magie* vorgestellt.[1]

Das Prinzip des Elementorakels beruht auf der gezielten Analyse des Zusammen- bzw. Gegeneinanderwirkens der vier Elemente innerhalb der Angelegenheit, nach der gefragt wurde, oder im Fragenden selbst. Wie es im Kapitel TATTWAREISEN schon beschrieben wurde, bildete die Lehre von den vier Elementen schon in alter Zeit ein Veranschaulichungsmodell für das Geschehen in der Welt. Das Analogiesystem der Elemente ist nur eines von vielen; es ist aber ein sehr grundlegendes System, das gerade durch seine Schlichtheit bestechend wirkt. Um so erstaunlicher ist es, daß das Elementorakel nicht schon viel früher erfunden wurde.

Das Elementorakel wird mittels 16 Orakelsteinen durchgeführt, wobei vier Steine jeweils für die verschiedenen Prägungen eines Elements stehen. Es gibt also vier Steine für das Element «Feuer», vier für «Wasser», vier für «Erde» und vier für «Luft». Diese Orakelsteine werden vom Fragenden auf eine Unterlage geworfen, die in bestimmte Felder eingeteilt ist. Bei der Deutung kombiniert man die Bedeutung der Orakelsteine, ihren Platz in den einzelnen Feldern und ihre Beziehung zueinander.

Vorausschicken möchte ich, daß das Elementorakel sich eher für den psychologisch orientierten Deuter eignet. Es zeigt deutlich die tieferliegenden Spannungen und Harmonien innerhalb eines Menschen oder auch einer Angelegenheit auf, daß es ohne eine stark ausgeprägte intuitive Begabung beinahe unmöglich ist, auf diesem Wege konkrete Prognosen zu stellen.

Elementorakel
(siehe auch Farbtafel III im Anhang)

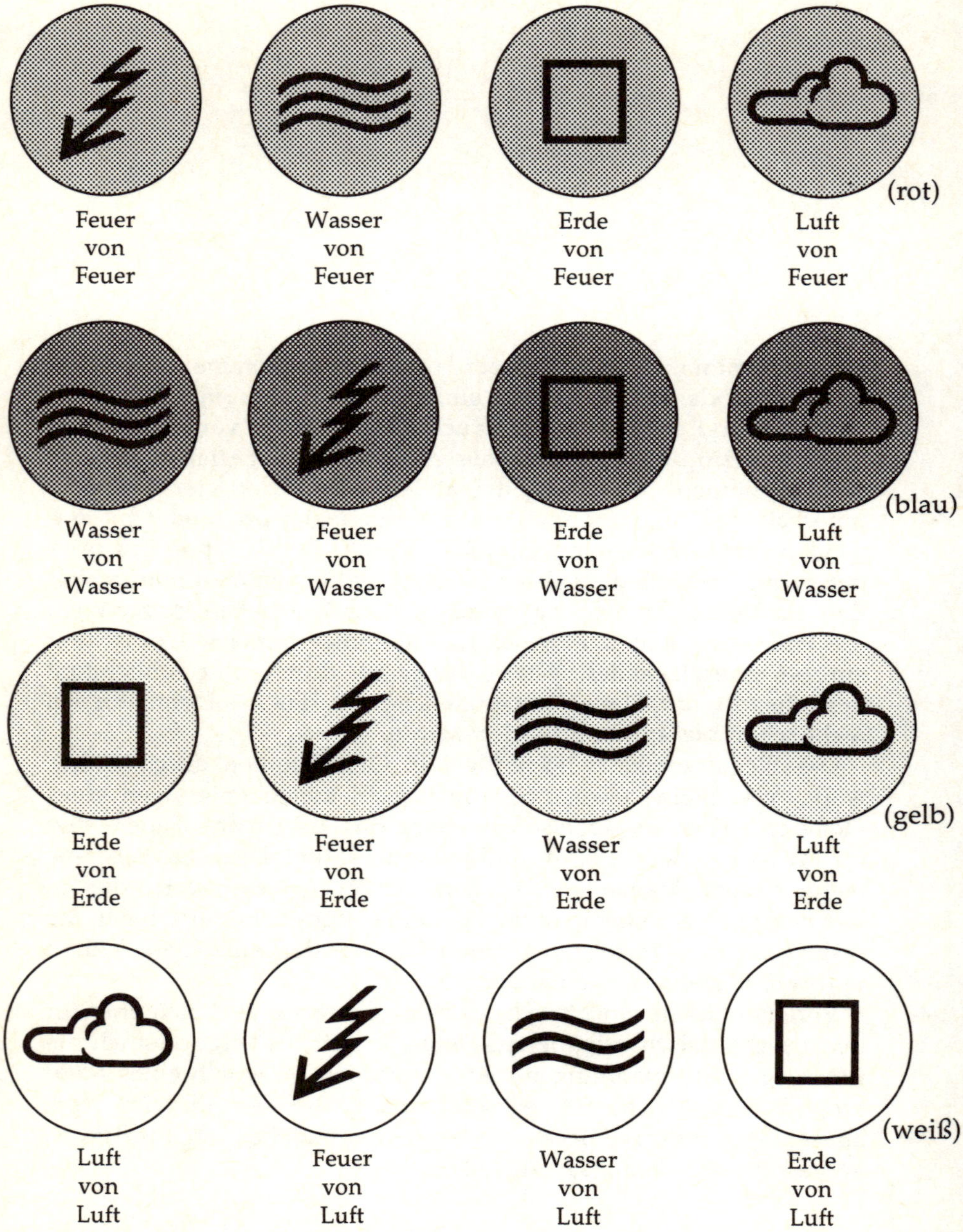

Abb. 13

Die vier Elemente

Zu den vier Elementen wurde das Wesentlichste schon im Kapitel TATTWAREISEN gesagt. Falls Sie das Kapitel noch nicht gelesen haben und keinerlei Grundkenntnisse über die Lehre der Elemente besitzen, bitte ich Sie, dort nachzuschlagen (S. 160ff.). Ich gebe hier nur noch einmal die wichtigsten analogen Bedeutungen in Stichworten wieder:

Feuer: Vitalität, Lebenskraft, Durchsetzungskraft, Aggression, Explosion, Aktion, Heftigkeit, Ungeduld, Trieb, Ideale, Kampf, Sexualität, Expansion, Freiheit, Unabhängigkeit, Rücksichtslosigkeit, Gewalt, Lebensfreude, Lebenswille.

Wasser: Gefühl, Intuition, Nachgiebigkeit, Trägheit, Anpassungsfähigkeit, Hingabe, Auflösung, Sensibilität, Verinnerlichung, Introspektion, Sanftheit, Traumwelt, Bilderwelt, fließende Bewegung, Erotik.

Erde: Beharrlichkeit, Geduld, Härte, Starrheit, Unbeweglichkeit, Festigkeit, Ausdauer, Vernunft, Realitätssinn, Konzentration, Bedächtigkeit, Sicherheit, bewahrende Kräfte, Vorsicht, Zielstrebigkeit, konkret, materiell, Hemmnisse, Strukturierung, Einengung.

Luft: Intellekt, Beweglichkeit, Veränderung, Welt der Gedanken und Ideen, Kommunikation, Denken, Sprache, Leichtigkeit, Spiel, Flexibilität, Schnelligkeit, Wechselhaftigkeit.

Die Unterelemente

Bei der Einteilung in die vier Grund- oder Hauptelemente handelt es sich um ein recht grobes und undifferenziertes System. Aus dem Bedürfnis nach einer differenzierteren Betrachtungsweise heraus entstanden dann die sogenannten Unterelemente. Jedes Hauptelement hat vier Unterelemente:

Feuer
Feuer von Feuer
Wasser von Feuer
Erde von Feuer
Luft von Feuer

Wasser
Wasser von Wasser
Feuer von Wasser
Erde von Wasser
Luft von Wasser

Erde	*Luft*
Erde von Erde	Luft von Luft
Feuer von Erde	Feuer von Luft
Wasser von Erde	Wasser von Luft
Luft von Erde	Erde von Luft

Das erstgenannte Element steht für das Unterelement, das zweite für das Hauptelement; beispielsweise: «Wasser von Feuer» drückt den *wasserhaften Aspekt* des Feuers aus, «Erde von Wasser» den *erdhaften Aspekt* des Wassers. Was heißt das nun in der Praxis? Nehmen wir einmal an, das Hauptelement «Wasser» steht für «Gefühle». Welches ist der erdhafte Aspekt der Gefühle? Das Element Erde steht beispielsweise für «Ausdauer». «Erde von Wasser» könnte also «dauerhafte Gefühle» bedeuten, aber auch, daß die Gefühle von einer gewissen Starrheit und Unbeweglichkeit geprägt sind. Weiterhin liegt auch die Deutung nahe, daß Gefühle auf eine sehr vorsichtige Weise ausgedrückt werden – oder auf eine sehr konkrete, materielle Weise. Das Unterelement kennzeichnet also im wesentlichen, wie sich das Hauptelement realisiert. Nehmen wir das Beispiel «Feuer von Wasser»: Das Hauptelement Wasser realisiert sich also auf feuerhafte Art. Dies könnte beispielsweise bedeuten, daß sich die Gefühle heftig äußern; es kann darauf hinweisen, daß Gefühle in Taten umgesetzt werden müssen; es kann aber auch darauf hinweisen, daß Gefühle auf aggressive oder rüde Weise ausgedrückt werden. Ein Mann kann der Frau, die er liebt (Gefühl/Wasser) Geschenke machen – gewissermaßen als eine Investition; dies wäre dann «Erde von Wasser». Er kann aber auch imposante Taten vollbringen, um ihr zu gefallen; hier hätten wir es eher mit «Feuer von Wasser» zu tun. Eine gewisse Oberflächlichkeit und Flüchtigkeit, aber auch Intellektualisierung der Gefühle wird durch «Luft von Wasser» symbolisiert. Bei «Wasser von Wasser» haben wir es mit dem reinen Element zu tun: Die Gefühle drückten sich also auf sanfte, hingebende Art aus, allerdings wären sie auch wenig faßbar und konkret, sondern eher schwankend, unentschieden und verschwommen.

Bisher sind wir bei den Beispielen davon ausgegangen, daß das Element Wasser für «Gefühle» steht. «Wasser» kann aber auch die Intuition oder die Träume des Fragenden repräsentieren. Wenn jemand beispielsweise versucht, intuitive Eindrücke als neuste wissenschaftliche Erkenntnisse auszugeben, ist dies «Luft von Wasser» – wenn vorausgesetzt wird, daß die «Verwissenschaftlichung» gleichzusetzen ist mit einer Intellektualisierung der Intuition. Handelt es sich jedoch um ein Rationalisierungsbedürfnis (Intuition wird als «irreal» betrachtet), ordnete man «Erde von Wasser» zu. Im Gegensatz dazu würde unlogisches, unscharfes und irrationales Denken

«Wasser von Luft» zugeordnet. Besonders interessant wird es bei der Bestimmung der Gegensatzpaare. Ist «Leidenschaft» nun «Wasser von Feuer» oder «Feuer von Wasser» zuzuordnen? Hier trifft man auf Weltanschauungs- oder Glaubensfragen: Ist jemand der Überzeugung, daß Leidenschaft stärker vom Trieb bestimmt ist als von der Emotion, wird er «Wasser von Feuer» zuordnen; hält er jedoch die Emotion für den tragenden Pfeiler der Leidenschaft, wird er «Feuer von Wasser» zuordnen. Derlei Entscheidungen müssen dem Deuter überlassen werden.

Es folgt nun eine Liste mit Deutungsvorschlägen, die Ihnen bei der Interpretation als Hilfe dienen soll. Sie ist keinesfalls vollständig, da eine komplette Darstellung aller Deutungsmöglichkeiten ganze Bücher füllen würde. Betrachten Sie sie deshalb als Anregung und Gedächtnisstütze, und ergänzen und wandeln Sie die Deutungen in Ihrem Sinne ab.

Das Element Feuer

Feuer von Feuer

Aggressive Durchsetzung; rücksichtslose Expansion; bedingungsloses Streben nach Freiheit und Unabhängigkeit; unbedachtes oder unvorsichtiges Handeln; Heldenmut; kriegerisch; tatkräftig; gewalttätiges Handeln, jedoch ohne Heimtücke oder Hinterlist; absolute Ehrlichkeit und schonungslose Offenheit; taktloses Verhalten; Triebhaftigkeit; Virilität; bedingungsloses Bekennen zum Prinzip der Stärke und Verachtung jeglicher Schwäche; Selbstsicherheit; Unbeugsamkeit; Wildheit; alles niedermachen, was sich in den Weg stellt; Verleugnung von Grenzen, Regeln und Gesetzen; vorschnelles Handeln; Aktivität.

Wasser von Feuer

Sinnlichkeit; instinktives Handeln; heftiges Verlangen; Sehnsucht; Sentimentalität; hinterlistiges und heimtückisches Kämpfen; Sexualität wird stark auf der Phantasie- oder Traumebene ausgelebt; Rachsucht; emotionale Intensität; Unentschlossenheit im Handeln; Aktivitäten in viele Richtungen, doch ohne Konsequenz und Ausdauer; wechselnde Ziele; unklare oder undurchsichtige Machtverhältnisse; widersprüchliches Handeln; wenig konstanter, schwankender Energiezustand; spontane Lebhaftigkeit und plötzliche Depressionen; Unausgeglichenheit; Durchsetzung mit unsauberen/unfairen Mitteln; geheime Feinde.

Erde von Feuer

Energieblockaden; gebremste Aktivität; Verzögerungen; klare Ziele; Verbissenheit; unterdrückte Wut; Jähzorn; Bremsung; Hemmung im Triebleben; zielgerichtete, kontrollierte Energie; Durchsetzung im beruflichen / finanziellen Bereich; Karriere; später Erfolg; beherrschter Kämpfer; gefährlicher Gegner; «unter einer ruhigen Oberfläche ein brodelnder Vulkan»; Ausdauer in Wettkampfsituationen; optimaler Einsatz der zur Verfügung stehenden Kraft; gebundene Energie; Frustration; weltliche Macht; Macht durch Geld; Rationalität steht über dem Trieb; praktische Aktivitäten; gezielte Aktion.

Luft von Feuer

Lebhaftigkeit; Sprunghaftigkeit; intellektuelle / geistige Macht; heftige Begeisterung («Strohfeuer»); Unberechenbarkeit; Verbalradikalismus; Ungeduld; Zerstreuung; Abwechslung; die Kraft der Gedanken; Unbeständigkeit; Unruhe; Zersplitterung der Energien; sporadisches Engangement; kleinere Streitereien; Nervosität; Arroganz; scharfe Kritik; Intellektualisierung / Vergeistigung / Transformation der Triebe; Auseinandersetzungen; Widerspruch; Wettbewerb (eher spielerisch); Aggression wird verbal ausgedrückt; Streit; Überzeugungskraft; gedankliche / geistige Aktivität; Energie in ständiger Bewegung.

Das Element Wasser

Wasser von Wasser

Anpassung an die Gegebenheiten; ausweichendes Verhalten; das Umgehen von Schwierigkeiten; intuitives Agieren und Reagieren; Passivität; Entscheidungsunlust; «sich treiben lassen»; starke Gefühle; launisch und unbeständig; sanft und hingebend; undurchschaubar; mystisch; geheimnisvoll; verträumt; sensibel bis empfindlich; Instabilität; Labilität; tiefes Empfinden; nachgiebig, jedoch im Innersten unbeeinflußbar; Ich-Auflösung; Loslösung; Gleichgültigkeit; Introspektion; Unberührtheit; ungeformt; ziellos; phlegmatisch; empfangend; aufnehmend; erduldend.

Feuer von Wasser

Heftige Gefühle; emotionales Engagement, das jedoch nicht von Dauer ist; extreme Gefühle; Leidenschaft; emotionale Unbeherrschtheit; Offenheit und Ehrlichkeit in emotionalen Dingen; Zügellosigkeit; spontanes emotionales Verhalten; leidenschaftliche Liebe und unkontrollierbarer Haß; unangemessenes Handeln; Überreaktionen; intensive Empfindung; vorschnelles, aber oft instinktiv richtiges

Handeln; Wut; Zorn; Eifersucht; Begeisterung; heftige Freude; Leben nach dem Lustprinzip; Unberechenbarkeit; lebensbejahende Einstellung; Fröhlichkeit; Heiterkeit; Lebenslust; aktiver Gefühlsausdruck.

Erde von Wasser

Gefühlsbindungen; Ehe; Treue; Familiensinn; Bedürfnis nach «Nestwärme»; Fürsorglichkeit; Gefühlsstabilität; Gefühle werden kontrolliert, oft auch zurückgehalten; Schwierigkeiten, Gefühle auszudrükken; Gehemmtheit; Zurückhaltung; beständige Gefühle; intuitive Eindrücke werden rationalisiert; Gefühle werden konkret und/oder materiell ausgedrückt; Introversion; Depression; Suche nach einem Halt; gesellschaftlich eingebettet zu sein wird angestrebt; Festhalten von Gefühlen; Sentimentalität; Gefühlsverhärtung; das Bedürfnis, gebraucht zu werden; Genügsamkeit; Bescheidenheit; Selbstzweifel; Gefühlskälte.

Luft von Wasser

Flüchtige Gefühle; oberflächliche Gefühle; Veränderungen/Wandel im Gefühlsbereich; Spontaneität; Intellektualisierung von Gefühlen; Hinterlist; Unehrlichkeit; unbeständige Gefühle; Klatsch; Neugierde; Unentschlossenheit; Entscheidungen ausweichen; Suche nach mystischen Erfahrungen, nach Vergeistigung – aber es bleibt oft an der Oberfläche; Treulosigkeit; Unverläßlichkeit; Bedürfnis nach neuen Gefühls- und Erfahrungsdimensionen; Ungebundenheit; emotionale Freiheit und Unabhängigkeit; Verspieltheit; Liebesbriefe; geistige Überhöhung von Gefühlen; platonische Liebe; Gleichgültigkeit.

Das Element Erde

Erde von Erde

Beharrliches, geduldiges Streben; materielle Sicherheit; Sturheit; das Befolgen von Regeln und Gesetzen; konservativ; bewahrend; unflexibel; vernünftiges Handeln, aber oft übervorsichtig; Stabilität; Unnachgiebigkeit; Zähigkeit; langsames, sorgsam geplantes Handeln; Bedächtigkeit; Geduld; harte Arbeit; Ruhe; Abhängigkeit von Strukturen, Regeln und Grenzen; Geburt und Tod; säen und ernten; das Prinzip «erst die Arbeit und dann das Vergnügen», wobei das Vergnügen eher im wohlverdienten Ausruhen als im ekstatischen Feiern besteht; Kälte; Einsamkeit; Ernst; Schwerfälligkeit; Gewichtigkeit.

Feuer von Erde

Ehrgeiz; Kampf um Besitz und gesellschaftliche Position; Machtstreben; Durchsetzung im beruflichen Bereich; Karriere; Tatendrang; Despotismus; engagiertes Arbeiten; Großzügigkeit, oft aus Eitelkeit oder Prahlsucht; Dominanz; Herrschsucht; «es zu etwas bringen wollen»; Ungeduld; Grausamkeit; Erfolg im beruflichen / finanziellen Bereich; Durchsetzen / Kampf von / für Recht und Ordnung; schnelles Handeln, meistens vernünftig, gelegentlich voreilig; Selbstsucht; große Erfolge und große Niederlagen; «das Glück herbeizwingen wollen»; ausdauernder Kämpfer; Willenskraft; unnachgiebige Härte; Vorwärtsstreben.

Wasser von Erde

Fülle; Fruchtbarkeit; Großzügigkeit in materiellen Dingen; Verschwendung; Luxus; Geschenke; Unordnung; Unsicherheit und Unentschiedenheit in Geldangelegenheiten; schlechter Umgang mit Geld; träges, nachlässiges Arbeiten; Gleichgültigkeit in beruflichen Dingen; Heimlichtuerei in Geld- und Berufsangelegenheiten; finanzielle Verluste; wenig vertrauenswürdige Geschäftsleute; Risikogeschäfte – oft durch richtige, intuitive Entscheidungen erfolgreich; verträumte Realitätssicht; Neid; Eifersucht; Besitzgier, aber unfähig Besitz zu halten; Konzentrationsstörungen; Müßiggang; Bequemlichkeit; Faulheit.

Luft von Erde

Geschäftssinn; Streben nach materiellem Zugewinn; Handel; sachbezogene, realistische Einstellung; Besitzdenken; Geld; Tauschgeschäfte; Feilschen; Geschäftsreisen; «Bauernschläue»; Immobiliengeschäft; geschickte Investitionen, aber Gefahr, sich finanziell zu übernehmen; berufliche Flexibilität; schnelles, aber oft wenig sorgfältiges Arbeiten; Diebstahl; kleinere Betrügereien in geschäftlichen oder materiellen Angelegenheiten; Bestechung; Risikogeschäfte; hohe Gewinne und hohe Verluste; Eitelkeit; Arroganz; Zynismus; Ich-Bezogenheit; Verachtung; derber Witz; Spott; das Bedürfnis, unbürgerlich zu erscheinen.

Das Element Luft

Luft von Luft

Schnelle Auffassungsgabe; intellektuell; Interesse für Sprache; Sprachspiele; Ideen; Ideologien; Pläne; Unterhaltung; beweglicher Geist, aber oft oberflächlich, abschweifend und unkonzentriert; Interesse an Neuem; unbeständig; flatterhaft; spielerisch; Projekte,

Ideologien; Kommunikation; Diskussion; Unruhe; Hektik; Werbung; flexibel, aber nicht anpassungsfähig; kreativ; Kurzzeitgedächtnis; Information; Neuigkeiten; Nachrichten; schnell, aber wenig ausdauernd; Medien (Presse, Funk); Bindungsunfähigkeit; ablenkbar; brillante Denker; Abstraktion; Veränderung, Wechsel; Angst vor Stillstand und Langeweile.

Feuer von Luft

Heftige Diskussionen; das Durchsetzen von Ideen; gewaltsame Veränderungen; sprachliche Direktheit und Offenheit; aggressive Ausdrucksweise; kämpferischer Geist; Begeisterung, die sehr spontan ist und nicht lange anhält; Gedankenblitz; große Pläne und Projekte, die aber nur selten realisiert werden (wichtig ist nur die Begeisterung für die Idee, nicht die konkrete Umsetzung); hektische Aktivität; Gefahr der Verzettelung; viel Aufwand und wenig konkrete Ergebnisse; vitaler Intellekt; offene Revolution; Streit; Gedanken oder Wissen nicht für sich behalten können; Ehrlichkeit; Bekenntnisdrang; schnell wechselnde Ideale und Ziele.

Wasser von Luft

Verschwommenes, unscharfes Denken; irrationales, unlogisches Denken; Inspiration; intuitive geistige Erkenntnis; künstlerischer Umgang mit Sprache; Assoziation; bildhafte Ausdrucksweise; Lyrik; Märchen; unklare, vage Ausdrucksweise; «Luftschlösser bauen»; realitätsferne Ideen und Projekte; mythische Geschichten; emotionale Kommunikation; starke Anpassungsfähigkeit, oft aus Desinteresse heraus; fließende, sanfte Veränderung; Verschleiern oder Geheimhalten von Gedanken oder Plänen; Intrigen; Lügen; undifferenziertes Denken; Bilderschrift; Vergeßlichkeit.

Erde von Luft

Rechtssprechung; sachbezogenes Denken; Denken in festen Strukturen; strenge Sachlichkeit; das Ideal von Recht und Ordnung; Nüchternheit; Trockenheit; Realisierung von Plänen und Ideen; Entwicklung von konkreten, realisierbaren Projekten; langsames, dafür gründliches Denken; Sprechhemmung; Schwierigkeiten, sich sprachlich auszudrücken; Ideen in Geld umsetzen; Langzeitgedächtnis; intellektuelle Schwerfälligkeit; gezielte Veränderungen einleiten; realistisches Denken; schleppende Kommunikation; guter Ratgeber; konservative Denkstrukturen; Analyse; starke geistige Konzentrationsfähigkeit.

Das Orakelmaterial

Da die benötigten Orakelsteine nicht im Handel erhältlich sind, müssen Sie sie selbst anfertigen. Sie benötigen dazu 16 runde Holzplättchen. Diese werden auf einer Seite in den Farben der Elemente bemalt, wobei die Farbzuordnungen hier anders sind als bei den Tattwas: Das Element *Feuer* hat die Farbe *Rot, Wasser* hat die Farbe *Blau, Erde* hat die Farbe *Braun* und *Luft* die Farbe *Weiß*. Sie haben also vier rote, vier blaue, vier gelbe und vier weiße Steine. Die Rückseiten der Plättchen können so belassen werden oder mit schwarzer, eventuell auch weißer Farbe bemalt werden.

Auf die farbige Seite der Steine werden nun Symbole für die Unterelemente gemalt.* Auch die hier gewählten Symbole unterscheiden sich bis auf das Erd-Symbol von denen der Tattwas: ein *Blitz* für das Element *Feuer, drei Wellen* für das Element *Wasser,* ein *Quadrat* für das Element *Erde* und eine *Wolke* für das Element *Luft*. Die Farbe zeigt also das Grundelement an und das Symbol das Unterelement (s. Abb. 13 und die Farbtafel III).

Als Unterlage brauchen Sie ein quadratisches Stück Pappe oder Tuch von mind. 50 × 50 cm in schwarzer oder weißer Farbe. Darauf werden nun die Felder eingezeichnet. Zuerst unterteilen Sie das Quadrat diagonal. Dann zeichnen Sie in das große Quadrat ein kleineres von etwa 20 × 20 cm ein. Die diagonale Unterteilung ergibt das *Feld 1* und das *Feld 2*. Durch das kleine Quadrat ergibt sich ein inneres und ein äußeres Feld (s. Abb. 14).

Die Befragung

Wenn der Ratsuchende seine Frage klar formuliert hat, legt er einen persönlichen Gegenstand genau auf den Mittelpunkt des Quadrats. Es sollte sich um einen kleineren Gegenstand handeln, beispielsweise einen Ring, eine Kette oder einen schöngeformten Stein, der nur für diesen Zweck verwendet wird. Der Gegenstand symbolisiert den Fragenden. Man nennt ihn «Signifikator». Auch wenn das Orakel nicht vom Fragenden selbst gedeutet wird – der Gegenstand muß immer vom Ratsuchenden stammen. Der Fragende nimmt nun alle 16 Steine in beide Hände und schüttelt sie durcheinander. Er hält die Hände über die Unterlage und läßt die Steine fallen.

* S. Su'a'No-ta empfiehlt, die Steine, die das reine Element symbolisieren, nicht mit den Symbolen der Unterelemente zu versehen.[2] «Feuer von Feuer» wäre demnach einfach ein rotbemalter Stein. In der Praxis wirkt sich dies jedoch meiner Meinung nach irritierend aus.

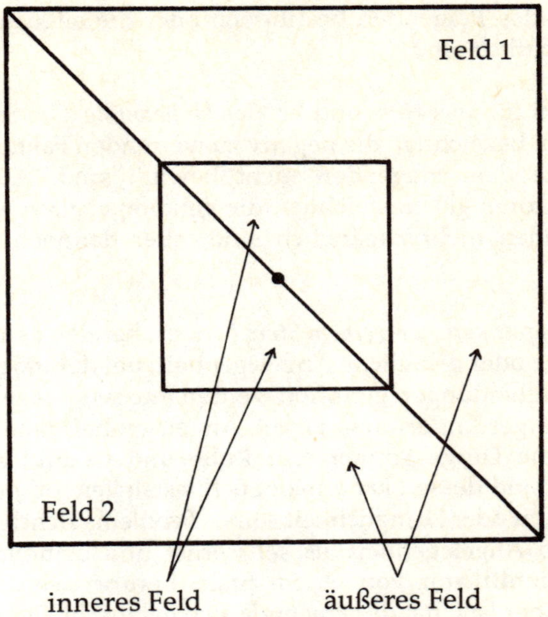

Abb. 14

Die Deutung

Alle Steine, die neben die Unterlage gefallen sind, werden beiseite gelegt. Das gleiche gilt für alle Steine, deren Rückseite nach oben zeigt. Sie spielen in dieser Angelegenheit keine Rolle und werden bei der Deutung nicht berücksichtigt.

Um einen ersten Überblick zu gewinnen, betrachtet man zuerst die Verteilung der für die Deutung relevanten Steine in den Feldern. Befindet sich die Mehrzahl der Steine in Feld 1 oder in Feld 2, oder sind sie in etwa gleich verteilt? Liegen Steine im inneren Feld, oder befinden sich alle im äußeren Feld? Wird der Signifikator von einem oder sogar mehreren Steinen berührt? Ist ein bestimmtes Grundelement besonders stark oder schwach vertreten? Gibt es eine Häufung in einem bestimmten Feld? Durch diese allgemeinen Beobachtungen kann man wertvolle Schlüsse ziehen.

Die wichtigsten Deutungsgrundlagen

1. *Feld 1* steht für *«positiv»* und für das *Bewußte*. Die Steine, die in Feld 1 liegen, kennzeichnen die Faktoren, die in der Angelegenheit positiv zu werten sind. Es kann sich auch um Aspekte handeln, die das

Bewußtsein des Fragenden bestimmen oder die allgemein bekannt und offensichtlich sind.

2. *Feld 2* steht für *«negativ»* und für das *Unbewußte.* Die Steine, die in Feld 2 liegen, bezeichnen die negativ zu wertenden Faktoren oder die Aspekte, die dem Fragenden nicht bewußt sind. Auch werden dadurch Faktoren gekennzeichnet, die geheimgehalten werden oder dem Fragenden nicht zugänglich sind, aber dennoch sein Leben bestimmen.

3. *Wird der Signifikator von einem Stein berührt,* handelt es sich um eine sehr wichtige oder dringliche Angelegenheit, bei der möglicherweise schnelle Entscheidungen getroffen werden müssen. Liegen die Steine jedoch in einiger Entfernung, ist die Angelegenheit weniger bedeutend, und die Dinge können mit Ruhe und Geduld angegangen werden. Anhand dessen kann man auch feststellen, ob der Fragende die Wichtigkeit oder Dringlichkeit seines Problems richtig einschätzt. Wenn er die Angelegenheit als sehr ernst und dringlich darstellt, sollte der Signifikator von einem Stein berührt werden. Ist dies jedoch nicht der Fall, hat der Fragende sich getäuscht. Das gleiche gilt natürlich auch im umgekehrten Sinne. Manchmal glaubt man mit der Lösung eines Problems noch lange warten zu können – und plötzlich überstürzen sich die Ereignisse.

4. *Der Stein, der dem Signifikator am nächsten liegt,* bezeichnet den wichtigsten oder bestimmenden Faktor in der Angelegenheit. Bei der Deutung sollte man diesen Stein als zentralen Punkt benutzen.

5. *Die Steine, die nahe am äußeren Rand liegen,* kennzeichnen die Grenzen der Angelegenheiten oder die des Fragenden.

6. Ist das *innere Feld* stark besetzt, zeigt dies an, daß die Angelegenheit sehr komplex und gewichtig ist. Sie kann auch sehr verworren sein, besonders wenn das innere Feld 2 stark besetzt ist. Wird der Stein, der den Signifikator direkt berührt, noch von anderen Steinen berührt, verstärkt dies die Komplexität.

7. Liegt ein *Stein auf der Trennungslinie* zwischen Feld 1 und Feld 2 kann dieser eine Möglichkeit zum Ausgleich, zur Harmonisierung oder zum Ausweichen darstellen. Er kann eine alternative Handlungsmöglichkeit bezeichnen.

8. *Falls zwei oder mehrere Steine sich berühren* oder eng beieinander liegen, sollten diese als Einheit betrachtet und gedeutet werden. Wird

der Stein, der den Signifikator direkt berührt, noch von anderen Steinen berührt, bilden sie alle zusammen den zentralen Punkt in der Angelegenheit.

9. *Liegt ein Stein auf der Grenze* zwischen innerem und äußerem Feld, wird er zum inneren Feld gezählt.

Beispiel 1

Der Fragende ist 30 Jahre alt. In den letzten sieben Jahren hat er fünfmal seinen Arbeitsplatz gewechselt. Entscheidend ist dabei, daß ihm niemals gekündigt wurde, sondern daß er immer aus eigenem Antrieb den Wechsel in die Wege leitete. Der Fragende ist sehr unzufrieden mit seiner Situation, und er kann sich nicht erklären, warum er es an keinem Arbeitsplatz längere Zeit aushalten kann.

Er stellt folgende Frage: *«Was ist die Ursache dafür, daß ich meinen Arbeitsplatz ständig wechsle?»*

Der Fragende wirft die Orakelsteine auf die Unterlage. Nachdem alle Steine aussortiert wurden, die außerhalb oder mit der Rückseite nach oben lagen, ergibt sich folgendes Bild (s. Abb. 15):

inneres Feld 1:	–
äußeres Feld 1:	–
inneres Feld 2:	Feuer von Erde
äußeres Feld 2:	Luft von Erde
	Wasser von Erde

Dieses Beispiel ist aus verschiedenen Gründen recht auffällig. Zunächst einmal sehen wir, daß von 16 Orakelsteinen nur drei zur Deutung übriggeblieben sind, die alle in Feld 2 liegen. Wenn wir die Steine genauer betrachten, stellen wir fest, daß sie drei verschiedene Aspekte des Erdelements darstellen.

Der Fragende beginnt nun mit der Interpretation. Zuerst kommt er nicht recht vorwärts, da ihn die geringe Anzahl der Steine irritiert. Er notiert seine Gedanken in Stichworten:

1. *Alle Steine in Feld 2 – die Ursache für den ständigen Wechsel ist mir also wirklich vollkommen unbewußt. Unbewußte Wünsche oder Charaktereigenschaften?*
2. *Drei verschiedene Aspekte des Erdelements – eigentlich logisch, denn es geht ja um eine Berufsangelegenheit (Erde).*
3. *Je weniger Steine, desto schwieriger die Deutung. Ich weiß nicht, wie ich die ganze Sache angehen soll.*

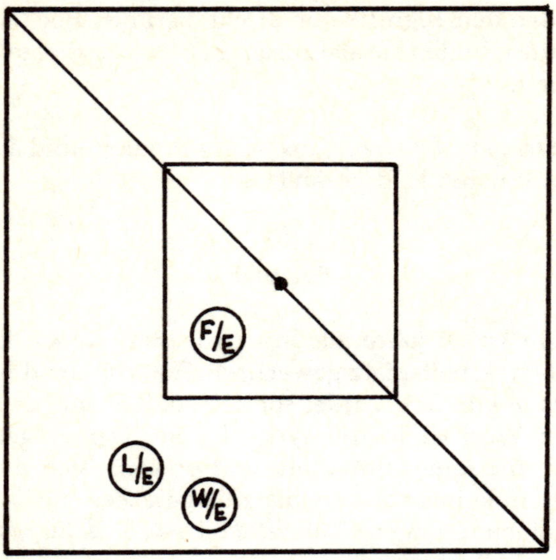

Abb. 15

Der Fragende läßt das Orakel so liegen und wendet sich anderen Dingen zu, um ein wenig Distanz zu gewinnen. Einige Stunden später versucht er es noch einmal. Er interpretiert die einzelnen Steine:

«Feuer von Erde» – Ehrgeiz und Durchsetzungswillen im beruflichen Bereich habe ich eigentlich nicht. Obwohl – es liegt ja im Unbewußten: Bin ich also vielleicht doch ehrgeizig und will es mir nur nicht eingestehen? Geld und gute Position, dieses ganze Theater um Erfolg und um Macht war mir doch aber immer völlig gleichgültig. Das ergibt keinen Sinn.

«Luft von Erde» – Geschäftssinn, Händlertum, Besitzdenken etc. ist mir eigentlich genauso fremd. Andererseits bedeutet das aber auch Flexibilität in beruflichen Dingen oder Geldangelegenheiten.

«Wasser von Erde» – Gleichgültigkeit und Schlamperei im Beruf kommt öfter schon mal vor. Das liegt natürlich auch daran, daß die Sachen immer so schnell zur Routine, also langweilig werden. Das paßt ganz gut zu «Luft von Erde». Auf der einen Seite habe ich schon berufliche Interessen. Wenn ich einen neuen Job angefangen habe, habe ich mich auch immer voll engagiert, einfach weil es neu und interessant war. Nach einiger Zeit wurde es langweilig, und mein Engagement ließ nach. Ich habe die Arbeit dann oft nachlässig

gemacht, aber meist mit schlechtem Gewissen. Wahrscheinlich hatte ich auch ein bißchen Angst, daß man mir so irgendwann kündigen würde. Allein deshalb bin ich nie auf den Gedanken gekommen, große Karriere zu machen. Aber genau das ist es wahrscheinlich: Am Anfang bin ich immer ganz begeistert bei der Sache. Wahrscheinlich kann man das auch Ehrgeiz nennen. Dann wird es mir zu langweilig, und ich fange an, nachlässig zu arbeiten. Meinen Ehrgeiz verdränge ich dann einfach und sehe mich nach etwas Neuem um. Die eigentliche Ursache für den ständigen Wechsel ist also, daß ich einerseits ehrgeizig bin, aber auf der anderen Seite nicht das entsprechende Durchhaltevermögen habe, weil mich die Dinge schnell langweilen.

Er gibt sich mit dieser Deutung zufrieden und befragt das Orakel zu einem späteren Zeitpunkt nochmals, um herauszufinden, welche Art von Beruf für ihn am besten geeignet wäre. Dabei stellt sich dann heraus, daß er einen Beruf braucht, in dem er mit Menschen zusammenkommt (aber nicht im Sozialbereich), in dem «Öffentlichkeit» eine Rolle spielt, aber auch handwerkliche Kunst gefragt ist. Der Fragende arbeitet in der Folge 5 Jahre (!) als Bühnenbildner beim Theater und machte danach eine Ausbildung zum Maskenbildner.

Beispiel 2

Ich gebe hier ein Beratungsgespräch wieder, wobei Passagen, die mehr oder weniger aus Wiederholungen bestehen, herausgestrichen wurden. Dieses Beispiel ist in seiner Art sehr charakteristisch in der Praxis eines Orakelberaters. Wie Sie später vielleicht selbst feststellen können, kommen viele Klienten vor allem um des persönlichen Gesprächs willen zum Orakelberater. Am Anfang geht es meist noch um die Erstellung einer Prognose; im Laufe des Gesprächs stellt sich dann aber heraus, daß der Klient nur einen lebenserfahrenen Menschen sucht, der ihm vorurteilsfrei zuhört, vor dem er sich nicht genieren muß und der ihm abschließend vielleicht einen guten Rat gibt. Im allgemeinen versucht der Klient den Orakelberater vorher zu testen, indem er möglichst wenig von sich verrät und sich so verhält, als käme er wegen einer Prognose. Erscheint dem Klienten der Orakelberater vertrauenswürdig, kommt es dann zum persönlichen Gespräch, was für den Berater nicht immer ganz leicht zu bewältigen ist, da der Klient von der persönlichen Lebenserfahrung des Beraters profitieren möchte – dem Berater unter Umständen also sehr intime Fragen stellt. Natürlich bleibt es dem Berater selbst überlassen, wieviel er von sich selbst preisgeben will. Manchmal ist es dem Klienten eine große Hilfe, wenn man ihm sagt, daß auch andere Menschen unter ähnlichen Schwierigkeiten zu leiden haben. Sie können einen ähnlich gelagerten Fall zitieren, wenn Sie glauben, daß dies Ihrem Klienten hilft. Bleiben Sie aber in Ihren Aussagen allgemein, so daß er nicht erraten kann, um wen es sich beim Ratsuchenden gehandelt haben mag. Erwähnen sie niemals den Namen eines anderen Klienten. Falls Ihr Klient diesbezügliche Fragen stellt, sagen Sie ihm deutlich, daß Sie unter Schweigepflicht stehen. Fragen Sie ihn, ob er es sich wünschte, daß seine Probleme öffentlich verbreitet werden.

Da ein Orakelberater ja kein vollkommener Mensch ist, hat auch er seine eigenen Probleme. Wenn ein Klient Sie wegen ähnlicher Schwierigkeiten aufsucht, müssen Sie daran denken, daß Sie ihm nur helfen können, wenn Sie während der Beratung Ihre eigenen Probleme vergessen. Sie können Ihrem Klienten durchaus einen vernünftigen Rat geben, auch wenn Sie das Problem für sich selbst nicht lösen können. Bedingung ist aber, daß Sie emotional völlig unbeteiligt bleiben und nicht durchblicken lassen, daß dies auch Ihr aktuelles Problem ist. Falls es Ihnen sinnvoll erscheint, können Sie mit Ihrem Klienten über bereits gelöste Probleme sprechen; erwähnen Sie aber niemals ein bestehendes Problem. Der Klient braucht die Illusion, daß Sie über den Dingen stehen – enttäuschen Sie ihn also nicht. Seien Sie sich vor allen Dingen auch immer bewußt, daß ihr Klient nicht unter Schweigepflicht steht. Sprechen Sie also niemals über persönliche Angelegenheiten, von denen Sie nicht möchten, daß andere sie erfahren.

Erster Eindruck der Beraterin

Die Klientin ist etwa 30 Jahre alt, gut gekleidet, gepflegt. Sie macht einen nervösen Eindruck und wirkt unentschlossen, zögernd, verkrampft. Die Haltung ist schlecht, sie versucht etwas zu verbergen und hat starke innere Spannungen.

Das Gespräch*

K.: «Ich bin unverheiratet – aber jetzt gibt es da jemanden, der hat mich gefragt, ob ich ihn heiraten will. Und ich meine … ich will ja eigentlich auch, aber vielleicht … ich weiß … ach, ich weiß nicht! Können Sie mir raten?»

B.: «Sie wissen also nicht, ob Sie heiraten sollen oder nicht?»

K.: «Doch, ich will schon. Ich will nur wissen, wie es wird, wenn

* **K.** = Klientin, **B.** = Beraterin

ich es mache. Ich meine ... wenn ich heirate, wie wird es mir dann gehen, wie werde ich mich fühlen?»

Die Orakelsteine werden geworfen. Es ergibt sich:

inneres Feld 1: Erde von Wasser
äußeres Feld 1: Luft von Erde
Erde von Luft
inneres Feld 2: Wasser von Feuer
Luft von Wasser
Erde von Erde
äußeres Feld 2: –

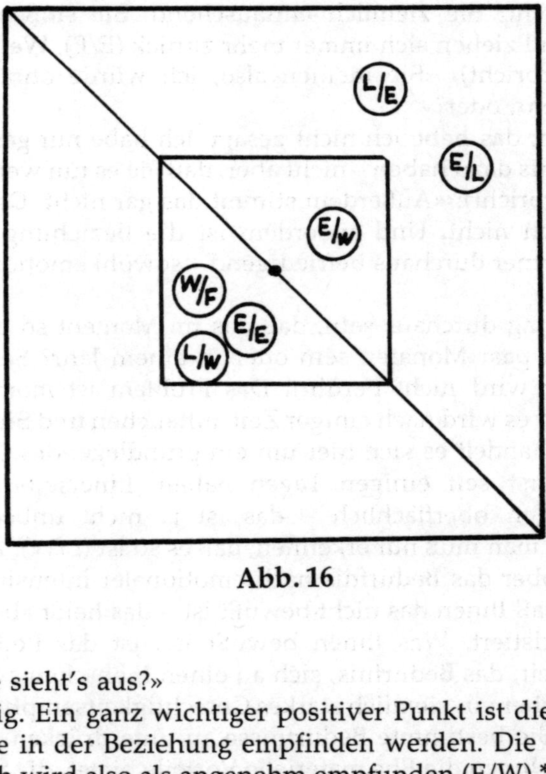

Abb. 16

K. : «Wie sieht's aus?»
B.: «Mäßig. Ein ganz wichtiger positiver Punkt ist die Geborgenheit, die Sie in der Beziehung empfinden werden. Die Gefühlsbindung an sich wird also als angenehm empfunden (E/W).* Sie denken in dieser Hinsicht ja auch recht konservativ – die Ehe entspricht also Ihren Wertmaßstäben, und daraus ziehen Sie eine gewisse Befriedi-

* Die Abkürzungen der Elemente wurden eingefügt, damit der Leser den Deutungsprozeß nachvollziehen kann. E/W = Erde von Wasser, E/L = Erde von Luft, L/E = Luft von Erde, L/W = Luft von Wasser.

gung (E/L). Ferner ist es für Sie auch nicht unwichtig, daß die Ehe Ihnen gewisse finanzielle Vorteile bietet (L/E). Die Punkte, die Sie als positiv empfinden, sind also Geborgenheit, Halt, gesicherte gesellschaftliche Stellung, Versorgtsein, materieller Zugewinn und Befriedigung Ihrer konservativen Wertvorstellungen etc.

Auf der anderen Seite besteht bei Ihnen das Bedürfnis nach neuen Erfahrungen im Gefühlsbereich, was Ihnen vielleicht gar nicht so bewußt ist (L/W). Konkret heißt das: Im Moment sind Sie noch so verliebt, daß sich alle Ihre Gefühle auf eine Person richten. Nur ist das eben wenig beständig, und sobald die momentane Verliebtheit nachläßt, möchten Sie sich nach neuen Erfahrungen umsehen. Dies kommt zusammen mit sexuellen Wünschen oder Träumen – möglicherweise unbewußt –, die nicht befriedigt werden (W/F). Das Ganze wird dann für Sie ziemlich enttäuschend. Sie stoßen ständig an Grenzen und ziehen sich immer mehr zurück (E/E). Wenn man es ...

K. (unterbricht): «Sie meinen also, ich würde ohnehin ständig ‹fremdgehen›, oder?»

B.: «Nein, das habe ich nicht gesagt. Ich habe nur gesagt, daß Sie das Bedürfnis dazu haben – nicht aber, daß Sie es tun werden. Sie ...»

K. (unterbricht): «Außerdem stimmt das gar nicht. Dieses Bedürfnis habe ich nicht. Und außerdem ist die Beziehung zu meinem jetzigen Partner durchaus befriedigend – sowohl emotional wie auch sexuell!»

B.: «Es mag durchaus sein, daß das im Moment so ist. Was aber wird in ein paar Monaten sein oder in einem Jahr? Sehen Sie, der Signifikator wird nicht berührt. Das Problem ist momentan nicht aktuell, aber es wird nach einiger Zeit auftauchen und Sie bedrängen. Außerdem handelt es sich hier um ein grundlegendes Problem, das Sie nicht erst seit einigen Tagen haben. Einerseits sind Sie in Gefühlsdingen oberflächlich – das ist ja nicht unbedingt etwas Schlimmes, man muß nur erkennen, daß es so ist (L/W). Andererseits haben Sie aber das Bedürfnis nach emotionaler Intensität (W/F). Es mag sein, daß Ihnen das nicht bewußt ist – das heißt aber nicht, daß es nicht existiert. Was Ihnen bewußt ist, ist das Bedürfnis nach Geborgenheit, das Bedürfnis, sich an einen Menschen zu binden (E/W). Da Sie aber ein ziemlich starkes Gerechtigkeitsempfinden haben, versuchen Sie bestimmte Bedürfnisse zu unterdrücken (E/L). Ihnen ist klar, daß Ihnen die Ehe materielle Vorteile bietet, die Sie durchaus zu schätzen wissen (L/E). Ihr Gerechtigkeitssinn sagt Ihnen aber, daß Sie weder ein Recht auf Geborgenheit noch auf materielle Vorteile haben, wenn Sie Ihre unbewußten Bedürfnisse zulassen oder gar realisieren. Da diese Bedürfnisse Sie aber plagen werden, wird der Druck immer größer werden. Dementsprechend wächst auch die Frustration. Da Sie ständig Ihre Gefühle unter Kontrolle halten müssen, werden Sie innerlich immer kälter. Sie ziehen sich in sich selbst zurück und versuchen, die Grenzen zu akzeptieren (E/E). Verstehen Sie, wo das Problem liegt?»

K.: «Ja, das hört sich alles sehr logisch an. Aber ich glaube nicht, daß das bei mir so ist.»

B.: «Wie waren denn Ihre früheren Beziehungen?»

K.: «Meistens kurz, wenig bedeutend – ja einfach nichtssagend.»

B.: «Und Sie haben sich natürlich immer gewünscht, daß die Beziehungen intensiver wären?»

K.: «Ja, am Anfang waren sie das ja auch. Aber später wurde es dann schnell langweilig.»

B.: «Und warum glauben Sie, daß das jetzt anders sein wird? Meinen Sie nicht, daß Sie generell schnell das Interesse an einem Menschen verlieren?»

K.: «Ja, vielleicht schon. Wissen Sie – es fängt alles immer so schön an. Aber nach einiger Zeit ist es einfach ohne Bedeutung.»

B.: «Und warum ist das so?»

K.: «Mein Gott, nach einer Weile kennt man einen Menschen zu genau. Man weiß, was er als nächstes tun oder sagen wird. Es passiert nichts Neues, nichts Überraschendes mehr. Ich verstehe nicht, wie andere Leute das aushalten.»

B.: «Nun, einigen Leuten wird es sicherlich so ergehen wie Ihnen. Aber es will wohl nicht jeder dauernd Überraschungen erleben. Im Gegenteil – manche Leute sind sehr froh darüber, daß die Menschen, mit denen sie zusammenkommen, in gewisser Weise berechenbar sind.»

K.: «Aber wie kommen Sie denn damit zurecht? Ich meine, für Sie sind die Menschen doch auch berechenbar – bei Ihrem Beruf ... Sie leben doch davon, daß Menschen berechenbar sind.»

B.: «Eigentlich lebe ich davon, das Schicksal oder den Weg anderer Menschen zu berechnen, aber dazu gehört natürlich auch, daß ich den Fragenden einschätze und sein Verhalten beobachte – da haben Sie schon recht. Aber ich habe andere Wertmaßstäbe. Für mich ist es nicht entscheidend, wie berechenbar ein Mensch ist – das spielt in meinem Beruf eine Rolle, aber nicht in meinen persönlichen Beziehungen. Alle Menschen sind bis zu einem gewissen Grad berechenbar, aber das kann man ja auch als angenehm empfinden, oder man kann dem neutral gegenüberstehen, wie ich es tue.»

K.: «Sie betrachten das also ganz neutral?»

B.: «Ja. Ich weiß, daß Menschen berechenbar sind. Das bin ich selbst ja schließlich auch. Warum sollte ich mir einreden, daß es nicht so ist oder daß man es ändern könnte? Ich akzeptiere es einfach so, wie es ist.»

K.: «Und warum ist das bei mir anders?»

B.: «Wie ich vorhin schon kurz gesagt habe: Ihre Empfindungsintensität ist bei Ihnen offenbar immer davon abhängig, wie neu die Erfahrung für Sie ist. Mit anderen Worten: Wenn Sie einen Menschen neu kennenlernen, ist er für Sie faszinierend. Das hat aber nicht unbedingt etwas mit dem Menschen an sich zu tun. Faszinierend ist für Sie vor allem, daß dieser Mensch Neuland für Sie ist. Da Sie ihn ja noch nicht kennen, können Sie alles Mögliche in Ihn hineingeheimnissen. Sie erwarten immer, daß dieser Mensch nun vollkommen anders ist als andere Menschen und daß er Ihnen wirklich etwas Neues zu bieten hat. Wenn sich dann aber herausstellt, daß das Wenige, was ihn vielleicht von anderen Menschen unterscheidet, auch schnell zu erkennen und zu berechnen ist, sind Sie enttäuscht. Das Vertraute hat für Sie keinen Reiz, weder emotional noch sexuell. Wenn Sie untreu werden, dann aus Langeweile. Im Grunde genommen brauchen Sie ständig neue Anregungen von außen. Sie wissen nicht so recht, was Sie mit sich selbst anfangen sollen und warten praktisch ständig darauf, daß irgend jemand Sie unterhält. Andererseits ist Ihnen aber bewußt, daß die Welt kein Amüsierlokal ist, das extra für Sie erschaffen wurde. Der Konflikt entsteht bei Ihnen unter anderem dadurch, daß Sie *wissen,* daß Sie andere Menschen überfordern. Es ist Ihnen vollkommen klar, daß kein Mensch dazu fähig ist, ständig gegen Ihre innere Langeweile anzurennen – abgesehen davon, daß wohl kaum ein Mensch Zeit und Lust dazu hätte, dauernd den Alleinunterhalter zu spielen. Sie wissen zwar, daß Sie sich ungerecht verhalten, daß Sie einfach zuviel erwarten, aber das ändert nicht unbedingt etwas an Ihren Wünschen, an Ihrem drängenden Verlangen nach neuen Reizen.

Und dann ist da auch noch das Bedürfnis nach Geborgenheit, das wesentlich leichter erfüllbar ist. Das und die Erkenntnis, daß Ihre anderen Wünsche unrealistisch sind, bewegen Sie ja auch dazu, ernsthaft über eine Ehe nachzudenken. Anderenfalls würden Sie gar nicht auf den Gedanken kommen, sich zu binden. Wenn Ihre Bedürfnisse nicht so widersprüchlich wären, würden Sie sich ständig neue Partner suchen und sich dabei prächtig unterhalten. Aber in solchen flüchtigen Beziehungen findet man keine emotionale Ruhe und Geborgenheit. Emotionale Ruhe und Geborgenheit ist jedoch ziemlich langweilig. Das Gefühl von Geborgenheit können Sie aber nur bei einem Menschen bekommen, der berechenbar ist, auf den man sich verlassen kann. Deshalb verachten Sie auf der einen Seite die Berechenbarkeit der Menschen, können aber auch nicht ohne sie leben.»

K.: «Aber ist das denn nicht bei allen Menschen so? Warum gehen denn so viele Ehen kaputt und warum versuchen Menschen in offener Ehe zu leben?»

B.: «Ja, diese Grundproblematik ist sicherlich ein Hauptgrund dafür.»

K.: «Und was gibt es für Lösungsmöglichkeiten?»

B.: «Es gibt nicht für alle Probleme Patentlösungen. Manche Menschen können das Problem lösen, andere nicht. Heutzutage wird uns immer wieder eingeredet, daß es für alle psychischen Probleme eine Lösung gibt. Aber ganz so einfach ist das auch nicht. Es gibt im Menschen bestimmte Grundspannungen, die als problematisch empfunden werden. Wenn wir uns mit diesen Spannungen auseinandersetzen, können wir erreichen, daß ihnen der Problemcharakter genommen wird. Die Spannung bleibt jedoch bestehen. Wir lernen dadurch nur, mit der Spannung zu leben, sie in unser Leben zu integrieren und sie nicht mehr als negativ anzusehen. Wenn man von Problemlösung spricht, erwarten die meisten Menschen aber, daß man ihnen beibringt, wie sie ihre Spannungen loswerden. Das ist jetzt natürlich alles etwas verallgemeinernd ausgedrückt, aber ...»

K. (unterbricht): «Ja, ja, ich weiß schon, was Sie meinen. Wie steht es denn bei mir mit den Lösungsmöglichkeiten?»

B.: «Wenn ein Stein auf der Trennungslinie zwischen Feld 1 und Feld 2 gelegen hätte, hätte dieser eventuelle Lösungsmöglichkeiten angezeigt. Da aber keiner dort liegt, gibt es vorläufig auch keine Lösungsmöglichkeit – zumindest nicht, wenn Sie verheiratet sind. Man weiß natürlich nicht, was geschehen wird, wenn Sie nicht heiraten. Aber da wir ja festgestellt haben, daß es sich hier um ein grundsätzliches Problem handelt, das eigentlich nichts damit zu tun hat, ob Sie nun heiraten oder nicht, werden die Lösungsmöglichkeiten da auch nicht besser aussehen.»

K.: «Aber was soll ich denn jetzt machen?»

B.: «Zunächst einmal müssen Sie sich dem Problem stellen. Vorhin waren Sie ja etwas ungehalten, als ich die ganze Angelegenheit als Problem darstellte. Das heißt, Sie hatten das noch gar nicht als Ihr Problem erkannt. Bevor Sie jetzt an Lösungsmöglichkeiten denken, müssen Sie sich erst einmal mit dem Problem auseinandersetzen.

Wenn Sie Ihren jetzigen Partner heiraten wollen, tun Sie es. Aber erwarten Sie nicht, daß sich dann Ihr Problem in Luft auflöst. Die gleichen Schwierigkeiten, die Sie früher mit anderen Partnern hatten, werden hier auch auftauchen – vielleicht dauert es nur etwas länger. Wenn Ihnen das Risiko zu groß ist oder Sie Ihren Partner nicht damit belasten wollen, heiraten Sie nicht. Letztendlich müssen Sie jetzt entscheiden, ob Sie es sich zutrauen, Ihre unrealistischen Wünsche unter Kontrolle zu bringen, ohne daß Sie an den daraus entstehenden Frustrationen zugrunde gehen. Versuchen Sie herauszufinden, wie stark Ihr Bedürfnis nach Sicherheit und Geborgenheit ist. Wenn es nicht stark genug ist, wiegt es die Frustrationen nicht auf, und Sie lassen Ihren Ärger ungewollt an Ihrem Partner aus. Sie können sich sicherlich ausmalen, daß unter diesen Umständen die Ehe früher oder später zerbrechen wird.»

K.: «Das klingt aber ganz schön kalt und hart.»

B.: «Nun, ich würde sagen, es ist realistisch, oder?»

K.: «Was Sie gesagt haben – die ganze Analyse und so –, das stimmt schon, auch wenn ich das am Anfang nicht wahrhaben wollte. Aber jetzt am Schluß – das klang alles so geschäftsmäßig.»

B.: «Aber so treffen wir doch meist unsere Entscheidungen. Wenn wir erst einmal erkannt haben, daß wir nicht alles haben können, müssen wir uns für das entscheiden, was uns wichtiger erscheint. Wir versuchen herauszufinden, welche Alternative mehr Glück und Zufriedenheit verspricht. Wenn wir das nicht können, entscheiden wir uns einfach für das kleinere Übel. Wenn uns ein Ideal wichtiger ist als ein materieller Vorteil, entscheiden wir uns für das Ideal, sofern wir glauben, daß wir mit den Entbehrungen zurechtkommen werden. Wenn wir aber glauben, daß wir das Leiden nicht verkraften können, lassen wir das Ideal fallen, was zwar auch weh tut, aber in dem Fall das kleinere Übel ist.

Warum sollen wir uns darüber etwas vormachen? Warum sollen wir so tun, als folgten wir hehren Idealen, wenn wir doch in Wirklichkeit nur auf unseren eigenen Vorteil bedacht sind?»

K.: «Schon richtig, aber ich bin nicht gewöhnt, daß man das so offen ausspricht. Können wir ein anderes Mal das Orakel befragen, auf welche Weise ich mich mit dem Problem auseinandersetzen soll?»

B.: «Das sollten wir sogar möglichst bald tun – am besten, bevor Sie sich endgültig entscheiden, ob Sie nun heiraten wollen oder nicht.»

Nach der zweiten Sitzung, in der es um die Auseinandersetzung mit dem Problem der Fragenden ging, entschloß sie sich zur Heirat. Obwohl sie in der ersten Zeit noch sehr viele Schwierigkeiten hatte, gelang es ihr schließlich dennoch, ihre innere Spannung zu kontrollieren. Sie lernte, die beiden widersprüchlichen Persönlichkeitsanteile zu akzeptieren und zu integrieren, so daß die Spannung nun nicht mehr als schmerzhaft empfunden wird.

DAS RUNENORAKEL

Heute geht man davon aus, daß die Runenschrift im Laufe des 1. Jahrhunderts n. Chr. entstanden ist. Der dänische Runologe L. Wimmer hat nachgewiesen, daß sich die verschiedenen Runenreihen, die von einzelnen germanischen Stämmen zu unterschiedlichen Zeiten benutzt wurden, auf eine ursprüngliche Reihe von 24 Zeichen zurückführen lassen. Diese Reihe nennt man nach den Lautwerten der ersten sechs Zeichen das ältere Futhark (ca. 200–750 n.Chr.). In der Wikingerzeit wurde diese ursprüngliche Runenreihe in verschiedener Weise verändert.

Es gibt unterschiedliche Theorien zur Herleitung der Runenschrift. Manche Runenforscher gehen davon aus, daß die Runen aus einem norditalienischen Alphabet entstanden sind, während andere eine Entwicklung aus der Lateinschrift annehmen. In den alten germanischen Mythen wird die Runenfindung dem Gott Odin zugeschrieben, wie wir es in der Liedersammlung der Edda nachlesen können (Havamal, Str. 138 f.).

Im angelsächsischen Raum wurde das ältere Futhark zunächst um vier Runen erweitert; später wurde es dann nochmals erweitert, so daß die gesamte Reihe 33 Zeichen aufwies. Gleichzeitig wurde die Runenreihe im Norden verkürzt, so daß um 800 das jüngere Futhark, das 16 Zeichen umfaßt, vorlag.

Es ist bekannt, daß Runen auch zu magischen Zwecken verwendet wurden, wobei wir allerdings wenig darüber wissen, auf welche Art und in welchem Ausmaß dies geschah. Es gibt Hinweise darauf, daß die Runen neben dem rein magischen Gebrauch auch zu mantischen Zwecken verwendet wurden. Leider ist heute nicht mehr nachzuweisen, auf welche Art die alten Germanen das Orakel befragten. Wir müssen uns also darüber bewußt sein, daß die heute bekannten Systeme des Runenorakels nicht unbedingt der alten Methode der Germanen entsprechen, obschon dies von den heutigen «Runenweihsagern» meist behauptet wird. Zu Orakelzwecken verwendet man heute eine Runenreihe mit 18 Zeichen, die manchmal noch durch verschiedene Symbole ergänzt wird. Werner Kosbab benützt beispielsweise zu der Reihe der 18 Runen zusätzlich noch 38 verschiedene Symbole.[3] Karl Spiesberger bleibt bei der Grundlage der 18 Runen, teilt sie aber bei manchen kartomantischen Techniken in ihren positiven und ihren negativen Aspekt, so daß er mit 36 Bedeutungen arbeitet.[4]

Die Vorbereitung

Bei den heutigen «Runenweihsagern» wird die Orakeldeutung meist zeremoniell durchgeführt, wobei auch allerlei Hilfsmittel zur Anwendung gelangen. So müssen allerlei Voraussetzungen erfüllt sein, bevor man sich überhaupt mit den Runen beschäftigen darf. Dazu gehören in der Regel ein starker Wille, eine gute Gesundheit, Entspannungs- sowie Konzentrationsfähigkeit, Gedankenbeherrschung etc. Hilfsmittel, wie beispielsweise Weihrauch, farbige Lichtträger, Musik, Kerzen sowie ein spezielles Gewand müssen beschafft bzw. selbst hergestellt werden. Dies alles ist natürlich sehr, sehr aufwendig. Ich möchte diesen Hilfsmitteln hier keineswegs ihren Nutzen absprechen; dennoch bin ich der Meinung, daß man sehr gut auf sie verzichten kann, sofern man sich mit den Runen eingehend beschäftigt hat. Natürlich bleibt es jedem Leser selbst überlassen, inwieweit er die Orakelbefragung zeremoniell gestalten will. Wer sich für diesen Bereich näher interessiert, sei auf das Buch *Das Runen-Orakel* von Werner Kosbab verwiesen, der einige Hinweise für die zeremonielle Praxis bietet.[5]

Für das Orakel benötigen Sie entweder Runenstäbe oder Runenkarten. Bei der Verwendung der Runenstäbe kommen zwei Möglichkeiten in Frage: Man wählt entweder dünne Äste, die den Formen der Runen ähneln, oder man schneidet Stäbe zurecht, in die die Runen eingeritzt werden. Die erstere Methode ist weitaus aufwendiger, da einige Runenzeichen nur sehr schwer in natürlich gewachsener Form aufzufinden sind, so daß man die Teile einzeln zurechtschneiden und sie dann mit Gräsern zusammenbinden muß. Bei dieser Methode werden die Stäbe nach der Orakelbefragung durch Verbrennen vernichtet. Die zweite Methode ist in dieser Hinsicht vorteilhafter, da die einmal geritzten Stäbe immer wieder verwendet werden können. Das Ritzen der Runen erfolgt meist im Rahmen eines entsprechenden Rituals. Allerdings ist die magische Kraft der Runen stark genug, um auch ohne besondere Weihung zu wirken. Wer sich für ein derartiges Ritual interessiert, kann dies bei Karl Spiesberger in seinem Buch

Runenmagie nachlesen.[6] Nachdem man die Runen in die Holzstäbe geritzt hat, müssen diese mit roter Farbe eingefärbt werden. Nach der alten Überlieferung soll zum Einfärben der Runen Blut verwendet worden sein.

Für die Runenkarten schneidet man aus festem Karton Rechtecke aus, auf die man die Runenzeichen in roter Farbe aufmalt. Auf diese Karten können zusätzlich der Name und die Zahl der Rune sowie einige Stichworte als Erinnerungshilfe in schwarzer Farbe geschrieben werden.

Ferner benötigen Sie ein weißes Tuch, auf das die Stäbe geworfen oder auf dem die Karten ausgelegt werden.

Die Runen

Wie schon erwähnt, ist heute nicht mehr eindeutig nachvollziehbar, wie die Runen bei den alten Germanen verstanden wurden. Wir finden zwar wichtige Hinweise auf die Bedeutung einzelner Runen in der Edda, der Sammlung von Götter- und Heldenliedern und Spruchdichtung, aber eine eindeutige Festlegung der Runenbedeutungen ist fast unmöglich, und die Autoren, die als Wiederentdecker des Runentums gelten, wie beispielsweise Guido von List, Hermann Wirth, Rudolf John Gorsleben, Bernhard Friedrich Marby und Siegfried Adolf Kummer, liefern oft recht eigenwillige Interpretationen. Ein gutes Beispiel dafür bildet die Hagal-Rune, die als «Hege-das-All»-Rune gedeutet wird; viel wahrscheinlicher ist aber, daß die Hagal-Rune ursprünglich «Hagel»-Rune bedeutete.

Autoren wie Karl Spiesberger und Werner Kosbab haben diese auf «unwissenschaftliche» Art und Weise gefundenen Runenbedeutungen übernommen und in die Praxis der Runen-Weissagung eingeführt. Welche Runenbedeutung die «wahre» und «einzige» ist, ist wenig sinnvoll zu diskutieren, da wir die ursprünglichen Runenbedeutungen heute nur noch schwerlich objektiv verifizieren können. Wir können uns allenfalls mit wahrscheinlicheren und unwahrscheinlicheren Deutungsmöglichkeiten beschäftigen. Dies mag für die Wissenschaft von Wichtigkeit sein, für die Orakelpraxis ist dies jedoch mehr als hinderlich. Bei der Orakelbefragung dürfen wir uns nicht in widersprüchliche Deutungsmodelle verwickeln lassen, das heißt, wir müssen die Bedeutung der Runen für uns selbst festschreiben, bevor wir mit der Orakelbefragung beginnen. Es steht jedem Leser offen, ob er dafür den Runenbedeutungen wissenschaftlich nachgehen will, was sicherlich ein ausgiebiges Studium erfordert, oder ob er – wie ich das hier tue – das Analogiesystem der Runen von Spiesberger und Kosbab einfach übernehmen will, ohne ständig zu hinterfragen, ob dies denn nun auch objektiv «richtig» sei. Sicher ist, daß man mit diesem System eine sinnvolle Deutung erstellen kann, und dies ist schließlich für den Orakelpraktiker ausschlaggebend.

Die wichtigsten Bedeutungen der Runen werden im folgenden Abschnitt in Stichworten wiedergegeben. Versuchen Sie, die komplexe Gedankenwelt, die hinter einer Rune steht, intuitiv zu erfassen. Vielleicht fällt Ihnen der Zugang leichter, wenn Sie die Runen «stellen», d.h. eine Körperstellung einnehmen, die der Form der jeweiligen Rune entspricht. In seinem Buch «Runenmagie» beschreibt Karl Spiesberger verschiedene Stellungen für die einzelnen Runen (mit Abbildungen).[7]

Die Rune FA

weitere Symbolformen: 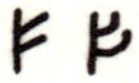

Zahlenwert: 1

Bedeutungen: Kraft; Neubeginn; Schöpfung; Entstehung; Tat; Bewegung; Fülle; Expansion; Vater; Jupiter; Ur-Feuer; Wachstum; Veränderung; Wechsel; Reisen.

Die Rune UR

weitere Symbolformen: 

Zahlenwert: 2

Bedeutungen: Erde; Mutter; Heilung; Bewahrung; Beständigkeit; Bleibendes; Sicherheit; Geborgenheit; tiefes Wissen, Erkenntnis und Weisheit; Urgrund; das Ewige.

Die Rune THORN (THOR)

weitere Symbolformen: 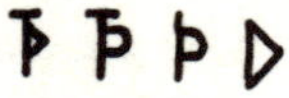

Zahlenwert: 3

Bedeutungen: Wille; Tat; Ziel; Partnerschaft; Sexualität; Zeugung; Nachkommenschaft; Lebensaufgabe; Berufung; Leben und Tod; «Altes muß sterben, damit sich Neues entwickeln kann».

Die Rune OS (OTHIL)

OS

OTHIL

weitere Symbolformen:

OS: 

OTHIL: 

Zahlenwert: 4

Bedeutungen: geistige Kraft; Atem; Leben; Entstehung; (geistige) Befruchtung; Freiheit; Gesundung; Wohlbefinden; das Gefühl der Freiheit; Erfindergeist.

Die Rune RIT

weitere Symbolformen: 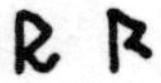

Zahlenwert: 5

Bedeutungen: Gesetz; Recht; Gerechtigkeit; urteilen; richten; raten; Autorität; weiser Verstand; Klärung; Lösung; Befreiung; Auflösung; Teilung; Trennung; Tod.

Die Rune KA

weitere Symbolformen: 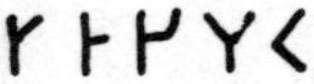

Zahlenwert: 6

Bedeutungen: Gerechtigkeit des Schicksals = Ausgleich; Fortpflanzung; Zeugung; Geschlechtstrieb; Mut; Kühnheit; Können; Kunst; Intuition; Inspiration.

Die Rune HAGAL

weitere Symbolformen: 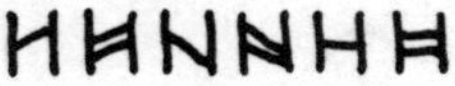

Zahlenwert: 7

Bedeutungen: Frieden; Vereinigung; Vermittlung; Schutz vor Bedrohungen; Verbindung zwischen Mensch und Kosmos; «alles verändert sich, alles bleibt erhalten».

Die Rune NOT

weitere Symbolformen: 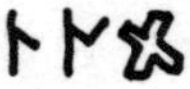

Zahlenwert: 8

Bedeutungen: Schicksal; Vernichtung; Verneinung; Niedergang; Verwandlung; Unabwendbares; Opfer; Prüfungen; das geduldige Ausharren in der mißlichen, schmerzhaften Lage führt jedoch zu Wandel und Linderung.

Die Rune IS

weitere Symbolformen: 

Zahlenwert: 9

Bedeutungen: Persönlichkeit; das Ich; Willensstärke; Selbstfindung und Selbstbehauptung; Ich-Bewußtsein; Aktivität; Selbst-Zentriertheit; Macht über andere.

Die Rune AR

weitere Symbolformen: 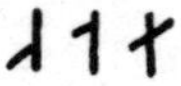

Zahlenwert: 10

Bedeutungen: Sonne; Licht; Vollendung; Schönheit; Glück; Ehre; Ruhm; innere Kraft und inneres Licht, das negative äußere Einflüsse vertreibt; Wärme.

Die Rune SIG

weitere Symbolformen: 

Zahlenwert: 11

Bedeutungen: Sieg und Erfolg im ehrlichen Kampf; Verwirklichungskraft; Gelingen; Steigerung geistiger Macht; das Strahlende und Glänzende; das Sausende und Zischende; das Aussenden.

Die Rune TYR

weitere Symbolformen: 

Zahlenwert: 12

Bedeutungen: Gestaltungswillen; Vollzug; Bejahung; Pflichterfüllung; geistige Überlegenheit; Werden; Wachsen; Entwicklung; Gedeihen; Ehre und Einfluß.

Die Rune BAR

weitere Symbolformen: 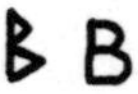

Zahlenwert: 13

Bedeutungen: Ursprung; Geburt; gebären; bergen; schützen; die Urmutter, die das Leben gibt und es wieder nimmt; Leben und Tod; innere Freiheit; Ruhe; «in sich selbst ruhen und doch losgelöst sein».

Die Rune LAF

weitere Symbolformen: 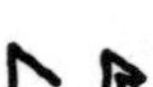

Zahlenwert: 14

Bedeutungen: Lebenserfahrung; Lebenseinsicht; «das Leben als ein Einweihungsweg»; Bewußtheit; Liebe; Gemeinsamkeit; Lebensgemeinschaft; Partnerschaft.

Die Rune MAN

weitere Symbolformen: 

Zahlenwert: 15

Bedeutungen: Klarheit; Wahrheit; Bewußtheit; Männlichkeit; Mehrung; Fülle; Wissen; Geist; Einheit; erwachen; wachsen; Entfaltung.

Die Rune YR

weitere Symbolformen: 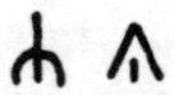

Zahlenwert: 16

Bedeutungen: Wurzeln; Unbewußtes; erhaltend; bewahrend; empfangend; Weiblichkeit; Ruhe und Frieden; Liebe; Materie; Bindung.

Die Rune EH

weitere Symbolformen: 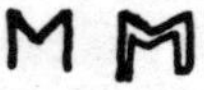

Zahlenwert: 17

Bedeutungen: Vereinigung zwischen Mann und Frau; Ehe; dauerhafte Bindung; ideale Liebe; Verschmelzung; Einheit; Aufstieg.

Die Rune GIBOR

weitere Symbolformen: 

Zahlenwert: 18

Bedeutungen: Erfüllung; Erweckung; geben und empfangen; Vereinigung mit dem Göttlichen.

Die verschiedenen Orakelmethoden

Das Werfen der Stäbe

1. Methode: Die 18 Runenstäbe werden mit geschlossenen Augen auf das weiße Tuch geworfen. Dann greift man, ohne hinzusehen, eine ungerade Anzahl von Stäben heraus, also einen, drei, fünf, sieben oder mehr Stäbe. Die herausgezogenen Stäbe werden ihrer Reihenfolge nach gedeutet, wobei die Kombination der Stäbe etwas über die näheren Umstände der gefragten Angelegenheit aussagt.

2. Methode: Man wirft die 18 Runenstäbe wahllos auf das Tuch. Der Orakelnehmer schaut in Richtung Norden; das Tuch liegt vor ihm. Der Stab, der am weitesten im Norden liegt – also am weitesten vom Orakelnehmer entfernt liegt –, gibt Anwort auf die Frage. Fallen mehrere Stäbe gleich weit, müssen sie zusammen gedeutet werden.

Die Auslegung der Karten

1. Methode: Man mischt das Kartenspiel, bestehend aus 18 oder 36 Karten, gut durch und zieht drei Karten. Die erste gibt Hinweise auf die Vergangenheit, die zweite auf die Gegenwart und die dritte auf die Zukunft.

2. Methode: Man legt drei Reihen zu je sechs Karten aus. Die erste Reihe steht für die Vergangenheit, die zweite für die Gegenwart und die dritte für die Zukunft. Man kann die erste Reihe auch als Anfang, die zweite als das Bestehende und die dritte als Fortgang lesen. Dabei können die Karten einer jeden Reihe wie folgt gelesen werden:

	Materielles	Geistiges	Emotionales	Hoffungen	Befürchtungen	Ergebnis
Vergangenheit	1	2	3	4	5	6
Gegenwart	7	8	9	10	11	12
Zukunft	13	14	15	16	17	18

Abb. 17

3. *Methode:* Man legt zwei Reihen zu je fünf Karten aus. Die erste Reihe steht für die Entwicklung bis zum Zeitpunkt der Fragestellung, während die zweite Reihe die Zukunft beschreibt.

Alle Methoden können sowohl mit 18 als auch mit 36 Karten durchgeführt werden. Wenn man mit 18 Karten arbeitet, ist es sinnvoll, die verkehrt gefallenen Karten als den negativen Aspekt der jeweiligen Rune zu deuten.

Beispiel

Ich gebe hier ein Beratungsgespräch wieder. Wiederholungen und Passagen, die die Orakelberatung nicht direkt betreffen, wurden gestrichen.

Das Gespräch*

K.: «Ich lebe seit zwei Jahren mit einer Freundin zusammen, und ich will wissen, wie sich diese Beziehung weiterentwickeln wird.»

Der Berater mischt die Runenkarten und legt sie nach der dritten Methode aus.

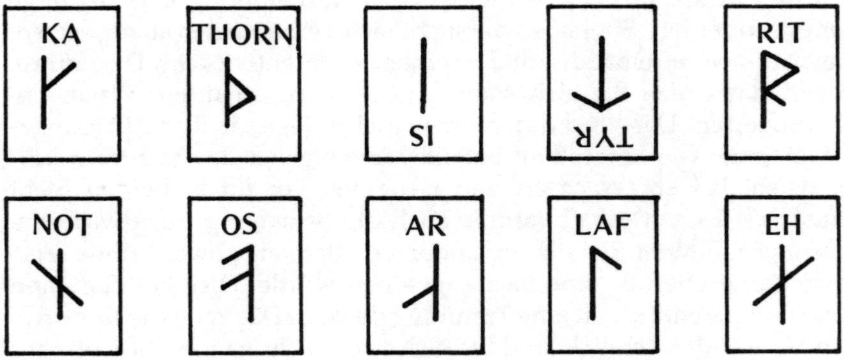

Abb. 18

B.: «Sehen wir uns erst einmal die Entwicklung der Beziehung bis zum heutigen Tag an. Am Anfang der Beziehung stand eine ausge-

* **K.** = Klient, **B.** = Berater

prägte erotische bzw. sexuelle Anziehung. Das heißt, die erotische Anziehung hat überhaupt dazu geführt, daß eine Verbindung zwischen Ihnen und Ihrer Freundin zustande kam. Dies wird durch die Rune KA angezeigt. Die Rune THORN zeigt an, daß diese Anziehung erhalten blieb und gewissermaßen die Basis der Beziehung bildete. Hinzu kam dann das Bedürfnis nach einer engeren Bindung. Die Grundlage der Partnerschaft bestand immer noch in der erotischen Anziehung. Gleichzeitig keimte aber auch der Wunsch, eine ernsthafte Beziehung aufzubauen, wobei Gedanken der Familiengründung eine Rolle gespielt haben mögen. Dies wird wahrscheinlich auch der Zeitpunkt gewesen sein, an dem Sie beide zusammengezogen sind.»

K.: «Ja, das stimmt soweit. Allerdings war dieses Bedürfnis bei meiner Freundin größer.»

B.: «Nun lebten Sie also zusammen. Aber dann kam ein Zeitpunkt, an dem plötzlich die Individualität, das eigene Ich, wieder eine größere Rolle spielte. Da die IS-Rune verkehrt liegt, wird sich das eher negativ ausgewirkt haben. Nachdem Sie beide in der ersten Zeit unaufhörlich aufeinander zustrebten, kam nun diese Phase, in der beide sich ihrer eigenen Persönlichkeit wieder stärker bewußt wurden. Dies ist ja auch ein ganz natürliches Phänomen, das fast in jeder Partnerschaft irgendwann einmal auftaucht. Nur konnten Sie in Ihrer Beziehung damit nicht gut umgehen. Es wurden plötzlich nur noch die eigenen Interessen, Rechte, Bedürfnisse etc. gesehen, und der Partner wirkte bei der Ausübung bzw. Wahrnehmung all jener Dinge eher hinderlich. Sie haben versucht sich voneinander abzugrenzen, anstatt sich miteinander und aneinander zu entwickeln. Dies führte dann dazu, daß Sie sich ständig gegenseitig in Ihrem Wachstum behinderten. Das wird durch die verkehrt liegende Rune TYR angezeigt. Jeder war krampfhaft bemüht, sein eigenes Revier zu verteidigen, so daß ein Wachsen und Gedeihen bei Ihnen beiden nicht zustande kam. Deshalb konnte auch die Beziehung nicht wachsen. Dennoch fühlten Sie sich einander verpflichtet, obwohl diese Verpflichtung eher als eine Last angesehen wurde. Dies ließ Sie dann auch schlußendlich an eine Trennung denken. Das zeigt die Rune RIT an. Aber offensichtlich sind Sie sich noch nicht ganz sicher, ob dies die richtige Lösung ist. Zumindest sehen Sie die Dinge im Moment etwas neutraler und sachlicher.»

K.: «Als ich das erste Mal an Trennung dachte, war ich emotional noch sehr betroffen. Wir haben dann auch öfter darüber gesprochen, und im Moment sehen wir das alles ziemlich nüchtern. Eine äußerliche Trennung war für uns beide immer ein sehr unangenehmer Gedanke, bis wir uns darüber klarwurden, daß wir uns innerlich so weit voneinander entfernt haben, daß die äußerliche Trennung nur eine Realisierung dieses Zustandes wäre. Aber seit wir diese Gedanken zulassen können, fühlen wir uns beide viel freier und wollen uns eigentlich gar nicht mehr trennen. Es ist alles sehr widersprüchlich.»

B.: «Ja, die Situation ist nicht einfach. Die Rune NOT zeigt an, daß Sie sich im Moment in einer Phase der Prüfungen befinden. Diese Phase ist schicksalhaft, also unvermeidbar. Wenn es Ihnen gelingt, diese Phase durchzustehen, wird die Entwicklung sehr positiv verlaufen. Die Kraft dazu ist gegeben. Es ist also mehr eine Frage der Geduld und des Willens. Die Prüfungen müssen Sie so oder so bestehen; das hat zunächst einmal nichts mit der Beziehung zu tun. Im Moment sieht es jedoch so aus, als wollten Sie die Schwierigkeiten gemeinsam bewältigen. Die Chancen sind gut. Aber wenn Sie sich doch zu einer Trennung entschließen sollten – vielleicht in einer Woche oder in einem Monat –, gilt diese Deutung natürlich nicht mehr. Wir gehen jetzt hier von der Voraussetzung aus, daß Sie gemeinsam durch diese Phase hindurchgehen wollen, weil dies Ihrer momentanen Lage stärker entspricht, also unter der Berücksichtigung der Vorgeschichte wahrscheinlicher ist. Wenn Sie jetzt die Prüfungssituation bestehen, tritt die Rune OS in Kraft. Sie zeigt Gesundung und Wohlbefinden an. Im Moment ist es Ihnen unmöglich, Ihre innere Freiheit zu realisieren. Die Runo NOT zeigt an, daß zuerst alte Dinge absterben müssen, in diesem Falle wohl Wünsche und Hoffnungen, damit etwas Neues entstehen kann. Erst dann kann die geistige Kraft entstehen, die durch die Runo OS angezeigt wird. Die Runa AR zeigt an, daß sich daraus innere Kraft und Wärme entwikkelt. Der Prozeß, der durch die Runo OS angezeigt wird, vertieft sich also weiterhin und führt zu einer glücklichen Beziehung. Die Rune LAF wiederum zeigt an, daß sich die Fähigkeit zu lieben durch die Erkenntnis, daß das Leben als ein Einweihungsweg zu begreifen ist, noch verstärkt. Die Rune EH kennzeichnet schließlich die Verschmelzung zwischen Mann und Frau. Sie bedeutet auch dauerhafte Bindung und ideale Liebe.»

K.: «Wenn ich das also richtig verstanden habe, liegt die einzige Schwierigkeit darin, daß wir diese Prüfungssituation bestehen müssen. Ist das so richtig?»

B.: «Ja, so kann man es sagen.»

K.: «Aber wie, ich meine auf welche Art und Weise sollen wir das schaffen?»

B.: «Dazu müssen Sie sich noch einmal die Vorgeschichte vergegenwärtigen. Die Anziehung zwischen Ihnen beiden war so groß, daß Sie nur noch das Ziel der Einswerdung im Kopf hatten. Dabei haben Sie allerdings vergessen, daß eine wirkliche Verschmelzung nur bei zwei mehr oder weniger ausgereiften Persönlichkeiten möglich ist. Sie wollten also den zweiten Schritt vor dem ersten tun. Dann meldete sich Ihr Ich und forderte sein Recht. Es brachte Sie dazu, daß Sie sich voneinander abgrenzten. Die Probleme kamen aber erst deswegen, weil Sie dies nicht akzeptieren konnten. Das heißt, der Wunsch nach Verschmelzung konnte nicht zurückgestellt werden und wurde zu einem immer drängenderen Bedürfnis. Der Rückzug ins eigene Revier war eine vollkommen richtige Verhaltensweise. Sie kamen nur nicht damit zurecht, weil Sie Ihren Wunsch nach Vereinigung nicht aufgeben konnten. Die Prüfung besteht eigentlich darin, daß Sie beide Ihre Wünsche und Vorstellungen zunächst einmal opfern müssen, damit ein Individuationsprozeß möglich wird. Diese Situation des Opferns müssen Sie durchhalten, aushalten. Dazu brauchen Sie Geduld und einen starken Willen. Wenn Sie es nicht schaffen, Ihre Wünsche zu opfern, kann die positive Entwicklung, die hier aufgezeigt wurde, nicht realisiert werden. Natürlich ist es sehr schmerzhaft, diese Wünsche aufzugeben, aber Sie haben beide die Kraft, mit diesem Schmerz fertig zu werden. Eine Zeit der Prüfung ist auch immer eine Zeit der persönlichen Reifung.»

Obschon die Prüfungsphase recht lange dauerte und es auch danach immer noch gelegentlich Rückfälle in überkommene Verhaltensmuster gab, trat die positive Entwicklung so ein, wie sie beschrieben wurde.

KARTENLEGEN

Der Gebrauch von Spielkarten ist seit dem Ende des 14. Jahrhunderts bekannt. Als erster Hinweis darauf, daß Spielkarten auch zu Wahrsagezwecken verwendet wurden, gilt das Mainzer Kartenlosbuch von 1487. Dieses Kartenlosbuch hat allerdings nicht viel mit dem Kartenlegen, wie wir es heute verstehen, zu tun, denn die Karten wurden nur dazu benutzt, einen Losspruch zu ermitteln. Das Verfahren war also relativ einfach: Man stellte eine Frage, zog eine Karte und las dann den Spruch in einem speziellen Losbuch nach. Später ging man dann auch dazu über, die Lossprüche direkt auf die Karten zu schreiben. Wahrsagekarten dieser Art sind auch heute noch bekannt. Da dies aber nichts mit der Kunst des Kartenlegens gemeinsam hat, wollen wir hier nicht weiter darauf eingehen.

Zunächst müssen wir unterscheiden zwischen dem Kartenlegen mit normalen Spielkarten und dem mit Tarotkarten. Zu divinatorischen Zwecken kann man beide benutzen, wenn auch das Tarot den normalen Spielkarten inzwischen den Rang abgelaufen hat. Von vielen Deutern wird das Kartenlegen mit Spielkarten als profan und unseriös abgetan. Im Gegensatz zu den Tarotkarten sind die normalen Spielkarten tatsächlich wenig spirituell. Wenn wir uns aber die Art unserer Probleme anschauen, werden wir zugeben müssen, daß sie größtenteils auch sehr alltäglich sind. Wenn wir einen Kartenleger aufsuchen, wünschen wir in der Regel konkrete Lösungsmöglichkeiten für unsere banalen Alltagsprobleme. Ein Mensch, der sich in einer Notsituation befindet, braucht konkrete Anstöße, wie er sein Leben wieder in den Griff bekommen kann, und es ist ihm keinesfalls damit gedient, wenn der Kartenleger das Problem zu mystifizieren versucht. Jene Deuter, die verächtlich auf das Legen mit normalen Spielkarten herabsehen, haben aber meist genau dies im Sinn. Um diesen Aspekt besser verstehen zu können, müssen wir zunächst einmal die Unterschiede zwischen dem Tarot und den herkömmlichen Spielkarten betrachten.

Von den normalen Spielkarten kennen wir die vier Reihen, die verschiedene Symbole tragen. Die Symbole nennt man auch «Farben». Die Farben des französischen Spiels heißen: Pik, Kreuz (Treff), Karo und Herz. Die Bezeichnungen der Farben im deutschen Spiel lauten: Blatt, Eichel, Schelle und Herz. Im italienischen Spiel nennt man sie: Schwerter, Stäbe, Münzen und Kelche.

Jede dieser vier Reihen ist unterteilt in Zahlen- und Bildkarten. Im normalen Kartenspiel stehen über den Zahlenkarten 1 (= As) bis 10 die Bildkarten, die die Hierarchie des mittelalterlichen Hofes oder des Militärs versinnbildlichen. Im französischen Spiel heißen die Bildkarten: Bube (Page), Dame (Königin) und König. Im deutschen Spiel nennt man sie: Untermann, Obermann und König.

Im Tarot haben wir ebenfalls vier Reihen, die die italienischen Farben tragen. Die Zahlenkarten reichen von 1 (As) bis 10. Allerdings haben wir im Tarot *vier* Bildkarten, die auch Hofkarten genannt werden: Page (Bube), Ritter, Königin und König. Der «Ritter» ist in diesem Fall die zusätzliche Karte. In manchen Tarotspielen tragen die Hofkarten auch die Namen: Prinzessin, Prinz, Königin und Ritter. Lassen Sie sich nicht davon verwirren, daß hier der «Ritter» analog zum «König» des ersten Systems steht. Gelegentlich findet man auch die Reihenfolge: Ritter, Prinzessin, Königin und König. Die Bezeichnungen der Hofkarten variieren von Spiel zu Spiel. Sie brauchen sich im Moment die einzelnen Bezeichnungen noch nicht zu merken. Halten wir nur fest, daß das Tarot im Gegensatz zu normalen Spielkarten eine Bildkarte mehr besitzt.

Der grundlegende Unterschied zwischen dem Tarot und den Spielkarten besteht jedoch darin, daß das Tarot neben den vier genannten Reihen noch über eine fünfte Reihe verfügt, die sich von den anderen vier Reihen völlig unterscheidet. Die vier ersten Reihen, bestehend aus Bild- und Zahlenkarten, werden die «Kleinen Arkana» genannt. Die Karten der fünften Reihe nennt man die «Großen Arkana». In den meisten heute gebräuchlichen Tarotspielen besteht die Reihe der Großen Arkana aus 22 Karten und die der Kleinen Arkana aus 56 Karten. Wenn wir also im folgenden vom Tarot sprechen, ist damit immer der Satz von 78 Karten gemeint. Das ist deshalb wichtig, weil nicht alle Spiele 78 Karten haben. Manchmal werden auch nur die Großen Arkana als Tarot bezeichnet. Früher war es auch durchaus üblich, Karten herauszunehmen oder hinzuzufügen.

Die Kleinen Arkana des Tarot entsprechen also, bis auf die zusätzliche Hofkarte, dem normalen Satz von 52 Spielkarten. Sie repräsentieren die alltägliche, materielle Welt, während die Großen Arkana die geistige, spirituelle Welt symbolisieren. Hier wird deutlich, daß das Tarot zunächst einmal vielseitiger ist als die normalen Spielkarten, man kann es sowohl in alltäglichen als auch spirituellen Angelegenheiten zu Rate ziehen. Umgekehrt kann man nun sagen, daß jenen Deutern, die normale Spielkarten benutzen, die spirituelle Ebene einer Angelegenheit verschlossen bleibt. Dies kann sich aber in gewissen Situationen als durchaus vorteilhaft erweisen, da nicht jeder Ratsuchende über ein sogenanntes «spirituelles Bewußtsein» verfügt. Eine Konfrontation mit mystischem Gedankengut könnte auf ihn eher irritierend als hilfreich wirken. Die normalen Spielkarten reichen also zur Lösung alltäglicher Probleme vollkommen aus; als Kartendeuter werden Sie also 99% ihrer Klienten mit normalen Spielkarten gut beraten können. Hier haben es die Tarotdeuter oft sehr viel schwerer, weil sie sich vielfach auf einer Denkebene befinden, die dem durchschnittlichen Ratsuchenden nicht zugänglich ist. Wenn Sie sich also dazu entschließen, mit dem Tarot zu arbeiten, werden Sie sich daran gewöhnen müssen, daß sie seine komplexen Möglichkeiten nicht immer ausschöpfen können. Sie werden die tiefere Weisheit hinter den Karten erkennen und oft darüber enttäuscht sein, daß Sie diese nicht vermitteln können. Es ist keine Ent-Heiligung, wenn Sie das Tarot zur Lösung alltäglicher Probleme benutzen, Sie müssen vielmehr lernen, wie sich dessen tiefere Weisheit konkret umsetzen läßt. Wer das Tarot ausschließlich zu einem Ausflug in geistige Sphären benutzt und keinen Bezug zur alltäglichen Realität herstellen kann, hat meiner Meinung nach den Sinn des Tarot falsch verstanden. Es besteht also kein Grund, auf die Spielkarten-Deuter herabzusehen – sie sind den Tarotdeutern in der praxisorientierten Lebensberatung oft um ein Vielfaches voraus.

Die Kunst der Kartendeutung beruht darauf, daß wir die Bedeutung der einzelnen Karten mit der ihres Legeortes kombinieren, die Beziehungen der Karten untereinander betrachten und dies dann auf die Frage beziehen. Da es sehr viele verschiedene Legesysteme gibt, können hier natürlich nicht alle berücksichtigt werden. Wir haben einige Methoden mit verschiedenen Schwierigkeitsgraden ausgewählt; dies gibt dem Anfänger die Möglichkeit, sofort mit einer leichten Legemethode beginnen zu können. Später kann er sich dann an die komplizierteren Methoden wagen, die ein gutes Gedächtnis und ausgeprägte kombinatorische Fähigkeiten erfordern.

Wir werden zunächst auf das Kartenlegen mit normalen Spielkarten und später auf die Tarotbefragung eingehen. Beim Kartenlegen mit Spielkarten arbeiten wir sowohl mit dem 52er-Spiel (Bridge) als auch mit dem 32er-Spiel (Skat, Piquet). Im 32er-Spiel fehlen aus den Zahlenreihen die Werte 2, 3, 4, 5 und 6.

Kartenlegen mit Spielkarten

Bevor wir zu den Legesystemen und Deutungsmethoden kommen, wollen wir uns mit der Bedeutung der einzelnen Karten beschäftigen. Da die Spielkarten im Gegensatz zum Tarot besonders für die konkrete Ereignisprognose verwendet werden, sind auch die Bedeutungen, die den einzelnen Karten beigelegt werden, meist sehr konkret. So bedeutet dann beispielsweise das Herz As «Liebesbrief», der Kreuz König «ein dunkelhaariger, warmherziger Mann und wahrer Freund» und der Pik Bube «ein Jura- oder Medizinstudent, der mit Wissen und Umgangsformen gern glänzt». Ebenso festgelegt in ihrer Bedeutung sind bestimmte Kartenkonstellationen: Herz As zusammen mit Pik Bube bedeutet «Familienstreit», Kreuz König zusammen mit Pik 10 «ein unerwartetes Ereignis» etc.

Leider muß aber gesagt werden, daß ein Kartenleger beim Gebrauch dieser überspezifizierten Deutungsmuster versagen wird – außer er ist ein begabter Seher, der dieses Schema nur als Hilfe zur Erweckung seiner intuitiven, seiner seherischen Kräfte benutzt. Wenn Ihre seherischen Fähigkeiten nicht ausgebildet sind, sollten Sie von diesem System Abstand nehmen und versuchen, die Bedeutungen der Karten flexibler zu halten. Konzentrieren Sie sich stärker darauf, zu erfassen, in welche Richtung eine Karte weist, anstatt ihre Bedeutung vollkommen festzuschreiben. Dazu ist notwendig, daß wir uns zunächst mit den Kartenfarben und der Zahlensymbolik beschäftigen.

Die Bedeutung der Farben

Herz: Die Farbe Herz bezieht sich auf Gefühlsangelegenheiten, auf Liebe, Ehe, Freundschaft, Familie und auf das Heim. Sie entspricht im wesentlichen dem Element Wasser.

Karo: Die Farbe Karo bezieht sich auf Veränderungen, Neuigkeiten, Nachrichten, Reisen und auf das Denken. Sie entspricht in etwa dem Element Luft.

Kreuz: Die Farbe Kreuz bezieht sich auf Arbeit, Realität, Geld, Besitz und allgemein auf materielle Dinge. Sie entspricht dem Element Erde.

Pik: Die Farbe Pik wird von vielen Kartenlegern generell als Unglücksbringer gesehen. Alles Negative wird gern auf diese Farbe projiziert – meiner Meinung nach zu Unrecht. Die Farbe Pik bezieht sich auf Angelegenheiten der Macht, der Durchsetzung und der Stärke. Häufig wird nur ihr negativer Aspekt berücksichtigt, nämlich der der Gewalt und des Machtmißbrauchs, weshalb sie oft auch Gefängnis und Leiden sowie Krankheit und Tod bedeutet. Aber man sollte darüber nicht ihre positiven Aspekte vergessen, wie z.B. Vitalität, Kraft und Freude. Meist kündigt sie wichtige Lebenseinschnitte oder Ereignisse an. Man ordnet der Farbe Pik im allgemeinen das Element Feuer zu.

Die Farbe einer Karte zeigt also das Thema an. Wie das Thema realisiert wird, wird durch die entsprechenden Zahlen oder Bilder gekennzeichnet. Während sich die Kartenleger über die Bedeutungen der Farben ziemlich einig sind, gehen die Meinungen über die Zahlen- und Bildwerte recht weit auseinander. Wir müssen uns darüber bewußt werden, daß die Karten an sich keine «objektive» Bedeutung haben. Die meisten Kartendeuter arbeiten mit einem individuellen System, das wiederum auf anderen (älteren) Modellen beruht. Das hier vorliegende Modell, mit dem ich selbst arbeite, sollte also auch nicht als «objektiv richtig» verstanden werden, sondern als ein System, eine von vielen Möglichkeiten, die Karten zu betrachten. Sie können es am Anfang als Deutungshilfe benutzen, um Ihre eigene Intuition anzuregen, bis Sie später Ihr eigenes System entwickelt haben.

Die Bedeutung der Zahlen im 52er-Spiel

AS = die noch ungeformte Ausprägung der entsprechenden Farbe; die reine Energie der Farbe; Wurzel; Beginn; Ursprung.

2 = Dualität; Trennung; Teilung; Unentschiedenheit; aber auch: Verbindung zweier Gegensätze; die Spannung zwischen zwei Polen.

3 = Stabilität; Ordnung; Harmonie; Ausgeglichenheit, aus der etwas Neues entstehen kann.

4 = die feste materielle Form; ruhende Stärke.

5 = Aktion; Bewegung; Veränderung; Aggression; Konflikte, Chaos.

6 = Harmonie; Ausgewogenheit; Sieg; Erfolg; Fülle.

7 = Unordnung; Schwäche; Unausgeglichenheit; Unsicherheit.

8 = Verlust; Enttäuschung; Trauer; Schmerz; Arbeit.

9 = Prüfung; Entscheidung; Kristallisation.

10 = Materie; Stofflichkeit; Alltag; Fundament.

Die Bedeutung der Zahlen im 32er-Spiel

7 = Positives; Erfolg; Glück; angenehme Erfahrungen.

8 = Unruhe; Unsicherheit; Unentschiedenheit; Unbeständigkeit.

9 = Angst; Verlust; Enttäuschung; Leiden; Schwierigkeiten.

10 = Sicherheit; Ruhe; Konsolidierung; Ausgewogenheit; Standhaftigkeit.

AS = Großes Glück; Erfüllung; Erfolg; Sieg; Macht; Kraft.

Die Bedeutung der Bilder im 32er- und 52er-Spiel

Bube = als Personenkarte gedeutet: junger Mann;
sonst: die verschiedenen Attribute der Jugend

Dame = als Personenkarte gedeutet: Frau;
sonst: die verschiedenen Attribute der Weiblichkeit

König = als Personenkarte gedeutet: erwachsener (älterer) Mann;
sonst: die verschiedenen Attribute der Männlichkeit

Wie wir schon gesagt hatten, zeigt die Farbe einer Karte das Thema, die Art der Energie an, während die Zahl oder das Bild darauf hinweist, wie sich das Thema, die Energie, realisiert. Anhand der gegebenen Bedeutungen von Zahlen, Bildern und Farben kann sich nun jeder Leser selbst die Bedeutung einer Karte erschließen. Als kleine Hilfe gebe ich im folgenden einige wenige Stichworte zu den einzelnen Karten, die Sie anfangs bei der Deutung verwenden können. Denken Sie aber immer daran, daß Sie sich die Bedeutung einer jeden Karte selbst erschließen müssen. Solange Sie ausschließlich mit vorgegebenen Stichworten arbeiten, sind Sie noch kein wirklicher Kartendeuter; das werden Sie erst, wenn Sie alle Karten umfassend verstanden haben.

Die Zahlenkarten im 32er-Spiel

Herz

Herz 7: Glückliche Liebesbeziehung; gute Freundschaft; Glück im Bereich Ehe und Familie; emotionale Zufriedenheit.

Herz 8: Unsicherheit und Unentschlossenheit in Gefühlsdingen; unbeständige Liebesbeziehung, Ehe oder Freundschaft; ungeordnete häusliche Verhältnisse.

Herz 9: Enttäuschung und Leid in Gefühlsdingen; Verlust des Partners; Trennung/Scheidung; konfliktbeladene Liebesbeziehung; Familienstreitigkeiten.

Herz 10: Feste Liebesbeziehung/Partnerschaft; Eheschließung; häusliche Sicherheit und Geborgenheit; treue Freundschaft; harmonische Bindung.

Herz AS: Vollkommene emotionale und sexuelle Erfüllung; großes Glück in der Familie und im Heim.

Karo

Karo 7: Angenehme Neuigkeiten; positive Veränderungen; Glück in Angelegenheiten, die mit «Reisen» zu tun haben.

Karo 8: Beunruhigende Nachrichten oder Veränderungen; unsichere Pläne; Entscheidungsunsicherheit oder -unfähigkeit; unvorhersehbare Zwischenfälle; Ruhelosigkeit.

Karo 9: Schlechte Nachrichten; Veränderungen, die viele Schwierigkeiten mit sich bringen und bei denen man etwas verliert; Angst vor/bei Veränderungen.

Karo 10: Lange geplante Veränderungen können verwirklicht werden; Ortswechsel; Umzug; intellektuelle Blockaden; das Denken in festen Strukturen.

Karo AS: Sehr gute Nachrichten; erfreuliche Veränderungen; hochfahrende Pläne; Erfolg im intellektuellen Bereich.

Kreuz

Kreuz 7: Zufriedenheit im Beruf; kleinere finanzielle Gewinne; Sorgenfreiheit im materiellen Bereich.

Kreuz 8: Riskante Investitionen; keine finanzielle/materielle Sicherheit; unsicherer Arbeitsplatz; Unzufriedenheit/Unsicherheit im beruflichen Bereich.

Kreuz 9: Finanzielle/materielle Verluste; Konflikte im Berufsleben; Versagensangst; gescheiterte Karriere; Schwierigkeiten mit der täglichen Routine.

Kreuz 10: Finanzielle/materielle Sicherheit; Zufriedenheit/Sicherheit im Beruf; gute und sichere Bewältigung des Alltags.

Kreuz AS: Große Karriere; großer finanzieller/materieller Gewinn; Erfüllung im Beruf.

Pik

Pik 7: Vitalität; Selbstsicherheit; angenehmes Leben, das aber oft als langweilig empfunden wird; Ereignislosigkeit.

Pik 8: Selbstunsicherheit; Energieblockaden; Frustration; innere Unruhe; unbefriedigter Erlebnisdrang.

Pik 9: Opfer; Krankheit; Trauer; Aggression; Unehrlichkeit; Betrug; Schwäche; Verlust des Selbstwertgefühls; innere Spannungen und Ängste; Erschöpfung.

Pik 10: Selbstsicherheit; erfülltes Leben; vernünftiger Gebrauch von Macht und Kraft; die Gewißheit, den eigenen Lebensweg gefunden zu haben.

Pik AS: Große Macht; Sieg über Feinde; Gefahr des Machtmißbrauchs; erfolgreich in Situationen der Durchsetzung und des Kampfs, dabei aber oft rücksichtslos; Sieg.

Die Bedeutung der Zahlenkarten im 52er-Spiel

Herz

Herz AS: Die noch ungeformte Ausprägung der Farbe Herz; die reine Gefühlsenergie; die Quelle der Gefühle.

Herz 2: Erotische Anziehung zwischen zwei Menschen; Liebe ohne Verpflichtung; aber auch: Unentschiedenheit; negative Spannung; Trennung; Gefühlsschwankungen.

Herz 3: Emotionale Harmonie zwischen Menschen; Gefühlssicherheit; spirituelle Liebe; Erfüllung; Wärme.

Herz 4: Fülle; emotionaler Reichtum; Sicherheit in der Familie; Ehe; emotionale Bindung; Fürsorge.

Herz 5: Gefühlskonflikte; heftige Gefühlsschwankungen; Streit zwischen Liebenden/Freunden; emotionales Ungleichgewicht; enttäuschte Erwartungen.

Herz 6: Harmonische, ausgewogene Liebesbeziehung; sexuelle Liebe; Lust; Genuß; gute Freundschaft; Freude im Heim und in der Familie.

Herz 7: Ungeordnete Familienverhältnisse; emotionale Unausgeglichenheit; eine Liebesbeziehung nähert sich ihrem Ende; die Anziehung zwischen zwei Menschen läßt nach.

Herz 8: Verlust des Partners; das Ende einer Liebesbeziehung; emotionale Enttäuschung/Frustration/Blockierung.

Herz 9: Auseinandersetzung mit Idealen von Liebe/Partnerschaft/Freundschaft; Klärung der emotionalen Situation.

Herz 10: Eheschließung; Familiengründung; emotionale Konsolidierung; Bindung; Zufriedenheit.

Karo

Karo AS: Die noch ungeformte Ausprägung der Farbe Karo; die reine Energie des Geistes/des Denkens; die Quelle der Bewegung.

Karo 2: Auseinandersetzung mit dem Für und Wider; kann ebenso besondere Entscheidungskraft wie auch Entscheidungsunfähigkeit bedeuten; Zweifel.

Karo 3: Veränderungen können nicht eingeleitet werden oder werden blockiert; krampfhafter Versuch, Ordnung in das eigene Leben zu bringen; das Gefühl der Einengung.

Karo 4: Pläne/Ideen können konkretisiert werden; Veränderungen werden realisiert; geistige Klarheit und Entschiedenheit.

Karo 5: Veränderung und Bewegung um ihrer selbst willen führen zu Verzettelung, innerer Zerissenheit und geistigen Konflikten; Chaos im Geist/Denken.

Karo 6: Umfassendes Verstehen; geistige Klarheit; Ideen/Pläne/Veränderungen können erfolgreich realisiert werden.

Karo 7: Wankelmütigkeit; Verzagtheit; Unfähigkeit, den eigenen Weg zu erkennen; geistige Orientierungslosigkeit; Pläne zerschlagen sich.

Karo 8: Verzettelung; keine der gedachten Alternativen führt zu einer Lösung; Ausweglosigkeit; Angst vor Entscheidungen; geistige Erschöpfung.

Karo 9: Prüfung geistiger Ideale; Entscheidungen müssen getroffen werden; neue Ideale/Vorstellungen/Ideen kristallisieren sich heraus.

Karo 10: Veränderungen im alltäglichen Leben; Ideen werden in die Tat umgesetzt; Denken in festen Strukturen; geistige Sicherheit und Klarheit.

Kreuz

Kreuz AS: Die noch ungeformte Ausprägung der Farbe Kreuz; die reine stoffliche Energie; die Energie, die die Dinge erschafft/manifestiert.

Kreuz 2: Geschäftliche/finanzielle Partnerschaft; Unentschiedenheit in beruflichen/finanziellen/materiellen Angelegenheiten; Zweckheirat; aber auch: Scheidung mit finanziellen/materiellen Verlusten.

Kreuz 3: Geordnete finanzielle/materielle Verhältnisse; berufliche Zufriedenheit; gute, harmonische Bewältigung des Alltagslebens; finanzielle/materielle Sicherheit.

Kreuz 4: Festhalten am Erworbenen; Vermögen; Grundbesitz; die Macht des Geldes; Anhäufung von Geld/Besitz als Lebensinhalt bzw. Lebenssinn.

Kreuz 5: Finanzielle/berufliche Schwierigkeiten; Verschwendung; schlechter Umgang mit Geld/Besitz; schlechte Bewältigung des Alltagslebens; Ungeduld.

Kreuz 6: Materieller/finanzieller Zugewinn; Erfolg im Beruf; eine gute/hohe Position kann erreicht werden; Befriedigung materieller/sinnlicher Bedürfnisse.

Kreuz 7: Geldsorgen; Angst vor Fehlschlägen im finanziellen/beruflichen Bereich; mühevolle Bewältigung des Alltagslebens; das Gefühl der Überforderung; Existenzangst.

Kreuz 8: Großer finanzieller/materieller Verlust; harte Arbeit und wenig Gewinn; Enttäuschungen im Beruf; disziplinierte, aber freudlose Alltagsbewältigung.

Kreuz 9: Wichtige Entscheidung im beruflichen/finanziellen Bereich; Sicherheit und Klarheit bezüglich materieller beruflicher Vorhaben; Prüfungen.

Kreuz 10: Das Leben wird von alltäglichen Angelegenheiten/Arbeiten beherrscht; finanzielle/materielle Sicherheit; Arbeit/Geld als Lebensinhalt.

Pik

Pik AS: Die noch ungeformte Ausprägung der Farbe Pik; die reine Kraft/Macht; die Quelle der Kraft/Macht.

Pik 2: Die geteilte Kraft/Macht; Unentschiedenheit im Einsatz von Kraft/Macht; ein starker Gegner; zwei alternative Handlungsmöglichkeiten, zwischen denen man nicht entscheiden kann.

Pik 3: Stabiles, ausgeglichenes Kraft-/Machtverhältnis; man befindet sich in Harmonie mit den Dingen.

Pik 4: In sich ruhende Kraft/Macht; Herrschertum; der Einsatz von Kraft/Macht zum Wohl anderer.

Pik 5: Kraft-/Machtmißbrauch; der ungeduldige, aggressive Herrscher; Kraft/Macht wird vergeudet oder zu falschen Zwecken eingesetzt; Machtkämpfe.

Pik 6: Harmonisches Kräfteverhältnis; Vitalität; Selbstsicherheit; Sieg; Erfolg; Fülle.

Pik 7: Unausgewogenes Kräfteverhältnis; Selbstunsicherheit; Kraftverlust; Schwäche; falsche Nachgiebigkeit; der Weg des geringsten Widerstands.

Pik 8: Vollkommener Verlust von Kraft/Macht; man ist von Feinden umgeben; Einsamkeit; Selbstzweifel; tiefe Enttäuschung; Verlust des Lebensinhaltes/Lebenssinns.

Pik 9: Selbstbesinnung; das Zurückfinden zur eigenen inneren Stärke; Bewußtheit; Klarheit.

Pik 10: Kraft fließt in die Bewältigung des Alltags; Kraft/Macht wird eingesetzt, um ein Fundament zu erschaffen; Last; Schicksal; aber auch: Erfolg; Gewinn.

Die Bedeutung der Bilder im 52er- und 32er-Spiel

Herz

Herz Bube *als Personenkarte:* junger Mann mit folgenden Eigenschaften: sanft, verträumt, liebevoll, romantisch, schwach.
sonst: romantische Liebesbeziehung; Phantasie und Traum.

Herz Dame *als Personenkarte:* Frau mit folgenden Eigenschaften: mütterlich, fürsorglich, liebevoll, aufmerksam, erduldend.
sonst: Mutterschaft; Geborgenheit; Hilfe von außen; Ehe.

Herz König *als Personenkarte:* Mann mit folgenden Eigenschaften: emotional, väterlich, aufmerksam, fürsorglich.
sonst: Familiensinn; Sorge um/für andere; Ehe.

Karo

Karo Bube *als Personenkarte:* junger Mann mit folgenden Eigenschaften: stürmisch, ideenreich, oberflächlich, unzuverlässig.
sonst: Vergeßlichkeit; Angst vor Langeweile; Spaß und Spiel.

Karo Dame *als Personenkarte:* Frau mit folgenden Eigenschaften: interessant, phantasievoll, launisch, kapriziös, geschwätzig.
sonst: List; Intrigen; Täuschung; Intelligenz.

Karo König *als Personenkarte:* Mann mit folgenden Eigenschaften: geistreich, intelligent, witzig, oberflächlich, unzuverlässig.
sonst: Intellekt; Rednergabe; Reisen; Ideen; Handel.

Kreuz

Kreuz Bube *als Personenkarte:* junger Mann mit folgenden Eigen-

schaften: geschäftstüchtig, fleißig, eifrig, zuverlässig.
sonst: Lernen; Arbeit; Ausbildung; Aufstieg.

Kreuz Dame — *als Personenkarte:* Frau mit folgenden Eigenschaften: gerecht, streng, ehrlich, arbeitsam, ruhig, sicher.
sonst: Sparsamkeit; harte Arbeit; Beständigkeit; Beharrlichkeit.

Kreuz König — *als Personenkarte:* Mann mit folgenden Eigenschaften: ruhig, sicher, beständig, zuverlässig, arbeitsam, vermögend.
sonst: Besitz; Vermögen; Beruf; Arbeit.

Pik

Pik Bube — *als Personenkarte:* junger Mann mit folgenden Eigenschaften: mutig, durchsetzungsfähig/-willig, charmant, hinterlistig.
sonst: Mut; Risiko; Wagnisse.

Pik Dame — *als Personenkarte:* Frau mit folgenden Eigenschaften: geheimnisvoll, undurchschaubar, leidenschaftlich, schwermütig.
sonst: Geheimnisse; Leidenschaft; Trauer.

Pik König — *als Personenkarte:* Mann mit folgenden Eigenschaften: kämpferisch; vital; mächtig; leidenschaftlich; arrogant.
sonst: Kampf; Durchsetzung; Sieg und Niederlage.

Legemethoden für das 32er-Spiel

1. Methode: Man mischt die Karten gut durch. Dann zählt man die Karten von oben ab und nimmt jeweils die vierte Karte heraus. (Man zählt also: eins, zwei, drei, legt die vierte Karte beiseite, eins, zwei, drei, legt die vierte Karte beiseite etc.) So bleiben schließlich acht Karten übrig, die nun waagrecht in zwei Reihen ausgelegt werden. Die erste Reihe steht für den Zeitraum bis zur Fragestellung (also Vergangenheit und Gegenwart) und die zweite Reihe für die Zukunft.

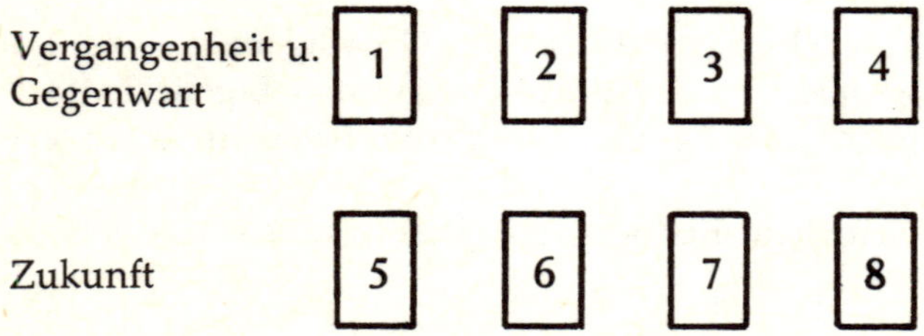

Abb. 19

2. Methode: Man mischt die Karten und teilt sie willkürlich in vier Stapel. Aus jedem Stapel nimmt man eine Karte und legt diese vier Karten in eine Reihe. Die Stapel werden wieder zusammengenommen, gut durchgemischt und dann in zwei Stapel geteilt. Aus jedem Stapel wird eine Karte gezogen. Diese beiden Karten legt man unter die Reihe mit den vier Karten. Die beiden Stapel werden wieder zusammengenommen, gut gemischt, und dann zieht man aus dem Stapel eine Karte, die man unter die Reihe mit den zwei Karten legt.

Die ersten vier Karten stehen für den Charakter der Angelegenheit. Die fünfte Karte symbolisiert die empfohlene Verhaltensweise für den Fragenden, also das, was er tun soll; die sechste Karte gibt Hinweise darauf, was er vermeiden soll. Die siebte Karte symbolisiert das Ergebnis, das Beste was in dieser Angelegenheit erreicht werden kann.

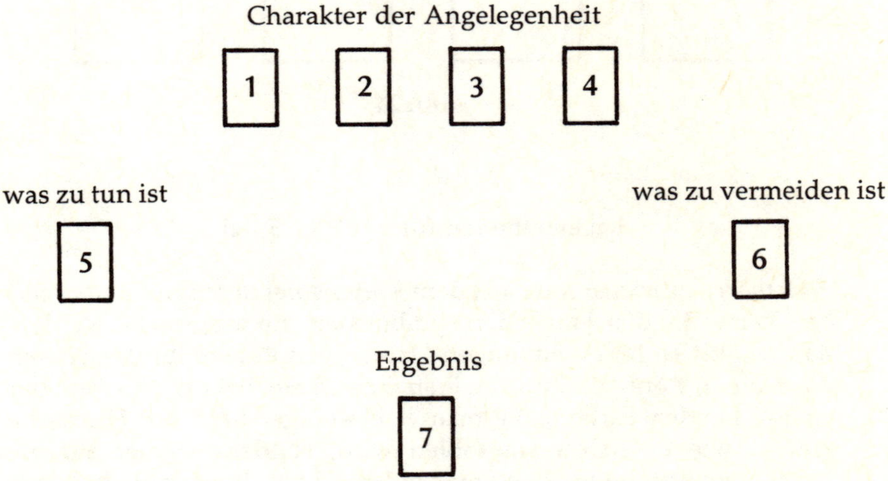

Abb. 20

3. Methode: Man mischt die Karten gut durch. Dann nimmt man jeweils die obersten vier Karten und legt vier Blöcke zu je vier Karten aus. Die restlichen Karten werden wieder von oben in vier Stapel zu je vier Karten geteilt. Der erste Stapel wird unter den ersten Block gelegt, der zweite unter den zweiten, der dritte unter den dritten und der vierte unter den vierten.

Der erste Kartenblock (vier Karten) beschreibt die Persönlichkeit des Fragenden, der zweite seine Vergangenheit, der dritte seine Gegenwart und der vierte seine Zukunft. Ergeben die Karten eines Blocks keine eindeutige Aussage, kann man eine oder mehrere zusätzliche Karten aus dem darunterliegenden Stapel ziehen, um weitere Informationen zu erhalten.

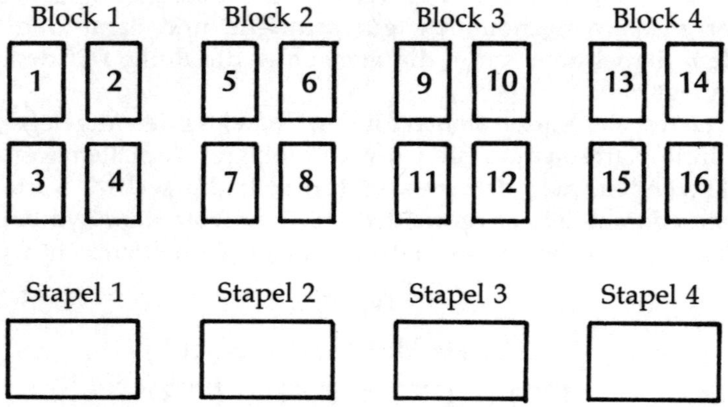

Abb. 21

Legemethoden für ein 52er-Spiel

1. Methode: Zunächst muß aus dem Kartenspiel der Signifikator, also jene Karte, die den Fragenden symbolisiert, herausgesucht werden. Man wählt also für einen jungen Mann einen Buben, für den älteren Mann einen König und für die Frau eine Dame. Bei der Auswahl der entsprechenden Farbe sollte man sich weniger nach der Haarfarbe richten, wie es so oft empfohlen wird, sondern stärker auf die Persönlichkeitsmerkmale des Fragenden achten: Einer lebhaften redseligen Frau weist man also die Karo Dame zu, einem verträumten, etwas weich wirkenden jungen Mann den Herz Buben und einem ruhigen, sicheren, älteren Mann den Kreuz König.

Diese erste Karte legt man auf Platz 1. Dann wird das Kartenspiel gut gemischt, und man zieht willkürlich zehn Karten, die wie folgt angeordnet werden:

Die Legeorte haben folgende Bedeutung:
1. Signifikator
2. die Vergangenheit des Fragenden
3. die Zukunft des Fragenden

4. die Ziele des Fragenden
5. das, was der Fragende schon erreicht hat
6. die Hoffnungen des Fragenden (steht in Verbindung zu Platz 4)
7. die Befürchtungen des Fragenden (steht in Verbindung zu Platz 4)
8. die Fähigkeiten des Fragenden (steht in Verbindung zu Platz 5)
9. die Schwächen des Fragenden
10. das, was der Fragende tun soll
11. das, was der Fragende vermeiden soll

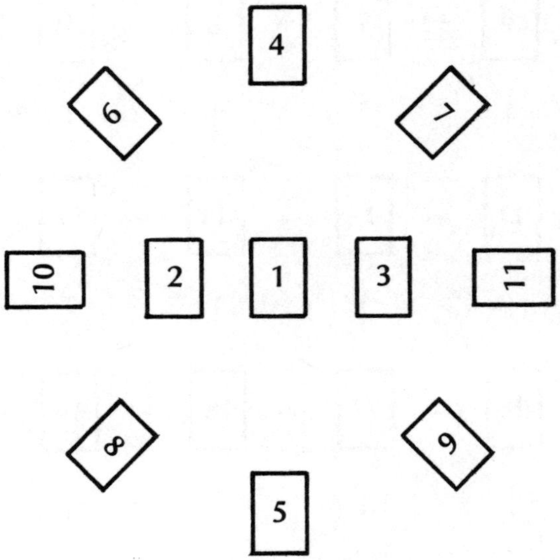

Abb. 22

Für die Deutungsgrundlage, die Gegenwartsanalyse, sind besonders die Plätze 2, 5, 8 und 9 zu beachten. Die Trendanalyse ergibt sich dann – auf der Grundlage der Gegenwartsanalyse – aus den Plätzen 3, 4, 6, 7, 10 und 11.

2. *Methode:* Man mischt das Kartenspiel gut durch und zieht 25 Karten, die in fünf Reihen zu je fünf Karten aufgelegt werden: Die erste Kolonne (senkrechte Reihe) symbolisiert die ferne Vergangenheit des Fragenden, die zweite Kolonne die nähere Vergangenheit, die dritte Kolonne die Gegenwart, die vierte Kolonne die nähere Zukunft und die fünfte Kolonne die fernere Zukunft. Die erste Reihe (waagerecht) symbolisiert das Ich des Fragenden, die Art, wie er sich selbst sieht. Die zweite Reihe steht für sein materielles Dasein (Beruf,

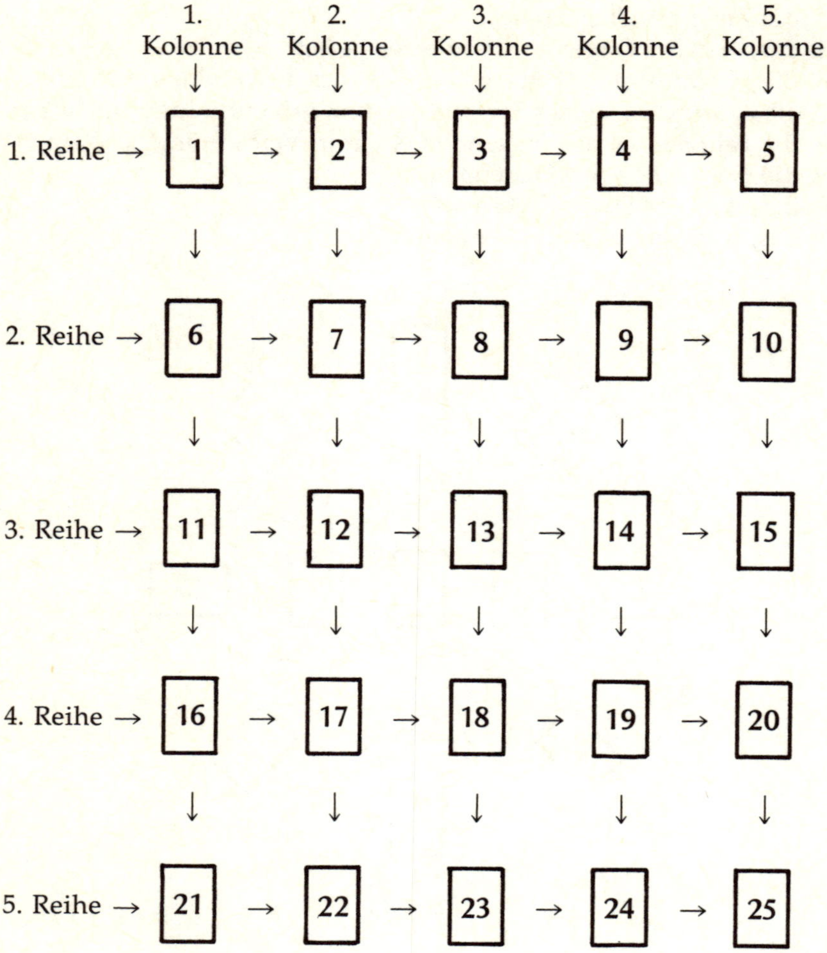

Abb. 23

Geld, Gesundheit, Besitz). Die dritte Reihe beschreibt seine Gefühlswelt und die vierte Reihe seine geistige Welt. Die fünfte Reihe beschreibt seine Kraft und seinen Willen, das vitale Sein.

3. *Methode:* Die Karten werden wie bei der 2. Methode ausgelegt. Die Kolonnen geben wieder den jeweiligen Zeitabschnitt an, während die Reihen wie folgt gelesen werden:

1. Reihe = Schwierigkeiten, Probleme, hemmende Faktoren
2. Reihe = Stärken; positive, förderliche Faktoren

3. Reihe = Ängste; Befürchtungen
4. Reihe = Wünsche; Hoffnungen
5. Reihe = Ziele

Diese Methode eignet sich besonders gut zur Charakteranalyse. Sie kann auch bei Fragen angewendet werden, die sich um das Lebensziel, den Lebenssinn oder den Lebensweg drehen.

Zur Deutung

Wenn Sie mit der Deutung beginnen, konzentrieren Sie sich zuerst auf die Bedeutung der einzelnen Karten auf ihren Plätzen. Gehen Sie die Karten der Reihe nach durch, bis Sie einen ungefähren Überblick gewonnen haben. Sie brauchen dabei noch nicht ins Detail zu gehen, es handelt sich hier nur darum, die allgemeine Deutungsrichtung festzulegen. Wenn Sie das Gesamtbild nicht gleich am Anfang überblicken und zu früh Querverbindungen zwischen einzelnen Karten herstellen, kann sich Ihre Deutung in die falsche Richtung entwickeln. Nehmen wir einmal an, Sie verwenden die 1. Methode für das 52er-Spiel. Sie haben die Karten auf den Plätzen 1 bis 5 interpretiert und miteinander in Verbindung gebracht. Damit haben Sie die Deutungsrichtung bereits festgelegt. Jetzt betrachten Sie Platz 6 und 7 und müssen feststellen, daß diese Karten in eine ganz andere Richtung weisen. Da Sie sich aber schon in gewisser Weise auf eine Deutungsrichtung fixiert haben, werden Sie nun dieses Bild nur sehr schwer korrigieren können. Möglicherweise werden Sie sogar versuchen, die Karten, die nicht in Ihr Bild passen, umzudeuten. Es leuchtet ein, daß ein solches Vorgehen niemals zu richtigen Ergebnissen führen kann. Bevor Sie also eine Deutungsrichtung festlegen, sollten Sie die Bedeutung aller Karten auf ihren Plätzen kennen. Wenn dies geschehen ist, brauchen Sie auch nicht mehr mühevoll nach Querverbindungen zu suchen, da sich diese ganz von selbst herausstellen.

Kommen wir nun zu einer etwas umstrittenen Frage: Soll man die verkehrte Lage einer Karte werten oder nicht? Die eine Schule ist der Meinung, daß eine Karte, die auf dem Kopf stehend aufgedeckt wird, sich in ihrer Bedeutung verändert, d.h. abschwächt oder oft sogar ins Gegenteil verkehrt, so daß aus einer sehr «positiven» Karte eine eher neutrale und aus einer leicht «positiven» Karte eine eher «negative» wird. Das gilt natürlich auch umgekehrt: Eine sehr «negative» Karte wird neutralisiert und eine leicht «negative» Karte zeigt «positive» Aspekte auf. Diese Veränderungen bewegen sich im Rahmen jener Energiequalität, die durch die Karte angezeigt wird. Eine verkehrt liegende Herz 9 (im 32er-Spiel) kann gedeutet werden: «Man ist in einer Liebesbeziehung enttäuscht worden. Nun hat man endlich die

Möglichkeit, diese Beziehung zu beenden und eine Scheidung in die Wege zu leiten.» Das heißt, die Bedeutung der Karte verändert sich nicht unbedingt. Die aufrechte Lage der Karte würde anzeigen, daß die Trennung als schmerzhaft empfunden wird, die verkehrte Lage zeigt an, daß die Trennung für den Fragenden eine Erleichterung, eine Befreiung aus einer Leidenssituation bedeutet.

Andere Kartenleger sind nun der Meinung, daß man, um dies zu erkennen, nicht mit aufrechter oder verkehrter Lage der Karten arbeiten müsse, sondern daß dies dem Gesamtbild entnommen werden könne. Wenn Sie sich also zutrauen, durch kombinatorisches Können derartige Unterschiede zu erfassen, können Sie darauf verzichten, die aufrechte oder verkehrte Lage einer Karte zu werten. Andernfalls müssen Sie jede Karte entsprechend an der oberen Ecke kennzeichnen. In den beiden folgenden Beispielen wurde die Lage nicht berücksichtigt.

Beispiel 1

Die Fragende ist 35 Jahre alt. Ihre berufliche Tätigkeit hatte sie aufgegeben, als sie vor neun Jahren heiratete. Da die Ehe kinderlos blieb, setzte sich die Fragende dafür ein, ein Kind zu adoptieren, wogegen sich ihr Mann jedoch heftig sträubte. Die Fragende fühlte sich unausgefüllt und nutzlos. Da ihr Mann auch nicht zulassen wollte, daß sie ihre berufliche Tätigkeit als Sekretärin wiederaufnahm, verschlechterte sich die Beziehung zwischen den beiden Partnern. Die Fragende litt häufig unter Depressionen, bis sie vor wenigen Monaten einen jüngeren Mann kennenlernte, mit dem sie ein Verhältnis begann. Da sie jedoch unter starken Schuldgefühlen leidet, fühlt sie sich zu einer Entscheidung verpflichtet.

Sie stellt folgende Frage: *«Wie soll ich mich in dieser Angelegenheit verhalten?»*

Sie wendet die 2. Methode für das 32er-Spiel an. Es ergibt sich folgendes Kartenbild (siehe S. 257).

Nachdem sie das Kartenbild eine Weile betrachtet hat, schreibt sie folgendes in ihr Orakel-Tagebuch:

> *Die erste Reihe ist ja wohl ziemlich eindeutig. Die Kreuz Dame (ich) steht zwischen dem Pik König (mein Ehemann) und dem Herz Buben (mein Freund). Die Herz 9 (= Enttäuschung und Leid in Gefühlsdingen; Trennung; Scheidung; Streitigkeiten) liegt neben dem Pik König. Sie bezieht sich also auf die negative Beziehung zu meinem Mann. Ist das ein Hinweis darauf, daß eine Scheidung unvermeidlich ist?*

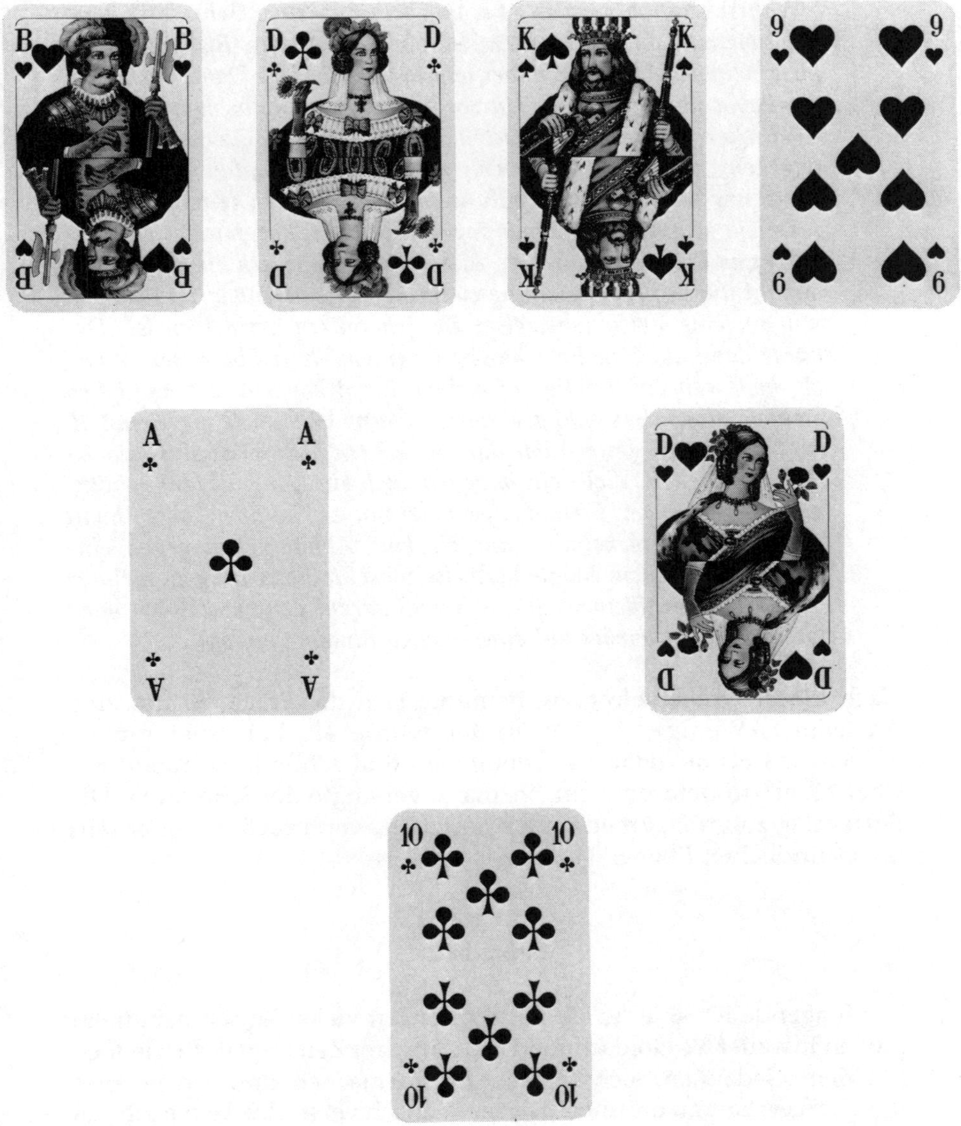

Abb. 24

Wahrscheinlich wird es ganz von selbst zu einer Scheidung kommen, wie man aus der zweiten Reihe schließen kann. Bisher habe ich mich meinem Mann gegenüber immer wie die Herz Dame verhalten, also liebevoll, aufmerksam, fürsorglich etc., und habe meine eigenen beruflichen Pläne zurückgestellt. Jetzt soll das Ganze praktisch umgekehrt werden. Ich soll mich also nicht so verhalten wie die Herz Dame und statt dessen Erfüllung im Beruf suchen (Kreuz As). Da sich mein Mann schon immer dagegen gewehrt hat, wird es zwangsläufig zur Trennung kommen. Allerdings bezieht sich die Herz Dame ja nicht nur auf die Beziehung zu meinem Mann, sondern es handelt sich um eine Verhaltensweise, die generell zu vermeiden ist. Das würde dann auch die Beziehung zu meinem Freund betreffen. Wenn ich mich nun vollständig auf meinen Beruf konzentriere, wird sich auch in dieser Beziehung einiges ändern. Wie auch die Kreuz 10 zeigt, geht es in erster Linie darum, daß ich jetzt lerne, auf eigenen Füßen zu stehen. Vielleicht habe ich auch ein wenig darauf gehofft, mich mit meinem Freund zusammentun zu können, aber damit würde ich wahrscheinlich nur die eine Abhängigkeit gegen eine andere eintauschen. Möglicherweise wird die Beziehung zu meinem Freund bestehenbleiben, aber ich muß darauf achten, daß ich mich vorläufig nicht wieder auf eine so enge Bindung einlasse.

Nach dieser Orakelbefragung bemühte sich die Fragende um eine Anstellung. Wenige Wochen später wurde sie bei einer großen Möbelfirma als Sekretärin angenommen und schon kurz darauf zur Chefsekretärin befördert. Ihr Ehemann verlangte die Scheidung. Die Beziehung zu ihrem Freund blieb bestehen, wenn auch auf einer sehr unverbindlichen Ebene.

Beispiel 2

Der Fragende ist 38 Jahre alt. Er arbeitet seit vielen Jahren bei einem großen Juwelier als Goldschmied. Seit längerer Zeit trägt er sich jedoch mit dem Gedanken, sich selbständig zu machen und ein eigenes Juweliergeschäft zu eröffnen. Dieser Wunsch verstärkte sich noch, als er vor wenigen Monaten eine Erbschaft antrat, die es ihm nun ermöglicht, seine Pläne ohne größere Verschuldung zu realisieren.

Er stellt folgende Frage: «*Wie wird es, wenn ich mich selbständig mache?*»

Als Signifikator wählt der Fragende den *Kreuz König* aus. Die Karten werden nach der 1. Methode für das 52er-Spiel ausgelegt. Es ergibt sich folgendes Kartenbild:

Abb. 25

Betrachten wir zunächst die zentrale Reihe, deren Karten die allgemeine Deutungsrichtung vorgeben. Bei einer Frage, die die Zukunft betrifft, ist die Karte auf Platz 3 am wichtigsten, die anderen Karten dienen mehr oder weniger dazu, diese Ergebniskarte näher zu erläutern.

Auf dem zweiten Platz liegt die *Kreuz 10*, was darauf hinweist, daß das Leben des Fragenden in der Vergangenheit stark von den Angelegenheiten des Alltags beherrscht wurde. Der Fragende hat offenbar großen Wert auf berufliche und finanzielle Sicherheit gelegt. Das vordringliche Interesse des Fragenden lag darin, sich eine Existenzgrundlage zu schaffen und das Alltagsleben gut zu bewältigen. In diesem Zusammenhang muß auch beachtet werden, daß der Fragende den *Kreuz König* als Signifikator gewählt hat. Die Art und Weise, wie der Fragende seine Persönlichkeit einschätzt, deckt sich also gewissermaßen mit dem, was der Fragende in der Vergangenheit getan hat. Auf dem 3. Platz finden wir die *Pik 6*, die die Zukunft symbolisiert. Wie wir auch später noch sehen werden, weist diese Konstellation sowohl positive als auch negative Aspekte auf. Die *Pik 6* gilt als eine sehr positive Karte, die Sieg, Erfolg und Fülle ankündigt. Hier steht aber diese vitale Kraft zunächst einmal im Gegensatz zum Ich-Bewußtsein des Fragenden und seinem bisherigen Leben. Deshalb müssen wir davon ausgehen, daß der angezeigte Sieg und Erfolg nicht auf berechenbare, natürliche Art und Weise zustande kommen wird; der Fragende kann den Erfolg nur erringen, wenn er sich selbst verändert. Wie diese Veränderung aussehen soll, erfahren wir durch die anderen Karten.

Betrachten wir nun die Karten auf den Plätzen 4, 6 und 7. Auf dem 4. Platz, der die Ziele des Fragenden symbolisiert, liegt die *Pik 9*. Wenn wir diese Karte in Zusammenhang mit der *Kreuz 10* betrachten, erkennen wir, daß der Fragende nicht aus materiellen Interessen beabsichtigt, sich selbständig zu machen. In dem Bestreben, seine Existenzgrundlage abzusichern, hat der Fragende offenbar seine persönlichen Wünsche und Bedürfnisse weit zurückgestellt oder gar verdrängt. Nachdem nun die materiellen Ziele erreicht sind, fühlt er sich ein wenig verloren und sieht nun in der Selbständigkeit einen Weg, wieder zu sich selbst, zur eigenen Kraft zurückzufinden. Es ist sein Ziel, Bewußtheit und Klarheit zu erlangen. Seine Hoffnungen, symbolisiert durch *Karo 10* auf dem 6. Platz, richten sich auf eine Veränderung im alltäglichen Leben. Wir sehen also, daß es sich beim Plan des Fragenden nicht um irgendein leichtsinniges Projekt handelt, sondern um ein für ihn wichtiges Anliegen, das vor allem für die Entwicklung seiner Persönlichkeit von entscheidender Bedeutung ist. An dieser Stelle kommen wir nun zum eigentlichen Problem des Fragenden. Auf dem 7. Platz finden wir die *Kreuz 7*, die die Befürchtungen des Fragenden symbolisiert, nämlich die Angst vor einem Fehlschlag im beruflichen/finanziellen Bereich. Hier wiederholt sich das Thema der Existenzangst, das wir vorhin schon kurz angedeutet haben. Der Fragende wünscht die Veränderung von ganzem Herzen, doch die Furcht vor finanziellen Verlusten hinderte ihn bisher an der Realisierung seiner Idee.

Dieses Grundthema finden wir noch einmal in ähnlicher Form, wenn wir uns die Besetzung der Plätze 5, 8 und 9 anschauen. Auf dem 5. Platz liegt der *Kreuz Bube*, der das symbolisiert, was der Fragende schon erreicht hat, wir sehen, daß der Fragende fleißig und geschäftstüchtig ist. Die *Karo 4* auf dem 8. Platz zeigt an, daß der Fragende durchaus fähig ist, seinen Plan in die Tat umzusetzen. Auf dem 9. Platz finden wir aber die *Karo 2*, die die Schwächen des Fragenden symbolisiert. Wir haben gesehen, daß der Fragende den Wunsch als auch die Fähigkeit besitzt, sein Leben zu verändern und sich selbständig zu machen, und daß ihn ängstliche Zweifel daran hindern, seine Idee zu realisieren.

So zeigt dann auch der *Herz Bube* auf dem 11. Platz, daß der Fragende vermeiden muß, diesem Traum ständig nachzuhängen. Statt dessen soll er, wie der *Pik Bube* auf dem 10. Platz zeigt, seinen ganzen Mut zusammennehmen und das Risiko eingehen. Wenn er sich auf diese Weise verhält, ist ihm auch der Erfolg sicher, wie ja durch die *Pik 6* auf dem 3. Platz angezeigt wurde. Der Fragende muß also nur lernen, seine Zweifel zu überwinden, denn es gibt nirgendwo ein Anzeichen dafür, daß der Fragende in der Realisierung seines Projekts scheitern könnte. Im Gegenteil – er besitzt die notwendigen Fähigkeiten, die Ausdauer und den Wunsch, die Veränderung herbeizuführen. Insofern stehen der Erfüllung seiner Wünsche nur seine unbegründeten Zweifel im Wege. Die Aussichten auf den Erfolg des Unternehmens sind jedoch in hohem Maße gegeben.

KARTENLEGEN MIT TAROTKARTEN

Das Tarot unterscheidet sich von den normalen Spielkarten wie gesagt hauptsächlich durch seine fünfte Reihe, die Großen Arkana. Die Reihe der Großen Arkana umfaßt 22 Karten, jede Karte trägt einen Namen und eine Zahl. Diese 22 Karten können als die geistigen Entwicklungsstufen des Menschen betrachtet werden. Jede einzelne Karte beschreibt eine bestimmte Grundthematik, mit der jeder Mensch im Laufe seines Lebens konfrontiert wird, beispielsweise die Suche nach dem Lebenssinn, die Auseinandersetzung mit Geburt und Tod, die Suche nach Erkenntnis etc.

Die Darstellungen dieser Grundthemen weichen oft sehr stark voneinander ab. Jedes Tarotspiel besitzt eine ganz eigene Bilder- und Symbolwelt. Wenn wir zehn verschiedene Tarotspiele nebeneinanderlegen und die einzelnen Darstellungen vergleichen, finden wir zehn verschiedene Aspekte der Grundthemen beleuchtet. Abhängig vom Tarotspiel, das Sie beim Kartenlegen verwenden, werden Sie auch die Grundthemen aus einem entsprechenden Blickwinkel betrachten und interpretieren.

Wir wollen uns hier nur mit den Grundstrukturen des Tarot und nicht mit speziellen Aspekten eines bestimmten Tarotspiels beschäftigen. Auf diese Weise erhalten Sie einen gewissen Überblick und können sich detaillierteres Wissen in der praktischen Arbeit mit einem bestimmten Tarotspiel leicht selbst aneignen.

Die Großen Arkana

I. DER MAGIER symbolisiert Willenskraft und Kreativität. Er ist der Schöpfer seines eigenen Universums.

Der Mensch muß lernen, seine eigenen Anlagen und Fähigkeiten zu erkennen und sie möglichst optimal einzusetzen. Wenn er sich seines wahren Willens, seines Ziels im Leben, bewußt ist, werden ihm alle Kräfte des Universums helfen, diesen Willen zu realisieren.

Die Grundthemen dieser Karte sind: Selbstbestimmung; Wille; schöpferische Kraft; Originalität; Phantasie und Geschicklichkeit.

II. DIE HOHEPRIESTERIN symbolisiert Intuition und Weisheit. Sie ist die Hüterin und Vermittlerin der Weisheit.

Der Mensch muß lernen, seinen intuitiven Kräften zu vertrauen. Wissen und Weisheit können erlangt werden, indem man eine Verwicklung in das Geschehen vermeidet und es statt dessen unbeteiligt betrachtet. Der Schlüssel zur HOHEPRIESTERIN liegt in der erfühlenden Betrachtung der Welt und des Lebens.

Die Grundthemen dieser Karte sind: Intuition; Wissen; Weisheit; Introspektion; Meditation; Hellsichtigkeit; Ahnungen.

III. DIE HERRSCHERIN symbolisiert die weibliche Kraft und Stärke. Sie ist die Erd-Mutter.

Der Mensch muß lernen, in harmonischem Einklang mit den Kräften der Natur zu leben. Er sollte vermeiden, die Dinge unnötig zu komplizieren: Das Leben ist im Grunde genommen sehr einfach – man nutze seinen praktischen Verstand und folge den Rhythmen der Natur.

Die Grundthemen dieser Karte sind: Fruchtbarkeit, Mütterlichkeit; Einfachheit; praktischer Verstand; Bewältigung des Alltags; Freude an den kleinen Annehmlichkeiten des Lebens; Harmonie mit der Natur.

IV. DER HERRSCHER symbolisiert die männliche Kraft und Stärke. Er ist der Entdecker, der Anführer, der Leiter, die Autorität.

Der Mensch muß lernen, seinen Willen und sein Ziel über seine Emotionen, Launen und Leidenschaften zu stellen. Er soll verantwortlich und diszipliniert handeln. Der Wille, etwas zu leisten, sich zu bewähren, verstärkt sich. Das Leben ist eine Herausforderung, an der man wächst und sich entwickelt.

Die Grundthemen dieser Karte sind: Durchsetzungswille; Verantwortung; Autorität; Selbstsicherheit; Ehrgeiz; Führerschaft; Zielstrebigkeit; Vater.

V. DER HIEROPHANT symbolisiert die Religion, das geistig-spirituelle Bewußtsein. Er ist der Hüter des Glaubens und des Rituals.

Der Mensch muß versuchen, seinen inneren geistigen Weg zu finden. Er soll sich mit geistigen/spirituellen Lehren beschäftigen und gegebenenfalls Rat bei einem weisen Führer suchen. Das Verlangen nach innerer Wahrheit wird erweckt.

Die Grundthemen dieser Karte sind: Glaubenskraft; Suche nach Wahrheit und Weisheit; Transformation; Erleuchtung; religiöses Empfinden.

VI. DIE LIEBENDEN symbolisieren die Vermählung der Kaiserin mit dem Kaiser. Die Karte ist ein Symbol für die Vereinigung der Gegensätze durch Liebe.

Der Mensch muß lernen, sich auf die Tiefe seiner Gefühle einzulassen. Wenn man diesen Weg der Ekstase beschreitet, folgt man dem Drang, die Trennung, die Dualität zu überwinden. Das Einswerden mit dem Liebespartner ist eine Möglichkeit, ein Stück der verlorengegangenen Einheit wiederzuerlangen und ein vollständigerer Mensch zu werden.

Die Grundthemen dieser Karte sind: tiefe Gefühle; Liebe; Ekstase; emotionale und sexuelle Erfüllung; Eins-Werdung; Vereinigung; Einheit; die Suche nach Vollständigkeit.

VII. DER WAGEN symbolisiert die Kontrolle über widerstreitende Gefühle oder Gedanken. Die Beherrschung des Ego verleiht Macht und führt zum Sieg.

Der Mensch muß lernen, die widersprüchlichen Aspekte seiner Persönlichkeit zu erkennen und unter Kontrolle zu halten. Voreilige Entschlüsse, Unausgeglichenheit und Selbstüberschätzung sind gefahrvoll. Der WAGEN ist das Zeichen einer großen, aber ständig bedrohten Macht. Ein Nachlassen der Aufmerksamkeit und der Kontrolle führt zu sofortigem Sturz.

Die Grundthemen dieser Karte sind: Selbstbeherrschung; Kontrolle; Aufmerksamkeit; Gleichgewicht – Ungleichgewicht.

VIII. DIE GERECHTIGKEIT symbolisiert Ausgewogenheit, Wahrheit, Balance und Harmonie.

Der Mensch muß bewußt erkennen, daß jede auch noch so geringe Handlung Konsequenzen nach sich zieht. Wie auch immer die Angelegenheit ausgehen mag – man erntet den Lohn vergangener Taten. Niemand wird vom Schicksal begünstigt oder geschlagen. Jedem widerfährt Gerechtigkeit. Man betrachte seine Angelegenheiten sachlich, unvoreingenommen und ohne jegliche persönliche Betroffenheit. Wer die Gesetze des Universums respektiert, lebt in Harmonie.

Die Grundthemen dieser Karte sind: ausgleichende Gerechtigkeit; redliches und tugendhaftes Verhalten; objektive Betrachtung; Sachlichkeit.

IX. DER EREMIT symbolisiert den Weg der Einweihung und des Wissens. Er trennt sich von den weltlichen Gütern, um in der Einsamkeit Erleuchtung zu finden.

Der Mensch muß erkennen, daß er Wahrheit und Erleuchtung nur in seinem eigenen Inneren finden kann. Er soll sich – so gut es geht – von unwichtigen, banalen Dingen fernhalten und in sich gehen. Jetzt ist nicht die Zeit, um einen Meister im Außen zu suchen. Man strebe nach innerer Führung.

Die Grundthemen dieser Karte sind: Suche nach dem eigenen Weg, der Bestimmung, dem Lebenssinn; Loslösung von materiellen Wünschen und Bedürfnissen; Einsamkeit; Stille; Introspektion; Askese.

X. DAS GLÜCKSRAD symbolisiert das ständige Auf und Ab des Lebens, den permanenten Wechsel von Glück und Unglück, Gut und Böse, Stark und Schwach, Überfluß und Mangel.

Der Mensch muß die Notwendigkeit der Dualität erkennen. Ohne das Leid kann auch keine Freude existieren. Man muß akzeptieren, daß es gute und schlechte Zeiten gibt. Wer nur das Positive haben und das Negative vermeiden will, wird scheitern. Man bejahe den Lauf des Schicksals.

Die Grundthemen dieser Karte sind: das Akzeptieren der Dualität; die Hingabe an das Schicksal.

XI. DIE KRAFT symbolisiert innere Stärke, vitale Energie und Lebensfreude.

Der Mensch muß lernen, sich in seine innere Mitte zu begeben und aus dieser heraus zu agieren. Tiefreichende Kräfte werden herausgefordert; so erhält man die Möglichkeit, das eigene innere Potential zu erwecken. Sowohl äußeren als auch inneren Anfechtungen kann man nun sicher und entschlossen begegnen.

Die Grundthemen dieser Karte sind: Mut; Entschlossenheit; Energie; Überzeugung; das Erkennen und Nutzen des inneren Kraftpotentials; durch Konfrontation mit Schwierigkeiten entsteht Wachstum.

XII. DER GEHÄNGTE symbolisiert ein Stadium des Übergangs, des Wandels. Der GEHÄNGTE opfert sein Ego, um zu höherer Einsicht und Vollkommenheit zu gelangen.

Der Mensch muß in seinem stetigen Tun und Streben innehalten. Opfer und Prüfungen stehen ihm bevor. Diese Ruhephase ist als Vorbereitungszeit zu verstehen. Man muß sich von alten überkommenen Strukturen lösen. In dieser Zeit ist man zur Passivität verurteilt. Man verharre in aufmerksamer, aber demütiger Haltung. Es wird ein Wandel stattfinden, doch man weiß nicht, welche Richtung er nehmen wird.

Die Grundthemen dieser Karte sind: Aufgabe des Ego; Ruhephase als Vorbereitung auf die kommenden Ereignisse; loslassen; Hingabe; Demut; Loslösung von erstarrten Strukturen und Verhaltensmustern.

XIII. DER TOD symbolisiert nicht in erster Linie den physischen Tod. Die Karte weist vielmehr darauf hin, daß die alten, noch bestehenden Verhältnisse nach Auflösung drängen.

Der Mensch wird gezwungen, sein Leben zu verändern. Wenn er nicht freiwillig nach einem Wandel strebt, werden ihn negative äußere Einflüsse, wie z.B. finanzielle Verluste, berufliche Schwierigkeiten, Konflikte in der Partnerschaft etc., dazu drängen. Man versuche nicht, Altes festhalten zu wollen.

Die Grundthemen dieser Karte sind: schwerwiegende Veränderungen; das Absterben überkommener Strukturen; das Sich-fallen-Lassen ins Nichts.

XIV. DIE MÄSSIGKEIT symbolisiert Ausgewogenheit, Vereinigung der Gegensätze.

Der Mensch muß sich in Geduld und Selbstbeherrschung üben, die Tugenden Bescheidenheit und Mäßigkeit verinnerlichen. Ein Fortschritt kann nur erreicht werden, wenn man Extreme vermeidet. Weder das «Positive» noch das «Negative» darf überhandnehmen. Bei allem, was man tut, gehe man achtsam und diszipliniert vor.

Die Grundthemen dieser Karte sind: Ausgleich; Mäßigkeit; Selbstdisziplinierung; Harmonie; Ruhe und Gelassenheit.

XV. DER TEUFEL symbolisiert sinnlichen Genuß, die Freude am Leben und an der Lust.

Der Mensch muß lernen, daß Spiritualität nicht durch die Verdrängung des Körpers und seiner Bedürfnisse erreicht werden kann. Das Gefühl des Verhaftetseins im Materiellen entsteht vornehmlich dann, wenn man die natürlichen Bedürfnisse des Menschen übermäßig zu reglementieren versucht. Der Teufel erinnert uns daran, daß wir die sinnliche Seite des Lebens vernachlässigen.

Die Grundthemen dieser Karte sind: Lebenslust; sinnliche Erfüllung; Sexualität; Ausschweifung; Lustprinzip.

XVI. DER TURM symbolisiert die Zerstörung alter, überkommener Strukturen. Der Zusammenbruch ist notwendig, damit etwas Neues entstehen kann.

Der Mensch klammert sich ängstlich an die Vergangenheit und an althergebrachte, scheinbar sichere Verhaltensmuster. Da Veränderung dringend notwendig ist, muß das starre Gebäude vernichtet werden. Dieser Akt ist schmerzhaft, kann aber nicht umgangen werden. Es muß Platz geschaffen werden für das Neue.

Die Grundthemen dieser Karte sind: Zerstörung/Verlust von Liebgewonnenem; Aufbrechen von Denk- und Gefühlsmustern; Ruin; schwere Enttäuschung; Schicksalsschläge; nach der Vernichtung erfolgt die Wendung zum Guten.

XVII. DER STERN symbolisiert Vision und Inspiration. Die Masken des Ego fallen. Der Geist wird befreit und entfaltet sich.

In dieser Zeit der Fülle und des wunschlosen Glücks öffnet sich der Mensch für die göttliche Eingebung. Da weder Leid noch Angst die Freiheit des Geistes einengen, wird nie geahntes schöpferisches Potential freigesetzt. Der Mensch muß lernen, mit dieser Freiheit, den fast unbegrenzten Möglichkeiten umzugehen. Ein Rückfall in die Begrenztheit des Ego zerstört das feine Gespinst kosmischer Energien.

Die Grundthemen dieser Karte sind: geistige Freiheit; Inspiration; Klarheit der Vision; Fülle; Optimismus; Selbstentfaltung.

XVIII. DER MOND symbolisiert den dunklen, geheimnisvollen Aspekt der Seele. Er steht für das Unbewußte, das Unerkannte.

Der Mensch muß lernen, in sein Unbewußtes einzutauchen. Die Reise ins Unbekannte ist voller Gefahren. Man muß achtsam sein, damit man sich nicht im dunklen Reich der Täuschungen und Illusionen verliert. Der unbewußte Bereich unserer Psyche übt einerseits eine große Faszination auf uns aus; andererseits ist dies aber auch der Bereich, den wir am meisten fürchten.

Die Grundthemen dieser Karte sind: Reise ins Unbewußte; Auseinandersetzung mit dem dunklen, unerkannten Aspekt unseres Selbst; Konfrontation mit unbewußten Ängsten und Sehnsüchten; die Faszination des weiblichen Mysteriums.

XIX. DIE SONNE symbolisiert strahlende Kraft und Freude.

Der Mensch ist von der Reise in das Land des Dunklen zurückgekehrt. Er erfährt einen Zustand höchster Energie und Bewußtheit. In dieser Zeit muß man lernen, die freigesetzte schöpferische Energie zu nutzen. Die starke positive Kraft der SONNE durchströmt uns; wir sind erfüllt von Vitalität und Lebensfreude.

Die Grundthemen dieser Karte sind: Bewußtheit; die vollständige Bejahung des Lebens; Freude; Erfolg und Glück in allen Lebensbereichen.

XX. DAS JÜNGSTE GERICHT symbolisiert die Wiedergeburt, den geistigen Neubeginn.

Diese Phase wird von der Freude des neuerwachenden Lebens bestimmt. Doch es ist auch eine Zeit, in der der Mensch Rechenschaft über die Vergangenheit ablegen, Bilanz ziehen muß. Man beurteile sich selbst in kritischer und sachlicher Weise. Wurden die gegebenen Anlagen und Fähigkeiten optimal genutzt? Welche Fehler wurden gemacht, wie können sie in Zukunft vermieden werden? Was wurde bereits erreicht? Wie sehen die neuen Ziele aus?

Die Grundthemen dieser Karte sind: Wiedergeburt; ein neuer Lebensabschnitt beginnt; die Verpflichtung, Bilanz zu ziehen; die Befreiung vom Karma; spirituelle Entwicklung.

XXI. DIE WELT symbolisiert die Vollendung. Sie verheißt einen Zustand der Vollkommenheit.

Der Mensch wirft die Begrenzungen seines Ego ab und kehrt zur kosmischen Einheit zurück. Alle vergangenen Bemühungen werden nun belohnt. Der Mensch ist eins mit dem Universum; alle kosmischen Kräfte helfen ihm, das Große Werk zu vollenden.

Die Grundthemen dieser Karte sind: die höchste Stufe der Vollendung; Einheit mit dem Universum; Befreiung vom Ego; Vollkommenheit.

O. DER NARR ist das Bindeglied zwischen der ersten Karte DER MAGIER und der einundzwanzigsten Karte DIE WELT. Diese Karte weist zwei verschiedene Aspekte auf. Als Beginn der Reihe der Großen Arkana symbolisiert sie Unwissenheit, Torheit, Leichtsinn, Unreife, Abenteuerlust und die Jugend. Am Ende der Reihe betrachtet, symbolisiert sie die Rückkehr zu einem Zustand des Vertrauens und der Unschuld.

Der Mensch befindet sich in der Welt der unbegrenzten Möglichkeiten. Er steht außerhalb der Welt und ist doch Teil von ihr. Man muß lernen, seiner inneren Stimme zu vertrauen. Man gehe den Weg, wohin immer er auch führen mag.

Die Grundthemen dieser Karte sind: Torheit; Risiken, die nicht als solche erkannt werden; Leichtsinn; freie Wahl der Möglichkeiten; Unschuld und Vertrauen; Weisheit.

Die Kleinen Arkana

Die Kleinen Arkana des Tarot tragen die italienischen Farben: Kelche, Münzen, Stäbe und Schwerter. Sie entsprechen den französischen Farben wie folgt:

Kelche	=	Herz
Münzen	=	Karo
Stäbe	=	Kreuz
Schwerter	=	Pik

Die Zahlenkarten des Tarot 1(=As) bis 10 stimmen mit denen eines normalen 52er-Kartenspiels überein. In den meisten Tarotspielen wird der Wert der Karte durch die entsprechende Anzahl Kelche, Münzen, Stäbe oder Schwerter dargestellt. Auf der Karte KELCH 7 finden wir also sieben Kelche abgebildet. Wenn Sie mit einem solchen Tarotspiel arbeiten, können Sie die bereits gegebenen Deutungen für das normale 52er-Kartenspiel einfach übernehmen (s. S. 246). Bei anderen Spielen, wie z.B. dem RIDER TAROT, dem NEW TAROT DECK oder dem TAROT UNIVERSAL DALI, sind die Symbole jedoch in bildliche Darstellungen integriert. Es werden also nicht nur die Symbole gezeigt, sondern wir sehen ein Bild, das eine Situation oder Handlung beschreibt, die wiederum der Schlüssel zur Tarotkarte ist. Betrachten wir die zwei Beispiele auf S. 270 u. 271:

Am ersten Beispiel sehen wir, wie verschieden die bildhaften Darstellungen sein können. Das NEW TAROT zeigt eine statische Situation, während im RIDER TAROT ein Akt heftiger Bewegung dargestellt wird. Bei der Verwendung eines solchen Spiels orientieren Sie sich bei der Deutung am besten immer an der Bildvorgabe. Versuchen Sie, die im Bild gezeigte Situation oder Handlung entsprechend zu übersetzen. Hier wird deutlich, daß die Karten keine allgemein verbindliche Bedeutung haben. Wenn Sie mit verschiedenen Tarotspielen arbeiten, werden Sie den gleichen Kartenwert auf unterschiedliche, oft sogar gegensätzliche Weise interpretieren müssen.

Die Hofkarten entsprechen im wesentlichen auch denen des normalen 32er- und 52er-Kartenspiels. Allerdings kommt hier noch eine vierte Karte hinzu: der *Ritter*. Er wird normalerweise zwischen Page und Königin gesetzt. Damit ergibt sich die Reihenfolge: Page, Ritter, Königin, König. Wie wir schon erwähnt hatten, wurden die Bezeichnungen und damit auch die Bedeutungen der Hofkarten in manchen Tarotspielen variiert. Da wir hier nicht auf alle Systeme eingehen können, wollen wir uns an das obengenannte halten, das eines der gebräuchlichsten ist.

Der *Ritter* verkörpert das aktive Handeln, den kämpferischen Geist, Bewegung und Schnelligkeit. Er stellt das Prinzip der Tat dar. Als Personenkarte wird er meist gedeutet als: aktiver Mann, zwischen 20 und 40 Jahren, versehen mit den Attributen der entsprechenden Farbe.

DIE ACHT DER STÄBE

Darstellung der Symbole

TAROT DE MARSEILLE

SCHWEIZER TAROT

Bildhafte Darstellung

THE NEW TAROT

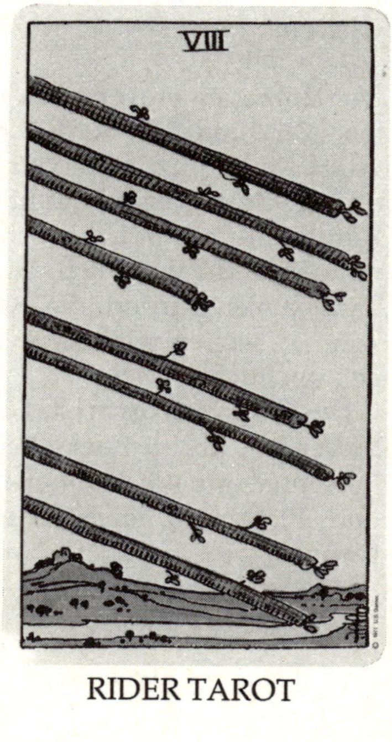

RIDER TAROT

Abb. 26

DIE ZWEI DER KELCHE

Darstellung der Symbole

TAROT DE MARSEILLE

SCHWEIZER TAROT

Bildhafte Darstellung

THE NEW TAROT

RIDER TAROT

Abb. 27

DAS KELTENKREUZ: Zuerst wird der Signifikator herausgesucht und auf die Mitte der Unterlage gelegt. Dann werden die Karten gut gemischt. Es werden zehn Karten gezogen und wie folgt ausgelegt:

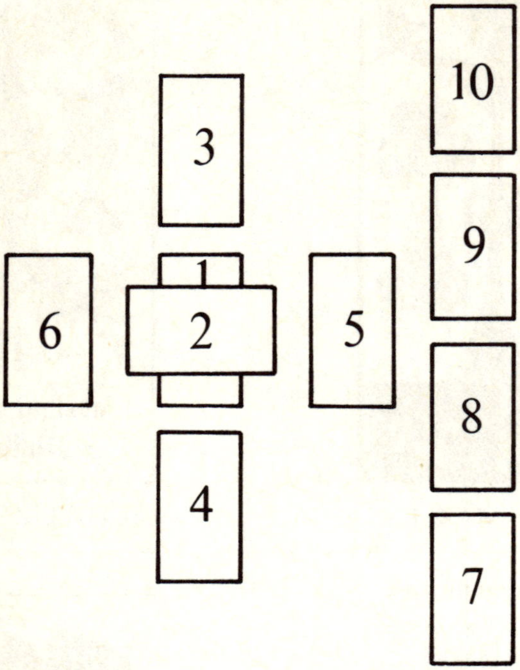

Abb. 28

Der Signifikator wird von der ersten Karte vollständig verdeckt. Er ist also *nicht* die erste Karte.

Die Bedeutung der Legeorte:

0. Signifikator.
1. *Was ihn bedeckt:* die unmittelbare Umgebung des Fragenden oder der Angelegenheit.
2. *Was ihn kreuzt:* die problematischen Faktoren im Fragenden selbst oder in der Angelegenheit.
3. *Was ihn krönt:* die Ziele des Fragenden; das Beste, was in der Angelegenheit erreicht werden kann; die Idealvorstellungen.
4. *Was unter ihm liegt:* das, was schon erreicht wurde; die Basis; das, womit man arbeiten kann.

5. *Was hinter ihm liegt:* die Vergangenheit des Fragenden; die Vorgeschichte der Angelegenheit; das, wovon man sich entfernt.
6. *Was vor ihm liegt:* die zukünftigen Einflüsse.
7. *Der Fragende:* seine eigene Haltung in der Angelegenheit.
8. *Sein Heim:* seine Familie; Menschen, die ihm nahestehen und die ihn oder die Angelegenheit beeinflussen.
9. *Seine inneren Gefühle:* die Hoffnungen und Befürchtungen des Fragenden.
10. *Ergebnis:* das, was letztendlich erreicht wird; Ausgang der Angelegenheit; Zukunft.

DER SONNENDIAMANT: Die Karten werden gut gemischt. Man zieht zwölf Karten und legt sie folgendermaßen aus:

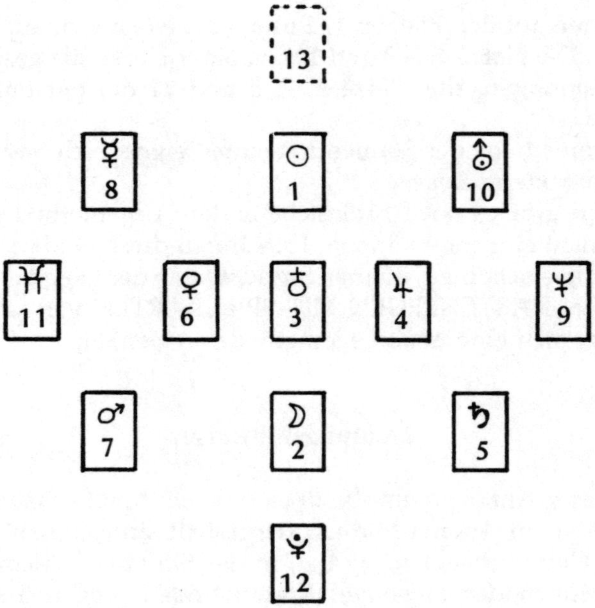

Abb. 29

Die Bedeutung der Legeorte:

1. *Sonne:* die bewußten Energien in der Angelegenheit; das Klare, das Eindeutige, das Offensichtliche.

2. *Mond:* die unbewußten Energien in der Angelegenheit; das Verborgene, das Geheimnisvolle, das Undurchsichtige.
3. *Erde:* Die Person oder die Angelegenheit, um die es in der Deutung geht.
4. *Jupiter:* Hilfreiche, fördernde Faktoren.
5. *Saturn:* Problematische, hemmende Faktoren.
6. *Venus:* Liebe, Sinnlichkeit; Freundschaft; Kontakte.
7. *Mars:* offene Konflikte; das Handeln; Sexualität.
8. *Merkur:* das Denken; Ideenwelt; Neuigkeiten.
9. *Neptun:* Intuition; Traumwelt; Magie/Mystik.
10. *Uranus:* Veränderungen.
11. *Vesta:* Faktoren, die in der Deutung fehlen.
12. *Pluto:* die letzte Grenze der Deutung; worum es wirklich geht; was letztlich dahinter steht.

Es kann noch eine 13. Karte gezogen werden, die dann oberhalb der 1. Karte plaziert wird. Sie gibt Hinweise darauf, wie alles zustande kommt.

Die Karten auf den Plätzen 1, 2 und 3 beziehen sich auf die Ebene des Selbst. Die Plätze 4, 5, 9 und 10 charakterisieren die gesellschaftlichen Beziehungen, die Plätze 6, 7, 8 und 11 die persönlichen Beziehungen.

Die Legemethode des Sonnendiamanten eignet sich besonders gut für die Charakteranalyse.

Natürlich gibt es noch zahlreiche andere Legemethoden, auf die wir hier nicht eingehen können. Falls Ihnen diese beiden Techniken zu schwierig erscheinen, können Sie auch eine der Legetechniken aus dem Kapitel KARTENLEGEN MIT SPIELKARTEN verwenden (s. S. 250ff.) oder sich eine neue Legemethode ausdenken.

Deutungshinweise

Für den Tarot-Anfänger empfiehlt es sich, ein Spiel auszuwählen, in dem die Kleinen Arkana bildhaft dargestellt sind. Jedem Tarotspiel liegt eine Gebrauchsanleitung bei, in der Sie kurze, stichwortartige Interpretationen der einzelnen Karten finden. Legen Sie nun die Karten nacheinander aus, und vertiefen Sie sich in die Bilder. Nehmen Sie dann den Text als Anregung hinzu. Erschließen Sie sich nach und nach den Sinngehalt, der hinter jedem Bild steht. Versuchen Sie herauszufinden, was die Karten für *Sie* bedeuten. Verknüpfen Sie Ihre eigenen Ideen und Intuitionen mit den Bildern – auch dann, wenn Sie den vorgegebenen Interpretationen scheinbar widersprechen. Es gibt keine «objektive» Bedeutung der einzelnen Karten. Das einzig Entscheidende ist, daß die Bilder für Sie lebendig werden, und das können sie erst, wenn Sie Ihre eigenen Vorstellungen, Erfahrungen und Gedanken eingebracht haben. Wenn Sie sich einige Jahre mit dem Tarot beschäftigt haben, werden Sie feststellen, daß eine Karte wesentlich mehr als nur eine Interpretationsebene besitzt. Natürlich können Sie auch rein mechanisch vorgehen: Sie wählen ein Legesystem, ziehen die entsprechende Anzahl Karten und legen sie aus. Dann lesen Sie die entsprechenden Stichworte nach und konstruieren daraus die Deutung. Mit ein wenig Intuition können Sie auch mit dieser Technik «richtige» Schlüsse ziehen. Allerdings haben Sie damit aus einem Bilder-Orakel ein Text-Orakel gemacht, und das ist eigentlich nicht der Sinn der Tarotbefragung.

Nachdem die Frage gestellt und das Kartenbild aufgedeckt ist, konzentrieren Sie sich zunächst auf das Gesamtbild. Wie ist die Verteilung der Großen und Kleinen Arkana? Gehen wir davon aus, daß Sie die Karten nach der Methode des Keltenkreuzes ausgelegt haben. Wenn die zehn Karten nur aus Kleinen Arkana bestehen, handelt es sich um eine Angelegenheit, die sich auf die Ebene der Materie, des Alltags beschränkt, das heißt, konkrete, realisierbare Lösungsmöglichkeiten können und müssen erarbeitet werden. Ebenso muß sich die Deutung in einem faßbaren, alltagsbezogenen Rahmen abspielen.

Da die Anzahl der Kleinen Arkana im Gesamtspiel überwiegt, wird die Verteilung fünf Große Arkana zu fünf Kleinen Arkana als ein Übergewicht der Großen Arkana aufgefaßt. In diesem Falle müßten Sie die spirituellen Aspekte besonders beachten. Die Konstellation vier Große Arkana zu sechs Kleinen Arkana kann bereits als hoher Anteil der Großen Arkana gewertet werden; es handelt sich dann meist um Angelegenheiten, die für den Fragenden von existentieller Bedeutung sind. Pauschal könnte man sagen: Je höher die Anzahl der Großen Arkana, desto wichtiger ist die Angelegenheit oder die Lösung des angesprochenen Problems für die weitere geistige Entwicklung des Fragenden.

Ferner muß auch darauf geachtet werden, ob eine bestimmte Farbe besonders stark vertreten ist. Wird das Kartenbild beispielsweise von Schwertern beherrscht, handelt es sich um eine hochenergetische Angelegenheit, in der Aspekte der Kraft, Macht und Durchsetzung eine große Rolle spielen. Finden wir besonders viele Kelch-Karten vor, handelt es sich um eine Angelegenheit, die stark von Gefühlen beherrscht wird.

Wie auch beim Kartenlegen mit Spielkarten sollten Sie darauf achten, daß Sie sich zuerst einen Gesamtüberblick verschaffen, bevor Sie die einzelnen Karten miteinander kombinieren. Legen Sie nicht zu früh die Deutungsrichtung fest – auf keinen Fall, bevor Sie alle Karten in ihrer ungefähren Grundbedeutung erfaßt haben.

Da es unmöglich ist, ein derart umfangreiches Gebiet wie das Tarot auf wenigen Seiten abzuhandeln, verweise ich den interessierten Leser auf die kommentierte Liste der Tarotliteratur am Ende dieses Kapitels.

Beispiel

Die Fragende ist 19 Jahre alt. Sie hat kein spezielles Anliegen, sondern möchte nur allgemein etwas über ihre Zukunftsaussichten erfahren. Sie formuliert die Frage: *Wie wird dieses Jahr? Was werden meine Aufgaben sein?*

Zur Befragung wird das RIDER-TAROT verwendet. Die Fragende wählt die *Königin der Kelche* als Signifikator. Die Karten werden im Keltenkreuz angeordnet. Es ergibt sich folgendes Bild: (s. S. 277/278)

Hier noch einmal die Übersicht:

0. Königin der Kelche
1. Zehn der Kelche
2. Acht der Schwerter
3. Ritter der Schwerter
4. Acht der Münzen
5. Sechs der Kelche
6. DER EREMIT
7. Sieben der Kelche
8. Vier der Stäbe
9. Zwei der Kelche
10. DER TURM

Auf den ersten Blick können wir sehen, daß die Farbe der Kelche deutlich betont ist. Wir müssen also bei der Deutung besonders auf die Gefühlswelt der Fragenden eingehen.

Betrachten wir zunächst Kartenposition Nr. 1: Das Bild zeigt zehn Kelche in einem Regenbogen. Darunter sehen wir ein Paar, das den Regenbogen bewundert. Neben dem Paar tanzen zwei Kinder. Das Bild vermittelt einen Zustand von Glück und Zufriedenheit. Diese Karte können wir nun auf die unmittelbare Umgebung der Fragenden oder der Angelegenheit beziehen. Im ersten Fall müßten wir sagen, daß die Fragende sich im Moment in einer angenehmen Umgebung befindet, die ihr den Zustand von Glück und Zufriedenheit vermittelt. Im zweiten Fall, wenn wir die Karte direkt auf die Frage beziehen, könnten wir sagen, daß die Fragende das kommende Jahr in einer angenehmen Umgebung verbringen wird. Dies müssen wir zu diesem Zeitpunkt noch offenlassen.

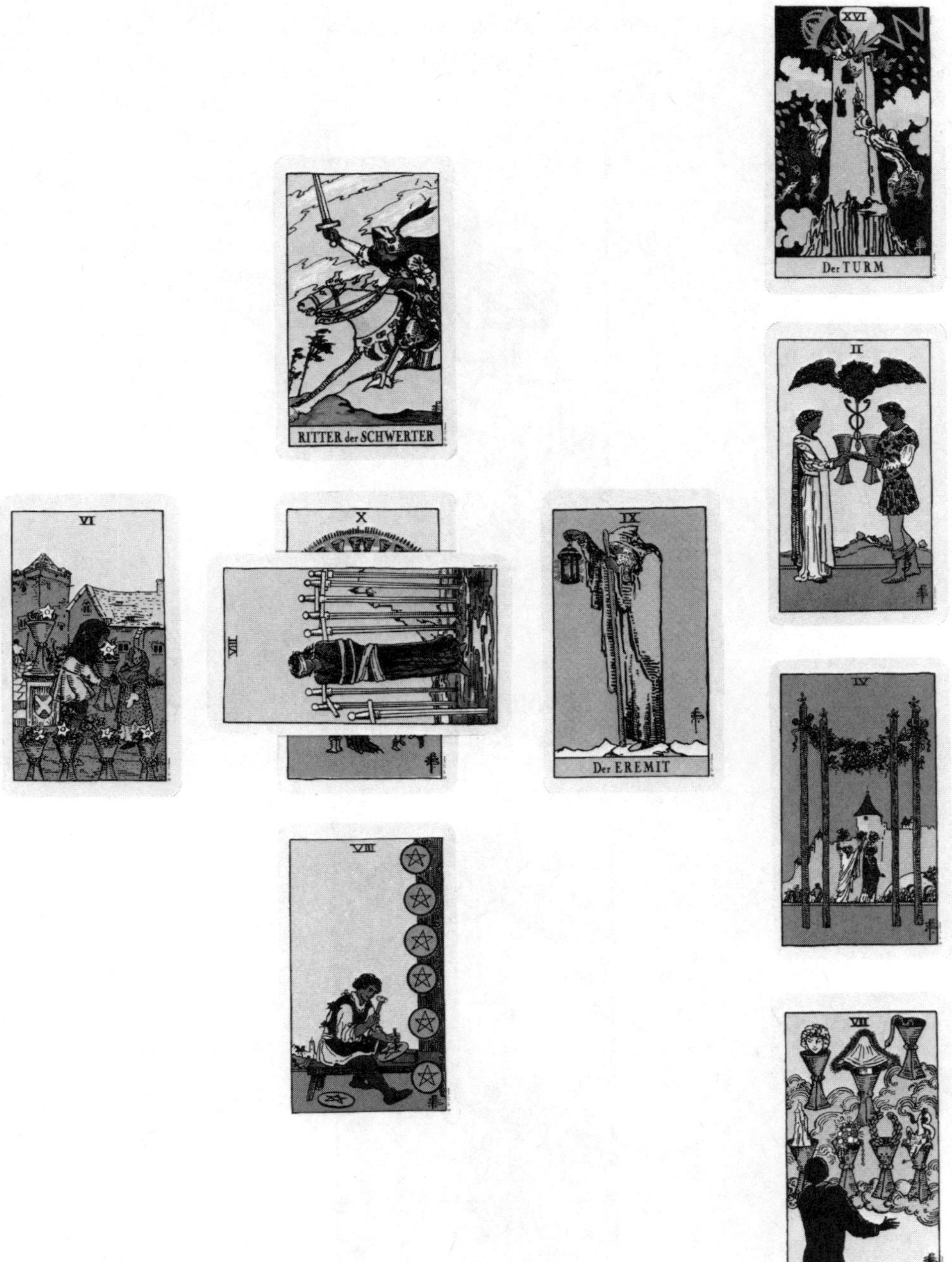
XVI
Der TURM
RITTER der SCHWERTER
II
VI
X
IX
Der EREMIT
IV
VIII
VII

Abb. 30

Die *Königin der Kelche*
(Signifikator)

wird vollständig von der
Zehn der Kelche verdeckt.

Abb. 31

Auf dem 2. Platz finden wir die *Acht der Schwerter*. Das Bild zeigt eine gefesselte Frau, deren Augen verbunden sind. Sie ist von Schwertern umgeben, die neben ihr im Boden stecken. Diese Karte repräsentiert die problematischen Faktoren in der Angelegenheit oder im Fragenden. Das Bild vermittelt uns den Eindruck eines Menschen, der keinen Zugang zu seiner Kraft hat bzw. sie nicht nutzen kann. Er ist orientierungslos und kann sich nur eingeschränkt bewegen. Dies weist darauf hin, daß die Fragende im kommenden Jahr mit Situationen konfrontiert werden wird, in denen sie orientierungslos ist und ihre Kraft nicht einsetzen kann. Offen ist, ob diese Blockierung in der Fragenden selbst entstehen oder ob sie ihr von außen aufgezwungen werden wird.

Etwas klarer sehen wir, wenn wir den *Ritter der Schwerter* auf dem 3. Platz betrachten. Das Bild zeigt einen angriffslustigen Ritter zu Pferde. Er hält sein Schwert erhoben, und es scheint, als stürme er auf seine Feinde zu, um sie anzugreifen oder zu verjagen. Das Bild vermittelt uns den Eindruck von großer Kraft, Mut und kämpferischem Geist. Es enthält aber auch Aspekte der Zerstörung, des Krieges und des Zorns. Daraus erkennen wir, daß es offenbar das Ziel, das Ideal der Fragenden ist, so stark und mutig zu sein wie dieser Ritter.

Das durch die *Königin der Kelche* (Signifikator) repräsentierte Prinzip steht dem durch den *Ritter der Schwerter* verkörperten Prinzip gegenüber. Das erstgenannte Prinzip stellt die vorherrschenden Charakteranlagen der Fragenden dar. Sie ist ein wenig verträumt, freundlich und liebevoll, emotional und intuitiv, nachgiebig und oft wenig entschieden in ihrem Auftreten und Handeln. Sie möchte sich nun wandeln und das genaue Gegenteil dessen werden, nämlich mutig, entschlossen, durchsetzungsfähig und kämpferisch.

Betrachten wir nun die *Acht der Münzen* auf dem 4. Platz. Die Karte zeigt einen Bildhauer bei der Arbeit. Dieses Bild vermittelt uns den Eindruck handwerklicher Geschicklichkeit, Konzentration auf die Arbeit oder momentane Beschäftigung und einer Begabung im Bereich des Kunsthandwerks. (Diese Karte ist sehr passend, da die Fragende in einer Töpferwerkstatt arbeitet). Wir können also davon ausgehen, daß die Fragende einen Beruf hat, der ihr entspricht und ihr eine gewisse Zufriedenheit vermittelt. Dieser Beruf, für den sie offenbar eine Begabung besitzt, bildet eine Basis in ihrem Leben. Der Beruf wird für die Fragende im kommenden Jahr einen festen Bezugspunkt bilden. Wenn sie auch in manchen Punkten orientierungslos sein wird *(Acht der Schwerter)*, ihr Beruf wird ihr eine sichere Stütze sein.

Kommen wir nun zur *Sechs der Kelche* auf dem 5. Platz. Das Bild zeigt zwei Kinder in einem Garten. Sie sind umgeben von blumengefüllten Kelchen. Der etwas größere Junge scheint dem Mädchen einen dieser Kelche überreichen zu wollen. Dieses Bild erinnert an glückliche, sonnige Kindertage. Auf dem 5. Platz beschreibt diese Karte die Vergangenheit der Fragenden. Wir können also davon ausgehen, daß die Fragende eine sehr glückliche und von Freude erfüllte Jugendzeit erlebt hat. Sie weist auch darauf hin, daß die Fragende bisher noch nicht wirklich mit den Härten des Lebens konfrontiert wurde, sondern in einem sehr behüteten Umfeld aufwuchs.

Nun können wir auch eine Verbindung zu der Karte *Zehn der Kelche* auf dem 1. Platz herstellen, da sie eine Spiegelung der *Sechs der Kelche* auf dem 5. Platz ist. Wir müssen also die *Zehn der Kelche* in erster Linie auf die Fragende selbst beziehen. Sie befindet sich im Moment in einer Umgebung, die ihr Glück und Zufriedenheit vermittelt. Es ist klar, daß es sich dabei nur um ihr Elternhaus handeln kann, dem Ort ihrer glücklichen Kindheit. Wir können annehmen, daß dieses Umfeld in harmonischer Beziehung zu ihren vorherrschenden Charakteranlagen *(Königin der Kelche)* steht. Ein anderer Aspekt ihrer Persönlichkeit, nämlich der kraftvolle, selbstbewußte und kämpferische, kann sich aber in diesem Umfeld nicht realisieren. Die Fragende ist sich möglicherweise noch nicht einmal darüber bewußt, daß dieser Persönlichkeitsteil in ihr existiert. Wenn dieser aber nun im kommenden Jahr zur Verwirklichung drängt, wird die Fragende zunächst einmal die durch die *Acht der Schwerter* symbolisierte Erfahrung machen, daß sie ihr Kraftpotential nicht wirklich kennt, in seiner Nutzung behindert wird und auch gar nicht wüßte, wohin sie es denn richten sollte, wenn es nicht blokkiert wäre.

Betrachten wir nun die Karte *DER EREMIT* auf dem 6. Platz. Der *EREMIT* symbolisiert die Suche nach dem eigenen Lebensweg, dem Lebenssinn. Die Karte zeigt einen alten Mann mit einem weißen Bart, der eine graue, schmucklose Kutte trägt. In der rechten Hand hält er eine Laterne, das Symbol des inneren Lichtes, und in der Linken einen Wanderstab, das Symbol des beschwerlichen, langen Weges der Suche. Das Thema der Zukunft ist für die Fragende also der Weg zu ihrem eigenen inneren Zentrum.

Sehen wir uns jetzt die *Sieben der Kelche* auf dem 7. Platz an. Die sieben Kelche sind mit den seltsamsten Dingen gefüllt: einem Drachen, einem Lorbeerkranz, funkelnden Juwelen, einer Schlange, einem Schloß oder einer Burg auf hohem Gipfel, einem Kopf und einer geheimnisvoll strahlenden, verschleierten Menschengestalt. Die Kelche schweben auf Wolken – sie sind illusionär. Davor steht ein vollkommen schwarz gezeichneter Mensch. Bestaunt er die Kelche, oder hat er sie hervorgezaubert? Vielleicht erfreut er sich an seinen eigenen Zaubertricks. Dieses Bild zeigt den in der Illusion verhafteten Menschen. Er ist voll von Wünschen und Befürchtungen, die er in Tagträumen kreiert. Daraus können wir schließen, daß die Fragende stark durch ihre Phantasien lebt und diese auf die Zukunft projiziert. Diese Karte ist ein Zeichen für die Flucht aus der banalen alltäglichen Welt in das viel aufregendere Reich der Phantasie.

Die *Vier der Stäbe* auf dem 8. Platz bestätigt noch einmal das, was wir schon zu den Karten *Zehn der Kelche* und *Sechs der Kelche* gesagt hatten.

Kommen wir zur *Zwei der Kelche* auf dem 9. Platz. Das Bild zeigt einen jungen Mann und eine junge Frau. Beide halten einen Kelch in der Hand. Der Mann berührt leicht die Hand der Frau. Über den Kelchen sehen wir einen Hermesstab, der von einem geflügelten Löwenkopf gekrönt ist. Diese Karte symbolisiert die erotische Anziehung zwischen Mann und Frau, Liebe, Leidenschaft und Verbundenheit durch gleiche Wünsche und Bedürfnisse. Diese Karte zeigt den Wunsch der Fragenden nach einem gleichgesinnten Partner, nach emotionaler und sexueller Erfüllung.

Auf dem 10. Platz finden wir die Karte *DER TURM.* Sie symbolisiert die Zerstörung oder den Verlust von Liebgewonnenem. Aus dem Zusammenhang wird sofort offensichtlich, daß es sich hierbei um die sichere Geborgenheit im Elternhaus und die verträumte Lebenshaltung handelt, die «zerstört» bzw. «verloren» werden muß.

Zusammenfassend könnte man sagen, daß das kommende Jahr vom Prozeß des Erwachsenwerdens beherrscht werden wird. Wir müssen der Fragenden raten, sich zumindest innerlich von der Geborgenheit ihres Elternhauses zu lösen. Der äußere Vollzug dieser Loslösung (eine eigene Wohnung) kann dabei hilfreich sein, ist aber nicht unbedingt notwendig. Die Fragende muß lernen, ihrem eigenen Stern, ihrem inneren Licht zu folgen. Es ist ihre Aufgabe, ihren eigenen Lebensweg zu finden. Dies ist ein Prozeß, der immer von «Wachstumsschmerzen» begleitet wird. Phantasien und Träume müssen zerstört werden, damit Platz für das wirkliche Leben geschaffen wird. In diesem Prozeß wird es Phasen der Orientierungslosigkeit geben. Die Fragende wird den Drang verspüren, sich in einer bestimmten Richtung zu bewegen, doch die Energie liegt in Fesseln und kann sich nicht entfalten. Da die Fragende noch nicht in der Lage ist, die eigentliche Zielrichtung der Energie zu bestimmen, werden alle Versuche, sich aus dieser eingeengten Situation zu befreien, vorerst scheitern. Das Ideal der Karte *Ritter der Schwerter* kann so lange nicht erreicht werden, wie die Zielrichtung der Energie unbestimmt ist. Wenn es der Fragenden gelänge, die Fesseln zu sprengen, würde sich die Energie in alle Winde verstreuen und sie kraftlos zurücklassen. Sie wird den Zustand der Anspannung aushalten müssen, bis sie sich in ihrem Innersten darüber Klarheit verschafft hat, wie die weiteren Schritte auf ihrem Lebensweg aussehen sollen. Die Karten DER TURM und DER EREMIT weisen darauf hin, daß sich der Wunsch der Fragenden nach einer Liebesbeziehung vorläufig noch nicht erfüllen wird. Es ist eine Zeit, in der die Fragende in sich gehen sollte. Der Versuch, den Bezugspunkt «Elternhaus» durch den neuen Bezugspunkt «Partner» ersetzen zu wollen, muß scheitern. Möglicherweise wird es kurze, unbeständige Beziehungen geben, die aber alle früher oder später von der vernichtenden Kraft des Turms hinweggefegt werden. Es ist also sinnvoller, wenn die Fragende sich gar nicht erst so stark in diesem Bereich engagiert, da dies nur zu Verlust und Enttäuschung führen wird. Da die Karte DER TURM auf dem 10. Platz liegt, also auch den Ausgang der Angelegenheit anzeigt, können wir annehmen, daß die Fragende diesen inneren Wachstumsprozeß im Laufe der nächsten eineinhalb bis zwei Jahre abschließen kann. Nach Ablauf des einen Jahres, um das sich die Frage drehte, wird die Fragende den Lohn ihrer Bemühungen ernten: Das Alte und Überkommene bricht endgültig zusammen und schafft Platz für das neue, erwachsenere Selbst. Daß dieser Lernprozeß mit schmerzhaften Erfahrungen verbunden ist, muß die Fragende akzeptieren. Sie sollte versuchen, die ganze Angelegenheit so unemotional wie möglich zu betrachten, denn dies wird den notwendigen Schmerz leichter erträglich machen.

Tarot-Literatur

Hans Dieter Leuenberger, *Schule des Tarot. Das Rad des Lebens. Ein praktischer Weg durch die großen Arkana,* Hermann Bauer Verlag, Freiburg i. Br., 1981, 318 S.

Dieses Buch bietet eine gute Einführung in die Großen Arkana des Tarot, wenn man über die etwas frömmelnde Ausdrucksweise Leuenbergers hinwegsehen kann. Regeln wie z. B.: «Benutze den Tarot zu Orakelzwecken nur selten …» (S. 317) und: «Lege den Tarot nie für andere, sondern stets nur für dich selbst!» (S. 318) mögen für Tarot-Mystiker von Wichtigkeit sein, sollten aber von einem ernsthaften Orakeldeuter nicht beachtet werden.

*

Hans Dieter Leuenberger, *Schule des Tarot. Der Baum des Lebens. Tarot und Kabbala,* Hermann Bauer Verlag, Freiburg i. Br., 1982, 411 S.

Hier haben wir eine brauchbare Einführung in die Kleinen Arkana des Tarot. Allerdings muß der Leser bereit sein, zuerst die ungefähr 200 Seiten umfassende Abhandlung über Kabbala im ersten Teil des Buches zu bearbeiten. Ansonsten: siehe oben.

*

Sallie Nichols, *Die Psychologie des Tarot. Tarot als Weg zur Selbsterkenntnis nach der Archetypenlehre C.G. Jungs*, Ansata Verlag, Interlaken, 1984, 492 S.

Sallie Nichols legt eine ausgezeichnete Besprechung der Großen Arkana vor. Sie konzentriert sich besonders auf den intuitiven Zugang und versucht theoretische Spekulationen zu vermeiden. Es handelt sich um eine Reise durch die Bilderwelt des Tarot, die so interessant und lebhaft gestaltet wird, daß es unmöglich ist, sich der Faszination zu entziehen.

*

Stuart R. Kaplan, *Der Tarot. Geschichte, Deutung, Legesysteme*, Heinrich Hugendubel Verlag, München, 1972, 255 S.

Eine brauchbare Einführung für jene Leser, die nicht allzusehr in die Tiefe gehen möchten, sondern sofort mit der Deutung beginnen wollen. Für den Tarot-Fortgeschrittenen bietet dieses Buch von seiner Art der Darstellung her jedoch zu wenig.

*

Swami Anand Anupam, *Spiel Tarot, Spiel Leben*, Sannyas-Verlag, Margarethenried, 1981, 128 S.

Ein erfrischendes kleines Büchlein für alle Anfänger, die das fromme esoterische Getue leid sind. Über die Interpretationen der einzelnen Karten kann man sich gelegentlich streiten. So sieht der Autor z. B. in der Königin der Kelche «die Jungfrau oder die frigide Frau» (S. 47) und meint auch: «... und ihr Gesicht drückt für mich Frustration aus» (S. 47). Ich empfinde es auch sehr unpassend, die Königin der Kelche als Nonne darzustellen, die durch Arbeiten und Beten ihre depressive, lebensfeindliche Grundhaltung versteckt – nun, der spielerische und spontane Zugang zum Tarot, den Swami Anand Anupam empfiehlt, läßt sicher auch Raum für derlei Interpretationen.

*

Aleister Crowley, *Das Buch Thoth. (Ägyptischer Tarot)*, Urania Verlag, Waakirchen, 1981, 278 S.

Ein Tarot-Buch für die Fortgeschrittenen. Kenntnisse der magischen Gedankenwelt Crowleys sind nicht unbedingt notwendig, aber äußerst hilfreich.

*

Gert Ziegler, *Tarot. Spiegel der Seele. Handbuch zum Crowley-Tarot,* Urania Verlag, Sauerlach, 1984, 140 S.

Eine brauchbare Hilfe für jene Leser, die sich mit dem Crowley-Tarot auseinandersetzen.

*

Papus, *Tarot der Zigeuner. Der absolute Schlüssel zur Geheimwissenschaft,* Ansata-Verlag, Interlaken, 1981, 318 S.

Ein Klassiker der Tarot-Literatur.

*

Sergius Golowin, *Die Welt des Tarot. Geheimnis und Lehre der 78 Karten der Zigeuner,* Sphinx Verlag, Basel, 1981, 390 S.

Ein Tarotbuch, das ein wenig aus der Reihe fällt, da der Autor die volkstümliche Sichtweise des Tarot beschreibt und nicht den üblichen magisch-kabbalistischen oder modernen, auf Selbsterfahrung ausgerichteten Ansatz wählt. Besonders zu erwähnen sind die ausgezeichneten Beschreibungen der vier Farben; hier werden Aspekte aufgezeigt, die sonst nirgends dargestellt werden. Insgesamt: eine wohltuende Abwechslung zur herkömmlichen Tarot-Literatur.

Eine kleine Auswahl verschiedener Tarotspiele

AQUARIAN TAROT

Moderne Gestaltung; mehrfarbig; Entwurf: David Palladini, 78 Karten.

ANCIEN TAROT DE MARSEILLE

Altfranzösisches Tarotspiel; siebenfarbig; 78 Karten.

RIDER TAROT

Entwurf: A. E. Waite; 78 Karten; bildhafte Darstellung der Kleinen Arkana.

ALEISTER CROWLEY THOTH TAROT

Entwurf: A. Crowley; mehrfarbig; 78 Karten; eines der interessantesten, aber auch schwierigsten Tarotspiele.

HEXEN TAROT

Moderne Gestaltung; mehrfarbig; 78 Karten; wurde ursprünglich für einen James Bond-Film entwickelt.

ZIGEUNER TAROT

Entwurf: W. Wegmüller; moderne Gestaltung; mehrfarbig; 78 Karten.

THE NEW TAROT DECK

Entwurf: J. Hurley, R. Hurley, J. Horler; moderne Gestaltung; schwarz-weiß; 78 Karten; ein etwas ausgefalleneres Spiel; interessante bildhafte Darstellung der Kleinen Arkana.

VISCONTI-SFORZA TAROCCHI

Eines der ältesten italienischen Tarotspiele (z.T. rekonstruiert): mehrfarbig; 78 Karten.

TAROT CLASSIQUE

Französisches Tarot nach Holzschnitten von C. Burdel; mehrfarbig; 78 Karten.

TAROT UNIVERSAL DALI

Surrealistisches Tarot von S. Dali; mehrfarbig; 78 Karten; ein ausgefallenes, faszinierendes Spiel.

MOUNTAIN DREAM TAROT

Ein Foto-Tarot von B. Nettles; Schwarzweiß-Fotografien, einfarbig getönt; 78 Karten; ein ungewöhnliches Tarotspiel.

ROYAL FEZ MAROCCAN TAROT

Orientalisches Tarotspiel; mehrfarbig; 78 Karten.

GEOMANTIE

Die angeblich aus Persien stammende Geomantie gilt als eine der ältesten mantischen Disziplinen. Sie ist heute auch vielfach unter dem Begriff «Punktierkunst» bekannt.

Die wohl ursprünglichste Form der Geomantie (=Deutung durch Erde) besteht darin, daß man Erde auf eine Unterlage wirft und die entstandenen Muster deutet. In manchen Ländern, wie z.B. in Indien, werden Körner ausgeworfen. Eine andere Methode ist, in schneller Abfolge eine willkürliche Anzahl von Strichen oder Punkten in den Sand zu zeichnen und daraus dann die geomantischen Figuren zu bilden. Inzwischen ist jedoch das Punktieren auf einem einfachen Blatt Papier am meisten verbreitet.

Die ursprüngliche Geomantie wurde später in Beziehung zur Astrologie gesetzt. Bei der Deutung ordnete man die geomantischen Zeichen in den sogenannten geomantischen Spiegel ein, der den zwölf astrologischen Häusern entspricht, und deutete sie nach astrologischen Gesichtspunkten. Unsere heutige Geomantie ist also eine Verbindung aus geomantischen und astrologischen Faktoren.

Die Erstellung des geomantischen Deutungsbildes

Um eine der insgesamt sechzehn geomantischen Figuren zu erhalten, müssen zunächst vier Punktreihen geworfen oder gezeichnet werden. Wie schon erwähnt, kann das Punktieren im Freien durchgeführt werden, indem man mit einem Stück Holz Punkte in den Sand zeichnet. Wer an die magische Kraft der Erde glaubt, sich aber nicht ständig an ein einsames Plätzchen im Wald begeben möchte, kann sich natürlich auch einen mit Sand gefüllten Kasten zulegen, den er stets für diesen Zweck benutzt. Als Grundlage eignen sich auch Wachs oder Ton. Die meisten Orakelbefrager zeichnen heute die

Punkte mit einem Bleistift auf Papier. Die Punkte oder Striche müssen in schneller Abfolge und ohne sie zu zählen auf das Papier gebracht werden. Anschließend werden die Punkte oder Striche der einzelnen Reihen gezählt; eine ungerade Anzahl ergibt einen Punkt, und eine gerade Anzahl ergibt zwei Punkte. Hierzu ein Beispiel:

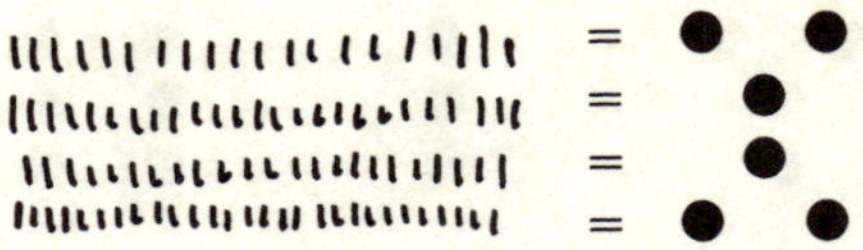

Abb. 32

Bei der Orakelbefragung geht der Geomant folgendermaßen vor:

1. *Schritt:* Er bringt viermal vier Punkt- oder Strichreihen auf das Papier. Diese werden ausgezählt und ergeben vier geomantische Figuren. Diese vier geomantischen Figuren werden die «Mütter» genannt. Beispiel:

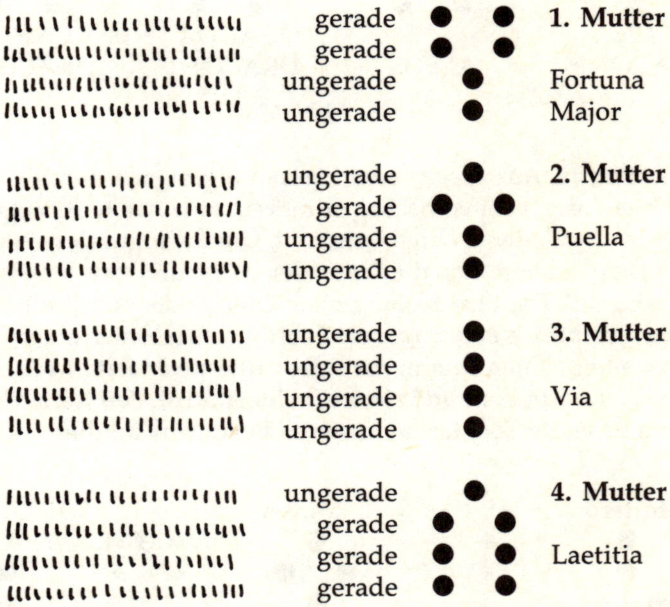

Abb. 33

2. *Schritt:* Nun werden aus den vier Müttern die vier «Töchter» gebildet. Die erste Tochter wird gebildet, indem man jeweils die erste

Zeile der vier Mütter untereinanderschreibt. Für die zweite Tochter wird die zweite Zeile, für die dritte die dritte Zeile und für die vierte die vierte Zeile der Mütter verwandt. Bei unserem Beispiel ergäbe sich also:

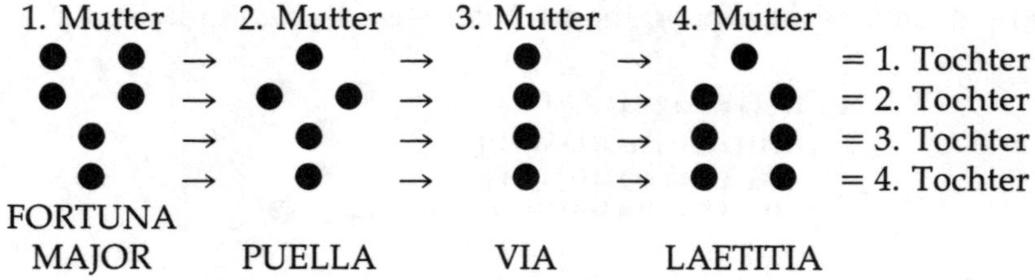

Abb. 34

Daraus ergibt sich:

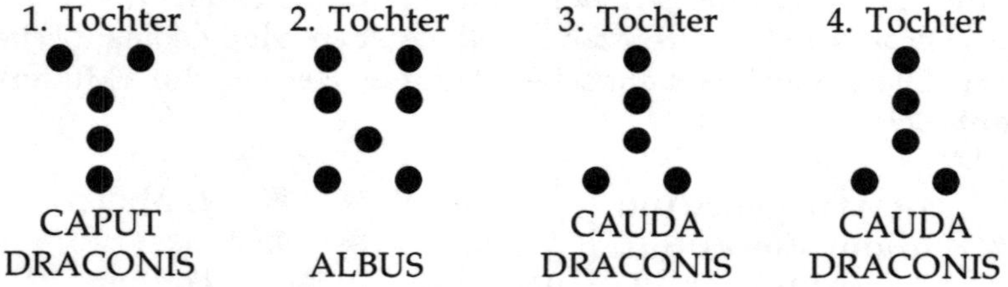

Abb. 35

Dritter Schritt: Aus diesen acht Figuren ergibt sich durch ein anderes Verfahren, die geomantische Addition, eine weitere Vierergruppe. Diese wird die vier «Neffen» genannt. Um die Figur des ersten Neffen zu erhalten, addiert man die Werte der ersten und zweiten Mutter (jede Zeile einzeln). Ergibt sich eine gerade Zahl (2 oder 4), schreibt man zwei Punkte, ergibt sich eine ungerade Zahl (3), schreibt man einen Punkt. Für den zweiten Neffen nimmt man die dritte und vierte Mutter, für den dritten Neffen die erste und zweite Tochter und für den vierten Neffen die dritte und vierte Tochter. In unserem Beispiel wäre dies:

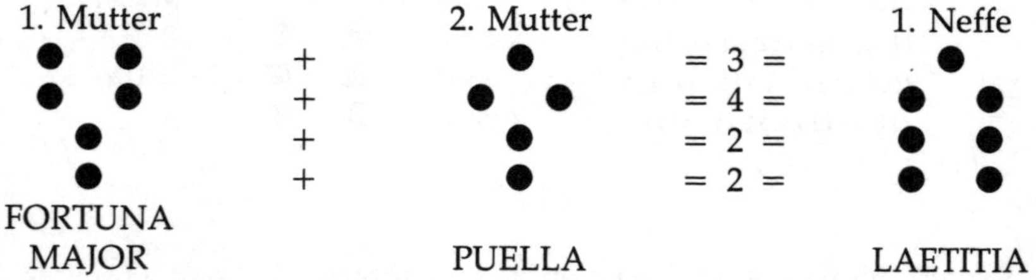

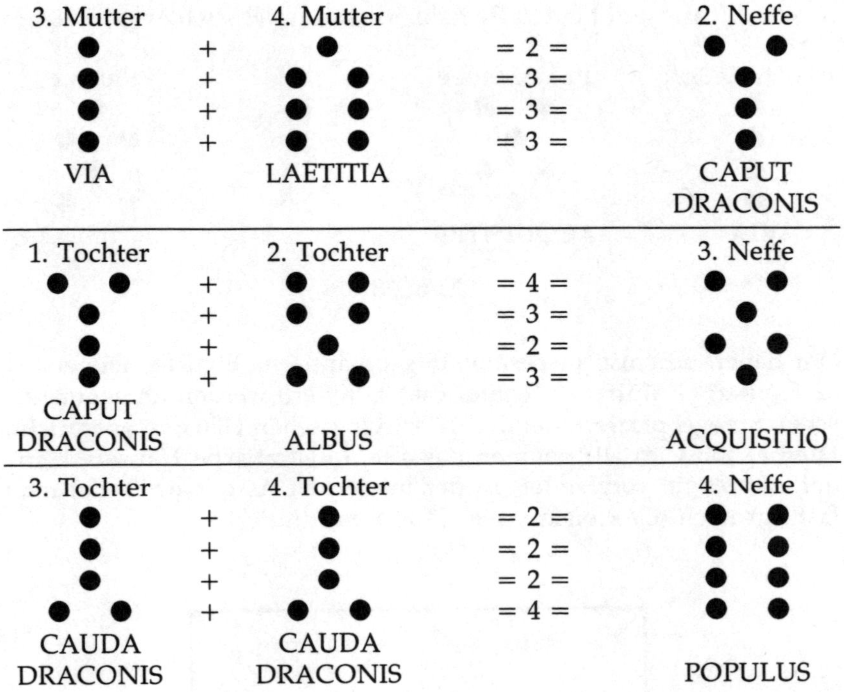

Abb. 36

4. Schritt: Aus den vier Neffen entstehen durch geomantische Addition zwei weitere Figuren, nämlich der «rechte Zeuge» und der «linke Zeuge». Der erste und der zweite Neffe ergeben den rechten Zeugen, der dritte und der vierte Neffe ergeben den linken Zeugen. In unserem Beispiel:

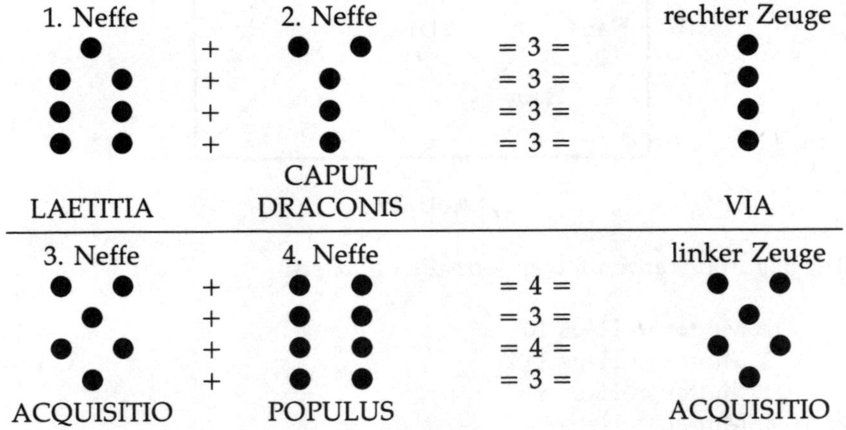

Abb. 37

5. *Schritt:* Aus den beiden Zeugen wird nun der Richter gebildet:

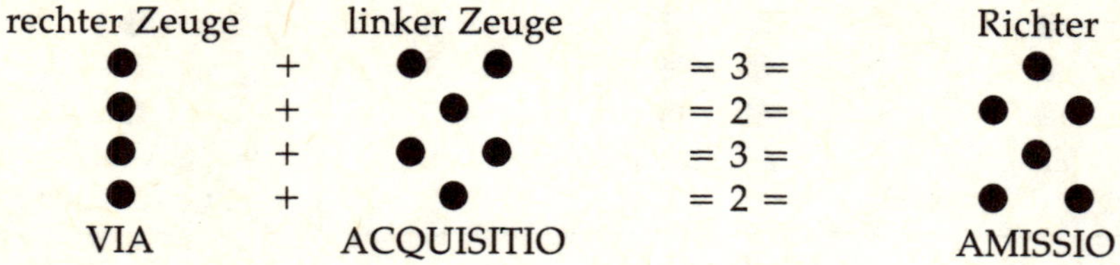

Abb. 38

Wir haben nun also insgesamt 15 geomantische Figuren. Die ersten 12 Figuren (4 Mütter, 4 Töchter und 4 Neffen) werden im geomantischen Spiegel plaziert, der den 12 astrologischen Häusern entspricht. Hierbei wird im allgemeinen das alte, quadratische Häuserschema der Astrologie verwendet (in der modernen Astrologie findet man fast nur noch die kreisförmige Häuseranordnung):

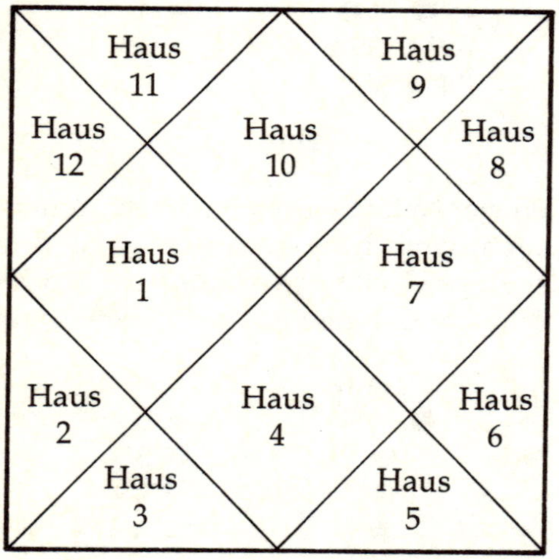

Abb. 39

Die Figuren werden folgendermaßen plaziert:

1. Mutter in Haus 10
2. Mutter in Haus 1
3. Mutter in Haus 4
4. Mutter in Haus 7
1. Tochter in Haus 11

2. Tochter in Haus 2
3. Tochter in Haus 5
4. Tochter in Haus 8
1. Neffe in Haus 12
2. Neffe in Haus 3
3. Neffe in Haus 6
4. Neffe in Haus 9

Dies ergibt in unserem Beispiel:

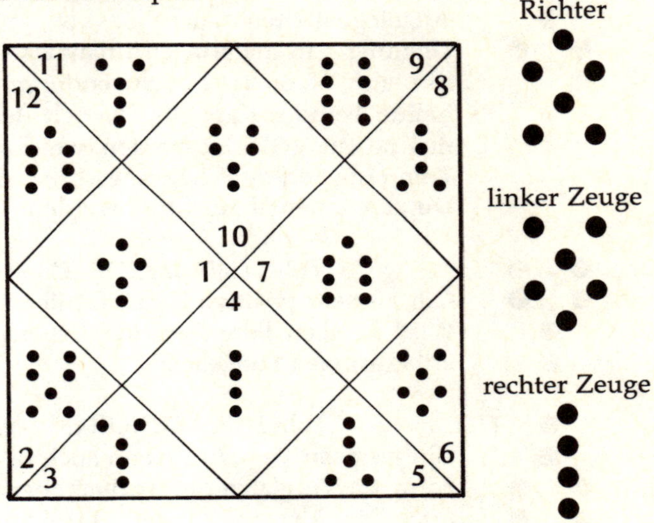

Abb. 40

Die Figuren linker Zeuge und rechter Zeuge sowie der Richter werden neben den geomantischen Spiegel geschrieben.

Es folgt nun eine Darstellung der 16 geomantischen Zeichen und der 12 Häuser in Stichworten.

Die 16 geomantischen Figuren

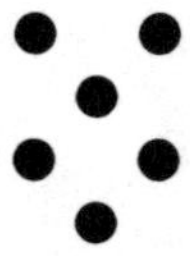

1. ACQUISITIO (Der Gewinn)

Gilt als positive Figur. Weist hin auf: Erwerb; Besitz; Erfolg; Vermehrung; Fülle; Freundschaft; Reisen; Aufstieg; Glück; Aufrichtigkeit; Intelligenz.

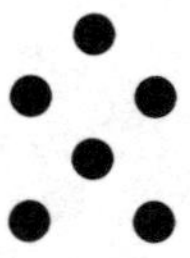

2. AMISSIO (Der Verlust)

Gilt als eher negative Figur, kann aber in bestimmten Angelegenheiten auch positiv gedeutet werden. Ungünstig in materiellen/finanziellen Dingen. Weist hin auf: Verlust; Verschwendung; Falschheit; geheime Feinde. Kann im Bereich der Liebe manchmal positiv gedeutet werden, weist aber auch oft auf Trennung oder Scheidung hin. Alte, belastende Dinge können abgeworfen werden.

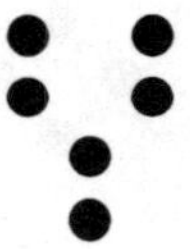

3. FORTUNA MAJOR (Großes Glück)

Gilt als sehr positive Figur. Erfüllung aller Wünsche. Wird in allen Bereichen des Lebens als glück- und erfolgbringend angesehen.

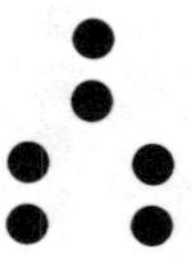

4. FORTUNA MINOR (Kleines Glück)

Gilt als positive Figur, wenn auch in abgeschwächter Form im Vergleich zur vorhergehenden. Glück und Erfolg in kleinen Dingen. Erfüllung bescheidener Wünsche. Der Höhepunkt des Erfolgs ist überschritten, doch er hält noch an.

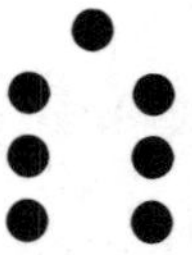

5. LAETITIA (Die Freude)

Gilt als positive Figur, kann aber zu negativen Konsequenzen führen. Freude; Lachen; Ausgelassenheit; Übermut; Liebe; Reisen; Erfolg. Bei Maßlosigkeit jedoch, z.B. zuviel Übermut, kann die Entwicklung umschlagen und zu Bremsung, Hemmung, Furcht und Schmerz führen.

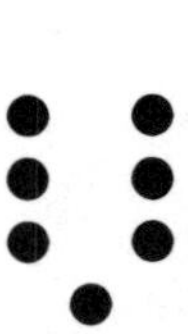

6. TRISTITIA (Die Traurigkeit)

Gilt als sehr negative Figur. Sie weist auf: Unglück, Trauer, Krankheit; Verlust; Schmerz; Niederlage; Hemmung; Bremsung; Ärger; Angst; Tod; Opfer. So wie man das vorhergehende Zeichen nicht zu positiv werten sollte, sollte man dieses Zeichen auch nicht zu negativ sehen. Man kann es auch als Prüfstein betrachten, der für die eigene Entwicklung notwendig ist – eine notwendige Phase der Einsamkeit und des Rückzugs, um wieder zu sich selbst zu finden.

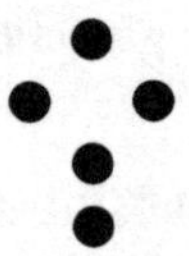

7. PUELLA (Das Mädchen)

Gilt als positive und negative Figur. Sie bedeutet: Mädchen; Frau; das weibliche Geschlecht allgemein; Schönheit; Zartheit; Sanftheit, Anmut. In der Deutung für weibliche Ratsuchende allgemein positiv. Bei männlichen Ratsuchenden in Liebesangelegenheiten gut, bei Unternehmen, die Aktivität erfordern, eher schlecht.

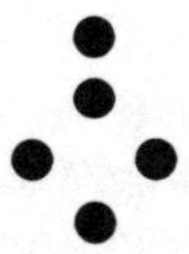

8. PUER (Der Knabe)

Gilt als positive und negative Figur. Sie bedeutet: Knabe; Mann; das männliche Geschlecht allgemein; Mut; Entschlossenheit; Kraft; Aktivität. Für den männlichen Ratsuchenden eher positiv, aber Gefahr bei Tollkühnheit und Selbstüberschätzung. Für weibliche Ratsuchende vielversprechend in Liebesangelegenheiten; gut bei Angelegenheiten, die Kraft und Mut erfordern.

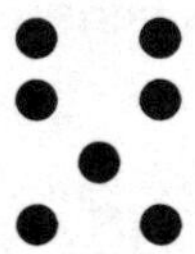

9. ALBUS (Das Weiße)

Gilt im allgemeinen als eher positiv. Bedeutet: Klarheit; Kühle; sachlicher Verstand; Nachrichten. Positiv in rechtlichen Angelegenheiten, in Gewerbe und Handel. Förderlich in allen Angelegenheiten, die den Verstand bzw. das Denken betreffen.

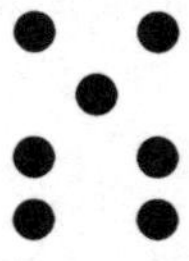

10. RUBEUS (Das Rote)

Gilt im allgemeinen als negativ, außer in Bereichen des Kriegs, der Feindschaft und der Durchsetzung. Weist hin auf: Macht; Sieg über Feinde; Gewalt; Wut; Erregung; starkes Wollen; unauflösbare Feindschaften; Aggression; Heftigkeit.

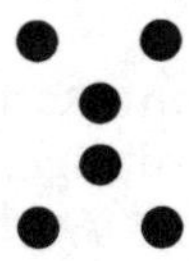

11. CONJUNCTIO (Die Verbindung)

Gilt als positive Figur. Bedeutet: Vereinigung; Verbindung; Zusammenschluß; Freundschaft; Liebe; Harmonie; Gemeinsamkeit; Gemeinschaft; Annäherung.

12. CARCER (Das Gefängnis)
Gilt als positive und negative Figur. Kann hinweisen auf: Gefängnis; Unfreiheit; Abgeschlossenheit; Einsamkeit; Rückzug. Kann aber auch hindeuten auf: Geborgenheit; Sicherheit; Schutz; Schwangerschaft.

13. POPULUS (Das Volk)
Gilt als positive und negative Figur. Weist hin auf: Gruppe; Versammlung von Menschen; Familie; Massenbewegungen; Regeln und Gesetze; Ordnung und Recht. Abhängig von der Position im geomantischen Spiegel bedeutet die Figur Positives oder Negatives in den genannten Angelegenheiten.

14. VIA (Der Weg)
Gilt als positive und negative Figur. Weist hin auf: Reisen; Weg; Richtung; Leitbild; Lebensweg. Gut in Angelegenheiten, die mit Reisen und Bewegung zu tun haben. Schlecht in Angelegenheiten, die Ruhe und Beständigkeit erfordern.

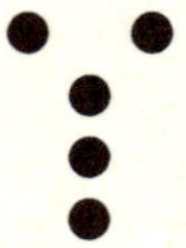

15. CAPUT DRACONIS (Der Drachenkopf)
Gilt als eher positives Zeichen. Weist hin auf: Verinnerlichung; Spiritualität; Mystik; geistiger Weg; kleine Erfolge und kleines Glück in allen Lebensangelegenheiten.

16. CAUDA DRACONIS (Der Drachenschwanz)
Gilt als eher negatives Zeichen. Weist hin auf: sich in Äußerlichkeiten verlieren; an der Vergangenheit hängen; Schulden; Selbsttäuschung. Zeigt an, was der Ratsuchende hinter sich lassen bzw. verarbeiten muß.

Die Häuser*

1. Haus: Ich-Bewußtsein; Charakter; Konstitution; Kindheit. TKE: Widder.

2. Haus: Materielle Angelegenheiten; Besitz; Geld; bewußte Talente. TKE: Stier.

3. Haus: Denk- und Ausdrucksweise; Intellekt; Kommunikation; Neugier; Nachrichten; das Entdecken. TKE: Zwillinge.

4. Haus: Unbewußtes Ich; Gefühl; Elternhaus; Familie; Urgrund; Heim. TKE: Krebs.

* TKE = Tierkreiszeichen-Entsprechung

5. Haus: Vitalkräfte; Trieb; Sexualität; Liebe; soziales Bewußtsein; Selbstbewußtsein. TKE: Löwe.

6. Haus: Arbeitsfeld; Gesundheit und Krankheit; Dienen; unbewußte Hindernisse; Ordnung. TKE: Jungfrau.

7. Haus: Partnerschaft; Ehe; Öffentlichkeit; Kontakte; offene Gegner. TKE: Waage.

8. Haus: Konflikte; Ängste; Gegensätze; Extreme; Forderungen der Umwelt; Erbe; Steuern; Okkultismus; Tod. TKE: Skorpion.

9. Haus: Weltanschauung; Ideale; Gesetz; Recht; Philosophie; Reisen. TKE: Schütze.

10. Haus: Beruf; Erfolg; Ehre; gesellschaftliche Position; materieller, konkreter Weg; Ziel. TKE: Steinbock.

11. Haus: Hoffnungen und Wünsche; Freunde; Gönner; Ideen. TKE: Wassermann.

12. Haus: Äußere Hindernisse; Beschränkungen; geheime Feinde; Auflösung; Selbstauflösung. TKE: Fische.

Zur Deutung

Die geomantische Deutung basiert auf der Analyse der geomantischen Figuren in ihren Häusern. Das Haus übt also in etwa die gleiche Funktion aus wie der Legeort beim Kartenlegen, während das geomantische Zeichen der Karte entspricht.

Betrachten wir zunächst einmal die Häuser. Die Häuser stellen hier die 12 verschiedenen Aspekte der befragten Angelegenheit dar. Nehmen wir einmal an, die gestellte Frage bezieht sich auf eine geschäftliche Angelegenheit. Im 1. Haus erfahren wir etwas über den allgemeinen Charakter dieser Angelegenheit. Im zweiten Haus wird die finanzielle Seite beleuchtet. Im 3. Haus erfahren wir etwas über die Gedanken und Überlegungen, die bei dieser Angelegenheit von Wichtigkeit sind, und das 4. Haus behandelt die gefühlsmäßigen Aspekte etc. Was aber in diesem Haus geschieht und wie es geschieht, wird durch das geomantische Zeichen angezeigt. Ein Beispiel: ACQUISITIO im 2. Haus weist auf finanziellen Gewinn hin (ACQUISITIO = Gewinn, 2. Haus = Finanzen) oder auf den Erwerb von Besitztümern (ACQUISITIO = Erwerb, 2. Haus = Besitz) etc. Das Haus bezeichnet also den jeweiligen Aspekt der Angelegenheit, während das geomantische Zeichen anzeigt, wie sich dieser realisiert. Stünde also AMISSIO im 2. Haus, würde dies auf finanziellen Verlust oder auf Verlust von Besitz hinweisen sowie auf Geldverschwendung oder ungünstige Investitionen.

Wir unterscheiden zwei verschiedene Deutungsmethoden:

1. Methode: Man deutet einzeln die Figuren in den Häusern, betrachtet dann das Gesamtbild und erstellt daraus die Analyse. Diese einfachere Methode eignet sich besonders gut für nicht problemorientierte Analysen, also Fragen wie: «Wie wird das nächste Jahr?» oder «Wie sieht meine augenblickliche Situation aus?» etc. Bei sehr speziellen Fragen, die nur einen bestimmten Lebensbereich betreffen, ist die zweite Methode geeigneter.

2. Methode: Man stellt zunächst fest, welche Häuser für den Inhalt der Frage besonders entscheidend sind. Bei einer Liebesangelegenheit beispielsweise betrachtet man zunächst das 7. Haus und in zweiter Linie noch die Häuser 4 und 5. Dann werden die Zeichen in diesen drei Häusern interpretiert, und man schaut, wie diese drei Zeichen aspektiert sind (auf die Aspekte zwischen einzelnen Häusern bzw. Figuren werden wir noch zu sprechen kommen). Dabei kann man sich auf die problemrelevanten Aspekte beschränken oder das gesamte geomantische Bild nach und nach entschlüsseln. Die letztere Methode ist sehr kompliziert und erfordert gut ausgebildete kombinatorische Fähigkeiten, da alle Figuren in ihrer Beziehung zu anderen Figuren gedeutet werden müssen. Dieses komplexe Verfahren ermöglicht sehr detaillierte Aussagen, birgt aber auch die Gefahr, daß man die Dinge zu sehr kompliziert, so daß schließlich keine eindeutige, schlüssige Aussage mehr möglich ist. Um dies zu vermeiden, muß der Deuter fähig sein, wirklich wichtige Aspekte von unbedeutenden unterscheiden zu können, was eine jahrelange Praxis erfordert.

Die Aspekte

In der Geomantie arbeiten wir mit vier Aspekten (die Astrologie verwendet noch andere): Sextil, Quadrat, Trigon und Opposition.

Das Sextil

Ein Sextil-Aspekt besteht in beide Richtungen zwischen dem Ausgangshaus und dem übernächsten Haus. Die Sextil-Aspekte beim ersten Haus wären: 1. Haus – 3. Haus, 1. Haus – 11. Haus; beim zweiten Haus: 2. Haus – 4. Haus, 2. Haus – 12. Haus; beim dritten Haus: 3. Haus – 5. Haus, 3. Haus – 1. Haus. Man zählt also immer vorwärts und rückwärts bis zum übernächsten Haus.

Der Sextil-Aspekt gilt als leicht harmonisierend und ausgleichend, zwischen den beiden Häusern bzw. Figuren besteht Förderung und

Austausch. Der Sextil-Aspekt gilt im allgemeinen als positiv. Besteht dieser Aspekt aber zwischen zwei völlig gegensätzlichen oder unverträglichen Figuren, kann die Verbindung auch als weniger angenehm empfunden werden.

Das Quadrat

Ein Quadrat-Aspekt besteht in beide Richtungen zwischen dem Ausgangshaus und dem drittnächsten Haus, Sie zählen also vom Ausgangshaus drei Häuser weiter vor oder zurück. Die Quadrat-Aspekte vom ersten Haus wären: 1. Haus – 4. Haus und 1. Haus – 10. Haus; beim zweiten Haus: 2. Haus – 5. Haus und 2. Haus – 11. Haus; beim 3. Haus: 3. Haus – 6. Haus und 3. Haus – 12. Haus.

Der Quadrat-Aspekt gilt im allgemeinen als problematisch; es besteht eine Spannung zwischen den betroffenen Häusern bzw. Figuren. Wie sich diese Spannung bemerkbar macht, ist sehr unterschiedlich und abhängig von den Figuren, die in diesem Aspekt verbunden sind. Die Spannung kann als konstruktiv und belebend empfunden werden, aber auch als schwierig und belastend. In der Astrologie wird dieser Aspekt oft äußerst negativ beurteilt – meiner Meinung nach zu Unrecht. Eine Spannung kann sicher unangenehm sein, doch sie wirkt sich oft auch konstruktiv aus, da durch Spannungen kreatives Potential aktiviert werden kann.

Das Trigon

Ein Trigon-Aspekt besteht in beide Richtungen zwischen dem Ausgangshaus und dem viertnächsten Haus, man zählt also vom Ausgangshaus vier Häuser weiter vor oder zurück. Die Trigon-Aspekte beim ersten Haus wären: 1. Haus – 5. Haus und 1. Haus – 9. Haus; beim zweiten Haus: 2. Haus – 6. Haus und 2. Haus – 10. Haus; beim dritten Haus: 3. Haus – 7. Haus, 3. Haus – 11. Haus.

Der Trigon-Aspekt zeigt einen starken konstruktiven Austausch zwischen den betroffenen Häusern bzw. Figuren an. Im allgemeinen wird der Trigon-Aspekt als sehr angenehm empfunden; er kann sich aber, wenn er zwischen zwei unverträglichen Figuren besteht, auch problematisch auswirken.

Die Opposition

Der Oppositions-Aspekt besteht zwischen dem Ausgangshaus und dem gegenüberliegenden Haus. Beim 1. Haus wäre dies das 7. Haus, beim 2. Haus das 8. Haus, beim 3. Haus das 9. Haus etc.

Die Opposition gilt als sehr problematischer Aspekt. Zwischen den beiden betroffenen Häusern bzw. Zeichen kommt kein Austausch zustande; sie stehen gegeneinander. Wenn die beiden Zeichen miteinander harmonieren, wird die Spannung nicht unangenehm empfunden; handelt es sich jedoch um zwei unverträgliche Zeichen, gilt die Opposition als problematisch.

Fassen wir noch einmal zusammen: Jedes Haus bzw. Zeichen weist zwei Sextil-Aspekte, zwei Trigon-Aspekte, zwei Quadrat-Aspekte und eine Opposition auf. Bei Anwendung der 2. Deutungsmethode können diese sieben Aspekte eines jeden Hauses bzw. Zeichens berücksichtigt werden. Es bleibt allerdings dem Deuter überlassen, wie sehr er in die Tiefe gehen will. Es müssen nicht alle Aspekte einzeln durchgegangen werden, in den meisten Fällen reicht es aus, wenn der Deuter die für das Problem relevanten Aspekte berücksichtigt.

Die Planeten

Jedes der 12 Häuser wird von einem Planeten regiert. Die geomantische Figur steht also unter der Herrschaft jenes Planeten, der das Haus regiert, in dem sie steht.

Mars: Aktivität; Energie; Aggression; Sexualität (männl.); Triebleben; Durchsetzungskraft. Herrscher des 1. Hauses.

Venus: Schönheit; Vergnügen; Luxus; Fülle; Sexualität (weibl.); Harmonie; Kunst. Beherrscht das 2. und das 7. Haus: Im 2. Haus wirkt sie auf der materiellen Ebene, im 7. Haus regiert sie über Freundschaften, Liebesangelegenheiten und menschliche Kontakte allgemein.

Merkur: Intellekt; Denken; Verstand; Neugier; Handel; Geschäfte; kommerziell; Information. Beherrscht das 3. und das 6. Haus: Er wirkt im 3. Haus voller Bewegung und repräsentiert den schnellen, flexiblen Intellekt, im 6. Haus repräsentiert er den rationalen, ordnenden Verstand.

Mond: Gefühl; Intuition; Unbewußtes; passiv; wechselnd; Rhythmen; Wandel. Beherrscht das 4. Haus.

Sonne: Lebensenergie; Vitalität; Bewußtsein; aktiv; Kraft; Wärme; Leben. Beherrscht das 5. Haus.

Pluto: Verwandlungskraft; explosiv; «letzte Grenze – tiefste Tiefe»; Magie; Massenbewegungen. Beherrscht das 8. Haus.

Jupiter: Entfaltungskraft; Ausdehnung; Ideale; Philosophie; Fülle; Großzügigkeit; Luxus. Beherrscht das 9. Haus.

Saturn: Stabilität; Konzentration; Geduld; Zeit; Prüfungen; Opfer; Einsamkeit; Zurückhaltung; Askese; Wille. Beherrscht das 10. Haus.

Uranus: Erneuerungskraft; Plötzlichkeit; Veränderungen; das Neue; Umwälzungen. Beherrscht das 11. Haus.

Neptun: Phantasie; Intuition; Traum; Auflösung; Bilder; Vision. Beherrscht das 12. Haus.

Falls Sie mit der astrologischen Symbolik gar nicht vertraut sind, empfehle ich Ihnen, sich einige astrologische Grundkenntnisse anzueignen. Entsprechende Literaturhinweise finden Sie im Kapitel OBJEKTIVIERTE KOMBINATORISCHE ORAKEL unter dem Stichwort *Astrologie*.

Wir haben also zwölf Häuser, in welche die geomantischen Figuren eingetragen werden. Im Prinzip benötigt man zur Deutung nur zwölf geomantische Figuren, nämlich die vier Mütter, die vier Töchter und die vier Neffen, und nur wenn das geomantische Bild nicht eindeutig ist, konstruiert man noch die beiden Zeugen und den Richter. Die beiden Zeugen symbolisieren die Faktoren, die für und die gegen die Angelegenheit sprechen, während der Richter die günstigste Entscheidungsmöglichkeit darstellt. Manche Orakelnehmer berücksichtigen bei der geomantischen Deutung die ersten zwölf Figuren nicht, sondern werten nur die beiden Zeugen und den Richter.

Beispiel 1

Die Fragende ist 19 Jahre alt, wohnt bei ihren Eltern und hat gerade das Abitur gemacht. Ihre Berufsvorstellungen sind noch vage.

Bei der Orakelberatung stellt sie folgende Frage: *«Wie wird das nächste Jahr für mich? Welche Dinge werden mich besonders beschäftigen?»*

Es ergibt sich folgendes Orakelbild*:

* Die vorangegangene Berechnung betrifft dieses Beispiel. Hier wird aber nur mit 12 geomantischen Figuren gearbeitet. Die Berechnung der Zeugen und des Richters wurde nachträglich hinzugefügt, sie sind also hier in der Deutung nicht berücksichtigt.

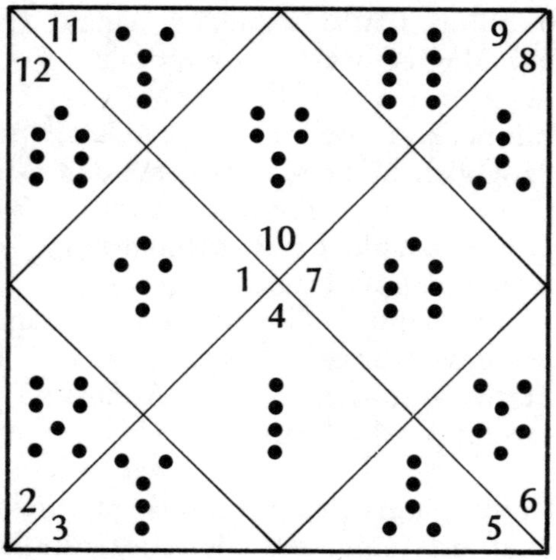

Abb. 41

Deutung

Wenn wir das Orakelbild in seiner Gesamtheit betrachten, sehen wir, daß das Hauptthema der Fragenden im nächsten Jahr die Eigenständigkeit und das Finden des eigenen Wegs sein wird. Im ersten Haus steht die Figur PUELLA, was darauf hindeutet, daß sie sich stark mit ihrer Weiblichkeit identifizieren wird. Man kann auch voraussetzen, daß ein Prozeß des Erwachsenwerdens eingeleitet wird, bestätigt in der Figur VIA im 4. Haus. Aus der Gesamtsituation der Fragenden können wir schließen, daß dieser Weg vom Elternhaus wegführen wird, wobei allerdings das Ziel noch nicht definiert wurde. Es handelt sich vielmehr um einen Zustand der Selbstfindung. Die Figur PUELLA kann auch in Verbindung mit der Figur LAETITIA im 7. Haus gesehen werden. Freundschaften und Partnerschaften werden für die Fragende im nächsten Jahr sehr wichtig sein. Die Figur LAETITIA weist aber auch darauf hin, daß es sich um keine sehr ernsten Partnerschaften handeln wird. Eine viel größere Rolle spielt dabei das Vergnügen, die ausgelassene Freude, das Kennenlernen neuer Menschen etc. Wir können also sagen, daß das Entdecken und Erproben der eigenen Persönlichkeit, insbesondere der eigenen Weiblichkeit, ein wichtiges Thema bilden.

Im 5. Haus steht jedoch die Figur CAUDA DRACONIS. Das 5. Haus steht für die Triebe, die Sexualität, für Vitalität, Selbstbewußtsein etc.

Die Figur CAUDA DRACONIS zeigt nun an, daß die Fragende sich in diesem Lebensbereich in Äußerlichkeiten verlieren wird. Dies könnte z.B. darauf hinweisen, daß ihr Selbstwertgefühl im Moment noch nicht besonders ausgeprägt ist und daß sie in Zukunft verstärkt Selbstbestätigung im Außen suchen wird, was sicher bei der Wahl ihrer Partner eine nicht unbedeutende Rolle spielen wird. Wir hatten gesagt, daß die Fragende im nächsten Jahr in einen Prozeß der Selbstfindung eintreten wird, das bedeutet auch, daß sie sich von ihrem alten Selbstbild lösen muß. Da wir die Figur CAUDA DRACONIS noch einmal im 8. Haus finden, können wir davon ausgehen, daß diese Entwicklung der Fragenden nicht leichtfallen wird. Sie muß sich von ihrer Vergangenheit, von ihrer Unselbständigkeit lösen und zu einem erwachsenen Menschen werden. Im Zuge dieses Entwicklungsprozesses besteht jedoch die Gefahr der Selbsttäuschung aufgrund einer nur oberflächlichen Auseinandersetzung mit dem alten, überkommenen Selbstbild. Dies ist besonders problematisch, da im 12. Haus noch einmal die Figur LAETITIA steht. Die Fragende wird also einerseits versuchen, sich von der Auseinandersetzung mit ihrer eigenen Persönlichkeit und ihrer Problematik zu drücken und statt dessen versuchen, im Außen und besonders in Beziehungen Selbstbestätigung zu finden. Sie wird sich durch Spiel und Spaß ablenken und somit durch ihren Übermut eine Entwicklung ihrer Persönlichkeit verunmöglichen. Dem versucht die Figur CAUDA DRACONIS im 5. und im 8. Haus entgegenzuwirken, wodurch eine starke Spannung entsteht, die wahrscheinlich oft recht schmerzhaft empfunden wird.

Betrachten wir nun einmal die berufliche und die materielle Ebene. Im 10. Haus steht die Figur FORTUNA MAJOR. Dies weist darauf hin, daß die Fragende im gewählten Beruf sehr erfolgreich sein wird. Man kann davon ausgehen, daß sie beruflich anerkannt sein und gute Aufstiegsmöglichkeiten haben wird. Die Figur ALBUS im 2. Haus weist auf eine ausgewogene finanzielle Lage hin. Die Fragende wird zwar keine großen Reichtümer anhäufen, aber sie wird sich keine Sorgen um ihre finanzielle Situation machen müssen. Hinzu kommt, daß sie offensichtlich die Fähigkeit besitzt, vernünftig mit Geld umzugehen. Problematisch ist hier allein die Figur AMISSIO im 6. Haus. Sie weist darauf hin, daß die Fragende Schwierigkeiten haben wird, Ordnung in ihr Leben zu bringen. Da sie ihr Privatleben stark beschäftigen wird, ist es möglich, daß sie nur mit Mühe ihre Arbeit zufriedenstellend erledigen kann, sich zeitweise verausgabt oder daß es auch zu Auseinandersetzungen mit Kollegen kommt.

Im weiteren wird die Fragende auch versuchen, ihren geistigen bzw. spirituellen Weg zu finden, wie die Figur CAPUT DRACONIS im 3. und im 11. Haus anzeigt. Im 3. Haus weist CAPUT DRACONIS auf ein eher oberflächliches Interesse an spirituellen Dingen hin, da sie aber im 11. Haus noch einmal wiederkehrt, kann man davon ausgehen, daß es nicht nur bei der reinen Neugier bleibt, sondern daß spirituelle Konzepte ein wichtiger Bestandteil im Leben der Fragenden werden. Dabei spielt auch die Figur POPULUS im 9. Haus eine Rolle, die darauf hindeutet, daß sich die Fragende mit spirituellen oder weltanschaulichen Bewegungen auseinandersetzt und sich möglicherweise einer Gruppe oder einer Organisation Gleichgesinnter anschließt.

Zusammenfassend könnte man folgendes sagen: Die Entwicklung im beruflichen Bereich wird im nächsten Jahr weitgehend positiv verlaufen. Die Fragende sollte allerdings immer im Auge behalten, daß sie bei einer Überbetonung ihrer privaten Interessen (trotz FORTUNA MAJOR im 10. Haus) in Schwierigkeiten geraten kann. Die Entwicklung im privaten Bereich kann problematisch werden, wenn die Fragende nicht lernt, ihren Übermut zu zügeln. Im Vordergrund steht die Festigung der Persönlichkeit, und diese Entwicklung sollte nicht dadurch behindert werden, daß die Fragende sich ständig ablenkt, sich mit Dingen beschäftigt, die sie nicht wirklich interessieren. Die Fragende kann sich keinesfalls vor dem Prozeß der Selbsterkenntnis drücken. Wenn sie jedoch diese Aufgabe freiwillig angeht und auch die spirituellen Möglichkeiten nutzt, die ihr zur Verfügung stehen, kann die gegebene Spannung weitgehend schmerzfrei erlebt werden. Dabei darf nicht vergessen werden, daß der Aspekt der Vergangenheitsbewältigung und die Loslösung vom Elternhaus sehr wichtig sind.

Beispiel 2

Der Fragende ist 38 Jahre alt. Vor zwei Monaten hat er seine feste Anstellung aufgegeben und ist nun als freier Journalist tätig.

Er stellt folgende Frage: «*Wie wird sich meine berufliche Situation entwickeln?*»

Es ergeben sich folgende Figuren:

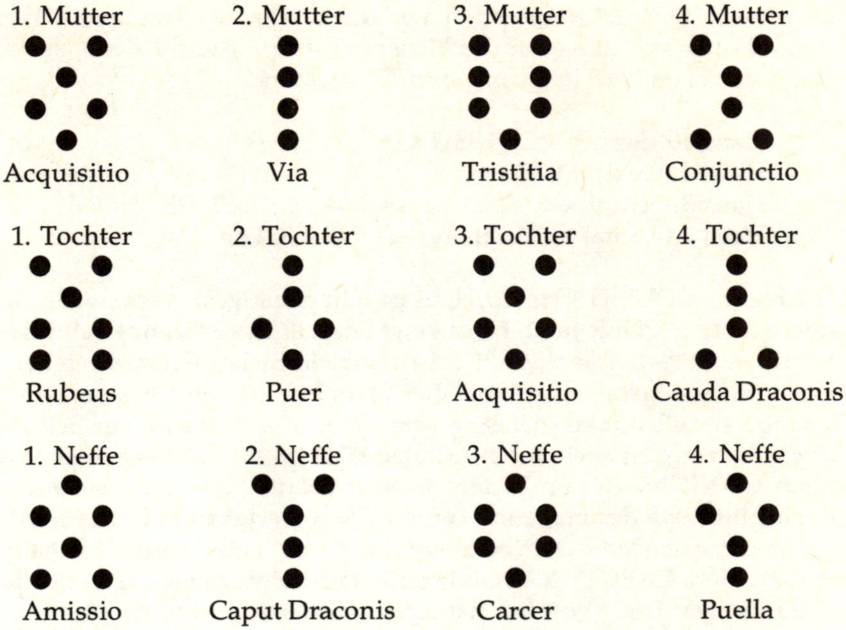

Abb. 42

Das geomantische Deutungsbild

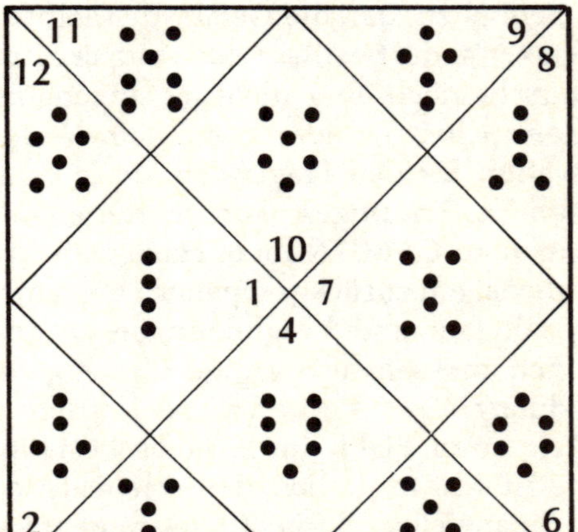

Abb. 43

In diesem Beispiel verwenden wir die 2. Deutungsmethode. Wir müssen uns also zunächst die Häuser ansehen, die für den Gegenstand der Frage von Relevanz sind. Das wären:

Haus 10 (Beruf): ACQUISITIO
Haus 2 (Geld): PUER
Haus 3 (Schreiben, Ausdrucksweise): CAPUT DRACONIS
Haus 7 (Kontakte, Publicity): CONJUNCTIO

Die Figur ACQUISITIO im 10. Haus ist sehr günstig; sie verheißt Erfolg und Aufstieg. PUER im 2. Haus zeigt an, daß der Fragende sehr viel Energie und Aktivität einsetzt, um finanzielle Sicherheit zu erreichen. Wir können davon ausgehen, daß er dabei erfolgreich sein wird, solange er Selbstüberschätzung vermeidet. Die Tendenz zur Selbstüberschätzung ist auch durch ACQUISITIO im 10. Haus gegeben. Die Figur CONJUNCTIO im 7. Haus ist sehr positiv zu werten. Sie weist darauf hin, daß der Fragende keinerlei Schwierigkeiten haben wird, Kontakte zu den Menschen herzustellen, die für seine beruflichen Pläne wichtig sind. CAPUT DRACONIS im 3. Haus zeigt an, daß der Fragende den richtigen Beruf gewählt hat und erfolgreich sein wird.

Nun müssen wir auch die Aspekte dieser vier Zeichen beachten. Es müssen also bei jedem Zeichen sieben Aspekte berücksichtigt werden. Von diesen sieben Aspekten sind jedoch einige für die Deutung wichtiger als andere. Betrachten wir zunächst das 10. Haus. Auffällig ist hier, daß beide Sextil-Verbindungen problematisch sind. Die Sextile zu AMISSIO im 12. Haus und zu CAUDA DRACONIS im 8. Haus lassen den Schluß zu, daß die Gefahr der Selbstüberschätzung vermieden werden kann; die Sextilaspekte sind also durchaus förderlich, werden wahrscheinlich aber nicht als angenehm empfunden. Die Angst vor dem Scheitern oder vor einem Verlust bildet eine zusätzliche Motivation für den Fragenden, derer er auch dringend bedarf. Die Trigon-Verbindungen sind in diesem Fall ein wenig neutraler. Das Trigon zu CARCER im 6. Haus weist darauf hin, daß der Fragende möglichst ein zurückgezogenes Leben führen und seine privaten Angelegenheiten und Vergnügungen zurückstellen sollte. Im privaten Bereich müssen also einige Opfer gebracht werden, damit genügend Energie für die berufliche Karriere bleibt, wie es auch von dem Trigon zu PUER im 2. Haus bestätigt wird. Diese Trigonverbindung ist sehr förderlich, denn sie weist darauf hin, daß beruflicher und finanzieller Ehrgeiz zusammenfallen und zum gewünschten Erfolg führen. Wie die Opposition zu TRISTITIA im 4. Haus anzeigt, wird dies allerdings auch einige familiäre Probleme mit sich bringen. Der Fragende wird sich aus den genannten Gründen kaum noch um seine Familie kümmern können, was zu unangenehmen Spannungen führen kann. Wenig problematisch sind hier allerdings die Quadrat-Verbindungen zu VIA im 1. Haus und zu CONJUNCTIO im 7. Haus. Der Fragende wird seine instabile Lage gelegentlich als unangenehm empfinden, da von ihm ständige Aufmerksamkeit und geistige Wachheit gefordert wird, doch im allgemeinen sind beide Verbindungen unproblematisch.

Betrachten wir nun die Aspekte der Figur PUER im 2. Haus. Zunächst wären da die Sextile zu AMISSIO im 12. Haus und TRISTITIA im 4. Haus. Beim ersteren Aspekt erkennen wir deutliche Parallelen zur Sextilverbindung ACQUISITIO im 10. Haus und AMISSIO im 12. Haus. Man kann also sagen, daß die Angst vor dem finanziellen Verlust den Fragenden stärker motivieren wird. Wenn dem Fragenden dieser Druck auch manchmal lästig sein wird, im Hinblick auf das Ziel ist er doch als positiv zu werten. Das Sextil zu TRISTITIA im 4. Haus wird sich aller Wahrscheinlichkeit nach hier kaum bemerkbar machen. Die Trigon-Verbindung zwischen PUER im 2. Haus und ACQUISITIO im 10. Haus haben wir bereits im vorangegangenen Abschnitt behandelt. Es bleibt also noch das Trigon zu CARCER im 6. Haus. Aus dieser Konstellation können wir schließen, daß das zurückgezogene Leben und der Verzicht auf Vergnügungen auch für die finanzielle Lage des Fragenden von Vorteil sein wird. Das Quadrat zu ACQUISITIO im 5. Haus könnte allerdings als recht problematisch empfunden werden. ACQUISITIO im 5. Haus weist darauf hin, daß es sich beim Fragenden um einen sehr vitalen Menschen handelt, der es aber nicht gewöhnt ist, seine gesamte Energie für eine Angelegenheit, für ein Ziel einzusetzen. Zudem ist er relativ abhängig von äußerer Anerkennung, die er offensichtlich im Übermaß bekommen wird, was zu Selbstüberschätzung und Übermut führen kann. In diesem Falle würde sich dann der negative Aspekt der Figur ACQUISITIO realisieren und der Figur PUER im 2. Haus entgegenwirken. Sehr problematisch ist das Quadrat zu RUBEUS im 11. Haus. Es weist darauf hin, daß der Fragende Gefahr läuft, sich mit eventuellen Gönnern zu verfeinden. Durch ein auf Durchsetzung bedachtes Verhalten kann es zu Streitigkeiten mit Menschen kommen, die den Fragenden eigentlich unterstützen wollen. Ferner besteht beim Fragenden die Tendenz, gewalttätige bzw. revolutionäre Ideen zu entwickeln und wahrscheinlich auch zu verbreiten. Dies ist, wie wir später noch sehen werden, in manchen Punkten durchaus günstig. Was allerdings den finanziellen Aspekt und die Einkommenssicherung angeht, ist diese Konstellation weniger günstig. Die Opposition zu CAUDA DRACONIS im 8. Haus ist diesbezüglich eher positiv zu werten, auch wenn sie vom Fragenden als schmerzhaft empfunden werden kann – weil dem Fragenden durch CAUDA DRACONIS im 8. Haus immer wieder der «Kopf zurechtgesetzt» wird.

Kommen wir nun zu den Aspekten der Figur CAPUT DRACONIS im 3. Haus. Hier werden wir nun sehen, daß einige der erwähnten Verhaltensregeln die journalistische Arbeit des Fragenden behindern können. Wir hatten z.B. festgestellt, daß es für die finanzielle Seite günstiger ist, wenn der Fragende ein zurückgezogenes Leben führt. Das Quadrat zu CARCER im 6. Haus weist jedoch darauf hin, daß die journalistische Fähigkeit möglicherweise darunter leiden kann. Das könnte z.B. bedeuten, daß der Einfallsreichtum nachläßt, während sich der Arbeitswille und die Arbeitskraft immer mehr vergrößert. Der Fragende besitzt aber Ausweichmöglichkeiten. Er wird einige Anregungen aus beruflichen Kontakten, von Kollegen etc. bekommen, was durch das Trigon zu CONJUNCTIO im 7. Haus angezeigt wird. Ferner sind da noch die revolutionären Ideen und der zynische Stil (Trigon zu RUBEUS im 11. Haus), wodurch derartige Schwächen ausgeglichen werden können. Das Quadrat zu AMISSIO im 12. Haus ist hier schon wesentlich problematischer, da es anzeigt, daß der Fragende unter dem Druck, der Angst vor finanziellen Verlusten, Schwierigkeiten mit dem Schreiben hat. Hilfreich sind in diesem Fall die Sextile zu ACQUISITIO im 5. Haus und VIA im 1. Haus. Die Anerkennung und Bestätigung von außen kann über Phasen der Angst und des Drucks hinweghelfen, und das bewegte, flexible Ich-Bewußtsein des Fragenden wird das Seine dazu beitragen. Wenig bedeutsam ist in diesem Fall die Opposition zur Figur PUELLA im 9. Haus.

Kommen wir nun zu den Aspekten der Figur CONJUNCTIO im 7. Haus. Das Quadrat zu ACQUISITIO im 10. Haus haben wir schon im ersten Abschnitt behandelt und das Trigon zu CAPUT DRACONIS im 3. Haus im vorausgegangenen Abschnitt. Das Trigon zu RUBEUS im 11. Haus kann hier positiv gewertet werden. Im Bereich der beruflichen Kontakte wird das durchsetzungsbewußte und kämpferische Verhalten des Fragenden offenbar geschätzt. Das Sextil zu ACQUISITIO im 5. Haus und das zu PUELLA im 9. Haus kann als leicht positiv gewertet werden; beide sind jedoch nicht von besonderer Bedeutung. Das Quadrat zu TRISTITIA im 4. Haus wird sich wahrscheinlich nicht sehr stark auswirken, kann aber manchmal zu unterschwelligen Spannungen führen, die allerdings weniger im Fragenden selbst entstehen, sondern von außen an ihn herangetragen werden. Da es für seinen Beruf wichtig ist, daß er möglichst viele berufliche Kontakte pflegt, wird er das Familienleben vernachlässigen müssen, was von den Familienangehörigen nicht immer positiv aufgenommen werden wird. Die Opposition zu VIA im 1. Haus weist darauf hin, daß der Fragende Gefahr läuft, sich zu verzetteln und zu viele Projekte (Wege) gleichzeitig zu verfolgen. Er sollte also möglichst daran arbeiten, seine Entscheidungsunlust zu überwinden.

Durch die Analyse dieser vier Figuren und ihrer Aspekte haben wir nun ein ziemlich genaues Bild erhalten. Natürlich kann man die Deutung noch vertiefen, indem man auch noch die anderen acht Figuren und ihre Aspekte analysiert. Allerdings muß man dabei immer bedenken, daß ein Zuviel an Information die Deutung verwässert. In dieser Deutung haben wir alle Faktoren zusammengetragen, die direkt oder auch indirekt mit der beruflichen Situation des Fragenden zusammenhängen. Weitere Informationen werden zur Beantwortung der Frage nicht benötigt; sie würden den Deuter nur unnötig verwirren.

DAS KAURI-ORAKEL

Das in Afrika recht verbreitete Kauri-Orakel ist hierzulande kaum bekannt. Von einer Bekannten, deren ethnologische Studien sich besonders auf «tabuisierte Psychotherapien und Psychomanipulationen», wie sie es nennt, konzentrieren, wurde ich auf dieses Orakel aufmerksam gemacht. Frau Wagner erlernte das Kauriwerfen in Ostafrika, indem sie mit einem Afrikaner «Wissen tauschte», d.h. ihm als Gegenleistung für das Kauri-Orakel das Handlesen beibrachte. Die Grundregeln des Kauri-Orakels legte Frau Wagner in einem Aufsatz nieder, der vom Verein «Freunde der Völkerkunde» veröffentlicht wurde.[8] Das hier verarbeitete Material bezieht sich im wesentlichen auf den erwähnten Aufsatz und auf Informationen aus persönlichen Gesprächen mit Frau Wagner.

Da das Kauri-Orakel einem fremden Kulturraum entstammt, hören sich manche traditionellen Deutungen für den Europäer recht abenteuerlich an. In einer Beispieldeutung von Frau Wagner heißt es: «Dort, wo man war, ließ man zwei ungute Leute zurück und unternimmt eine Reise. Unterwegs trifft man wieder zwei Leute, die falsch sind oder von etwas abraten. Angekommen, trifft man auf einen Gutgesinnten, eine Kalebasse Milch wird geopfert und ein Feind geht.»[9] An diesem Beispiel können wir sehen, daß die traditionellen Deutungen des Kauri-Orakels für unseren Gebrauch abgewandelt werden müssen. Ich muß leider zugeben, daß mein Versuch, passende Entsprechungen für alle Grundformen zu finden, gescheitert ist. Manche Konstellationen ließen sich problemlos übertragen, andere mußten jedoch ausgelassen oder völlig umgedeutet werden. Die nun folgende Version des Kauri-Orakels ist also keinesfalls authentisch afrikanisch. Dies ist deshalb wichtig zu wissen, weil Kaurimuscheln auch als Verständigungshilfe Verwendung finden, indem bestimmte Situationen mit Kaurimuscheln gelegt werden. Man stellt also sein Anliegen, seine Fragen bzw. Antworten symbolisch durch Kaurimuscheln dar, die in der entsprechenden Form ausgelegt werden. So gibt es festgelegte Symbole für Brunnen, Geld, vierbeiniges Tier, Dorf, Heirat, Freund, Feind, Reise etc. Afrikareisende sollten also nicht die hier dargestellte Version der Kauri-Symbolik als Verständigungsmittel benutzen, sondern sich an die Ausführungen von Johanna Wagner halten.

Das Kauri-Orakel unterscheidet sich insofern von den anderen kombinatorischen Orakeln, daß es keine feststehenden Symbolträger und Legeplätze gibt. Zwar gibt es bestimmte feststehende Grundformen, aber kein fixiertes Regelgerüst. So wird dem Deuter wesentlich mehr Spielraum bei der Interpretation gelassen, was für einen sehr intuitiven Menschen von großem Vorteil sein kann. Einem sehr stark rational veranlagten Deuter würde ich diese Methode allerdings nicht empfehlen, da es hier nicht nur auf das kombinatorische Können, sondern auch auf die bildliche Vorstellungskraft ankommt.

Die Kaurimuscheln

Für Orakelzwecke werden in der Regel zwölf, manchmal auch sechzehn Kaurimuscheln verwendet. Sie sollten möglichst gleich groß sein, und auch die Öffnungen auf der Rückseite sollten von gleicher Größe sein.

Allgemein spielt bei der Deutung eine wichtige Rolle, ob die Muschel mit der geschlossenen Seite  oben liegt oder mit der offenen Seite . Ebenfalls wichtig ist, ob sie mit der Spitze oder der Rundung zum Fragenden liegt:

(F) (F)

Nachdem die Frage gestellt wurde, werden die Muscheln auf eine ebene Fläche geworfen.

Grundlagen

1. Seite

a) Wenn die offene Seite der Muschel oben liegt, steht sie für: weiblich, gut, angenehm, offen, ehrlich, Bejahung, feucht.

b) Wenn die geschlossene Seite der Muschel oben liegt, steht sie für: männlich, unangenehm, verschlossen, ärgerlich, Verneinung, trocken, ungewiß, schwankend.

2. Richtung

a) Die Spitze der Muschel zeigt zum Fragenden: etwas kommt auf den Fragenden oder die Angelegenheit zu.

b) Die Rundung der Muschel zeigt zum Fragenden: etwas entfernt sich vom Fragenden oder von der Angelegenheit.

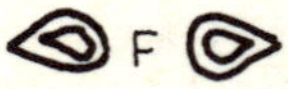

c) Die Spitze der Muschel zeigt 90° seitlich vom Fragenden weg: Der Ratsuchende ist von der Sache nicht betroffen, oder die Angelegenheit geht ihn nichts an.

3. Entfernung

a) Liegen die Muscheln nahe zusammen, weist dies auf räumliche oder zeitliche Nähe hin.

b) Liegen die Muscheln weiter voneinander entfernt, deutet dies auf räumliche oder zeitliche Entfernung hin.

Grundstellungen

I. Beziehungen zwischen Menschen

Die Anzahl der Muscheln symbolisiert die Anzahl der beteiligten Menschen. Die Lage und die Seite (offen oder geschlossen) sagt etwas über die Art der Beziehung aus.

I.1. Begegnung zwischen zwei Menschen

a) Die beiden sind einer Meinung. Sie verstehen sich. Die Begegnung ist positiv. Sie verhalten sich freundlich und sind offen zueinander.

b) Die beiden sind verschiedener Meinung. Sie verstehen einander nicht. Die Begegnung verläuft negativ. Beide sind nicht aufrichtig, haben etwas zu verbergen oder sind einfach von verschlossener Art.

c) Einer ist offen, freundlich, aufrichtig, und der andere ist verschlossen, unfreundlich oder unaufrichtig.

Die Spitzen der Muscheln symbolisieren hier die Vorderseite des Menschen. Zwei Muscheln liegen Spitze zu Spitze = zwei Gesichter zueinandergekehrt. Die Seite (offen oder geschlossen) beschreibt das Verhalten der Menschen (oder ihren Charakter).

d) Heftige Auseinandersetzung zwischen zwei Menschen; Streit; einer von beiden ist stärker und dominiert den anderen.

e) Beide sind verschiedener Meinung; der unaufrichtige «schlechte» Mensch hat die besseren Argumente und siegt über den freundlichen «guten» Menschen.

f) Beide sind einer Meinung, aber der eine ist stärker, klüger oder einfallsreicher.

Wenn die Spitze einer Muschel über der Spitze einer anderen liegt, dominiert derjenige, der durch die obenliegende Muschel symbolisiert wird.

I.2. Liebe und Ehe

a) Zwei junge Menschen heiraten.

b) Wiederverheiratung.

c) Sexuelle Beziehung ohne Ehe.

Bei den Grundstellungen, die auf eine Liebesbeziehung oder Ehe hinweisen, sind die Rundungen der Muscheln einander zugekehrt.

d) Wenn die Muscheln gegeneinander verschoben liegen, weist dies darauf hin, daß die Ehe sehr problematisch wird.

e) Berühren sich die Muscheln oder liegt die Rundung der einen auf der Rundung der anderen, weist dies auf eine sehr starke, intensive Liebesbeziehung hin, auf die ganz große Liebe.

f) Liegen die Muscheln weit voneinander entfernt, weist dies darauf hin, daß die Heirat nicht bald stattfinden wird. Es kann aber auch anzeigen, daß die beiden jungen Partner im Moment an weit voneinander entfernten Orten leben.

Die Position «Rundung zu Rundung» weist auf eine Liebesbeziehung oder Ehe hin. Der Abstand zwischen den Muscheln oder eine eventuelle Verschiebung gibt nähere Informationen über den Verlauf der Heirat oder Liebesbeziehung. Die Seiten der Muscheln (offen oder geschlossen) zeigen an, ob es sich um eine junge Ehe, eine Wiederverheiratung oder um eine Beziehung ohne Ehe handelt. So ist also z.B. auch Position I.2.d. mit zwei geschlossenen oder einer offenen und einer geschlossenen Muschel denkbar. Bei zwei geschlossenen Muscheln bedeutete es eine junge Ehe, in der sich die Partner nicht verstehen, bei einer offenen und einer geschlossenen Muschel eine unbefriedigende Liebesbeziehung.

 g) Unglückliche Ehe im Hinblick auf die Frau.

 h) Unglückliche Ehe im Hinblick auf den Mann.

Die oben liegende Muschel zeigt an, für welchen der beiden Partner die Beziehung schlecht verläuft. Liegt eine geschlossene Muschel oben, dominiert das männliche Prinzip, die Frau wird in irgendeiner Form vom Mann unterdrückt. Liegt eine offene Muschel oben, dominiert das weibliche Prinzip, d.h. der Mann wird von der Frau unterdrückt. Im Gegensatz zur Figur I.2.d., die nur aussagt, daß die Ehe nicht harmonisch verläuft, geben diese beiden Figuren einen differenzierteren Hinweis.

II. Reise, Weg, Kommen und Gehen

1) Man geht weg oder tritt eine Reise an, die gut verläuft.

2) Man verreist und trifft am Ziel einen angenehmen Menschen.

3) Man verreist und trifft am Ziel einen unangenehmen Menschen.

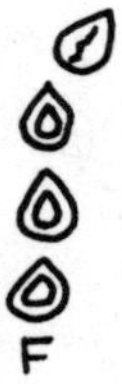

4) Die Reise beginnt gut, endet aber schlecht.

5) Man macht sich verärgert oder traurig auf den Weg, doch die Reise endet gut, und man ist wieder besserer Stimmung.

6) Man geht auf die Reise. Unterwegs trifft man auf einen Gleichgesinnten, der einen bis zum Ziel begleitet. Die Reise verläuft gut.

Eine Reise, ein Weg, wird durch mehrere Muscheln (mindestens drei) gebildet, die in einer geraden oder auch geschwungenen Linie hintereinanderliegen. Bewegt sich diese Linie vom Fragenden weg, unternimmt er eine Reise. Bewegt sich die Linie auf ihn zu, bekommt er Besuch von weit her.

7) Ein guter, angenehmer Mensch kommt.

8) Ein schlechtgesinnter, unangenehmer Mensch kommt.

Die oben liegende Seite der Muschel (offen oder geschlossen) entscheidet über den Verlauf der Reise, den Charakter des Menschen, der geht oder kommt oder den man trifft.

9) Glück kommt auf den Fragenden zu.

10) Unglück (oder Geld) kommt auf den Fragenden zu.

Geld gilt als «trocken» und wird durch geschlossene Muscheln symbolisiert.

11) Großes Glück kommt.

12) Großes Unglück (oder viel Geld) kommt.

Ob es sich um Unglück oder Geld handelt, ergibt sich aus dem Gesamtbild. Viele geschlossene Muscheln lassen auf Unglück, viele geöffnete auf Geld schließen.

13) Das Glück geht vom Fragenden weg. Oder der Fragende gibt einem anderen etwas, was ihn glücklich macht.

14) Das Unglück geht vom Fragenden weg. Oder der Fragende gibt einem anderen etwas «Trockenes» (z. B. Geld).

Diese Figur kann den Verlust von Geld oder auch «Geld ausgeben» bedeuten.

15) Ungewißheit kommt auf den Fragenden zu.

16) Ungewißheit geht vom Fragenden weg.

Die oben liegende Seite der Muschel (offen oder geschlossen) entscheidet darüber, was zum Fragenden kommt oder von ihm geht.

III. Besondere Persönlichkeitsmerkmale

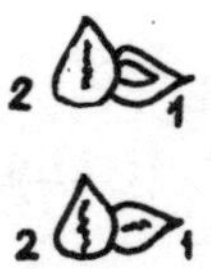

1. Eine Respektsperson, eine Autorität wird durch zwei Muscheln symbolisiert, von denen die eine normal auf der Unterlage liegt und die andere auf die Rundung der ersten gestützt ist. Die untere Muschel (1) entscheidet, ob die zu respektierende Person gutgesinnt (a) oder schlechtgesinnt (b) ist. Welche Seite der aufgestützten Muschel nach oben zeigt, ist nicht von Bedeutung.

2. Jemand, der keine Macht hat, aber sich so verhält, als wäre er in einer Machtposition. Dabei kann es sich um einen Angeber handeln, dessen Ideen schlecht oder nicht realisierbar sind (a), oder um einen Menschen, der seine an sich guten Ideen lautstark vertritt, aber nicht die Macht besitzt, sie durchsetzen zu können (b). Zu welchem Typus die Person gehört, entscheidet die unten liegende Muschel. Die Seite der oben liegenden Muschel ist bedeutungslos.

3. Die Person ist unsicher, wechselt oft ihre Meinung und ist sehr leicht zu beeinflussen.

4. Die Person ist sehr selbstsicher, weiß ihren Standpunkt zu vertreten und ist manchmal recht dickköpfig.

5. Ein Mensch, der die Kunst der Magie beherrscht; ein Heiler oder Arzt (Muschel 1 steckt in Muschel 2).

6. Ein weiser Mensch; ein Wissender. (Muschel 1 steht aufrecht auf der Rundung und lehnt sich an die flach liegende Muschel 2. Wenn Muschel 1 nicht ganz aufrecht steht, muß diese Position als III.3. oder III.4. gedeutet werden.

7. Ein erfolgreicher Mensch, der es versteht sich durchzusetzen und eine hohe Stellung innehat.

8. Ein Mensch, dem ein langes, erfülltes Leben beschieden ist (beide Muscheln offen).

9. Ein Mensch mit einem kurzen, wenig ereignisreichen Leben (beide Muscheln geschlossen).

10. Ein zögernder Mensch mit einem wechselhaften Schicksal (eine Muschel offen, die andere geschlossen).

IV. Geburt, Krankheit und Tod

1. Schwangerschaft mit einem Jungen; Geburt eines Jungen.

2. Schwangerschaft mit einem Mädchen; Geburt eines Mädchens.

Die Muscheln liegen aufeinander, und die Spitzen weisen in die gleiche Richtung.

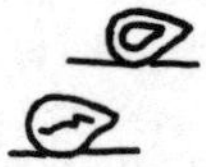

3. Krankheit (die Muschel liegt mit der Schmalseite auf der Unterlage).

4. Tod einer Frau.

5. Tod eines Mannes.

Die Muscheln 1 und 2 müssen mit den Spitzen zueinander liegen; welche Seite oben liegt, ist bedeutungslos. Über das Geschlecht entscheidet Muschel 3.

Deutungshinweise

Nachdem die Kaurimuscheln geworfen worden sind, sollte sich der Deuter zunächst darauf konzentrieren, einzelne Muschelgruppen zu bestimmen, die zusammen ein Symbol ergeben. Ein Beispiel:

Wir wissen vom Fragenden nur, daß es um das Thema «Heirat» geht. Nähere Einzelheiten sind uns nicht bekannt. Die Muscheln werden geworfen. Es ergibt sich folgendes Bild:

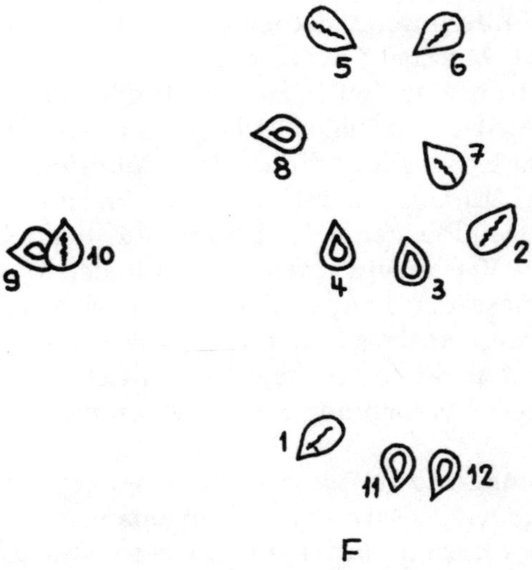

Abb. 44

Dieses Bild setzt sich aus vier Grundstellungen zusammen. Die erste Form wird durch die Muscheln 1 und 2 gebildet. Sie zeigt uns, daß da zwei junge Leute sind, die heiraten wollen. Sie wohnen entweder weit auseinander, oder die Heirat wird nicht bald stattfinden (weil die Muscheln weit auseinander liegen). Daneben sehen wir sechs Muscheln, die zusammen eine Gruppe bilden. Die Muscheln 3, 4, 5, 6 und 7 liegen mit den Spitzen nach innen; sie symbolisieren Menschen, die über die Angelegenheit sprechen. Zwei Leute sind offenbar für die Heirat (offene Muscheln 3 und 4), und drei sind dagegen (geschlossene Muscheln 5,6 und 7). Einer, der der Heirat offensichtlich positiv gegenübersteht, verläßt die diskutierende Gruppe (offene Muschel 8). Links sehen wir zwei Muscheln, die zusammen das Symbol für eine gutgesinnte Autorität ergeben (Muscheln 9 und 10). Ganz unten im Bild sehen wir ein Glückszeichen; das Glück kommt auf den Fragenden zu.

Wir wissen nun, daß der Fragende heiraten will. Da Muschel 1 näher beim Fragenden liegt, wollen wir sie als sein Symbol annehmen. Demnach würde Muschel 2 das Mädchen symbolisieren. Da die diskutierende Gruppe näher an Muschel 2 liegt, kann man vermuten, daß es sich um die Familie des Mädchens handelt, die dieser Heirat mit gemischten Gefühlen gegenübersteht. Daraus können wir wiederum schließen, daß die Unstimmigkeiten in der Familie die Heirat verzögern. Die Entfernung zwischen Muschel 1 und 2 scheint, vom Gesamtbild her betrachtet, also eher eine Verzögerung der Heirat als eine räumliche Entfernung zwischen den Partnern anzuzeigen. Die Person, die durch Muschel 8 symbolisiert wird, verläßt die Gruppe. Die Muschel weist mit der Spitze auf die Muscheln 9 und 10, die eine gutgesinnte Autorität darstellen. Es liegt also der Schluß nahe, daß ein Familienmitglied des Mädchens diese Autorität aufsuchen und sie um Rat fragen wird. Es scheint sich dabei um eine der Angelegenheit neutral gegenüberstehende Person zu handeln, denn die Muschelgruppe 9/10 ist in etwa gleich weit von den Muscheln 1 und 2 entfernt. Das Glückszeichen (gebildet aus den Muscheln 11 und 12), das mit der Spitze zum Fragenden zeigt, läßt darauf schließen, daß die Angelegenheit im Sinne des Fragenden entschieden wird und die Heirat nach einiger Verzögerung zustande kommen wird.

Das folgende Orakelbild ist wesentlich schwieriger zu deuten, da die Muscheln im Gegensatz zum vorangegangenen Beispiel sehr nahe beieinander liegen und man einzelne Konstellationen nur schwer ausmachen kann. Dieses Orakel bezieht sich auf Geldangelegenheiten. Der Ratsuchende möchte wissen, wie sich seine finanzielle und berufliche Situation entwickeln wird. Es ergibt sich folgendes Bild:

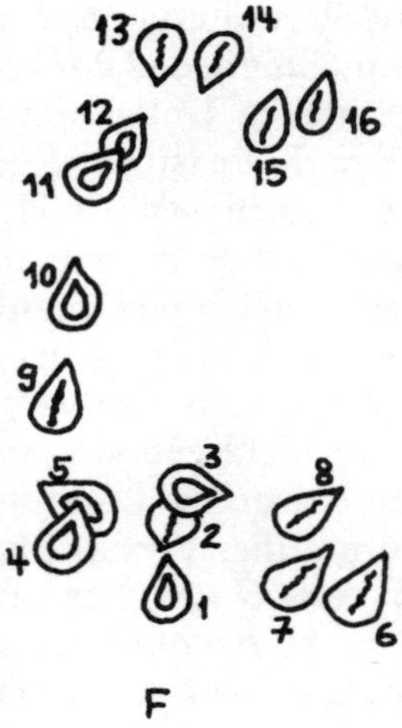

Abb. 45

Muschel 1 symbolisiert den Fragenden. Die Muscheln 2 und 3 symbolisieren einen Höhergestellten. Der Fragende spricht mit dem Höhergestellten, der ihm aber nicht wohlgesinnt ist. Der Höhergestellte könnte in diesem Fall der Firmenchef sein, den der Fragende um eine Gehaltserhöhung bittet, die aber nicht bewilligt wird. (Es muß sich nicht unbedingt um eine Gehaltserhöhung handeln: Das Orakel sagt nur, daß der Fragende zum Höhergestellten geht und von ihm abgewiesen wird; da sich die Frage um die berufliche bzw. finanzielle Situation dreht, ist es naheliegend, daß es sich bei der Autoritätsperson um einen Vorgesetzten des Fragenden handelt. Es könnte aber auch ein Bankdirektor sein, der dem Fragenden einen Kredit verweigert.) Daraufhin reagiert der Fragende dickköpfig (4 und 5) und geht weg (9 und 10). Dabei geht etwas «Trockenes» (z.B. Geld oder sonstiger fester Besitz wie beispielsweise ein Haus) vom Fragenden weg (6, 7 und 8). Wenn wir die erste Deutungsmöglichkeit weiterverfolgen, weist dies darauf hin, daß der Fragende seine Stellung kündigt und dabei Geld oder Besitz in großem Ausmaß verliert (drei Muscheln). Verfolgen wir die zweite Möglichkeit, können wir sagen, daß der Kredit oder die gewünschte Unterstützung nicht bewilligt wird. Der Fragende verlegt sich nicht länger auf freundliche Bitten und geht weg. Dabei verliert er Geld oder muß irgendwelchen Besitz veräußern, um Schulden zu tilgen. Am Anfang ist er sehr verärgert (Muschel 9 geschlossen), doch dann bessert sich seine Laune. Er wird schließlich Erfolg haben (11 und 12). Geld (12 und 13) kommt auf ihn zu und geht aber auch wieder weg (15 und 16).

Das Gesamtbild legt die Vermutung nahe, daß das zentrale Thema das Geld ist. Man kann annehmen, daß der Fragende einen Höhergestellten erfolglos um finanzielle Unterstützung bittet und größere Verluste in Kauf nehmen muß. Er ist sehr verärgert aufgrund seiner problematischen Situation, doch schließlich hat er Glück, und es gelingt ihm, das benötigte Geld aufzutreiben. Das Geld wird jedoch nicht angesammelt, sondern gleich wieder ausgegeben.

Die reale Situation war folgende: Der Fragende hatte sich bei einer geschäftlichen Unternehmung finanziell verpflichtet. Er ging davon aus, daß ihm sein Vater das Geld geben würde. Als er seinen Vater jedoch darum bat, lehnte dieser ab. Daraufhin veräußerte der Fragende all seinen Besitz, um seiner Verpflichtung nachzukommen. Er war sehr verärgert und verließ das Elternhaus. Die geschäftliche Entwicklung verlief positiv. Durch einen Todesfall in der entfernten Verwandtschaft erbte er eine gewisse Summe, die er in die Firma investierte.

6. Kapitel

OBJEKTIVIERTE KOMBINATORISCHE ORAKEL

Die objektivierten kombinatorischen Orakel gehen im Unterschied zu den kombinatorischen Orakeln von einer objektiven Grundlage aus. Das Orakelbild entsteht bei den kombinatorischen Orakeltechniken scheinbar «zufällig»: Es werden Orakelsteine geworfen, Karten gezogen etc. Der Fragende bzw. Deuter weiß also vorher nicht, wie das Orakelbild aussehen wird. Bei den objektivierten kombinatorischen Orakeln hingegen geht man von einer berechenbaren oder meßbaren Grundlage aus; die Deutung erfolgt aber nach dem gleichen Prinzip wie bei den kombinatorischen Orakeln. Das Ergebnis der Deutung basiert also auf der subjektiven Einschätzung des Deuters.

Beide Systeme, sowohl die Astrologie als auch das Handlinienlesen (Chiromantie), sind außerordentlich komplex und erfordern vom Deuter nicht nur kombinatorische Begabung, sondern auch ein hohes Maß an psychologischem Wissen und Menschenkenntnis. Die Stärke beider Methoden liegt eher in der Charakteranalyse als in der Prognose, was nicht heißen soll, daß man mittels Astrologie oder Chiromantie keine Trendanalysen erstellen kann. Das Verfahren der Astrologie ist jedoch sehr aufwendig, da die zeitlich richtige Terminierung eines Trends mit viel Rechenarbeit verbunden ist. In der Chiromantie ist man generell vorsichtig mit Prognosen, und die Aussagen werden meist allgemein gehalten. Eine konkrete Ereignisvorhersage wird von guten Astrologen und Chiromanten in der Regel vermieden – außer sie sind sehr intuitiv bzw. seherisch veranlagt. Beide Methoden eignen sich jedoch vorzüglich, um die individuellen Kräfteverhältnisse im Menschen aufzuzeigen: Die Anlagen und Fähigkeiten des Fragenden, seine Persönlichkeitsstruktur und seine Verhaltensmuster können deutlich herausgearbeitet werden. Insofern können sowohl Astrologie als auch Chiromantie dem Ratsuchenden oft mehr Lebenshilfe bieten als die Psychologie bzw. Psychoanalyse. Was in einer Gesprächstherapie beispielsweise oft erst nach vielen mühevollen Sitzungen ans Tageslicht gebracht wird, erkennt ein geübter und lebenserfahrener Astrologe oder Chiromant auf den ersten Blick. Wenn Sie sich also stärker für die Charakteranalyse als für die Ereignisprognose interessieren, sind Sie mit beiden Methoden gut beraten.

ASTROLOGIE

Auch wenn man die Anfänge der Astrologie nicht bis zu ihrem Ursprung zurückverfolgen kann, so weiß man doch heute, daß die Himmelsbeobachtung in allen frühen Hochkulturen eine wichtige Rolle spielte. Sie wurde in der Regel von Priestern ausgeübt, die aufgrund der Gestirnbewegungen die günstigsten Termine für Aussaat und Ernte bestimmten, vor Dürreperioden und Überschwemmungen warnten und oft auch das Herrscherhaus berieten.

Die uns heute geläufige Form der Astrologie geht auf die sumerisch-babylonischen Kulturen Mesopotamiens (3.-2. Jahrtausend v. Chr.) zurück. Von dort aus verbreitete sie sich weiter nach Indien, China, Persien und Griechenland. Griechische Philosophen beschäftigten sich mit dem astrologischen Weltbild und verfeinerten es. In der Heilkunde wurde das Horoskop des Patienten vielfach als Grundlage für die Diagnose und Therapie herangezogen.

In der Zeit des Hellenismus erlebte die Astrologie ihre eigentliche Blüte. Es wurden zahlreiche Astrologenschulen eingerichtet. Claudius Ptolemäus, ein Meister der berühmten alexandrinischen Schule, schuf sein Hauptwerk, die *Megale syntaxis,* in dem das geozentrische («ptolemäische») Weltbild begründet wird, wie auch das wichtige astrologische Werk *Tetrabiblos.* In seinem System der astrologischen Zuordnungen beruft sich Ptolemäus ausschließlich auf die beobachtbaren Eigenschaften der Planeten, wie Bahngeschwindigkeit, Farbe, Helligkeit etc., und läßt die den antiken Göttern, nach denen die Planeten benannt wurden, zugeschriebenen Wesenseigenarten außer acht. Ptolemäus, der ja nicht nur Astrologe, sondern auch Mathematiker, Geograph und Astronom war – also ein Naturwissenschaftler –, betrachtete die Wirkung der Gestirnstände nicht als zwingenden Determinismus. Damit stand seine Auffassung im Gegensatz zu jener der syrischen und persischen Astrologen, die die These vertraten, daß alles Geschehen unausweichlich vorherbestimmt sei.

Die Astrologie erhielt sich über die Jahrhunderte, und selbst die Ablösung des geozentrischen Weltbildes durch das heliozentrische konnte ihr nichts anhaben. Aufgrund ihres scheinbar naturwissenschaftlichen Charakters war die Astrologie auch gegen die Übergriffe der Kirche weitgehend geschützt. Ein Niedergang setzte erst mit der rationalistischen Aufklärung im 18. Jahrhundert ein. Naturwissenschaftliche Erkenntnisse ließen später auch die sogenannte «Einfluß-Theorie», die von vielen Astrologen vertreten wurde, unhaltbar erscheinen. Die Einfluß-Theorie fußt auf der Anschauung, daß die Gestirne eine direkte Wirkung auf den Menschen ausüben und daß somit das Schicksal des Menschen unmittelbar vom jeweiligen Gestirnstand abhängt. Die moderne Astrologie arbeitet mit der «Entsprechungs-Theorie»; man geht davon aus, daß es eine harmonikale Entsprechung zwischen den Geschehnissen im Mikrokosmos und denen im Makrokosmos gibt. Nach dieser Auffassung wird das Geschehen auf der Erde durch den Gestirnstand bzw. die Gestirnbewegung widergespiegelt. Wenn wir also einen Gestirnstand für die Zukunft berechnen, gehen wir davon aus, daß das zukünftige Geschehen im Mikrokosmos zu diesem in synchronistischer bzw. analoger Beziehung steht. Allerdings können wir durch die Astrologie nicht mit Gewißheit vorhersagen, auf welcher Ebene die Synchronizität im Mikrokosmos realisiert wird. Ein Mars/Saturn-Quadrat kann sich bei einem davon betroffenen Menschen beispielsweise dadurch auswirken, daß er unter extremen inneren Spannungen leidet. Es kann aber auch zu einem schweren Unfall kommen. Eine konkrete Ereignisprognose ist also mit den Mitteln der Astrologie kaum möglich. Aufgabe des Astrologen ist es, den Klienten auf Trends und Aktionsrichtungen hinzuweisen, damit er sein Handeln günstig auf die zukünftige Zeitqualität abstimmen kann.

Das Horoskop

Das Geburts- oder Radixhoroskop ist die schematische Darstellung des Standes von Mond, Sonne und Planeten zum Zeitpunkt der Geburt eines Menschen, vom Geburtsort aus betrachtet. Diese Gestirnkonstellation trägt man in das Tierkreisschema ein. Der Tierkreis ist in 360° eingeteilt und symbolisiert die Ekliptik, die scheinbare Jahresbahn der Sonne, die in Wirklichkeit der Erdbahn um die Sonne entspricht. Der Sonnenweg ist in zwölf Abschnitte unterteilt, die Tierkreiszeichen oder Sonnenzeichen genannt werden. Jeder dieser Abschnitte mißt 30°. Diese Einteilung ist willkürlich, denn sie stimmt nicht mit den Sternbildern des Fixsternhimmels überein, die

Die Häuser-Einteilung

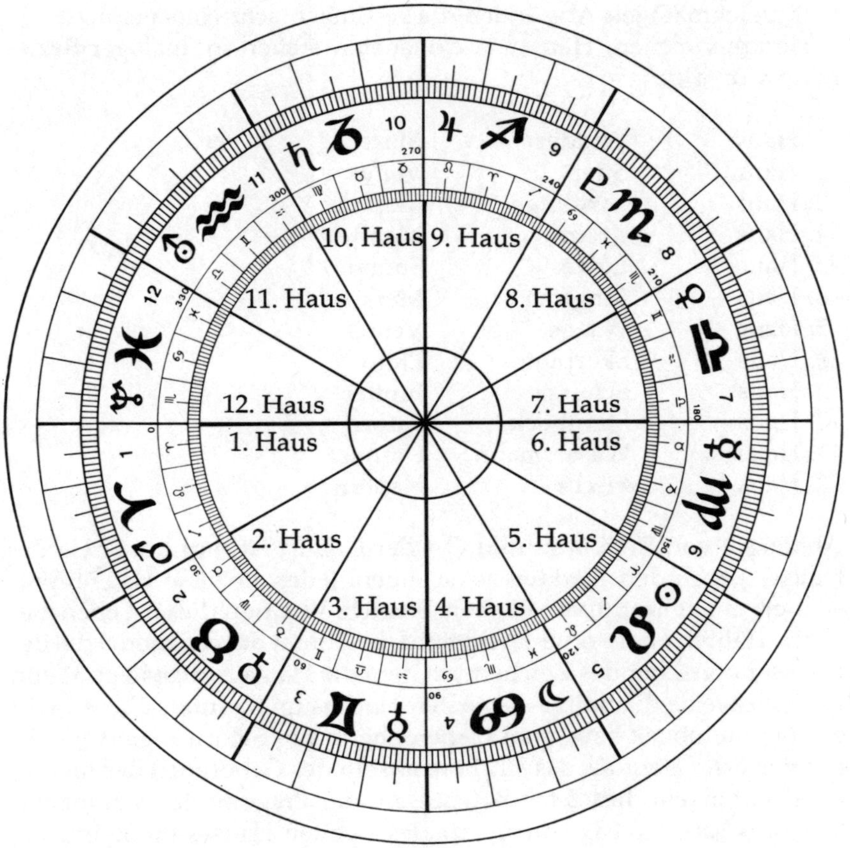

Abb. 46

verschieden groß sind. Der Abschnitt, in dem sich die Sonne zum Zeitpunkt der Geburt befindet, bestimmt das Sonnenzeichen der Geburt.

Die zwölf Häuser stellen den 24stündigen Tageszyklus dar (die einmalige Umdrehung der Erde um ihre eigene Achse). Das erste Haus des jeweiligen Horoskops beginnt an dem Punkt der Ekliptik, der zur Zeit der Geburt, vom Geburtsort aus betrachtet, am Osthorizont aufgeht. Dieser Punkt wird Aufgangspunkt oder *Aszendent* genannt. Ihm gegenüber liegt der *Deszendent,* der Punkt, der im selben Moment am Westhorizont untergeht. Er ist die Spitze, also der Anfang des siebten Hauses. Der Kulminationspunkt der Ekliptik, genannt *Medium Coeli,* bildet die Spitze des zehnten Hauses. Der unter dem Horizont gelegene Gegenpunkt, genannt *Imum Coeli*, bildet die Spitze des vierten Hauses. Zwischen diesen vier Eckhausspitzen liegen in ungefähr gleichmäßigen Abständen die restlichen acht Häuserspitzen.

Tierkreiszeichen, Häuser und Planeten stehen in analoger Beziehung wie folgt:

1. Haus	Widder	Mars
2. Haus	Stier	Venus
3. Haus	Zwillinge	Merkur
4. Haus	Krebs	Mond
5. Haus	Löwe	Sonne
6. Haus	Jungfrau	Merkur
7. Haus	Waage	Venus
8. Haus	Skorpion	Pluto
9. Haus	Schütze	Jupiter
10. Haus	Steinbock	Saturn
11. Haus	Wassermann	Uranus
12. Haus	Fische	Neptun

Abhängig von Zeitpunkt und Ort der Geburt ist nun der Kreis der Häuser gegen den Tierkreis verschoben. Jedes einzelne Haus repräsentiert einen bestimmten Lebensbereich. Wie nun dieser Lebensbereich erfahren oder verwirklicht wird, bestimmt das Zeichen bzw. der Planetenherrscher des Zeichens, in dem die Häuserspitze liegt. Wenn beispielsweise die Spitze des ersten Hauses im Steinbock liegt, wird es vom Steinbock bzw. vom Planetenherrscher Saturn regiert. Wenn wir das erste Haus als das Ich-Bewußtsein des Geborenen definieren, dann untersteht dieses Ich-Bewußtsein der Prägung des Steinbocks, bzw. des Saturns. Läge die Spitze des zweiten Hauses im Steinbock, unterstünden die materiellen Angelegenheiten (2. Haus = Geld, Besitz, Materie) des Geborenen der Herrschaft des Steinbocks bzw. Saturns.

In den feststehenden Tierkreis haben wir den Häuserkreis entsprechend eingetragen. Jetzt werden die Planeten eingezeichnet. Die Planeten repräsentieren die verschiedenen Persönlichkeitsaspekte des Geborenen. Das Tierkreiszeichen, in dem der Planet steht, bestimmt, wie dieser Persönlichkeitsaspekt geprägt ist. Das Haus, in dem der Planet steht, zeigt wiederum an, in welchem Lebensbereich dieser Persönlichkeitsaspekt realisiert wird. Hinzu kommen noch die Winkelbeziehungen (genannt «Aspekte») der einzelnen Planeten zueinander, die die Dynamik der Persönlichkeitsstruktur des Geborenen beschreiben. Die Aspektierung zeigt also an, wie die einzelnen Bereiche der Persönlichkeit des Geborenen zueinander stehen, ob sie sich ergänzen, vertragen oder bekriegen.

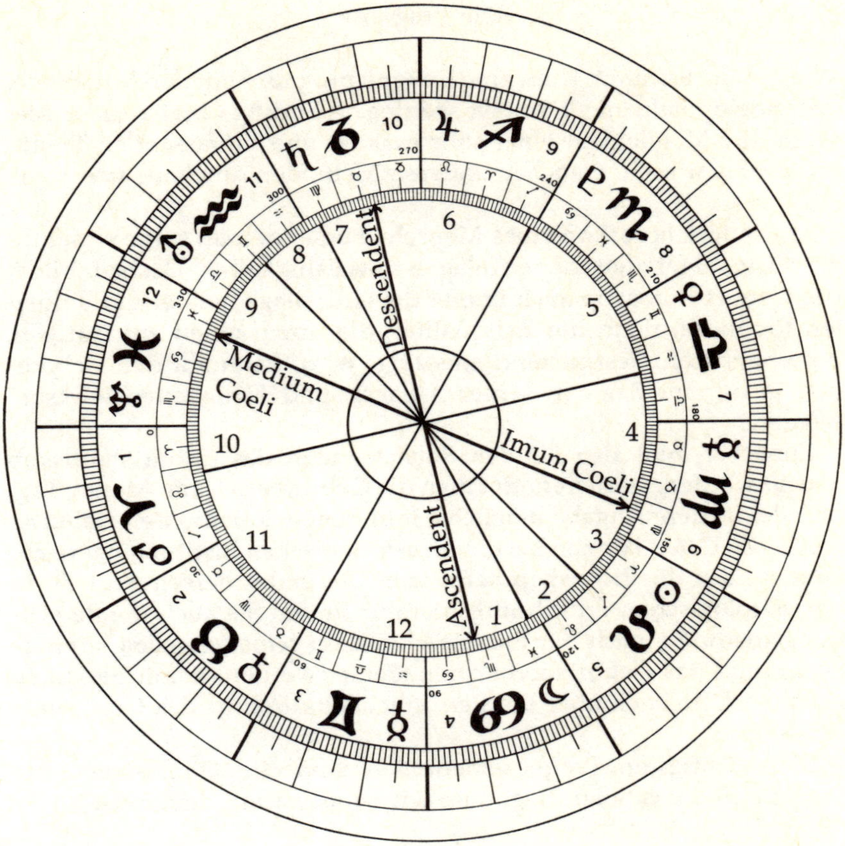

Abb. 47

Beispiel

Häuser-Stellung bei einer Geburt am 15.8.1949 um 00h30m GMT; geographische Position: 55°33′ N/08°34′E

Abhängig vom Geburtsort kann die Größe der einzelnen Häuser stark differieren. Je nachdem, welches Häusersystem angewandt wird, können sich die Spitzen der Häuser um mehrere Grade verschieben. In diesem Beispiel wurde mit Placidus Häuser-Tabellen gearbeitet.

Daraus kann man schon ersehen, daß die Astrologie eine Wissenschaft darstellt, die großes kombinatorisches Geschick erfordert. Ein derart komplexes System kann natürlich nicht auf wenigen Seiten abgehandelt werden. Der interessierte Leser sei deshalb auf die kommentierte Literaturliste am Ende des Kapitels verwiesen.

Die Prognose

Wie bereits erwähnt, kann eine Ereignisprognose mit den Mitteln der Astrologie allein nicht erstellt werden. Allerdings bietet diese Methode die Möglichkeit einer sehr exakten und umfassenden Trendanalyse, worin sie manchen anderen Methoden durchaus überlegen ist.

Im Geburtshoroskop eines Menschen erkennt man seine wesentlichen Charakterzüge, seine Anlagen und Fähigkeiten. Deshalb bildet das Geburtshoroskop auch immer die Grundlage bei der individuellen Prognose, denn die Zeitqualität, die durch einen zukünftigen, berechenbaren Gestirnstand angezeigt wird, kann auf den Geborenen ja nur im Rahmen seiner Anlagen und Fähigkeiten wirksam werden.

Zunächst muß also für den Ratsuchenden das Geburtshoroskop erstellt werden. Dazu benötigt man die Geburtszeit (Jahr, Monat, Tag, Stunde, letztere Angabe möglichst minutengenau) und den Geburtsort. Diese Daten können bei einem astrologischen Institut eingereicht werden, das das Horoskop dann vom Computer berechnen läßt. In der astrologischen Einführungsliteratur finden Sie auch die Berechnungsmethode, nach der Sie das Horoskop selbst erstellen können. Dann muß das Geburtshoroskop gedeutet werden, damit Sie einen genauen Überblick über die Persönlichkeitsstruktur des Geborenen erhalten.

Die wichtigsten Prognosemethoden sind die Direktionen, die Transite und das Solar. Beginnen wir zunächst mit dem Solar.

1. Das Solar-Horoskop

Im Solar-Horoskop ist die Gestirnkonstellation aufgezeichnet, die jeweils zu dem Zeitpunkt herrscht, an dem die Sonne, nach Ablauf eines Lebensjahres, wieder an ihrem Standort im Geburtshoroskop steht. Wenn also die Sonne im Geburtshoroskop bei 23°17′ Jungfrau steht, errechnet man das Solar-Horoskop für den Zeitpunkt, an dem die Sonne wieder 23°17′ Jungfrau erreicht. Ein Solar-Horoskop gilt jeweils für ein Jahr. Es wird auf die gleiche Weise wie das Geburtshoroskop gedeutet und zu diesem in Beziehung gesetzt.

2. Die Transite

Unter Transiten versteht man die Übergänge der laufenden Planeten über die Orte der Planeten und deren Aspekte sowie die Eckhausspitzen des Geburtshoroskops. Wenn man also beispielsweise eine wichtige Verabredung hat, entnimmt man den Ephemeriden den Gestirnstand des entsprechenden Tages und vergleicht diesen mit seinem Geburtshoroskop. Wenn ein transitierender Planet über einen der Planeten im Geburtshoroskop läuft, wirkt er wie ein Auslöser, d.h., die angesprochene Konstellation im Geburtshoroskop wird auf eine bestimmte Art und Weise (gemäß dem Wesen des transitierenden Planeten) aktualisiert bzw. realisiert. Daraus lassen sich Rückschlüsse ziehen, wie man sich bei dieser Verabredung verhalten soll, worauf man achten soll, was man vermeiden soll, in welcher Verfassung oder Stimmung man sich an diesem Tag befinden wird etc.

Allerdings muß hinzugefügt werden, daß die Prognose durch Transite relativ unsicher ist, da viele Menschen nicht auf Transite «ansprechen». Manche reagieren nur auf besonders starke Transite, wie beispielsweise eine Saturn-Wiederkehr (transitierender Saturn in Konjunktion mit Saturn im Geburtshoroskop). Es kommt auch oft vor, daß Transite nur im Zusammenhang mit Direktionen und Progressionen wirksam werden. Man sollte sich also bei der astrologischen Prognose niemals allein auf Transite verlassen.

3. Die Direktionen

Die Direktionen stellen die wichtigste Prognosemethode dar. Man unterscheidet Primär-, Sekundär- und Tertiärdirektionen. Die Primärdirektionen, die auf der Umdrehung der Erde um die eigene Achse beruhen, können nur dann zur Prognose herangezogen werden, wenn das Geburtshoroskop vollkommen exakt ist. Eine Verschiebung von vier Minuten bei der Geburtszeit führt zu einem Unterschied von einem Jahr bezüglich der Realisierung der Prognose.

In den meisten Fällen wird mit den Sekundärdirektionen gearbeitet, die auf der Drehung der Erde um die Sonne beruhen. Es werden die Anzahl Tage nach der Geburt der Anzahl Lebensjahre gleichgesetzt, d.h., man nimmt beispielsweise die Gestirnstände 10 Tage nach der Geburt und setzt diese in Beziehung zum Geburtshoroskop, wenn man etwas über die Entwicklung des Geborenen in seinem 10. Lebensjahr erfahren möchte. Bei den Primärdirektionen beträgt der Umrechnungsschlüssel in der Regel 4 Minuten. Das Konstellationsbild 40 Minuten nach der Geburt gibt also Hinweise auf das 10. Lebensjahr, und das Bild 1 Stunde und 20 Minuten nach der Geburt entspricht dem 20. Lebensjahr. Bei der Tertiärdirektion wird der Mondlauf als Direktionsschlüssel verwendet. Dabei gibt es zwei verschiedene Systeme: Im einen System ist ein Mondumlauf gleich ein Tag, im anderen System entspricht ein Mondumlauf einem Jahr.

Anhand der Direktionen läßt sich der Lebensweg des Geborenen in groben Zügen ablesen. Hier ist es unter Umständen sinnvoll, Transite zur Beurteilung der Situation hinzuzuziehen. Wird beispielsweise eine von Direktionen angezeigte Tendenz zu einer einschneidenden Veränderung im Leben des Geborenen durch entsprechende Transite bestätigt, kann man eine auch in der Zeitbestimmung relativ exakte Prognose wagen. In diesem Fall zeigen die Direktionen die Grundtendenz auf, und die Transite geben den genaueren Zeitpunkt der Auslösung der Veränderung an.

Es muß nicht besonders betont werden, daß die Astrologie wohl eine der kompliziertesten und aufwendigsten Orakelmethoden darstellt und deshalb ein gründliches Studium erfordert. Hinzu kommt, daß die Erstellung einer zuverlässigen Prognose immer mit einer erheblichen Rechenarbeit verbunden ist. Die Beschäftigung mit der Astrologie lohnt also nur, wenn man ein wirklich tiefergehendes Interesse mitbringt und sich langfristig engagiert; als schnelle Lebenshilfe für den Anfänger ist sie denkbar ungeeignet. Dem wirklich Interessierten bietet sie aber ein besonders umfassendes und ausgefeiltes Bezugssystem, das eher einer Weltanschauung gleicht und über die schlichte Zukunftsvorhersage weit hinausreicht. Ich sehe die Stärke der Astrologie besonders in den Möglichkeiten, die sie für die Charakteranalyse bietet. Zudem weist diese Methode auch ausgeprägt rational veranlagten Menschen ausgezeichnete Zugangsmöglichkeiten auf.

Astrologie-Literatur

Frances Sakoian/Louis S. Acker, *Das große Lehrbuch der Astrologie*, Droemersche Verlagsanstalt Th. Knaur, München/Zürich, 1979, 551 S.

Eine brauchbare Einführung für den Anfänger. Der Tierkreis, die Planeten und die Häuser werden gründlich behandelt. Besonders ausführlich wird auf die Aspekte eingegangen. Allerdings ist dieses Lehrbuch eher ein Deutungsbuch. Die einzelnen Konstellationen werden mechanisch durchgegangen und regen den Leser nicht unbedingt zum eigenen Nachdenken an. Eine gute Hilfe, an der man aber keinesfalls hängenbleiben sollte.

*

Richtig leben nach den Sternen. Astrologie und Horoskopie für jedermann, Pamir Verlag, Erlenbach/München, 1979, 700 S.

Auch dieses Werk ist nicht besonders tiefschürfend. In forsch-modernem Ton wird dem Leser die «Astrologie als Lebenshilfe» ans Herz gelegt. Daß sich hinter oberflächlichen Aussagen oft doch recht interessante Hinweise für den Anfänger finden, wird von Astrologen der klassischen Schule natürlich gern geleugnet. Um einen ersten Überblick zu gewinnen, ist dieses Buch durchaus empfehlenswert.

*

H. Freiherr von Klöckler, *Kursus der Astrologie Band 1 (Lehrbuch der astrologischen Technik für Anfänger und Fortgeschrittene), Band 2 (Grundlagen für die astrologische Deutung) und Band 3 (Solarhoroskop, Transite und aktuelle Konstellationen für die astrologische Prognose), Hermann Bauer Verlag,* Freiburg i.Br., 1974, 1981, 1978

Ein ausgezeichneter Lehrgang der klassischen Astrologie. Der Leser sollte jedoch bereits über astrologisches Grundlagenwissen verfügen.

*

Heinrich Kündig, *Das Horoskop* und *Astrologische Prognose,* Ansata-Verlag, Schwarzenburg, 1977 und 1976

Eine sehr gute Einführung in die astrologische Deutung und Prognose. Diese beiden Werke möchte ich auch jenen Lesern empfehlen, die keinerlei astronomisches Vorwissen mitbringen, denn Kündig beschreibt die Himmelsmechanik auf recht anschauliche Art.

*

Thomas Ring, *Astrologische Menschenkunde. Band 1 (Kräfte und Kräftebeziehungen), Band 2 (Ausdruck und Richtung der Kräfte), Band 3 (Kombinationslehre) und Band 4 (Das lebende Modell),* Hermann Bauer Verlag, Freiburg i.Br., 1981, 1969, 1969, 1973

Der wohl wichtigste Lehrgang der klassischen Astrologie, der in keiner astrologischen Bibliothek fehlen sollte. Eine Warnung an den bequemen Leser: Ring macht es dem Anfänger keinesfalls leicht. So wird das Lesen dieser vier Bände nicht gerade ein Vergnügen sein, sondern harte Arbeit. Das Durchhalten lohnt sich jedoch für alle, die eine klassische astrologische Ausbildung anstreben.

*

Stephen Arroyo, *Astrologie, Psychologie und die vier Elemente* und *Astrologie, Karma und Transformation,* Heinrich Hugendubel Verlag, München 1982 und 1980

Hier haben wir es mit zwei modernen astrologischen Werken zu tun. Arroyo vertritt einen psychologisch-spirituellen Ansatz: die Astrologie als Weg zur Selbstfindung und zur kreativen Wandlung. Der Leser sollte über Grundlagen der Horoskopdeutung informiert sein und Horoskope erstellen können, denn auf technische Details wird in beiden Büchern nicht eingegangen.

*

Wolfgang Döbereiner, *Astrologisches Lehr- und Übungsbuch. Münchner Rhythmenlehre.* (4 Bände), i. Selbstverlag, München, 1978, 1981, 1982, 1984

Es handelt sich hierbei um protokollarische Aufzeichnungen von Döbereiners astrologischen Kursen. Da seine Terminologie ungewöhnlich und keine eigentliche Struktur gegeben ist, können diese Bücher nicht für Anfänger empfohlen werden. Fortgeschrittene lernen die Astrologie jedoch von einer ganz neuen Seite kennen. Döbereiner arbeitet stark mit intuitiven Mitteln, weshalb seine Gedankensprünge für das rationale Verständnis nicht immer nachvollziehbar sind. Insgesamt ein faszinierender Einblick in die Astrologie.

*

Liz Green, *Kosmos und Seele. Wege zur Partnerschaft. Ein astro-psychologischer Ratgeber,* Wolfgang Krüger Verlag, Frankfurt a.M., 1978

Eigentlich wurde in diesem Werk die Tiefenpsychologie und nicht die Astrologie als Grundlage gewählt. Leider gibt der deutsche Titel das Anliegen der Autorin nicht so treffend wieder wie der originale «Relating – An Astrological Guide to Living with Others on a Small Planet». Wer eine gründliche Einführung in die Horoskopie und die astrologische Prognose sucht, ist mit diesem Buch sicherlich nicht gut beraten, doch wer sich stärker für den Bereich der Charakteranalyse interessiert, sollte es sich auf jeden Fall zulegen.

Hilfsmittel für die Horoskopberechnung

Grimm/Hoffmann/Ebertin, *Die geographischen Positionen Europas,* Ebertin Verlag, Freiburg i.Br., 1979

*

Neil F. Michelsen, *The American Book of Tables,* Astro Computing Services, San Diego, 1979

Häuser-System nach Placidus.

*

Neil F. Michelsen, *The American Ephemeris for the 20th Century 1900 to 2000 at Midnight,* Astro Computing Services, 1980

CHIROMANTIE
(Handlinienlesen)

Die Chiromantie beruht auf der Auffassung, daß in der Hand eines Menschen seine Persönlichkeitsstruktur und sein Lebensweg widergespiegelt werden. Die individuelle Form und Zeichnung einer Hand, die vom Chiromanten gedeutet wird, entspricht also in etwa dem Horoskop in der Astrologie. Bei beiden Methoden ist die Deutungsgrundlage objektivierbar; der Gestirnstand wird berechnet, und die Hand kann vermessen werden. Die Auswertung erfolgt jedoch nach subjektiver Einschätzung des Deuters.

Bei der Beurteilung einer Hand konzentriert sich der Chiromant zunächst auf allgemeine Merkmale, wie Sauberkeit der Hand, Wärme, Feuchtigkeit, Festigkeit, Behaarung, Färbung und Transparenz der Haut, Gepflegtheit etc. In diesen Bereich gehört auch die Betrachtung der Handbewegungen. Es können dem Ratsuchenden bestimmte Gesten vorgeschlagen werden, die er ausführen soll, z.B. die Hand auf den Tisch legen, auf einen Gegenstand deuten, die Hand zur Faust ballen oder beide Hände in den Schoß legen.

Der nächste Schritt besteht in der Beurteilung der Außenhand. Dabei wird auf folgende Merkmale geachtet: Form der Hand (oval, eckig, konisch, gemischt), Verhältnis von Handrumpf und Fingern, Form des Handrumpfes (spatelförmig, eckig, konisch), Form der Finger (spatelförmig, eckig, konisch), Lagerung des Knöchelraums, Länge der einzelnen Finger und ihr Verhältnis zueinander, eventuelle Krümmungen der Finger sowie Fingerknoten oder Zwischenräume zwischen den Fingern.

Erst nach diesen beiden Schritten wendet sich der Chiromant der Beurteilung der Innenhand zu und betrachtet die Berge, Linien und Zeichen.

Zur allgemeinen Beurteilung

Die *Färbung* der Hand gibt Hinweise auf das Temperament des Ratsuchenden: Die weiße Hand wird dem Phlegmatiker zugeordnet (Element Wasser), die rosige oder rote dem Sanguiniker (Element Feuer), die bläuliche dem Nervösen (Element Luft) und die gelbliche oder schwärzliche dem Galligen (Element Erde). Die *Handwärme* und die *Feuchtigkeit* werden mit der Affektivität des Menschen in Verbindung gebracht: Die kühle, trockene Hand weist auf geringe Affektivität hin, die kühle, feuchte Hand meist auf gehemmte oder gebremste Affektivität; die warme, trockene Hand zeigt einen vitalen, lebensfreudigen Typus an, der ausgeglichen und selbstbeherrscht ist, während die warme, feuchte Hand auf den vitalen, unausgeglichenen und oft unbeherrschten Typus hinweist. Allerdings unterliegen die Kriterien Wärme und Feuchtigkeit stark den momentanen äußeren Einflüssen und müssen entsprechend vorsichtig gewertet werden.

Die *Festigkeit* der Hand gibt Hinweise auf die Kampfkraft des Ratsuchenden. Die harte, feste Hand weist auf einen kraftvollen, mutigen Menschen hin und die weiche, schlaffe Hand auf einen eher schwachen, abwartenden oder auch resignierten Menschen.

Eine Hand mit starker *Behaarung* zeigt den vitalen, eher materiell orientierten Typus an, während die schwach behaarte Hand auf den eher geistig orientierten Typus hinweist.

Zur Beurteilung der Außenhand

Der Chiromant unterscheidet drei verschiedene *Handformen:* die ovale, die eckige und die konische Hand. Handformen, die sich nicht in eine dieser Kategorien einordnen lassen, werden als gemischte Hand bezeichnet; hier müssen die Elemente einzeln betrachtet und individuell miteinander kombiniert werden. Die *konische Hand* charakterisiert jene Menschen, die der seelisch-geistigen Lebensart zugewandt sind; bei mangelndem inneren Halt des Menschen zeigt sie die Neigung an, sich im Transzendenten zu verlieren. Die *eckige Hand* weist auf Stabilität, Ordnungssinn und Erdverbundenheit hin; die innere Anlage entscheidet, ob es sich um einen kleinlichen Pedanten oder aber um einen Menschen handelt, der die Kraft und den Willen besitzt, sein Potential in der Welt zu realisieren. Die *ovale Hand* kennzeichnet den dynamischen und aktiven Menschen, der stets unter einer inneren Spannung steht; diese Spannung kann sowohl konstruktiv als auch destruktiv ausgelebt werden.

Im *Verhältnis von Handrumpf und Fingern* drückt sich das Verhältnis von erdhafter, sinnlicher Gebundenheit und geistiger Bewußtheit

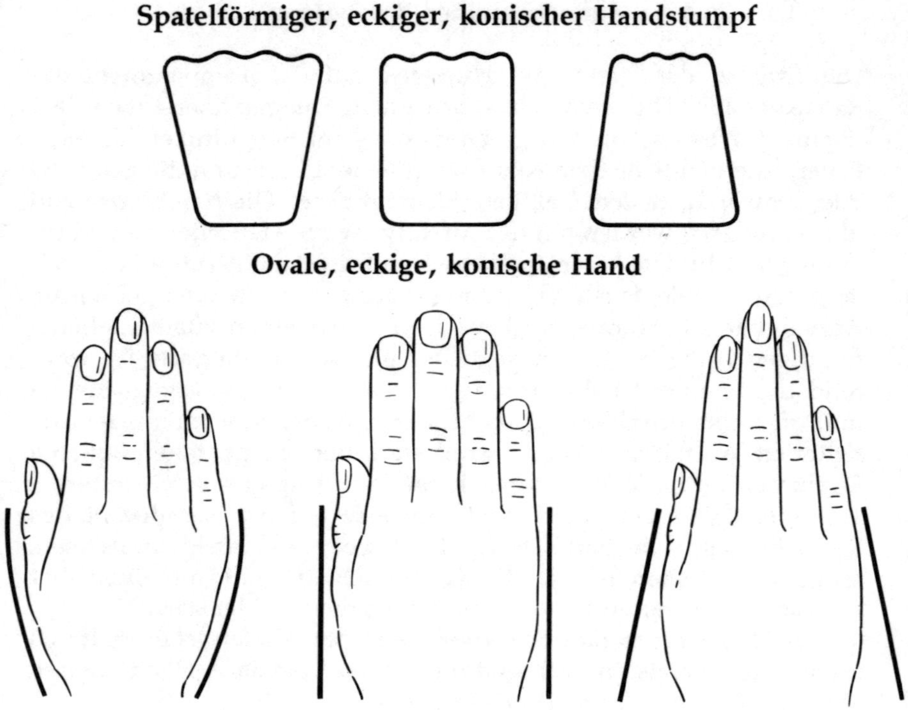

Abb. 48

aus. Ist der Handrumpf länger als die Finger, weist dies auf einen starken Bezug zur materiellen Seite des Lebens hin; sind die Finger länger als der Handrumpf, haben wir es mit einer Hinwendung zum geistigen Bereich zu tun. Ein überlanger Handrumpf zeigt eine ausschließlich materiell orientierte Lebenseinstellung an, während überlange Finger ein Zeichen für Verachtung des Materiellen und Flucht in geistige Gefilde darstellen.

Bei der gemischten Hand muß die *Form des Handrumpfes und die der Finger* einzeln gedeutet werden. Dabei beschreibt der Handrumpf das vitale, materielle Sein, und die Finger geben Hinweise auf das geistige und seelische Potential des Menschen. Man unterscheidet jeweils drei Formen: spatelförmig, eckig und konisch. Die *spatelförmige* Gestalt weist auf die Hinwendung zum konkreten, materiellen Sein: Dieser Mensch verfügt über eine realitätsbezogene Einstellung. Die *eckige* Form repräsentiert das ordnende Prinzip: Ein solcher Mensch ist bestrebt, Harmonie herzustellen. Die *konische* Form zeigt die Loslösung vom Materiellen und das Streben nach Vergeistigung

Spatelförmige, eckige, konische Finger

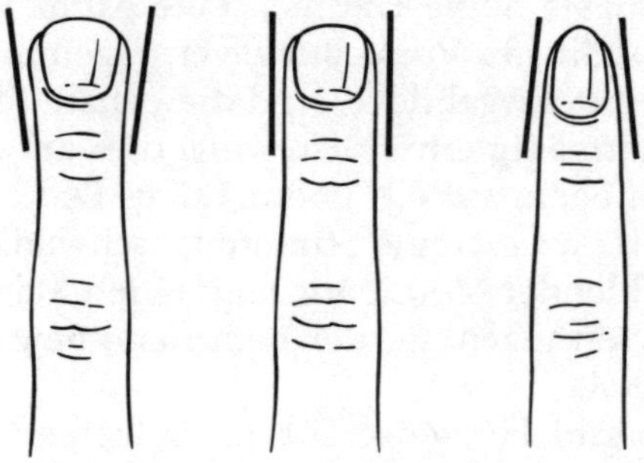

Abb. 49

an. Die Form des Handrumpfes muß mit der der Finger in der Kombination gedeutet werden. (Abb. 48 s. S. 336)

Die *Länge der einzelnen Finger,* betrachtet in ihrem relativen Verhältnis zueinander, gibt Hinweise auf die Verteilung der verschiedenen Kräfte im Menschen. Der Zeigefinger stellt das bewußte Ich des Menschen dar. Der Mittelfinger repräsentiert das erkennende und gestaltende Bewußtsein. Der Ringfinger spiegelt die Hinwendung zum Du und der kleine Finger das geistige Potential. Der Daumen gibt Hinweise auf die sinnliche Erlebensfähigkeit des Menschen. Ein besonders langer Zeigefinger zeigt also ein ausgeprägtes Ich-Bewußtsein an. Tritt er zusammen mit einem relativ kleinen Ringfinger auf, kann man davon ausgehen, daß man es mit einem recht eigensinnigen, ichbezogenen Menschen zu tun hat. Das Ziel eines Menschen mit einem überlangen Mittelfinger liegt im umfassenden Verständnis der Welt und seiner eigenen Lebensaufgabe. (Abb. 49)

Zur Beurteilung der Innenhand

In der Innenhand des Menschen zeigen sich sein persönlicher Charakter, seine Anlagen und Fähigkeiten und sein Lebensweg. In den Bergen drücken sich die Kräfte aus, die dem Menschen zur Verfügung stehen; in den Linien zeigt sich die Art und Richtung, in der diese Kräfte verwirklicht werden. (Abb. 50 s. S. 339)

Der *Venusberg* gibt Hinweise auf die Durchsetzungskraft, die Vitalität, die Widerstandsfähigkeit, die Fähigkeit zum sinnlichen Genuß und die sexuelle Kraft. Ist der Berg gut ausgebildet, sind die genannten Kräfte vorhanden. Wenn er übermäßig erhöht ist, weist dies auf eine Dominanz des Triebhaften, auf unkontrollierbare Leidenschaften und Gier nach sinnlichem Genuß hin. Fehlt der Venusberg, besteht ein Mangel an Vitalität, Schwung, Lebenskraft und Libido.

Der *Mondberg* bezieht sich auf die unbewußten Kräfte des Menschen, seine Phantasie, seine Träume, seine Aufnahmefähigkeit oder Medialität, sein bildliches Vorstellungsvermögen und seine Sensibilität. Ist der Berg gut ausgebildet, sind die genannten Kräfte vorhanden. Wenn er übermäßig erhöht ist, weist dies auf die Neigung hin, vor der Welt zu fliehen, auf ein übermäßiges Bedürfnis nach Schutz und Geborgenheit, auf extreme Stimmungsschwankungen und Tagträumerei. Ein fehlender Mondberg zeigt einen Mangel an Phantasie und Einfühlungsvermögen an; der Betroffene neigt zu Gefühlskälte und Gleichgültigkeit.

Der *Jupiterberg* gibt Hinweise auf das Selbstgefühl und die Selbständigkeit. Ist der Berg gut ausgebildet, besitzt der Mensch ein ausgeprägtes Selbstbewußtsein und die Fähigkeit, sein Leben zu meistern. Er strebt nach Unabhängigkeit und verfügt nicht selten über eine natürliche Autorität. In der Regel ist er erfolgreich. Ein übermäßig erhöhter Berg weist auf die Neigung zur Herrsucht und anmaßendem Verhalten hin. Ein fehlender Jupiterberg zeigt mangelndes Selbstwertgefühl und die Unfähigkeit an, das Leben zu meistern.

Im *Saturnberg* werden das Verantwortungsbewußtsein, die Leistungsfähigkeit und die Ausdauer eines Menschen widergespiegelt. Ein gut ausgebildeter Saturnberg kennzeichnet einen ernsthaften Menschen, der sein Leben ordnet und fähig ist, Verantwortung zu übernehmen. Ein überstark ausgebildeter Berg weist auf einen verschlossenen, schwermütigen Menschen hin, der das Leben nicht leicht nimmt und dazu neigt, sich zuviel aufzubürden. Der fehlende Saturnberg weist auf den unkonzentrierten, oftmals leichtfertigen Menschen hin, der nicht fähig ist, Verantwortung zu übernehmen.

Der *Sonnenberg* (oder auch Apolloberg genannt) gibt Hinweise auf die persönliche Entfaltung des Menschen. Ist der Berg gut ausgebildet, besitzt der Betroffene Selbstvertrauen und Lebensfreude, er kann sich frei entfalten und nutzt sein Potential. Idealismus oder auch künstlerische Ausdrucksstärke können dadurch angezeigt werden.

Ein übermäßig erhöhter Berg weist auf Selbstüberschätzung und den Zwang zur Selbstdarstellung hin. Oft liegt auch ein übersteigerter Erlebnishunger vor. Der fehlende Sonnenberg weist auf einen Menschen hin, der sein Potential nicht ausschöpfen kann; er wirkt oft freudlos und nüchtern und besitzt in der Regel wenig Selbstvertrauen.

Der *Merkurberg* bezieht sich auf das geistige, intellektuelle Potential des Menschen. Er gibt Hinweise auf die Flexibilität, die Kommunikations- und Kontaktfähigkeit. Ist der Berg gut ausgebildet, ist der Betroffene kontaktfreudig, gewandt, flexibel, reiselustig, kauf-

Berge der Hand

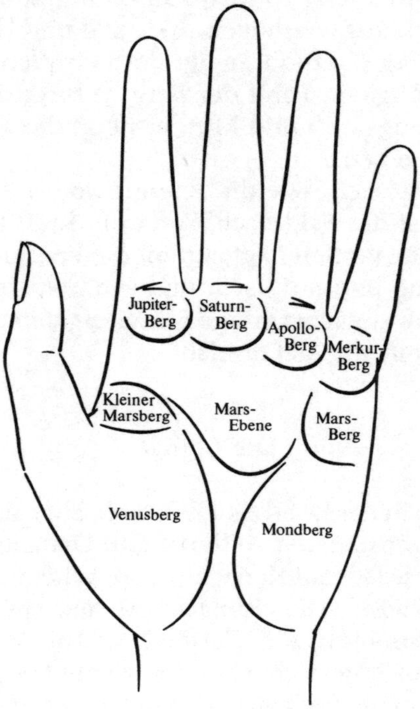

Abb. 50

männisch begabt und schnell in seinen Entscheidungen. Wenn der Berg übermäßig erhöht ist, neigt der Mensch dazu, den Boden unter den Füßen zu verlieren, er bewegt sich im Reich der Abstraktionen, in dem die alltägliche Welt keinen Platz hat. Durch die verzerrte Sicht der Realität kann der Betroffene zu kleineren Betrügereien und zum Lügen neigen. Fehlt der Merkurberg, ist der Mensch meist wenig gewandt und eher schwerfällig in seinen Reaktionen; er kann sich schlecht einer gegebenen Situation anpassen, die Kontaktfindung ist erschwert.

Der *kleine Marsberg* bezieht sich auf die Antriebskraft, das energetische Potential des Menschen. Ist der Berg gut ausgebildet, verfügt der Betroffene über eine ausgeprägte Antriebskraft. Wenn der Berg überhöht ist, liegt ein Überschuß an Kraft vor; der Betroffene neigt zur Aggressivität und zu vorschnellem, unbedachtem Handeln. Fehlt der kleine Marsberg, weist dies auf einen Mangel an Einsatzbereitschaft hin; der Betroffene fühlt sich energielos und neigt zur Resignation oder Lebensmüdigkeit.

Im *großen Marsberg* zeigt sich nun, ob das Energiepotential genutzt und in der Welt eingesetzt werden kann. Ein gut ausgebildeter Berg weist auf Durchsetzungsvermögen, Aktivität und Gestaltungsvermögen hin. Ist der Berg überhöht, neigt der Betroffene zu Überreaktionen und Gewalttätigkeit. Fehlt der Berg, verfügt der Fragende über wenig Durchsetzungskraft und Mut; er neigt dazu, Konfrontationen aus dem Weg zu gehen.

Im *Marsfeld* zeigt sich, wie die Energie vom kleinen zum großen Marsberg fließt. Ist das Feld flach, kann die Kraft frei fließen. Wenn das Marsfeld jedoch vertieft liegt, strömt die Energie zunächst einmal in diese Vertiefung und muß sich mühevoll wieder heraufarbeiten; der Betroffene muß zunächst einige Schwierigkeiten überwinden, bis die eingesetzte Kraft ihr Ziel erreicht.

Die Linien

Breite Linien gelten in der Regel als sehr stabil, aber auch träge, während *schmale Linien* das Prinzip der Aktivität und Dynamik verkörpern. Die *tiefeingegrabene Linie* läßt auf Konzentration, Widerstandskraft, Energie und Kontrolle schließen. Die *oberflächliche Linie* spricht hingegen von Flüchtigkeit, Unbeständigkeit, Zartheit und Empfindlichkeit. Eine schmale, oberflächlich gezeichnete Linie zeigte beispielsweise Unentschlossenheit, Launenhaftigkeit und ständige Veränderung an.

Bei der Beurteilung der einzelnen Linien müssen diese Kriterien immer berücksichtigt werden. (Abb. 51 s. S. 341)

Die vier Hauptlinien

Die *Lebenslinie* umgrenzt den Daumenballen, den Raum der Vitalität und der triebhaften Natur. Sie beschreibt den Ausdruck und die Bewegung der vitalen Kraft des Menschen. Es folgen die verschiedenen Prägungen der Lebenslinie mit ihren Bedeutungen:

1. *Enger Halbkreis nahe dem Daumen*: vitale Schwäche; Ermüdung; Unsicherheit; mangelnde Kraft zur Daseinsbehauptung.
2. *Weit ausschwingend*: starke Vitalität; Dominanz des triebhaften Seins; Drang zu übermäßiger Expansion.
3. *Keine bogenförmige Rundung, sondern schräg abfallende Linie:* aktive vitale Impulse werden zurückgehalten; Triebhemmung; Erschöpfung der Lebenskraft; Vorsicht; innere Kälte.
4. *Keine bogenförmige Rundung, sondern in den Mondberg herabfallende Linie:* Gefahr, daß die vitale Kraft im Unbewußten versinkt; Sichverlieren in Phantasien und Träumereien.

Die vier Hauptlinien der Hand

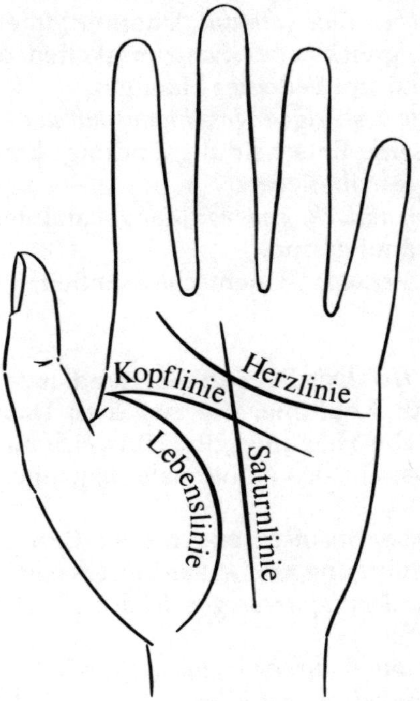

Abb. 51

5. *Die Lebenslinie spaltet sich am Ende:* Der Zweig, der zum Mondberg hinführt, weist auf einen Ausgleich zwischen Selbstbehauptung und Sichfallenlassen hin. Ist dieser Ast aber dominierend, bedeutet dies Unberechenbarkeit, Launenhaftigkeit, Depressionen.
6. *Kettenförmige Zeichnung:* anfällig für Krankheiten; Nervosität; bewegtes Leben.
7. *Abbruch der Linie und Weiterführung durch eine seitlich verschoben ansetzende Linie:* schwerwiegende Veränderungen und Umstellungen im Leben.

Die *Kopflinie,* die die Hand etwa in der Mitte durchschneidet, gibt Hinweise auf den Lebensweg des Betroffenen.
1. *Die Hand gerade durchschneidend:* Sachlichkeit; Nüchternheit; Geschäftstüchtigkeit; Ordnungssinn; geschickt in Verwaltungsangelegenheiten.
2. *Zum Mondberg abfallend:* intuitive Veranlagung; künstlerische Begabung; Idealismus.

3. *Zum Merkurberg aufsteigend:* Schlauheit; starker Intellekt; Gerissenheit; meist erfolgreich, aber nicht immer korrekt.
4. *Ansatz von der Lebenslinie getrennt:* Übermut; übersteigertes Selbstvertrauen; oft erfolgreich, aber Schwierigkeiten durch vorschnelle Entscheidungen und unüberlegtes Handeln.
5. *Bis über die Hälfte des Zeigefingers hinaus mit der Lebenslinie verbunden:* Zögern; langsame Entscheidungsfindung; Bremsung der Vitalkraft durch zu langes Überlegen.
6. *In der Mitte der Handfläche endend:* Mangel an Intelligenz; Desinteresse; fehlender Ordnungssinn.
7. *Wellenförmiger Verlauf:* Unentschlossenheit; Beeinflußbarkeit; wechselnde Ziele.

Der Ursprung der *Herzlinie* liegt an der Handkante; sie verläuft also entgegengesetzt zur Kopflinie, die zwischen Daumen und Zeigefinger entspringt. Die Herzlinie gibt Hinweise auf die Angelegenheiten des Herzens, auf das emotionale Sein und die Liebesfähigkeit.
1. *Abfallend zum Daumenwinkel:* extreme Ich-Bezogenheit; ständiges Bedürfnis nach Bestätigung von außen; Eifersucht.
2. *Geschwungen, auf dem Jupiterberg endend:* tiefe Liebesfähigkeit und Hingabebereitschaft.
3. *Zwischen Jupiter und Saturnberg endend:* große Liebesfähigkeit, mit Treue und Beständigkeit verbunden.
4. *Auf dem Saturnberg endend:* Selbstsucht; Unfähigkeit, etwas zu geben.
5. *Wellenförmig oder unterbrochen:* mangelnde Stetigkeit in der Liebe; Unsicherheit im Gefühlsbereich.
6. *Starke Annäherung an die Kopflinie:* Die Gefühle werden dem Verstand unterstellt; emotionale Kühle.
7. *Gerade die Hand durchquerend:* Aggressives, vereinnahmendes Verhalten in Liebesdingen.

Die *Schicksalslinie,* auch Saturnlinie genannt, steigt zum Saturnberg auf. Sie gibt Hinweise auf die Entwicklung der Persönlichkeit des Menschen, seine Fähigkeit, das Leben zu ordnen, den Anforderungen der Umwelt wie auch seinen eigenen Anlagen und Fähigkeiten gerecht zu werden.
1. *Auf dem Mittelfinger endend:* übermäßige Konzentration und Zielstrebigkeit; Neigung, sich zu überfordern.
2. *Auf den Jupiterberg zulaufend:* Geltungsstreben; Verwirklichung eigener Ziele.
3. *Auf den Apolloberg zulaufend:* Einsatz der eigenen Kräfte für andere oder für ein ideelles Ziel.

4. *Aus der Lebenslinie entspringend:* Realisierung des inneren Potentials; starkes Lebensgefühl.
5. *Gerade verlaufend und auf dem Saturnberg endend:* Pflichtgefühl; Verantwortungsbewußtsein; starke Persönlichkeit.
6. *Gebrochen:* Schwierigkeiten in der Persönlichkeitsentwicklung; Lernen durch Leiden.
7. *Auf dem Mondberg entspringend:* das Leben wird von der unbewußten Seite des Menschen gesteuert; unvorhergesehene Einflüsse können das Leben entscheidend prägen.

Die Zeichen

Die Zeichen werden immer im Zusammenhang mit der Linie oder dem Berg, auf dem sie sich befinden, gedeutet. Die Bedeutung der Zeichen hat sich im Laufe der Jahre oft gewandelt, so daß man heute sehr verschiedene Interpretationen finden kann. Die hier gegebenen Zuordnungen sind also keinesfalls als die allein «richtigen» zu verstehen.

Kreuz: wirkt verstärkend. Ist es schwach und unregelmäßig gezeichnet, verstärkt es meist die negativen Eigenschaften des Berges, auf dem es sich befindet. Bei starker Zeichnung kann es schwerwiegende Veränderungen anzeigen.
Punkt: weist auf schlechten Gesundheitszustand hin.
Stern: gilt als Schutzzeichen; verstärkt positive Tendenzen; manchmal warnt es auch vor Krankheit.
Insel: gilt als warnendes Zeichen, wobei das bevorstehende Ereignis sowohl positiv als auch negativ sein kann.
Quadrat: gilt als positives Zeichen; es zeigt Sicherheit, Stabilität, gutes Entscheidungsvermögen und gesunden Menschenverstand an.
Dreieck: zeigt Talente an (die Art des Talents richtet sich nach dem Berg, auf dem es sich befindet).
Kreis: soll Augenkrankheiten oder Sehschwäche anzeigen.
Zweige: werden in der Richtung des Linienverlaufs beurteilt: ansteigende Zweige kennzeichnen die Vorzüge, absteigende Zweige die Fehler des Betroffenen.
Ketten: Schwierigkeiten; Widerstände.
Gitter: Bremsung; Verhaltung; Probleme.

Zur Deutung

Bei der Deutung sollten immer beide Hände berücksichtigt werden. Weichen sie in ihrer Zeichnung voneinander ab, kann man nur die übereinstimmenden Faktoren zur Interpretation heranziehen. Eine Aussage sollte immer durch zwei oder bei einer Abweichung drei Elemente bestätigt werden.

Im Rahmen dieses Buches können leider nur einige Grundinformationen gegeben werden. Eine Deutung aus den vier Hauptlinien allein ist zwar möglich, aber nicht sinnvoll. Man gelangt zu wesentlich eindeutigeren Schlüssen, wenn man auch die Nebenlinien berücksichtigt. Zudem können die einzelnen Linien zahlreiche Ausprägungen besitzen, auf die hier nicht eingegangen werden kann. Wer sich also für die Handlesekunst interessiert, sollte sich ein ausführliches Lehrbuch besorgen; eine Auswahl geeigneter Titel wird am Ende des Kapitels aufgeführt.

Zur Prognose

Die gebräuchlichste Form der Prognose besteht darin, eine Linie in 14 gleich große Abschnitte zu unterteilen. Jeder Abschnitt steht für sieben Lebensjahre, wobei immer vom Ursprung der Linie ausgehend abgezählt wird. Der erste Abschnitt steht also für das erste bis siebte Lebensjahr, der zweite für das siebte bis vierzehnte etc. Wenn nun eine Linie an einer Stelle eine Besonderheit aufweist (Unterbrechung, Kreuzung durch andere Linien, Verästelungen, Krümmungen, Zeichen etc.), kann diese durch das Schema zeitlich lokalisiert werden. Eine exakte Ereignisprognose ist mit dieser Methode aber nicht möglich.

Chiromantie-Literatur

Ernst Issberner-Haldane, *Die wissenschaftliche Handlesekunst – Chirosophie. Ausführliche Darstellung der Handlesekunst in Theorie und Praxis,* Hermann Bauer Verlag, Freiburg i.Br., o.J.

*

Ursula von Mangoldt, *Das große Buch der Hand. Deutung durch fünf Jahrhunderte,* O.W. Barth Verlag, Weilheim/Obb., 1967

*

Ursula von Mangoldt, *Erkenne dich selbst im Bild deiner Hand. Ein Lehrbuch,* Walter-Verlag, Olten/Freiburg i.Br., 1980

*

Charlotte Wolff, *Die Hand des Menschen,* O.W. Barth Verlag, Weilheim/Obb., 1970

7. Kapitel

NUMEROLOGISCHE ORAKEL

Die Zahl hat im Bereich der Mystik und Magie schon immer eine wichtige Rolle gespielt, denn selbst in den großen Hochreligionen finden wir Hinweise auf den mystisch-magischen Gebrauch der Zahlen. Es scheint auch sicher, daß Zahlen schon in frühester Zeit zu mantischen Zwecken verwendet wurden; so soll beispielsweise die *Gematria* (Wort- bzw. Buchstabenausdeutung durch Zahlen) schon aus babylonischen Inschriften (um 720 v. Chr.) bekannt sein.

Da es in den einzelnen Kulturen verschiedene Zahlensysteme gab und teilweise noch gibt, sind die Bedeutungsinhalte, die den Zahlen zugeschrieben werden, recht unterschiedlich. Die Zahlendeutung in unserem Kulturkreis basiert auf den Erkenntnissen der Pythagoreer, wobei allerdings auch altorientalisches Gedankengut übernommen wurde. Die Pythagoreer betonten besonders den Unterschied zwischen geraden und ungeraden Zahlen: Die geraden Zahlen wurden dem Weiblichen, dem Bewegten und der linken Seite zugeordnet, während die ungeraden Zahlen dem Männlichen, dem Ruhenden und der rechten Seite entsprachen. Ferner standen die geraden Zahlen für das Dunkle, die Finsternis und das Böse, die ungeraden Zahlen aber für das Helle, das Lichte und das Gute. Hier finden wir auch Parallelen zum chinesischen Ordnungsmodell des Yin und Yang. Im Volksaberglauben spielten die ungeraden Zahlen eine weitaus größere Rolle, was sich z. T. auch bei den volkstümlichen Orakelmethoden niederschlug: So würfelte man z. B. meist dreimal, teilte den Kartenstapel in drei Teile, zog jede dritte, fünfte, siebte oder manchmal auch neunte Karte zur Deutung heran.

Heute kennen wir verschiedene numerologische Systeme, bei denen sich die Bedeutungen der einzelnen Zahlen z. T. stark voneinander unterscheiden. Ich bevorzuge bei der Orakeldeutung das von Cheiro entwickelte System.[1] Cheiro (Count Louis Hamon) wurde laut eigener Aussage in eine Brahmanen-Sekte aufgenommen und dort unter anderem in der zahlenmagischen Lehre unterwiesen. Sein System ist praktisch orientiert und für jeden Anfänger leicht zu erlernen.

Im Gegensatz dazu erfordert das gematrische Verfahren die Kenntnis der hebräischen Sprache sowie ein ausgiebiges Studium der Kabbala, weshalb diese Orakelmethode im Rahmen dieses Buches nicht ausführlich behandelt werden kann.

ZAHLENDEUTUNG NACH CHEIRO

Cheiros Numerologie gehört, wie die Gematria, zu den objektivierten numerologischen Orakeln. Sie basiert auf der Errechnung der persönlichen Zahlenwerte, die sich aus dem eigenen Namen und Geburtsdatum ergeben. Wir können also durchaus eine Verwandtschaft zur Astrologie konstatieren. Bei der Astrologie kommt die Prognose dadurch zustande, daß wir den Planetenstand der Zukunft berechnen und zur Grundmatrix, dem Geburtshoroskop, in Beziehung setzen. In Cheiros numerologischem System wird die Grundmatrix aus der Berechnung der persönlichen Zahlenwerte gebildet, und für die Prognose werden die Zahlenwerte der Zukunft zu den persönlichen Zahlen in Beziehung gesetzt.

Mit dieser Methode lassen sich aber nicht nur Prognosen erstellen. Sie gibt auch Aufschluß darüber, mit welchen Menschen man gut oder weniger gut harmoniert, welche Firma die geeignetere ist, wenn man seinen Arbeitsplatz wechseln möchte, etc.

Wie das Analogiesystem der Elemente, der Astrologie, des Tarot oder der Geomantie ist auch das numerologische System auf alle Bereiche des Lebens anwendbar. Für den angehenden Numerologen ist es sogar von entscheidender Bedeutung, daß er zu Beginn soviel wie möglich im Analogiesystem der Zahlen denkt, um einen größeren Einblick in die übergeordneten Zusammenhänge zu erhalten.

Im Rahmen dieses Buches können wir leider nur auf jene Methoden eingehen, die auf der Analyse der neun Grund- oder Wurzelzahlen beruhen. Wer sich für die Arbeit mit den zusammengesetzten Zahlen interessiert, kann Entsprechendes bei Cheiro nachlesen.[2]

Bevor wir näher auf Cheiros System eingehen, möchte ich zunächst die verschiedenen Bedeutungen, die er den einzelnen Zahlen zuordnete, in Stichworten wiedergeben.

Die Zahl 1

Symbolzahl der Sonne; Ursprung; Basis; Anfang; das Individuelle; das Schöpferische; das Ursprüngliche; das Positive. Die «Einer» (Menschen, denen die Zahl 1 zugeordnet ist) gelten als strebsam; durchsetzungsfähig; schöpferisch; ehrgeizig; mutig; tatkräftig. Sie besitzen oft eine natürliche Autorität, schaffen sich beruflich eine gute Position und sind nicht selten Führerpersönlichkeiten.

Die Zahl 2

Symbolzahl des Mondes; Dualität; Sensibilität; Emotion; Passivität; Introversion; Teilung; Trennung; Unentschiedenheit. Die «Zweier» gelten als phantasievoll; künstlerisch begabt; sensibel; gefühlvoll; sanft; romantisch. Tendenz zur Launenhaftigkeit, Melancholie und Überempfindlichkeit sowie zu einer eher phlegmatischen Lebenseinstellung.

Die Zahl 3

Symbolzahl des Jupiters; Ordnung; Stabilität; Herrschertum; Souveränität; Expansion; Humanität; Extraversion. Die «Dreier» gelten als außerordentlich strebsam und ehrgeizig; pflicht- und verantwortungsbewußt, wobei allerdings immer das Ziel, sich eine hohe Position zu erarbeiten, im Vordergrund steht. Neigung zu Arroganz und Herrschsucht; oft übermäßiger Stolz, der zu Abkapselung führen kann.

Die Zahl 4

Symbolzahl des Uranus; Eigenwilligkeit; Nonkonformität; das Neue; das Revolutionäre; extremer Individualismus. Die «Vierer» gelten einerseits als Grübler und Problematiker, zeichnen sich aber andererseits durch sprühende Lebhaftigkeit und schlagfertigen Witz aus. Obwohl sie sich oft als die großen Neuerer und Weltverbesserer sehen, sind sie doch im Inneren extreme Individualisten, die sich von der Masse abheben möchten. Ihnen ist eine eigenwillige Weltanschauung zu eigen, die einhergeht mit der Ablehnung «der Obrigkeit» oder «der Autoritäten».

Die Zahl 5

Symbolzahl des Merkurs; Impulsivität; Lebhaftigkeit; das Bewegte; Neuigkeiten; Intelligenz; Flexibilität. Die «Fünfer» zeichnen sich durch eine rasche Auffassungsgabe aus. Sie sind gesellig, lebhaft, schlagfertig und voll neuer Ideen, neigen aber auch zu Oberflächlichkeit, Reizbarkeit und Launenhaftigkeit. Ihre Vielseitigkeit und Beweglichkeit führt manchmal zu einer gewissen Gleichgültigkeit, die andere fälschlicherweise für Toleranz halten.

Die Zahl 6

Symbolzahl der Venus; Ästhetik; Harmonie; Liebe; Erotik; Sinnlichkeit; Freundschaft; Familie; Besitz. Die «Sechser» verfügen über ein ausgeprägtes Harmoniebedürfnis. Der Bereich «Liebe» in allen Schattierungen spielt bei ihnen eine große Rolle. Die «Sechser» gelten im allgemeinen als freundlich, großzügig und hilfsbereit, obschon dabei auch manchmal merkantile Beweggründe eine Rolle spielen. Sie sind gesellig, oft künstlerisch begabt und besitzen eine anziehende Ausstrahlung. Neigung zu Verschwendung; Freude an Intrigen und Klatsch.

Die Zahl 7

Symbolzahl des Neptuns; Intuition; Auflösung; Mystik; Religion; Streben nach «Erfahrungen»; Einsamkeit; Einzelgängertum. Die «Siebener» haben meist ein philosophisches Weltbild, das von religiösen oder mystischen Einflüssen geprägt ist. Sie interessieren sich für das Hintergründige, das Undurchschaubare. Sie können durchaus gesellig sein, sind aber im Innersten Einzelgänger. Ein gewisser Erlebnishunger ist den meisten «Siebenern» zu eigen.

Die Zahl 8

Symbolzahl des Saturns; Ausdauer; Beharrlichkeit; Kompromißlosigkeit; Zurückhaltung; Selbstbeherrschung; Genügsamkeit. Es werden zwei «Achtergruppen» unterschieden: 1. Menschen mit einem außergewöhnlich harten Schicksal, 2. Menschen mit einem schweren Lebensweg, an dessen Ende jedoch Erfolg und Ruhm warten. Die «Achter» haben also ein recht hartes Leben, aber meistens besitzen sie auch die Ausdauer und notwendige Zähigkeit und Verbissenheit, um es zu bewältigen. Wegen ihrer extremen Zurückhaltung werden sie oft zu Unrecht für hart und gefühlskalt gehalten.

Die Zahl 9

Symbolzahl des Mars; Willens- und Durchsetzungskraft; Kampf; Selbständigkeit; Aktivität; Impulsivität; Kraft; Unabhängigkeit.

Auch das Leben der «Neuner» ist selten einfach. Sie gehen den Schwierigkeiten (in die sie sich oft selbst durch ihre Impulsivität bringen) niemals aus dem Weg, sondern setzen all ihre Energie ein, um sie zu bekämpfen. Sie sind sehr ehrgeizig und gehen oft rücksichtslos vor, um zu ihrem Ziel zu gelangen. Neigung zur Herrschsucht; Gewalt; Jähzorn; Leichtsinn.

Um herauszufinden, zu welcher Zahlengruppe man gehört, nimmt man die Zahl des Geburtstages (ohne Berücksichtigung des Monats) und bildet gegebenenfalls die Quersumme. Man ist also ein *«Einer»*, wenn der Geburtstag auf einen 1., 10., 19. oder 28. eines beliebigen Monats fällt (denn 1+0=1, 1+9=10=1, 2+8=10=1);
«Zweier»: bei 2., 11., 20. oder 29. eines beliebigen Monats.
«Dreier»: bei 3., 12., 21., 30. eines beliebigen Monats.
«Vierer»: bei 4., 13., 22., 31. eines beliebigen Monats.
«Fünfer»: bei 5., 14., 23. eines beliebigen Monats.
«Sechser»: bei 6., 15., 24. eines beliebigen Monats.
«Siebener»: bei 7., 16., 25. eines beliebigen Monats.
«Achter»: bei 8., 17., 26. eines beliebigen Monats.
«Neuner»: bei 9., 18., 27. eines beliebigen Monats.

Zuordnungen der Zahlen zum Tierkreis*

Tierkreiszeichen	*herrschender Planet*	*Zahl*
Widder (21.3. – 19.4.)	Mars	9
Stier (20.4. – 20.5.)	Venus	6
Zwillinge (21.5. – 20.6.)	Merkur	5
Krebs (21.6. – 20.7.)	Mond und Neptun	2 und 7
Löwe (21.7. – 20.8.)	Sonne und Uranus	1 und 4
Jungfrau (21.8. – 20.9.)	Merkur	5
Waage (21.9. – 20.10.)	Venus	6
Skorpion (21.10. – 20.11.)	Mars	9
Schütze (21.11. – 20.12.)	Jupiter	3
Steinbock (21.12. – 20.1.)	Saturn	8

* Cheiros Zuordnungen der herrschenden Planeten zu den Tierkreiszeichen widersprechen in manchen Punkten der modernen Astrologie. Heute gilt der Planet Neptun als Herrscher des Zeichens Fische und der Uranus als Herrscher des Zeichens Wassermann. Es ist anzunehmen, daß Cheiro herausfand, daß die *Zahl* 7 auch für den im Zeichen Krebs und die Zahl 4 für den im Zeichen Löwe geborenen Menschen von Bedeutung ist und daß sich daraus die unorthodoxe Planetenzuordnung ergab.

Wassermann (21.1. – 19.2.)	Saturn	8
Fische (20.2. – 20.3.)	Jupiter	3

Zuordnungen zu den Wochentagen

Montag	2 und 7
Dienstag	9
Mittwoch	5
Donnerstag	3
Freitag	6
Sonnabend	8
Sonntag	1 und 4

Allgemein günstige Tage und Zeitabschnitte

Bei wichtigen Unternehmungen sollte darauf geachtet werden, daß die Tageszahl mit der Geburtstagszahl harmoniert. Wenn also beispielsweise ein «Dreier» (geboren am 3., 12., 21. oder 30. eines Monats) eine wichtige geschäftliche Verabredung plant, gilt es als günstig, wenn die Tageszahl (Zahl des Tages, an dem die Verabredung stattfinden soll) ebenfalls der «Dreiergruppe» oder einer harmonierenden Zahlengruppe angehört. Besonders erfolgsfördernd ist, wenn die Tageszahl, die Geburtstagszahl, die Zahl des Wochentages und des entsprechenden Zeitabschnitts (Monats) harmonieren. Aus der folgenden Aufstellung können Sie die allgemein günstigen Tage und Zeitabschnitte für Ihre Zahlengruppe entnehmen.

Die Gruppe der «Einer»

günstige Daten: 1., 10., 19. und 28. eines jeden Monats
günstiger Wochentag: Sonntag
günstiger Zeitabschnitt: 19.7. bis 28.8. eines jeden Jahres

> Da eine harmonische (ergänzende) Verbindung zwischen den Zahlen 1, 2, 4 und 7 besteht, gelten auch der 2., 4., 7., 11., 13., 16., 20., 22., 25., 29. und 31. eines Monats und der Wochentag Montag als günstig.

Die Gruppe der «Zweier»

günstige Daten: 2., 11., 20., 29. eines jeden Monats
günstiger Wochentag: Montag
günstiger Zeitabschnitt: 20.6. bis 29.7.

Als weiterhin günstig gelten wiederum Tage, die zu den Gruppen der Zahlen 1, 4 und 7 gehören. Ferner gilt auch der Freitag (6) als günstiger Wochentag.

Die Gruppe der «Dreier»

günstige Daten: 3., 12., 21. und 30. eines jeden Monats
günstiger Wochentag: Donnerstag
günstiger Zeitabschnitt: 21.2. bis 21.3. und 21.11. bis 21.12.

Ferner gelten auch die zur Sechser- und Neunergruppe gehörigen Tage als günstig (also der 6., 9., 15., 18., 24. und 27. eines Monats und die Wochentage Dienstag und Freitag).

Die Gruppe der «Vierer»

günstige Daten: 4., 13., 22. und 31. eines Monats
günstiger Wochentag: Sonntag
günstiger Zeitabschnitt: 22.7. bis 22.8.

Ferner gelten Verbindungen mit Zahlen der Gruppen 1, 2 und 7 als günstig (also 1., 2., 7., 10., 11., 16., 19., 20., 25., 28., 29. eines jeden Monats und der Wochentag Montag). Ferner gilt auch der Wochentag Sonnabend (8) als günstig.

Die Gruppe der «Fünfer»

günstige Daten: 5., 14., 23. eines jeden Monats
günstiger Wochentag: Mittwoch
günstiger Zeitabschnitt: 23.5. bis 23.6. und 23.8. bis 23.9.

Ferner gilt auch der Freitag als günstiger Wochentag.

Die Gruppe der «Sechser»

günstige Daten: 6., 15. und 24. eines Monats
günstiger Wochentag: Freitag
günstiger Zeitabschnitt: 24.4. bis 24.5. und 24.9. bis 24.10.

Ferner gelten Tage der Gruppen 3 und 6 als günstig (also 3., 9., 12., 18., 21., 27. oder 30. eines Monats und die Wochentage Dienstag und Donnerstag).

Die Gruppe der «Siebener»

günstige Daten: 7., 16. und 25. eines Monats
günstiger Wochentag: Montag
günstiger Zeitabschnitt: 25.6. bis 25.7.

Ferner gelten die Tage der Zweiergruppe sowie der Wochentag Sonntag als günstig.

Die Gruppe der «Achter»

günstige Daten: 8., 17. und 26.
günstiger Wochentag: Sonnabend
günstiger Zeitabschnitt: 26.12. bis 26.2.

Ferner gelten die Tage der Vierergruppe als günstig (also 4., 13., 22. und 31. eines Monats sowie die Wochentage Sonntag und Montag).

Die Gruppe der «Neuner»

günstige Daten: 9., 18. und 27.
günstiger Wochentag: Dienstag
günstiger Zeitabschnitt: 29.3. bis 27.4. und 27.10. bis 27.11.

Ferner gelten auch die Tage der Gruppen 3 und 6 als günstig (also 3., 6., 12., 15., 21., 24. und 30. eines Monats sowie die Wochentage Donnerstag und Freitag).

Berechnung der Namenszahl

Neben der Geburtstagszahl spielt der Zahlenwert des Namens die wichtigste Rolle in Cheiros System. Der Zahlenwert des Namens wird ermittelt, indem man die Werte der einzelnen Buchstaben addiert und die Quersumme zieht. Der Schlüssel für die Umwandlung der Buchstaben in Zahlen lautet wie folgt:

A = 1	F = 8	K = 2	P = 8	U = 6
B = 2	G = 3	L = 3	Q = 1	V = 6
C = 3	H = 5	M = 4	R = 2	W = 6
D = 4	I = 1	N = 5	S = 3	X = 5
E = 5	J = 1	O = 7	T = 4	Y = 1
				Z = 7

Ein Beispiel:
Walter = 6+1+3+4+5+2=21= Quersumme 3
Schultze = 3+3+5+6+3+4+7+5=36= Quersumme 9
Die beiden Namensgrundzahlen werden nun addiert: 3+9=12= Quersumme 3. Die Namenszahl des Walter Schultze ist also die 3.

Bei der Berechnung der Namenszahl ist zu beachten, daß stets die Buchstaben des *am meisten verwendeten Namens* berechnet werden. Bei einem Menschen, der überwiegend bei seinem Vornamen genannt wird, berechnet man nur die Zahl des Vornamens. In unserem Beispiel würde die Namenszahl 3 bestehen bleiben, da der Nachname Schultze die Quersumme 9 ergab. Wenn man jedoch zu einer Grundzahl (1 bis 9) die Zahl 9 addiert, entspricht die daraus gezogene Quersumme immer der Grundzahl. Dies ist auch der Grund dafür, daß bei der Zuordnung der Buchstaben zu den Zahlen die Zahl 9 ausgelassen wird.

Zur Berechnung der Namenszahl können jedoch auch Künstlernamen oder Spitznamen verwandt werden, wenn der Betreffende vorwiegend bei diesem Namen genannt wird. Ich halte es für sinnvoll, die Wahl des zu berechnenden Namens entsprechend dem Anliegen des Ratsuchenden zu treffen. Um bei unserem Beispiel zu bleiben: Gehen wir davon aus, daß Walter Schultze Hilfe in einer geschäftlichen Angelegenheit sucht. Da er von seinen Geschäftsfreunden meist mit «Herr Schultze» angeredet wird, würde ich die Berechnung der Namenszahl auf «Herr Schultze» ausrichten. «Herr» ergibt die Zahlen 5+5+2+2=14= Quersumme 5, «Schultze» ergibt die Quersumme 9, die Summe beider Zahlen ergibt 5+9=14, Quersumme ist 5.

Über die Beziehung zwischen Geburtstags- und Namenszahl

Im allgemeinen gilt es als «positiv», wenn Geburtstags- und Namenszahl übereinstimmen. Ist dies nicht der Fall, wird dies als sehr «negativ» gewertet und oft versucht, durch Manipulation des Namens die Namenszahl mit der Geburtstagszahl in Einklang zu bringen. Betrachten wir dazu ein Beispiel:

Man würde von einem harmonischen Einklang sprechen, wenn Walter Schultze (Namenszahl 3) an einem 3., 12., 21. oder 30. eines beliebigen Monats geboren wäre. Nehmen wir nun aber an, daß sein Geburtstag auf den 4. eines Monats fällt, also die Geburtstagszahl 4 ergibt. In diesem Fall wird es zahlenmagisch als günstig betrachtet, wenn Walter Schultze seinen Namen so verändert, daß er die Namenszahl 4 ergibt, also beispielsweise die Abkürzung seines zweiten Vornamens Anton einfügt und sich in Zukunft Walter A. Schultze nennt. Problematischer wird es, wenn man keinen passenden zweiten Vornamen hat, da offizielle Namensänderungen nicht so einfach genehmigt werden.

Ich beurteile eine Nicht-Übereinstimmung nicht so «negativ». Es ist sicher richtig, daß die Harmonie zwischen Geburtstags- und

Namenszahl vom Menschen meist als angenehmer empfunden wird. Die Disharmonie wird in der Regel als spannungsreich erlebt, und dies kann durchaus zu mancherlei «Irrungen und Wirrungen» im Leben führen. Durch Spannungen kann aber auch ein enormes kreatives Potential freigesetzt werden. Es ist schließlich auch nicht jedermanns Sache, ein ruhiges und bequemes Leben zu führen, auch wenn dies vielleicht mehr «Erfolge» verspricht; manche Menschen brauchen innere Spannungen als Antriebskraft für ihr Leben, und es ist nicht prinzipiell von Vorteil, durch eine künstliche Manipulation der Namenszahl diese Spannung zu reduzieren.

Wenn Ihre Namenszahl nicht mit Ihrer Geburtstagszahl harmoniert, können Sie durch die Analyse beider Zahlen mehr über Ihre inneren Spannungen erfahren. Sind Sie also beispielsweise an einem 2. geboren und Ihr Name ergibt die Zahl 1, werden Sie feststellen, daß sich diese Verbindung sogar günstig für Sie auswirkt; Ihr etwas labiles und empfindliches «Zweier-Potential» wird durch das «Einer-Potential» ihres Namens gestützt, und Sie verfügen über mehr Lebenskraft und Durchsetzungsvermögen, mehr Vitalität und Ursprünglichkeit, als wenn Ihre Zahlen harmonierten. Sicher wird Ihr Leben nicht ganz so «glatt» verlaufen, da der «Zweier» und der «Einer» in Ihnen ab und zu um die Vorherrschaft kämpfen werden, aber solange die Vorteile die Nachteile aufwiegen, ist eine Namensänderung nicht sinnvoll. Einen Nachteil werden Sie aber bei einer Nicht-Übereinstimmung immer in Kauf nehmen müssen, nämlich daß es für Sie wesentlich schwieriger ist, Ihre sogenannten «Glückstage» zu ermitteln.

Neben der Geburtstagszahl, die sich eher auf die materielle, sinnliche Ebene des Lebens bezieht, und der Namenszahl, die eher die geistigen, transzendenten Aspekte verkörpert, spielen natürlich auch noch die Zahlen des Geburtsmonats und des Geburtsjahres eine Rolle. Während die Zahl des Geburtstages das Individuelle repräsentiert, gibt die Zahl des Geburtsmonats Hinweise auf allgemeine Wesensstrukturen und die Zahl des Geburtsjahres auf das «Schicksal» eines Menschen. Wenn jemand beispielsweise am 9.12.1957 geboren ist, gilt:

9. = 9 (beschreibt das Individuelle)
Dezember = 3* (beschreibt die allgemeinen Wesenszüge)
1957 = 22 = 4 (beschreibt das «Schicksal»)

* s. *Zuordnungen der Zahlen zum Tierkreis* S. 352.

Beispiel 1

Der Fragende hat vor wenigen Wochen eine Frau kennengelernt, in die er sehr verliebt ist. Bis heute ist die Verbindung eher oberflächlich geblieben, der Fragende möchte aber, daß die Beziehung vertieft wird. Er führt die Zahlenanalyse durch, um herauszufinden, ob die Möglichkeit einer harmonischen Verbindung gegeben ist.

Die Zahl seines Vornamens ist die 1, die seines Nachnamens die 2. Der Vorname der Frau ergibt die Zahl 5, während ihr Nachname die Zahl 2 ergibt. Der Fragende berücksichtigt hier in erster Linie die Vornamen.

Er kommt zum Schluß, daß die Zahlen 1 und 5 zwar in gewisser Weise nicht unharmonisch zueinander stehen, doch nur in Bezug auf eine eher oberflächliche Verbindung. Da sich die Namenszahl jedoch auf die tieferen geistigen Aspekte bezieht, ist die Verbindung nicht ideal. Das könnte konkret bedeuten, daß die beiden Partner zwar des öfteren gleicher Meinung sind, sich aber in wesentlichen Punkten doch stark voneinander unterscheiden. Die gesellige, lebhafte, oberflächliche Art des «Fünfers» entspricht nicht der tatkräftigen, ehrgeizigen und durchsetzungsfähigen Art des «Einers».

Der Fragende ist am 12. Juni geboren und seine Freundin am 16. Juni. Bei den Geburtsmonaten besteht also die Übereinstimmung der Zahl 5, wodurch der allgemeine Charakter der Beziehung versinnbildlicht wird. Bei der Geburtstagszahl ergibt sich beim Fragenden die Zahl 3 (stimmt also mit der Zahl des Vor- und Zunamens überein, da 1+2=3). Die Geburtstagszahl der Frau ist die 7 (auch hier besteht eine harmonische Beziehung zwischen der Zahl des gesamten Namens und der Geburtstagszahl, denn 5+2=7). Da sich die Geburtsjahre gleichen, kann man von einem ähnlichen Schicksalslauf ausgehen. Beide Partner sind im Jahre 1950 geboren, was die Zahl 6 ergibt.

Zur Verdeutlichung nochmals eine Übersicht:

	Mann	Frau
1. Geburtstagszahl:	3	7
2. Geburtsmonatszahl:	5	5
3. Geburtsjahreszahl:	6	6
4. Vornamenszahl:	1	5
(5. Nachnamenszahl:	2	2)
(6. Vor- u. Nachnamenszahl	3	7)

Unter dem Aspekt der Geburtstagszahl betrachtet, stehen sich hier ein «Dreier» und ein «Siebener» gegenüber. Diese beiden Menschentypen verbinden sich nicht sehr harmonisch miteinander. Die Frau verhält sich auf der materiellen, sinnlichen Ebene des Lebens wie ein «Siebener», während sie sich auf der tieferen, geistigen Ebene wie ein «Fünfer» verhält, d. h. in ihrer Anlage, in ihrer tieferen Bestimmung ist die Frau ein impulsiver, intelligenter, lebhafter Mensch, der sich für alles und jeden interessiert, dabei aber immer etwas oberflächlich bleibt. Diese Anlagen können aufgrund der «Siebener»-Betonung jedoch nur schwer realisiert werden. Die mystische Tiefe ist von der Anlage her nicht gegeben. Sie wird sich also im intellektuellen Bereich mit allen möglichen Religionen, Philosophien etc. beschäftigen, wobei ihr allerdings die eigene, innere Erfahrungsdimension verschlossen bleibt. Sie wird diese Erfahrungen ständig im Außen suchen, dabei aber immer sprunghaft und oberflächlich bleiben.

Dies alles harmoniert weder mit dem «Dreier»- noch dem «Einer»-Aspekt des Partners. Die Übereinstimmung der Geburtsmonats- und der Geburtsjahreszahl kann diese fundamentalen Unterschiede nicht ausgleichen. Man kann zwar von einer gewissen Anziehung sprechen, die bestehen bleiben kann, sofern sich beide Partner nicht allzu nahe kommen. Je tiefer jedoch die Beziehung wird, desto stärker werden sich auch die trennenden Aspekte bemerkbar machen, was zu mancherlei Komplikationen führen kann. Aufgrund der vielen Spannungen wird die Verbindung bestimmt selten langweilig werden, und neben den Konflikten wird es auch sicherlich eine positive, anregende Spannung geben, doch von harmonischer Ergänzung kann in diesem Falle nicht die Rede sein.

Später stellte sich dann heraus, daß diese Analyse richtig war. Der Fragende, der von dem Ergebnis der Zahlenanalyse nicht eben begeistert war, versuchte trotzdem die Beziehung zu vertiefen, was dann wenige Wochen später zum Streit und schlußendlich zum Bruch führte.

Beispiel 2

Die Fragende plant ihren Arbeitsplatz zu wechseln. Sie hat zwei günstige Angebote vorliegen, zwischen denen sie sich nicht entscheiden kann. Sie hatte sich unauffällig nach den Gründungsdaten beider Firmen erkundigt und führt nun die Zahlenanalyse anhand der Gründungsdaten und der Firmennamen durch. Diese Zahlen setzt sie wiederum zu ihren persönlichen Zahlen in Beziehung, um herauszufinden, welche Arbeitsstelle sich für sie besser eignet.

Ihre persönlichen Zahlen sind:

Frau Schmitt* = 8+2+1+6=17=1+7=8,
3+3+5+4+1+4+4=24=2+4=6, 8+6=14=1+4=5
geb. 23.3.1946
Geburtstagszahl: 5, Geburtsmonatszahl: 9, Geburtsjahreszahl: 2

Die Zahlen der Firmen sind:

Kaufmann KG* = 2+1+6+4+1+5+5=24=2+4=6, 2+3=5,
6+5=11=1+1=2
Gründungsjahr: 2.7.1953, ergibt die Werte: 2, 2(7) und 9

Lehmüller* =3+5+5+4+6+5+3+3+5+2=41=4+1=5
Gründungsdatum: 14.9.1961, ergibt die Werte: 5, 5 und 8

Da die Fragende ein «doppelter Fünfer» ist, entscheidet sie sich für die letztere Firma, die sogar ein «dreifacher Fünfer» ist. Die Zahl 8, die für das Gründungsjahr steht, ist natürlich an dieser Stelle nicht sehr angenehm; sie weist darauf hin, daß der Firma ein hartes Schicksal beschieden ist. Andererseits zeigt die Zahl 8 auch Beharrlichkeit und Durchhaltevermögen an, so daß man nicht fürchten muß, daß sie demnächst in Konkurs geht. Dies wird auch die starke «Fünfer-Grundlage» verhindern.

Natürlich kann man diesen Fall schwer überprüfen, da man ja nicht weiß, was geschehen wäre, wenn die Fragende sich für die andere Firma entschieden hätte. Abschließend läßt sich nur anmerken, daß die Fragende ihre Entscheidung nicht bereut hat und mit diesem Arbeitsverhältnis sehr zufrieden ist.

* Die Namen wurden so geändert, daß die Zahlenwerte erhalten geblieben sind.

DAS ZAHLENQUADRAT-ORAKEL

Dieses Zahlenquadrat basiert auf der Zahlenlehre Cheiros und hat nichts mit den magisch-kabbalistischen Zahlenquadraten zu tun, die beispielsweise bei der Herstellung von Talismanen und Amuletten eine große Rolle spielen. Die Zahlen werden deshalb auch nach Cheiros Zahlenlehre gedeutet.

Zur Durchführung des Orakels benötigen Sie das Zahlenquadrat und drei Würfel. Um eine Antwortzahl zu ermitteln, muß zweimal gewürfelt werden. Der erste Wurf gilt für die waagerechte und der zweite für die senkrechte Reihe des Zahlenquadrats. Die Antwortzahl findet man in jenem Kästchen, in dem beide Reihen zusammentreffen. Ein Beispiel:

1. Wurf: 3+1+6=10=1+0=1
2. Wurf: 2+5+6=13=1+3=4

Die Zahlen beider Würfe werden addiert und auf ihre Quersumme reduziert. Waagerechte Reihe: 1, senkrechte Reihe: 4; dies ergibt auf dem Zahlenquadrat die Zahl 1 als Antwortzahl.

Verschiedene Deutungsmethoden

1. Methode

Sie stellen eine Frage und erwürfeln *eine* Antwortzahl.

2. Methode

Sie erwürfeln *drei* Antwortzahlen. Die erste entspricht der Vergangenheit, die zweite der Gegenwart und die dritte der Zukunft; oder: Beginn, Fortgang, Ergebnis; oder: materieller, emotionaler und geistiger Aspekt.

	1	2	3	4	5	6	7	8	9
1	5	8	7	1	3	4	9	7	8
2	9	1	3	7	1	2	6	1	4
3	8	2	6	4	7	5	2	7	6
4	1	5	7	9	2	1	3	9	7
5	2	9	8	1	8	6	4	5	2
6	3	5	2	3	4	3	1	3	8
7	6	4	7	5	6	9	8	9	6
8	8	2	6	4	2	1	3	4	5
9	9	4	5	7	6	9	5	8	3

Abb. 52

3. Methode

Sie erwürfeln *fünf* Antwortzahlen. Die erste kennzeichnet die positiven, fördernden Faktoren. Die zweite steht für die negativen, hemmenden Faktoren. Die dritte zeigt die harmonisierenden, ausgleichenden Faktoren an. Die vierte beschreibt das empfohlene Verhalten und die fünfte das Ergebnis.

4. Methode

Sie erwürfeln *sechs* Antwortzahlen. Die erste steht für die Grundlage, die Basis (Ausgangspunkt der Deutung). Die zweite kennzeichnet die Wünsche und Hoffnungen, während die dritte die Ängste und die Befürchtungen aufzeigt. Die vierte weist auf die äußeren Hilfen und die fünfte auf die äußeren Hemmnisse hin.

Die Methoden 2, 3 und 4 sind kombinatorische numerologische Orakeltechniken. Falls Ihnen keine dieser Methoden zusagt, steht es Ihnen frei, sich eine eigene zu entwickeln.

Beispiel

Die Fragende ist 38 Jahre alt und hat vor einem halben Jahr einen verwitweten Mann geheiratet, der eine zwölfjährige Tochter mit in die Ehe brachte. Das Verhältnis zwischen der Fragenden und ihrer Stieftochter ist gespannt. Sie stellt folgende Frage: «Wie soll ich mich meiner Stieftochter gegenüber verhalten?»

Die Fragende wendet die 3. Methode an. Es ergibt sich:

1. *positive, förderne Faktoren:*
waagerecht: 2+1+3=6, senkrecht: 6+4+1=11=1+1=2
im Zahlenquadrat: 2
2. *negative, hemmende Faktoren:*
waagerecht: 2+5+4=11=1+1=2, senkrecht: 1+1+3=5
im Zahlenquadrat: 9
3. *harmonisierende, ausgleichende Faktoren:*
waagerecht: 6+5+4=15=1+5=6,
senkrecht: 4+6+2=12=1+2=3
im Zahlenquadrat: 5
4. *empfohlenes Verhalten:*
waagerecht: 2+1+1=4, senkrecht: 4+1+2=7
im Zahlenquadrat: 5
5. *Ergebnis:*
waagerecht: 6+6+3=15=1+5=6, senkrecht: 2+2+1=5
im Zahlenquadrat: 6

Bei den fördernden Faktoren steht die Zahl 2. Dies weist darauf hin, daß die Fragende das Prinzip der Sanftheit und Feinfühligkeit stärker aktivieren muß. Hingegen soll eine aggressive, kämpferische Einstellung vermieden werden (Zahl 9). Die Zahl des empfohlenen Verhaltens und die Zahl der harmonisierenden Faktoren stimmen überein. Die Fragende sollte sich also nicht allzu stark in der Angelegenheit engagieren und nichts zu erzwingen suchen, sondern das Ganze locker angehen und emotionale Auseinandersetzungen vermeiden. Die Zahl 5 kennzeichnet ja eine eher intellektuelle Einstellung. Die Fragende sollte also nicht auf eine tiefgehende emotionale Beziehung hinarbeiten. Statt dessen sollte sie sich ihrer Stieftochter gegenüber sanft und feinfühlig verhalten, sich viel mit ihr unterhalten, sich für sie interessieren, doch dabei zurückhaltend bleiben und tiefschürfende Diskussionen vermeiden. Sie darf sich nicht aggressiv verhalten und nicht versuchen, ihre eigenen Anschauungen durchzusetzen; etwas mehr innerer Abstand wirkte sich durchaus förderlich aus. Unter diesen Voraussetzungen kann ein freundschaftliches, harmonisches Verhältnis erreicht werden, das durch die Zahl 6 symbolisiert wird.

GEMATRIA

Die Gematria – ein wichtiger Aspekt der kabbalistischen Wissenschaft – ist ein numerologisches System, dessen Grundlage darin besteht, Worte und Wortbeziehungen durch die Analyse ihrer Zahlenwerte auszudeuten. Durch die Analyse einzelner oder zusammengesetzter Zahlen, sowie deren Beziehung zueinander, lassen sich wiederum Rückschlüsse auf bestimmte Sinngehalte und Sinnzusammenhänge ziehen.

Die traditionelle kabbalistische Gematria beruht auf der hebräischen Sprache, die einige Besonderheiten aufweist. Im europäischen Sprachgebrauch hat der einzelne Buchstabe für sich genommen keine Bedeutung, erst im Zusammenhang mit anderen Buchstaben ergibt sich ein Sinngehalt. In der hebräischen Sprache besitzt jedoch jeder einzelne Buchstabe einen Sinngehalt, und jeder Buchstabe ist gleichzeitig eine Zahl. Aus diesem Grund eignet sich die hebräische Sprache wesentlich besser zu numerologischen Betrachtungen, da ein natürlicher Zusammenhang zwischen Buchstaben und Zahlen besteht. Dies ist selbstverständlich nicht mit einem künstlich geschaffenen System, wie beispielsweise Cheiros Numerologie, zu vergleichen.

Auch aus diesem Unterschied ergibt sich, daß das gematrische System eher als mystisches denn als mantisches Konzept angewandt wird. Die Gematria ist eigentlich als eine Art «Denk-Yoga» zu verstehen: Durch die Auseinandersetzung mit Buchstaben und Zahlenkombinationen erschließt sich dem Deuter ein gematrisches Weltbild; die Gematria ist somit ein Schlüssel zur Erkenntnis der Zusammenhänge im Universum. Traditionell wird die Gematria nicht als mantisches System angewandt. Allerdings betrachtet der Deuter die Konfrontation mit bestimmten Zahlen auf der alltäglichen Ebene zum Teil auch als ein Omen. Nehmen wir einmal an, ihm begegnet im Verlauf einiger Tage signifikant häufig die Zahl 48. Nun kann er auf verschiedene Weise versuchen, sich der Bedeutung der Zahl anzunä-

Das hebräische Alphabet

	Buchstabe	*Zahlenwert*		*Name d. Buchstaben* v. d. Zahl
א	A	1		Aleph
ב	B, V	2		Beth
ג	G, Gh	3		Gimel
ד	D, Dh	4		Daleth
ה	H	5		He
ו	O, U, V	6		Vau
ז	Z	7		Zayin
ח	Ch	8		Cheth
ט	T	9		Teth
י	I, Y	10		Yod
כ	K, Kh	20,500	ך	Kaph
ל	L	30		Lamed
מ	M	40,600	ם	Mem
נ	N	50,700	ן	Nun
ס	S	60		Samekh
ע	Aa, Ngh	70		Ayin
פ	P, Ph	80,800	ף	Pe
צ	Tz	90,900	ץ	Tzaddi
ק	Q	100		Qoph
ר	R	200		Resh
ש	S, Sh	300		Shin
ת	T, Th	400		Tau

Abb. 53

Die fünf Buchstaben Kaph, Mem, Nun, Pe und Tzaddi haben eine andere Form und einen anderen Zahlenwert, wenn sie am Schluß eines Wortes stehen; die alternative Form des Buchstabens und der entsprechende Zahlenwert stehen in der Tabelle an zweiter Stelle. Ein Kaph am Schluß eines Wortes hat also den Zahlenwert 500, ein Mem 600, etc.

hern: Er kann die 4 und die 8 einzeln analysieren, die Zahl teilen oder multiplizieren, die Quersumme bilden oder die Wurzel ziehen – all diese Rechenvorgänge bringen ihn der Bedeutung der Zahl näher und verdeutlichen den Bezug zu anderen Zahlen. Indem er sich nun eingehend damit auseinandersetzt, weshalb ihm gerade jetzt diese eine Zahl dauernd begegnet, werden sich für ihn bestimmte Schlüsselzahlen herauskristallisieren, die eine herausragende Rolle in seinem Leben spielen, also gewissermaßen die Koordinaten für seinen persönlichen Lebensweg bilden. Diese Anwendungsmöglichkeit macht aber nur einen kleinen Teilbereich der Gematria aus.

Die traditionelle Gematria erfordert die Kenntnis der hebräischen Sprache und der Kabbala. Viele europäische Kabbalisten machen sich allerdings nicht mehr die Mühe, die hebräische Sprache zu lernen, sondern arbeiten mit der festgelegten phonetischen Umschrift einzelner Buchstaben, anhand welcher die Zahlenwerte der lateinisch geschriebenen Buchstaben bzw. Worte bestimmt werden. Da jedoch im hebräischen Alphabet einige Laute fehlen, wie z. B. der Vokal E und alle Umlaute, müssen deutsche Worte der hebräischen Sprache angepaßt werden, was wiederum ohne Grundkenntnisse des Hebräischen kaum möglich ist.

Die Gematria ist also für einen Anfänger ohne Kenntnisse der hebräischen Sprache und der Kabbala vollkommen ungeeignet. Sie läßt sich zwar prinzipiell als mantisches System verwenden – auch wenn sie ursprünglich nicht diesem Zweck diente –, für einen Nicht-Kabbalisten ist sie aber zu aufwendig, um allein für die Divinatorik erlernt zu werden. Wer sich also nicht auch gleichzeitig für die kabbalistische Mystik interessiert, wählt besser eine andere mantische Disziplin.

8. Kapitel

TEXTORAKEL

Oberflächlich betrachtet könnte man zum Schluß gelangen, daß die Textorakel heute keinen großen Stellenwert mehr besitzen. Einerseits ist das sicherlich richtig, denn die reinen Textorakelmethoden, wie beispielsweise das Buchstechen, werden heute kaum noch angewandt. Andererseits kann man gelegentlich beobachten, daß manche auf Bildern oder Symbolen beruhende Orakel zu Textorakeln umfunktioniert werden. So legen beispielsweise einige Kartendeuter die Karten aus, ohne sich diese anzuschauen und deren Bild- und Farbsymbolik zu beachten, und konstruieren statt dessen die Deutung aus den Texten des Begleitheftes, indem sie sich in Stich- bzw. Schlagworte der Tarotanleitung vertiefen, diese im Geiste hin und her schieben, bis daraus eine sinnvolle Deutung erwächst. Auch wenn sich alle dogmatischen Kartenleger über diese unorthodoxe Technik ärgern – die Qualität der Deutung muß nicht unbedingt darunter leiden. Wenn die Intuition und die kombinatorische Fähigkeit des Deuters durch Schlagworte stärker angeregt wird als durch Bilder und Farben, ist an dieser Technik nichts auszusetzen. Problematisch ist es nur dann, wenn man aus Unsicherheit heraus Halt in der Sprache zu finden versucht. Bildern und Symbolen schreibt man einen flüchtigen Charakter zu; sie sind niemals eindeutig, können mühelos mit einigen Tricks völlig umgedeutet werden und sind niemals wirklich greifbar. Ein Text, so glaubt man, ist dagegen wesentlich objektiver. Daß es sich hierbei um eine Illusion handelt, weiß jeder, der schon einmal das I Ging befragt hat. Sprache ist nicht unbedingt eindeutiger als Bilder oder Symbole, und es gibt immer verschiedene Möglichkeiten, einen Text zu verstehen und zu interpretieren. Wir sind zwar im Umgang mit Sprache wesentlich geübter als im Umgang mit Bildern, doch ist dies bei der Orakeldeutung nicht unbedingt ein Vorteil. Die meisten Menschen neigen dazu, etwas Geschriebenes als eindeutig und objektiv anzusehen, was leicht dazu führt, daß die dahinter stehende Idee nicht mehr richtig wahrgenommen wird. Ohne eine gewisse Flexibilität im Umgang mit Sprache ist die Interpretation von Textorakeln nicht möglich; wer sich an den Worten festklammert und die Vielschichtigkeit der dahinterstehenden Idee nicht erkennt, wird immer wieder zu falschen Prognosen gelangen. Gehen Sie nicht mit der Vorstellung, daß Sie hier «weniger falsch machen können», an die Befragung eines Textorakels heran: Wenn Sie das Textorakel unter diesem Gesichtspunkt wählen, werden Sie einige unangenehme Überraschungen erleben!

Manche Leser werden sich wundern, daß das I Ging in die Kategorie der Textorakel eingereiht wurde. Strenggenommen kann man es nicht als reines Textorakel einstufen, aber da es in unserem Kulturkreis fast ausschließlich als solches benutzt wird, schien es mir nicht sinnvoll, es unter den kombinatorischen Orakeln zu besprechen. Der Philosoph Wang Pi schrieb in seinem I Ging-Kommentar: «Die Symbole (der Hexagramme) dienen zum Ausdruck der (dahinter stehenden) Ideen, die (den Hexagrammen beigegebenen) Sprüche zum Ausdruck der Symbole. Sobald man aber die Symbole erfaßt hat, können die Worte vergessen werden, und sobald man die Ideen erfaßt hat, können die Symbole vergessen werden. Wer sich hingegen an die Worte klammert, wird nie die Symbole erfassen, und wer sich an die Symbole klammert, wird nie die Ideen erfassen.»[1] Hier kommt sehr deutlich zum Ausdruck, daß das Entscheidende die Idee oder der Grundgedanke ist. Die Symbole und die Texte sind nur Hilfsmittel, uns diese Ideen begreiflich zu machen. In unserem Kulturkreis wird jedoch in der Praxis meist auf die Auseinandersetzung mit den Symbolen verzichtet. In der Regel versucht man, vom Text ausgehend direkt zur Idee vorzustoßen, ohne das Hexagramm selbst zu beachten. In manchen I Ging-Texten wird zwar auf das Symbol, das Bild, eingegangen, was aber meist nur dazu führt, daß wir uns mit der Beschreibung des Symbols auseinandersetzen, jedoch nicht mit ihm selbst. Da es also offenbar möglich ist, auf die Auseinandersetzung mit dem Symbol zu verzichten, ohne daß dadurch falsche Prognosen entstehen, wurde das I Ging hier unter die Textorakel gefaßt.

DAS BUCHSTECHEN

In früheren Zeiten wurde meist die Bibel oder das Gesangbuch zum Buchstechen verwendet. Obwohl Zauberei und Wahrsagerei von der Kirche strengstens verboten wurden, schien das Bibelstechen zumindest geduldet zu werden – wenn auch mit der Einschränkung, nur in äußerst wichtigen Angelegenheiten zu dieser Hilfe zu greifen, was von den Ratsuchenden aber sicher nicht allzu ernst genommen wurde. Schließlich ist es ja kein «Mißbrauch Gottes», wenn man in frommem Glauben Rat und Hilfe sucht.

Beim Buchstechen wurde der Deckel des Buches aufgeschlagen, dann stach man mit einer dünnen Nadel in den Buchblock und suchte die Seite heraus, die als letzte angestochen wurde. Der Einstich markierte auch gleichzeitig die Textstelle, die als Antwort auf die Frage gedeutet werden mußte. Beim Bibel- oder Gesangbuchstechen wurde meist der ganze Vers oder Abschnitt gedeutet. Später ging man dazu über, auch Romane, Erzählungen oder Gedichtbände für das Buchstechen zu verwenden. Zur Deutung wurde dann meist nur der angestochene Satz, manchmal aber auch nur das angestochene Wort benutzt. Problematisch konnte es gelegentlich werden, wenn sich ein Einstich zwischen zwei Zeilen befand, die nicht zum gleichen Satz gehörten. In der Regel wurden dann beide Sätze zur Deutung herangezogen, was oft recht widersprüchliche Ergebnisse zeitigte. Handelte es sich um eine Frage nach der Zukunft, konnte der erste Satz für die nähere, der zweite für die fernere Zukunft gedeutet werden, eine Methode, die man auch für die Deutung einzelner Worte anwandte. Ein anderes Verfahren war, die beiden Worte, zwischen denen der Einstich lag, in einen sinnvollen Zusammenhang zu bringen, was nicht immer ganz einfach war. Beim Stechen von Romanen wurde selten ein ganzer Abschnitt gedeutet, während man bei Gedichtbänden meist das ganze Gedicht zur Deutung heranzog, wobei die angestochene Zeile als Schlüssel zur Deutung des gesamten Gedichts galt.

Beispiel

Der Fragende ist 48 Jahre alt. Vor einigen Jahren hat er sein kleines Lebensmittelgeschäft, das zuletzt kaum noch etwas abwarf, aufgegeben. Er ist nun kaufmännischer Angestellter bei einem großen Konzern, aber etwas unzufrieden mit seiner beruflichen Situation. Er fragt sich immer wieder, ob es nicht besser gewesen wäre, damals das Lebensmittelgeschäft zu behalten und vielleicht zu modernisieren.

Er stellt folgende Frage: *«Wie werde ich in der Zukunft darüber denken, daß ich nun für immer Angestellter sein werde?»*

Zum Stechen verwendet der Fragende immer Goldmanns Taschenbuchausgabe von Victor Hugos *Die Elenden*[2]. Nach dem Stechen sucht er die Seite heraus, die als letzte angestochen wurde. Der Einstich liegt auf Seite 185 zwischen den zwei Zeilen:

> «Gehen wir hier richtig?»
> «Ja, guter Herr.»

Der Fragende, der das Buchstechen von seiner Mutter gelernt hat, geht gewöhnlich nach der Methode vor, bei einem Einstich zwischen zwei Zeilen beide Sätze auf eine eindeutige Aussage zusammenzubringen. Als er aber diese beiden Sätze liest, stellt er kurzentschlossen folgende Prognose:

> *In der nächsten Zeit werde ich wahrscheinlich noch daran zweifeln, daß meine Entscheidung richtig war, und immer wieder daran denken müssen, daß ich meine Freiheit und Selbständigkeit aufgegeben habe. Dann werde ich aber erkennen, daß es so richtig gewesen ist, wie ich es gemacht habe.*

Um das Ergebnis vorwegzunehmen: Die Vorhersage traf nicht ein.

Meiner Meinung nach liegt der entscheidende Fehler darin, daß der Fragende sich während des ganzen Aktes nicht von seiner emotionalen Beteiligung freimachen konnte. Dies schlägt sich schon in der Fragestellung nieder. Die Frage an sich ist korrekt gestellt, die Formulierung allerdings spricht Bände. Die Redewendung «nun für immer» drückt Bedauern und Resignation aus, und die Hoffnung schwingt mit, daß die Zeit alle Wunden heilt und er später vielleicht einmal anders darüber denken wird.

Beim Deutungsprozeß weicht der Fragende von seiner gewohnten Methode ab. Er entschließt sich spontan, eine Regel zu mißachten. Der erste Satz wird analog zu seiner momentanen negativen Einstellung, seinem Bedauern und seiner Unentschiedenheit gesehen. Die

Deutung ist also durchaus richtig. Der zweite Satz symbolisiert sein Erkennen, daß er richtig gehandelt hat. Auch hier kann man davon ausgehen, daß die Deutung richtig ist. Der Fehler liegt allein darin, daß der Fragende den ersten Satz auf die nähere Zukunft und den zweiten auf die ferne Zukunft bezog, was nicht seiner gewohnten Interpretationsweise entsprach. Wäre er nicht davon abgewichen, hätte er zweifelsohne auch die richtige Deutung erstellt, denn wenn man beide Sätze zu einer Aussage zusammenfaßt, erkennt man, daß die beiden Sätze zwei widerstreitende Gefühle oder Denkweisen ausdrücken, die auch in der Zukunft nicht vereinbar sind: Auf der einen Seite steht das Bedauern, auf der anderen Seite die rationale Erkenntnis, daß er sein Geschäft nicht hätte halten können und so eine annehmbare Lösung gefunden hat. Hätte der Fragende sich an die Regel gehalten, hätte er erkannt, daß sich dieser Widerspruch nicht von selbst auflöst. (Tatsächlich hat er bis zum Ausscheiden aus dem Berufsleben darunter gelitten.)

Nun mag mancher Leser vielleicht einwenden, daß ein spontaner, intuitiver Eindruck doch berücksichtigt werden müsse. Das ist an sich richtig, nur darf man Intuition nicht mit Emotion verwechseln und sie nur innerhalb der festgesetzten Regeln einsetzen. Hier war nicht die Intuition, sondern die Emotion die treibende Kraft. Der Fragende *wollte*, daß sich alles zum Guten wendet, und indem er eine Regel außer Kraft setzte, konnte er sich diese Hoffnung bewahren. Also erklärte er (unbewußt) seinen Wunsch, sein Gefühl, für Intuition. Es ist außerordentlich wichtig, die Regeln, die man für sich festgelegt hat, stets zu respektieren, da eine vertraute Struktur das Deuten erleichtert und Ausfälle dieser Art weitgehend verhindert.

DAS BLINDE AUFSCHLAGEN

Eine Abwandlung des Buchstechens ist das blinde Aufschlagen eines Buches. Der Ratsuchende hält das Buch einige Minuten in den Händen, während er die Augen schließt und sich innerlich sammelt. Dann schlägt er das Buch mit geschlossenen Augen auf und deutet mit dem Zeigefinger auf eine Stelle, die er anschließend interpretiert.

Natürlich ist das Zeigen mit dem Finger nicht so exakt wie das Stechen – besonders bei kleiner Schrift und engem Zeilenabstand –, und man verzichtet deshalb meist auf die Methode, die einzelnen Worte in einen Zusammenhang zu bringen und zu deuten; statt dessen verwendet man die ganzen Sätze, häufig sogar den ganzen Abschnitt, um eine sinnvolle Aussage zu erhalten.

Es besteht auch die Möglichkeit, nicht nur die Textstelle, sondern auch das Buch blind auszuwählen, indem man mit geschlossenen Augen ein Buch aus dem Bücherregal greift – und seine Zukunft dann vielleicht aus einem Lehrgang für Computerfachsprachen oder aus einer Latein-Grammatik erfährt.

Beispiel 1

Eine junge Frau, deren vierjährige Tochter auf der Straße von einem Auto angefahren wurde und jetzt schwer verletzt im Krankenhaus liegt, sucht Rat und Trost in der Bibel. Sie hat zuvor eine Seherin aufgesucht, die den Tod des Kindes prophezeit, was die Fragende aber nicht glauben will, weshalb sie nun selbst in die Zukunft zu sehen versucht. Sie hat noch nie selbst ein Orakel befragt, setzt aber grenzenloses Vertrauen in die Bibel.

Sie formuliert die Frage etwas ungeschickt, aber durchaus korrekt: *«Wie wird es mit der Gesundheit meiner Tochter?»*

Die Fragende schlägt die Bibel blind auf und deutet auf eine Stelle. Es ist 2. Samuel 12.18. Der Satz geht über zwei Zeilen. Ihr Finger lag genau auf den Worten «Am» und «Kind»:

> .... [18]Am
> siebenten Tage aber starb das Kind.

Hier erübrigt sich jede Interpretation – die Aussage ist eindeutig. Das Kind starb allerdings nicht erst am siebten, sondern schon am vierten Tag nach dem Unfall.

In solchen Fällen wünscht sich sicherlich mancher, das Orakel nicht befragt zu haben; das Wissen um zukünftige Ereignisse ist oft eher belastend denn hilfreich. Im Volksbrauchtum kannte man sogar spezielle Gesten und Handlungen, durch die man glaubte, eine Prognose wieder rückgängig machen zu können, wie z. B. eine Treppe rückwärts hochsteigen oder bestimmte Beschwörungsformeln rückwärts aufsagen.

Beispiel 2

Die Fragende ist 36 Jahre alt und plant eine Reise in die USA. Da sie sich nicht entscheiden kann, ob sie im Frühjahr oder erst im Herbst reisen soll, befragt sie das Orakel. Sie wählt das Buch blind aus und gerät ausgerechnet an Langenscheidts Taschenwörterbuch *Spanisch.*[4]

Sie vergegenwärtigt sich noch einmal ihre erste Frage, die lautete: *«Wie wird die Reise, wenn ich im Frühjahr fahre?»*

Sie schlägt das Buch auf und zeigt auf eine Stelle. Dann öffnet sie die Augen. Ihr Zeigefinger liegt auf dem Wort: *empfinden* und auf den beiden darunterstehenden spanischen Entsprechungen *sentir* und *experimentar.*

Daraus schließt die Fragende, daß sie die Reise offensichtlich sehr emotional erleben wird. Sie liest auch heraus, daß sie viel erleben und viel Neues aufnehmen wird, daß sie vieles sehen, wahrnehmen und entdecken wird, was sie berührt. Als Ergebnis formuliert sie: «Eine bewegte, frohe Zeit, die mich stark beeindrucken wird.»

Die Fragende beschließt die Gegenprobe zu machen und stellt die zweite Frage: *«Wie wird die Reise, wenn ich im Herbst fahre?»*

Sie schlägt das Buch wieder blind auf. Die Stelle, auf die sie diesmal gezeigt hat, ist: *tortuga,* die *Schildkröte.*

Daraus schließt die Fragende, daß eine Reise im Herbst eher ruhig und beschaulich verlaufen wird, daß sie wahrscheinlich wesentlich langsamer vorankommen wird und deshalb nicht alle Orte besuchen kann, die auf ihrem Plan stehen. Vielleicht wird sie auch von äußeren Umständen gebremst werden, die sie nicht so schnell überwinden kann.

Sie entschließt sich also aufgrund ihrer Orakelbefragung, im Frühjahr zu fahren. Die Reise verläuft aber nicht so, wie sie es erwartet hat.

Bei diesem Beispiel fällt als erstes auf, daß die Deutung der ersten Frage nicht ganz korrekt durchgeführt wurde. Das Wort «empfinden» ist zunächst einmal neutral, wurde aber von der Fragenden entschieden zu positiv gedeutet. Es bestätigte sich, daß sie die Reise emotional stark berührte. Die positiven Wünsche jedoch, die in ihrem Fazit «eine bewegte, frohe Zeit» zum Ausdruck kamen, erfüllten sich nicht so ganz. Der Grund ist: Die Fragende hat die Aussagegrenze nicht respektiert, sie deutete das neutrale «empfinden» um in «etwas Angenehmes empfinden», was sich hinterher als Fehlprognose herausstellte.

Weiterhin zeigte sich, daß sich die postulierte Bewegung weitaus mehr in ihrem Innern als außen abspielte. Natürlich machte sie auch neue Erfahrungen, neue Entdeckungen, doch sie wurde auch dazu gezwungen, sich mit inneren psychischen Angelegenheiten auseinanderzusetzen, die bisher verdrängt wurden. So litt sie z. B. eine ganze Weile lang unter Heimweh, ohne sich erklären zu können, wodurch dieses Gefühl in ihr ausgelöst wurde. Aufgrund ihrer zu positiven Deutung hatte sie mit derartigen Gefühlen und Empfindungen nicht gerechnet.

I GING*

Wie eingangs schon erwähnt, wird das I Ging heute bei uns meist als Textorakel verwendet. Dennoch wollen wir hier nicht darauf verzichten, auf die Symbolik einzugehen, da uns dies das Verständnis der Texte erleichtern wird.

Die grundlegende Idee, aus der das I Ging entstanden ist, beruht auf dem ständigen Wandel der Dinge. So trägt es auch den Namen «Buch der Wandlungen». Dadurch, daß alle Dinge auch ihren Gegensatz in sich tragen, entsteht Veränderung, entsteht Wandel. Der Wandel wiederum folgt einem Gesetz, nämlich dem der periodischen Wiederkehr, wie wir es z. B. am ständigen Wechsel der Jahreszeiten beobachten können. So wird berichtet, daß der Urgrund, die Quelle allen Seins, zwei gegensätzliche Kräfte hervorbrachte: Yin und Yang. Yin stellt die passive, weibliche, empfangende Kraft und Yang die aktive, männliche, schöpferische Kraft dar. Aus dem Zusammen- bzw. Gegeneinanderwirken dieser beiden Kräfte entstand alles Existierende. Doch in Yin und in Yang liegt der Keim zur Veränderung in ihr Gegenteil, woraus sich erklärt, daß unsere Welt nicht statisch, sondern in ständigem Wandel begriffen ist. Dies wird symbolisch ausgedrückt durch die Monade:

Abb. 54

* Die Transkription der chinesischen Namen und Titel erfolgte nach Richard Wilhelm.

Doch die extrem dualistische Weltsicht ist dem chinesischen Denken fremd. Über dem Gegensatz von Yin und Yang wird nie die Einheit, die Zusammengehörigkeit dieser beiden Kräfte vergessen. Yin und Yang bedingen einander und stellen nur zwei Aspekte des Einen, des Unfaßbaren dar, über das man nicht sprechen kann, weil es unser Begriffsvermögen weit übersteigt. Die Wechselwirkung von Yin und Yang ist jedoch für uns alle sichtbar und verstehbar.

Das Yang wird dargestellt durch einen ganzen Strich ▬, das Yin durch einen gebrochenen Strich ▪ ▪. Man nimmt an, daß diese beiden Symbole Grundlage einer binären Orakelmethode waren, wobei der ganze Strich «Ja» und der durchbrochene «Nein» bedeutete.[5] Aus der Kombination dieser beiden Symbole sollen dann zunächst die nachfolgenden vier Zeichen oder Bilder entstanden sein[6]:

⚌	⚎	⚍	⚏
TAI YANG	SCHAU YIN	SCHAU YANG	TAI YIN
Sommer	Frühling	Herbst	Winter

Daraus entstanden wiederum die acht Zeichen oder Bilder (Trigramme), die die Vorgänge in der Welt noch differenzierter darstellen sollten. Dabei muß immer beachtet werden, daß es hier nicht um die Dinge selbst geht, sondern um ihre Bewegungstendenz. In dieser (ältesten) Anordnung stehen sich die Gegensatzpaare gegenüber (s. Abb. S. 377):

KIEN (Himmel)	–	KUN (Erde)
SUN (Wind)	–	DSCHEN (Donner)
KAN (Wasser)	–	LI (Feuer)
GEN (Berg)	–	DUI (See)

Man ordnet den Trigrammen folgende Eigenschaften zu (wobei diese Aufstellung nicht deren vollständige Bedeutung enthüllt, sondern sie nur grob skizziert):

☰	KIEN	(Das Schöpferische): stark, machtvoll, entschlossen, zielgerichtet, energetisch, stabil, schöpferisch.
☷	KUN	(Das Empfangende): Hingebend, dienend, nachgebend, schwach, bewahrend, nährend, anpassungsfähig.
☴	SUN	(Das Sanfte): eindringend, langsam, allmählich, sanftes Wirken.
☳	DSCHEN	(Das Erregende): bewegend, aktiv, expansiv, explosiv, heftig, erregend.
☵	KAN	(Das Abgründige): gefährlich, dunkel, tief, schwierig, ängstlich, schwermütig, traurig, undurchschaubar.

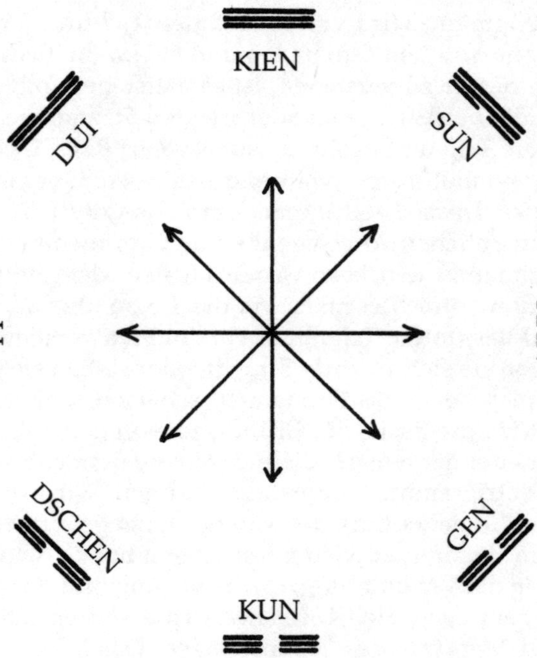

Abb. 55

☲ LI (Das Haftende): erhellend, klar, leuchtend, bewußt, intelligent, anhaftend, abhängig.

☶ GEN (Das Stillehalten): ruhend, gelassen, unbewegt, beharrlich, störrisch, hartnäckig.

☱ DUI (Das Heitere): fröhlich, offen, unbeschwert, zufrieden, heiter, freudig, maßlos.

Man verwendete diese 8 Zeichen zur Orakelbedeutung, bis man durch die Kombination von jeweils zwei Trigrammen 64 Zeichen (Hexagramme) erhielt, die eine weitaus verfeinerte Betrachtungsweise erlaubten. Ein Hexagramm besteht also aus 6 Linien, die von unten nach oben gelesen werden:

6 ——	6 — —
5 ——	5 — —
4 ——	4 — —
3 ——	3 — —
2 ——	2 — —
1 ——	1 — —

Das untere Trigramm wird von den Linien 1, 2 und 3 gebildet, das obere Trigramm von den Linien 4, 5 und 6. Um die Bedeutung eines Hexagramms besser zu verstehen, ist es meist sinnvoll, das dynamische Wirken der beiden aufeinandergelegten Trigramme zu analysieren. Das untere Trigramm kann beispielsweise *Basis, Grundlage, Fundament, Erde* symbolisieren, während das obere Trigramm für *Ziel, äußere Einflüsse, Himmel* steht, man kann das untere Trigramm aber auch den menschlichen Angelegenheiten, dem niederen Selbst, und das obere Trigramm den kosmischen Idealen, dem höheren Selbst, zuordnen. Dann betrachtet man, wie die Trigramme aufeinaner einwirken: Wird das untere Trigramm vom oberen verstärkt oder blokkiert? Ergänzen sie sich zu einer Einheit, oder stehen sie gegeneinander? Ist beispielsweise das Fundament schwach, während die Ziele stark sind? Wird die Basis, die Grundlage, von den äußeren Einflüssen gefördert oder gebremst? Allein durch die Betrachtung der Beziehung der Teiltrigramme zueinander können wir wertvolle Aufschlüsse über die Bedeutung des Hexagramms gewinnen.

Wir müssen uns immer wieder vor Augen halten, daß die Grundlage des I Ging die Veränderung, die Bewegung und der Wandel sind und daß deshalb auch die 64 Zeichen keine starren Abbilder eines eingefrorenen Moments des Lebens zeigen. Das Leben ist ständiger Wandel, auch wenn es gelegentlich Zeiten der Stagnation, des Stillstands und der Unbeweglichkeit gibt. Deshalb liegt auch in den Hexagrammen der Keim zur Wandlung. So kann ein Zeichen in einer unbewegten Form erscheinen, aber auch sogenannte bewegte Linien oder Wandellinien aufweisen; ein Hexagramm kann in ein anderes übergehen, indem eine, zwei oder auch alle Linien gewandelt, d.h. in ihr Gegenteil verkehrt werden. Ob ein Hexagramm unbewegt ist oder bewegte Linien aufweist, ergibt sich beim Aufbau des Hexagramms, wie wir später noch sehen werden. Bewegte Linien können folgendermaßen gekennzeichnet werden:

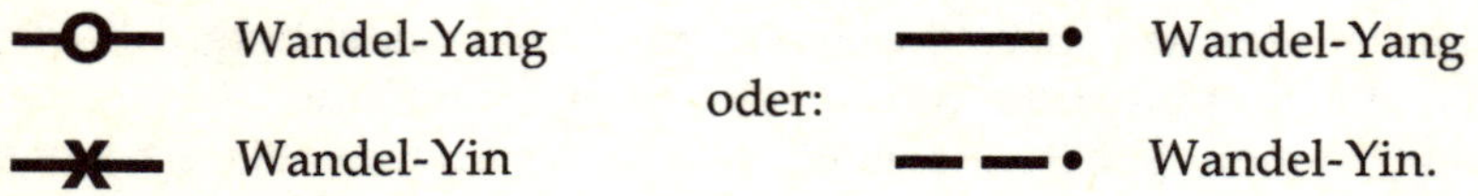

Die Wandellinien eines Hexagramms werden also in ihr Gegenteil verkehrt, wodurch sich dann ein neues Zeichen ergibt, wie beispielsweise:

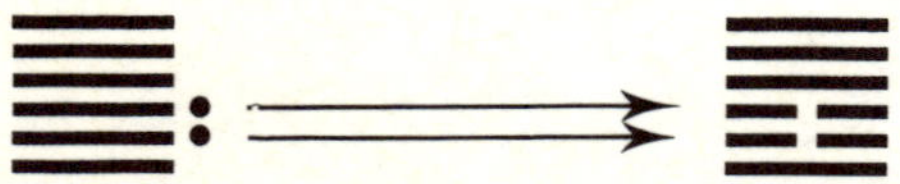

KIEN wird gewandelt zu WU WANG

Die 64 Hexagramme*

1. ䷀ KIEN (Das Schöpferische); Substanz, Himmel, Vater, Wille, Inspiration, ursprüngliche Kraft.

2. ䷁ KUN (Das Empfangende, die natürliche Antwort); Erde, Mutter, Erfüllung, Anpassung.

3. ䷂ DSCHUN (Die Anfangsschwierigkeit); Verwirrung, Unentschlossenheit, widersprüchliche Gedanken und Gefühle.

4. ䷃ MONG (Die Jugendtorheit, die Unerfahrenheit); Mangel an Wissen, Erkennen der eigenen Grenzen, Konfrontation mit Neuem und Unbekanntem.

5. ䷄ SÜ (Das Warten [die Ernährung], das überlegte Warten); Ruhen, Zurückhalten, Nicht-Eingreifen, dem Schicksal seinen Lauf lassen.

6. ䷅ SUNG (Der Streit); Konflikt, Hindernisse, Schwierigkeiten, Hemmnisse, Widerstände.

7. ䷆ SCHI (Das Heer, die gesammelte Kraft); die Masse, Organisation und Disziplin, Teamarbeit.

8. ䷇ BI (Das Zusammenhalten, die Einheit); Vereinigung, Einbindung in die Gesellschaft.

9. ䷈ SIAU TSCHU (Des Kleinen Zähmungskraft, die Beschränkung); Hindernis, Frustration, Einengung.

10. ䷉ LÜ (Das Auftreten); Verhalten, Benehmen, alles hängt vom eigenen Auftreten ab.

11. ䷊ TAI (Der Friede, das Gedeihen); Verschmelzung, Wachstum, neues Erwachen, Frühling.

12. ䷋ PI (Die Stockung); Stillstand, Trennung, Apathie, Sackgasse, Rückzug.

* In den Klammern finden Sie die deutschen Titel der Hexagramme. An erster Stelle stehen die von R.Wilhelm gewählten Titel, an zweiter Stelle jene von R.L.Wing, sofern sie vom Wilhelmschen Titel abweichen.

13. TUNG JEN (Gemeinschaft mit Menschen); soziales Verhalten, Sicherheit in der Gruppe, «seinen Platz in der Gesellschaft finden».

14. DA YU (Der Besitz von Großem, die Souveränität); Wohlstand, Erfolg, Glücksfälle.

15. KIEN (Die Bescheidenheit, die Mäßigung); Ausgleich, Vermeidung von Extremen, Beschränkung auf Notwendiges, Demut.

16. YÜ (Die Begeisterung, der harmonische Einklang); natürliche Ordnung, Harmonie, Lebensfreude.

17. SUI (Die Nachfolge, das Anpassen); Entspannung, Nicht-Streben, Dienen, die Führung anderen überlassen, Ausruhen.

18. GU (Die Arbeit am Verdorbenen, die Wiederherstellung); Verfall, Verarbeitung der Vergangenheit, Nachdenken, Wandel, Wendung zum Besseren.

19. LIN (Die Annäherung, die Beförderung); neue Möglichkeiten, günstige Gelegenheiten, das Ende des Winters, Chancen, die genützt werden wollen.

20. GUAN (Die Betrachtung [der Anblick]); Aufmerksamkeit, Beobachtung, Erkennen von Zusammenhängen und Gesetzmäßigkeiten, Ernsthaftigkeit, Einsicht.

21. SCHI HO (Das Durchbeißen, die Reform); Gefahr der Selbsttäuschung, energisches Überwinden von Schwierigkeiten, «Probleme lösen sich nicht von selbst».

22. BI (Die Anmut); innere Schönheit, Klarheit, Ruhe und Freude, ein Ausblick auf die Vollkommenheit.

23. BO (Die Zersplitterung, die Verschlechterung); Verfall, Inkompetenz, Mißtrauen, Mißverständnisse.

24. FU (Die Wiederkehr [die Wendezeit]); Aussicht auf Erfolg, Neuanfang, überwundene Schwierigkeiten, neue Möglichkeiten tun sich auf.

25. ䷘ WU WANG (Die Unschuld [Das Unerwartete]); Spontaneität, Natürlichkeit, Arglosigkeit, das Unerwartete, überraschende Wendungen.

26. ䷙ DA TSCHU (Des Großen Zähmungskraft, die angesammelte Kraft); Selbstbeherrschung, Aufmerksamkeit, Stärke, die Möglichkeit zum Durchbruch.

27. ䷚ I (die Mundwinkel, die Ernährung); Gleichgewicht, Offenheit, Bescheidenheit, Ausgeglichenheit, Maß.

28. ䷛ DA GO (Des Großen Übergewicht, die kritische Masse); zugespitzte Situation, Entscheidungen, Spannungen, Krise.

29. ䷜ KAN (Das Abgründige, die Gefahr); unmittelbare Bedrohung oder Gefahr; Andauern der Krisensituation.

30. ䷝ LI (Das Haftende, das Zusammenwirken); synergetische Wechselbeziehungen, Zusammenarbeit, Verhaftetsein, Selbstverwirklichung innerhalb von Grenzen/Beschränkungen.

31. ䷞ HIEN (Die Einwirkung [die Werbung], die Anziehung); Interesse, Offenheit, Gedankenaustausch, die Anziehung zwischen Mann und Frau.

32. ䷟ HONG (Die Dauer, die Fortführung); Besinnung auf alte Werte, Traditionsbewußtsein, ruhiges Wachstum, Beständigkeit.

33. ䷠ DUN (Der Rückzug); Ausweichen, das Vermeiden von Konfrontation, Abwarten, Zurückhaltung.

34. ䷡ DA DSCHUANG (Des Großen Macht, die große Macht); Verantwortlichkeit, Position der Stärke, Einfluß.

35. ䷢ DSIN (Der Fortschritt); Entwicklung, Kommunikation, Initiative, Zusammenarbeit, Projekte, neue Ziele und Einsichten.

36. ䷣ MING I (Die Verfinsterung des Lichts, die Zensur); Widerstände, Bedrohung der eigenen Ziele, Unterdrükkung, Rückzug, Zurückhaltung.

37. ䷤ GIA JEN (Die Sippe, die Familie); Pflichten, Treue, Loyalität, Ehrlichkeit, Verwandtschaft, Zuneigung, andere Menschen achten, soziale Rolle.

38. ䷥ KUI (Der Gegensatz, der Widerspruch); Gespaltenheit, Entfremdung, Dualität, entgegenwirkende Kräfte, «Pattsituation».

39. ䷦ GIEN (Das Hemmnis, die Hindernisse); Sperren, Blockaden, die nur langsam überwunden werden können.

40. ䷧ HIE (Die Befreiung); Lösung und Überwindung von Schwierigkeiten oder Ängsten, entschlossener Befreiungsakt.

41. ䷨ SUN (Die Minderung, der Niedergang); Überflüssiges absterben lassen, Schlichtheit, Loslassen, Verminderung, Verzicht, Verlust.

42. ䷩ I (Die Mehrung, der Nutzen); Aussicht auf Erfolg, Großzügigkeit, Geben, Einsatz für andere, positive Energien können genutzt werden.

43. ䷪ GUAI (Der Durchbruch, die Entschlossenheit); gewaltfreie, doch kompromißlose Haltung; Vertreten der eigenen Überzeugungen, Ehrlichkeit, Geradlinigkeit, Offenheit.

44. ䷫ GOU (Das Entgegenkommen, die Versuchung); Gefahr, in unsichere oder zwielichtige Angelegenheiten hineingezogen zu werden, innere Versuchungen und Wünsche.

45. ䷬ TSUI (Die Sammlung); Zusammenkunft, Zusammenfinden von Gleichgesinnten, Bildung einer Gruppe mit gemeinsamen ideellen/spirituellen Zielen/Anschauungen.

46. ䷭ SCHONG (Das Empordringen, der Aufstieg); Beförderung, Begünstigung, Streben, Erfolg, Glück, zunehmender Einfluß, Bescheidenheit und Fleiß.

47. ䷮ KUN (Die Bedrängnis [die Erschöpfung]); Bedrückung, Entmutigung, äußerer Druck, Schwierigkeiten/Probleme, die jedoch mit Geduld und Willensstärke lösbar sind.

48. ䷯ DSING (Der Brunnen, die Quelle); das Erkennen der Grundlagen und des Sinns; Denken in übergeordneten Zusammenhängen, die Quelle menschlichen Seins.

49. ䷰ GO (Die Umwälzung, die Mauserung); Konflikt, Umwandlung, Veränderung, sanfte Revolution, konstruktive Änderungen.

50. ䷱ DING (Der Tiegel, die kosmische Ordnung); im Einklang mit der kosmischen Strömung denken und handeln; Transformation; Erkennen des Gesamtzusammenhangs.

51. ䷲ DSCHEN (Das Erregende, die Erschütterung); plötzliche, unvorhersehbare Ereignisse, Aufruhr, heftige Bewegung, Aufrütteln, Erwachen.

52. ䷳ GEN (Das Stillehalten, die Meditation); Gelassenheit, innere Ruhe, Wunschlosigkeit, Innenschau, Ausgeglichenheit, innerer Friede, Entspannung, Loslassen.

53. ䷴ DSIEN (Die Entwicklung [allmählicher Fortschritt]); langsames, bedachtes Fortschreiten; natürliches Wachstum, behutsame Entfaltung.

54. ䷵ GUI ME (Das heiratende Mädchen, das Untergeordnete); einseitige Abhängigkeit, Ungerechtigkeit, Mißverständnisse, Gleichgültigkeit, untergeordnete Position.

55. ䷶ FONG (Die Fülle, der Zenit); der größte Erfolg, Ziele wurden verwirklicht, alles ist erreicht, der Höhepunkt (vor dem danach folgenden Niedergang).

56. ䷷ LÜ (Der Wanderer, das Reisen); Suche, Aufnehmen, Lernen, Bindungslosigkeit, Entwurzelung, Identitätskrise.

57. ䷸ SUN (Das Sanfte [das Eindringliche], der durchdringende Einfluß); stilles, unauffälliges, doch beharrliches Wirken, schrittweises Bemühen, Anpassung.

58. ䷹ DUI (Das Heitere, die Ermutigung); äußere Hilfen, Kommunikation, Bestätigung, soziales Empfinden, Integrität, Freundlichkeit, Freude, Wahrheitssuche.

59. ䷺ HUAN (Die Auflösung, die Wiedervereinigung); die Auflösung des Ego, Überwindung von Trennendem führt zur Erneuerung und Wiedervereinigung.

60. ䷻ DSIE (Die Beschränkung); vernünftige Organisation, Einschränkungen, Vermeidung von Extremen, Ordnung, Selbstdisziplin, Wirtschaftlichkeit.

61. ䷼ DSCHUNG FU (Innere Wahrheit, die Einsicht); Aufnehmen; tiefe Betrachtung, Erkenntnis, Wahrheit, Vertrauen.

62. ䷽ SIAU GO (Des Kleinen Übergewicht, die Gewissenhaftigkeit); Sorgfalt, Selbstkontrolle, Aufmerksamkeit, Pflichtbewußtsein, Verantwortung, Bescheidenheit.

63. ䷾ GI DSI (Nach der Vollendung); vollkommenes Gleichgewicht; Ausruhen und Selbstzufriedenheit, drohender Niedergang.

64. ䷿ WE DSI (Vor der Vollendung); kurz vor dem Ziel, Klarheit, Weisheit, Vorsicht, Umsicht, vielversprechende Aussichten.

Die hier gegebenen Stichworte erschließen wiederum nicht die komplexe Bedeutung der Hexagramme, sondern sind nur als kurzer Abriß gedacht.

Das I Ging ist für uns nicht so leicht zugänglich, denn es ist weit mehr als ein einfaches Orakelbuch. Es ist ein philosophisches Werk, ein Buch der Weisheit, das trotz seines Alters nichts an Aktualität verloren hat. Man schreibt die Entwicklung der Trigramme dem legendären Kaiser Fu Hsi zu, der vor etwa 5000 Jahren gelebt haben soll. Die Entwicklung der Schriften zu den Hexagrammen geht auf König Wen zurück (um 1100 v. Chr.), und die Kommentare zu den einzelnen Linien sollen von seinem Sohn, dem Herzog von Chou, verfaßt worden sein. Man schreibt König Wen auch die Reihenfolge der 64 Zeichen zu, die noch heute gebräuchlich ist. In der Han-Dynastie (206 v.Chr. – 220 n.Chr.) wurden die Kommentare beträchtlich erweitert. Bedeutende chinesische Philosophen beschäftigten sich mit dem Buch der Wandlungen, so beispielsweise Lao Tse und Konfuzius. Das Buch der Wandlungen ist also einerseits ein praktischer Ratgeber, andererseits ein philosophisches Werk von überragender Größe, und es bleibt im wesentlichen uns überlassen, wie tief wir in die Materie eindringen wollen. Die Weisheit des I Ging ist auf vielen Ebenen gültig – auf der alltäglichen ebenso wie auf der geistigen oder spirituellen.

Es mag seltsam klingen, wenn man behauptet, daß ein Buch – also ein Gegenstand – eine eigenständige Persönlichkeit besitzt, doch auf andere Weise läßt es sich nicht ausdrücken: Die Befragung des I Ging ist wie ein Gespräch mit einem alten, ehrwürdigen Meister. Das Buch der Wandlungen fordert vom Fragenden Respekt, Ehrlichkeit und Offenheit. Dies zeigt sich beispielsweise ganz deutlich im 4. Hexagramm (MONG/Die Jugendtorheit):

> Jugendtorheit hat Gelingen.
> Nicht ich suche den jungen Toren,
> der junge Tor sucht mich.
> Beim ersten Orakel gebe ich Auskunft.
> Fragt er zwei-, dreimal, so ist das Belästigung.
> Wenn er belästigt, so gebe ich keine Auskunft.
> Fördernd ist Beharrlichkeit.[7]

Das Buch der Wandlungen ist wie jeder weise und erfahrene Lehrer sehr zurückhaltend, er drängt sich niemals auf und verfolgt den Fragenden auch nicht mit guten Ratschlägen. Im Gegenteil: Es verlangt vom Fragenden, daß er ihm mit dem gebotenen Respekt und der nötigen Ehrerbietung gegenübertritt, und es erwartet von ihm, daß er um seine Unerfahrenheit weiß und deshalb eine bescheidene und aufnahmebereite Haltung einnimmt. Ein arrogantes Auftreten empfiehlt sich in keiner Weise, denn so verschließt sich das I Ging dem Fragenden.

Verwendet man das I Ging als Textorakel, muß man zunächst einmal mit seiner Sprache vertraut werden. Sofern man mit einer Übersetzung der chinesischen Schriften arbeitet und keine moderne, auf westliche Leser zugeschnittene, vereinfachte Interpretation verwendet, erfordert dies zusätzlich ein intensives Studium der bildhaften Ausdrucksweise, der chinesischen Philosophie, Kultur und Weltanschauung, um zu den wahrhaft tiefgreifenden Ebenen des I Ging vorzudringen. Dasselbe gilt, wenn man die hinter einem Zeichen stehende Idee über die Beschäftigung mit dessen Symbolik erfassen will: Man muß die Bedeutung der einzelnen Linien und Plätze, die korrekten Linienpositionen, die Herrscher des Zeichens, die Kerntrigramme etc. kennen und verstehen – Bereiche, die sehr kompliziert sind und viel Zeitaufwand erfordern, weshalb sich in der Regel nur I Ging-Experten damit beschäftigen. Die meisten I Ging-Befrager setzen sich ausschließlich mit dem Text auseinander und beachten allenfalls noch die Wechselwirkung der Teiltrigramme.

Die Befragung

Nachdem Sie Ihre Frage formuliert und aufgeschrieben haben, bilden Sie das Hexagramm. Hier bieten sich verschiedene Verfahren an, wobei wir Ihnen hier die zwei bekanntesten, das Münzenwerfen und die Abzählmethode mittels Schafgarbenstengel vorstellen. Die letztere Methode ist sehr aufwendig, wird aber trotzdem von vielen erfahrenen I Ging-Befragern bevorzugt. Die erste Methode ist wesentlich einfacher und schneller durchzuführen und eignet sich deshalb besser für den Anfänger. Daneben gibt es noch verschiedene andere Techniken, bei denen Würfel, Steine, Knochen, Holzstäbchen etc. verwendet werden, auf die wir hier nicht eingehen werden.

Das Verfahren mit Münzen

Nehmen Sie drei gleiche Münzen in die Hände, schütteln Sie sie, und lassen Sie sie auf eine ebene Fläche fallen. Der erste Wurf ergibt die erste (unterste) Linie des Hexagramms. Wiederholen Sie diesen Vorgang noch fünfmal, bis Sie die sechs Linien des Hexagramms aufgebaut haben. Die Kombinationen ergeben folgende Symbole:

Kopf	Kopf	Zahl	=	Yang	———
Kopf	Zahl	Zahl	=	Yin	— —
Zahl	Zahl	Zahl	=	Wandel-Yang	——— •
Kopf	Kopf	Kopf	=	Wandel-Yin	— — •

Beispiel:

1. Wurf: Kopf/Kopf/Zahl = Yang
2. Wurf: Zahl/Zahl/Zahl = Wandel-Yang
3. Wurf: Zahl/Zahl/Kopf = Yin
4. Wurf: Kopf/Kopf/Kopf = Wandel-Yin
5. Wurf: Kopf/Kopf/Zahl = Yang
6. Wurf: Zahl/Zahl/Kopf = Yin

ergibt das Hexagramm: gewandeltes Hexagramm:

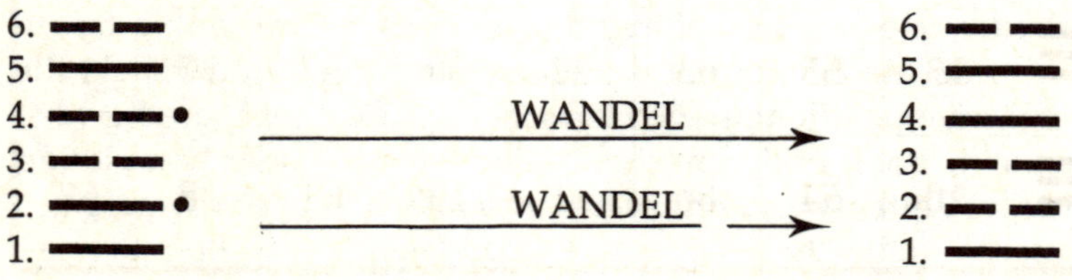

Sie erhalten also das Hexagramm DSIE (Die Beschränkung, Nr. 60). Nach der Wandlung entsteht daraus das Zeichen SUI (Die Nachfolge, Nr. 17).

Lesen Sie zuerst den Text zum Hexagramm DSIE, der sich auf Ihre unmittelbare Vergangenheit oder auf die Gegenwart bezieht. Lesen Sie dann die Texte zu den Wandellinien (von unten beginnend), in diesem Fall zu Linie 4 und Linie 2; sie beziehen sich auf die zu erwartenden Veränderungen, Gefahren, Erfolge etc. Anschließend lesen Sie den Text zum Zeichen SUI, der sich auf die Zukunft bezieht. Der Text zu den Wandellinien wird beim zweiten, gewandelten Hexagramm *nicht* gelesen.

Zum Auffinden der Textstellen zu den Hexagrammen wird normalerweise der nachfolgende Schlüssel benutzt.

Schlüssel zum Auffinden der Hexagramme

oberes Trigramm → unteres Trigramm ↓	KIEN	DSCHEN	KAN	GEN	KUN	SUN	LI	DUI
KIEN	**1**	**34**	**5**	**26**	**11**	**9**	**14**	**43**
DSCHEN	**25**	**51**	**3**	**27**	**24**	**42**	**21**	**17**
KAN	**6**	**40**	**29**	**4**	**7**	**59**	**64**	**47**
GEN	**33**	**62**	**39**	**52**	**15**	**53**	**56**	**31**
KUN	**12**	**16**	**8**	**23**	**2**	**20**	**35**	**45**
SUN	**44**	**32**	**48**	**18**	**46**	**57**	**50**	**28**
LI	**13**	**55**	**63**	**22**	**36**	**37**	**30**	**49**
DUI	**10**	**54**	**60**	**41**	**19**	**61**	**38**	**58**

Abb.56

Teilen Sie das Hexagramm in das obere und untere Trigramm. Unser Beispiel:

oberes Trigramm	unteres Trigramm
6. — —	3. — —
5. ———	2. ——— •
4. — — •	1. ———
KAN	DUI

In der waagerechten Reihe suchen Sie nun die Spalte des Trigramms KAN und in der senkrechten Reihe die des Trigramms DUI. Im Schnittpunkt der beiden Spalten ist die Zahl des betreffenden Hexagramms angegeben, in unserem Beispiel: Nr. 60.

Das Verfahren mit Schafgarbenstengeln

Legen Sie von 50 Schafgarbenstengeln einen beiseite, er wird während des Auszählens nicht weiter berücksichtigt, und teilen Sie den Rest beliebig in zwei Haufen. Nehmen Sie nun vom rechten Haufen einen Stengel, den Sie zwischen Ringfinger und kleinen Finger der linken Hand stecken. Vom linken Haufen zählen Sie nacheinander Gruppen von jeweils 4 Stengeln ab und legen diese beiseite, bis ein Rest von 4 oder weniger Stengeln übrigbleibt. Diesen Rest stecken Sie zwischen Ring- und Mittelfinger der linken Hand. Nun zählen Sie den rechten Haufen auf die gleiche Weise in Vierergruppen ab, die übriggebliebenen Stengel stecken Sie zwischen Mittel- und Zeigefinger der linken Hand. Zählen Sie dann alle Stengel, die in der linken Hand stecken, zusammen; die Summe ist entweder 9 oder 5. Die verschiedenen Möglichkeiten sind:

1+4+4=9
1+3+1=5
1+2+2=5
1+1+3=5

Legen Sie die 5 oder 9 Stengel beiseite. Nehmen Sie die restlichen Stengel zu einem Bündel zusammen, und teilen Sie dies wiederum willkürlich in zwei Hälften. Dann wiederholen Sie den Abzählvorgang genau gleich, wie vorhin beschrieben. Die Summe der Stäbe, die in Ihrer linken Hand stecken, ergibt diesmal 8 oder 4. Die Möglichkeiten sind:

1+4+3= 8
1+3+4= 8
1+1+2= 4
1+2+1= 4

Legen Sie die 4 oder 8 Stengel wieder beiseite, und wiederholen Sie erneut das Abzählverfahren von vorhin. Als Restsumme ergibt sich wieder 8 oder 4.

Nun werden den Restsummen die folgenden Zahlenwerte zugeordnet:

Restsumme 9 = Zahlenwert 2
Restsumme 5 = Zahlenwert 3
Restsumme 8 = Zahlenwert 2
Restsumme 4 = Zahlenwert 3

Ordnen Sie den drei Restsummen, die Sie ausgezählt haben, den entsprechenden Zahlenwert zu, und addieren Sie die drei Zahlenwerte: Sie erhalten so das unterste Strichelement des Hexagramms:

Wert 2+2+2 = 6	Strichelement	— —•
Wert 3+3+3 = 9	Strichelement	——•
Wert 2+3+3 = 8 Wert 3+2+3 = 8 Wert 3+3+2 = 8	Strichelement	— —
Wert 3+2+2 = 7 Wert 2+3+2 = 7 Wert 2+2+3 = 7	Strichelement	——

Wiederholen Sie diesen gesamten Prozeß noch fünfmal, bis die sechs Strichelemente *von unten nach oben* aufgebaut sind.

Zu Beginn wird Ihnen dieser Vorgang sehr kompliziert erscheinen, bis Sie sich den Ablauf etwas eingeprägt haben, und solange Sie die Zahlenwerte noch nicht auswendig kennen, lohnt sich auch, spezielle Zettel vorzubereiten, die Ihnen die Übersicht erleichern. Hierzu ein Beispiel:

Beispiel:

	Restsumme	Zahlenwert	Strichelement
6.	a) 5 b) 4 c) 4	3 + 3 + 3 = 9	———•
5.	a) 9 b) 8 c) 4	2 + 2 + 3 = 7	———
4.	a) 5 b) 4 c) 8	3 + 3 + 2 = 8	— —
3.	a) 5 b) 8 c) 4	3 + 2 + 3 = 8	— —
2.	a) 9 b) 4 c) 4	2 + 3 + 3 = 8	— —
1.	a) 5 b) 8 c) 8	3 + 2 + 2 = 7	———

Nr. 42
Abb. 57 (Die Mehrung)

Auf diese Weise brauchen Sie während des Zählvorgangs nur die Restsummen zu notieren und können die Zahlenwerte nachträglich heraussuchen und addieren. Einem I Ging-Experten fällt es selbstverständlich leicht, die Zahlenwerte im Kopf zu behalten und nach jedem Durchgang sofort das entsprechende Strichelement aufzuschreiben.

Im weiteren verfahren Sie genauso wie beim Münzorakel: Sie finden die Nummer des Hexagramms im Zahlenquadrat; war das Hexagramm unbewegt, lesen Sie nur diesen Text; wies es Wandellinien auf, lesen Sie die Texte zu den Linien Ihres ersten Zeichens und dann den Text zum gewandelten Zeichen; Beim Wandelzeichen wird der Text zu den einzelnen Linien *nicht* gelesen.

Zur Deutung

Zusätzlich zur Interpretation der Texte – eine kommentierte Literaturliste finden Sie am Ende dieses Kapitels – können Sie die Deutung weiter vertiefen, indem Sie sich mit den einzelnen Linien, den Kerntrigrammen etc. auseinandersetzen.

Nachdem Sie das Grundhexagramm aufgebaut haben, betrachten Sie die beiden Teiltrigramme, und meditieren Sie über das Zusammentreffen, das Aufeinandereinwirken und die Wechselbeziehung dieser beiden Trigramme. In einigen I Ging-Textbüchern wird bei jedem Hexagramm auf diesen Aspekt speziell eingegangen; so beispielsweise in der von *Richard Wilhelm* aus dem Chinesischen übersetzten Ausgabe *I Ging. Das Buch der Wandlungen*, wo es beim Zeichen 35. DSIN/Der Fortschritt heißt:

«oben Li, das Haftende, das Feuer
unten Kun, das Empfangende, die Erde

Das Zeichen stellt die Sonne dar, die über die Erde emporsteigt; es ist daher das Bild des raschen, leichten Fortschritts, der gleichzeitig immer weitere Ausdehnung und Klarheit bedeutet.»[8]

Danach können Sie sich mit dem *Kernhexagramm* beschäftigen, das aus den beiden Kerntrigrammen gebildet wird und das innere Wesen des Grundhexagramms darstellt. Diese Eigenschaften liegen im Verborgenen, sie versinnbildlichen die noch nicht manifestierten Aspekte oder den inneren unsichtbaren Wesenskern Ihrer Frage. Es kann sich dabei um tiefliegende Triebkräfte oder Motivationen handeln, die in der Angelegenheit bisher noch nicht zum Tragen gekommen sind oder die Sie selbst noch nicht bewußt wahrgenommen haben, die aber die Situation oder Angelegenheit auf entscheidende Weise prägen. Sie sind stets gegenwärtig und richtungweisend, unabhängig davon, ob Sie sie wahrnehmen oder nicht. Das *Kernhexagramm* wird wie folgt gebildet (Beispiel):

Grundhexagramm : unteres Kerntrigramm Linien 2, 3, 4 + oberes Kerntrigramm Linien 3, 4, 5 → Kernhexagramm

Aus dem Text zum Kernhexagramm werden Sie weitere Erkenntnis gewinnen können, wobei die Texte zu den einzelnen Linien selbstverständlich nicht gelesen werden. Am wichtigsten erscheint mir aber, daß Sie versuchen, die Überschneidung, Bewegung und Wirkung der Kerntrigramme intuitiv zu erfassen und zu verstehen.

Daraus entwickelt sich dann auch eine größere Einsicht in die Bedeutung der einzelnen Plätze und Linien. Die *Linien 1 und 2* stehen für «Erde», also für die Welt der Materie, die Grundlagen, die Ausgangsposition des Fragenden. Die *Linien 3 und 4* stehen für «Mensch», also für den Aspekt des Seelischen, für psychologische und emotionale Faktoren. *Die Linien 5 und 6* stehen für «Himmel», also für die Welt des Geistes, für spirituelle und metaphysische Faktoren. Die *erste Linie* ist die Basis, der Beginn, die Ursache; die *sechste Linie* repräsentiert das Ziel oder die Wirkung. Als solche sind beide nicht Teil der Situation. Die *zweite* und die *fünfte Linie* bezeichnen einen Platz der Mitte, der Sicherheit. Die *dritte Linie* kennzeichnet den Abschluß, den Übergang, während die *vierte Linie* der Neubeginn ist. Hieran sehen wir auch, daß es Entsprechungen zwischen den Linien 1 und 4, 2 und 5, 3 und 6 gibt, sofern die Paare aus einem ganzen und einem gebrochenen Strich bestehen. Der erste, dritte und fünfte Platz gelten als «korrekte» Plätze für ganze Linien, während der zweite, vierte und sechste Platz für gebrochene Linien als «korrekte» Plätze gelten. Es ist nicht in allen Fällen wünschenswert, daß sich eine Linie auf ihrem korrekten Platz befindet, doch wird es im allgemeinen positiv gewertet.

Als die Herren der Zeichen, gelegentlich auch die «Herren der Linien» oder die «herrschenden Linien» genannt, werden besonders bedeutende Schlüssellinien bezeichnet, also sehr kraftvolle Linien, die das Hexagramm beherrschen oder konstituieren.

Wie eingangs schon erwähnt, erfordert dies alles ein langes intensives Studium, das aber nur dann notwendig ist, wenn Sie das I Ging nicht als reines Textorakel verwenden, sondern über den Text zu den Symbolen und von den Symbolen zu der dahinterstehenden Idee vorstoßen wollen. In diesem Fall verlassen Sie allerdings auch den Bereich der reinen Orakelkunst und begeben sich auf das Gebiet chinesischer Philosophie und Weisheitslehre. Die Entscheidung, ob Sie das I Ging auch als Weisheitsbuch annehmen wollen oder ob Sie es allein zu Orakelzwecken benutzen möchten, liegt ganz allein bei Ihnen.

Beispiel 1

Die Fragende ist 19 Jahre alt. Ihre Eltern haben sie zu einer Familienfeier eingeladen. Da sie sich weder mit ihren Eltern noch mit der Verwandtschaft gut versteht, hat sie lange gezögert und sich erst nach langem Drängen dazu bereit erklärt, am Treffen teilzunehmen. Da sie Streitigkeiten befürchtet, stellt sie folgende Frage: *«Wie soll ich mich während des Familientreffens verhalten?»*

Die Fragende wählt für den Aufbau des Hexagramms die Methode des Münzenwerfens. Es ergibt sich:

Grundhexagramm
Nr. 30, LI/Das Zusammenwirken

Wandelhexagramm
Nr. 37, GIA JEN/Die Familie

Die Fragende verwendet die I Ging-Ausgabe von *R.L.Wing: Das Arbeitsbuch zum I Ging.* Sie liest den Text zum Grundhexagramm und schreibt einige Kernsätze heraus:*

> «1. In persönlichen Beziehungen kann durch die Anpassung Ihrer Wünsche viel erreicht werden.
> 2. Der beste Weg, Ihre Ziele innerhalb der Beschränkungen Ihrer Situation zu erreichen, ist der, sich auf Ihre Energien zu stützen und diese mit den Kräften des Kosmos zusammenwirken zu lassen.
> 3. Wenn der Druck zunimmt, sollten Sie nicht aus der Haut fahren, sondern vielmehr ruhig und unermüdlich daran arbeiten, ihn zu vermindern.»[9]

Die Fragende schreibt noch eigene Gedanken in Stichworten dazu:

> *Gelassen bleiben – sich anpassen, ohne darunter zu leiden – die eigene Meinung nicht so laut und unermüdlich äußern wie bisher – falls Differenzen auftreten, einen guten Zeitpunkt zur Bereinigung abwarten – sich nicht aufregen – Geduld haben – Sticheleien ignorieren und freundlich bleiben.*

Sie liest dann den Text zu den Wandellinien und zitiert:

> «VIERTE LINIE
> Ihre überengagierte Kraftverschwendung wird Sie erschöpfen. Dies führt zu gar nichts.»[10]

* Die einzelnen Sätze wurden dem zusammenhängenden Text entnommen und, mit Nummern versehen, aufgelistet.

Dem fügt die Fragende selbst hinzu:

> *Alles, was nach heftiger Diskussion aussieht, vermeiden. Nicht auf dem eigenen Standpunkt beharren, nicht kämpfen.*

Der Text zur nächsten Wandellinie:

> «FÜNFTE LINIE
> Eine echte Gefühlsänderung tritt ein. Ein so dramatischer Wechsel wird manchmal von tiefem Schmerz begleitet. Doch wird dieser Schmerz heilsam sein, da die Veränderung allen Betroffenen bessere Zeiten bringt.»[11]

Dazu schreibt die Fragende:

> *Ich kann mir nicht vorstellen, wie diese echte Gefühlsänderung aussehen soll. Wahrscheinlich werden wir nur wieder alle fürchterlich sentimental und bedauern, daß alles so ist, wie es ist.*

Die Fragende beschäftigt sich nun mit dem Text des Wandelhexagramms und schreibt einen Absatz heraus, den sie für besonders bedeutungsvoll hält:

> «Sie können Ihre sozialen Beziehungen verbessern, indem Sie Ihr Rollenverhalten auf natürlicher Zuneigung und Achtung vor anderen Menschen aufbauen. Große Ansprüche, Selbstdarstellung und Karrieresucht sprechen jetzt gegen Sie. Ihre Umgebung verlangt von Ihnen beständige Prinzipientreue. Wenn Sie an den bestehenden sozialen Bräuchen festhalten, gewinnen Sie Unterstützung und Loyalität.»[12]

Die Fragende notiert hierzu:

> *Das bestätigt mehr oder weniger, was auch schon im Grundhexagramm gesagt wurde. Die Texte sprechen für sich. Eigentlich ist keine weitere Interpretation notwendig. Nur über die fünfte Wandellinie bin ich mir noch nicht im klaren. Aber eigentlich betrifft das auch nicht direkt meine Frage, die sich auf mein Verhalten bezog. Es sieht so aus, als würde die Gefühlsänderung von selbst eintreten. Offenbar hängt dies nicht allein von meinem Verhalten ab. Ich habe eher den Eindruck, daß sich die Gefühlsänderung nicht nur bei mir vollziehen wird, sondern daß sie Teil der Gesamtsituation sein wird und sich auf alle Anwesenden bezieht.*

Die Fragende befolgte die Verhaltensempfehlungen des I Ging, und es traten tatsächlich keine ernstzunehmenden Streitigkeiten auf, zumindest keine, die die Fragende selbst betrafen. Die Familienfeier fand anläßlich der Verlobung der Schwester der Fragenden statt. Während dieser Feier wurde die Verlobung jedoch gelöst, was die meisten Anwesenden in Panikstimmung versetzte. Nachdem sich die Unruhe gelegt hatte, waren sich aber alle einig, daß die Schuld keinesfalls bei der Schwester der Fragenden zu suchen sei – obschon dies, objektiv betrachtet, sicher nicht ganz richtig war. Die Situation bewirkte ein starkes Zusammengehörigkeitsgefühl unter den Familienmitgliedern. So wies der Text der fünften Linie also auf ein sehr konkretes Ereignis hin.

Beispiel 2

Der Fragende ist 29 Jahre alt. Seit einigen Monaten ist er locker mit einem Mädchen befreundet, das darauf drängt, die Beziehung zu intensivieren. Der Fragende ist zwar nicht abgeneigt, fürchtet aber eine enge Verbindung und die daraus resultierenden Verpflichtungen. Da seine Freundin auf einer Entscheidung beharrt und er sehr unsicher ist, befragt er das I Ging.
Er formuliert die Frage folgendermaßen: *«Wie soll ich mich meiner Freundin gegenüber verhalten?»*

Der Fragende baut das Hexagramm mit Hilfe der Schafgarbenstengel-Methode auf. Er erhält das Hexagramm Nr. 56, LÜ/Der Wanderer, in seiner unbewegten Form:

Der Fragende verwendet das *I Ging Handbuch* von *Michael Secter.* Er liest den Text zum Hexagramm:

> «Fortschritt in kleinen Dingen ist möglich. Seien Sie ehrlich, was Ihr Nomadenverhalten angeht: Ihrer Familie, Ihren Intimpartnern, Ihrem Arbeitgeber, Ihren Freunden oder Ihrer Gruppe gegenüber. Seien Sie vorsichtig, selbständig und sanft. Machen Sie keine weitreichenden Versprechungen, und nutzen Sie auch die großzügige Gastfreundschaft anderer nicht aus.»[13]

Daraufhin schreibt sich der Fragende einige Verhaltensregeln nieder:

1. Ihr sagen, daß Zusammenziehen unmöglich.
2. Deutlich machen, daß ich noch nicht weiß, ob es später einmal möglich wird, und daß sie nicht damit rechnen soll.
3. Andererseits klarmachen, daß ich die Beziehung weiterführen möchte, sofern es ihr möglich ist, auf eine zu enge Bindung zu verzichten.
4. Falls sie das nicht akzeptieren kann, besser Trennung vorschlagen, als unberechtigte Hoffnungen hegen und erwecken.

Die Texte in den modernen I Ging-Ausgaben sind meist sehr konkret und alltagsbezogen, so daß eine Interpretation im eigentlichen Sinne kaum mehr notwendig ist. Dennoch ist es sinnvoll, wichtige Punkte in eigenen Worten noch einmal zu wiederholen und aufzuschreiben, weil es sich so besser einprägt. Da das I Ging meist Ratschläge für eine angemessene Verhaltensweise gibt – auch wenn die Frage nicht speziell darauf ausgerichtet ist –, ist es sinnvoll, sich wichtige Aussagen zu merken. Ein bestimmter Erfolg kann nämlich nur erzielt werden, wenn sich der Fragende auch angemessen verhält.

I Ging Literatur

Richard Wilhelm, *I Ging. Das Buch der Wandlungen,* Eugen Diederichs Verlag, Düsseldorf/Köln, 1980, 644 S.

Diese Ausgabe gilt allgemein als das wichtigste Standardwerk. Es enthält die Texte und die wichtigsten Kommentare, die von Richard Wilhelm aus dem Chinesischen übersetzt und teilweise von ihm ergänzt wurden. Das Werk ist in drei Teile gegliedert: Im ersten Teil finden wir die Texte der 64 Zeichen und die entsprechenden Kommentare; im zweiten Teil geht es um die Bedeutung der einzelnen Linien, die Struktur der Zeichen, die Herren des Zeichens etc; im dritten Teil finden wir noch einmal zu den 64 Zeichen sehr ausführliche Kommentare, welche die Texte des ersten Teils erläutern, was ein tiefes Verständnis des Buchs der Wandlungen ermöglicht.

Die Auseinandersetzung mit der sehr bildhaften chinesischen Ausdrucksweise fällt dem Anfänger meist nicht leicht. So heißt es beispielsweise im Text zum Hexagramm Nr. 46, SCHONG/Das Empordringen:

DAS URTEIL
Das Empordringen hat erhabenes Gelingen.
Man muß den großen Mann sehen.
Fürchte dich nicht!
Aufbruch nach Süden bringt Heil.[14]

Im daran anschließenden Kommentar wird dies nun näher erläutert:

> Das Empordringen der tüchtigen Elemente stößt auf kein Hindernis, darum ist es von großem Erfolg begleitet. Die Art, die das Empordringen ermöglicht, ist nicht gewalttätig, sondern bescheiden und fügsam. Aber da man von der Zeiten Gunst getragen wird, kommt man voran. Man muß hingehen und die maßgebenden Leute aufsuchen. Man braucht sich davor nicht zu fürchten; denn der Erfolg wird nicht ausbleiben. Nur muß man sich an die Arbeit machen; denn Tätigkeit (dies die Bedeutung des Südens) ist von Heil.[15]

Es folgen dann die Beschreibung des Bildes und der dazugehörige Kommentar:

> DAS BILD
> Inmitten der Erde wächst das Holz:
> das Bild des Empordringens.
> So häuft der Edle hingebenden Wesens Kleines,
> um es zu Hohem und Großem zu bringen.[16]

Der Kommentar lautet:

> Das Holz in der Erde wächst ohne Hast und ohne Rast der Höhe zu, indem es sich fügsam um die Hindernisse herumbiegt. So ist der Edle hingebend in seinem Charakter und ruht nie in seinem Fortschritt.[17]

An diesem Beispiel wird ersichtlich, wie intensiv man sich mit dem Text beschäftigen muß, um zu einer konkreten alltagsbezogenen Aussage zu gelangen. Die Kommentare im dritten Teil sind da eine wertvolle Hilfe.

*

Richard Wilhelm, *I Ging. Text und Materialien,* Eugen Diederichs Verlag (Gelbe Reihe), o.O., 1976², 352 S.
Diese Ausgabe enthält den ersten und den zweiten Teil aus R. Wilhelms *I Ging. Das Buch der Wandlungen.* Der dritte Teil wurde ganz weggelassen.

*

R.L.Wing, *Das Arbeitsbuch zum I Ging,* Eugen Diederichs Verlag, Düsseldorf/ Köln, 1980, 191 S.

Diese Ausgabe bietet einen leichteren Zugang zum I Ging. Sie ist moderner in der Ausdrucksweise und eher für den westlichen Leser geschrieben worden. Die Texte sind recht ausführlich und geben viele praktische und konkrete Hinweise, ohne dabei verflachend zu wirken. Trotz der westlichen Terminologie bleibt ein Eindruck chinesischer Philosophie und Weltanschauung erhalten.

Michael Secter, *Das I Ging Handbuch. Eine klare und praktische Anleitung zum besseren Verständnis*, Papyrus Verlag, Hamburg, 1984, 157 S.

Hier sind die Texte sehr knapp gehalten. Wenn auch die Formulierungen oft recht treffend und präzise sind, können sie natürlich ausführlichere Texte nicht ersetzen. Der Autor schreibt denn auch in seiner Einleitung: «Es ist kaum möglich, auch nur oberflächlichen Gewinn aus dem Werk zu ziehen, wenn man nicht um die Ableitungen der Texte und Kommentare weiß. In diesem Punkt geht das vorliegende Buch kaum in die Tiefe, doch bietet es, wie ich hoffe, sofort einleuchtende und deshalb nützliche, anwendbare Informationen dazu.»[18]

*

Peter H. Offermann, *Das alte chinesische Orakel- und Weisheitsbuch I Ging*, Walter Verlag, Olten u. Freiburg i.Br., 1976, 416 S.

Diese moderne Interpretation bietet interessante tiefenpsychologische Ansätze. Bemerkenswert aufschlußreich und ausführlich sind die Kommentare zu den einzelnen Linien. Anfänger haben mit dieser Interpretation meist aber große Schwierigkeiten. Die Komplexität der Aussagen kann nur durch eine äußerst intensive Beschäftigung mit diesem Werk erfaßt werden.

*

H.E. Gräfe, *I Ging. Buch des Stetigen und der Wandlungen. Die Enthüllung des I Ging Systems. Neu herausgegeben von Norbert Mehler*, János Morzsinay Verlag, Bern, 1980, 176 S.

Abgesehen von der manchmal etwas unbeholfenen Diktion des Autors, ist diese I Ging-Ausgabe eine brauchbare Grundlage für den Anfänger.

*

Meister Yüan-Kuang, *I Ging. Das Buch der chinesischen Weissagung*. (Französische Übersetzung von Tschu-Hua und Charles Canone; Deutsche Übersetzung von Fritz Werle), Otto W. Barth Verlag, München/Wien, 1951/1975

*

Norbert Eichler, *Das Buch der Wirklichkeit. Das I Ging für das Wassermannzeitalter*, Papyrus-Verlag, Hamburg, 1983

*

Begleitende und weiterführende Literatur:

Frank Fiedeler, *Die Wende. Ansatz einer genetischen Anthropologie nach dem System des I-Ching*, Verlag Werner Kristkeitz, Berlin, 1976

Martin Schönberger, *Verborgener Schlüssel zum Leben. Weltformel I-Ging im genetischen Code.* Otto W. Barth Verlag, München/Bern, 1973

*

Diana ffarington Hook, *I Ging für Fortgeschrittene*, Eugen Diederichs Verlag, Düsseldorf/Köln

*

Hellmut Wilhelm, *Sinn des I Ging*, Eugen Diederichs Verlag, Düsseldorf/Köln, 1972

*

Hellmut Wilhelm, *Die Wandlung. Acht Essays zum I Ging*, Basel, 1958

9. Kapitel

BINÄRE ORAKEL

Die binäre Orakelmethode gilt als die einfachste mantische Disziplin. Wir kennen sie fast alle unter dem Namen «Ja/Nein-Orakel», da sie eine Frage nur mit «Ja» oder «Nein» beantworten können, und sie bilden deshalb auch eine Ausnahme unter den bisher dargestellten Orakeltechniken.

Vergessen Sie bitte alles, was über die Kunst der richtigen Fragestellung in den vorausgegangenen Kapiteln gesagt wurde. Bei der Anwendung einer binären Orakeltechnik müssen Sie die Frage so formulieren, daß das Orakel mit einem «Ja» oder einem «Nein» antworten kann; die Antwort fällt also vollkommen eindeutig und konkret aus. Sicher werden Sie sich nun fragen, warum nicht ausschließlich binäre Orakeltechniken angewandt werden, wenn diese doch konkrete Zukunftsprognosen ermöglichen. Die meisten Menschen scheitern jedoch beim Gebrauch eines binären Orakels. Die Prognosen stimmen häufig nicht, was meiner Meinung nach gerade in der Einfachheit dieser Methode begründet ist. Sicherlich haben auch Sie schon einmal eine Münze geworfen, wenn Sie sich in irgendeiner Situation nicht entscheiden konnten; die Technik ist ja sehr einfach, schnell und überall durchführbar, und es sind keinerlei kombinatorische oder seherische Fähigkeiten notwendig. Der einzige Haken bei der ganzen Angelegenheit ist aber, daß wir alle fast immer bewußt oder unbewußt versuchen, das Ergebnis zu manipulieren, indem uns die eine Alternative doch ein wenig mehr zusagt als die andere oder wir im selben Moment, da wir die Münze werfen, noch denken: «Hoffentlich kommt die Zahl!» Aber auch wenn dies nicht so offen und bewußt geschieht, ist es fast unmöglich, diesen Vorgang nicht in irgendeiner Form zu beeinflussen. Das heißt nicht unbedingt, daß wir das Orakel bei *jeder* Befragung manipulieren; es reicht aber, wenn das Orakel bei zehn Befragungen zweimal manipuliert wird, um es zu einem unzuverlässigen Ratgeber zu machen.

Vielleicht ist es für Sie unvorstellbar, daß solch «zufällige» Dinge, wie das Werfen einer Münze, beeinflußbar sein sollen. Sicher gibt es viele, die nicht dazu fähig sind; ich habe aber genügend Menschen kennengelernt, für die es ein leichtes war, eine Münze oder einen Würfel zu manipulieren, wobei dies aber nicht jederzeit und über beliebig lange Zeiträume hinweg möglich ist – Spielsalons und Spielcasinos gehörten sonst längst der Vergangenheit an.

Ein Orakel, das sehr komplizierte Strukturen aufweist, ist viel schwieriger zu beeinflussen. Sicher war dies mit ein Grund für die Erfindung langwieriger und aufwendiger Orakeltechniken – sie sind wesentlich zuverlässiger, auch wenn sie nicht mit der Präzision der Aussagen eines binären Orakels konkurrieren können. Ein binäres Orakel gibt Ihnen die Möglichkeit, genaue Daten zu erfragen. So können Sie beispielsweise nicht nur feststellen, was in der Zukunft geschehen wird, sondern auch den genauen Zeitpunkt ermitteln, was Sie mit keiner anderen Orakeltechnik erreichen können – sofern es Ihnen gelingt, jede Manipulation auszuschließen.

Ich möchte Ihnen keinesfalls den Mut nehmen, mit einer binären Orakelmethode zu arbeiten; es ist aber wichtig zu wissen, daß diese Methode von den meisten Orakeldeutern und Sehern aufgrund ihrer Unzuverlässigkeit abgelehnt wird. Mir ist nur ein Mensch bekannt, der mit Hilfe des Pendels zutreffende Prognosen erstellen kann. Da meine Bemühungen mit binären Orakeln von keinerlei Erfolg gekrönt waren, habe ich ihn gefragt, auf welche Weise er das Pendeln erlernt hat. Er erzählte mir, daß er zu Anfang, wie die meisten andern Menschen, von den Möglichkeiten des Pendelns sehr beeindruckt war und sogleich für alle seine Freunde und Bekannten Prognosen erstellte, von denen, wie sich später herausstellte, nicht eine einzige zutreffend war. Er belegte einen Lehrgang für Radiästhesie, obschon er sich eigentlich nicht für den Gebrauch des Pendels zu radiästhetischen Bestimmungen interessierte, und jener Kursleiter erzählte dann, wie er selbst einmal von Skeptikern aufgefordert wurde, seine Fähigkeiten als Rutengeher und Pendler zu beweisen: Zehn leere Streichholzschachteln wurden nebeneinander auf den Tisch gelegt, und in eine Schachtel gab man einen Nagel. Dann mußte der Kursleiter auspendeln, in welcher Schachtel sich der Nagel befand, was ihm angeblich auf Anhieb gelang.

Mein Bekannter erkannte dies sofort als ausgezeichnete Übung zum Erlernen des Pendelns, denn «wie soll man Aussagen über die Zukunft machen können, wenn man nicht einmal die Tatsachen der Gegenwart mit dem Pendel bestätigen kann». Er trainierte täglich, fünfzehn Jahre lang, bis es ihm *immer* gelang, aus den zehn Streichholzschachteln jene mit dem Nagel zu bestimmen. Dann fiel er seinen Freunden einige Jahre auf die Nerven, indem er immer wieder auszupendeln versuchte, wo sie sich gerade aufhielten und womit sie sich beschäftigten. Er ging davon aus, daß er, wenn er erst einmal bestimmen kann, was die verschiedenen Personen im Moment der Befragung tun, auch festzustellen vermag, was sie am nächsten Tag oder vielleicht in einer Woche tun und erleben werden. So verstrichen weitere vierzehn Jahre, und heute – nach insgesamt zweiunddreißig Jahren Praxis, angefüllt mit den verschiedensten Übungen – erlangt er bei der Prognose eine Trefferquote von ca. 80%. Er hofft, seine Leistungen in den nächsten zehn Jahren noch mehr zu steigern und eine Trefferquote von ca. 95% zu erreichen.

Es mag sein, daß andere Menschen wesentlich schneller lernen, aber in Anbetracht eines solchen Arbeitsaufwands muß man sich auch fragen, wie wertvoll einem die exakte Ereignisvorhersage mit genauen Zeitangaben eigentlich ist und ob sich die jahrzehntelange Arbeit überhaupt lohnt.

Neben der Möglichkeit einer exakten Ereignisprognose bieten die binären Orakeltechniken aber auch schnelle Hilfe in Entscheidungssituationen. Bei manchen Angelegenheiten fehlt die Zeit oder die Möglichkeit, sich eine Stunde zurückzuziehen, um ein kombinatorisches Orakel zu befragen oder eine Vision herbeizuführen.

Wenn es Ihnen gelingt, Manipulationen weitgehend auszuschließen, bieten Ihnen die binären Orakeltechniken eine schnelle und eindeutige Entscheidungshilfe. Prüfen Sie es selbst, und kontrollieren Sie sorgfältig jedes Ergebnis, denn wie gesagt: Die binären Orakeltechniken sind sehr umstritten. Machen Sie sich keine Sorgen, wenn Sie keine Erfolge zu verzeichnen haben. Sie müssen diese Methode nicht unbedingt beherrschen, um ein guter Orakeldeuter oder Seher zu werden.

MÜNZENWERFEN

Zum Münzenwerfen können Sie jede Münze verwenden; manche tragen jedoch eine spezielle Münze bei sich, die sie nur für diesen Zweck verwenden. Legen Sie vor der Befragung fest, welche Seite der Münze «Ja» und welche «Nein» bedeutet.

Das Münzenwerfen wird meist in einer Entscheidungssituation angewandt. In der Regel fragt man nach der einen Alternative und macht vielleicht anschließend noch die Gegenprobe mit der anderen Alternative.

Beispiel

Frage: «Soll ich heute eine Gehaltserhöhung verlangen?»
Antwort: «Ja.»

Gegenprobe

Frage: «Soll ich heute besser keine Gehaltserhöhung verlangen?»
Antwort: «Nein.»

Das Orakel sagt also eindeutig aus, daß es heute günstig wäre, eine Gehaltserhöhung zu verlangen.

Es ist aber auch möglich, daß die Antworten nicht so eindeutig ausfallen, d.h. die Gegenprobe nicht aufgeht. Lautete in unserem Beispiel die Antwort bei der Gegenprobe also ebenfalls «Ja», wäre der Fragende noch so unsicher wie vor der Befragung, und er muß nun so lange weiterfahren, bis er eine eindeutige Antwort erhält:

«Ist es richtig, daß ich ohnehin keine Gehaltserhöhung bekomme und daß es deshalb unwichtig ist, wenn ich sie verlange?»

Antwort: «Ja.»

Der Fragende weiß nun, daß er keine Gehaltserhöhung bekommen wird und kann sich überlegen, ob er dieses Thema bei seinem Vorgesetzten überhaupt anschneiden soll; denn zu Beginn der Befragung ist er davon ausgegangen, daß die Möglichkeit gegeben ist, eine Gehaltserhöhung durchzusetzen, unter den jetzigen Voraussetzungen muß er nun neu überdenken, ob es sinnvoll ist, seinen Vorgesetzten darauf anzusprechen.

Natürlich sind nicht alle Befragungen so schnell abgeschlossen. Wenn Sie beispielsweise den genauen Zeitpunkt eines Ereignisses bestimmen wollen, müssen Sie sich langsam an den richtigen Zeitpunkt heranfragen.

Beispiel

Frage: «Werde ich irgendwann einmal heiraten?»
Antwort: «Ja.»
Frage: «Wird es innerhalb der nächsten zehn Jahre sein?»
Antwort: «Ja.»
Frage: «Wird es innerhalb der nächsten 5 Jahre sein?»
Antwort: «Nein.»
Frage: «Wird es innerhalb der nächsten 7 Jahre sein?»
Antwort: «Nein.»
Frage: «Wird es im achten Jahr sein?»
Antwort: «Nein.»
Frage: «Wird es im neunten Jahr sein.»
Antwort: «Ja.»
Frage: «Wird es in der ersten Hälfte des Jahres sein.»
Antwort: «Ja.»
Frage: «Wird es im ersten Quartal des Jahres sein?»
Antwort: «Nein.»
Frage: «Im April?»
Antwort: «Nein.»
Frage: «Im Mai?»
Antwort: «Nein.»
Frage: «Im Juni?»
Antwort: «Ja.»
Frage: «Wird es in den ersten 10 Tagen des Monats sein?»
Antwort: «Nein.»
Frage: «Wird es in den zweiten 10 Tagen des Monats sein?»
Antwort: «Ja.»
Frage: «Wird es zwischen dem zehnten und dem fünfzehnten Tag sein?»
Antwort: «Nein.»

Frage: «Wird es zwischen dem zehnten und achtzehnten Tag sein.»
Antwort: «Nein.»
Frage: «Ist es am neunzehnten Tag?»
Antwort: «Ja.»
Frage: «Ich werde also am 19. Juni in neun Jahren heiraten?»
Antwort: «Ja.»

Anschließend kann man dann noch die genaue Uhrzeit bestimmen, falls man dies wünscht.

Wie erfolgreich Sie mit dieser Technik arbeiten können und wie zutreffend Ihre Ergebnisse sind, müssen Sie erproben.

Man sagt auch, daß eine Manipulation beim Münzenwerfen – sei sie nun bewußt oder unbewußt – vermieden werden kann, indem man nie nur eine, sondern stets mehrere Münzen wirft, wobei selbstverständlich nur eine ungerade Anzahl Münzen zu einem eindeutigen Ergebnis führt.

PENDELN

Es besteht ein recht großes Angebot an verschiedenen Pendelarten. Sie können z.B. ein Spiralpendel verwenden, das sehr leicht ist und relativ schnell reagiert; da es aber äußerst windempfindlich ist, können Sie damit nur zu Hause bzw. in einem geschlossenen Raum arbeiten. Am gebräuchlichsten sind die Messingpendel, die es in verschiedenen Größen und Formen, aber auch in Silber oder Gold zu kaufen gibt. Vielfach wird auch bloß ein Ring oder ein Stein mit einem Loch an einen Faden gebunden und als Pendel verwendet.

Die Bedeutungen der möglichen Pendelbewegungen werden *vorher* festgelegt. In der Regel gilt die linksdrehende Bewegung als ein «Nein», die rechtsdrehende als ein «Ja»; ein Stillstand des Pendels oder linear schwingende Bewegungen werden meist als «noch nicht eindeutig bestimmbar» oder als Weigerung des Pendels, die Frage zu beantworten, gewertet.

Die Kette oder Schnur des Pendels wird zwischen Zeigefinger und Damen gehalten. Ist die Kette zu lang, hält man das restliche Stück fest in der Hand; es darf nicht offen herabhängen, da sonst die Bewegung des Pendels gestört werden kann. Stützen Sie den Ellbogen auf die Tischplatte, um Ermüdungserscheinungen und ein Zittern der Hand zu vermeiden. Legen Sie ein gewöhnliches weißes Blatt Papier auf den Tisch, so daß das Pendel darüber schwingen kann. Auf diese Weise erkennen Sie die Pendelbewegung genauer und schneller.

Manche Pendler schreiben ihre Frage auf einen Zettel und lassen das Pendel darüber schwingen. Es heißt, daß dadurch die Ergebnisse treffender sein sollen. Jedenfalls haben Sie so eine zuverlässige Erfolgskontrolle: Versehen Sie jeden Zettel mit einem + (Ja) oder einem – (Nein); auf diese Weise können Sie auch noch nach Jahren Ihre Prognosen genau kontrollieren.

Achten Sie darauf, daß Sie beim Pendeln Ihre Gedanken ausschal-

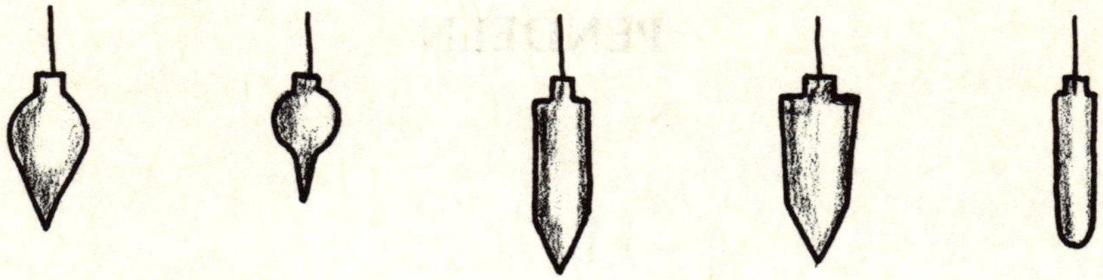

Verschiedene Messingpendel
(auch in anderen Metallarten wie Kupfer, Silber o. Gold erhältlich)

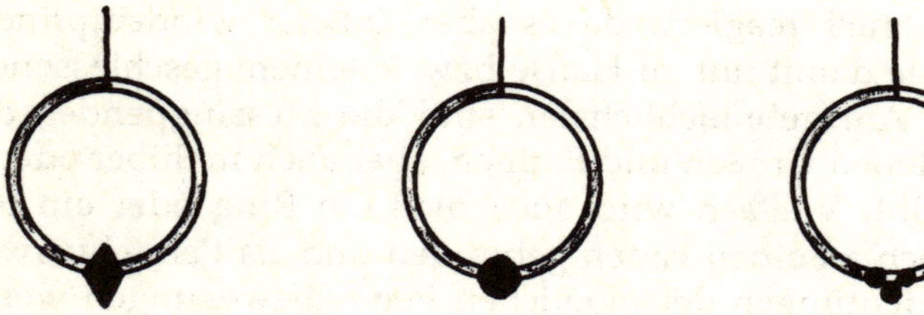

Ringpendel

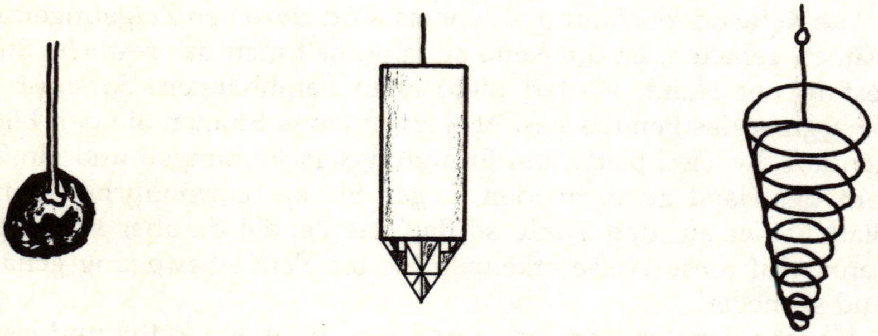

Steinpendel

Glas- o.
Kristallpendel
geschliffene Spitze

Spiralpendel

Abb. 58

ten. Halten Sie das Pendel fest, während Sie sich auf die Frage konzentrieren. Sobald Sie das Pendel loslassen, so daß es frei schwingen kann, schieben Sie alle Gedanken, Wünsche und Befürchtungen energisch beiseite. Halten Sie Ihre Hand vollkommen ruhig, erzwingen Sie die Bewegung des Pendels nicht. Das Pendel beginnt plötzlich ganz von selbst zu schwingen.

Falls Sie bei der Erfolgskontrolle feststellen sollten, daß Ihre Prognosen selten zutreffen – versuchen Sie doch einmal den schon erwähnten Streichholzschachteltest; vielleicht muß man tatsächlich dazu bereit sein, jahrelange Anstrengung und konsequentes Training zu investieren.

BEFRAGUNG MITTELS WÜNSCHELRUTEN

Die Wünschelrute, die hauptsächlich zur Bestimmung von Erdstrahlen und zum Aufspüren von Wasseradern etc. verwendet wird, läßt sich auch als binäres Orakel einsetzen.

In früheren Zeiten wurden gegabelte Äste oder Zweige als Wünschelrute verwendet. Heute sind die Wünschelruten aus den verschiedensten Materialien, und auch neue Wünschelrutenformen wurden entwickelt.

Achten Sie bei der Befragung darauf, daß Sie sich zunächst auf die Frage konzentrieren und dann Ihre Gedanken ausschalten. Prüfen Sie, ob Sie die Rute richtig gespannt halten; Sie erhalten keinen Ausschlag, wenn Sie die Rute zu wenig oder zu stark spannen. Auch hier müssen Sie zuvor festlegen, wie die Ausschläge gewertet werden sollen. Ein Ausschlag nach unten gilt in der Regel als ein «Nein», ein Ausschlag nach oben als ein «Ja».

Sie können Ihre Fragen selbstverständlich wiederum auf einen Zettel schreiben, die Rute darüberhalten und die Ergebnisse, zwecks Erfolgskontrolle, gleich darauf notieren. Falls die Rute gar nicht ausschlägt, gehen Sie ganz langsam mit der Rute durch Ihr Zimmer. Schalten Sie Ihr Denken aus, und konzentrieren Sie sich nur auf das Gefühl der Rute in Ihren Händen. Überprüfen Sie die Spannung. Probieren Sie aus, ob es besser funktioniert, wenn Sie die Rute stärker spannen – als Anfänger neigt man dazu, die Rute zu wenig zu spannen. Achten Sie aber darauf, daß Sie sie trotzdem locker in Ihren Händen halten; wenn Sie die Rute krampfhaft umklammern, kann sie sich nicht bewegen. Geben Sie durch die Drehung der Handgelenke Spannung und nicht durch die Hand selbst.

Auch mit der Wünschelrute läßt sich der Streichholzschachteltest durchführen.

Abb. 59

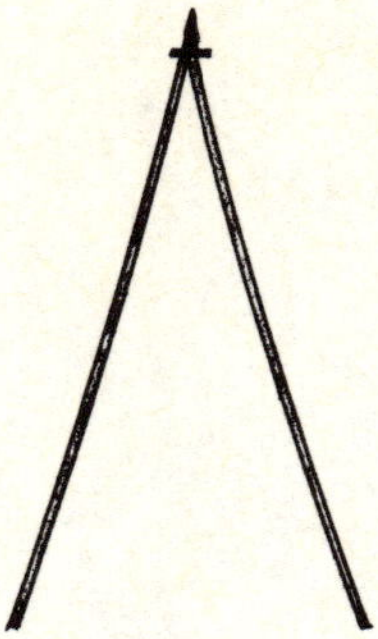

einfache Form in verschiedenen Materialien erhältlich (Plastik, Peddigrohr etc.)

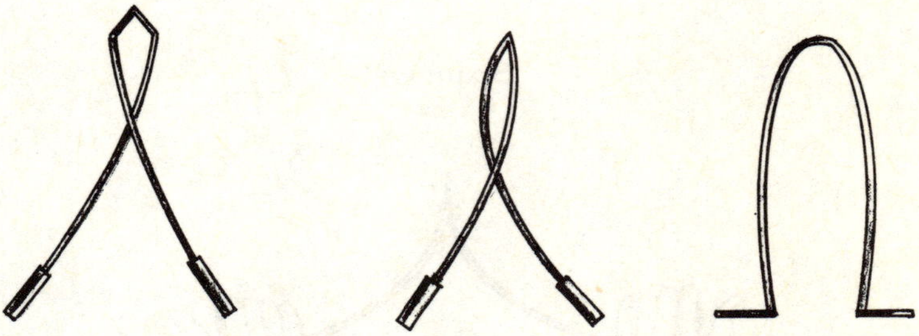

Metallruten

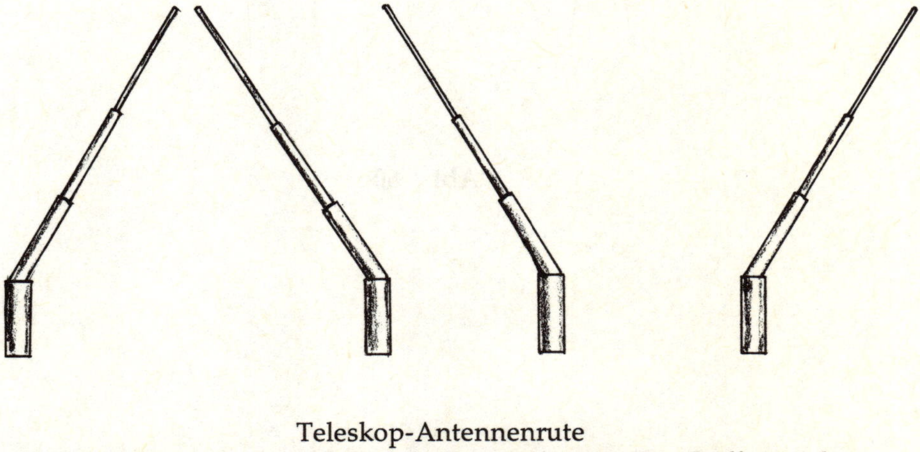

Teleskop-Antennenrute

Die Antennen sind auf Drehgelenken befestigt. Die Griffe werden ruhig in der Hand gehalten. Bewegen sich die Antennen aufeinander zu, bedeutet dies «Ja», bewegen sie sich auseinander, bedeutet dies «Nein».

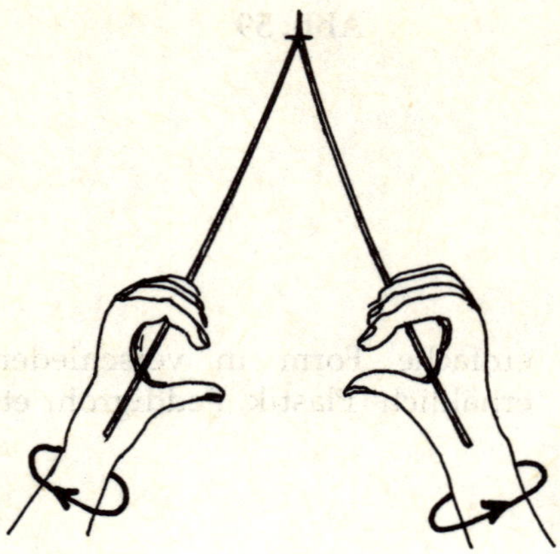

Spannen

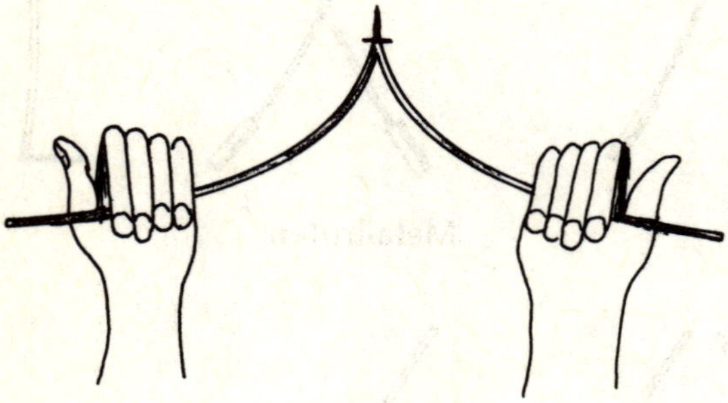

Abb. 60

BLUMENORAKEL

Eine der ältesten und bekanntesten binären Orakeltechniken ist das Blumenorakel. Während der Fragende über sein Problem oder die Angelegenheit nachdenkt, wählt er eine Blume aus. Am häufigsten werden Gänseblümchen, Astern und Margeriten verwendet. Nachdem er seine Frage formuliert hat, zupft er ein Blütenblatt nach dem andern ab; das erste Blütenblatt bedeutet «Ja», das zweite «Nein», das dritte wiederum «Ja», etc. Das letzte Blütenblatt entscheidet darüber, ob die Frage nun mit «Ja» oder mit «Nein» beantwortet wird.

Diese Technik ist geeignet, wenn man nur *eine* Frage an das Orakel richten will; für die Bestimmung eines genauen Zeitpunkts aber beispielsweise, für die relativ viele Fragen nacheinander gestellt werden müssen, empfiehlt sich diese Technik nicht.

WÜRFELN

Gerade und ungerade Zahlen

Diese Technik wird mit nur einem Würfel durchgeführt. Würfelt der Fragende eine gerade Zahl, heißt die Antwort auf seine Frage «Ja»; würfelt er eine ungerade Zahl, lautet die Antwort «Nein».

Zweiergruppen

Der Fragende nimmt zwei Würfel. Die gewürfelten Zahlen werden addiert. Die Endergebnisse 3 und 4 bedeuten «Ja», 5 und 6 bedeuten «Nein», 7 und 5 bedeuten «Ja», 9 und 10 bedeuten «Nein», 11 und 12 bedeuten «Ja». Die 2 bedeutet «keine Antwort möglich».

Zwei Hälften

Man verwendet drei Würfel und addiert die Zahlen. Die Endergebnisse 3 bis 10 bedeuten «Ja» und die Endergebnisse 11 bis 18 bedeuten «Nein».

Vier Gruppen

Es werden vier Würfel verwendet. Die Zahlen werden addiert. Die Endergebnisse 4 bis 8 bedeuten «Ja», 9 bis 13 «Nein», 14 bis 18 «Ja» und 19 bis 23 «Nein». Das Ergebnis 24 bedeutet «keine Antwort möglich».

Quersumme

Man würfelt mit vier Würfeln. Die Zahlen werden addiert und die Quersumme ermittelt, z. B.: 4+3+6+1=14, Quersumme = 5; 2+6+1+2=11, Quersumme = 2. Die Endergebnisse von 1 bis 5 gelten als «Ja», die Endergebnisse 6 bis 10 bedeuten «Nein».

Dreier

Man verwendet drei Würfel. Drei gerade Zahlen gelten als «Ja», drei ungerade Zahlen als «Nein». Zwei gerade Zahlen und eine ungerade Zahl bedeuten «Ja», zwei ungerade Zahlen und eine gerade Zahl «Nein».

Es gibt noch viele andere Möglichkeiten, die Würfelergebnisse auszuwerten. Es steht Ihnen auch frei, eine eigene Methode auszudenken und festzulegen, mit wie vielen Würfeln Sie arbeiten wollen und wie die Ergebnisse gewertet werden sollen.

LOSEN UND GLÜCKSGREIFEN

Losmethode

Der Fragende schneidet aus einem Blatt Papier sechs gleich große Zettel aus, drei werden mit «Ja» beschriftet, die anderen drei mit «Nein». Die Zettel werden zusammengefaltet oder eingerollt und in eine Schale gelegt. Nachdem der Fragende sie gut durchgeschüttelt hat, schließt er die Augen und zieht ein Los heraus.

Glücksgreifen

Der Fragende legt ein Häufchen Streichhölzer auf den Tisch und bedeckt diese mit einem Tuch. Er schließt die Augen, greift unter das Tuch und zieht eine Anzahl Hölzer hervor. Hat er eine gerade Anzahl Hölzer gezogen, lautet die Antwort auf seine Frage «Ja»; hat er eine ungerade Anzahl gezogen, lautet die Antwort «Nein».

STRICHZÄHLEN

Das Strichzählen ist eine stark vereinfachte Form der Punktierkunst. Der Fragende nimmt ein Blatt Papier und zeichnet mit geschlossenen Augen eine Anzahl Striche auf das Papier:

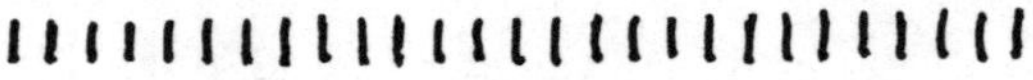

Nun werden die einzelnen Linien in Fünfergruppen weggestrichen:

Bleibt eine gerade Anzahl Striche übrig, lautet die Antwort auf die Frage «Ja», bei einer ungeraden Anzahl lautet die Antwort «Nein».

Bei dieser Technik muß unbedingt darauf geachtet werden, daß das Punktieren sehr schnell geschieht und dabei nicht mitgezählt wird, um ein zuverlässiges Ergebnis zu erhalten.

In früheren Zeiten wurden die Striche oder Punkte auf die Erde gezeichnet. Eine verwandte Technik ist das Stäbchenzählen. Dabei wurden aus einem Korb eine Handvoll Holzstäbe gegriffen und auf den Tisch oder den Boden gelegt. Dann wurden die Stäbchen in Fünfergruppen abgezählt. Blieb eine ungerade Anzahl von Stäbchen übrig, lautete die Antwort «Nein»; bei einer geraden Anzahl Stäbchen lautete die Antwort «Ja».

10. Kapitel

TRAUMORAKEL

Das Deuten von Träumen ist eine uralte Wahrsagekunst, die sich schon im Altertum großer Beliebtheit erfreute. Damals glaubte man daran, daß die Träume von den Göttern gesandt wurden, und sie galten deshalb als eine Offenbarung. In der Antike soll es Tempel gegeben haben, die allein für die Traumdeutung bestimmt waren. Wenn man also eine Frage beantwortet wissen wollte, suchte man einen solchen Schlaftempel auf. Nach bestimmten zeremoniellen Vorbereitungen bekam man einen Platz im Tempel zugewiesen, an dem man sich niederlegte. Es waren meist mehrere Priester anwesend, die die Traumphasen der Schlafenden kontrollierten. Wenn sie bemerkten, daß die Traumphase zu Ende ging, weckten sie den Schläfer und fragten ihn, was er geträumt hatte. Der Fragende beschrieb seinen Traum, der dann vom Priester gedeutet wurde. Oft mußte der Fragende vor dem Tag der Trauminkubation eine bestimmte Diät einhalten. Es soll auch üblich gewesen sein, den Ratsuchenden vorher Drogen einzugeben, die starke Träume hervorriefen.

Man nimmt an, daß die Priester der Schlaftempel die Persönlichkeit des Träumenden bei der Deutung berücksichtigten. Bestimmte Trauminhalte oder Symbole hatten sicher eine Grundbedeutung, die jedoch unter Berücksichtigung der Persönlichkeit des Ratsuchenden und der gestellten Frage variiert werden konnte.

Wenn man bedenkt, wie hochentwickelt die Kunst der Traumdeutung im Altertum war, ist es erstaunlich, wie wenig von diesem alten Wissen in den Traumbüchern des 17. oder 18. Jahrhunderts noch zu finden ist. Hier beschränkt sich die volkstümliche Traumdeutung darauf, bestimmten Trauminhalten oder -symbolen eine allgemein verbindliche Bedeutung zuzuschreiben. Wenn man also von Schuhen träumte, bedeutete dies stets, daß man eine Reise unternehmen werde – die Persönlichkeit oder der Stand des Träumenden wurde dabei völlig außer acht gelassen. Die Traumdeutung wurde mehr und mehr schematisiert, und so verwundert es nicht, daß man aufhörte, den Träumen irgendein Gewicht zuzuschreiben.

Erst durch die moderne Psychologie ist uns die Wichtigkeit der Träume wieder bewußt geworden. Zahllose Selbsterfahrungsgruppen beschäftigen sich inzwischen mit der sogenannten «Traumarbeit», wobei es in erster Linie darum geht, sich mit den unbewußten Aspekten der Psyche auseinanderzusetzen, psychische Konflikte durch Bewußtmachung zu lösen und ein inneres Gleichgewicht herzustellen. Der Traum als zukunftweisende Instanz wird allerdings in den Traumarbeitsgruppen nur selten berücksichtigt. Gewiß, nicht jeder Mensch empfängt prophetische Träume, und jene Menschen, die ungewollt zukunftweisende Träume erhalten, leiden vielfach unter dieser Gabe. Oft verhindern aber auch bestimmte Ängste, daß der zukunftweisende Charakter der Träume überhaupt erkannt wird. So kann eine innere Blockade beispielsweise die Ursache sein, daß man gerade die prophetischen Träume nicht erinnert, sondern nur jene Träume, die sich aus den Inhalten des vergangenen Tages oder den momentanen inneren Konflikten ergeben.

Der prophetische Traum

Der zukunftweisende Traum unterscheidet sich vom normalen Traum meist dadurch, daß er äußerst intensiv erlebt wird oder in mehreren aufeinanderfolgenden Nächten wiederkehrt, wobei dies völlig unabhängig vom Trauminhalt ist. Das Traumgeschehen an sich sagt nichts darüber aus, ob es sich um einen prophetischen oder einen alltäglichen Traum handelt. Wenn jemand also beispielsweise vom Tod einer geliebten Person träumt, ist möglich, daß dieser Traum nur die unbewußte Furcht des Träumenden ausdrückt, die geliebte Person zu verlieren. Der Traum kann aber auch den Tod der Person ankündigen – womit es sich um einen prophetischen Traum handelte.

Besonders schwierig wird die Unterscheidung dann, wenn der Traum eine verschlüsselte Form aufweist. Eine Bekannte beschrieb ihre Erfahrung mit verschlüsselten prophetischen Träumen folgendermaßen:

> *Mit vierzehn Jahren träumte ich, daß mir ein Zahn abbricht. Im Traum hatte ich das Gefühl, daß mein Mund um vieles größer war, als er es in Wirklichkeit ist. Ich fühlte sehr deutlich, wie der Zahn langsam zerbröselte – er schien aus einem sehr porösen, weichen Material zu sein. Ich tastete mit meiner Zunge nach den abgebrochenen Stückchen und spuckte sie aus.*

Während ich träumte, befand ich mich in einer Art Wachschlafzustand. Mir war bewußt, daß ich träumte, ich war aber unfähig, in den Traum einzugreifen. Der Traum beeindruckte mich sehr stark, und in den folgenden Tagen mußte ich oft an ihn denken.

Zwei Wochen später starb meine Großmutter. Damals brachte ich meinen Traum noch nicht mit ihrem Tod in Verbindung. Acht Jahre später träumte ich den gleichen Traum, und wenige Tage später starb mein Vater. Auch damals erkannte ich nicht sofort den Zusammenhang. Erst als ich einige Monate später meine alten Tagebücher las, stieß ich auf meinen ersten «Zahn-Traum», den ich damals notiert hatte. Und da begriff ich, daß es sich dabei um prophetische Träume handelte.

Ich kann nicht behaupten, daß mir die ganze Sache sehr angenehm war. Im Gegenteil: Ich hatte Angst; ich wollte nicht den Tod anderer Menschen vorhersehen können. Die Folge war, daß ich schlecht schlief, weil ich immer wieder fürchtete, einen «Zahn-Traum» zu träumen. Inzwischen habe ich mich damit abgefunden und akzeptiere es. Meine prophetischen Träume beziehen sich allerdings immer nur auf den Tod mir nahestehender Personen. Ich habe versucht herauszufinden, ob sich auch andere Dinge in meinen Träumen ankündigen, aber dem scheint nicht so zu sein.

Es scheint ein recht häufiges Phänomen zu sein, daß sich prophetische Träume auf einen bestimmten Aspekt menschlichen Daseins beschränken. Einige erfahren aus ihren Träumen den Todestag anderer Menschen, andere empfangen Träume, die Heirat, Liebschaft, Geburt, Streitigkeit, Krankheit, Erfolg, Mißerfolg, Verlust oder Gewinn anzeigen. Ebenso häufig ist, daß sich die prophetischen Träume nur auf das unmittelbare Umfeld des Träumenden beziehen. Auch wenn viele immer wieder gern das Gegenteil behaupten: Der zukunftweisende Traum bezieht sich nur in den seltensten Fällen auf Ereignisse, die von nationaler oder gar internationaler Bedeutung sind. Ein prophetischer Traum, der von Kriegsszenen beherrscht wird, kündigt nicht unbedingt den dritten Weltkrieg an, sondern zeigt meist an, daß man selbst in eine Situation geraten wird, in der man zu kämpfen gezwungen sein wird. Möglicherweise werden Familienmitglieder oder Freunde in die Auseinandersetzung mit einbezogen werden, doch sollte man nicht vorschnelle Schlüsse ziehen und sogleich das Ende der Welt prophezeien. Ich behaupte damit nicht, daß es unmöglich sei, Weltereignisse in Träumen vorherzusehen – ich will nur darauf hinweisen, daß dies viel seltener vorkommt, als man glaubt. Die Vorhersage globaler politischer oder wirtschaftlicher Entwicklungen funktioniert durch das Auswerten von Träumen genauso schlecht wie durch die Anwendung anderer Orakeltechniken.

Tritt der prophetische Traum nicht in verschlüsselter Form auf, erkennt der Träumende seine Gabe, durch Träume Ereignisse vorhersehen zu können, meist sehr schnell, während es bei Träumen in verschlüsselter Form lange dauert, bis man die Zusammenhänge zwischen dem Traum und den alltäglichen Ereignissen erkennt. Wir können nicht davon ausgehen, daß bestimmte Traumsymbole bei allen Menschen das gleiche Ereignis ankündigen. Wenn ich beispielsweise einen «Zahn-Traum» träume, zeigt dieser an, daß ich wenige Tage später an einer schweren Grippe erkranken werde; bei einem meiner Freunde kündigt ein «Zahn-Traum» jeweils aber einen finanziellen Verlust an. Nach meinen bisherigen Erfahrungen scheint das Traumsymbol «Zahn» allgemein etwas Schlechtes anzuzeigen, doch wer weiß – vielleicht gibt es auch jemanden, bei dem das Symbol «Zahn» eine positive Bedeutung hat. Hinzu kommt, daß bei weitem nicht jeder «Zahn-Traum» ein prophetischer Traum ist, sondern häufig nur einen inneren Konflikt anzeigt, der sich aber im Alltag nicht unbedingt in einer bestimmten Form manifestieren muß. Als prophetisch gelten nur jene Träume, die ein mehr oder weniger konkretes Ereignis ankünden.

Wie eingangs schon erwähnt, erkennt man den zukunftweisenden Traum daran, daß man ihn sehr intensiv erlebt oder daß er sich mehrmals wiederholt. Schreiben Sie sich diese Träume auf, und achten Sie auch darauf, was in den nachfolgenden Wochen in Ihrem Leben und in Ihrer unmittelbaren Umgebung geschieht. Führen Sie ein Tagebuch, in dem Sie die besonderen Tagesereignisse notieren, beispielsweise wenn einer Ihrer Verwandten oder Freunde erkrankt, einen Unfall hat, sich scheiden läßt, sich verheiratet, im Lotto gewinnt oder seinen Beruf plötzlich wechselt etc. Verlieren Sie sich dabei nicht in Kleinigkeiten, aber schreiben Sie alles auf, was Sie als außergewöhnlich oder besonders beeindruckend empfunden haben. Nachdem Sie dies einige Zeit lang getan haben, vergleichen Sie Ihr Tagebuch mit Ihrem Traumtagebuch. Prüfen Sie nach, welche Ereignisse durch Ihre Träume angekündigt wurden. Vergleichen Sie auch die Träume untereinander: Hatten Sie den gleichen oder einen ähnlichen Traum vor bestimmten gleichartigen Ereignissen? Traten die gleichen Symbole auf? Welches Symbol kann welches Ereignis anzeigen?

Es wird wahrscheinlich einige Jahre dauern, bis Sie über die Symbolik Ihrer Träume oder jene Traumgeschehen, die bestimmte Ereignisse in der Alltagsrealität anzeigen, einen ungefähren Überblick gewonnen haben. Wenn die nachträgliche Analyse dann beispielsweise ergibt, daß ein prophetischer Traum, in dem das Symbol «Brot» eine große Rolle spielte, auf finanziellen Gewinn hindeutet, können Sie sich in Zukunft auch an eine Prognose wagen. Stützen Sie sich aber nie auf vage Vermutungen, sondern analysieren Sie genauestens die Symbolik Ihrer Träume. Solange es sich nur um eine Vermutung handelt, daß der «Brot-Traum» finanziellen Gewinn ankündigt, bleibt jede finanzielle Unternehmung, die Sie auf einen «Brot-Traum» hin angehen, ein riskantes Spiel.

Vielleicht stehen Sie vor dem Problem, daß Sie Ihre Träume nur schlecht erinnern können, obschon Sie oft mit dem Gefühl erwachen, einen wichtigen Traum geträumt zu haben. Auch hier bietet das Traumtagebuch eine gute Erinnerungshilfe. Konzentrieren Sie sich darauf, *langsam* aufzuwachen. Versuchen Sie nicht, den Traum krampfhaft festzuhalten, sondern nur, sich gegen das Erwachen zu wehren. Sie werden bemerken, daß Sie vor dem Erwachen noch einige Zeit in einem Dämmerzustand zubringen. Versuchen Sie nun, den Traum mit in diesen Dämmerzustand hinüberzunehmen. Bewegen Sie sich möglichst wenig. Wenn Sie die Phase zwischen Schlaf und Wachzustand ausdehnen können, wird es Ihnen besser gelingen, den Traum zu erinnern. Schreiben Sie nach dem Erwachen sofort alles auf, an das Sie sich erinnern können. Zu Beginn wird dies vielleicht sehr wenig sein, aber diese Fähigkeit entwickelt sich durch fortgesetztes Training sehr schnell. Schreiben Sie zunächst alle Träume auf, auch wenn sie nicht in die Kategorie der prophetischen Träume fallen, und erst wenn Sie ihr Erinnerungsvermögen genügend geschult haben, um sich Ihre Träume problemlos merken zu können, gehen Sie dazu über, nur die wichtigen Träume aufzuschreiben.

Nicht jeder Mensch hat zukunftweisende Träume, und der prophetische Traum bleibt immer eine Gabe, ein Geschenk, das nicht kontrolliert eingesetzt werden kann. Menschen, die prophetische Träume empfangen, können also nicht unbedingt den Zeitpunkt vorbestimmen, an dem sie einen Hinweis auf die Zukunft erhalten. Oft betreffen diese Hinweise nicht einmal Angelegenheiten, die für den Träumenden von wirklicher Bedeutung sind, sondern nur für Außenstehende; oder aber die Träume warnen ihn nur vor Gefahren, künden aber niemals angenehme Ereignisse an etc. So gesehen bringt also die natürliche Begabung, prophetische Träume zu empfangen, oft wenig Nutzen. Wenn wir den Schlaf bzw. den Traum zu Orakelzwecken einsetzen wollen, müssen wir dies also viel gezielter angehen.

Die Trauminkubation

Erinnern wir uns noch einmal an die Schlaftempel der Antike. Der Fragende suchte den Tempel auf, wurde durch zeremonielle Handlungen entsprechend vorbereitet und träumte einen Traum, der dann von einem Priester als Antwort auf seine Frage gedeutet wurde.

Im Prinzip können wir heute beim Traumorakel auf die gleiche Art und Weise vorgehen, wenn wir auch auf einen Tempel und einen Priester verzichten müssen. Die einzige unabdingbare Voraussetzung, um ein Traumorakel durchzuführen, ist, daß Sie die Fähigkeit besitzen müssen, Träume zu erinnern. Das Führen eines Traumtagebuchs wird Ihr Erinnerungsvermögen anregen und schnell steigern. Falls es Ihnen Schwierigkeiten bereitet, Träume aufzuschreiben, können Sie diese auch im halbwachen Zustand auf Kassette sprechen. Üben Sie dies so lange, bis es Ihnen keinerlei Mühe mehr bereitet, sich an Ihre Träume zu erinnern.

Wenn Sie also eine bestimmte Frage beantwortet wissen möchten, schreiben Sie diese auf einen Zettel, und schieben Sie ihn unter Ihr Kopfkissen. Legen Sie sich dann auf den Rücken, entspannen Sie sich, lassen Sie alle Ihre Gedanken los, und konzentrieren Sie sich darauf, wie Ihr Körper immer schwerer wird und sich in Ihnen ein wohliges Gefühl der Müdigkeit ausbreitet. Falls Sie in der Rückenlage nicht einschlafen können, wechseln Sie jetzt Ihre Position. Machen Sie das aber langsam und vorsichtig; werfen Sie sich nicht heftig herum, sondern fühlen Sie, wie schwer und träge Ihr Körper ist und wie Sie sich nur ganz langsam und schwerfällig bewegen können. Sobald Sie Ihre bevorzugte Einschlafposition eingenommen haben, bleiben Sie ganz ruhig. Schalten Sie alle Gedanken aus. In dem Moment, in dem Sie fühlen, daß Sie gleich einschlafen werden, vergegenwärtigen Sie sich noch einmal Ihre Frage. Der Übergang vom Wach- in den Schlafzustand ist meist sehr kurz, versuchen Sie ihn möglichst genau abzupassen. Auf keinen Fall darf Sie der Gedanke an Ihre Frage wieder munter machen. Wenn Sie das Traumorakel zum ersten Mal durchführen, wählen Sie eine Frage, die Sie emotional nicht besonders stark berührt, da es Ihnen sonst schwerfällt, im richtigen Moment loszulassen und einzuschlafen.

Es empfiehlt sich, das Traumorakel nicht zur regulären Schlafenszeit durchzuführen. Während einer Nacht haben Sie normalerweise mehrere Träume, und mit einem ausgeprägten Erinnerungsvermögen werden Sie sich an mehrere entsinnen. Doch welcher Traum stellt nun die Antwort auf Ihre Frage dar? Im allgemeinen fühlt man, welcher Traum der entscheidende ist, doch als Anfänger ist man sehr leicht verunsichert. Ist das Erinnerungsvermögen nicht besonders ausgeprägt, kann man gerade den wichtigen Traum vergessen. Hinzu kommt noch, daß man sich auch eine ausgezeichnete Möglichkeit zum Selbstbetrug schaffen kann, indem man bei einer unangenehmen Orakelantwort entscheidet, daß dieser Traum unwichtig war, und auf den angenehmsten Traum ausweicht. Ferner ist es sinnvoll, dem Unbewußten zu signalisieren, daß jetzt etwas Besonderes stattfindet. Achten Sie darauf, daß Sie nicht übermüdet sind, wählen Sie aber auch keinen Zeitpunkt, an dem Sie hellwach und aufgekratzt sind.

Wenn Sie nicht zu müde waren, werden Sie wahrscheinlich nach dem ersten Traum erwachen. Falls Sie befürchten weiterzuschlafen, stellen Sie den Wecker; betrachten Sie diese Maßnahme aber als Notlösung, da die erforderliche Schlafdauer sehr schwer abzuschätzen ist. Als optimaler Erfahrungswert gilt eine Schlafdauer von eineinhalb Stunden, wozu noch die Entspannungs- und Einschlafzeit hinzugerechnet werden muß. Aber trotz sorgfältigster Kalkulation kann der Wecker den ersten Traum vorzeitig unterbrechen, oder er holt Sie aus dem Schlaf, wenn Sie schon mitten im zweiten Traum stehen. Falls Sie es ohne Wecker nicht schaffen sollten, verwenden Sie keinesfalls einen Radiowecker oder einen Wecker mit einem lauten oder schrillen Signal, sondern nur einen mit leisen Signaltönen, die in gewissen Abständen wiederholt werden.

Schreiben Sie Ihren Traum nach dem Erwachen sofort auf, oder sprechen Sie ihn auf Kassette. Beschreiben Sie ihn so ausführlich wie möglich. Es bleibt Ihnen überlassen, ob Sie den Traum sofort oder erst Stunden später deuten wollen. Manchen Menschen fällt die Interpretation leichter, wenn die Erinnerung noch frisch ist, andere ziehen es vor, erst ein wenig Abstand zu gewinnen.

Die Traumdeutung

Bei der Traumdeutung hängt das Vorgehen davon ab, ob der Traum in verschlüsselter Form aufgetreten ist oder nicht. Es gibt Träume, deren Bedeutung sich dem Träumenden sofort offenbart. Dies ist in etwa vergleichbar mit dem Auswerten von Visionen (s. 2. Kapitel). Träume dieser Kategorie zeigen die Vergangenheit, Gegenwart oder Zukunft, wie sie auch in der Realität war, ist oder sein wird. Somit erübrigt sich eine Interpretation.

Schwieriger wird es, wenn der Traum in verschlüsselter Form auftritt. Als Regel Nummer eins für die Interpretation gilt: Denken Sie immer daran, daß Sie selbst diese spezielle Verschlüsselung, die sich im Handlungsablauf und der Symbolik des Traums zeigt, gewählt haben. Mit Ausnahme eines Sehers vielleicht gibt es niemanden außer Ihnen, der Ihren Traum entschlüsseln kann. Sie können getrost alle Ihre Traumdeutungsbücher wegwerfen. Vergessen Sie auch alles, was Sie jemals in modernen Psychologiewerken über die Bedeutung des Traums und seiner Symbole gelesen haben. Ihre Kenntnisse als Amateurpsychologe werden Sie hier nicht weiterbringen. Als zweite Regel gilt: Versuchen Sie sich dem Traum auf eine unmittelbare Art und Weise zu nähern. Gehen Sie dabei nicht analytisch vor, zerlegen Sie den Traum nicht in seine Einzelteile, sondern versuchen Sie ihn als Ganzes zu verstehen. Analysieren Sie die Symbole nicht, sondern versuchen Sie Ihre Bedeutung intuitiv zu erfassen. Es ist viel hilfreicher, wenn Sie sich in einen meditativen Zustand versetzen und den Traum noch einmal nacherleben. Achten Sie dabei auch besonders auf Ihre Gedanken und Gefühle, denn diese verraten Ihnen oft mehr über die Bedeutung eines Traums als das Traumgeschehen an sich. Wenn Sie einen Traum noch einmal nacherleben, werden Ihnen größtenteils dieselben Gefühle und Gedanken, die Sie während des Traums hatten, noch einmal bewußt gemacht. Im meditativen Bewußtseinszustand können Sie den Traum gleichermaßen von innen, als Traum-Ich, und von außen, als Betrachter, erleben. Verstehen Sie als Betrachter, warum Ihr Traum-Ich so gereizt reagierte, als man ihm einen Strauß Blumen schenkte? Begeben Sie sich wieder in Ihr Traum-Ich, und gehen Sie diesem Gefühl nach. Auf diese Weise können Sie Ihren Traum nach und nach entschlüsseln.

Wie gesagt: Niemand kann Ihnen die Bedeutung Ihrer Träume erklären, nur Sie allein sind dazu in der Lage, Ihren Traum zu deuten und in Beziehung zu Ihrer Frage zu setzen. Verlassen Sie sich ganz auf Ihre Intuition, und lernen Sie, Ihre innere Symbolwelt zu verstehen.

Beispiel 1

Die Fragende ist 28 Jahre alt und seit 4 Jahren verheiratet. Sie ist Besitzerin eines kleinen, aber gutgehenden Modesalons. Da sie das Geschäft erst vor wenigen Jahren übernommen hat, war ihre berufliche Belastung bis vor kurzem sehr groß. Während dieser Zeit haben sich die beiden Ehepartner auseinandergelebt. Seit einem halben Jahr trägt sich die Fragende mit dem Gedanken, die Scheidung einzureichen.
Sie stellt folgende Frage: *Was wird geschehen, wenn ich mich scheiden lasse?*

Sie schreibt die Frage auf einen Zettel, den sie dann unter ihr Kopfkissen legt. Sie entspannt sich ca. 15 Minuten, dreht sich auf ihre rechte Seite und schaltet ihr Denken vollkommen aus. Beim Eintritt in die Übergangsphase vergegenwärtigt sie sich noch einmal ihre Frage. Plötzlich ist sie wieder hellwach. Sie spürt, daß sie die Frage doch stärker berührt, als sie angenommen hatte. Sie legt sich nun wieder auf den Rücken und entspannt sich erneut. Diesmal gelingt es ihr, ohne emotionale Beteiligung an ihre Frage zu denken und einzuschlafen. Sie träumt folgenden Traum:

> *Ich befinde mich in meinem Geschäft. Es scheint kurz vor Ladenschluß zu sein, doch es warten noch fünf oder sechs meiner Stammkundinnen darauf, daß ich mich ihrer annehme. Als ich später dann die Abrechnung mache, stelle ich fest, daß der Umsatz sich verdreifacht hat (gegenüber dem momentanen Umsatz in der alltäglichen Wirklichkeit). Ich schließe die Ladentür und gehe noch schnell bei der Bank vorbei. Dann gehe ich zum Geschäft zurück und steige in meinen Wagen. Ich fahre zu meiner Wohnung, die am anderen Ende der Stadt liegt. (Es ist nicht dieselbe Wohnung, die ich augenblicklich noch mit meinem Mann teile.) Ich bin müde von der Arbeit und lege mich, nachdem ich den Fernseher eingeschaltet habe, auf die Couch. Plötzlich klingelt das Telefon. Ich habe keine große Lust aufzustehen, raffe mich aber dann trotzdem auf und nehme den Hörer ab. Es meldet sich einer meiner langjährigen Freunde. Er fragt, ob ich Zeit hätte und ob er für ein Stündchen vorbeikommen könne. Etwas lustlos sage ich zu. Nachdem ich die Wohnung noch ein wenig aufgeräumt habe – sie ist übrigens sehr elegant eingerichtet –, setze ich mich ans Fenster und warte. Mein anfängliches Unlustgefühl verwandelt sich in nervöse Gespanntheit. Als ich die Türklingel höre, springe ich auf und öffne. Im Grunde genommen freue ich mich doch, einen Menschen zu sehen, mit dem ich reden kann. Mir wird bewußt, daß mein Leben ziemlich einsam ist.*
>
> *Wir unterhalten uns lange Zeit, wobei sich das Gespräch hauptsächlich um unsere Zukunftspläne dreht. Er hat vor, einige Jahre im Ausland zu arbeiten, und ich plane, mein Geschäft zu erweitern. Nachdem wir beide zwei Flaschen Wein geleert haben, werden wir ziemlich sentimental und sprechen über unsere gescheiterten Beziehungen. Das Ganze endet damit, daß wir uns gemeinsam in eine Verzweiflungsstimmung hineinreden. Ich werde dann sehr, sehr müde und schlafe fast auf der Couch ein. Mein Freund verabschiedet sich, und ich falle völlig erschöpft ins Bett. Ich lese noch eine Viertelstunde und schalte dann das Licht aus. An dieser Stelle endet der Traum.*

Es folgt nun der Kommentar der Fragenden zu diesem Traum:

> Ich war sehr überrascht, daß der Traum keinerlei Verschlüsselungen aufzuweisen schien. Das Traumgeschehen wirkte auf mich sehr real, d.h., diese Situation könnte genau in dieser Form in der alltäglichen Wirklichkeit stattfinden. Das war für

mich deshalb überraschend, weil meine Träume sonst sehr abstrakt und unwirklich sind.

Der Traum zeigte mir, daß ich nach einer Scheidung beruflich bzw. finanziell wesentlich besser abschneiden würde. Solange ich mit meinem Mann zusammen bin, ist es unmöglich, an eine Geschäftserweiterung überhaupt nur zu denken. Genaugenommen trage ich mich seit einem Jahr mit dem Gedanken, eine Filiale zu eröffnen, doch mein Mann ist strikt dagegen, und er würde mir alle möglichen Steine in den Weg legen. Natürlich bin ich mir darüber bewußt, daß die Realisierung dieses Vorhabens eine Menge Arbeit und Anstrengung erfordert. Ich fühlte mich im Traum ja auch wirklich sehr müde und erschöpft. Andererseits erfüllt mich diese Arbeit auch mit einer gewissen Befriedigung.

Leider zeigt der Traum auch, daß ich mit dem Alleinsein wohl doch nicht so gut zurechtkommen werde, wie ich bisher gedacht habe. Offensichtlich werde ich ziemlich einsam sein und mich vielleicht auch oft zurücksehnen. Andererseits frage ich mich natürlich auch, ob es nicht besser ist, allein zu sein als unter der Einsamkeit in einer Beziehung zu leiden. Ich glaube allerdings, daß ich seit längerem unbewußt den Wunsch habe, mich an einen anderen Partner, der besser zu mir paßt, zu binden. Der Traum zeigt mir nun, daß daraus vorerst wohl nichts werden wird. Da ich im Traum auch sentimental auf meine Ehe zurückblicke, nehme ich an, daß ich mich von meinem Mann noch nicht so vollständig gelöst habe, wie ich glaubte. Werde ich hinterher vielleicht unsere Beziehung idealisieren? Ich kann mir selbst vermutlich nicht eingestehen, daß ich einen Fehler gemacht, eine falsche Wahl getroffen habe. Was mich noch in dieser Ehe hält, ist wohl der Stolz – und nicht ein Rest von Liebe oder Zuneigung. Durch den Traum habe ich erfahren, daß ich zuerst lernen muß, mit dem Alleinsein zurechtzukommen, und daß ich mich ganz von meiner Ehe lösen muß, bevor ich wieder daran denken kann, eine neue Beziehung einzugehen.

Im Gespräch mit meinem Freund fielen auch die Namen anderer alter Freunde und Freundinnen. Sie tauchten zwar im Traum nicht weiter auf, doch mein Traum-Ich verhielt sich so, als hätte es einen recht engen Kontakt zu diesen Menschen. Dies scheint mir darauf hinzudeuten, daß ich nach einer Scheidung alte Kontakte mühelos wieder aufnehmen könnte. Seit meiner Eheschließung hatte ich kaum noch Gelegenheit, alte Freundschaften zu pflegen, und ich habe oft bereut, daß ich mich freiwillig so zurückgezogen habe. Ich wäre froh, wenn es mir gelänge, meine Freundschaften mehr zu pflegen.

An diesem Beispiel sehen wir, wie problemlos unverschlüsselte Träume gedeutet werden können. Der Traum kann als Abbild der Realität betrachtet werden, unabhängig davon, ob es sich um eine vergangene oder zukünftige Realität handelt. Das Traumgeschehen muß lediglich in Beziehung zur Frage gesetzt werden.

Beispiel 2

Der Fragende ist 48 Jahre alt. Vor einigen Monaten erlitt er bei einem Brandunglück schwere Verbrennungen. Abgesehen von den Verletzungen an Brust und Armen war auch die rechte Gesichtshälfte davon betroffen. Für den Fragenden, der immer sehr auf sein Äußeres bedacht war, brach die Welt zusammen. Er verfiel mehr und mehr in einen depressiven Zustand, was den Heilungsprozeß natürlich erheblich behinderte. Auf Anraten seines Arztes wurde ein Psychotherapeut hinzugezogen. Zu dieser Zeit träumte der Fragende jede Nacht in der einen oder anderen Form vom Unglück. Gemeinsam war all diesen Träumen, daß der Fragende aufwachte, bevor er von den Flammen berührt wurde. Er litt sehr unter diesen Träumen und fürchete sich einzuschlafen. Der Psychotherapeut half dem Fragenden, das Schockerlebnis zu verarbeiten, indem er ihn zu einer gezielten Traumarbeit anleitete. Als der Fragende bemerkte, daß die Arbeit mit seinen Träumen wirklich dazu führte, daß die Alpträume nachließen und schließlich ganz verschwanden, begann er sich für diesen Bereich stärker zu interessieren. Er hatte den Willen, seinen depressiven Zustand zu überwinden. Da der Fragende sich sein ganzes Leben immer als aktiven, dynamischen Menschen erlebt hatte, litt er nun besonders darunter, daß er keine Zukunftsperspektiven mehr erkennen konnte. Wenn er darüber nachdachte, wie er sein zukünftiges Leben gestalten sollte, tauchte immer sofort der Gedanke auf: «Mit meiner Entstellung ist das vollkommen unmöglich!» Er hoffte nun darauf, daß ihm vielleicht durch einen Traum ein entscheidender Hinweis gegeben werde.
Er stellte folgende Frage: *«Wie soll ich mein zukünftiges Leben gestalten?»*

Der Fragende inkubierte den Traum auf die übliche Weise. Es folgt nun die Beschreibung des Traums:

> *Ich befinde mich in einer Wüste. Es ist sehr heiß. Ich gehe langsam durch den heißen Sand. Ich bin müde und schwach, fühle aber weder Hunger noch Durst. In weiter Ferne kann ich Vögel am strahlend blauen Himmel erkennen. Ich schleppe mich vorwärts, falle hin und*

stehe wieder auf. Ich habe kein bestimmtes Ziel vor Augen, und ich weiß auch nicht, warum ich in dieser Wüste bin. Auf einer anderen Ebene ist mir bewußt, daß es einen bestimmten Sinn hat, den ich nicht erkennen kann.

Plötzlich sehe ich mitten in der Wüste einen Stein liegen. Ich gehe darauf zu. Er ist relativ groß und flach. Meine Gefühle dem Stein gegenüber sind sehr merkwürdig: Auf der einen Seite zieht er mich stark an – ich habe das Bedürfnis, ihn zu berühren –, auf der anderen Seite erscheint er mir fast bedrohlich, wobei ich nicht sagen könnte, worin die Gefahr eigentlich besteht. Das Gefühl der Anziehung siegt, und ich betaste den Stein. Eine wunderbare Ruhe durchströmt mich. Ich setze mich auf den Stein und genieße die Ruhe und die Einsamkeit um mich herum. Mir scheint, als gebe es keine Zeit mehr. Lange sitze ich so da, betrachte den Sonnenuntergang und genieße die plötzlich hereinbrechende Kühle der Nacht. Ich rolle mich auf dem Stein zusammen und fühle mich sehr geborgen.

Nach einer Weile drehe ich den Kopf etwas, um den Sternenhimmel zu betrachten. Ich sehe über mir einen Adler kreisen. Er kommt mir immer näher. In diesem Moment überfällt mich eine Abneigung gegen diesen Vogel, die schon fast an Ekel grenzt. Ich verstehe meine Gefühle nicht, denn der Adler sieht sehr schön und majestätisch aus. Unvermittelt verwandelt sich mein Ekelgefühl in eine bodenlose Angst. Der Adler kommt näher und näher. Ich fürchte mich nicht davor, daß der Adler mir irgend etwas antun, mich mit seinem Schnabel oder seinen Krallen verletzen könnte. Ich weiß nicht, wovor ich eigentlich Angst habe.

Der Adler läßt sich auf meiner Schulter nieder. Er krallt sich in meine Kleider und hebt mich scheinbar mühelos hoch. Meine Angst ist vergangen. Er fliegt mit mir davon. Ich bin neugierig, was er mit mir vorhat. Wir fliegen sehr schnell. Unter uns sehe ich jetzt eine Stadt, und ich frage mich, ob er mich dort absetzen wird. Doch wir überfliegen diese Stadt und verschiedene andere Orte, Landschaften, Flüsse, Seen etc. Schließlich gelangen wir ans Meer. Der Adler kreist über dem Strand, schraubt sich immer tiefer und läßt mich dann schließlich los. Ich falle in den weichen Sand. Der Adler fliegt davon. Ich gehe am Strand entlang, bis ich zu einer Ortschaft gelange. Dort streife ich durch die Straßen, setze mich eine Weile auf eine Bank, kaufe mir etwas zu essen und kehre zum Strand zurück. Dort setze ich mich in den Sand und betrachte das Meer. Der Adler kommt zurück und trägt mich an einen anderen Ort, der weit entfernt liegt. Er setzt mich wieder ab, und ich erkunde die Gegend. Dann kommt er wieder und holt mich ab. Dieser Vorgang wiederholt sich einige Male. Ich habe viele fremde Gegenden gesehen und bin sehr glücklich. Dann trägt mich der Adler wieder zu dem Stein in der Wüste und fliegt davon. Ich lehne mich mit dem Rücken gegen den Stein und beginne irgend etwas in den Sand zu kritzeln. Hier endet der Traum.

Der Fragende kommentiert den Traum folgendermaßen:

> Ich bin vom Traum etwas enttäuscht. Er scheint wenig konkrete Hinweise, meine Frage betreffend, zu enthalten. Vielleicht habe ich irgend etwas falsch gemacht. Ich kann mir nicht vorstellen, daß in diesem Traum die Antwort auf meine Frage liegen soll.

In den folgenden Tagen versucht der Fragende nochmals einen Traum zu inkubieren, doch ohne Erfolg. Er kann sich einfach nicht daran erinnern, was er geträumt hat. Daraufhin beschließt er, sich doch mit seinem ersten Traum zu beschäftigen. Zwar glaubt er noch immer nicht daran, daß dieser Traum die Antwort auf seine Frage darstellt, doch eine Beschäftigung mit dem Traum kann schließlich nicht schaden. Er beginnt den Traum zu interpretieren:

> Der erste Teil des Traumes, in dem ich allein durch die Wüste gehe, beschreibt offensichtlich meine momentane Situation. In diesem Punkt kann ich mich sehr mit meinem Traum-Ich, dem einsamen Wanderer in der Wüste, identifizieren. Tatsächlich fühle ich mich im Moment sehr allein. Keiner meiner «Freunde» hat mich besucht. Es ist fast so, als hätte ich eine ansteckende Krankheit. Ich schleppe mich durch das Leben, das mir im Augenblick wirklich wie eine Wüste erscheint. Ich weiß nicht, woher ich die Kraft nehme, mich immer wieder aufzurappeln – doch irgend etwas treibt mich an.
>
> Wenn ich die Wüste als Symbol für mein Leben sehe – was bedeutet dann der Stein? Deutet dieser Stein auf einen Menschen hin, von dem ich mich gleichzeitig angezogen und abgestoßen fühle? Bei welchem Menschen könnte ich diese Ruhe und Geborgenheit erfahren? Ich würde zunächst einmal vermuten, daß es sich um eine weibliche Person handelt. Im Moment kenne ich jedoch niemanden, der diese Stelle in meinem Leben einnehmen könnte oder würde.
>
> Sollte diese Vermutung stimmen – wofür steht dann der Adler? Warum führt er mich von dieser Frau weg? Warum empfinde ich zuerst Ekel und dann Angst, und warum verschwinden alle diese negativen Gefühle in dem Moment, da der Adler mich forträgt? Welchem Zweck dient die Reise, die wir gemeinsam unternehmen? Der Adler müßte dann eigentlich

eine Person darstellen, die mich mehr oder weniger dazu zwingt, eine Reise zu unternehmen. Zuerst lehne ich das ab und beginne dann, es gegen meinen Willen zu genießen. Dann kehre ich zu dieser Frau zurück.

Im Grunde genommen habe ich nicht das Gefühl, daß diese Deutung stimmt. Außerdem lautete die Frage: «Wie soll ich mein zukünftiges Leben gestalten?» Dies wird bei meiner Deutung eigentlich kaum berücksichtigt. Es geht dabei eher um die Dinge, die mir zustoßen, und das beantwortet nicht die Frage, was ich mit meinem Leben anfangen soll. Ich habe den Stein und den Adler als fremde Personen gedeutet. Vielleicht ist das falsch. Aber wie soll ich es sonst deuten?

Der Fragende weiß nicht weiter. Er schiebt den Traum und die Traumarbeit erst einmal beiseite. Doch die ganze Sache läßt ihm keine Ruhe. Einige Tage später nimmt er seine Interpretationsversuche wieder auf:

Ich weiß, daß ich die Symbole irgendwie persönlicher deuten muß. Der Adler will mir die «große weite Welt» zeigen. Warum wehre ich mich zuerst dagegen? Wie würde ich mich im wirklichen Leben verhalten? Ich bin finanziell unabhängig und bin früher gerne gereist. Eigentlich war ich sogar sehr interessiert an fremden Ländern. Auch heute noch möchte ich gerne weite Reisen unternehmen, doch wenn ich daran denke, wie mich all diese Leute in den Hotels anstarren werden, wird mir schlecht. Ja, das könnte es sein: Wenn der Adler meine Reise- und Entdeckerfreude darstellt, dann ist es logisch, daß ich mich zuerst dagegen wehren werde, dem nachzugeben. Im Traum wird mir nun gezeigt, daß ich den Ekel vor mir selbst und die Angst überwinden kann, indem ich diesem Impuls einfach nachgebe. Im Traum bin ich während der Reise glücklich. Allerdings bin ich im Traum nie in großen Städten gewesen. Ich habe keine großen Hotels und Restaurants aufgesucht. Früher wäre ich nie auf den Gedanken gekommen, stundenlang in der Natur herumzulaufen, Tiere zu beobachten oder den Sonnenuntergang zu betrachten. Im Traum hat mir das jedoch sehr viel Spaß gemacht.

Was bedeutet dann aber der Stein? Als ich in der Wüste auf den Stein treffe, empfinde ich einerseits Anziehung, andererseits Bedrohung. Als ich den Stein dann berühre und mich auf ihn setze, fühle ich mich sehr wohl. Der Stein ist eine Art Ruhepunkt für mich, ein Ort der Geborgenheit. Vielleicht stellt der Stein ein Haus dar, in dem ich leben werde. Meine jetzige

Wohnung ist kein Ort der Geborgenheit. Vielleicht sollte ich mich in ein kleines Haus im Grünen zurückziehen, bevor ich meine Reisepläne verwirkliche, und erst einmal ein wenig zur Ruhe kommen. Ich hatte auch im Traum das Gefühl, durch die Berührung mit dem Stein einen inneren Ruhepunkt zu finden. Einerseits möchte ich mich gerne abkapseln und keinen Menschen mehr sehen, und gleichzeitig fürchte ich die Einsamkeit, die Ruhe und Stille. Doch wahrscheinlich wollte mir der Traum zeigen, daß diese Phase der Ruhe unbedingt notwendig ist.

Nach meiner Reise werde ich dann wohl offensichtlich wieder an diesen Ort zurückkehren. Allerdings kann ich mir nicht vorstellen, was das Gekritzel im Sand bedeuten soll. Es hat in irgendeiner Form mit den Erlebnissen meiner Reise zu tun. Ich kann mich noch daran erinnern, wie ich im Traum den Drang verspürte, etwas in den Sand zu zeichnen. Vielleicht habe ich einfach meine Beobachtungen niedergeschrieben oder gezeichnet. Vielleicht ist es auch ein Hinweis darauf, daß während einer Reise mein Interesse und meine Begeisterungsfähigkeit wieder aufleben werden. Möglicherweise finde ich dort eine neue Aufgabe, auf die ich mich, wenn ich wieder zu Hause bin, voller Eifer stürzen kann.

Alles in allem scheint mir diese Deutung doch sinnvoller zu sein als der erste Interpretationsversuch. Zusammengefaßt würde das bedeuten, daß ich mich zuerst nach einem neuen Heim umsehen muß. Nach einer Zeit des Ausruhens und der Besinnung werde ich dann meine Zurückgezogenheit aufgeben und Reisen unternehmen. Dadurch werde ich möglicherweise eine neue Lebensaufgabe oder ein Ziel, vielleicht auch nur eine ausfüllende Tätigkeit finden.

Dieses Beispiel zeigt deutlich, wie sich der Fragende langsam an die Bedeutung seines Traumes herantastete. Als er bemerkte, daß an seiner ersten Interpretation etwas falsch war, legte er die ganze Sache erst einmal beiseite. Damit hat er instinktiv richtig reagiert. Wenn man sich bei der Deutung in eine falsche Richtung bewegt hat und dies bemerkt, braucht man einige Zeit, um sich davon zu lösen. Man sollte sich beim Deutungsprozeß niemals verkrampfen, sondern abwarten, bis man wieder klar denken und sich für intuitive Eindrücke öffnen kann. Wenn man sich in eine bestimmte Interpretationsmöglichkeit verbeißt und die nicht ins Bild passenden Faktoren einfach ausläßt oder zurechtbiegt, erlangt man niemals ein sinnvolles Deutungsergebnis.

Bei der Traumdeutung müssen Sie sich ganz auf Ihre Intuition verlassen. Die Bedeutung eines Traums muß sich nicht zwangsläufig sofort offenbaren. Manchmal werden Sie sich längere Zeit mit einem Traum beschäftigen müssen, um alle Aspekte zu verstehen. Am Anfang wird es Ihnen wahrscheinlich auch gelegentlich passieren, daß Sie offensichtliche Zusammenhänge übersehen. Aus diesem Grund kann es sinnvoll sein, einen Traum bzw. dessen Deutung mehrmals zu überarbeiten.

11. Kapitel

VOLKSORAKEL

Gemeinsam ist allen Volksorakeln, daß man für ihre Durchführung weder seherische noch kombinatorische Fähigkeiten benötigt. Böse Zungen werden nun behaupten, daß die durch ein Volksorakel gewonnenen Prognosen dementsprechend auch nur selten eintreffen werden. Eine solche Behauptung erscheint mir überspitzt – allerdings muß ich zugeben, daß meine eigenen Versuche mit Volksorakeln nicht sehr erfolgreich ausfielen. Manchmal stimmten die Prognosen, aber häufig trafen sie auch nicht ein. Es mag sein, daß der kompliziert denkende Mensch von heute mit derart schlichten Orakelmethoden einfach nicht mehr zurechtkommt. Möglicherweise sind es aber auch gewisse Vorurteile, die sich hinderlich auswirken: Eine Sache, die weder eine spezielle Begabung noch eine besondere Anstrengung verlangt, kann doch einfach «nichts wert» sein. Da die Volksorakel heute kaum mehr durchgeführt werden, haben wir leider auch keine Möglichkeit, eine repräsentative Statistik über die Erfolge und Mißerfolge bei deren Befragung aufzustellen. Jeder Leser möge also selbst entscheiden und prüfen, ob er mit der einen oder anderen Technik etwas anfangen kann. Im Rahmen dieses Buches können nur einige wenige Volksorakel beschrieben werden. Wer sich für diesen Bereich näher interessiert, findet eine interessante Zusammenstellung der verschiedensten Techniken in *Das große Orakelbuch* von Eve Marie Helm.[1]

Brotkugel-Orakel

Das Brotkugel-Orakel, das von Carl Kiesewetter als «eine Art von Lecanomantie» bezeichnet wurde, diente verschiedenen Zwecken.[2] Man benutzte es als Liebes- bzw. Eheorakel, aber auch um beispielsweise den Namen eines Diebes herauszufinden. Daneben sind selbstverständlich noch zahlreiche andere Anwendungsgebiete denkbar.

Man schreibt die Namen der in Frage kommenden Ehepartner auf kleine Zettel, die man in Brotkügelchen einknetet. Die Brotkugeln werden dann in eine Schale mit Wasser geworfen. Das Kügelchen, das sich als erstes löst, enthält den Namen des oder der Zukünftigen. Natürlich darf dabei nicht geschummelt und ein Kügelchen etwas weniger fest als die anderen geknetet werden. Außerdem muß man abwarten, bis das Namenszettelchen an der Wasseroberfläche treibt.

Will man einen Dieb entlarven, schreibt man die Namen der möglichen Verdächtigen auf die Zettel.

Salz-Orakel

Um herauszufinden, ob die Ernte im nächsten Jahr gut oder schlecht werden würde, schüttete die Bäuerin in der Neujahrsnacht, bevor sie zu Bett ging, ein Häufchen Salz auf den Küchentisch. Lag das Salz am Morgen noch genauso da wie am Vorabend, wurde die Ernte schlecht. Hatte es sich jedoch über den Tisch verteilt, bedeutete dies eine gute Ernte. Natürlich kann das Ergebnis prächtig beeinflußt werden, indem man Fenster und Türen sperrangelweit offenläßt und so für genügend Zugluft sorgt ...

Wind-Orakel

Natürlich gab es früher Hunderte von verschiedenen Wetterorakeln, man weissagte aus Wolken und Nebeln, aus Regen und Hagelschauern, aus dem Hof des Mondes und eben auch dem Wehen der Winde.

Wehte der Wind aus *Osten*, nachdem die Frage gestellt wurde, bedeutete dies: Glück, positive Kräfte, Bejahung oder, nach einer anderen Lesart, Neuigkeiten. Dem *Westwind* schrieb man die gegenteilige Bedeutung zu: Unglück, negative Kräfte, Verneinung; weitere Deutungsmöglichkeiten: Feinde, Intrigen, Heimlichkeiten. Der *Südwind* verhieß: Freude, Fruchtbarkeit, Offenheit, Ehrlichkeit, aber auch: Freunde, Hilfe, Gemeinsamkeit. Der *Nordwind* bedeutete: Tod, Kummer, Einsamkeit, Verluste. In materiellen Angelegenheiten wurde er manchmal auch als Zeichen des Gewinns und Erfolges gewertet. Nach einer anderen Lesart bedeutete der Nordwind, daß die Frage nicht beantwortet werden konnte.

Öl-Orakel

Um das Geschlecht eines ungeborenen Kindes zu bestimmen, schüttet man einen kleinen Löffel Öl in eine Schale oder ein Glas mit kaltem Wasser. Das Ganze wird dann etwa fünf Minuten stehengelassen. Kurz nach dem Hineingießen schwimmen viele größere oder kleinere «Fettaugen» auf der Wasseroberfläche. Hat sich nach fünf Minuten das Öl verbunden, so daß nur ein großes «Fettauge» auf dem Wasser schwimmt, wird das Kind ein Junge; verbindet sich das Öl nicht oder nur unvollständig, wird das Kind ein Mädchen.

Auch diese Ergebnisse sind durch die Größe der Wasseroberfläche und die Art des Gefäßes leicht zu manipulieren.

Ring-Orakel

Wollte ein Mädchen wissen, ob und wann es heiraten werde, befestigte man einen Ehering an einem Faden oder besser noch an einem Haar des Mädchens. Dann wurde ein Glas zur Hälfte mit Wasser gefüllt. Das Mädchen hielt den Faden so in der Hand, daß sich der Ring im Glas etwa einen Zentimeter über der Wasseroberfläche befand. Die Hand mußte ganz ruhig gehalten werden. Begann der Ring sich wie ein Pendel zu bewegen und schlug er dabei gegen das Glas, bedeutete das, daß eine Heirat stattfinden werde. Die Anzahl der Schläge zeigte die Anzahl der Jahre an, die bis dahin noch vergehen werden.

Schlug der Ring trotz aller Geduld nicht an, bedeutete dies, daß das Mädchen nicht heiraten werde.

Das Orakel kann sicher auch von einem jungen Mann durchgeführt werden, der über seine Heiratschancen Bescheid wissen möchte.

Wie wir aus diesen Beispielen ersehen können, werden Volksorakel hauptsächlich mit Hilfe von natürlichen bzw. alltäglichen Gegenständen durchgeführt. Es wird ausschließlich mit festgelegten Bedeutungen gearbeitet, die in der Regel sehr einfach und unmißverständlich gehalten sind. Doch gerade diese Schlichtheit und die Möglichkeit einer vollkommen präzisen Prognose, läßt diese Orakel oft nur unzuverlässig funktionieren. Dasselbe haben wir ja bereits bei der Arbeit mit den binären Orakeltechniken festgestellt. Es klingt paradox, aber die zuverlässigsten Ergebnisse erhält man wie gesagt meist durch jene Orakeltechniken, bei denen die eigentliche Orakelaussage wenig konkret erscheint.

Warum dem so ist, können wir nicht erklären, geschweige denn beweisen. Ich vermute auch hier, daß man mit einer Volksorakelmethode nur dann erfolgreich arbeiten kann, wenn man sich vom

Wunsch nach einem bestimmten Ergebnis vollkommen freimachen kann. Wir alle wissen, daß dies außerordentlich schwierig ist. Bei einer seherischen Methode verhindert der veränderte Bewußtseinszustand, daß wir über das Ergebnis nachdenken. Bei der interpretativen Methode wird unser rationales Bewußtsein im Idealfall so weit «abgelenkt», daß wir ebenfalls nicht weiter an das Ergebnis denken. Je einfacher jedoch das Orakel aufgebaut ist, desto stärker schaltet sich unser rationales Bewußtsein ein – und mit ihm unsere Wünsche und Befürchtungen.

Eine wichtige Rolle beim Gebrauch der Volksorakel spielten die sogenannten «Lostage». So mußte beispielsweise ein Liebes- oder Eheorakel in der Walpurgisnacht (30. April) oder am Matthiastag (24. Februar) befragt werden. Zu Silvester oder Neujahr konnten alle Fragen beantwortet werden, während Fragen, die die Ernte betrafen, am besten zu Fastnacht gestellt wurden etc. Wichtig war selbstverständlich auch die Tageszeit, zu der das Orakel befragt wurde. Als besonders günstig galt die Zeit kurz nach Sonnenuntergang, um Mitternacht und kurz vor Sonnenaufgang.

12. Kapitel

OMENDEUTUNG

Wenn auch heutzutage die Orakelkunst wieder ein wenig ernster genommen wird – die Omendeutung wird immer noch als abergläubischer Unsinn abgetan. Dies mag daran liegen, daß die Omendeutung meist nur in sehr stark vereinfachter Form ausgeübt wurde. Wer kennt nicht die alten Sprüche: «Spinne am Morgen – bringt Kummer und Sorgen», «Katze von rechts – bedeutet was Schlecht's» oder «Vögel, die singen – Glück wird's mir bringen». Eine Omendeutung, reduziert auf vage Aussagen, wie «Glück» und «Unglück» oder «etwas Gutes» und «etwas Schlechtes», führt natürlich nicht sehr weit.

Die Omendeutung ist eine Kunst, die sehr viel Wachsamkeit erfordert. Es ist nicht damit getan, festgelegte Zeichen nach festgelegten Regeln zu interpretieren. Man kann sehr leicht nachweisen, daß die «Spinne am Morgen» nicht in jedem Fall einen sorgenvollen Tag anzeigt, und der Gesang von Vögeln verheißt nicht unbedingt Glück. Diese Art von «Omendeutung» funktioniert nur, wenn sie mit einer entsprechenden psychischen Konditionierung einhergeht. Wenn wir uns darauf konditionieren, daß die Katze, die von rechts über den Weg läuft, etwas Schlechtes bedeutet, dann wird dies auch zweifellos eintreffen, d. h., man wählt ein unangenehmes Ereignis des Tages aus – irgendeines wird sich immer finden lassen – und bringt es in Zusammenhang mit der Katze, die von rechts über den Weg lief. So wird das Omen zu einer sich selbsterfüllenden Prophezeiung, weil man sich (unbewußt) geradezu darum bemüht, ein negatives Ereignis herbeizuführen.

Die Omendeutung in dieser sehr vereinfachten Form war wohl einmal sehr verbreitet, und es überrascht nicht, daß sie als mantische Disziplin nur sehr selten erwähnt wird.

Die Omenwahrnehmung

Früher ging man bei der volkstümlichen Omendeutung offenbar davon aus, daß es bestimmte bedeutsame Zeichen gibt. Ein Omendeuter kannte also vielleicht zweihundert, dreihundert oder noch mehr feste Zeichen, denen eine bestimmte Bedeutung beigemessen wurde. Unter diesen Voraussetzungen war es einfach, die Omendeutung zu erlernen: Man brauchte sich nur die Zeichen mit den entsprechenden Bedeutungen zu merken. Der Erfolg dieser Omendeutungsmethode war aber wesentlich von der psychischen Konditionierung abhängig.

Hinzu kommt, daß viele Zeichen, die damals als bedeutsam galten, heute keine große Rolle mehr spielen. Eine Fundgrube für die alten Omendeuter war beispielsweise das Verhalten von Tieren, was bei uns heute weniger ins Gewicht fällt, wenn man von den Haustieren absieht. Auch ein Hufeisen, ein Symbol für zu erwartendes Glück, findet man heute kaum noch auf der Straße. Nun stellt sich uns die Frage, was in der heutigen Zeit als ein Omen, ein Vorzeichen, angesehen werden kann.

Diese Frage läßt sich nicht pauschal beantworten, da wir ja auch nicht eine neue Liste allgemeingültiger Zeichen und ihrer Bedeutungen erstellen wollen. Jeder Omendeuter sammelt mit der Zeit einen gewissen «Zeichenschatz» an, den er sich selbst erarbeitet hat. Dieser Zeichenschatz ist allerdings nicht auf einen anderen Omendeuter übertragbar. Ziehen wir ein Beispiel aus der Charakterkunde zum Vergleich heran: Manche Orakeldeuter können aus dem Händedruck ihres Klienten folgern, welche Frage dieser stellen wird. Der Orakeldeuter kann nun eine Liste erstellen, in der er die einzelnen Charakteristika des Händedrucks mit den entsprechenden Fragen niederlegt. Gibt er diese Liste an einen andern Orakeldeuter weiter, wird dieser mit großer Wahrscheinlichkeit nicht damit arbeiten können, da diese Erkennungsmerkmale subjektiv sind: Sie beruhen auf der intuitiven Wahrnehmung des ersten Orakelberaters und sind nicht durch einen anderen Menschen nachvollziehbar.

Genauso verhält es sich auch mit der Wahrnehmung und Deutung von Omen. Für den einen mag eine plötzlich zuschlagende Tür ein Omen sein, ein bedeutsamer Hinweis auf die Zukunft, während ein anderer diesen Vorfall gar nicht bewußt registriert, geschweige denn ihm eine Bedeutung beimißt. Ein Omen kann den Charakter eines ungewöhnlichen, merkwürdigen Zwischenfalls haben, doch ist das nicht Bedingung. Bleiben wir beim obigen Beispiel: Wenn im Haus die Fenster geöffnet sind, ist man nicht erstaunt, wenn eine Tür zuschlägt. Man hat eine logische, rationale Erklärung für diesen Vorfall. Er wird nur dann als bedeutsam wahrgenommen, wenn er beispielsweise in Beziehung zu einem bestimmten Gedanken oder

Gefühl der wahrnehmenden Person steht. Nehmen wir einmal an, Sie durchleben in Gedanken einen vorangegangenen Streit, erinnern sich, daß Sie die Tür wütend hinter sich zuknallten – und genau in diesem Moment schlägt im Haus wirklich eine Tür zu. Vielleicht nehmen Sie diesen merkwürdigen «Zufall» gar nicht bewußt wahr, vielleicht erschrecken Sie und schauen nach, was geschehen ist, und nachdem Sie festgestellt haben, daß der Wind die Tür zugeschlagen hat, sind Sie beruhigt und vergessen den Vorfall. Viel wahrscheinlicher ist aber, daß Sie die Synchronizität wahrnehmen und sich wundern und den Vorfall dann vergessen. Sie fühlen, daß dies ein eigenartiger Zufall war, können das Zuschlagen der Tür aber immer noch rational erklären, da ja Durchzug herrschte.

Synchronizitäten dieser Art kommen viel häufiger vor, als wir gemeinhin annehmen, nur nehmen wir sie nicht wahr. Je ungewöhnlicher die Synchronizität jedoch ist, desto größer ist die Möglichkeit, daß wir sie bemerken. Stellen wir uns beispielsweise vor, daß die Tür zuschlug, obwohl kein Fenster im Haus geöffnet war – welche Reaktion hätte das bei uns bewirkt? Wahrscheinlich hätte uns dieser Vorfall beunruhigt, denn nun fehlte uns eine rationale Erklärung dafür. Wir hätten uns gefragt, warum die Tür ausgerechnet in diesem Moment zuschlug; doch da dieser Vorfall nicht logisch erklärt werden könnte, würden wir ihn schnell vergessen bzw. verdrängen. Wenn wir uns mit der Omendeutung beschäftigen wollen, ist es aber sehr wichtig, daß wir lernen, auf derartige Synchronizitäten zu achten – wobei es sich beim geschilderten Ereignis aber nicht etwa um ein Omen handelte, denn es stand ja in Beziehung zur Erinnerung an einen Streit und stellte keinen Hinweis auf ein zukünftiges oder ein an einem anderen Ort stattfindendes Ereignis dar. Das Wahrnehmen von Synchronizitäten schult jedoch die Aufmerksamkeit und sollte deshalb so viel wie möglich geübt werden, damit Ihnen später das Wahrnehmen und Deuten eines Omens um so leichter fällt.

Ein Omen kündigt also ein Ereignis an, das sich in zeitlicher oder auch räumlicher Entfernung des Wahrnehmenden befindet, d. h., es kann einen in der Zukunft liegenden Vorfall anzeigen oder auf ein Ereignis hinweisen, das zur gleichen Zeit an einem anderen Ort stattfindet. Dazu zwei Beispiele:

Ein Bekannter, der seit einigen Monaten auf dem Land lebt, erzählte mir von einem Omen, das ihn offenbar sehr beunruhigte. Er wohnt in einem alten Bauernhaus, das von einem großen Garten umgeben ist. Im Garten stehen viele Bäume, in denen Vögel nisten. Mein Bekannter verbringt viel Zeit damit, im Garten zu arbeiten, und auch wenn er sich im Haus befindet, schaut er ständig aus dem Fenster und betrachtet sein Werk. Natürlich beobachtet er auch die Vögel, von denen einer besonders zutraulich zu sein scheint und oft auf dem Fensterbrett sitzt. Eines späten Nachmittags klopfte der Vogel mit dem Schnabel an die Fensterscheibe. Einige Stunden später bekam mein Bekannter Besuch. Er sah damals noch keinen Zusammenhang zwischen dem Klopfen des Vogels und dem Besuch, doch nachdem sich das Ganze einige Male wiederholt hatte, wurde er stutzig. Er begann zu notieren, wann der Vogel ans Fenster klopfte und wann der Besuch eintraf. Da er ohnehin nicht häufig Besuch kriegte, war eine Überprüfung sehr einfach. Es stellte sich heraus, daß der Vogel offenbar jeden Besuch drei bis sechs Stunden vorher «meldete».

Hier kündigt das Omen ein in der Zukunft liegendes Ereignis an. Im nächsten Beispiel geht es um ein Omen, das auf einen Vorfall in räumlicher Entfernung hinweist:

Eine Freundin, deren Tochter in Spanien lebt, berichtete mir folgendes: «Ich habe in der Küche eine magnetische Leiste, an der ich die großen Küchenmesser befestige. Es geschah ab und zu, daß über Nacht eines der Messer herunterfiel, und zwar immer dasselbe Messer. Ich konnte mir das nicht erklären, denn es war nicht schwerer als die anderen, und es geschah immer nur nachts. Später habe ich dann herausgefunden, daß meine Tochter jedesmal, wenn das Messer herunterfiel, in finanziellen Schwierigkeiten steckte. Zuerst dachte ich, daß das Omen einen Anruf meiner Tochter ankündigte, was sich aber als falsch herausstellte. Inzwischen habe ich mich schon so daran gewöhnt, daß ich sofort zur Bank gehe, wenn ich morgens das heruntergefallene Messer entdecke – was heute glücklicherweise nur noch selten vorkommt.»

Ein Omen kann selbstverständlich auch ein Ereignis ankündigen, das sich sowohl in zeitlicher als auch in räumlicher Entfernung des Wahrnehmenden befindet; es kann also beispielsweise auf einen Vorfall hinweisen, der sich in einem Monat in einem anderen Land realisieren wird.

An diesen Beispielen wird ersichtlich, daß ein Omen oft erst nachträglich als solches erkannt wird, meist erst dann, wenn es sich häufiger wiederholt und somit besonders auffällig wird. Unsere Wahrnehmung ist normalerweise nicht darauf geschult, Zusammenhänge zwischen zwei völlig sinnverschiedenen Vorfällen zu erkennen.

Wir können die Omen in zwei verschiedene Gattungen aufteilen: *1. die isolierten Omen,* und 2. *die kontextuellen Omen.*

In die Kategorie der *isolierten Omen* gehört das Beispiel mit dem heruntergefallenen Messer und jenes mit dem Vogel, der an die Fensterscheibe klopft. Diese Art von Omen fällt nur durch seine Ungewöhnlichkeit auf. Es ist nicht gerade ein natürliches Verhalten, wenn sich ein Vogel auf die Fensterbank setzt und gegen die Scheibe pickt, und besonders auffällig wird es noch durch die Wiederholungen. Das gleiche gilt für die Geschichte mit dem Messer: Dadurch, daß immer dasselbe Messer nachts herunterfällt, wird dieser Vorgang überhaupt bewußt registriert. Nun stehen aber diese Omen selten in einem symbolischen Zusammenhang mit dem Ereignis, das sie ankündigen. Eine symbolische Verbindung zwischen dem Messer und den Geldschwierigkeiten der Tochter ist praktisch nicht herzustellen, während man das Klopfen des Vogels an das Fenster noch analog zum Anklopfen des Besuchers betrachten könnte, doch ist die Symbolik nicht eindeutig genug, daß man das Omen schon beim ersten Mal sofort richtig deuten könnte.

Der erste Schritt bei der Arbeit mit isolierten Omen besteht also darin, auf alle ungewöhnlichen oder merkwürdigen Vorfälle zu achten. Normalerweise sind wir viel zu beschäftigt, um unsere Umwelt richtig wahrzunehmen, und wenn wir einmal ausspannen können, sind wir meist zu erschöpft dazu oder suchen bei einem ungewöhnlichen Vorfall lustlos nach einer rationalen Erklärung, um ihn dann so schnell wie möglich zu vergessen; wenn sich keine Erklärung anbietet, beunruhigt uns zwar die Sache vielleicht ein wenig, aber dann verdrängen wir sie endgültig. Um ein Omen als solches erkennen zu können, müssen Sie bewußt auf derartige Ereignisse achten und sie notieren. Wie wir schon gesehen haben, kann oft erst nachträglich festgestellt werden, welches Ereignis durch ein Omen angezeigt wurde. Je sorgfältiger Sie Ihre Notizen führen, desto leichter wird für Sie später die Deutung.

Die *kontextuellen Omen* stehen in direktem Bezug zu dem, was Sie gerade tun, denken oder fühlen. Ein Beispiel: Sie sitzen am Telefon und halten den Hörer schon in der Hand. Dann fällt Ihnen ein, daß es eigentlich schon ziemlich spät ist, und Sie überlegen, ob Sie den Anruf nicht besser auf den nächsten Tag verschieben sollen. Plötzlich beginnt draußen ein Hund laut zu bellen.

Sie können nun diesen Vorfall ignorieren – möglicherweise haben Sie das Bellen auch gar nicht richtig wahrgenommen, Sie waren so in Ihre Überlegungen vertieft, daß Sie das Bellen zwar gehört, jedoch nicht bewußt registriert haben. Ein Omendeuter würde dieses Bellen sofort als ein Zeichen betrachten, das in direktem Zusammenhang zum geplanten Telefonanruf steht. Daraufhin würde er es deuten und sich dementsprechend danach richten.

Die kontextuellen Omen sind selten von ungewöhnlichem Charakter. Es handelt sich dabei meist um ganz normale, alltägliche Ereignisse, die nur dadurch bedeutsam werden, daß sie in einem besonderen Moment erfolgen, wodurch ein Bezug zum Denken oder Handeln des Wahrnehmenden hergestellt wird. Das Bellen eines Hundes ist etwas ganz Alltägliches, zum Omen wird es nur dann, wenn es in einem bestimmten Augenblick geschieht.

Die Wahrnehmung kontextueller Omen erfordert eine erhöhte Aufmerksamkeit. Normalerweise sind wir so auf unsere Tätigkeiten oder Gedanken konzentriert, daß wir alles andere nicht wahrnehmen, was bei der Flut von Sinnesreizen, der wir ständig ausgesetzt sind, auch ganz natürlich ist. Wenn wir alles bewußt wahrnehmen wollten, was um uns herum geschieht, würden wir in kürzester Zeit einen Nervenzusammenbruch erleiden. Eine erhöhte Aufmerksamkeit zu besitzen bedeutet nicht, daß wir alle Reize ständig *bewußt* wahrnehmen sollen, es handelt sich dabei eher um eine Art halbbewußte Wahrnehmung. Diese halbbewußte Wahrnehmung können wir oft auch bei Müttern oder Vätern von Kleinkindern beobachten. Sie sind mit irgend etwas beschäftigt, denken gleichzeitig noch über etwas nach, doch ein Teil der Aufmerksamkeit bleibt immer auf die Kinder gerichtet. Sie beobachten die Kinder nicht so genau, daß sie hinterher sagen könnten, womit sich diese beschäftigt haben – doch der aufmerksame Teil in ihnen nimmt sofort alle verdächtigen Bewegungen oder Geräusche wahr, so daß das Kind vor Gefahren bewahrt werden kann.

So wie Mütter und Väter einen Teil ihrer Aufmerksamkeit ständig auf die Kinder gerichtet halten, müssen auch Sie eine Art Signalbereitschaft entwickeln. Achten Sie aber darauf, daß Sie nicht zuviel Aufmerksamkeit investieren, so daß beispielsweise Ihre Arbeit darunter leidet. Wenn Sie bemerken, daß Sie den ganzen Tag in einem Zustand der Desorientiertheit verbringen, haben Sie zweifellos des Guten zuviel getan. Lassen Sie Ihre Aufmerksamkeit langsam wachsen, und forcieren Sie nichts. Eine langsame, aber konstante Umgewöhnung verspricht in der Regel größeren Erfolg.

Die Omendeutung

Die Deutung der isolierten Omen wird anfangs fast immer nachträglich stattfinden. Erinnern wir uns noch einmal an die beiden Beispiele: Beide Personen haben relativ lange gebraucht, bis sie herausfanden, daß diese Ereignisse Omencharakter besaßen, wobei hinzugefügt werden muß, daß beiden der Umgang mit Omen nicht vertraut war. Am Anfang wird es Ihnen wahrscheinlich nicht viel anders ergehen. Sie werden ein Omen vielleicht schneller wahrnehmen, doch machen Sie sich darauf gefaßt, daß Ihre Deutung oft falsch sein wird.

Ihre größte Hilfe ist das Notizbuch, in das Sie alle ungewöhnlichen Ereignisse und Phänomene eintragen. Je sorgfältiger sie dies führen, desto schneller kommen Sie voran. Konzentrieren Sie sich zunächst nur darauf, solche Ereignisse zu sammeln, und achten Sie dabei vor allem auf die sich wiederholenden Phänomene. Diese Omen werden Sie relativ leicht mit den entsprechenden Ereignissen, die sie ankündigten, in Verbindung bringen können. Ist dieser Schritt erst einmal getan, wissen Sie bei der nächsten Wiederholung schon, was das Omen bedeutet. Mit der Zeit werden Sie eine Liste erstellen können, in der sie die Omen mit ihren Bedeutungen verzeichnen. Bedenken Sie dabei, daß diese Aufstellung nur für Sie allein gilt und andere Menschen damit nicht arbeiten können. Je länger Sie sich damit beschäftigen, desto mehr verfeinert sich Ihr Gespür, so daß Sie schließlich auf Anhieb auch Omen richtig deuten können, die Sie vorher noch nie erlebt haben.

Bei der Deutung der kontextuellen Omen müssen Sie sich in erster Linie auf Ihre Intuition verlassen. Bleiben wir einmal beim Beispiel mit dem bellenden Hund. Rufen Sie sich die Situation ins Gedächtnis zurück: Sie sitzen am Telefon, halten den Hörer in der Hand, und Sie überlegen, ob Sie anrufen sollen oder ob es nicht günstiger ist, den Anruf zu verschieben; in diesem Moment bellt draußen der Hund. Wie reagieren Sie auf das Bellen? Haben Sie das Gefühl, daß es Ihren letzten Gedanken – das Verschieben des Anrufs – bekräftigt? Warnt das Bellen Sie davor anzurufen? Fühlen Sie sogar den spontanen Impuls, den Hörer wieder aufzulegen? Wenn Sie diesen Eindruck hatten, verschieben Sie das Gespräch auf den nächsten Tag. Vielleicht hatten Sie aber auch das Gefühl, daß das Bellen Sie ermuntern sollte, das Gespräch zu führen. Folgen Sie diesem Gefühl. Wenn sich Ihr Gesprächspartner nicht meldet oder mit verschlafener Stimme antwortet, wissen Sie wenigstens, daß Sie falsch gedeutet haben. Falls Sie das Gespräch verschoben haben, versuchen Sie herauszufinden, ob ihr Gesprächspartner am Vorabend wirklich nicht erreichbar war.

Mit etwas Intuition und Feingefühl sind kontextuelle Omen relativ leicht zu deuten. Allerdings gibt es in dieser Kategorie nur relativ wenig Strukturen. Wenn Sie beispielsweise das Bellen eines Hundes einmal vor einem Fehler gewarnt hat, können Sie nicht daraus schließen, daß Hundegebell immer eine Warnung darstellt. Es kann beim nächsten Mal ebensogut eine Aufforderung zu einer bestimmten Handlung sein. Kontextuelle Omen sollten immer spontan und intuitiv gedeutet werden. Lassen Sie sich nicht von Wünschen oder Befürchtungen beeinflussen, sondern verlassen Sie sich auf Ihren ersten Eindruck.

Das Warten auf ein Omen

Die Omendeutung ist eine passive Form der Prognose. Sicherlich werden auch Sie sich manchmal darüber ärgern, daß Ihnen ausgerechnet in einer Situation, in der Sie dringend einer Hilfe bedürfen, kein Omen zukommt. Leider können Sie den Zeitpunkt, an dem Sie ein Omen erreicht, nicht selbst bestimmen. Sie haben aber die Möglichkeit, um ein Zeichen zu bitten. Manche Omendeuter richten ihre Bitte an Gott, andere senden einfach eine Gedankenbotschaft ins Universum. Versetzen Sie sich dazu zunächst in einen entspannten, meditativen Zustand. Schalten Sie alle Gedanken ab, und sprechen Sie dann Ihre Bitte um ein Zeichen laut aus. Konzentrieren Sie dabei Ihre ganze Energie auf das Aussenden dieser Botschaft.

Nun beginnt die Zeit des Wartens, die recht zermürbend sein kann, denn Sie wissen ja nicht, ob das Omen in den nächsten Minuten oder aber erst in einigen Tagen kommen wird. Während dieser Zeit müssen Sie sich in einen Zustand erhöhter Aufmerksamkeit versetzen, damit Sie das Omen erkennen. Achten Sie dabei vor allem darauf, Ihre Gefühle zu kontrollieren und zu beruhigen. Werden Sie niemals ungeduldig, und versuchen Sie jegliche emotionale Anspannung zu vermeiden. Sie müssen aufmerksam sein, dürfen aber nicht ständig in einer Erwartungshaltung verharren. Der häufigste Fehler besteht darin, in der Wartephase dauernd an das Omen zu denken. Ich habe schon erlebt, daß ich auf ein Omen sechs Tage warten mußte. Ich war ungeduldig und konnte praktisch an nichts anderes denken. Am fünften Tag gab ich auf – sehr enttäuscht natürlich. Doch am nächsten Tag, als ich gar nicht mehr damit gerechnet hatte, bekam ich das langersehnte Zeichen.

Das richtige Warten auf ein Omen erfordert außerordentlich viel Selbstbeherrschung, Gedanken- und Gefühlskontrolle. Auch wenn Ihnen durchaus bewußt ist, daß das Omen erst dann kommen wird, wenn Sie Ihre Erwartungshaltung aufgegeben haben, wird Ihnen diese Kontrolle anfangs recht schwer fallen. Hier hilft nur eiserner Wille und Disziplin – und natürlich, wie immer, die Übung.

SCHLUSSWORT

Auf unserer kleinen Reise durch die Orakelkünste haben Sie nun einen Überblick über die wichtigsten Orakelgrundstrukturen erhalten. Falls Sie sich für eine bestimmte Methode entschlossen haben, mit der Sie in der nächsten Zeit arbeiten wollen, aber mit den angegebenen Techniken nicht zurechtkommen, steht es Ihnen frei, eine neue, individuelle Vorgehensweise zu entwickeln. Nehmen wir einmal an, Sie möchten die eidetische Orakelmethode anwenden. Nachdem Sie die hier dargestellten Techniken ausprobiert haben, stellen Sie fest, daß Sie keinen rechten Gefallen daran finden. Vielleicht möchten Sie lieber ein anderes Medium als Kaffeesatz, Steine oder Baumrinden verwenden. Nun können Sie überlegen, welches andere Medium sich zum eidetischen Sehen noch eignen könnte. Plötzlich kommt Ihnen der Gedanke, eine Handvoll Reiskörner oder Sand auf eine Unterlage zu werfen und daraus entsprechende Figuren zu lesen. Manchmal entdeckt man neue Techniken auch ganz zufällig. So ging ich einmal in den Garten, um Blumen zu schneiden. Plötzlich – ich war vollkommen in Gedanken versunken – fiel mein Blick auf ein Stück frisch umgegrabene Erde. Fasziniert starrte ich auf die groben Erdbrocken, in denen ich allerlei Formen und Zeichen erkannte, ohne das eidetische Sehen bewußt hervorgerufen zu haben. Seit diesem Erlebnis habe ich diese Technik relativ häufig angewandt, und ich komme damit auch zu guten Ergebnissen. Ihr einziger Nachteil ist, daß man immer von einem Garten oder einem halbwegs ungestörten Platz in der Natur und vom Wetter abhängig ist.

Bei jenen Orakelmethoden, die stark mit der Intuition oder mit der Fähigkeit des Sehens arbeiten, wird es Ihnen leichtfallen, neue Techniken zu entdecken, da Sie nur darauf zu achten brauchen, was Ihre Intuition bzw. Ihr Sehen besonders anregt. Die Entwicklung einer neuen kombinatorischen Orakelmethode ist hingegen nicht so einfach. Zunächst brauchen Sie eine Reihe von Symbolträgern, die in der Orakelstruktur beispielsweise den Elementsteinen, den Runenstäben oder den Karten entsprechen. Dann benötigen Sie eine Technik, mit der Sie aus der Reihe dieser Symbolträger jene ermitteln können, die zur Deutung herangezogen werden sollen, wie z. B. das Ziehen einer Anzahl von Karten oder das Werfen der Elementsteine. Ferner brauchen Sie ein Schema, eine Matrix, in die die Symbolträger einzuordnen sind; beim Kartenlegen und beim Runenorakel haben wir dafür die Legeorte, beim Element-Orakel die vier Felder und bei der Geomantie die zwölf astrologischen Häuser.

Bei der Entwicklung einer solchen Orakelmethode können Sie auf schon bekannte Symbole oder Techniken zurückgreifen und sie in einer anderen Form zusammenstellen, wie dies z. B. auch bei der Geomantie der Fall ist. Man nimmt an, daß die ursprüngliche Form der Geomantie darin bestand, durch Punktieren ein geomantisches Zeichen zu ermitteln, das dann die Antwort auf die Frage darstellte. Erst später ging man dazu über, aus den Grundzeichen weitere Zeichen zu bilden und diese in das astrologische Häusersystem einzuordnen. Es liegt hier also eine Kombination von zwei verschiedenen Systemen vor. Beim Kartenlegen ist es auch üblich, ständig neue Legesysteme zu erfinden. Erwähnenswert wäre hier die sogenannte «problemorientierte Legemethode», die sich durch ihre Flexibilität von den bekannten schematischen Legemethoden unterscheidet. Normalerweise geht man von einer festen Anzahl von Legeorten aus, die mit der entsprechenden Anzahl von Karten besetzt werden. Die problemorientierte Legemethode bietet einen weniger mechanischen Ansatz: Man formuliert einzelne Fragen, die verschiedene Aspekte der Angelegenheit betreffen, und zieht für jede Frage eine Karte. Man beginnt beispielsweise mit der Frage: «Wo liegt die Schwierigkeit in dieser Angelegenheit?» Dann zieht man eine Karte und deutet sie. Dann fragt man weiter: «Wie stehe ich zu diesem Problem?», zieht wieder eine Karte und deutet sie. Nun könnte man weiter fragen: «Wie soll ich mich in dieser Angelegenheit verhalten?» etc. Diese Legemethode hat den Vorteil, daß sie sehr individuell auf das spezielle Problem angewandt werden kann, und den Nachteil, daß das Kartenbild am Ende schlecht zu überblicken ist. Man muß die einzelnen Fragen und die dazugehörigen Karten notieren, damit man sich später noch daran erinnern kann, welche Fragen zu den einzelnen Karten gehören. Der eigentliche kombinatorische Vorgang wird also dadurch bedeutend erschwert.

Natürlich besteht auch die Möglichkeit, bei der Erschaffung eines Orakels auf schon bekannte Symbolsysteme und Techniken ganz zu verzichten. Man orientiert sich also weder an der Elementsymbolik noch am astrologischen oder kabbalistischen System, sondern kreiert ein völlig neues Ordnungsschema, was allerdings recht schwierig ist. Schließlich hat es ja seinen Grund, warum sich bestimmte Ordnungssysteme über Jahrhunderte hinweg erhalten haben, während andere schnell wieder in Vergessenheit gerieten. Wenn wir beispielsweise mit der Elementsymbolik arbeiten, beschreiben wir die Phänomene unserer wahrnehmbaren Welt anhand des Zusammenwirkens der vier Grundkräfte Erde, Feuer, Wasser und Luft. Wir haben es dabei mit einem sehr ursprünglichen Ordnungssystem zu tun, das in harmonischer Verbindung zu bestimmten Abläufen in der Natur steht, wie z. B. dem Wechsel der Jahreszeiten und den Mondphasen. Man findet Entsprechungen in Hitze, Kälte, Wind und Regen, in den vier Himmelsrichtungen, den vier Tageszeiten und den vier Temperamenten. Abstraktere Modelle, bei denen sich weniger natürliche Entsprechungen finden lassen, müssen deshalb sehr gut durchkonstruiert werden, damit sich ein brauchbares Ordnungsschema ergibt. Dies kann man sehr gut an der Entwicklung der Reihe der Großen Arkana im Tarot beobachten, die immer wieder verändert, ergänzt oder verkürzt wurde.

Die Möglichkeit, ein schon bestehendes System Ihren Vorstellungen gemäß abzuwandeln, ist selbstverständlich gegeben. Sie können beispielsweise ein eigenes Tarotspiel herstellen, wobei Sie Karten hinzufügen oder weglassen können, was schon bei den früheren Tarotkartenherstellern durchaus üblich war. Aus dem Nichts heraus eine völlig neue Ordnungsstruktur zu finden, ist außerordentlich schwierig, und es ist sicherlich sinnvoller, am Anfang von einer schon bestehenden Struktur auszugehen und diese abzuwandeln. Sobald Sie sich eine Weile mit den verschiedenen Ordnungsmustern beschäftigt haben, werden Sie entdecken, daß jedes seine Stärken und Schwächen besitzt. Es ist also sicher vorteilhaft, verschiedene Orakelmethoden zu beherrschen, um entsprechend der vorgegebenen Situation ein Orakel optimal einsetzen zu können. Das setzt aber voraus, daß Sie gelernt haben, auch spielerisch mit Orakeln umzugehen. Solange Sie an einer bestimmten Struktur kleben und diese als einzig «wahre» und «richtige» betrachten, können Sie auch kein neues Orakel kreieren, denn dies setzt ein souveränes Handhaben von Ordnungsmustern voraus. Und darin liegt auch der eigentliche Wert bei der Erschaffung eines individuellen Orakels. Durch die Auseinandersetzung mit verschiedenen Orakelformen erkennen Sie die Gleichwertigkeit der einzelnen Strukturen und Ihnen wird stärker bewußt, daß die Form eigentlich nur das Mittel ist, um eine tieferliegende Botschaft für uns verständlich zu machen. Das Ziel ist, einen möglichst unmittelbaren Zugang zur Botschaft zu bekommen, und das funktioniert auf Dauer nur, wenn man den Wert der Struktur relativiert. Je älter und etablierter eine Struktur jedoch ist, desto stärker neigen wir dazu, sie zu mystifizieren. Plötzlich hat sich dann das Mittel zum Zweck fast unmerklich in einen Götzen verwandelt, und das ursprüngliche Ziel – der Zugang zu den unerforschten Seinsräumen in uns, zu bislang unerkanntem Wissen und der sonst brachliegenden Fähigkeit, Zeit und Raum zu transzendieren – rückt immer weiter in den Hintergrund. Das können wir vermeiden, indem wir die «Entheiligung» begehen und z. B. aus der Reihe der Großen Arkana einfach ein paar Karten herausnehmen oder einige hinzufügen. Das Entscheidende an der Orakelarbeit ist, daß Sie – und nur Sie allein – einen Zugang zu den unentdeckten Welten erlangen, und das ist eine vollkommen individuelle Arbeit, die jeder für sich allein leisten muß. Jeder Orakeldeuter muß irgendwann über die verbindlichen, allgemeingültigen Strukturen hinauswachsen, und dieser Prozeß kann dadurch beschleunigt werden, indem man ein altes Orakel verändert oder ein neues schafft. Durch den individuellen Zugang kristallisieren sich dann auch die speziellen deuterischen oder seherischen Fähigkeiten des Orakelbefragers heraus und verstärken sich.

Anmerkungen

Teil II: Orakel heute

1. Der Vortrag C.G. Jungs wurde veröffentlicht unter dem Titel: C.G. Jung, «Über Synchronizität», *Eranos-Jahrbuch* Bd XX, S. 271 ff.

2. Sallie Nichols, *Die Psychologie des Tarot,* Ansata Verlag, Interlaken, 1984

Teil III: Der prakt. Zugang zum Orakel

1. Jung, C.G.: *Der Mensch und seine Symbole,* Walter-Verlag, Olten / Freiburg, 1968, S. 166
2. Dethlefsen, Thorwald: *Schicksal als Chance,* Wilhelm Goldmann Verlag, o.O., 1981, S. 117
3. Hans-Dieter Leuenberger: *Schule des Tarot. Das Rad des Lebens,* Hermann Bauer Verlag, Freiburg i.Br., 1981, S. 317 u. 318

Teil IV, 2: Visionsorakel

1. *UNICORN – Spirituelle Wege und Erfahrungen,* Verlag Manfred Himmel, Detmold 1983, S. 164ff.

2. Carl Kiesewetter, *Die Geheimwissenschaften,* Original Leipzig 1895, Reprint Ansata Verlag, Schwarzenburg 1977, S. 364

3. Gregor A. Gregorius, *Magische Briefe* (Brief «Spiegel- und Kristall-Magie»), Verlag R. Schikowski, Berlin 1980, S. 26 I.

Teil IV, 5: Komb. Orakel

1. Sujja Su'a'No-ta, *Element-Magie,* Edition Magus im Verlag Ralph Tegtmeier, Bad Honnef – Aegidienberg, 1983

2. a.a.O., S. 161

3. Werner Kosbab, *Das Runen-Orakel,* Hermann Bauer Verlag, Freiburg i. Br., 1982, S. 169

4. Karl Spiesberger, *Runenmagie. Handbuch der Runenkunde,* Verlag Richard Schikowski, Berlin 1968², S. 139

5. Werner Kosbab, *Das Runen-Orakel,* Hermann Bauer Verlag, Freiburg i. Br., 1982, S. 25 ff.

6. Karl Spiesberger, *Runenmagie, Handbuch der Runenkunde,* Verlag Richard Schikowski, Berlin, 1968², S. 108 ff.

7. a.a.O. S. 18 ff.

8. Johanna Wagner, *Kauri-Orakel,* Sonderdruck des Vereins «Freunde der Völkerkunde», Wien, 1980

9. a.a.O., S. 70

Teil IV, 7: Numerologische Orakel

1. Cheiro, *Das Buch der Zahlen,* Hermann Bauer Verlag, Freiburg i. Br., 1981

2. a.a.O., S. 72

Teil IV, 8: Textorakel

1. Richard Wilhelm, *I Ging. Text und Materialien,* Eugen Diederichs Verlag (Gelbe Reihe), o.O., 1976², S. 8,9

2. Victor Hugo, *Die Elenden, Szenen und Bilder aus dem Frankreich des 19. Jahrhunderts,* Wilhelm Goldmann Verlag, München, o. J., S. 185

3. *Die Bibel oder die ganze Heilige Schrift des Alten und Neuen Testaments* (nach der deutschen Übersetzung Martin Luthers), Württembergische Bibelanstalt, Stuttgart, 1968, Altes Testament S. 367

4. *Langenscheidts Taschenwörterbuch Spanisch* (Spanisch-Deutsch/Deutsch-Spanisch, 70 000 Stichwörter), Langenscheidt Verlag, Berlin/München/Wien/Zürich, 1984⁵

5. Richard Wilhelm, *I Ging. Text und Materialien,* Eugen Diederichs Verlag (Gelbe Reihe), o.O., 1976², S. 15

6. R.L. Wing, *Das Arbeitsbuch zum I Ging,* Eugen Diederichs Verlag, Köln/Düsseldorf, 1980, S. 13

7. Richard Wilhelm, *I Ging. Das Buch der Wandlungen,* Eugen Diederichs Verlag, Düsseldorf/Köln, 1980, S. 39/40

8. a.a.O., S. 137

9. R.L. Wing, *Das Arbeitsbuch zum I Ging,* Eugen Diederichs Verlag, Düsseldorf/Köln, 1980, Kapitel IV, 30 (1)

10. a.a.O., Kapitel IV, 30 (2)

11. a.a.O., Kapitel IV, 30 (2)

12. a.a.O., Kapitel IV, 37 (1)

13. Michael Secter, *Das I Ging Handbuch. Eine klare und praktische Anleitung zum besseren Verständnis,* Papyrus-Verlag, Hamburg, 1984, S. 139

14. Richard Wilhelm, *I Ging. Das Buch der Wandlungen,* Eugen Diederichs Verlag, Düsseldorf/Köln, 1980, S. 173

15. a.a.O., S. 173

16. a.a.O., S. 173

17. a.a.O., S. 173/174

18. Michael Secter, *Das I Ging Handbuch,* S. 17

Teil IV, 11: Volksorakel

1. Eve Marie Helm, *Das große Orakelbuch: Über die Künste, in die Zukunft zu schauen,* Ehrenwirth Verlag, München 1983, S. 138–175

2. Carl Kiesewetter, *Die Geheimwissenschaften,* Original Leipzig 1985, Reprint: Ansata Verlag, Schwarzenburg, 1977, S. 365

Literaturverzeichnis

Sibylle Amanda, *Richtig Kartenlegen – leichtgemacht,* Hermann Bauer Verlag, Freiburg i. Br., 1980

Swami Anand Anupam, *Spiel Tarot, Spiel Leben,* Sannyas-Verlag, Margarethenried, 1981

Stephen Arroyo, *Astrologie, Karma und Transformation. Die Chancen schwieriger Aspekte,* Heinrich Hugendubel Verlag, München, 1980

Stephen Arroyo, *Astrologie, Psychologie und die vier Elemente,* Heinrich Hugendubel Verlag, München, 1982

Hans Biedermann, *Handlexikon der magischen Künste,* Akademische Druck- und Verlagsanstalt, Graz, 1973

Richard Cavendish (Ed.), *Encyclopedia of the Unexplained, Magic, Occultism and Parapsychology,* Routledge & Kegan Paul, London/Henley, 1974

Cheiro, *Das Buch der Zahlen,* Hermann Bauer Verlag, Freiburg i. Br., 1964

Nigel R. Clough, *How to make and use magic mirrors,* Aquarian Press, Wellingborough/Northamptonshire, 1977

Aleister Crowley, *Das Buch Thoth. (Ägyptischer Tarot),* Urania Verlag Waakirchen, 1981

Thorwald Dethlefsen, *Schicksal als Chance. Das Urwissen zur Vollkommenheit des Menschen,* Wilhelm Goldmann Verlag, o.O., 1981

Deutsches Spielkarten Museum, *Tarocke mit französischen Farben,* Leinfelden-Echterdingen, 1984

Wolfgang Döbereiner, *Astrologisches Lehr- und Übungsbuch. Münchner Rhythmenlehre Band 1.* i. Selbstverlag, München, 1978

Wolfgang Döbereiner, *Astrologisches Lehr- und Übungsbuch, Münchner Rhythmenlehre. Band 2,* i. Selbstverlag, München, 1981

Wolfgang Döbereiner, *Astrologisches Lehr- und Übungsbuch. Münchner Rhythmenlehre. Band 3,* i. Selbstverlag, München 1982

Franz Dornseiff, *Das Alphabet in Mystik und Magie,* Original: Leipzig/Berlin, 1925, Reprint: Fourier Verlag, Wiesbaden, o. J.

Norbert Eichler, *Das Buch der Wirklichkeit. Das I Ging für das Wassermannzeitalter,* Papyrus-Verlag, Hamburg, 1983

Franz Carl Endres/Annemarie Schimmel, *Das Mysterium der Zahl. Zahlensymbolik im Kulturvergleich,* Eugen Diederichs Verlag, Düsseldorf/Köln, 1984

Florence Eymon, *Karten legen – Karten deuten. Die Kunst, aus den Karten zu lesen,* Wilhelm Heyne Verlag, München 1984

Frank Fiedeler, *Die Wende. Ansatz einer genetischen Anthropologie nach dem System des I-Ching,* Verlag Werner Kristkeitz, Berlin, 1976

Sergius Golowin, *Die Welt des Tarot. Geheimnis und Lehre der 78 Karten der Zigeuner,* Sphinx Verlag, Basel, 1981

Rudolf John Gorsleben, *Hoch-Zeit der Menschheit,* Original: Leipzig, 1930, Reprint: B. Kleine Verlag, Bielefeld, o. J.

H.E. Gräfe, *I Ging. Buch des Stetigen und der Wandlungen. Die Enthüllung des I Ging Systems.* Neu herausgegeben von Norbert Mehler, János Morzsinay Verlag, Bern, 1980

Liz Green, *Kosmos und Seele. Wege zur Partnerschaft. Ein astro-psychologischer Ratgeber,* Wolfgang Krüger Verlag, Frankfurt a. M., 1978

Gregor A. Gregorius, *Magische Briefe,* Verlag Richard Schikowski, Berlin, 1980

Michael Harner, *Der Weg des Schamanen. Ein praktischer Führer zu innerer Heilkraft,* Ansata-Verlag, Interlaken, 1982

Eve Marie Helm, *Das große Orakelbuch. Über die Künste, in die Zukunft zu schauen,* Franz Ehrenwirth Verlag, München, 1983

Detlef Hoffmann/Erika Kroppenstedt, *Wahrsagekarten. Ein Beitrag zur Geschichte des Okkultismus,* Deutsches Spielkarten Museum, Bielefeld, 1972

Diana ffarington Hook, *I Ging für Fortgeschrittene,* Eugen Diederichs Verlag, Düsseldorf/Köln, 1984

C.G. Jung, *Über Synchronizität,* In Eranos Jahrbuch Bd. XX, 1951

C.G. Jung, *Der Mensch und seine Symbole,* Walter-Verlag, Olten/Freiburg i. Br., 1968

Stuart R. Kaplan, *Der Tarot. Geschichte, Deutung, Legesysteme,* Heinrich Hugendubel Verlag, München, 1972

Stuart R. Kaplan, *Encyclopedia of Tarot,* U.S. Games Systems, New York, 1980

Kartenlegen und Handlesekunst, Moewig Verlag, o.O., 1982

Carl Kiesewetter, *Die Geheimwissenschaften,* Original: Leipzig, 1895, Reprint: Ansata-Verlag, Schwarzenburg, 1977

H. Freiherr von Klöckler, *Kursus der Astrologie. Band I. Lehrbuch der astrologischen Technik für Anfänger und Fortgeschrittene,* Verlag Hermann Bauer, Freiburg i. Br., 1974

H. Freiherr von Klöckler, *Kursus der Astrologie. Band 2. Grundlagen für die astrologische Deutung,* Hermann Bauer Verlag, Freiburg i. Br., 1981

H. Freiherr von Klöckler, *Kursus der Astrologie. Band 3. Solarhoroskop, Transite und aktuelle Konstellationen in ihrer Bedeutung für die astrologische Prognose,* Verlag Hermann Bauer, Freiburg i. Br., 1978

Werner Kosbab, *Das Runen-Orakel. Einweihung in die Praxis der Runen-Weissagung,* Hermann Bauer Verlag, Freiburg i. Br., 1982

Heinrich Kündig, *Astrologische Prognose,* Ansata-Verlag, Schwarzenburg, 1976

Heinrich Kündig, *Das Horoskop,* Ansata-Verlag, Schwarzenburg, 1977

Hans Dieter Leuenberger, *Schule des Tarot. Das Rad des Lebens. Ein praktischer Weg durch die großen Arkana,* Hermann Bauer Verlag, Freiburg i. Br., 1981

Hans Dieter Leuenberger, *Schule des Tarot. Der Baum des Lebens. Tarot und Kabbala,* Hermann Bauer Verlag, Freiburg i. Br., 1982

Lexikon der Astrologie. Astrologie, Astronomie, Kosmologie, Verlag Herder, Freiburg/Basel/Wien, 1981

Ursula von Mangoldt, *Erkenne dich selbst im Bild deiner Hand. Ein Lehrbuch.* Walter-Verlag, Olten/Freiburg i. Br., 1980

Kevin Martin, *Das große Zigeuner-Wahrsagebuch,* Verlag Fritz Molden, Wien/München/Zürich, 1973

Agrippa von Nettesheim, *Magische Werke,* Original: Berlin 1924, Reprint: Ansata-Verlag, Schwarzenburg, 1979

Sallie Nichols, *Die Psychologie des Tarot. Tarot als Weg zur Selbsterkenntnis nach der Archetypenlehre C.G. Jungs,* Ansata-Verlag, Interlaken, 1984

Peter H. Offermann, *Das alte chinesische Orakel- und Weisheitsbuch I Ging,* Walter-Verlag, Olten/Freiburg i. Br., 1976

Papus, *Tarot der Zigeuner. Der absolute Schlüssel zur Geheimwissenschaft,* Ansata-Verlag, Interlaken, 1981

Fra Peregregius, *Tattwa, Hellsehen, Astralwallen,* Verlag Richard Schikowski, Berlin, 1959

Israel Regardie, *A practical guide to geomantic divination,* Aquarian Press, London, 1972

Richtig leben nach den Sternen. Astrologie und Horoskopie für jedermann, Pamir Verlag, Erlenbach/München, 1979

Thomas Ring, *Astrologische Menschenkunde, Band 1. Kräfte und Kräftebeziehungen,* Hermann Bauer Verlag, Freiburg i. Br., 1981

Thomas Ring, *Astrologische Menschenkunde. Band 2. Ausdruck und Richtung der Kräfte,* Hermann Bauer Verlag, Freiburg i. Br., 1969

Thomas Ring, *Astrologische Menschenkunde. Band 3. Kombinationslehre,* Bauer Verlag, Freiburg i. Br., 1969

Thomas Ring, *Astrologische Menschenkunde. Band 4. Das lebende Modell,* Hermann Bauer Verlag, Freiburg i. Br., 1973

Frances Sakoian/Louis S. Acker, *Das große Lehrbuch der Astrologie,* Droemersche Verlagsanstalt Th. Knaur, München/Zürich, 1979

Martin Schönberger, *Verborgener Schlüssel zum Leben. Weltformel I-Ging im genetischen Code,* Otto W. Barth Verlag, München/Bern, 1973

Michael Secter, *Das I Ging Handbuch. Eine klare und praktische Anleitung zum besseren Verständnis,* Papyrus Verlag, Hamburg, 1984

Karl Spiesberger, *Runenmagie. Handbuch der Runenkunde,* Verlag Richard Schikowski, Berlin, 1968

Karl Spiesberger, *Runenexerzitien,* Verlag Richard Schikowski, Berlin, 1982

Sujja Su'a'No-ta, *Element-Magie, Ein praktischer Leitfaden,* Edition Magus im Verlag Ralph Tegtmeier, Bad Honnef-Aegidienberg, 1983

Hans Hinrich Taeger, *Astroenergetik. Die zwölf kosmischen Energien,* Papyrus Verlag, Hamburg, 1983

UNICORN – Spirituelle Wege und Erfahrungen, Verlag Manfred Himmel, Detmold, 1983

Philipp Vandenberg, *Das Geheimnis der Orakel. Archäologen entschlüsseln das bestgehütete Mysterium der Antike,* C. Bertelsmann Verlag, München, 1979

Johanna Wagner, *Kauri-Orakel,* Sonderdruck des Vereins «Freunde der Völkerkunde», Wien, 1980

Arthur Edward Waite, *Der Bilderschlüssel zum Tarot,* Urania Verlag, Waakirchen, 1978
Hellmut Wilhelm, *Die Wandlung. Acht Essays zum I Ging,* Basel, 1958
Hellmut Wilhelm, *Sinn des I Ging,* Eugen Diederichs Verlag, Düsseldorf/Köln, 1972
Richard Wilhelm, *I Ging. Das Buch der Wandlungen,* Eugen Diederichs Verlag, Düsseldorf/Köln, 1980
Richard Wilhelm, *I Ging. Text und Materialien.* Eugen Diederichs Verlag, o.O., 1976
R.L. Wing, *Das Arbeitsbuch zum I Ging,* Eugen Diederichs Verlag, Düsseldorf/Köln, 1980
Meister Yüan-Kuang, *I Ging. Das Buch der chinesischen Weissagung,* Otto W. Barth Verlag, Bern/München/Wien, 1951
Gert Ziegler, *Tarot. Spiegel der Seele. Handbuch zum Crowley-Tarot,* Urania Verlag, Sauerlach, 1984

Die berühmten Tarotkarten von Paul Struck – jetzt endlich auch einzeln lieferbar!

Die Nachfrage nach Tarotbüchern und Karten ist während der vergangenen Jahre ständig gestiegen. Der Tarot hat sich als der wohl einfachste und beliebteste Einstieg in das Reich der Esoterik erwiesen.

Der international bekannte Frankfurter Maler Paul Struck hat vor vier Jahren die großen Arkana für das Buch *Astrologie und Tarot* seines Freundes B.A. Mertz gemalt. Bisher durften diese sensationell schönen Karten nur zusammen mit dem Buch ausgeliefert werden und waren deshalb einzeln nicht erhältlich, was von Tarotfreunden oft bedauert wurde.

Die hundertfache, ja tausendfache Bitte nach einer Einzellieferung der Struck'schen Tarotkarten (jetzt Ansata-Tarot genannt) kann der Verlag jetzt endlich erfüllen.

Die ungewöhnlich künstlerischen Tarotkarten von Paul Struck enthalten sowohl die archetypische Botschaft der Astrologie wie auch die überlieferten Symbole des klassischen Tarot. Bei derzeit über zweihundert lieferbaren Tarotspielen wurden die Karten von Paul Struck oftmals von großen Kennern als die schönsten bezeichnet.

Die großen Arkana des Ansata-Tarot sind präzise Urbilder der menschlichen Entwicklung und seelisch-geistigen Reifung. Richtig erschaut und genau befragt, enthüllen sie das Schicksal des Menschen. Sie können aufzeigen, was sich im Dunkel der Vergangenheit verbirgt, welche Aufgaben die Gegenwart stellt und was die Zukunft bringt. Sie sind Universalschlüssel zu den verborgenen Innenwelten des Menschen. Sie weisen den Weg zur persönlichen Vergangenheitsbewältigung und zur Erkenntnis des innersten Wesens; sie lehren, wie der einzelne sein Schicksal und sein Leben besser verstehen und wieder kreativ gestalten kann.

B.A. Mertz steuerte dieser einmaligen Sonderausgabe des Ansata-Tarot ein 36-seitiges Begleitbüchlein bei, in welchem in Kurzform die Botschaft und Symbolik jeder einzelnen Karte erklärt und gedeutet wird. Er gibt zum Teil absolut neue und bisher unbekannte Legemethoden zur praktischen Arbeit, die in leichtfaßlicher Darstellungsweise aufzeigen, wie Schicksalsfragen beantwortet, Probleme gelöst und Lebenssituationen geklärt werden können.

Die überaus schönen Karten sind mit dem Begleitheft zusammen in einem sehr praktischen Plastik-Etui in Buchform verpackt.

ANSATA TAROT
Die 22 großen Arkana von Paul Struck
Format 9x12,5 cm. Mit einem 36-seitigen Begleitheft mit Legemethoden in buchförmigem Plastik-Etui nur 24.–
ISBN 3-7157-0083-1 Best. Nr. 5583

Das zur Zeit meistgerühmte Tarotbuch – anders als alle anderen

Sallie Nichols vereinigt in diesem Buch erstmals C.G. Jungs Psychologie der Archetypen und die überlieferte Symbolwelt des Tarot. Im Gegensatz zu den meisten anderen Tarotbüchern werden keine kabbalistischen, hermetischen oder astrologischen Parallelen gezogen, sondern der Ausgangspunkt bei der Besprechung der einzelnen Tarotkarten ist vor allem das Bildhafte. Jedes dieser überlieferten Bilder ist ein Mysterium, ein Tor, das zu einer symbolischen Welt führt, die jeder für sich erlebt und erleben muß.

Bereits C.G. Jung erkannte den archetypischen Ursprung des Tarot. Die darin geoffenbarte äußerst präzise Innenschau erkannte er als nicht-rationale Brücke zu jenem faszinierenden Bereich, in dem die menschliche Psyche letztlich gründet, wo sie ihre Erkenntnisse erfährt, bewußtbar machen und in ein echtes Wissen um das wahre Selbst einmünden lassen kann.

Sallie Nichols zeigt, wie mit Hilfe des Tarot Prozesse und Schwerpunkte der Individuation (Selbstwerdung) sichtbar, aber auch nachvollziehbar gemacht werden können. Sie beschreibt die Bilder, stellt sich Szenen vor und bringt eine Fülle von Material aus Literatur und Kunst, Mythologie und täglichem Leben, teilweise durch eigene Assoziationen verknüpft. Hinzu werden des Lesers eigene Phantasien, Träume und Gedanken kommen, sodaß er des öfteren das Gefühl haben wird, tatsächlich durch das jeweilige Arkanum zu wandern. Jede Tarotkarte stellt ein für jeden von uns verständliches Bild dar, das unsere eigene, tief verwurzelte, ursprüngliche Symbolik anspricht.

In diesem Sinne ist dies ein einzigartiges Buch, weil hier die Bilder lebendig werden, auch bei den schwierigeren Aspekten (z.B. Der Tod, Der Teufel etc). Hier wird das unmittelbare Erleben in der Vordergrund gerückt, und nicht irgendwelche Formalismen. Die eindrückliche Bilderwelt des Tarot läßt die großen Grundsituation und Wegmarken eines Menschenlebens mit aller Deutlichkeit heraustreten.

Durch ihre überzeugenden Interpretationen hebt Sallie Nichols den Tarot über eine bloß modische Wahrsagespielerei hinaus, vermittelt aber verschiedene Legetechniken zu bildhaften und weg-weisenden Landkarten für persönliche Selbsterkenntnisreisen in unbekannte Innenwelten.

Sallie Nichols
DIE PSYCHOLOGIE DES TAROT
Tarot als Weg zur Selbsterkenntnis
nach der Archetypenlehre C.G. Jungs
496 Seiten, mit 87 schwarz-weißen Abbildungen und 1 farb. Falttafel, geb. 48.–
ISBN 3-7157-0059-9 Best.Nr. 5559

Astrologie und Tarot – erstmals mit großer Sachkenntnis zusammengeführt

Der bekannte astrologische Fachschriftsteller B.A. Mertz, der sich intensiv mit der psychologischen und esoterischen Botschaft des Tarot auseinandergesetzt hat, und der durch viele Ausstellungen international bekannte Maler Paul Struck haben hier mit Text und ungewöhnlich künstlerischen Karten ein gesamthaft gesehen völlig neues und bahnbrechendes Tarotwerk geschaffen.

Auf Anregung des Autors schuf Struck eindrucksvolle und in ihrer überzeugenden Schönheit einmalige Karten, die sowohl das Archetypische der Sternenweisheit wie auch die überlieferten Symbole des klassischen Tarot enthalten.

Jede einzelne Tarotkarte wird vom Autor in ihrem ganzen astrologischen, psychologischen und esoterischen Sinngehalt gedeutet und für die praktische Arbeit erklärt. So lassen sich mit den 22 Tarotkarten Bildhoroskope mit den 12 Sternzeichen und 10 Planeten legen, die eine überaus deutliche Sprache zu sprechen vermögen. Noch nirgends wurden die Tarotkarten als Urbilder der menschlichen Entwicklung und der seelisch-geistigen Reifung aufgrund mythologischer Quellen und eigenem großen Erfahrungsschatz so ausführlich erläutert.

Dieses Prachtswerk kann dem Astrologen, aber auch dem Laien, der über ein eigenes Horoskop verfügt, durch die Ergänzung mit dem Tarot die bildhafte Horoskopaussage erleichtern. Das Buch kann aber auch, durch Einbeziehung der astro-psychologischen Deutung, dem Tarotliebhaber seine eigene Schau vergrößern und vertiefen.

So kommt sowohl der Astrologe, der Psychologe wie auch der Suchende über den Tarot im praktischen Teil des Auslegens zu neuen Einsichten. Der Autor gibt viele Arbeitsbeispiele, wie mit dem Tarothoroskop einleuchtend und wirkungsvoll astro-psychologisch beraten werden kann. In den Karten liegen viele Testmöglichkeiten verborgen, die nun wieder anhand der zusätzlichen Abbildungen und Legesystemen genutzt werden können.

B.A. Mertz / Paul Struck
ASTROLOGIE UND TAROT
Die Karten der großen Arkana in psychologischer und esoterischer Deutung / Die astrologische Bedeutung der Tarotkarten / Das Tarothoroskop / Praktische Anwendungen
Bibliophiler Ganzleinenband im Großformat 17,5x25,5cm. Inhalt 204 Seiten, mit 22 großen farbigen Kartenabbildungen.
Inklusive 22 farbige Tarotkarten in einem Spezialetui, zusammen 85.–
ISBN 3-7157-0045-9 Best.Nr. 5545

Der Tarot als absoluter Schlüssel zur Geheimwissenschaft

Papus (Dr. Gerard Encausse) war um die Jahrhundertwende die zentrale Figur der französischen Schule des Okkultismus. Er wirkte zeitweise sogar am russischen Zarenhof als Lehrer für Esoterik. Papus' Werk steht auch heute noch im positiven Ruf, den klarsten und allgemeinverständlichsten Zugang zu den geheimwissenschaftlichen Überlieferungen anzubieten.

Das Tarotspiel, das durch die Zigeuner von Generation zu Generation weitergegeben wurde, war durch die Universalität seiner 78 Ur-Bilder das Grundbuch der antiken Einweihung. Papus umfassendes Werk zeigt den Weg zurück in die Synthese allen Wissens, in die Zusammenhänge von Mensch und Kosmos. Es ist zugleich das reifste Werk des legendären Altmeisters.

Im ersten Teil wird die zugrundeliegende Esoterik der Zahlen und Buchstaben, sowie das heilige Tetragramm erklärt. Er zeigt den kabbalistischen Schlüssel zu den großen und kleinen Arkana sowie ihre Drei-und-Siebengliederung.

Im zweiten Teil führt Papus in die tiefere überlieferte Symbolik des Tarotsystems ein. Nach eingehender Darstellung aller Arkana ergänzt er seine eigenen tiefgründigen Deutungen jeder einzelnen Karte mit früheren Konzeptionen. Ihre Beziehungen zur Astronomie, zur Urhieroglyphe, zu den einzelnen Monaten sowie bisher verborgene Deutungen werden eingehend für die praktische Anwendung erklärt.

Im dritten Teil bringt der Autor weitere, bisher unbekannte Formen des universellen Tarotsystems. Im *Astronomischen Tarot* führt er zu den Ursprüngen altägyptischer Astronomie zurück. Den *Tarot der Einweihung* vergleicht er mit den Stunden des Apollonius von Tyana sowie mit den Stufen der antiken Einweihungsrituale. Der *Kabbalistische Tarot* bringt Beispiele der Anwendung des Tarot auf die Kabbala.

Die Praxis des Tarot als Wahrsagekunst wird abschließend in sieben leichtfaßlichen Lektionen vermittelt, in denen nebst verschiedener Kartenziehverfahren auch die berühmte Legemethode von Eteilla dargestellt wird.

Papus wesentlichstes Anliegen aber ist die Erklärung und Deutung des Tarot als des absoluten Schlüssels zu den vielen darin behandelten geheimen Überlieferungen.

Papus
TAROT DER ZIGEUNER
Der absolute Schlüssel
zur Geheimwissenschaft
344 Seiten, mit 62 Abbildungen und Tafeln
sowie einer Falttafel, broschiert 32.–
ISBN 3-7157-0018-1 Best. Nr. 5518

Dieses zur Zeit umfangreichste praktische Handbuch der Traumarbeit bringt über vierzig detailliert beschriebene Methoden, wie man die innere Dynamik und die heilenden Kräfte der Träume aktiv und bewußtseinserweiternd nutzen kann.

Die von Strephon K. Williams hier vorgestellte Jung-Senoi-Traumarbeitsmethode ist von ihm in einem langjährigen Prozeß aus der Psychologie der Archetypen C.G. Jungs und aus dem kreativ-sozialen Traumleben des malayischen Senoi-Volkes geschaffen worden. Seine erarbeiteten Techniken stehen jedoch noch auf einer viel breiteren Basis, denn sie beziehen gestalttherapeutische und psychodramatische Praktiken, Gruppenarbeit und aktive Imagination mit ein. Es geht ihm darum, Wissen und die Techniken zu vermitteln, wie man selbst in intensiveren Kontakt mit den eigenen Träumen kommen kann, ohne diesen gleich die intellektuellen Konzepte aufzuzwingen, die man mit sich trägt, sondern im Gegenteil, sich der Stimme der Träume zu öffnen und sich von ihnen verändern zu lassen.

Anhand von ausgiebig geschilderten Beispielen werden u. a. folgende Methoden und Techniken gezeigt: Die Konfliktlösung im Traumzustand / Der Aufbau eines kreativen Traum-Ich / Das Zwiegespräch mit den Traumbildern / Das Wiedererleben und Weiterentwickeln des Traumes / Bewußtes Wiedereintreten in den Traumzustand / Umwandlung von Alpträumen / Steigerung des Traumerinnerungsvermögens / Trauminkubation und Symbolvertiefung / Künstlerische Traumarbeit / Luzides Träumen und transpersonale Traumarbeit / Die Traumweisheit und ihre Nutzung / Traumerleben von überpersönlichen und geistigen Kräften / Arbeiten mit dem sexuellen Traum / Die Suche nach der Traumvision, usw.

Jede einzelne Technik wird in einem eigenen Kapitel genau erörtert, mit Verständnis- und Übungsfragen versehen und durch ein ausführlich besprochenes Beispiel erläutert. Dabei geht der Autor auch für den Laien absolut leichtverständlich vor.

Dieses richtungsweisende Traumarbeits-Handbuch ist getragen vom tiefen, persönlichen Engagement eines Praktikers, der akademische Ausbildung *und* Lebenserfahrung zweckmäßig miteinander verbinden kann. Er zeigt, wie man das Unbewußte und seine Bildersprache in den Träumen zum Helfer für ein ganzheitlich zu erfahrendes Leben machen kann.

Strephon K. Williams
DURCH TRAUMARBEIT
ZUM EIGENEN SELBST
Die Jung-Senoi Methode
392 Seiten, mit Abbildungen und Tabellen,
Ganzleinenband 48.–
ISBN 3–7157-0063-7 Best.Nr. 5563

FARBTAFELN

I

Tattwa-Karten

Feuer

Wasser

Erde

Luft

Geist/Akasha

II

Die Unterelemente

III

Elementorakel

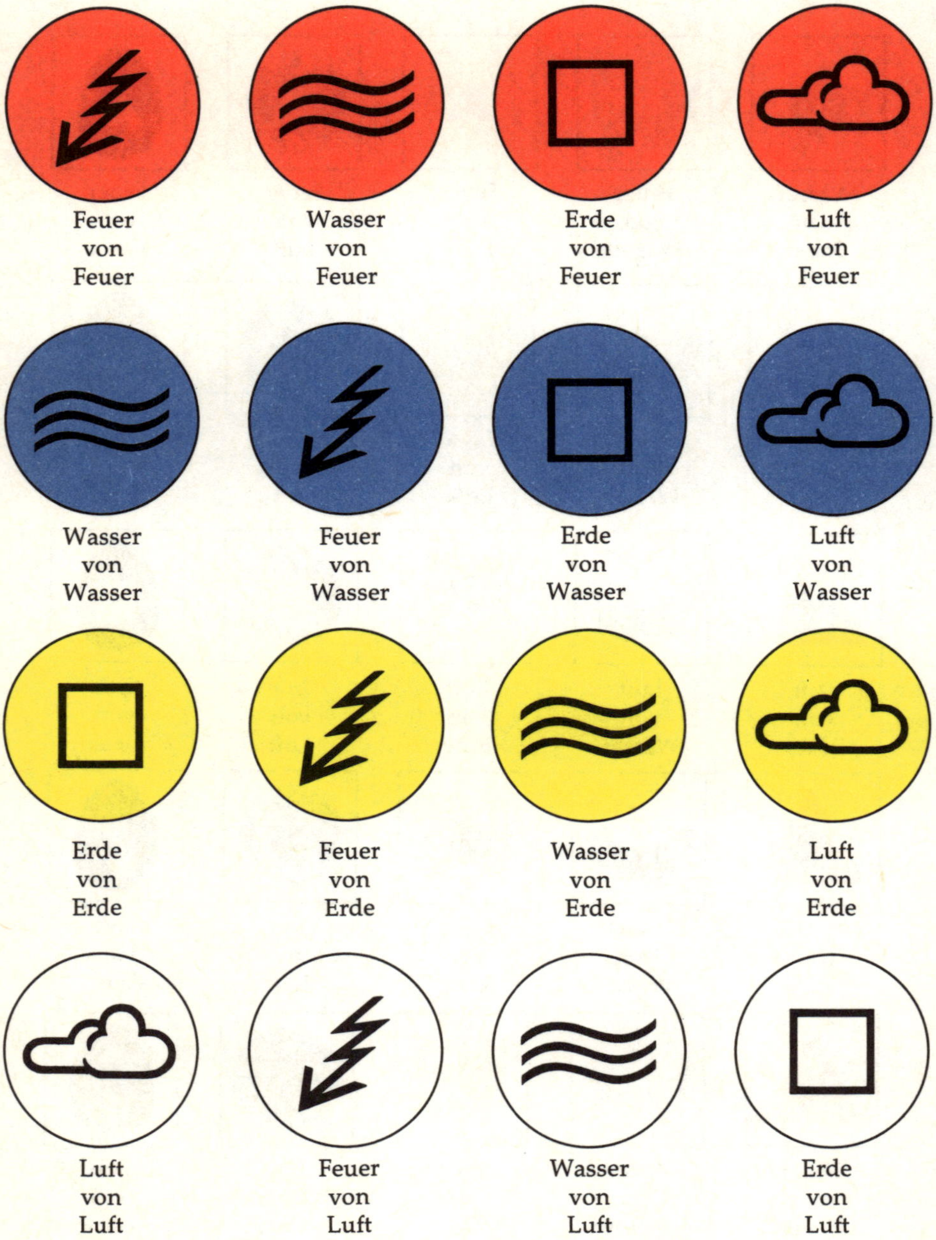